중국
유·도·불 삼교 관계
간명 통사

上

本書受到"中國社會科學基金Chinese Fund for the Humanities and Social Sciences資助"
(18WZX013)
이 도서는 중국 정부의 중화학술번역사업에 선정되어 중국사회과학기금(Chinese Fund for
the Humanities and Social Sciences)의 지원을 받아 번역 출판되었습니다.(18WZX013)

중국
유·도·불 삼교 관계
간명 통사

모종감牟鐘鑒 저 · 박성일 역

上

學古房

이 책에서는 중화 전통 문화의 삼대 기둥인 유·도·불 삼교 관계 발전사를 다루었다.

중화문명은 유구한 문명으로서 일찍 두터운 축적이 있었다. 춘추春秋 시기에 이르러, 공자는 인간세상의 질서를 바로잡으려는 취지에서, 중화의 유구한 덕德 문화를 계승하고 발전시켜 인애仁愛를 중심으로 하는 유가사상을 정립했고, 노자는 우주와 인생의 철리를 밝히려는 취지에서, 중화문명의 심층적 함의를 발굴하고 개척하여 자연주의를 본위로 하는 도가사상을 정립했다. 유가와 도가는 전국戰國 시기에 이르러 점차 제자백가에서 돌출해졌고, 이때부터 양자는 중화문화의 양대 기둥으로 자리매김했다. 한편, 양자는 중화문명의 다원多元 통화通和 전통을 발양하여, 상호 간 흡수하고 섭취하면서 자체를 충실하게 다졌고, 자체의 입지를 굳건히 지켰다.

진秦나라 때, "분서갱유"를 거치면서 유가 도통道統은 심중한 타격을 받았고, 유가경전 또한 그 때 거의 산실되었다. 한漢나라 초에는 또 황로도가를 높이 받들고 있었는데, 그 때 도가는 최상의 사상적·학술적 지위를 영위했다. 한 무제漢武帝 때에 와서 "백가를 배척하고 유술儒術만 독존하면서", 유가는 이 때 다시 일어났고, 사회의 다스림에 윤리 규범적 근거를 제공해주었고, 더욱 독존의 지위를 확립하게 되었다. 한편, 도가는 한나라 말에 와서 도교를 배태시켰고, 도교는 그때부터 중국인들의 심신心身의 수련에 이론과 방법론을 제공해주었고 또 신선으로 되는 정신적 기탁을 제공해주었다. 동한東漢 말, 불교가 중원에 전해 들어왔는데, 불교는 낯선 중국 땅에서 심오한 철리와 평등·자비의 인간애人間愛로 중국인들을 매료시켰고, 들어오면서부터 중국의 엘리트계층과 일반 민중들의 열렬한 환영을 받았다. 한편, 이때부터 유·도·불 삼교의 교류와 소통이 시작되었고, 삼자는 낯설던 데로부터 점차 익숙해졌고 날이 갈수록 점점 가까워졌다.

위진魏晉 남북조 시기, 삼교 관계는 학리적 변론과 쟁론이 특징적이다. 그러나 격렬한 충돌은 적었고, 태무제와 주무제가 불교를 멸하던 극단적 사례를 제외하고는 대부분 문명한 방식으로 진행되었다. 한편, 삼교는 상호 간 동질성을 추구하면서 서로 상대방에서 장점을 취하여 자체의 단점을 보완했고, 이로써 자체의 역량을 강화했다. 이 시기, 도가는 현학을 배태시켰고, 현학은 유가에도 지대한 영향을 끼쳤는데, 이때 현학 경학도 탄생했다. 한편, 불교는 이때 불경 번역에 힘입어 중국대지에서 널리 전해졌고, 거대한 규모를 가진 대종교로 부상했다.

수당隋唐 시기, 삼교는 정부로부터 대폭적인 지원을 받아 모두 흥성했고, 왕조가 바뀜에 따라 번갈아가면서 전성기를 누렸다. 이 시기 유학은 경세치용의 학문으로 입지를 굳혔고, 또한 이 시기 과거시험제도가 탄생했는데, 수험내용은 주요하게 유가의 "오경"이었다. 이 시기, 유가에는 유학의 부흥을 외치며 불교와 도교를 배척하는 이들도 있었고, 불교와 도교를 품에 끌어안는 이들도 있었다. 도교는 왕조의 대폭적인 지지를 받아 큰 발전을 이루었는데, 이때 학술적으로 중현학重玄學이 탄생했고, 양생養生 수련법으로 외단도外丹道가 잠시 흥성하다가 쇠퇴하고 대신 내단도內丹道가 일떠섰다. 불교는 이 시기 역경사업에서 거대한 성취를 거두었고, 이에 힘입어 불교의 중국화를 실현했다. 또한 이 시기 불교는 수많은 종파를 분화시켜냈다. 한편, 역경 사업 및 중국화한 불교는 후세의 중국 사회와 문화에 지대한 영향을 끼쳤다.

송원명청宋元明淸 시기, 삼교는 교류과정에서 심층적으로 융합하는 양상을 보여주었다. 유가에는 이학理學, 기학氣學, 심학心學을 주축으로 하는 도학道學이 출현하였고, 한편 도학은 불교와 도교의 의리義理를 융합하여 내실을 굳혔다. 유가에서 주희가 "사서"를 펴내면서 "사서"의 지위가 "오경"을 초월했고, "사서"가 과거시험 주요 과목으로 되어졌다. 도교에는 새로운 교파들이 많이 일떠섰고, 이 교파들은 유교와 불교에서 의리義理를 흡수하고 섭취하여 새로운

6

모습으로 거듭났다. 불교에는 고승대덕들이 많이 있었는데, 그들은 성정性情과 중도中道, 인의仁義와 충효忠孝, 대도大道와 유무有無 등 유교와 도교의 의리義理 를 심층적으로 발굴하여 불교에 융화시켜 넣었다.

다른 한편, 이때 삼교 사상 융합의 추세는 엘리트 계층으로부터 일반 민중들 의 일상생활로 하향 이전하는 양상을 드러내고 있었다. 즉 삼교 융합의 추세 는 민중들의 민속생활, 민간신앙에 널리 침투되었고, 대중문학과 예술작품에도 깊이 스며들어갔다. 또한 이 시기 수많은 민간 종교가 탄생했는데, 삼교 사상 융합의 추세는 이런 민간종교에도 깊이 파고 들어갔다. 이런 추세는 청淸나라 말까지 지속되었다.

청淸나라 말부터 중화민국 시기에 이르는 백여 년간, 삼교는 사회적 동란과 서양 문명의 충격으로 말미암아, 사회문화의 주류로부터 밀려나 주변화 되었다. 한편, 이때 삼교는 유교의 통사通士와 대사大師, 도교의 고도高道, 불교의 고승대 덕들의 끈질긴 노력으로 힘겹게 소생하고 부활하고 있었고, 신新중국이 탄생해 서는 재빨리 흥성하고 번영했다. 삼교의 현인들은 삼교 간 상호 참조하고 흡수하 고 융화시키던 전통을 발양하는 한편, 서양 문명과의 회통會通과 융화融和도 힘차 게 추진했다. 그리하여 삼교는 새로운 모습으로 거듭날 수 있었던 것이다.

요컨대, 이 책에서는 간략하고 명료하게 2000여년의 삼교 관계 발전사를 포 괄적으로 그리고 심층적으로 다루었다. 저자는 이 책에서, 각 시대의 삼교 각자 의 발전 특징, 대표적 학자와 학설 및 기타 이교二敎와의 관계에 착안하여 논의 를 전개했다. 결론적으로, 중국에서 유·도·불 삼교는 각자 자체의 특색을 보존 하면서 존재해왔고, 기타 이교二敎와의 교류와 소통 과정에서 끊임없이 자체를 발전시키고 승화시켰고, 이로써 자체의 입지를 더욱 굳건히 다졌었다. 전체적 으로 볼 때, 유교는 세상의 다스림을 책임져주고, 도교는 사람들의 신체 건강을 책임져주고, 불교는 사람들의 고달픈 마음을 안위해주면서, 삼교는 분공·협력 하여 중국 전통 사회의 화해와 안정을 지켜주었다.

2022년 2월
역자 박성일

　　20세기 60년대 전기, 북경대학 중국철학사 전공 대학원에서 공부할 때 나는 처음 유儒·도道·불佛 삼교 경전들을 접했다. 그때는 주로 풍우란馮友蘭, 장대년 張岱年, 임계유任繼愈, 주백곤朱伯崑 등 선생님들의 강의를 듣고 그들의 저작을 읽으면서 관련 지식과 관점을 수용했고, 자신의 독창적인 견해라고는 전혀 없었다. 그러나 그때부터 유·도·불 삼교를 핵심으로 하는 중국사상사에 지대한 흥미를 가지게 되었고, 이를 하나의 거대한 지혜의 보물고라고 생각하게 되었다. 대학원을 졸업한 후에는 한동안 "문화대혁명" 때문에 학술연구를 제대로 할 수 없었다. 간부학교干校에서 돌아온 후에야 한동안 책을 좀 읽을 수 있었는데, 하지만 그때는 그냥 정신적 공허함을 달랬을 따름이다. 개혁개방 이후, 중국은 번영하고 발전하는 새 시대를 맞이했고, 학술적으로도 번영·발전하는 새로운 국면을 맞이하게 되었다. 70년대 말부터 80년대까지 나는 중국사회과학원 세계종교연구소에 근무했다. 그때, 임계유 선생이 책임편집을 맡고 편찬하는 『중국철학발전사』 다권본 편집 팀에 참가했고, 그때 이 책의 앞 네 권의 저술을 맡았다. 그때에야 정식으로 중국철학사에 관한 학술연구를 시작했고, 더욱 직접 유·도·불 삼교 투쟁과 융합에 대해 연구하기 시작했다. 임 선생은 저술자들에게 "원시 자료를 가지고 분석하고", 예전의 중국철학사 교과서의 틀에서 벗어나 "중국철학의 발전에 대해 한차례 엄숙하고 참다운 탐색을 진행할 것"을 요구했다. 그는 또 저술자들이 저술 과정에 지역문화 차이를 중요시할 것도 특히 강조했다. 예컨대 유학은 추로문화鄒魯文化에서 나왔고, 도가와 도교는 형초문화荊楚文化와 연제문화燕齊文化에서 나왔고, 법가法家, 종횡가縱橫家는 삼진문화三晉文化에서 나왔다는 등이다. 또 위진 이후 부분의 내용은 유·도·불 삼교의 상호작용과 합류를 중요시하라고 지적해 주었다. 나는 『중국철학발전사

· 진한권秦漢卷』(人民出版社, 1985)에서 '『여씨춘추呂氏春秋』: 진한秦漢 철학사의 발단'과 '『회남자淮南子』: 서한西漢 도가사상의 이론적 결정체'라는 이 두 장을 맡아 저술했다. 즉 이때부터 나는 유가와 도가의 상호 보완을 탐구하기 시작했다. 조금 후에는 '한漢나라 중후기 도가사상의 변천과 도교의 탄생'이라는 한 개 장을 맡아 저술했는데, 이렇게 또 도교사 연구분야에 발을 들여놓게 되었다. 『중국철학발전사· 위진남북조권魏晉南北朝卷』(人民出版社, 1988)에서 나는 '『열자列子』와『열자주列子注』', '위진 남북조 시기의 도가사상', '위진 남북조 시기의 경학經學', '위진 남북조 시기 유·석釋·도 삼교 투쟁과 융합'이라는 네 개 장을 맡아 저술했다. 이 과정에 도가와 도교 및 삼교 관계에 대해 더욱 관심을 가지게 되었고 또한 이때부터 유가 경학을 탐구하기 시작했다. 『중국철학발전사·수당권隋唐卷』(人民出版社, 1994)은 '유교편儒敎編', '불교편佛敎編', '도교편道敎編', '회통편會通編'으로 나뉘었는데, 그 구조는 유·불·도 삼교가 삼각을 이루면서 병립하는 구도를 보여주고 있었다. 나는 이 책의 '유교편'에서『수당유교경학隋唐儒敎經學』이라는 한 개 장을 맡아 저술했다. 그때 나는 이 부분을 경학의 발전맥락에 따라 정리했다. 이 기간은 대략 10년이 되는데, 이때 나는 자료를 수집하고 정리하고 해독하는 것으로부터 선배들의 연구 성과를 참조하면서 자신의 독립적인 관점과 논리를 형성하고, 언어표현을 아름답게 다듬는 것에 이르기까지 모든 일을 게으름 없이 착실히 완성했다. 몹시 힘들었지만 수확이 아주 컸다고 하겠다. 특히 이 과정에 나는 중국 철학사 또는 사상사 연구는 반드시 유·도·불 삼교 관계를 주축으로 해야 하고, 이렇게 해야만 진정하게 중국 특색을 드러낼 수 있음을 알게 되었다.

20세기 80년대 중반 이후 나는 중국 공자기금회孔子基金會 학술활동에 많이 참가했고, 90년대 중반 이후에는 또 국제유학연합회國際儒學聯合會 학술위원회 위원의 신분으로 많이 활동했다. 이 과정에 나는 유학을 더 깊이 탐구하게 되었고, 그 성과물들을 모아『유학의 가치에 대한 새로운 탐색』(齊魯書社, 2001)이라는 책으로 편집해서 출판했다. 80년대 말, 나는 중앙민족대학교에 전근했는데, 그때는 주로 대학원생들에게 유가儒家 경학經學을 강론했다. 한편, 국·내외

학술대회에도 많이 참가했는데, 그때 육속 유학에 관한 연구논문들, 예컨대 "유가 인물과 경학", "유학의 의리義理와 당대 사회", "유학의 흥쇠와 미래 사회" 등 연구논문을 발표했다. 이 논문들은 후일 모아서『함영유학涵泳儒學』(中央民族大學出版社, 2011)이라는 책으로 편집해서 출판했다. 나는 장대년張岱年 선생의 '총합적 창조'라는 이념에 아주 찬동한다. 또 현 시대에는 유학이 필요하고, 유학은 재창조가 필요하다고 절실히 느끼고 있다. 근년에『신인학구상新仁學構想』(人民出版社, 2013)이라는 책을 출판했는데, 이 책에서 나는 "인仁을 자신의 소임"으로 삼는 문화 이상을 피력했고, 이에 더하여 "본바탕을 밝히고 활용을 잘 해서明體而達用" 우리들의 정신생활에 어떤 변화를 가져다 줄 것을 기탁했다.

20세기 80년대 말부터 나는 학술연구에서 다른 한 개 주요 연구방향을 추가했는데, 즉 중국종교사가 그것이다. 여기에는 도교사道敎史도 포함된다. 나는 유학은 종교가 아니고 다만 동방의 윤리형 인학人學이라고 생각하고 있다. 하지만 유학은 분명히 종교적 성격을 가지고 있다. 유학에서 숭상하는, 예禮 문화에서의 경천법조敬天法祖가 즉 중국인들이 보편적으로 가지고 있는 기초 신앙이다. 또한 유학은 줄곧 불교와 도교에 거대한 영향을 주고 있었다. 그리하여 장천張踐 교수와 공동으로 저술한『중국종교통사』(社會科學文獻出版社, 2000)에서 우리는 유·도·불 삼교가 상호 작용하던 역사 과정에 주안점을 두고 논의를 전개했다. 학생들에게 '경전 읽기' 과목을 개설하기 위해 나는『논어論語』,『맹자孟子』를 깊이 탐구하는 동시에『노자老子』도 깊이 탐독했다. 7, 8년이라는 시간을 들여 나는『노자』의 총 81개 장章에 모두 소疏를 했고, 여기에 관련 문헌 고증과 의리義理 해석을 보태서『노자신설老子新說』(金城出版社, 2009)을 만들어 출판했다. 또한 나는 도가를 연구하던 데로부터 도교사 연구에로 나아갔고, 마침내『중국도교사』(廣東人民出版社, 華夏出版社, 1996)도 출판하게 되었다. 21세기 초 나는 산동山東의 학자들과 함께 현지답사를 하고, 이에 문헌자료분석을 보충하여『전진칠자全眞七子와 제로문화齊魯文化(齊魯書社, 2005)라는 책을 저술하여 출판했다. 이 책에서 나는 전진도全眞道가 산동에서 일떠서서 전국에로 확산되던 역사과정을 정리하여 소개했는데, 이를 통해 나는 도교의 후기 발전을 깊이 있게 이해하게 되었고 또한 삼교 합류가 도교 의리義理의 전환에 끼친 영향을 더 깊이 파악하게 되었다. 나는 중국 도교학원道教學院, 홍콩 청송관도교학원靑松關道教學院 및 대만 도교계道教界와 줄곧 우호적 왕래를 유지해 왔었다. 이를 통해 나는 서적書籍 바깥에서 사람들의 현실생활에서 도교의 인물, 의식儀式, 조직 활동, 생존방식, 현대사회에서의 적응방식 및 존재하는 문제들을 절실히 파악하게 되었다. 2014년 11월, 종교문화출판사에서는 나의 저서 『도가와 도교 논고論稿』를 출판했다. 이 책은 사실 수년간 저술한 도道 문화에 관한 논문들을 묶어서 만든 것이다. 이 책에는 "노장老莊과 도가", "대도론大道論", "도가와 도교의 동이론同異論", "도교 역사", "도교 의리義理", "도교 인물", "도교 연구의 전환" 등의 내용이 들어 있다. 이렇게 나는 또 유가와 도가 문화에 대해 자신의 독립적인 견해를 가지게 되었다.

유·도·불 삼교 관계에서 내가 우선 주목했던 것은 유가와 도가의 상호 보완이었다. 1991년 12월, 나는 홍콩 법주학회法住學會에서 개최한 '안신입명安身立命과 동·서 문화 국제학술대회'에 참석했는데, 그때 나는 『안신입명과 유가와 도가의 상호 보완』이라는 논문을 발표했다. 나는 또 『유가와 도=도가의 상호 보완을 논함』(한국 임수무林秀茂교수와 공동 저술, 1988), 『유가와 도가의 상호 보완과 치국의 도道』(2001)도 저술했다. 나는 유가와 도가의 상호 보완은 중화사상문화의 주요 맥락과 바탕색이라고 생각하고 있었다. 나 개인으로 놓고 말할 때, 이 또한 점차 나 개인의 인생철학으로 되어졌고, 나 개인의 정신생명과도 일체로 융합되어 버렸다. 다시 말하면, 공자유학孔子儒學은 나에게 역사적 사명감과 사회적 책임감을 부여해 주었고, 나 또한 '자기를 닦아 남을 편안하게 해줄 것'을 생명의 가치의 근본으로 삼고 있었다. 한편 노자 도가는 나에게 자아의식과 심령의 자유를 가져다주었고, 나는 '원초의 순박한 본연의 모습으로 되돌아갈 것'을 생명의 참된 자아를 보존하는 지혜로 삼고 있었다.

유·도·불 삼교에서, 나는 불교에 대해 아는 것이 가장 적었다. 학자들은 늘 불학은 난해하다고 했고, 무서운 길이라고 했다. 나는 체계적으로 불학을 공부한 적도 없었고, 주관적으로도 여기에 깊이 빠져들려고 생각하지 않았다. 유학과 도학 탐구에 이미 많은 시간과 공력을 들였는데, 또 불학 탐구에 시간과 정력을 소모하는 것은 무리라고 판단했던 것이다. 하지만 삼교 관계를 탐구하기 위해 더욱 중앙민족대학교 대학원생들에게 강의를 해주기 위해, 나는 부득이하게 불경 및 관련 저작들을 좀 읽었다. 불전으로는 『심경心經』, 『반야경般若經』, 『금강경金剛經』, 『법화경法華經』, 『화엄경華嚴經』, 『중론中論』, 『백론百論』, 『십이문론十二門論』, 『조론肇論』, 『단경壇經』, 『홍명집弘明集』, 『광홍명집廣弘明集』 등을 읽었다. 또 불학 연구 저서도 좀 읽었는데, 주요한 것들로는 탕용동湯用彤의 『한위양진남북조불교사漢魏兩晉南北朝佛敎史』, 여징呂澂의 『중국불학원류약강中國佛學源流略講』, 조박초趙朴初의 『불교상식답문佛敎常識答問』, 임계유任繼愈의 『한당불교사상논집漢唐佛敎思想論集』, 석준石峻 등이 편찬한 『중국불교사상자료선편中國佛敎思想資料選編』 다권본多卷本, 곽붕郭朋의 『중국불교사中國佛敎史』 다권본, 방립천方立天의 『중국 불교와 전통 문화中國佛敎與傳統文化』 및 『중국불교철학 요의中國佛敎哲學要義』 등이겠다. 이렇게 나는 불학에 대해 조금이나마 알게 되었다. 그 가운데 탕용동, 곽붕, 방립천 등 선생님들의 저작에서 가장 많이 배웠다. 그때, 나는 시험 삼아 불교에 관한 글을 몇 편 썼다. 『구마라습Kumārajīva과 요흥姚興』, 『선禪의 참 정신과 평민성』, 『조박초趙朴初의 몇 편의 시사詩詞에서 본 인간세상불교의 참 정신』, 『양방정토兩方淨土와 세 미륵三位彌勒』 등이 그것이다.

　　20세기 80년대 후기부터 나는 삼교 관계에 관한 논문을 발표하기 시작했다. 『위진 남북조魏晉南北朝 시기 상층 집단에서 유·석·도 삼교에 대한 인식과 정책』(1986), 『유교와 불교 관계 시각에서 본 한유韓愈, 유종원柳宗元과 이고李翱』(1993), 『중국과 서방 문화비교 시각에서 본 유·석·도』(1997), 『유·불·도 삼교의 구조와 상호 보완』(2003), 『유·불·도 삼교 관계와 문화』(2004), 『인문과 종교의 상호 보완－유·석·도 융합의 중요한 경험』(2014), 『유·석·도와 인생관』(2014) 등이 그것이다. 이 글들의 공통점이라면, 간략한 대강大綱식이 아니면 즉 어느 시간대에 착안해서 논의했다는 점이다. 다시 말하면, 이 글들은 모두 구체적으로 충분히 전개하지 못했다.

이와 동시에, 나는 중앙민족대학교 철학과 종교학 전공에서 대학원생들에게 '유·도·불 삼교 관계'를 강론했다. 80년대 말부터 90년대 말까지 강의를 하면서 나는 4만 여 글자 편폭의 강의요강을 만들었다. 내용으로는 "삼교 관계 연구의 중요성", "삼교 각자의 정의精義", "삼교 관계의 역사 단계", "삼교의 공통점과 차이", "삼교 충돌론", "삼교 융합론", "삼교 합류의 표현", "삼교 합류와 중화문화" 등을 포함시켰다.

그럼 나는 왜 '유·도·불 삼교 관계' 강의요강을 한동안 방치했다가 지금에 와서 다시 저서로 만들려고 했는가? 학술연구의 주제가 자주 바뀌는 이유를 제외하고도 또 심리적 모순과 이에 대한 미해결이 원인이었다. 의심할 바 없이, '유·도·불 삼교 관계 및 그 역사'라는 주제는 너무 방대하고 난해하다. 한 사람의 제한된 생명으로는 삼교 문화의 역사와 그 이론들을 투철하게 파악하기 어려울 뿐만 아니라, 설령 한평생의 정력을 죄다 쏟아 붓는다고 하더라도 그 가운데 일가一家를 제대로 파악하기도 어렵다. 이것이 바로 장자가 발견한 인지의 패러독스이다. '나의 삶에는 끝이 있지만 앎에는 끝이 없으니, 끝이 있음으로써 끝이 없음을 좇으면 위태로울 뿐이다.' 나는 비록 중국철학사와 종교사 연구에서 삼교 관계 문제에 대해 얼마간 고민도 했고 축적도 좀 있다고 하겠지만, 그러나 삼교 문화의 박대함과 심오함을 떠올릴 때면, 늘 스스로 자신은 그 한없이 넓은 사상思想의 바다의 일각에서 헤매고 있었을 뿐이라는 생각이 들었고, 따라서 주저했다. 나 혼자서 어찌 삼교를 모두 아우르면서 논술할 수 있단 말인가? 나는 자신의 '유·도·불 삼교 관계 강의요강'은 지식 축적이 빈약하다고 생각했고, 그래서 책으로 정리해서 출판하기를 주저했다. 그러나 주지하다시피, 삼교는 하나의 문화공동체로 융합되어 있다. 내적으로 화이부동和而不同하고, 공통점은 취합하고 차이점은 보류하면서, 상호 보완해주고 또 상호 침투하면서 함께 번영하고 발전해왔다. 그래서 우리가 만약 삼교 전체에 대해 어느 정도 이해가 없다면, 사실 그 가운데 어느 하나도 제대로 알 수 없다. 상이한 시기의 상이한 학파와 상이한 학자들 모두 그러했다. 다시 말하면, 삼교 관계를 탐구하는 것과 그 중 하나를 탐구하는 것은 서로 전제로 된다는 것이다. 이 모순을 해결하려면 반드시 양자를 동시에 병행해야 하고, 동태動態적으로 파악해야 한다. 한편, 현실적으로 우리 학자들의 연구는 대체로 삼교 가운데 어느 하나에 치중하고 있거나 또는 어느 하나의 한 부분에 치우치고 있다. 그래서 현시대에는 국학國學 연구자들이 반드시 기타 이교二敎의 취지, 경전, 인물에 대해 얼마간 기본 이해가 있어야 한다고 강조하고 있는 것이다. 사실 이 요구는 실현이 가능하고 또 마땅히 실현해야 할 것이다. 특히 대학생들이 국학을 공부할 때, 유·도·불 삼교의 요지와 상호 관계에 대해 어느 정도 상식적인 이해가 있어, 삼교를 비교하는 시각을 가지고 중국 사상사의 핵심 영역에 들어설 수 있다면, 이 또한 평생의 학술연구에 큰 도움이 되는 좋은 토대와 바탕으로 될 것이다. 그리하여 근래에 와서 '유·도·불 삼교 관계 강의요강'을 재정리하고 더 확장해서 저서로 출판하려고 했던 것이다. 내용적으로 충실하고 간단명료하고, 조리가 분명하고 체계가 합리하고, 문자가 정확하고 통속적인 책을 만들어 주로는 대학원생들이 참고할 수 있게 하려고 했던 것이다. 나는 완벽주의자가 아니다. 나는 오히려 완벽주의는 학설을 만들어내지 못한다고 생각한다. 무릇 창조적인 학설은 모두 장점과 단점을 가지고 있기 마련이다. 그러나 반드시 논리와 근거만은 정확하고 충분해야 하고 또 함부로 새로운 주장을 펴지는 말아야 한다고 생각한다. 책의 편폭은 방대하거나 간략하거나 각자 모두 나름대로의 장점이 있다고 생각한다. 방대한 작품은 당연히 학술연구의 초석과 이정표로 될 수 있겠지만, 일반 독자들이 쉽게 뒤져볼 수 있는 중간 정도 편폭의 저서도 역시 학술 탐구와 문화 보급에 기여하는 바가 크다고 생각한다. 나는 후자를 택했다.

강의요강을 만들고 또 이를 확장하여 책으로 만드는 과정에, 나는 여러 선배 선생님들과 현대 박통한 학자들의 연구 성과를 많이 참고했다. 선배 선생님들의 저술에서 중요한 것으로는 풍우란馮友蘭 선생님의 '삼사三史'와 육서六書(특히 그 가운데 『중국철학사 신편新編』과 『신원도新原道』), 이양정李養正 선생님의 『도교개설道教概說』과 『도교의리종론道教義理綜論』, 탕용동湯用彤 선생님의

『한위양진남북조불교사漢魏兩晉南北朝佛教史』, 곽붕郭朋 선생님의 『중국불교사中國佛教史』 다권본이라고 하겠다. 저술과정에 또 최근에 출판된 홍수평洪秀平 교수의 『중국 유·도·불 삼교 관계 연구』와 장문흔張文勳 교수의 『유·도·불 미학 사상 원류源流』도 읽었는데, 여기서도 견식을 많이 넓히게 되었다. 나는 이 책 제목을 '유·도·불 삼교 관계 간명簡明 통사通史'라고 달았는데, 여기서 유·도·불 순으로 순서를 정한 이유는, 먼저 공자 학설과 노자 학설이 있었고 후에 불교가 전해 들어왔기 때문이다. 또 '삼교 관계 간명 통사'라고 한 것은, 이 책은 주로 삼교 관계사를 다루고 있고, 그 역사는 선사先史 시대로부터 민국民國 시기까지를 아우르고 있고 또한 내용적으로는 간단명료하기 때문이다. 이 책에서는 삼교 사이에서 발생한 쟁론과 충돌 및 각종 융합 이론들을 논술하는 외에 또 삼교 문화 각자의 변천 맥락, 주요 인물과 그들의 사상 및 그 속에 들어있는 삼교 융합의 요소도 함께 고찰하면서, 삼교가 상호 작용하는 단계적 특징을 정리하고, 삼교 관계 역사 발전의 윤곽을 대체적으로 그려보았다. 하지만 지식적으로 전부를 아우를 수는 없었다. 이 책에서는 동아시아 및 해외에서의 삼교 문화 관계사에 대해서는 논하지 않았다. 사람들이 이 책의 구조, 관점과 서술에서 조금이라도 취할 것이 있고 또 다원多元 문화 교류에 있어서 중국 경험을 살펴보는 데 조금이라도 도움이 된다면, 이에 저자는 아주 만족하겠다.

목차

16

유儒·도道·불佛 삼교에서의 '교敎'는 근대에 중국으로 전해 들어와 유행했던 서양 '종교' 의미에서의 '교'가 아니다. 이 '교'는 중국 전통 언어에서 '도덕교화道德敎化' 의미에서의 '교'이다. 이 '교'는 신神을 본위로 하는 종교를 포함할 뿐만 아니라 인간을 본위로 하는 학설도 포함한다. 착안점도 출세出世나 입세入世에 있었던 것이 아니라, 사람들이 악惡을 버리고 선善을 사랑하도록 유도하여 사회의 도덕기풍을 바로잡는 데 있었다. 중화 사상문화에서는 서양에서 지성智性을 중요시하고 늘 지성智性과 영성靈性을 대립시키던 것과 달리, 덕성德性을 중요시하고 있었고 또한 인문과 중교를 거대한 문화공동체에 융합시켜 넣고 사회도덕교화 체계에 납입시켜 넣었다. 사람들은 유·도·불을 세 개의 도덕교화敎化 학설로 보고 있었고, 입세와 출세의 문제는 부차적인 지위에 놓고 있었으며, 이를 화이부동和而不同의 방식으로 처리했다. '삼교' 설은 삼교 관계가 출현하던 위진魏晉 남북조南北朝 시기에 이미 유행했다. 예를 들면, 북주北周 도안道安의 『이교론二敎論』에서는 "삼교는 비록 다르지만 권선勸善의 뜻은 똑같다."[1]라고 했다. 남조南朝 도사 도홍경陶弘景도 "백법百法이 엇갈려 있지만 삼교의 경지를 초월하지는 못한다."[2]라고 했다. 이들이 말하는 '삼교'는 모두 유·도·불 삼교를 가리키는 것이다.

---

1) (南朝梁)僧祐, (唐)道宣:《弘明集·廣弘明集》, 上海古籍出版社1991年版, 第142頁.[원문: 三教雖殊, 勸善義一.]
2) (元)劉大彬編, (明)江永年增補:《茅山志·上》, 王崗點校, 上海古籍出版社2016年版, 第298頁.[원문: 百法紛湊, 無越三教之境.]

제1절 유·도·불 삼교 관계 연구의 중요성

첫째, 노자老子 도가道家와 공자孔子 유가儒家는 선진先秦 시기 제자백가諸子百家에서 점차 돌출해졌고, 주류 학설로 자리매김하게 되었다. 양한兩漢 시기에 이르러 도가는 황로黃老로 변모했고 유가는 지존至尊의 지위를 가지게 되었다. 한漢나라 말기에는 도교가 흥기興起했고 불교도 흥성하기 시작했다. 위진 남북조 시기 유·도·불은 각자 정립하게 되었고, 따라서 처음에는 삼교의 쟁론, 마찰과 충돌을 피할 수 없었다. 나라는 또 분열 상태에 처해 있었고, 통일된 정책을 형성할 수 없었다. 그러나 중화사상문화는 이 시기에 유·도·불을 핵심으로 하는 구도가 초보적으로 형성되었다. 수, 당 시기로부터 청나라 말까지, 비록 여러 민족, 여러 지역의 다양한 문화가 끊임없이 새롭게 탄생하고, 외래 종교와 문화가 끊임없이 흘러들어왔지만, 삼교 합류의 추세와 유가를 주로 하고, 도가와 불가를 보조로 하는 핵심 구도는 줄곧 이어져 왔고, 안정한 문화삼각 구도를 이루고 있었다. 이는 중화민족문화공동체가 거대한 응집력을 가지게 했고, 일시적 정치 분열과 민족 분쟁 때문에 해체되지 않고, 장기적으로 지속되고 발전할 수 있게 해주었다. 당연히 여기서 삼교의 상호 의존과 보완이 중요한 역할을 담당했다. 이상에서 보다시피 삼교 관계사를 탐구하지 않고서는 중화 사상사와 종교사의 주요 맥락을 파악할 수 없고, 전체적으로 중화사상문화 발전의 주요 방향과 특색을 파악할 수 없다.

둘째, 유·도·불 삼교는 줄곧 상호 작용 과정에서 발전해왔다. 이런 상호 작용은 때로는 배척과 질의로 표현되기도 했지만, 많은 시기에는 합류와 상호 보완으로 표현되고 있었고, 점차 '너 속에 내가 있고, 나 속에 네가 있는' 친연관계를 형성했다. 한나라 이후부터는 사실 순수한 유가나 순수한 도가, 순수한 불가가 따로 없었다. 각자 모두 기타 이교에서 영양분을 섭취하여 자신을 풍부하게 만들었으며, 심지어 기타 이교二敎의 일부 유전자를 받아들여 자체의 변이變異를 실현했다. 때문에 삼교 각자의 특질과 상호 작용 관계를 알지 못하면 유가, 도가와 불가의 역사를 깊이 파악할 수 없다. 우리는 삼교 중 어느 하나를 연구하는 전문 사학자가 삼교의 역사를 모두 정통할 것을 요구할 수는 없지만, 학자들이 삼교 및 그 관계에 대한 기본 지식을 얼마간 갖출 것을 요구할 수는 있겠다. 이는 각자의 연구를 위한 당연한 요구라고 하겠다.

셋째, 삼교 관계에서 가장 일찍 발생했던 것은 공자유가孔子儒家와 노자도가老子道家의 논쟁과 상호 보완이다. 유가와 도가의 상호 보완은 2000여 년의 중화사상사를 관통하는 기본 맥락으로 되어졌었고, 중화민족 성격의 일체양면一體兩面을 형성했다. 임어당林語堂은 "도가와 유가는 중국인들의 영혼의 양면兩面이다."[3]라고 했다. 이는 엄연한 사실이고 또 지당한 평가라고 하겠다. 공자는 중화민족의 도덕의 스승이고, 노자는 중화민족의 지혜의 스승이다. 유가와 도가의 상호 보완은 음陰과 양陽의 상호 보완, 허虛와 실實의 상호 보완, 뭇사람과 자기의 상호 보완, 그리고 인문으로 교화하여 변화를 이루는 것과 순박한 본연의 모습으로 되돌아가는 것의 상호 보완으로 표현되고 있었다. 유가와 도가를 비교할 때, 유가는 바깥으로 드러나고 도가는 안으로 감추고 있었다. 유가는 한나라 이후부터 중화사상문화의 정통적·주도적 지위를 차지하고 있었고, 사회의 정치, 경제, 도덕과 교육의 발전을 이끌어 왔었고, 나라를 다스리고 국정을 운영하는 주체사상으로 되어졌었다. 도가는 자연무위自然無爲를 숭상하고 있었고, 개체의 심령心靈의 자유를 추구하고 있었으며, 늘 사회현실과 일정한 거리를 두고 있었고, 항상 정치권 바깥에 자리하고 있었다. 그러나 도가사상은 암묵적으로 사회문화생활의 거의 모든 영역에 스며들어, 줄곧 사람들에게 대도大道의 달견達見과 예지睿智를 제공해주고 있었다. 따라서 유가와 도가의 상호 보완을 탐구해야만 중화민족의 정신세계를 파악할 수 있겠다.

넷째, 인도 불교는 중국에 전해 들어와서부터 유가와 도가와 밀접한 교류가 있었고, 결국 인도 불교는 중국 땅에서 중국화中國化하게 되었다. 이는 중화문화와 이질적 외래문화의 한차례 대규모 상호 교류와 융화였다. 이 또한 세계적 범위에서, 이질적 문화 간 평화적 융회融會의 성공적 범례範例이기도 하다. 불교

---

3) 林語堂:《從異敎徒到基督徒 : 林語堂自傳》, 謝綺霞, 工爻, 張振玉 譯, 陝西師範大學出版社2007年版, 第77頁.

와 유가, 도가 상호 간 공통점을 취하고 차이점을 보류하고, 서로 영양분을 섭취하면서 함께 번영·발전하던 역사경험을 학습하고, 그 과정에 관계처리가 불합리하고 서로 피해를 주던 교훈을 받아들이는 것은 오늘날 중화 전통 문화와 사회주의 문화 및 서양문화 간 관계를 정확히 처리하고, 중화문화가 상대해야 할 한차례 더 큰 규모의 충돌과 교류, 상호작용의 문제를 처리함에 있어서 중요한 참고가치가 있을 것이다. 중요한 가치가 있는 외래문화도 중국에서 진정하게 뿌리를 내리고 꽃을 피우고 열매를 맺으려면, 정치적으로 나라를 사랑하고 법규를 준수해야 할 뿐만 아니라, 또한 반드시 관념적으로 그리고 정신적으로 중국의 고유문화(주로는 유儒와 도道)와 융합되어야 하고, 결과적으로는 중국화를 실현하고 중화문화의 유기적 구성부분으로 되어져야 한다. 그렇지 아니할 경우, 풍토에 적응하지 못하여 번영하고 발전할 수 없고, 심지어 격렬한 충돌이 발생할 수도 있다. 중국의 사회주의는 중국 특색을 가지고 있는데, 그 특색이 바로 우수한 중화 전통 문화에서 온 것이다. 따라서 서양 문명의 성과도 중화문화에 적응하고 중화 본토문화와 융화되어야만, 중국사회에서 진정하게, 충분히 받아들여질 수 있겠다.

다섯째, 유·도·불 삼교가 합류하던 역사는 아주 길고 그 영향은 아주 광범위하다. 이는 중화민족 엘리트집단의 성격 및 대중들의 민속 문화와 여러 민족의 문화에도 모두 보편적이고 심각한 영향을 끼쳤다. 삼교 관계와 삼교 합류 사조의 확산과 추이(주로는 하향 이동)를 탐구하는 것은 우리가 중국 지식인 계층의 성격 특징과 민중들의 신앙, 심리, 풍속의 '중국 양식'을 더 깊이 이해하는 데 도움이 될 것이다. 예를 들면, 삼교 또는 이교 모두 인문人文과 신도神道를 교융交融하고 있었고, 신앙에 있어서 '혼혈'의 특징을 가지고 있었다. 이런 것들을 알게 되면, 우리는 서양의 이분법적·대립적 사고양식에서 벗어날 수 있고, 중국 실제에 부합되는 전체적·통합적 사고양식과 언어로써 중화민족의 정신 풍모를 설명할 수 있게 된다. 바꾸어 말하면 삼교 관계사를 파악하게 되면 우리는 중국인과 중국사회를 더 정확하게 재인식할 수 있고, 중화 사상 전통에 대해 감별을 할 수 있고, 나아가 정수를 취하고 찌꺼기를 버리고 우수한 전통 문화를 계승하고 발양할 수 있을 것이다. 더 나아가 용감하고 강직하고 어질고 온화하고 문명한 민족정신을 육성하여, 새 시대의 문화건설과 중화민족의 위대한 부흥을 위해 공헌할 수 있겠다.

제2절 유·도·불 삼교 내부 구조의 다원적 상호 보완성

첫째, 유·도·불 삼교 관계로 볼 때, 그 구조는 삼원성三元性 특징을 가지고 있었다. 또한 인문과 종교가 상호 제약하고 서로 비추어주면서 다원 문화가 상호 작용하는 양성良性적 메커니즘을 형성하고 있었다. 이렇게 중국에서는 일원一元문화 독점이 초래하는 단일성과 문화독점주의를 효과적으로 피할 수 있었던 것이다. 예컨대 중국역사에서는 유럽 중세기, 기독교 신학이 모든 것을 통제하고, 철학과 과학이 신학의 노비로 되던 상황이 발생하지 않았다. 오히려 중국 중세기 사상과 문화는 다양하고 다채로웠다. 중국 본토에서는 비록 삼교가 주축을 이루고 있기는 했지만, 한편 다른 종교도 존재하고 있었고 또한 이렇게 여러 신앙문화가 공존하고 있었다. 유가는 현실의 인생을 배려해주었고, 도덕이성道德理性이 특히 발달했다. 그러나 내세나 저세상에 대해서는 논의가 적었고 혹은 다만 가볍게 취급했다. 도가는 삶과 건강을 중요시하고, 장생불로를 동경하고, 아무런 구속이 없는 자유를 숭상하고, 민중들에게 재앙을 복으로 바꾸어주는 종교 서비스를 제공해주었다. 그러나 나라를 다스리고 정권을 운영하는 데에는 관심이 없었다. 불가는 자비를 베풀고 선행善行을 많이 하고, 지혜로써 우매함을 깨칠 것을 선양하고, 인과응보因果應報를 주장했다. 또 중생들에게 서방 정토淨土를 제공해 주었고, 내세來世의 행복에 대한 기대를 심어주었다. 하지만 불가는 사회문제에 대해서는 관심이 적었다. 유가와 도가, 불가의 상호 보완은 인문과 종교의 상호 보완이었다. 유가의 인문이성人文理性은 도가와 불가의 종교이성宗敎理性을 승화시켜 주었고, 나아가 중국 종교가 비이성적 극단주의로 발전하는 것을 효과적으로 막아주었다. 유가의 인문이성은 또 도가와 불가의 인도주의人道主義 의식과 온화한 중도中道적 풍격을 강화시켜 주었으며,

세상을 구제하는 선행善行 전통을 형성하게 해주었다. 다른 한편, 도가와 불가의 출세出世 신앙과 피안彼岸 세계에 대한 동경은 유가의 속세주의 단점을 미봉해 주었고, 유가가 천명天命과 귀신鬼神에 대한 경의敬意를 간직하게 해주었다. 또 상사喪事에는 슬픔을 다하고 제사祭祀에는 공경을 다하는 전통을 굳게 지키게 만들었고, 신도神道로써 만백성을 교화하는 일을 중요시하게 만들었다. 이렇게 백성들이 선善과 복福이 어긋나는 현실에 대한 곤혹을 풀어주었고, 죽은 다음 저세상에 대한 관심에 해답을 주었던 것이다. 이런 식으로 유가는 현실세계를 관심해주고, 도교는 현세의 생명을 연장해주고, 불교는 다음 세상을 책임져주면서, 삼교는 분공·협력하여 공동으로 중국사회의 문명에 기여했던 것이다. 인문과 종교의 양성良性적 상호 작용의 결과, 사회의 주도적 사상으로서의 유가가 종교에 대한 태도는 온화하고 포용적이게 되었고, 종교로서의 불교와 도교는 덕을 많이 쌓고 선행을 많이 하고, 생명을 존중할 것을 가장 중요한 교의敎義로 위치 지우게 되었다. 불교와 도교는 또 인간 사랑을 신神을 사랑하는 필요한 전제로 삼고 있었고, 신도神道와 인도人道의 고도의 통일을 실천하고 있었다. 불교는 자체를 이렇게 해석한다. "온갖 악한 일은 하지 말고, 착한 일들을 많이 하고, 절로 자기 마음 깨끗이 하라. 이것이 모든 부처님의 가르침이다."[4] 도교道敎는 '덕을 쌓아 신선仙이 되고', '공덕功德으로써 신이 될 것'[5]을 요구했다.

둘째, 한걸음 더 나아가 유·도·불 삼교에서 각자의 교敎는 그 내부에서 또 두 갈래로 나눌 수 있다. 따라서 삼교는 삼교육가三敎六家로 되겠다.

유교는 예禮문화로서 그 내부를 일교一敎(종교)와 일학一學(철학)으로 나눌 수 있다. 즉 경천법조교敬天法祖敎와 유학이 그것이다. 전자는 주周나라 때부터 전해 내려온 종교로서 중국인들의 기초적 종교와 가치관의 원천으로 되어졌다.

---

4) 星雲大師:《釋迦牟尼佛傳》, 東方出版社2016年版, 第371頁.[원문 : 諸惡莫作, 衆善奉行, 自淨其意, 是諸佛敎.]

5) 牟鐘鑒:《道家和道敎論稿》, 宗敎文化出版社2014年版, 第117頁.[원문 : "積善成仙", "功德成神".]

후자는 공자, 맹자, 순자가 창립한 인간학人學으로서 인간을 본위로 하고 도덕 교화를 취지로 삼고 있었다. 이는 중국인들의 핵심가치관의 기둥과 중화사상사의 주축으로 되어졌다. 경천법조교敬天法祖敎는 교敎(종교)가 있지만 학學(철학)이 없고, 유학은 학學(철학)이 있지만 교敎(종교)가 없다. 양자는 병행하여 발전하면서도 또 상호 보완해주면서 공동으로 중화민족의 전통 신앙과 기본가치 추구를 존속해왔다. 중화민족은 유학儒學이 있었기 때문에 '청명하고 안정하고 화해로운'淸明安和 인본주의로 나아갔고, 경천법조교敬天法祖敎가 있었기 때문에 '신도神道로써 만백성을 교화할 수 있었고', 도덕교화를 추진할 수 있었다.

도교는 도道문화로서 그 내부를 노장도가 철학과 신도도교神道道敎로 나눌 수 있다. 노자, 장자가 창립한 도가는 철학이지, 신학神學이 아니다. 노장도가에서는 천도天道는 자연무위自然無爲하고 인도人道는 자연을 본받아야 한다고 했다. 노장도가에서는 장생長生을 추구하지 않았고, 신선神仙을 섬기지 않았고 부록符箓을 논하지 않았다. 다만 정신적 자유와 본연의 참되고 순박한 마음으로 되돌아갈 것返璞歸眞을 추구했다. 도교는 노자를 태상노군太上老君과 교주敎主로 존숭하고 있었고, 삼청사어三淸四禦와 제諸 신신들을 숭배하고 있었고 장생불로를 추구하고 있었다. 또 교단敎團제도를 세웠고, 신에게 제사 지내고齋醮, 단약을 제련하고煉丹, 재앙을 쫓는祈禳 등 활동도 진행했다. 즉 도교는 중국식 종교였다. 그러나 양자는 모두 대도大道를 존숭尊崇하고, 노자를 공경하고 생명을 소중히 여긴다. 노자는 도교에서 태상노군太上老君으로서 도교의 홍도명덕弘道明德(道를 펼치고 德을 밝히는 일)을 이끌고 있었고, 도교는 노자의 공신功臣으로서 노자철학이 민간에 널리 보급되게 했다.

불교는 선禪문화로서 그 내부를 종교(즉 불교)와 철학(즉 불학)으로 나눌 수 있다. 불교는 종교이다. 불교에서는 석가모니와 제諸 보살菩薩을 초인간적 신령神靈으로 섬기고 있다. 이들은 대자대비大慈大悲하고 신도들의 고난을 구제해줄 수 있다. 신도들이 예의를 갖추고 경배敬拜하면 복을 구하고 재앙을 없앨 수 있다. 또 중생들이 윤회輪廻와 환생轉世, 인과응보因果應報를 믿고 선행善行을 많이 하면, 내생來生에 행복한 삶을 향유할 수도 있다. 하지만 불학은 철학이다.

불학에서는 석가모니불을 '깨달은 자'로 추대하고 있다. 석가모니불은 사람들에게 반야般若의 지혜를 주며, 우매함과 탐욕, 불만과 어리석음이 야기한 번뇌를 제거해주고, 마음을 깨끗이 씻어 주며, '언제나 즐겁고 깨끗한' 열반涅槃의 경지에 이르게 해준다. 불교가 있었기에 고해苦海에서 허덕이는 수많은 신도들의 미래의 행복한 꿈은 기탁이 있었던 것이다. 또 불학이 있었기에, 불교는 철리를 깨닫는 교敎로 되어졌고, 번뇌에서 시달리는 엘리트들도 마음을 닦고 평안한 인생을 추구할 수 있었다. 불교는 불학을 보급시켰고, 불학은 불교를 승화시켰다. 양자는 서로 비추어주고 또 서로 빛내주는 관계였다.

보다시피 중국사상사에서 인문철학과 신본神本(神을 근본으로 삼는) 종교는 대항적인 것이 아니었다. 양자는 가까이 하면서도 뒤섞이지 않았고, 붙지도 떨어지지도 아니하면서 서로 포용해주는 관계를 유지하고 있었다. 삼교육가三敎六家를 분명히 알게 되면, 삼교를 세분화할 수 있고 구체적인 문제를 구체적으로 분석할 수 있겠다.

셋째, 삼교의 정립鼎立은 평행적 관계가 아니었다. 삼교는 유가를 주축으로, 도가와 불가를 보조로 하는, 구심점이 있는 구도를 형성하고 있었다. 즉, 유가의 '오상팔덕五常八德'을 중심으로 하고, 도교와 불교 및 기타 종교를 응집해서 비교적 안정한 문화공동체를 형성하고 있었다. 따라서 분쟁과 충돌도 효과적으로 피면할 수 있었다. 예컨대 위진 때 도교 사상가 갈홍葛洪은 "신선仙이 될 것을 추구한다면, 모름지기 충忠, 효孝, 순順, 인仁, 신信을 근본으로 삼아야 한다."6)라고 했다. 남천사도南天師道의 창립자 육수정陸修靜은 도교의 취지는 '백성들이 안으로는 자효慈孝를 행하게 하고, 바깥으로는 경양敬讓을 행하게 하는 것7)이라고 했다. 북송北宋 승려 계숭契嵩은 "효孝는 여러 교敎들에서 모두 받들고 있는데, 불교에서는 특히 더 높이고 있다."8)라고 했다. 명나라 불교 감산대

---

6) 王明 校釋:《抱朴子內篇校釋》, 中華書局1980年版, 第47頁.[원문 : 欲求仙者, 要當以忠孝和順仁信為本.]
7) 《道藏》第24冊, 天津古籍出版社1988年版, 第779頁.[원문 : 使民內修慈孝, 外行敬讓.]
8) (宋)契嵩:《禪門逸書》第3冊, 明文書局1981年版, 第31頁.[원문 : 夫孝, 諸敎皆尊之, 而佛敎

사감산大師 덕청德清은 '인도人道를 버리고는 불법을 세울 수 없다.' '인도人道라고 하는 것은 임금과 신하, 아버지와 아들, 남편과 아내 사이의 일상생활규범이다.'9)라고 했다. 보다시피 도교와 불교는 종교도덕에서 따로 일가一家를 이룬 것이 아니라, 다만 '신도神道로써 만백성을 교화하는' 방식으로, '왕정王政의 실행에 협력해주고, 인의仁義와 지혜의 선성善性에 이롭게 해주던 것이다.'10) 유가가 주도적 지위에 있었지만, 동시에 공자유가와 노자도가는 또 하나는 양陽으로, 다른 하나는 음陰으로, 하나는 분명하게 드러나고, 다른 하나는 숨겨져 존재하면서, 양자가 상호 보완하면서 중화문화발전의 본맥을 형성했다. 양자는 또 공동으로 불교의 중국화를 추진시켰고, 삼교가 합류하는 추세를 형성했다. 그 연후에, 중화문화의 주체성을 확립하고, 점차 중국의 이슬람교, 기독교, 민간종교 및 기타 종교에 영향을 끼쳤던 것이다. 2000년 중화사상문화가 역동적으로 형성한 구도는 "일一, 이二, 삼三, 다多'로 개괄할 수 있겠다. '일一'은 유가의 주도主導를 말하고, '이二'는 유가와 도가의 상호 보완을 말하고, '삼三'은 유·도·불의 합류를 말하고, '다多'는 기타 종교와 외래문화의 수용을 말한다. 이 구조양식은 중화민족문화의 주체성과 개방성의 유기적 통일을 나타내고 있다고 하겠다.

제3절 유·도·불 삼교의 주요 함의와 정신

1. 유가

1) 유가 도통道統

공자가 유가의 창시자이다. 공자는 '요堯와 순舜을 법통을 계승하고, 주문왕周

殊尊也.]

9) (明)邪羅延屈, 海印沙門釋德清, 逸塵注解：《〈老子道德經憨山注〉解讀》, 同濟大學出版社 2013年版, 第34頁.[원문："舍人道無以立佛法", "所言人道者, 乃君臣, 父子, 夫婦之間, 民生日用之常也".]

10) (北齊)魏收：《魏書》第8冊, 中華書局1974年版, 第3035頁.[원문：助王政之禁律, 益仁智之善性.]

文王과 주무왕周武王의 법도를 본받았다.'11) 중국역사에서 당나라 및 그 이전에는 주공과 공자를 성인으로 추대했고, 송나라 이후에는 공자를 지성至聖으로, 맹자를 아성亞聖으로 추대했다. 맹자 이후, 유가도통儒家道統이 어떻게 계승되었는지에 대해서는 견해가 엇갈린다. 그러나 상이한 학파들에서는 모두 공자를 '대성지성선사大成至聖先師'로, '만세의 스승의 본보기萬世師表'로 공경하고 있었다. 맹자는 "공자 같은 분을 집대성자라고 한다."12)라고 했다. 이는 공자가 요와 순의 대덕大德과 주공周公의 예악禮樂을 계승하고, 오경五經을 정리하고, 인화仁和학설을 창립하고, 중화민족의 윤리적 인문주의 정신적 방향을 개척하고, 중국인들의 기본도덕규범을 정립했기 때문인 것으로 이해된다. 사마천司馬遷은 이렇게 말했다. "공자님은 서민이셨으나 그의 학설은 십여세十餘世 전해졌고, 배우는 자들은 모두 그이를 높이 받들고 있었다. 천자天子와 왕후王侯로부터 중국에서 『육예六藝』를 말하는 자들은 모두 공자님을 표준으로 삼아 사리에 맞게 처사하기를 구했으니. 공자님이야말로 지극한 성인至聖이라고 할 수 있다."13) 송나라 이후, 맹자를 아성亞聖으로 추대했고, 유학은 '공맹의 도孔孟之道'라고 칭했다. 유가도통 문제는 당나라 한유의 『원도原道』에서 처음 정식으로 제기했다.

요堯가 순舜에게 전해주었고, 순이 우禹에게 전해주었고, 우가 탕湯에게 전해주었고, 탕이 문文, 무武, 주공周公에게 전해주었고, 문, 무, 주공이 공자에게 전해주었고, 공자가 맹가孟軻에게 전해주었고, 맹가가 죽은 뒤 전해지지 않았다.14)

이것이 유가도통의 전승傳承 계보이다. 이에 대해 후세의 유자들은 대부분 공감하고 있었으나, 맹자 이후의 전승에 관해서는 학파에 따라 견해가 엇갈렸다.

---

11) (漢)班固:《漢書》, 中華書局2007年版, 第333頁.[원문:祖述堯舜, 憲章文武.]
12) 楊伯峻, 楊逢彬注譯:《孟子》, 嶽麓書社2000年版, 第173頁.[원문:孔子之謂集大成.]
13) (漢)司馬遷:《史記》, 線裝書局2006年版, 第238頁.[원문:孔子布衣, 傳十餘世, 學者宗之. 自天子王侯, 中國言《六藝》者折中於夫子, 可謂至聖矣!]
14) 孫昌武選注:《韓愈選集》, 上海古籍出版社2013年版, 第261-262頁.[원문:堯以是傳之舜, 舜以是傳之禹, 禹以是傳之湯, 湯以是傳之文, 武, 周公, 文, 武, 周公傳之孔子, 孔子傳之孟軻, 軻之死不得其傳焉.]

2) 유가 경전

유가는 '오경'과 '사서'를 기본 경전으로 받들고 있었고, 이것을 끊임없이 해석하면서 유가 경학 전통을 형성했다. 이렇게 유학의 발전에 지속적으로 원시적 경전 준거經典依據를 제공했던 것이다. '오경'은 『주역周易』, 『상서尚書』, 『시경詩經』, '삼례三禮', 『춘추春秋』를 말한다. (『악경樂經』은 후일 실전失傳되었다.) 이것들은 모두 하夏·상商·주周 시기로부터 축적되어 내려와 춘추 시기에 이르러 정리된, 문자로 기록된 원전元典으로서 여기에는 고대 문명사상의 성과가 응축되어 있다. 공자가 '오경'을 정리하고 『춘추』를 편찬했고, 그가 삼대三代의 성과를 아우르면서 '오경'의 텍스트와 그 의미 해석의 원칙을 확정했다. '사서'는 『대학大學』, 『중용中庸』, 『논어論語』, 『맹자孟子』를 말한다. 이것은 송나라 유자儒者들이 '오경'을 토대로 경전을 재정리하여 만든 것이다. 『대학』과 『중용』은 원래 『예기禮記』속의 두 편이었다. 그러나 특별히 중요하다고 판단되어 독립시킨 것이다. 『논어』는 공자의 말을 제자들이 기록한 책으로서 공자가 정리한 '경經'이 아니다. 그래서 처음에는 '경'이라고 칭하지 않았다. 한나라 때부터 송나라 때까지, 오랜 기간 많은 학자들은 이것이 공자의 사상을 가장 직접적으로 표현할 수 있다고 주장하고 있었는데, 그리하여 드디어 이를 '경'으로 받들게 되었던 것이다. 『맹자』는 맹자의 아성亞聖으로서의 지위가 확립되면서부터 경전으로 추대 받았다. 주희朱熹가 『사서장구집주四書章句集注』를 펴내면서 원나라 이후 '사서'의 지위는 '오경'을 초월했다. 『주역周易』, 『상서尚書』, 『시경詩經』, 『논어論語』, 『맹자』, 『효경孝經』, 『이아爾雅』, 삼례三禮(즉 『의례儀禮』, 『주례周禮』, 『예기禮記』), 그리고 춘추삼전春秋三傳(즉 『좌전左傳』, 『공양전公羊傳』, 『곡량전穀梁傳』)을 합쳐서 '십삼경十三經'이라고도 한다.

3) 유가 학파

선진 유가는 공자, 맹자, 순자를 대표자로 한다. 공자는 인仁과 예禮를 선양했고, 그는 인仁을 체體로 삼고, 예禮를 용用으로 삼았다. 맹자는 인의仁義를 제창했고, 어진 정치仁政의 설계가 있었고, 또한 심신身心의 수양을 중요시했다. 순자는 예의禮義를 주장했고 수신修身, 권학勸學을 중요시했으며, 더욱 예의제도禮義制度의 정립을 중요시했다. 한나라 때에는 경학이 발달했고, 금문경학今文經學과 고문경학古文經學이 병립並立하고 있었다. 전자는 『춘추공양전春秋公羊傳』에 의거하여 그 함축된 말 속에 담긴 심오한 뜻을 풀어내고 있었고, '대통일'(전국의 완전한 통일)을 위해 기여하고자 했다. 대표자로는 동중서董仲舒, 하휴何休 등이 있었다. 후자는 『춘추좌전春秋左傳』을 경전으로 삼고서 역사적 사실을 고증考證했고, 명물名物과 훈고訓詁를 중요시하고 있었다. 대표자로는 유흠劉歆, 가규賈逵 등이 있었다. 한나라 후기, 정현鄭玄은 두 학파를 융합시켰고, 거의 모든 경經에 주注를 달았다. 위진 때에는 현학玄學 경학經學이 있었다. 예컨대 하안何晏의 『논어집해論語集解』, 왕필王弼의 『주역주周易注』 등이 있었다. 이들은 유가와 도가의 상호 보완을 실천하고 있었다. 당나라 때 공영달孔穎達은 『오경정의五經正義』를 편찬했는데, 그는 '오경五經'의 주소注疏를 통일하여 이 책이 '오경五經'의 표준독본으로 되게 했다. 송, 원, 명 시기에는 신유가新儒家 학파가 출현했는데, 이때에는 정이程頤, 정호程顥, 주희朱熹의 이학理學, 육구연陸九淵, 왕양명王陽明의 심학心學, 장재張載, 왕부지王夫之의 기학氣學이 있었다. 이학理學에서는 '천리天理를 보존하고 인욕人欲을 멸할 것'을 주장하고, 심학心學에서는 '마음 바깥에는 이치理가 없음'을 강조하고, 기학氣學에서는 '기氣가 만물의 본체임'을 강조했다. 이 모두 도가, 불가의 영향을 많이 받았고, 일명 도학道學이라고 칭했고, 동아시아에서 널리 전해졌었다. 장재張載에게는 '횡거사구橫渠四句'가 있었다. '천지天地를 위해 마음을 세우고, 백성을 위해 사명을 세우고, 떠나간 성인을 위해 끊어진 학문을 잇고, 만세萬世를 위해 태평太平을 열어준다.' 이는 후일 숭고한 뜻을 품은 지식인들의 좌우명으로 되어졌었다. 청나라 건륭乾隆 가경嘉慶 연간에는 고거학考據學이 흥기했고, 경전經典의 문자, 음운, 훈고訓詁에 착안한 연구가 활발했다. 유학은 실증주의 방향으로 나아갔고, 대표학자들로는 혜동惠棟, 대진戴震, 단옥재段玉裁, 왕념손王念孫, 왕인지王引之, 완원阮元, 유월兪樾, 피석서皮錫瑞, 여가석餘嘉錫, 손이양孫詒讓 등이 있었다. 청나라 말 및 중화민국 시기에는 금문경학今文經學이 다시 부흥했다. 강유위康有爲는 옛 것에 의탁하여 현실을 개혁할 것을 창도하고 나아가 군주입헌제를 실시할 것을 주장했고, 담사동譚嗣同은 동·서양 사상을 융화시켜 이로 '삼강三綱'을 비판했고, 또 '통通'으로 '인仁'을 해석하면서 개방적 유학을 창도했다. 장태염章太炎은 장학성章學誠의 '육경六經은 모두 역사이다', '나라의 옛 것國故을 정리하자.'라는 슬로건을 내걸고, 고문경학古文經學 전통을 계승했다. 그는 서양 과학연구방법론을 가지고 실증사학實證史學적 시각에서 경전을 해석했는데, 결국 경전의 심오한 함의와 이치는 죄다 매몰되고 말았다. 웅십력熊十力, 양수명梁漱溟, 장군매張君勱, 풍우란馮友蘭, 하린賀麟, 방동미方東美를 대표자로 하는 당대 신유가新儒家는 동·서양 융회融會를 주장하고 있었고, 고금古今을 관통할 것을 주장하고 있었고, 이를 토대로 종합과 창조를 추진했다. 이들은 또 신문화학新文化學, 신이학新理學, 신심학新心學, 신생명학新生命學을 제기하면서 유학의 현대화를 추진했고, 유학을 중국 현대사회의 변혁에 적용하는데 심혈을 기울였다.

4) 유가의 요의要義

유가의 요의는 첫째, 인仁과 의義를 선양하고, 둘째, 덕德과 예禮를 소중히 여기고, 셋째, 백성을 본위로 할 것을 중요시하며, 넷째, 중화中和를 숭상하고, 다섯째, 대동大同을 추구하는 것으로 요약할 수 있겠다.

첫째는 인仁과 의義를 선양하는 것이다. 인이란 남을 사랑하는 것을 말한다. 인애仁愛는 유가의 영혼이었다. 이는 인간의 본성에 기반 하고 있고, 효제孝悌에서 생겨나며, 수신修身에서 발달하고, 사물을 사랑하는 것에서 이루게 된다. 인애의 마음은 잃어버리면 아니 되고, 반대로 가까이로부터 멀리로, 자신으로부터 타인에게로 확장해 나가야 한다. 『논어論語』에는 이런 말들이 많다. '효성과 공경弟이라는 것, 이것이 인을 행하는 근본이다.' '지혜로운 자는 헷갈리지 않고, 어진仁 자는 걱정하지 않고, 용감한 자는 두려워하지 않는다.'[15] '군자는

---

15) 楊伯峻, 楊逢彬注譯:《論語》, 嶽麓書社2000年版, 第1頁, 137頁.[원문: "孝弟也者, 其爲仁

인을 마음에 간직한다.'16) 맹자는 이렇게 말했다. '친족을 가까이하고 나서야 백성들을 사랑할 수 있다. 백성들을 사랑하고 나서야 세상만물을 아낄 수 있다.'17) 송나라 유자들은 '어진 자仁者는 천지만물을 일체一體로 여긴다.'18)라고 했다. 공자는 인애仁愛가 충서忠恕의 도道로 표현된다고 보고 있었다. 하나는 '내가 서고자 하면 남을 먼저 세워주고, 내가 이르고자 하면 남을 먼저 이르게 해주는 것이고'19), 다른 하나는 '자기가 싫은 것을 남에게 강요하지 않는 것이다.' 충도忠道는 타인을 관심하고 도와주는 것이고, 서도恕道는 타인을 존중하고 이해해주는 것이다. 때문에 인애仁愛는 사랑하는 마음과 행위가 있어야 할 뿐만 아니라 또 상호 존중하는 평등한 사랑으로 표현되어야 한다. 이는 일방적으로 베풀어 주는 것이 아니다. 주희는『사서장구집주四書章句集注』에서 이렇게 해석했다. '자기의 정성을 다하는 것을 충忠이라 하고, 자기 마음으로 미루어 남이 바라는 바를 이해하는 것을 서恕라고 한다.'20) 다시 말하면, 충도忠道는 자기의 정성을 다하여 진심으로 남을 배려해주는 것이고, 서도恕道는 자기의 마음으로 남의 마음을 헤아려주는 것이다. 이 말은 천고의 명언으로 남겨졌다. 유가에서는 또 '군자는 의로움義을 최상으로 여긴다.'21)고 한다. 의란 인애仁愛와 공리公理에 부합되는 행위를 말한다. 때문에 '이利를 보면서 의義를 생각하고', 이利를 정당한 수단과 방법으로 얻을 것을 요구하는 것이다. 맹자는 '인에 머물고 의를 따를 것'22)을 주장했다. 즉, 마음이 선량하고 행실이 단정하고, 행위가 공공생활규범에 부합될 것을 요구했다. 한유는『원도原道』에서 이렇게

之本與", "知者不惑, 仁者不憂, 勇者不懼".]
16) 楊伯峻, 楊逢彬注譯 :《孟子》, 嶽麓書社2000年版, 第147頁.[원문 : 君子以仁存心.]
17) 楊伯峻, 楊逢彬注譯 :《孟子》, 嶽麓書社2000年版, 第244頁.[원문 : 親親而仁民, 仁民而愛物.]
18) (宋)黎靖德編 :《朱子語類二》, 楊繩其, 周嫻君校點, 嶽麓書社1997年版, 第764頁.[원문 : 仁者與天地萬物為一體.]
19) 楊伯峻, 楊逢彬注譯 :《論語》, 嶽麓書社2000年版, 第57頁.[원문 : 己欲立而立人, 己欲達而達人.]
20) (宋)朱熹 :《四書章句集注》, 中華書局2011年版, 第71頁.[원문 : 盡己之謂忠, 推己之謂恕.]
21) 楊伯峻, 楊逢彬注譯 :《論語》, 嶽麓書社2000年版, 第173頁.[원문 : 君子義以為上.]
22) 楊伯峻, 楊逢彬注譯 :《孟子》, 嶽麓書社2000年版, 第124頁.[원문 : 居仁由義.]

말했다. '널리 사랑하는 것을 인이라 하고, 행하여 도리에 맞는 것을 의라 하고, 반드시 좇아 따라야만 하는 것을 도道라 하고, 자신에게 가득 차 있어 바깥에 기대하는 바가 없는 것을 덕이라 한다. 인의는 정해진 이름이고, 도덕은 빈虛 자리이다.'23) 여기서 한유는 아주 투철하게 유가의 인의도덕仁義道德을 개괄했다. 후일 이 해석은 널리 받아들여졌었다. 한편, 노자의 『도덕경道德經』에서도 '도를 받들고 덕을 귀하게 여길 것'을 강조하고 있었으나, 여기서 '도덕'의 함의는 자연주의 철학의 색채가 짙다. 유가에서는 '도덕' 개념을 주로 인간윤리 차원에서 사용하고 있었다.

둘째는 덕德과 예禮를 소중히 여기는 것이다. 공자유학은 주나라 예를 본보기로 삼고 있었고, 한편 주나라 예는 덕치德治를 강조하고 있었다. 『상서尚書·채중지명蔡仲之命』에는 이런 말이 있다. '하늘은 멀고 가까운 자가 따로 없고, 오직 덕이 있는 자만을 돕는다. 백성들의 마음은 일정하지 않고, 오직 덕을 베푸는 자만을 마음에 품는다. 착善한 일 하는 것은 다르지만, 모두 안정한 다스림에 이를 것이요, 악惡한 짓 하는 것은 다르지만, 모두 어지러움에 이를 것이다.'24) 주나라 예에서 이른바 덕치德治란 주로 백성들에게 베풀어주고 그들이 착하도록 이끌어주는 것을 말한다. 치국治國의 방식은 '덕을 밝게 하고, 벌罰을 삼가는 것'이었다. 공자는 이를 계승하여 나라를 다스리고 정치를 운영하는 방식에 활용했다. 즉 '덕으로 이끌어주고 예로 가지런하게 하는 것'25)이다. 공자는 '덕으로 정치를 운영할 것'을 강조하고 있었고, 형벌은 다만 보조적 수단으로 활용할 것을 주장하고 있었다. 반대로, '정치적 수단으로 백성을 다스리고, 형벌로써 백성들을 가지런하게 하는 것'26)에는 반대했다. 공자는 사회 관리자가 민생을 관심하고, 자기를 바르게 하고 남을 바르게 하며, 청렴결백하게 공무

---

23) 孫昌武選注:《韓愈選集》, 上海古籍出版社2013年版, 第253頁.[원문: 博愛之謂仁, 行而宜之 之為義, 由是而之焉之謂道, 足乎己無待於外之謂德, 仁與義為定名, 道與德為虛位.]

24) 張馨編:《尚書》, 中國文史出版社2003年版, 第265頁.[원문: 皇天無親, 惟德是輔. 民心無常, 惟惠為懷. 為善不同, 同歸於治. 為惡不同, 同歸於亂.]

25) 楊伯峻, 楊逢彬注譯:《論語》, 嶽麓書社2000年版, 第8頁.[원문: 道之以德, 齊之以禮.]

26) 楊伯峻, 楊逢彬注譯:《論語》, 嶽麓書社2000年版, 第8頁.[원문: 道之以政, 齊之以刑.]

를 수행하고, 현명한 자를 등용하고, 간언諫言을 잘 받아들일 것을 요구했다. 사회 대중들에 대해서는 도덕으로 교화하고, 예속禮俗으로 단속할 것을 주장했다. 바로 이것이 유가의 발달한 덕성德性문화를 형성시켰고, 중국이 예의禮儀의 나라가 되도록 추진시켰던 것이다. 삼대三代로부터 전해 내려오고, 유가에서 수용한 제사祭祀의 예禮로는 하늘에 제사 지내고, 조상들에게 제사 지내고, 사직社稷에 제사 지내고, 일월산천日月山川과 비와 바람 그리고 백신百神에게 제사 지내는 등이 있었다. 경천법조敬天法祖를 기초 신앙으로 하고, 전 민족을 아우르는 방대한 규모를 가진, 상대적으로 안정한 종묘宗廟 제도 및 기타 제사祭祀 제도도 마침내 예속禮俗으로 되어졌다. 이는 사회질서와 가족체제를 존속시키는 정신적 역량이었고, 중국인들의 심령을 안위해주는 정신적 기둥이었다. 인문도덕 차원에서, 유가는 한나라 때에 이르러 '오상五常', '팔덕八德'의 도덕체계를 형성했고, '오상', '팔덕'은 그 후 2000년 중화민족의 기본도덕규범으로 되어졌었다. 이렇게 일교一敎와 일학一學은 상부상조하면서 서로 빛내주고 있었다. '오상'이란 인仁, 의義, 예禮, 지智, 신信을 말하는데, 여기서 인이 우두머리로, 영혼魂으로 되겠다. '팔덕'은 효孝, 제悌, 충忠, 신信, 예禮, 의義, 렴廉, 치恥를 말하는데, 이는 '오상五常'을 확장한 것이고, 여기서 충효忠孝가 핵심이겠다. 유가에서는 효를 특히 중요시하고 있었다. 백가지 선행善行에서 효가 우두머리라고 보고 있었고, 효로부터 더 나아가 충忠을 실천하고, 집으로부터 더 나아가 나라에 충성해야 한다고 주장했다. 결국 효를 가지고 천하를 다스릴 것을 요구했다. 가정윤리도 따라서 정치윤리로 확장된다. 『대학大學』에서는 '세 개의 강령'을 제기한다. 즉 밝은 덕을 밝게 하고, 백성들을 사랑하고, 최선의 경지에 도달하는 것이 그것이다. 또 '팔조목八條目'도 제기한다. 격물格物 - 치지致知 - 성의誠意 - 정심正心 - 수신修身 - 제가齊家 - 치국治國 - 평천하平天下가 그것이다. 또한 '천자天子로부터 서민에 이르기까지, 한결 같이 몸을 닦는 것修身을 근본으로 삼아야 한다.'[27) 때문에 유가는 도덕수양 교육을 아주 강조하고 있었다. 즉 스승을

---

27) 王文錦譯注:《大學中庸譯注》, 中華書局2008年版, 第2頁.[원문:自天子以至於庶人, 壹是皆以修身為本.]

존경하고 교육을 중요시하고, 차별 없이 누구에게나 가르쳐주며, 학습자 수준에 맞추어 적절한 교수방식을 활용하고, 계발을 주는 교육을 행하며, 배움과 사고를 모두 중요시하고, 가르치는 자와 배우는 자가 함께 발전하고, 타고난 덕성德性을 존중하고, 학습과 수련을 통해 덕성을 길러야 한다는 등이겠다. 유가의 예禮는 어진 덕仁德의 외면화이다. 이는 세 개 차원으로 나눌 수 있다. 첫째 차원은 예법禮法으로서 제도문화이고, 둘째 차원은 예의禮義로서 도덕문화이고, 셋째 차원은 의례儀禮로서 민속문화이다. '자기를 극복하고 예禮로 돌아가는 것이 인仁'28)이기에, 예 교육은 사실 인덕仁德으로 통하는 길이다. 유가의 예는 등급질서를 강조하지만, 공자는 '예의 용用은 화和가 귀貴하다.'라고 하면서 예 제도가 온화한 풍속으로 되어질 것을 강조했다. 예교禮教는 덕과 법의 결합을 중요시하고 있었고, 유연하게 다스리는 특징을 지니고 있었고, 이는 일방적 억압과 무조건 복종이 아니었다.

셋째는 백성을 본위로 할 것을 중요시하는 것이다. 『상서尚書』에는 이런 말들이 있다. '백성은 나라의 근본이니, 근본이 튼튼해야 나라가 평안하다.' '백성이 바라는 바를 하늘은 반드시 따른다.'29) 공자유학에서는 삼대三代에서 백성을 귀하게 여기던 전통을 계승했고, 나라를 다스림에 있어서 백성을 근본으로 삼을 것을 반복적으로 강조하고 있었다. 공자는 이런 말들을 많이 했다. '자기를 닦아 백성들을 편안하게 해준다.' '식량을 풍족하게 장만하고, 군사를 충족하게 갖추어, 백성들의 믿음을 산다.' '백성들이 믿지 않으면 나라가 세워질 수 없다.' '백성들에게 은혜를 베풀어야 한다.'30) 맹자는 '백성이 귀하고, 사직社稷이 다음이고, 임금은 하찮다.'31)라고 했다. 맹자는 민심을 얻은 자가 천하를 얻을 수 있기 때문에, '인정仁政'을 실시하고 '백성들의 생업을 정해주고制民之

---

28) 楊伯峻, 楊逢彬注譯:《論語》, 嶽麓書社2000年版, 第106頁.[원문: 克己復禮為仁.]

29) 張馨編:《尚書》, 中國文史出版社2003年版, 第70, 143頁.[원문: "民惟邦本, 本固邦寧", "民之所欲, 天必從之".]

30) 楊伯峻, 楊逢彬注譯:《論語》, 嶽麓書社2000年版, 第142, 109, 41頁.[원문: "修己以安百姓", "足食, 足兵, 民信之矣", "民無信不立", "其養民也惠".]

31) 楊伯峻, 楊逢彬注譯:《孟子》, 嶽麓書社2000年版, 第250頁.[원문: 民為貴, 社稷次之, 君為輕.]

産’, 백성들이 먹고 입을 것이 풍족하게 해주어야 한다고 했다. 또 ‘형벌을 줄이고 세금을 적게 거두고’, 의지할 곳 없는 자들이 생존할 수 있게 해주어야 한다고 했다. 순자에게는 ‘물은 배를 띄울 수도 있고, 뒤엎어버릴 수도 있다.’32)라는 적나라한 경구驚句도 있었다. 유가의 민본民本 사상은 한편으로는 천의天意를 민의民意로 전환시켰고, 다른 한편으로는 군왕의 다스림이 민생과 민심에 토대를 두게 만들었다. 구체적 실행에 있어서는, 즉 집권자는 마땅히 우선 백성들에게 필요한 토지(재산)와 노동시간을 부여해주어야 하고, 이로써 백성들의 생활을 보장해주어야 하고, 다음 백성들의 목소리에 귀를 기울이고, 유능한 인재를 등용하고, 국민들의 의사를 잘 받아들이고, 채풍采風을 잘하고 간언諫言을 잘 받아들이고, 백성들의 원망과 불만을 잘 살펴 정치가 잘 통하게 하고, 백성들이 화평하고 안락한 삶을 영위하도록 해주어야 한다는 등이다. 이에 더하여 ‘상서庠序(지방학교) 교육을 중요시하고, 공경함의 도리를 널리 펼쳐’, 33) 예의禮義 제도와 미풍양속을 형성해야 한다고 강조했다. 유가는 신神과 인간의 관계에 있어서, 현실의 인생을 더 중요시했고, 귀신에 대해서는 공경은 했지만 가까이 하지는 않았다. 오로지 ‘백성들에게 은혜를 널리 베풀어주고, 뭇사람들을 구제해주는 일’34)을 성인이 할 일로 간주하고 있었다. 한편, 내생來生과 귀신鬼神에 대해서는 논하지 않았고, 다만 신도神道로써 만백성을 교화할 것만 주장했다. 임금과 신하의 관계에 있어서, 유가는 개명군주제를 주장하고 있었고, 천명天命, 현신賢臣과 민심民心으로 군왕의 권력 남용을 제한했다. ‘임금은 신하를 예로써 부리고, 신하는 임금을 충忠으로써 섬기고’, ‘임금을 굽히고 하늘을 편다.’35)라는 등이 그것이다. 한나라 ‘삼강三綱’에서는 임금은 신하의 벼리가 되고, 아버지는 아들의 벼리가 되며, 남편은 아내의 벼리가 된다고 하여, 시비를 따지지 않는 맹목적인 충성을 요구하고 있었는데, 이는 종법宗法 등급 의식형

---

32) 張覺：《荀子譯注》, 上海古籍出版社1995年版, 第148頁.[원문：水則載舟, 水則覆舟.]

33) 楊伯峻, 楊逢彬注譯：《孟子》, 嶽麓書社2000年版, 第5頁.[원문：謹庠序之敎, 申之以孝悌之義.]

34) 楊伯峻, 楊逢彬注譯：《論語》, 嶽麓書社2000年版, 第56頁.[원문：博施於民而能濟衆.]

35) (淸)蘇興：《春秋繁露義證》, 鐘哲點校, 中華書局1992年版, 第32頁.[원문："君使臣以禮, 臣事君以忠", "屈君而伸天".]

태에 의해 왜곡된 결과물로서 사실 공자와 맹자의 도에 부합되지 않는 것이다. 송나라 유자들은 왕권王權, 족권族權, 부권父權, 부권夫權을 강조하는 경향이 있었고, '천리天理를 보존하고 인욕人欲을 없앤다.'는 등 설도 제기했는데, 이는 사실 공자와 맹자의 도에서 더욱 빗나간 것들이다.

넷째는 중화中和를 숭상하는 것이다. 춘추 시기에 이미 '화합和合'이라는 말이 있었고, 공자 때에 와서 공자가 중中을 숭상하고 화和를 소중히 여길 것을 명확히 제기했다. 『논어論語』에는 이런 말들이 두루 많다. '군자는 화이부동하다.' '지나침은 미치지 못함과 같다.' '중용中庸이 덕德됨으로서 지극하지 아니한가? 백성들 중에 이를 지닌 이가 드물게 된지 오래 되었다.' '진실로 그 가운데 中를 잡으라.'[36]라는 등이다. 『중용』에서는 "중화中和에 이르면 천지가 자리를 잡고 만물이 길러진다."[37]라고 한다. 또 "만물은 함께 길러지되 서로 해치지 않고, 길은 나란히 뻗었어도 서로 어긋나지 않는다.'[38]라고 한다. 『역전易傳』에서는 '천하가 돌아가는 곳은 같으나 길이 다르며, 이르는 곳은 하나지만 백가지 생각이 있다.'[39]라고 한다. 유가의 중화中和사상의 요점은 아래와 같이 정리할 수 있다. 첫째, 사물의 다양성을 인정한다. 둘째, 다양성 간에는 조화가 필요하다. 셋째, 양 끝을 잡고 중용을 행하며 한쪽에 치우치지 않고 극단으로 나아가지 않는다. 넷째, 화목하게 지내지만 순종하지 않고, 불변의 법칙도 따르고 합리한 변통도 한다. 다섯째, 형세에 따라 변환하는데, 이를 '시중時中'이라고 한다. 여섯째, 추세를 따르면서 변혁하고 가감하며, 순차적으로 일을 하고, 지나치지도 않고 못 미치지도 않게 한다. 일곱째, 균형적으로 조화시키고 타협을 잘한다. 여덟째, 정감과 이성을 모두 중요시하며 지나치지 않게 한다. 주희

---

36) 楊伯峻, 楊逢彬注譯:《論語》, 嶽麓書社2000年版, 第125, 99, 56, 189頁, [원문: "君子和而不同", "過猶不及", "中庸之為德也, 其至矣乎? 民鮮久矣", "允執其中".]

37) 《禮記》: 崔高維校點, 遼寧敎育出版社2000年版, 第186頁.[원문: 致中和, 天地位焉, 萬物育焉.]

38) 《禮記》: 崔高維校點, 遼寧敎育出版社2000年版, 第192頁.[원문: 萬物並育而不相害, 道並行而不相悖.]

39) 黃壽祺, 張善文:《周易譯注》, 上海古籍出版社2004年版, 第541頁.[원문: 天下同歸而殊途, 一致而百慮.]

의 『중용장구中庸章句』에서는 정자程子의 말을 빌려 이렇게 말한다. "한켠에 치우치지 않는 것을 중中이라 하고, 바뀌지 않는 것을 용庸이라 한다. 중은 천하의 바른 길正道이고, 용은 천하의 정해진 이치定理이다."[40] 중용은 인을 행하는 가장 훌륭한 상태이다. 이는 원칙이 없이 누구에게나 아부하는 것이 아니고 또 누구에게나 두루 잘 보이는 방식으로 처세하는 것이 아니다. 공자는 "오직 어진 사람만이 남을 좋아할 수도 있고 미워할 수도 있다."[41]라고 했다. 어진 덕仁德을 여의고 시비를 가르지 못하고 원칙이 없이 누구나 다 좋다고 하는 행위를 공자와 맹자는 '향원鄕愿'이라고 칭했다. 그리고 "향원은 덕의 적賊이다."[42]라고 비난했다. 이것은 군자가 지닐 바가 아니라고 하겠다. 『중용』에서는 또 "높고 밝음을 지극히 다하되, 중용을 길로 삼는다極高明而道中庸."라고 한다. 풍우란馮友蘭은 『신원도新原道』에서 이 말을 이렇게 해석했다. 즉 '극고명極高明'이란 중국철학에서 인간세상 바깥의 '텅 비고 드넓은 것을 섭렵하고 다루는經虛涉曠' 높은 경지를 가리키는 것이고, '도중용道中庸'이란 중국철학에서 인간세상의 '용언용행庸言庸行(평범한 언행)'을 떠나지 않음을 가리키는 것이라고 했다. 이상의 추구도 인륜일용人倫日用을 떠나지 않았는데, 그리하여 '극고명도중용極高明而道中庸'을 또 '내성외왕內聖外王의 도'로 칭할 수도 있다고 했다. 중화中和의 도는 일종의 협조協調의 이성理性으로서 각종 극단적 사유를 제한할 수 있었고, 나아가 온화주의溫和主義 문화 풍격을 형성했다. 유가의 중화中和의 도는 또 인간과 자연의 조화和諧도 포함한다. 즉 천인일체天人一體를 말하는 것이다. 송나라 유자들이 말하는 "어진 자仁者는 천지만물을 일체一體로 삼는다."[43]라는 것이 바로 우주를 하나의 대가정大家庭으로 삼은 것이고, 환경과 만물을 모두 사랑할 것을 요구한 것이다. 『중용』에서는 "천지의 화육化育을 돕는다."[44]라

40) (宋)朱熹:《大學中庸章句》, 中國社會出版社2013年版, 第22頁.[원문 : 不偏之謂中, 不易之謂庸. 中者, 天下之正道. 庸者, 天下之定理.]

41) 楊伯峻, 楊逢彬注譯:《論語》, 嶽麓書社2000年版, 第28頁.[원문 : 唯仁者能好人, 能惡人.]

42) 楊伯峻, 楊逢彬注譯:《論語》, 嶽麓書社2000年版, 第169頁.[원문 : 鄕愿, 德之賊也.]

43) (宋)黎靖德編:《朱子語類二》, 楊繩其, 周嫻君校點, 嶽麓書社1997年版, 第764頁.[원문 : 仁者以天地萬物爲一體.]

고 했고, 장재張載는 "천지를 위해 마음을 세운다."45)라고 했다. 인간은 마땅히 주동적으로 천지만물의 건강한 발전과 번성을 수호해야 함을 말하는 것이다.

다섯째는 대동大同을 추구하는 것이다. 유가의 사회 이상은 소강小康으로부터 대동으로 나아갔다. 공자는 "요임금과 순임금의 법통을 계승하고, 주문왕周文王과 주무왕周武王의 법도를 본받았고"46), "늙은이들을 편안하게 해주고, 친구들이 믿음이 있고, 젊은이들을 잘 품어 주는"47) 사회를 이상적 사회로 보고 있었다. 맹자는 "요임금과 순임금의 다스림의 도가 있다 한들, 어진 정치仁政를 펴지 않는다면, 천하를 잘 다스릴 수 없다."48)고 했다. 『예기禮記·예운禮運』에서 처음 공자와 맹자의 논술을 토대로 '대동大同'의 사회 이상을 제기했는데, 여기서는 '천하를 집으로 삼던天下爲家' 하夏·상商·주周를 소강小康이라고 칭하고, '천하가 모든 백성들의 것天下爲公'이라는 이념을 대동大同사회의 본질적 특징으로 규정한다. 그 주요내용은 다음과 같다.

대도大道가 행해지면 천하가 공평하게 되고, 유능한 자가 지도자로 뽑히게 되고, 사람들은 신의信義를 지키고 친목을 두터이 하게 된다. 사람들은 자기 부모만을 부모로 생각하지 않고 남의 부도도 내 부모와 똑같이 생각하며, 자기 자식만을 자식으로 여기지 않고 남의 자식도 내 자식과 똑같이 생각한다. 늙은이들은 여생을 편안히 마치게 되고, 젊은이들은 각자 자기의 적성과 능력에 맞는 일자리에서 일하게 되며, 아이들은 키워주는 곳이 있게 된다. 홀어미와 홀아비, 의지할 곳 없고 불구가 된 자들은 모두 편안하게 배려를 받게 된다. 남자는 다 자기 직분에 맞는 일을 하게 되고, 여자는 다 적당한 곳으로 시집가 살게 된다. 재물이 헛되이 버려지는 것은 혐오하지만 그것을 꼭 자기 것으로 감춰둘 필요는 없으며, 힘을 내지 않고 놀고 먹는 것을 반대하지만 꼭 자기를 위해서 일할 필요는 없다. 그렇

---

44) 《禮記》: 崔高維校點, 遼寧敎育出版社2000年版, 第190頁.[원문 : 贊天地之化育.]

45) (宋)張載 : 《張載集》, 章錫琛點校, 中華書局1978年版, 第320頁.[원문 : 爲天地立心.]

46) (漢)班固 : 《漢書》, 中華書局2007年版, 第333頁.[원문 : 祖述堯舜, 憲章文武.]

47) 楊伯峻, 楊逢彬注譯 : 《論語》, 嶽麓書社2000年版, 第45頁.[원문 : 老者安之, 朋友信之, 少者懷之.]

48) 楊伯峻, 楊逢彬注譯 : 《孟子》, 嶽麓書社2000年版, 第115頁.[원문 : 堯舜之道, 不以仁政, 不能平治天下.]

기 때문에 권모술수와 같은 것들은 닫혀 일어나지 못하게 되고, 도둑이나 난적 같은 자들도 활동하지 않는다. 그러니 집집마다 문을 열어두게 되고, 닫을 필요도 없다. 이런 세상을 대동大同이라고 한다.49)

이런 이상理想으로 평가한다면 우禹·탕湯·문文·무武·성왕成王·주공周公 등 육군자六君子 때의 사회는 '천하를 집으로 삼는' 사회였고, '사람들은 각자 자기 부모만을 부모로 섬겼고, 자기 자식만을 자식으로 여겼고, 재물과 노동력은 모두 개인소유로 했다. 천자天子와 제후諸侯들의 권력은 세습적이었고, 이것이 명분이 정당한 예로 되어졌었다.'50) 이런 사회는 예악禮樂 제도가 붕괴되고 전쟁과 혼란이 끊이지 않던 쇠락한 시대 혹은 난세亂世와 대비할 때 분명히 태평성세이다. 이런 사회는 "예의禮義를 준칙으로 삼고서 군왕과 신하의 관계를 바로잡고, 부모와 자식의 관계를 독실히 하고, 형제 간 관계를 화목하게 하고, 부부 간 관계를 화기애애하게 했다.' '인을 법으로 삼고, 사양을 강구講究하며, 백성들에게 떳떳함이 있음을 보여주었다.' '이를 소강小康이라고 한다.'51) 소강은 사회가 초보적으로 안정을 이룬 상태이고, 대동은 사회의 최고 이상이다. 대동 사회에서는 사유제도를 타파하고, 천하를 모든 사람들이 공유하고, 노동을 존중하고 각자 능력껏 일하며, 현명한 자가 사회를 관리하고, 사람들은 성실하고 신용을 지키며 우호적이고, 전쟁과 범죄가 없고, 사람들은 모두 거주할 곳이 있고, 안정한 생활을 영위할 수 있다. 대동은 중국 역대의 인인지사仁人志士들이 추구하던 사회 이상이었다. 강유위康有爲는 『대동서大同書』에서 대동을 태평한 사회에 대한 인류의 공통 이상으로 위치 지웠었다. 손중산孫中山은 '세계대동주의世界大同主義'를 제기했고, '천하위공天下爲公'을 목표로 삼민주의三民主義를

---

49) 《禮記》: 崔高維校點, 遼寧教育出版社2000年版, 第75頁.[원문: 大道之行也, 天下爲公, 選賢與能, 講信修睦. 故人不獨親其親, 不獨子其子, 使老有所終, 壯有所用, 幼有所長, 矜寡孤獨廢疾者皆有所養, 男有分, 女有歸. 貨, 惡其棄於地也, 不必藏於己. 力, 惡其不出於身也, 不必爲己. 是故謀閉而不興, 盜竊亂賊而不作, 故外戶而不閉, 是謂大同.]

50) 《禮記》: 崔高維校點, 遼寧教育出版社2000年版, 第75頁.

51) 《禮記》: 崔高維校點, 遼寧教育出版社2000年版, 第75頁.[원문: "禮義以爲紀, 以正君臣, 以篤父子, 以睦兄弟, 以和夫婦", "刑仁講讓, 示民有常", "是謂小康".]

이에 이르는 경로로 위치지웠다. 일찍 중국사회주의자들은 『예운禮運』의 말을 인용하여 전면적으로 소강小康사회를 구축할 것을 제기했다. 그러나 시진핑習近平은 다시 '대도大道가 행해지면, 천하가 모든 사람의 것으로 된다.'는 사회이상理想을 제기했고, '대동을 추구하는 것'을 시대적 가치가 있는 중화문화이념의 하나로, 중국몽中國夢의 하나로 위치 지워 논술했다. 보다시피 대동 이상은 줄곧 중국인들의 마음에 살아 있었다.

2. 도가

1) 도가 종사宗師

노자가 도가의 창시자이고 종사이다. 노자를 계승하여 장자가 도가 학설을 크게 발전시켰다. 위로 더 거슬러 올라가면 황제黃帝도 도가의 종사라고 할 수 있는데, 그리하여 사람들은 도가 학설을 황로학설黃老之學이라고도 칭한다. 사마천司馬遷의 『노자열전老子列傳』에 따르면, 노자는 춘추春秋 말년 사람이고, 주나라 장서실藏室을 관장하는 벼슬을 지냈었다고 한다. 공자는 노자에게 예에 관해서 물은 적이 있는데, 노자는 이렇게 일깨워주었다고 한다. "내가 들은 바로는, 훌륭한 장사치는 재물을 깊이 감추어 두고 텅 빈 듯이 하고, 덕이 성한 군자는 겉모습을 마치 어리석은 듯이 한다고 했소.", "그대는 교만한 기운과 많은 욕심, 잘난 체 하는 태도와 잡념을 버리면 좋겠소"52) 여기서 현실과 일정한 거리를 두고, 현실비판정신을 가지고 있는 노자의 은군자隱君子 풍격을 보아낼 수 있겠다. 공자는 이 말을 듣고 감탄하여, 노자를 '바람과 구름을 타고 하늘에 날아오른'53) 용龍이라고 했다고 한다. 노자는 주나라의 쇠락을 보고, 서쪽을 향해 떠났는데, 함곡函谷을 지나면서 『도덕경道德經』 5000글자를 썼고, 그 다음 진秦나라 들판에서 자취를 감추었다고 한다. 노자는 '일부러 하는 바 없이 절로

---

52) (漢)司馬遷:《史記》, 線裝書局2006年版, 第284頁.[원문: "良賈深藏若虛, 君子盛德, 容貌若愚", "去子之驕氣與多欲, 態色與淫志".]
53) (漢)司馬遷:《史記》, 線裝書局2006年版, 第284頁.[원문: 乘風雲而上天.]

교화되게 하고無爲自化, 맑고 조용히 있으면서도 절로 바르게 되게 하는 것淸靜
自正'54)을 아주 숭상했다. 만약 '주나라 문화의 피폐함'을 보고, 공자는 적극적
으로 '자기를 극복하고 예로 돌아가고', 주나라의 예악禮樂 제도를 부흥시키려
했다면, 노자는 비판적 방식으로 예악 문화를 지양하고, 본연의 순박함으로 되
돌아갈 것을 주장했다. 다시 말하면, 유가와 도가는 똑같은 시대적 과제에 있어
서, 문제해결의 방식은 달랐다. 장자 학설은 '그 요점이 근본적으로는 노자의
말에 귀결되고', '도덕을 확대하여 자유분방하게 의론했지만, 그 요지 역시 자
연에 귀결된다.'55) 노장도학老莊道學은 후일 도교도 탄생시켰다. 도교에서는 노
자를 태상노군太上老君, 도덕천존道德天尊으로 받들고 있었고, 장자를 남화진인
南華眞人으로, 문자文子를 통현진인通玄眞人으로, 열자列子를 충허진인沖虛眞人으
로, 경상자庚桑子를 동허진인洞虛眞人으로 받들고 있었다.

2) 도가 경전經典

5000글자로 된『노자老子』를『도덕경道德經』이라고도 칭한다. 이 책은 도가
와 도교의 최고 경전으로서 지고지상至高至上의 지위를 가지고 있었다. 역사적
으로,『노자』주해는 수천 종이 넘고, 오늘날까지 전해 내려온 것으로는 300여
종 있다. 그 다음으로는『장자莊子』로서 일명『남화진경南華眞經』이라고도 칭하
는데, 역시 후세에 지대한 영향을 끼쳤다. 도교는 이 두 경전을 높이 받드는
외에, 또 종교화하는 과정에 경전을 끊임없이 만들어냈다. 그리하여 후일 수
차『도장道藏』을 정리하고 편찬하는 일이 있었던 것이다. 그 가운데 영향력이
큰 것으로는『노자상이주老子想爾注』,『태평경太平經』,『주역참동계周易參同契』,
『음부경陰符經』,『황정경黃庭經』,『좌망론坐忘論』,『도인경度人經』,『청정경淸靜
經』,『오진편悟眞篇』등이 있었다. 명明나라『정통도장正統道藏』및『속도장續道
藏』은 5,000권이 넘는다. 당대에는『중화도장中華道藏』을 편찬하기도 했다.

---

54) (漢)司馬遷 :《史記》, 線裝書局2006年版, 第284頁.[원문 : 無爲自化, 淸靜自正.]
55) (漢)司馬遷 :《史記》, 線裝書局2006年版, 第284, 286頁.[원문 : "其要本歸於老子之言", "散
　　道德, 放論, 要亦歸之自然".]

3) 도가의 유파流派

첫째는 은일파隱逸派이다. 이들은 노자의 '도는 숨겨져 있고 이름이 없다道隱無名.'라는 주지主旨를 받들고 있었고, 하나의 분산적이면서도 방대한 집단을 형성했다. 역대의 은일파는 모두 노자도가를 숭상하고 있었고, 그들은 벼슬을 탐내지 않았다. 또는 관직에서 물러나 민간에서 생활하면서, 방관자의 입장에서 시정時政을 많이 평론했다. 장자는 초나라 왕이 내려준 벼슬을 마다했고, 한평생 관직에 오르지 않았다. 정치에 억매이지 않는 반면, 그는 평생 소요逍遙를 마음껏 즐겼다. 장량張良은 공을 이루고서는 은거하여 적송자赤松子(전설속의 신선)처럼 신선놀음을 마음껏 즐겼다. 위진 때 죽림칠현竹林七賢에서 유령劉伶, 완적阮籍도 은일파에 속한다.

둘째는 비판파批判派이다. 이들은 늘 노자의 '대도大道가 폐폐廢하니 인의仁義가 생겼고, 지혜가 나오니 큰 거짓이 생겼다.'56)라는 비판정신과 장자의 '유가와 묵가를 공박剽剝하고'57) '성인이 죽지 않으니, 큰 도둑이 그치지 않는다.'58)라는 현실비판정신을 발양하여, 유가의 강상명교綱常名敎의 허위성을 여지없이 폭로하고 비판했다. 위진 때 혜강嵇康은 직설적으로 '탕湯과 무武를 비하하고, 주周와 공孔을 비난했고', '명교名敎를 초탈하여 자연에 맡길 것'59)을 주장했다. 명나라 왕양명王阳明의 후학 태주학파泰州學派에서 나여방羅汝芳, 안준顏鈞, 하심은何心隱, 이지李贄는 모두 도가의 비판정신을 계승하고 있었고, 옛 성현聖賢들에 대한 우상偶像 숭배를 타파하고, 개성의 자유와 적성주의適性主義를 선양했다.

셋째는 황로파黃老派이다. 이들은 황제의 덕을 밝히는 가르침明德之敎과 노자의 무위의 다스림無爲之治을 결합한다. 창사長沙 마왕퇴馬王堆 한나라 무덤에서

---

56) 陳鼓應注釋 : 《老子今注今譯》, 商務印書館2003年版, 第145頁.[원문 : 大道廢有仁義, 智慧出有大僞.]
57) (漢)司馬遷 : 《史記》, 線裝書局2006年版, 第284頁.[원문 : 剽剝儒, 墨.]
58) 陳鼓應注釋 : 《莊子今注今譯》, 中華書局2009年版, 第280頁.[원문 : 聖人不死, 大盜不止.]
59) 殷祥, 郭全芝注 : 《嵇康集注》, 黃山書社1986年版, 第122, 231頁.[원문 : "非湯武而薄周孔", 要"越名敎而任自然".]

출토한 『황로백서黃老帛書』(4편)는 전국戰國 말년에 작성된 것으로서 이 책은 사마담司馬談이 『논육가요지論六家要旨』에서 말하는 '음양가陰陽家들이 주장하는 사계절 운행의 순서를 따르고, 유가와 묵가의 장점을 취하고, 명가와 법가의 요지를 모으는', 그런 종합적 성격을 가지고 있었다. 이 책은 『여람呂覽』 및 『회남자淮南子』와도 서로 통한다. 한나라 초, 조삼曹參, 진평陳平, 문제文帝, 두태후竇太后, 경제景帝는 모두 황로를 높이 받들고 있었고, 반고班固의 『한서漢書』에서도 말하기를, 사마천은 "대도大道를 논할 때, 황로를 우선하고 육경을 다음으로 했다."[60]고 한다. 문제文帝와 경제景帝 때에는 황로 사상으로 나라를 다스렸고, 청정무위淸靜無爲를 숭상했고, 백성들을 편안하게 해주었다. 이는 경제를 회복하고 사회를 안정시키는 데 많이 유익했다. 동한東漢 때 황로 학설은 양생養生과 귀생貴生을 중요시하고 신령神靈을 숭배하는 방향으로 나아갔는데, 그 결과 도교가 탄생했다.

넷째는 신선파神仙派이다. 이들은 노장도가老莊道家 철학을 종교 신앙으로 전환시켰다. 이들은 신령神靈을 숭배하고, 피안彼岸 세계를 추구했고, 이에 상응하는 종교 의례와 조직제도를 갖춘 도교를 형성해냈다. 일찍 노자는 천도天道의 자연무위를 숭상하는 한편 '장생구시長生久視의 도'를 논했고, 장자는 생사기화生死氣化를 논하는 한편 '오곡을 먹지 않고 바람과 이슬을 마시고, 구름과 안개雲氣를 타고 나는 용飛龍을 몰면서 사해四海 바깥에서 노니는'[61] 신인神人의 경지를 추구했다. 또 연燕과 제齊 지역 문화에는 삼신산三神山, 선인仙人, 불사약不死之藥에 관한 전설이 있었고, 형荊과 초楚 지역 문화에는 '하늘땅과 장수함을 비기고, 일월과 가지런히 빛나는'[62] 장생長生에 대한 동경이 있었다. 한나라 말에 와서 노장 학설은 이런 민간의 신선神仙 신앙과 결합되어 마침내 초기

---

60) (東漢)班固 :《漢書》, 中華書局2007年版, 第622頁.[원문 : 論大道則先黃老而後六經.]
61) 陳鼓應注釋 :《莊子今注今譯》, 中華書局2009年版, 第25頁.[원문 : 不食五穀, 吸風飮露, 乘雲氣, 禦飛龍, 而遊乎四海之外.]
62) (明)汪瑗 :《楚辭集解》, 董洪利點校, 北京古籍出版社1994年版, 第164頁.[원문 : 與天地比壽, 與日月齊光.]

도교 교파를 형성해냈던 것이다. 예컨대 오두미도五斗米道, 태평도太平道 등이 그것이다. 이들은 『노자상이주』(이들은 『도덕경』을 神學으로 해석했다.)와 『태평경太平經』을 경전으로 받들고 있었다. 위진 이후, 오두미도는 천사도天師道로 승격했고, 도교는 단정파丹鼎派와 부록파符籙派라는 양대 교파敎派를 형성해냈다. 수·당 시기에는 또 청수무위파淸修無爲派와 중현학파重玄學派가 출현했다. 금나라와 원나라가 바뀌던 시기, 북방에서는 전진교파全眞敎派가 출현했고 남방에서는 여러 교파가 정일도正一道로 통합되었다. 도교는 노장 사상을 받들고 대도大道를 숭상하고, 청정무위淸靜無爲를 제창하고, 삶을 중요시하고, 양생養生을 중요시했다. 그러나 도교는 도가와 달리, 여러 신神을 신봉하고 있었고, 장생불사長生不死를 추구하고 있었고, 득도하여 신선으로 될 것得道成仙을 추구하고 있었다. 도교는 몸과 마음을 함께 수련할 것性命雙修을 주장하고 있었고, 이를 통해 개체의 생명이 영원히 보존될 것을 추구하고 있었다. 도교는 또 교단敎團을 만들고, 재초齋醮를 하고, 과의科儀 법사法事를 진행하는 의식도 갖추고 있었다. 이런 것들은 노장 도가에서 귀신을 믿지 않고 생사기화生死氣化를 논하고, 심령心靈의 경지를 승화시킬 것을 추구하던 것과는 많이 다르다.

4) 도가 및 도교의 요의要義

(1) 도가와 도교의 공통점

양자는 모두 도를 높이고 덕을 귀하게 여기고, 본연의 참되고 순박한 상태로 돌아갈 것을 주장하고, 양생養生을 중요시하고, 청정함과 유연함을 숭상하고, 아무런 구속도 받지 않는 소요逍遙를 추구한다.

첫째는 도를 높이고 덕을 귀하게 여기는 것이다. 넓은 의미에서 도가는 도교를 포함하고, 양자는 모두 대도大道를 높이 받들고 있었다. 유가에서 말하는 천도天道나 인도人道는 모두 형이하자形而下者이지만, 도가에서는 '형이상자形而上者를 도라고 한다.'[63] 도는 우주의 근원이다. '도는 하나를 낳고, 하나는 둘

---

63) 宋祚胤注譯：《周易》, 嶽麓書社2000年版, 第343頁.[원문 : 形而上者謂之道.]

을 낳고, 둘은 셋을 낳고, 셋은 만물을 낳는다.'64) 또한 도는 우주의 본체本體이
고 전체 활기이다. '도는 만물의 가장 깊은 곳이다.' '만물은 하나를 얻어 생장한
다.'65) '도란 만물이 나오는 근원이다.'66) 도는 우주의 변증법적 운행의 기본법
칙이다. '되돌아감은 도의 운동이고, 유약함은 도의 작용이다.'67) 도는 우주가
화해和諧로 통하는 길이다. "불변하는 것을 알면 너그러워지고, 너그러워지면
공평해지고, 공평해지면 온전하게 되고, 온전하게 되면 하늘 같이 되고, 하늘같
이 되면 도와 하나 같이 되고, 도와 하나 같이 되면 오래 간다.'68) '도에서는
모두 통通하여 하나가 된다.'69) 도는 또 진眞, 선善, 미美의 별칭이다. '최상의
선善은 물과 같다. 물은 만물을 이롭게 하고 다투는 일이 없고, 뭇사람들이 싫어
하는 곳에 들어가 있다. 그러므로 도에 가까운 것이다.'70) 덕은 만물이 대도大道
에서 품부 받아 가지고 있는 본성이다. '도는 그것을 낳고, 덕은 그것을 기르니,
그것이 생장하고 성숙하는 것이다.' '낳되 소유하지 않고, 위하되 의지하지 않
고, 기르되 지배하지 않으니, 이를 일러 현덕玄德이라고 한다.'71) 덕이란 얻는
것得이다. 덕이 있는 자는 도에서 얻은 자이다. 덕이 있는 자는 남을 사랑하는
한편 자신은 검박하고, 일을 하되 다투지 않고, 소박함을 몸에 지니고 있고,
큰 지혜를 가지고 있지만 어리석은 자처럼 보인다. '성인은 쌓아두지 않는다.

---

64) 陳鼓應注釋:《老子今注今譯》, 商務印書館2003年版, 第233頁.[원문: 道生一, 一生二, 二生
　　三, 三生萬物.]
65) 陳鼓應注釋:《老子今注今譯》, 商務印書館2003年版, 第295, 221頁.[원문: "道者萬物之奧",
　　"萬物得一以生".]
66) 陳鼓應注釋:《莊子今注今譯》, 中華書局2009年版, 第875-876頁.[원문: 道者, 萬物之所由也.]
67) 陳鼓應注釋:《老子今注今譯》, 商務印書館2003年版, 第226頁.[원문: 反者道之動. 弱者道
　　之用.]
68) 陳鼓應注釋:《老子今注今譯》, 商務印書館2003年版, 第134頁.[원문: 知常容, 容乃公, 公乃
　　全, 全乃天, 天乃道, 道乃久.]
69) 陳鼓應注釋:《莊子今注今譯》, 中華書局2009年版, 第69頁.[원문: 道通為一.]
70) 陳鼓應注釋:《老子今注今譯》, 商務印書館2003年版, 第102頁.[원문: 上善若水. 水善利萬
　　物而不爭, 處眾人之所惡, 故幾於道.]
71) 陳鼓應注釋:《老子今注今譯》, 商務印書館2003年版, 第260頁.[원문: 生而不有, 為而不恃,
　　長而不宰, 是為玄德.]

남을 위해 일함으로써 자신은 더욱 가지게 되고, 남들에게 베풀어줌으로써 자신은 더욱 많아지게 된다.'72)

둘째는 본연의 참되고 순박한 상태로 되돌아가는 것이다. 노자는 인류문명의 발전에 수반하여, 사람들의 순박한 본성이 잃어지는 것을 보아냈다. '도를 잃은 후에 덕이 나왔고, 덕을 잃은 후에 인仁이 나왔고, 인을 잃은 후에 의義가 나왔고, 의를 잃은 후에 예禮가 나왔다. 대저 예란 충성과 신의의 얄팍함이고 혼란함의 시작이다.' '지혜가 나오니, 큰 거짓이 있게 되었다.'73) 또한 물질에 대한 탐욕은 천하 죄악의 소굴이라고 한다. '욕심을 부리는 것보다 큰 죄罪가 없고, 만족할 줄 모르는 것보다 큰 재앙禍이 없고, 탐욕보다 큰 허물咎이 없다.'74) 그래서 노자는 인성人性을 본연의 소박함에 되돌려 갈 것을 주장했던 것이다. '소박함을 몸에 지니고 사욕을 적게 하고', '영아로 되돌아가고', '질박함에 되돌아가고', '덕을 두터이 지닌 자는 갓난아기와 비길 수 있다.'75)라고 했고, 인간은 갓난아기의 마음을 보존해야 한다고 강조했다. 사회생활에 있어서, 노자는 "극심함을 버리고, 사치함을 버리고, 교만함을 버리고'76), "소국과민小國寡民'의 원시 시대 조화로운 생활로 되돌아가야 한다고 주장했다. 오색五色, 오음五音, 오미五味의 즐거움을 추구하지 말고, 말을 달리면서 사냥을 즐기는 재미를 추구하지 말고, 진귀한 보물과 기이한 물품을 탐내지 말고, 검박하고 청담한 생활로 되돌아가야 한다는 것이다. 노자는 사람들이 진정하게 가치가 있는 것을 추구할 것을 요구했다. 즉 세 보물로서 '첫째는 자비심이고, 둘째는 검박함이고, 셋째는 감히 세상에 앞서지 않는 것이다.'77) 자비심이 있어 정의正

---

72) 陳鼓應注釋:《老子今注今譯》, 商務印書館2003年版, 第349頁.[원문: 聖人不積, 既以爲人 己愈有, 既以與人己愈多.]

73) 陳鼓應注釋:《老子今注今譯》, 商務印書館2003年版, 第215, 145頁.[원문: "失道而後德, 失 德而後仁, 失仁而後義, 失義而後禮. 夫禮者, 忠信之薄, 而亂之首", "智慧出, 有大僞".]

74) 陳鼓應注釋:《老子今注今譯》, 商務印書館2003年版, 第246頁.[원문: 罪莫大於可欲, 禍莫 大於不知足, 咎莫憯於欲得.]

75) 陳鼓應注釋:《老子今注今譯》, 商務印書館2003年版, 第147, 183, 274頁.[원문: "見素抱樸, 少私寡欲", "復歸於嬰兒", "復歸於樸", "含德之厚, 比於赤子".]

76) 陳鼓應注釋:《老子今注今譯》, 商務印書館2003年版, 第188頁.[원문: 去甚, 去奢, 去泰.]

義를 보고 용감하게 행동하게 되고, 검박한 덕이 있어 재원을 늘리고 지출을 줄일 수 있고, 감히 세상에 앞서지 않기에, 남을 위해 자신을 이바지하되 다투지 않을 수 있고, 사람들의 마음을 감복시킬 수 있다는 것이다. 장자는 '지덕지세至德之世'[78]를 동경하고 있었다. 사회에 예법禮法제도가 없고, 사람들은 '배불리 먹고 기뻐하고, 배를 두드리며 놀면서'[79] 살아가는 그런 세상 말이다. 다시 말하면, 순박한 풍속을 보존하고 안온한 생활을 영위하는 그런 세상 말이다. 순박한 본성에 되돌아오고, 검박함에 되돌아오는 외에 또 자연에 되돌아와야 한다. 노자는 "도는 자연을 본받는다."라고 했고, 장자는 성인은 "하늘(자연)을 본받고 진실함을 귀하게 여긴다."라고 했고, "천지(자연)는 가장 **빼어난** 아름다움을 지녔음에도 뽐내지 않는다."[80]라고 했다. 여기서 '자연'은 천지만물의 본성과 필연성을 가리킨다. 신神의 조화도 아니고, 인위적인 것도 아니다. 본래 그런 것이고, 말 그대로 자연적으로 이루어진 것이다. 이는 오늘날 사람들이 늘 말하는 '자연생태계'도 포함하고 또 인성人性의 정상적인 발육도 포함한다. 그러나 인류의 문명은 늘 수억 년을 거쳐 형성된 자연생태계를 파괴하고, 사람들은 늘 물욕物欲 때문에 인성人性을 거스르고 왜곡시킨다. 그리하여 노장도가에서는 자연에 되돌아오고, 인위적인 것을 줄일 것을 주장했던 것이다. 그러나 "도는 자연을 본받는다."고 해서 사람들이 아무 것도 하지 말 것을 요구하는 것은 아니다. 노자는 "만물의 자연스러운 성장과 발전을 도울 뿐, 감히 함부로 작위하지 않는다."[81]라고 했다. 그 의미인 즉, 인간은 자연을 보조할 수 있고, 자연을 보충할 수 있으며, 자연의 순리와 상도常道를 따르면서 형세에 따라 유리하게 이끌어갈 수도 있지만 함부로 작위해서는 아니 된다는 것이다. 그래서 노자는 "불변하는 법칙을 알지 못하면 망령되어 흉함을 지어낸다."[82]라고 했던

---

77) 陳鼓應注釋:《老子今注今譯》, 商務印書館2009年版, 第130頁.[원문: 一曰慈, 二曰儉, 三曰不敢為天下先.]

78) 陳鼓應注釋:《老子今注今譯》, 商務印書館2009年版, 第270頁.[원문: 至德之世.]

79) 陳鼓應注釋:《莊子今注今譯》, 中華書局2009年版, 第273頁.[원문: 含哺而熙, 鼓腹而遊.]

80) 陳鼓應注釋:《莊子今注今譯》, 中華書局2009年版, 第875頁.[원문: 天地有大美而不言.]

81) 陳鼓應注釋:《老子今注今譯》, 商務印書館2003年版, 第301頁.[원문: 輔萬物之自然而不敢為.]

것이다.

셋째는 생명을 귀하게 여기고 양생을 중요시하는 것重生貴養이다. 노자는 "만물은 하나를 얻어 생장한다."고 했다. 만물이 끊임없이 생장하고 번성하게 하는 것은 대도大道의 본질적 속성이다. 노자는 대도에서 품부 받은 개체 생명은 비할 바 없이 귀한 바, 신체 바깥 사물은 인간의 삶을 도와주어야지, 해쳐서는 아니 된다고 했다. 노자는 이렇게 말한다. "이름과 몸 중에 어느 것이 더 가까운가? 몸과 재물 중에 어느 것이 더 중한가? 얻음과 잃음 가운데 어느 것이 더 괴로운가? 지나치게 사랑하고 아끼면 반드시 큰 대가를 치르게 되고, 많이 모아 놓다 보면 반드시 크게 잃게 된다."83) 그래서 항상 마음을 깨끗하게 해야 하고, 욕심을 적게 가져야 하고, 바깥 사물에 대한 탐욕과 지나친 향락享樂 추구가 양생養生을 해치지 못하게 해야 한다는 것이다. 노자는 '색嗇'이라는 양생養生의 원칙을 제기했다. 그것인 즉 정精을 보존하고 기氣를 아끼는 원칙이다. 노자는 또 '혼백(마음)이 하나를 껴안고營魄抱一', '기를 오로지해서 몸을 부드럽게 하는專氣致柔' 등 양생 방법도 제안했다. 또 지혜롭게 험악하고 위태로운 것을 멀리 할 것도 제안했다. "듣건대, 섭생攝生을 잘 하는 사람은 길을 가도 호랑이나 외뿔소를 만나지 않고, 군대에 들어가도 갑옷을 입지 않는다고 한다.", "이는 그가 죽을 곳이 없기 때문이다."84) 장자는 은둔자의 생활을 추구했다. 그것은 첫째, 정치의 희생양이 되는 것을 피하기 위해서였다. 비유하자면 종묘廟堂에서 공양하는 삼생三牲(제사에 산 제물로 바치는 소·돼지·양)은 겉보기에는 화려하고 진귀하지만 사실 다만 제물일 따름이기 때문이다. 둘째, 예교禮敎가 인성人性에 대한 속박을 떨쳐버리기 위해서였다. 셋째, 재물의 유혹과 그에 따르는 피해를 멀리 하기 위해서였다. 장자는 이렇게 말한다.

---

82) 陳鼓應注釋 :《老子今注今譯》, 商務印書館2003年版, 第134頁.[원문 : 不知常, 妄作凶.]
83) 陳鼓應注釋 :《老子今注今譯》, 商務印書館2003年版, 第241頁.[원문 : 名與身孰親? 身與貨 孰多? 得與亡孰病? 甚愛必大費, 多藏必厚亡.]
84) 陳鼓應注釋 :《老子今注今譯》, 商務印書館2003年版, 第256頁.[원문 : "蓋聞善攝生者, 陸行 不遇兕虎, 入軍不被甲兵", "以其無死地".]

저 한 사람은 인의를 위해서 죽었다 하여 속세에서는 그를 군자라 일컫고, 또 한 사람은 재물을 위해서 죽었다 하여 세상에서는 그를 소인이라 일컫는다. '무엇을 위해서 죽음'은 하나이건만, 거기에 군자다 소인이다 구별을 붙이는구나. 그러나 생명을 죽이고 본성을 해친 것에 있어서는 도척이나 백이가 다름이 없거늘, 거기에 또 무슨 군자니 소인이니 구별을 하는 것인가.[85]

장자는 '천명天命에 따라 분수에 맞게 살고 본성을 따를 것安命而順性'을 주장했다. 노자와 비교할 때, 장자는 정신적 자유를 더 중요시하고 있었고, 인간세상에서 아무런 구속 없이 노니는 경지를 추구하고 있었다. 도교는 노자와 장자의 삶을 중요시하고 양생養生을 소중히 여기는 사상을 발휘했고, 이를 신선神仙신앙과 결합하여 삶을 중요시하고 삶을 즐기는 종교로 만들었다. 도교는 사람이 죽은 다음 영혼을 구원할 것을 추구하지 않았고, 반면에 부모님이 준 생명을 아끼고 사랑할 것을 주장했다. 더욱 연양煉養을 통해 탈태환골하고 장생불사하고 득도得道하여 신선이 될 것을 추구했다. 당대當代 진영녕陳攖寧 대사大師는 이를 '생본주의生本主義'라고 칭한다. 그는 『태상노군내관경太上老君內觀經』에서 이렇게 말한다.

도는 볼 수 없으나 생명을 통해 도를 밝힌다. 생명은 영원하지 않으나 도를 통해 이를 지킨다. 만일 생명이 없어지면 도도 무너지며, 도가 무너지면 생명도 멈춘다. 생명과 도가 하나가 되면, 장생불사할 수 있겠다.[86]

도교는 장생長生을 추구하여 양생을 중요시했고, 내단內丹, 외단外丹, 존사存思, 수일守一, 복기服氣, 도인導引 등 일련의 양생술養生術을 발전시켜냈었다. 뿐만 아니라 도교 의학의 번영과 발전도 크게 추진시켰다. 도교 의학은 중화 의약

---

85) 陳鼓應注釋:《莊子今注今譯》, 中華書局2009年版, 第262頁.[원문: 彼其所殉仁義也, 則俗謂之君子. 其所殉貨財也, 則俗謂之小人. 其殉一也, 則有君子焉, 有小人焉. 若其殘生損性, 則盜蹠亦伯夷也, 又惡取君子小人於其間哉!]
86) (宋)張君房纂輯, 蔣力生等校注:《雲笈七籤》, 華夏出版社1996年版, 第94頁.[원문: 道不可見, 因生以明之. 生不可常, 用道以守之. 若生亡, 則道廢, 道廢則生亡. 生道合一, 則長生不死.]

학의 중요한 구성부분이다. 중국 역사에서 갈홍葛洪, 도홍경陶弘景, 손사막孫思邈 등 사람들은 모두 저명한 도사道士 겸 의약학자였다.

넷째는 청정淸靜함과 유연함을 숭상하는 것이다. 노자는 개인적 수신修身에 있어서 '사욕私慾을 적게 하고', '비움에 이르기를 지극히 하고, 고요함 지키기를 도탑게 하고', '지식을 배우는 것은 날마다 불어나고, 도를 닦는 것은 날마다 줄어든다.'라고 했다. 사회 관리에 있어서는 무위의 다스림을 주장했다. "내가 하는 바 없으니 백성들은 스스로 교화되고, 내가 고요하니 백성들은 스스로 바르게 되고, 내가 일을 만들지 않으니 백성들은 스스로 부유해지고, 내가 욕심 부리지 않으니 백성들은 스스로 순박해지는구나."87) 청정무위淸靜無爲란 아무 것도 하지 않는 것이 아니다. 이는 뭇사람들의 지혜와 힘을 합쳐 형세에 따라 발휘하면서 뭇사람이 각자 능력을 다하고 각자 자기 위치를 찾게 함을 말하는 것이다. 노자는 "도는 늘 무위하지만 하지 못하는 바가 없다."고 했다. 이는 물의 덕과도 같아서 "만물을 이롭게 할 뿐, 다투는 일이 없다." 노자는 또 유연함을 숭상했다. 물보다 부드럽고 약한 것은 없으나 "굳세고 강한 것을 공격하는 데는 물보다 훌륭한 것이 없기" 때문이다. 노자는 "부드럽고 약한 것이 굳세고 강한 것을 이긴다."는 명제를 제기하고서 또 "굳세고 강한 것은 죽음의 무리요, 부드럽고 약한 것은 삶의 무리이다."88)라고 했다. "사람이 태어날 때는 부드럽고 약하지만 죽을 때는 단단하고 억세다. 풀과 나무도 날 때는 부드럽고 연하지만 죽으면 마르고 딱딱하다.", "군대가 강하면 결국 이기지 못하고, 나무가 강하면 결국 잘리고 만다."89) 유약함柔弱이란 사실 생명력의 왕성함과 강인함, 유연성을 가리키는 것이다. 견강함이란 사실 외적으로 강하고 내적으로 약한 것을 말한다. 견강함은 미래 발전의 가능성이 없다. 유약함은 여성의 지혜의

---

87) 陳鼓應注釋：《老子今注今譯》, 商務印書館2003年版, 第280頁.[원문 : 我無為而民自化, 我好靜而民自正, 我無事而民自富, 我無欲而民自樸.]

88) 陳鼓應注釋：《老子今注今譯》, 商務印書館2003年版, 第332頁.[원문 : 堅强者死之徒, 柔弱者生之徒.]

89) 陳鼓應注釋：《老子今注今譯》, 商務印書館2003年版, 第332頁.[원문 : "人之生也柔弱, 其死也堅强. 草木之生也柔脆, 其死也枯槁", "兵强則滅, 木强則折".]

특징이고, '삼보三寶(즉 慈, 儉, 세상에 앞장서지 않음)'로 표현되며, 강한 인내력, 지속력과 관통력을 가지고 있다. 즉 "천하에서 지극히 부드러운 것이 천하에서 가장 단단한 것을 부린다."90)는 것이다. 그래서 늘 큰일을 성사하게 된다. 도교의 연양煉養은 노자의 청정淸靜과 허정虛靜 사상을 계승했다. 『주역참동계周易參同契』에서는 "신체 내부에서 자기를 기르는 것은 편안하고 조용하고 텅 비고 아무것도 없어야 한다."91)고 한다. 『황정경黃庭經』에서는 "성性과 명命을 기르는 데는 허무함虛無을 지키면 된다. 청담하게 스스로 즐기면 되는데 무엇을 걱정하겠는가."92)라고 한다. 『좌망론坐忘論』에서는 "텅 비고 고요함이 지극해지면, 도道가 머물고 지혜가 생긴다."93)고 한다. 왕중양王重陽의 『삼주오회화연방三州五會化緣榜』에서는 "마음에 '청정'이란 두 글자만 있으면 나머지는 모두 수행修行이 아니다."94)라고 한다. 도교의 교리와 교의에서는 또 사람들에게 "부드러움을 귀하게 여기고, 자신의 자세를 낮추고 남과 다투지 않고", "세상과 다투지 않고", "자신을 괴롭히면서 남에게 이로움을 주는" 선행善行으로써 사람들을 감화시키고, 반면에 공로가 있다고 자처하면서 스스로 교만하지 말 것도 가르친다.

다섯째는 자득소요自得逍遙이다. 장자는 『소요유逍遙遊』에서 '소요逍遙'라는, 정신적 자유를 추구하는 이념을 제기했다. 장자는 일반 사람들이 늘 각종 사물에 묶여 있다고 보고 있었다. 예를 들면, 옳고 그름, 선과 악, 권세, 명예와 이익, 제도, 빈부, 장수함과 요절 등에 묶여 있다는 것이다. 그리하여 사람들은 늘

---

90) 陳鼓應注釋 : 《老子今注今譯》, 商務印書館2003年版, 第239頁.[원문 : 天下之至柔, 馳騁天下之至堅.]

91) (漢)魏伯陽, (宋)朱熹等注 : 《周易參同契集釋》, 中央編譯出版社2015年版, 第20頁.[원문 : 內以養己, 安靜虛無.]

92) (唐)務成子, 梁邱子注 : 《黃庭經》, 上海古籍出版社1990年版, 第6頁.[원문 : 扶養性命守虛無, 恬淡自樂何思慮.]

93) (宋)張君房纂輯, 蔣力生等校注 : 《雲笈七籤》, 華夏出版社1996年版, 第570頁.[원문 : 虛靜至極, 則道居而慧生.]

94) 白如祥輯校 : 《王重陽集》, 齊魯書社2005年版, 第159頁.[원문 : 只要心中'淸靜'兩字, 其餘都不是修行.]

정신적으로 자유로울 수 없다. 비록 열어구列禦寇가 '바람을 몰고 다니고', 대붕大鵬이 '회오리바람을 타고 빙빙 돌며 구만리 올라가기는 하지만', 이것도 당연히 어떤 의지하는 바가 있는 것이다. 그래서 장자는 오직 "천지의 바름正을 타고, 육기六氣의 현묘한 변화辯를 부리며, 무궁無窮에서 노니는 자'95)만이 진정한 자유를 획득할 수 있다고 했다. 장자는 『제물론齊物論』에서 속세의 시비관념을 초월하려면 "도로 세상을 보아야 하고", 또한 마땅히 시비를 가르지 말고 "본분에 만족하고 순리를 따르고", 자연에 순응하고 "천지와 나가 함께 살고, 만물과 나가 하나가 되는"96) 경지에 이르러야 한다고 했다. 이것이 바로 진인眞人의 경지이다. 『양생주養生主』에서는 포정庖丁이 소를 잡는 이야기를 하고 있다. 여기서 장자는 포정이 소를 잡는 이야기에 비유하여 사람들은 비록 현실세계를 떠날 수는 없지만 포정을 따라 배워 "아주 엷은 칼날을 뼈마디 틈새에서 움직이면서"97), 타인과 부딪치지 않으면서도 자신의 생존에 적합한 공간을 찾을 수는 있다고 가르쳐주었다. 즉, 현실세계에서도 "뼈마디 사이에서 칼날이 움직이는 것처럼" 여유 있게 일을 처리할 수 있다는 것이다. 도교도 청담하고 소탈할 것을 창도한다. 속세에서 열심히 추구하는 '주색재기酒色財氣'를 버리고, 정신이 청명하고 평화로운 상태를 유지하고, 마음은 도와 통하고, 오는 것도 반기지 않고 가는 것도 만류하지 않으며, 생사와 화복을 태연하게 대하는 등이다. 이렇게 되면 심경은 항상 즐겁고 초연超然하게 된다는 것이다. 이런 자가 바로 살아있는 신선神仙이겠다.

(2) 도가와 도교의 차이

도가의 주류적 관념은 "천도天道는 자연무위하다."이지만, 도교는 신령神靈

---

95) 陳鼓應注釋:《莊子今注今譯》, 中華書局2009年版, 第18頁.[원문: 乘天地之正, 而禦六氣之辯, 以遊無窮者.]

96) 陳鼓應注釋:《莊子今注今譯》, 中華書局2009年版, 第80頁.[원문: 天地與我並生, 萬物與我爲一.]

97) 陳鼓應注釋:《莊子今注今譯》, 中華書局2009年版, 第107頁.[원문: 以無厚入有間.]

과 선인仙人을 숭배한다. 도가는 정신적 자유와 초탈을 추구하지만 도교는 더 나아가 육체적 장생長生과 정신적으로 신선이 될 것成仙을 추구한다. 도가는 학파만 있고 조직과 제도는 없지만, 도교는 교파 조직과 제도를 모두 갖추고 있다.

첫째는 신령에 대한 견해가 다르다. 노자는 도가 만물을 낳는다고 보았고, 그래서 "만물은 도를 높이 받들고 덕을 귀하게 여기지 않는 것이 없다."[98]고 했다. 그러나 도는 인간세상을 지배하는 최고의 주재자主宰者가 아니고, 도는 "낳되 소유하지 않고, 위하되 의지하지 않고, 기르되 지배하지 않고", "도는 숨겨져 있고 이름이 없고"[99], 도가 만물을 낳는 것도 일종의 자연무위의 과정이며, 여기에는 의지와 정감적 요소가 들어 있지 않다. 그러므로 '도'는 신령이 아니고, 도가 또한 신령 숭배를 제창하지 않는다. 당연히 노장도가는 명확히 신神이 없다고 주장하지도 않았다. 다만 귀신을 변두리 위치에 밀어버렸던 것이다. 노자는 이렇게 말한다.

> 도로써 하늘 아래 임하면, 귀신도 영력을 부리지 못할 것이다. 그 귀신이 영력을 부리지 못한다는 것이 아니고, 그 귀신이 사람을 해치지 않는다는 것이다. 자손들은 그 때문에 제사祭祀를 끊이지 않을 것이다.[100]

노자는 다만 이렇게 말했을 뿐이다. 그러나 도교는 그렇지 않았다. 도교는 전형적인 다신多神 종교로서 발전과정에 수많은 신령 숭배 전통을 형성해냈다. 최고의 신은 삼청신三淸神이다. 원시천존元始天尊 거옥청경居玉淸境, 영보천존靈寶天尊 거상청경居上淸境, 도덕천존道德天尊 거태청경居太淸境이 그것이다. 도덕천존道德天尊은 노자를 신격화한 것으로서 일명 태상노군太上老君이라고도 칭하는데, 이는 도교에서 가장 일찍 숭배하던 지존至尊의 신이었다. 두 번째 신은

---

98) 陳鼓應注釋:《老子今注今譯》, 商務印書館2003年版, 第260頁.[원문: 萬物莫不尊道而貴德.]
99) 陳鼓應注釋:《老子今注今譯》, 商務印書館2003年版, 第108, 229頁.[원문: "生而不有, 爲而不恃, 長而不宰", "道隱無名".]
100) 陳鼓應注釋:《老子今注今譯》, 商務印書館2003年版, 第291, 271頁.[원문: "以道莅天下, 其鬼不神. 非其鬼不神, 其神不傷人", "子孫以祭祀不輟".]

사어신四御神이다. 즉 옥황대제玉皇大帝, 천황대제天皇大帝, 북극대제北極大帝, 후토황지지後土皇地祇가 그것이다. 이것들은 천지天地의 사무를 관장한다. 세 번째 신神은 삼관신三官神이다. 즉 천관天官, 지관地官, 수관水官을 말하는데, 삼관을 별칭 삼원三元(上元, 中元, 下元)이라고도 한다. 기타 중요한 신령神靈들로는 또 이런 것들이 있다. 즉 진무대제眞武大帝(이를 玄武大帝라고도 칭하는데, 북방을 주관한다), 문창제군文昌帝君(문화교육을 주관한다), 동악대제東嶽大帝(五嶽至尊. 泰山神이다), 강마호도천존降魔護道天尊(張道陵을 신격화한 것이다), 태을구고천존太乙救苦天尊(별칭 靑玄上帝라고도 한다), 태을뇌성응화천존太乙雷聲應化天尊(護法大神으로서 바람과 비, 우레와 번개를 관장한다), 남극장생사명진군南極長生司命眞君(長壽를 관장한다) 등이 그것이다. 이 밖에 또 영관靈官(護法을 순찰하는 신), 공조功曹(日月을 윤번으로 지키는 신), 태세太歲(한 해를 지키는 신), 성황城隍(지방을 보호하는 신), 토지土地, 조군竈君, 문신門神, 재신財神 등도 있다. 도교에서는 사람의 체내 각 기관도 모두 신이 따로 있어 이를 관장한다고 보고 있다. 예컨대『황정내경黃庭內經』에서는 이렇게 말한다.

발신髮神은 태원太元, 뇌신腦神은 니환泥丸, 안신眼神은 현영玄英, 비신鼻神은 영견靈堅, 이신耳神은 유전幽田, 설신舌神은 정륜正倫, 치신齒神은 나천羅千, 심신心神은 수령守靈, 폐신肺神은 허성虛成, 간신肝神은 함명含明, 신신腎神은 육영育嬰, 비신脾神은 혼정魂停, 담신膽神은 위명威明이다.[101]

도교에서는 또 선진仙眞(즉 神仙)을 숭배하는데, 이들은 도를 닦아 득도得道한 신통력神通力이 있는 사람들이다. 예컨대 적송자赤松子, 광성자廣成子, 용성공容成公, 안기생安期生, 삼모진군三茅眞君, 허진군許眞君, 북오조北五祖(즉 왕현보王玄甫, 종이권鍾離權, 여동빈呂洞賓, 유해섬劉海蟾, 왕중양王重陽), 남오조南五祖(즉 장백단張伯端, 석태石泰, 설도광薛道光, 진남陳楠, 백옥섬白玉蟾), 북칠진北七眞(즉 마단양馬丹陽, 담처단譚處端, 유처현劉處玄, 구처기丘處機, 왕처일王處一, 학대통郝大通, 손불이孫不二), 팔선八仙

101) (唐)務成子, 梁邱子注 :《黃庭經》, 上海古籍出版社1990年版, 第30-32頁.

(즉 철괴리鐵拐李, 한종리漢鍾離, 장과로張果老, 하선고何仙姑, 남채화藍采和, 여동빈呂洞賓, 한상자韓湘子, 조국구曹國舅) 등이다. 당나라 때에는 장자를 남화진인南華眞人으로, 열자列子를 충허진인沖虛眞人으로, 문자文子를 통현진인通玄眞人으로, 경상자庚桑子를 동허진인洞虛辰人으로 봉封했다. 상이한 시대, 상이한 지역에서 도교 신령神靈은 다양했고 또 동태적 특징을 보여주고 있었다. 예컨대 연해지역에는 마조媽祖 신앙이 있었고, 남방에는 남악대제南嶽大帝, 보생대제保生大帝가 있었다. 명나라 후에는 관제關帝가 강태공姜太公을 대체하여 무성인武聖人, 관성제군關聖帝君으로 되었고, 이들은 명록命祿을 관장하고 재앙과 질병을 물리치고, 명사冥司(저세상의 일)를 감독하는 등 여러 직능을 가지고 있었다.

둘째는 생사관生死觀이 다르다. 도가는 비록 건강하고 장수할 것을 추구했으나 사람이 영생불멸할 수 있다고는 주장하지 않았다. 노자는 "죽었어도 잃지 않은 자가 장수한 자이다."[102]라고 말했는데, 사실 여기서는 주로 정신이 죽지 않음을 말하는 것이다. 그래서 "성인은 쌓아두지 않는다. 남을 위해 행함으로써 자신은 더욱 가지게 되고, 남들에게 베풀어줌으로써 자신은 더욱 많아지게 된다."[103]고 했던 것이다. 장자는 생生과 사死를 기화氣化의 과정으로 보았다. 기氣가 모이면 살고, 기가 흩어지면 죽는다는 것이다. 이것을 자연의 도로 보았고, 그래서 인간은 본분을 지키면서 순리를 따라야 한다고 했던 것이다. 이와 달리, 도교는 장생불사長生不死를 추구하고, 득도得道하여 신선神仙이 될 것을 추구한다. 또한 이 추구를 핵심 신앙으로 위치 지우고 있었다. 도교에는 이런 명언이 하나 있다. "내 명命은 나에게 있고, 하늘에 있지 않다."[104] 보다시피 도가의 생사관은 자연에 순응하고, 도교의 생사관은 자연을 거스른다. 그 기본이념은 『태상노군내관경太上老君內觀經』에서 말하는 "도道는 볼 수 없으나 생명을 통해 도를 밝힌다. 생명은 영원하지 않으나 도를 통해 이를 지킨다. 만일 생명이 없

---

102) 陳鼓應注釋:《老子今注今譯》, 商務印書館2003年版, 第201頁.[원문 : 死而不亡者壽.]

103) 陳鼓應注釋:《老子今注今譯》, 商務印書館2003年版, 第349頁[원문 : 聖人不積, 既以為人己愈有, 既以與人己愈多.]

104) (南朝梁)陶弘景:《養性延命錄》, 上海古籍出版社1990年版, 第7頁.[원문.[원문 : 我命在我, 不在天.]

어지면 도道도 무너지며, 도가 무너지면 생명도 멈춘다. 생명과 도가 하나가 되면 장생불사할 수 있다."[105]라는 것이다. 즉 대도大道는 영원히 불멸하는데, 사람의 몸이 수련을 거쳐 대도와 일체一體로 합쳐지면 곧 영생永生할 수 있다는 것이다. 그 내단內丹법과 외단外丹법에서는 모두 "거스르는 법도로 단丹을 이루는" 방식을 택하고 있었다. 즉 순리대로 가는 것이 아니라, 역으로 자연을 거슬러 대도에 되돌아가서 영원히 생존할 것을 추구하는 것이다. 신선이 된 사람은 첫째, 하늘땅과 장수함을 비길 수 있고, 둘째, 구름과 안개를 타고 하늘에서 돌아다닐 수 있고, 셋째, 신통력神通力이 굉장하다. 진晉나라 도사道士 갈홍葛洪 은『포박자抱朴子』에서 장생長生과 성선成仙에 관한 이론체계도 정립했다. 갈홍 은 신선神仙은 반드시 있으며, 장생에도 반드시 이를 수 있다고 했다. 그러나 신선을 추구하는 일은 쉽지 않다고 한다. 반드시 선善을 쌓고 공功을 세우고, 사려思慮와 정신神을 전일專一하게 하고, 굴신도인屈伸導引(가볍게 체조하듯이 몸을 굽혔다 폈다 하면서 일정한 방법에 의해 호흡을 함께 행함으로써 인체 내 기혈의 순환을 활발하게 촉진시키고 체내의 나쁜 기운을 몸 밖으로 배설하는 것임.)을 하고, 정기精氣를 아끼고 보존하고, 여기에 또 금단金丹을 제련해서 약을 만들어 보조해주어야 한다고 한다. 도교에서 후기의 전진도全眞道는 육체적 장생長生을 포기하고, 정신적 초탈을 중요시하고 있었고, 도가에로 회귀하는 양상을 보여주고 있었다. 그러나 여전히 내단內丹 연양煉養은 고수하고 있었는데, 그들은 '양신陽神이 썩지 않는' 순수 양陽의 체體를 만들어내면, 육체를 신선으로 변화시켜 하늘로 날아오를 수 있다고 했다.

셋째는 운영방식이 다르다. 도가는 사상이 유사한 학자들로 구성된, 조직시스템이 없는 느슨한 집단이다. 학파는 있지만 종파는 없고 또한 밀접한 인간관계를 선양하지도 않는다. 장자는 "물고기가 서로 반갑게 물거품으로 적셔주는 것도 좋지만 넓은 강이나 호수에서 서로를 잊고 사는 것만 못하다."[106]라고

---

105) (宋)張君房纂輯, 蔣力生等校注 :《雲笈七籤》, 華夏出版社1996年版, 第94頁.
106) 陳鼓應注釋 :《莊子今注今譯》, 中華書局2009年版, 第195頁.[원문 : 相濡以沫, 不如相忘於 江湖.]

했다. 선진 시기에는 노장 학파가 있었지만, 이는 다만 도를 종宗으로 삼는 학자 단체였고, 조직시스템의 형식은 없었다. 한나라 초에는 황로도가黃老道家가 있었는데, 이들은 유가와 도가의 결합을 주장했고 또 무위無爲의 다스림을 주장했다. 한나라 말에는 황로 숭배가 있었지만, 역시 엄밀한 조직체계는 없었다. 위진 시기에는 현학玄學이 있었는데, 이는 유학을 접목시킨 신도가新道家였다. 이때에는 귀무론貴無論(何晏, 王弼이 대표학자)이 있었고, 자연론自然論(嵇康, 阮籍이 대표학자)이 있었고, 독화론獨化論(郭象이 대표학자)이 있었는데, 이것들은 모두 상이한 학파의 학설이었고 주로 학계에서 영향력을 행사하고 있었다. 그러나 도교는 일종의 종교로서 자체의 조직, 장소, 활동이 있었고 또 수많은 신도들을 가지고 있었다. 도교는 일종의 정신문화 역량이었을 뿐만 아니라 또한 일종의 사회적 역량이었다. 도교의 상이한 교파 예를 들면, 정일도正一道, 전진도全眞道는 모두 자체의 조직과 제도가 있었다. 즉 궁관宮觀, 과의科儀, 교계敎戒가 있었고, 재초齋醮와 제사 활동이 있었고, 부록符篆, 점복占卜, 존사存思, 수일守一, 도인導引 등 도술道術도 있었으며, 또 내단술內丹術과 외단술外丹術도 있었다. 그밖에 궁관宮觀 경제활동도 있었는데, 이로 도교의 생존과 발전을 뒷받침하고 있었다. 상대적으로 전진도全眞道는 더 엄격한 궁관 관리제도가 있었다. 도교에는 삼십육동천三十六洞天, 칠십이복지七十二福地라는 설說이 있는데, 이런 곳은 모두 신선들이 거주하던 곳이고, 후일 모두 도교 궁관宮觀 소재지로 되었다. 유명한 궁관으로는 섬서성陝西省 주지현周至縣에 위치하고 있는 누관대樓觀臺(노자가 經을 강론하던 곳), 용호산상청궁龍虎山上淸宮(천사도조정天師道祖庭임), 중앙만수궁重陽萬壽宮(전진도조정全眞道祖庭의 하나임), 북경 백운관白雲觀(전진도조정全眞道祖庭의 하나임), 서안팔선궁西安八仙宮, 무당자초궁武當紫霄宮, 청성산건복궁靑城山建福宮, 상해성황묘上海城隍廟, 항주포박도원杭州抱樸道院 등이 있다. 도교의 수련술修鍊術에서 가장 중요한 것이 외단外丹과 내단內丹이다. 도교는 전기前期에 외단술外丹術을 제창했는데, 이때는 단사丹砂 등 광물질을 정련하여 단약丹藥을 만들어 복용하면 죽지 않는다고 주장했다. 그러나 이 방법은 장생長生을 얻을 수 없었을 뿐만 아니라, 실천과정에 중독되는 상황이 빈번히 발생하였고 결국 수많은 인명피해를 초래했다. 그리하여 외단은 쇠락하고 내단이 흥기했던 것이다. 수隨나라 소원랑蘇元朗으로부터 시작되어 송나라 후에 크게 발달한 내단술內丹術에서는 인체의 정精, 기氣, 신神을 약물로 삼고, '감괘坎의 것을 가져다 이괘離를 채우는取坎塡離' 방식으로 심화心火와 신수腎水가 서로 사귀게交媾 하여 금단대약金丹大藥을 얻는다. 연단煉丹은 반드시 성性(심리)과 명命(생리)의 수련을 병행해야 하고, 정精을 단련하여 기氣로 변화시키고, 기를 단련하여 신神으로 변화시키고, 신을 단련하여 허虛로 되돌아와야 하고, 허를 단련하여 도에서 합치시켜야 한다. 이렇게 하면, 곧 탈태환골할 수 있고, 순수 양陽의 체體로 연마할 수 있다. 전진도全眞道에서 북종北宗은 성性을 우선으로, 명命을 다음으로 하고 있었고, 남종南宗은 명을 우선으로, 성을 다음으로 하고 있었다.

(3) 도가와 도교 의리義理의 상호 침투

양자는 갈라질 때도 있었고 합칠 때도 있었고, 공통점과 차이가 병존하고 있었고, 상호 작용과정에 함께 발전하고 있었다.

선진 시기의 노장老莊 학설은 하나의 자연주의를 특징으로 하는 인본철학이었다. 하지만 이 속에는 또한 신도神道의 성격도 좀 있었다. 한나라 때부터 점차 형성된 도교는 위진 시기에 이르러 신神을 본위로 하는 길로 나아갔고, 노자의 천도자연무위天道自然無爲 사상을 이탈한 일종의 종교로 변모했다. 이와 도가의 황로, 현학 학설은 나란히 발전했다. 수당 이후, 도가라는 독립적 학파는 없어졌고, 노자와 장자의 인본철학은 도교 내부의 무위청수파無爲淸修派에 의해 발전하고 있었다. 금나라와 원나라가 바뀌던 시기, 전진도全眞道가 일떠섰는데, 그 교의敎義와 종지宗旨는 전기前期의 도교 부록符籙, 재초齋醮, 복식술服食術을 대부분 포기하고, 한편 청정수행淸靜修行을 창도하고, 노장도가의 자연주의 철학에로 회귀했다. 또한 유·불·도 삼교가 일가一家라는 입장을 취했고, 아울러 도가철학을 크게 발전시켰다. 명·청 이후, 도교 정일파正一派는 과의科儀와 도술道術을 중요시했고, 전진파全眞派는 내단內丹에서 수성修性(심성 수련)을 중요시했다. 양자는 또 상호 교착되기도 했다. 근현대 도교에서는 신선학新仙學이 출현했고, 여기서는 생본주의生本主義 철학으로 내단술內丹術을 승화시켰었다. 아무튼 노자는 도교의 도사導師였고, 도교는 노자의 공신이었다. 도교가 도술道術에 집착하고, 민간종교로 하락할 때마다, 도교 내부에서는 늘 고명한 도사道士가 나와서 『도덕경道德經』의 도道 철학으로 잘못된 경향을 바로잡았고, 도교가 노자가 선양하던 '끊임없이 발전하고 번성하는 올바른 길正道'로 회귀하게 만들었던 것이다. 동시에 도교는 민중들과 친화적이었다. 도교는 신도神道로써 백성들을 교화하는 방식으로 노자와 장자의 우주 및 인생에 관한 심오한 철학을 통속적인 종교 신조信條로 전환시켜 민중들에게 보급했다. 서염徐琰은 『학종사(학대통)도행비郝宗師(郝大通)道行碑』에서 이렇게 말한다.

> 도가의 무리들은 그 근원이 노장老莊으로부터 나온 것이지만 후세 사람들은 그 본래의 취지(本旨)를 잃고, 갈라져서는 방술方術을 만들고, 부록符籙을 만들고, 소련燒煉(鍊丹을 말함)을 하고, 장초章醮를 행했다. 갈래가 많아질수록 점점 헷갈리게 되었는데, 그렇게 된지가 오래다. 금金나라 말에 이르러 중양진군重陽眞君이 스승과 친구의 도움을 받지 않고, 단번에 크게 깨닫게 되었는데, 어쩌면 하늘에서 내려 보낸 것 같았다. 종남終南(陝西省에 있음)에서 일떠서서 곤유昆嵛(山東省에 있음)에서 크게 이루었고, 같은 뜻을 가진 자들을 불러 모아 깨우쳐주고 단련시키면서 일개 종교를 창립했으니, 그 이름은 전진全眞이라 했다. 그 수지修持의 대략大略은 식심견성識心見性하고, 정情을 버리고 욕欲을 버리고, 굴욕을 참고 견디고, 자신을 괴롭히면서 남을 이롭게 해주는 것이었다. …… 그리하여 노장의 도와 다시 합쳐지기 시작했다.107)

당연히 도교에서 분파로 갈라져 나와 발전한 것도 모두 그 나름대로의 합리성이 있었다. 만약 권선징악勸善懲惡을 선양했다면, 도술道術도 부정할 필요는

---

107) 《道藏輯要》卷10縮印本, 巴蜀書社1995年版, 第149頁.[원문: 道家者流, 其源出於老莊, 後之人失其本旨, 派而為方術, 為符籙, 為燒煉, 為章醮, 派愈分而迷愈遠, 其來久矣. 重陽眞君, 不階師友, 一悟絕人, 殆若天授, 起於終南, 達於昆崳, 招其同類而開導之, 鍛煉之, 創立一家之敎曰全眞. 其修持大略, 以識心見性, 除情去欲, 忍恥含垢, 苦己利人為之宗. ……老莊之道, 於是乎始合.]

없겠다. 왕중양王重陽이 창립하고, 전진칠자全眞七子가 발전시킨 전진도全眞道는 도교가 노자의 "도를 받들고 덕을 귀하게 여기고", "도는 자연을 본받는다." 는 이 근본 취지에로 회귀하게 만들었고, 인간의 내적 영성靈性과 진실한 자아에 대한 깨달음을 유발시켰고, 속세를 초탈하여 정신적 경지를 추구하는 길을 열어주었고, 직접 생명의 본원本源 및 가치를 탐구하게 만들었다. 동시에 이런 궁극적 관심을 민간신앙단체의 수행생활에 구체화시켰으며, 이를 민생民生을 개선하고, 풍속을 개량하는 데 활용했다. 노자 도학의 발양과 확장에 있어서 공로가 아주 컸다고 하겠다.

3. 불가

1) 인도印度 불교의 전승傳承 계보

불교는 고대 인도에서 기원했다. 창시자는 기원전 5세기의 석가모니이다. 석가모니의 성씨는 고타마이고 이름은 싯다르타이다. 신도들은 그를 존칭하여 불타라고도 한다. 불타란 '진리를 깨달은 자'라는 뜻이다. 인도 불교는 발전과 정에 원시불교原始佛敎, 부파불교部派佛敎, 대승불교大乘佛敎, 밀교密敎 등 네 단계를 거쳐 왔다. 기원 13세기 불교는 인도 본토에서는 쇠락했지만 오히려 중국, 동아시아, 동남아시아 지역에서 널리 전해졌고 동시에 전 세계로 확산되었다. 원시불교의 교의敎義는 구두로 전해졌었고, 그 조직체계는 느슨했다. 부파불교는 상좌부上座部와 대중부大衆部 두 개 파로 나뉘었는데, 이 두 개 파는 또 수많은 부파部派를 분화시켜 냈다. 상좌부에서는 석가모니를 큰 지혜를 가진 위인偉人으로 간주하는 경향이 있고, '삼세실유三世實有'를 강조한다. 대중부에서는 석가모니를 초인간적 신神으로 간주하고, '법공法空'을 강조한다. 대승불교는 그 이전의 불교를 '소승小乘'이라 칭하고, '소승'은 자아해탈만 추구한다고 보고 있었다. 반면에 '대승大乘'은 중생衆生들을 제도濟度해 주고자 한다는 것이다. 그 아래에는 두 개 파가 있었는데, 하나는 중관학파中觀學派로서 용수龍樹, Nagarjuna, 아리야데바提婆, Āryadeva가 창립했고, 『대품반야경大品般若經』을 주요 경전으로 삼고 있었다. 용수는 『중론中論』, 『십이문론十二門論』, 『대지도론大智度論』을 저술했고, 아리야데바는 『백론百論』을 저술했고 연기성공緣起性空을 크게 선양했다. 다른 하나는 유가행파瑜伽行派로서 무착無著, 세친世親이 창립했고, 『해심밀경解深密經』, 『유가사지론瑜伽師地論』을 주요 경전으로 삼고 있었다. 무착無著은 『섭대승론攝大乘論』을 저술했고, 세친世親은 『이십유식론二十唯識論』, 『삼십유식론三十唯識論』, 『대승백법명문론大乘百法名門論』을 저술했다. 그들은 '만물은 오로지 식식이 변화해낸 것이다萬物唯識所變.' '식식만 있고 경境은 없다識有境無'는 등 설을 제기했다. 밀교密教는 신체身, 언어語, 의식意 삼자를 비밀리에 수련할 것을 주장하고, 주술呪術을 크게 신봉했다. 밀교는 신비주의 색채가 짙다. 후일, 상술한 삼대 교파敎派는 모두 중국에 전해 들어왔다. 그 중, 대승불교가 주류를 이루었고, 소승불교는 다만 중국 서남西南 변방 지역에서 유행했고, 밀교는 전해 들어온 후, 중국 상황國情에 맞지 않아 얼마 지나지 않아서 쇠락했고, 그 일부는 티베트불교에 융화되어 들어갔다.

불교경전을 통칭統稱 "삼장경三藏經(즉 經, 律, 論)이라 하고, 별칭別稱 '대장경大藏經'이라고도 한다. 경장經藏이란 석가모니의 말을 기록한 경經을 말하고, 율장律藏이란 불교 내부의 청규계율淸規戒律을 말하고, 논장論藏이란 불타의 제자들이 경장經藏에 대한 이론적 해석을 말한다.

2) 중국 불교 종파宗派 및 경전經典

인도 불교는 서한西漢과 동한東漢이 바뀌던 시기에 중국에 전해 들어왔고, 삼국 위진三國魏晉 시기에 크게 흥성했고, 수당隨唐 시기에 이르러서는 팔대八大 종파宗派를 형성했다. 그 팔대 종파는 다음과 같다.

- 천태종天臺宗 : 창시자는 지의智顗이고, 경전은 『법화경法華經』이다.
- 삼론종三論宗 : 창시자는 길장吉藏이고, 경전은 『중론中論』, 『백론百論』, 『십이문론十二門論』이다.

- 법상유식종法相唯識宗 : 창시자는 현장玄奘과 규기窺基이고, 경전은 『해심밀경解深密經』, 『성유식론成唯識論』, 『유가사지론瑜伽師地論』이다.
- 율종律宗 : 창시자는 도선道宣이고, 경전은 『사분율四分律』이다.
- 화엄종華嚴宗 : 창시자는 법장法藏이고, 경전은 『화엄경華嚴經』이다.
- 밀종密宗 : 창시자는 선무외善無畏, 금강지金剛智이고, 경전은 『대일경大日經』, 『금강정경金剛頂經』이다.
- 정토종淨土宗 : 창시자는 선도善導이고, 경전은 『무량수경無量壽經』, 『관무량수불경觀無量壽佛經』, 『아미타경阿彌陀經』이다.
- 선종禪宗 : 창시자는 혜능慧能이고, 경전은 『단경壇經』이다.
- 민간에서 유행하던 경전으로는 또 『반야바라밀다심경般若波羅蜜多心經』, 『금강경金剛經』 등이 있다.

불경을 한문으로 번역하는 작업은 동한東漢 말년에 시작되어 양진 남북조 및 수당 시기에 흥성했고, 송나라 때에 이르러 마감했다. 그밖에 불경은 티베트어, 태족어傣族語로 번역된 것도 있다. 중국 승려들이 한문漢文으로 작성한 불전佛典은 그 논술이 아주 풍부하고 다채롭다. 이들은 인도 불교 의리義理의 주요 함의를 계승했을 뿐만 아니라 또한 중국 상황에 입각하여 유가와 도가의 지혜를 충분히 활용하면서 불교 철학을 창조적으로 발전시켰고, 불교의 중국화를 실현해냈다. 그리하여 중국 불교는 중국 색채가 짙게 되었고, 중화문화의 유기적 구성부분으로 되어졌던 것이다. 그 가운데 혜능慧能의 『단경壇經』은 수많은 중국 승려들의 논저에서 유일하게 '경經'으로 추대받고 널리 전해진 작품이다. 기타 중요한 논저로는 또 모자牟子의 『이혹론理惑論』, 혜원慧遠의 『삼보론三報論』, 승조僧肇의 『조론肇論』, 종병宗炳의 『명불론明佛論』, 유협劉勰의 『멸혹론滅惑論』, 도안道安의 『이교론二教論』, 길장吉藏의 『삼론현의三論玄義』, 지의智顗의 『법화경현의法華經玄義』, 규기窺基의 『성유식론술기成唯識論述記』, 법장法藏의 『화엄금사자장華嚴金師子章』, 종밀宗密의 『원인론原人論』, 석보제釋普濟가 편찬한 『오등회원五燈會元』, 계숭契嵩의 『보교편輔教篇』, 종고宗杲의 『정법안장正法眼藏』,

승우僧祐가 편찬한 『출삼장기집出三藏記集』, 『홍명집弘明集』, 도선道宣이 편찬한 『광홍명집廣弘明集』 및 여러 편의 『고승전高僧傳』이 있다.

3) 불교의 기본 교의敎義

불교 기본 교의는 사성제四聖諦, 십이인연十二因緣, 팔정도八正道, 삼법인三法印, 삼학육도三學六度로 개괄할 수 있다.

첫째는 사성제이다. 사제四諦란 고苦, 집集, 멸滅, 도道를 말한다.

- 고제苦諦 : 인생은 고해이다. 예를 들면, 인생에는 팔고八苦가 있는데, 즉 생生, 로老, 병病, 사死, 원증회고怨憎會苦, 애별리고愛別離苦, 구부득고求不得苦, 오온성고五蘊盛苦(五蘊이란 色, 受, 想, 行, 識을 말함)가 그것이다.
- 집제集諦 : 인생의 고통은 수많은 인연因緣이 모여 생긴 것이다.
- 멸제滅諦 : 인생의 고통은 무지함과 탐욕과 애착에 의해 생긴 것이다. 따라서 집착과 탐욕과 애착을 버리고, 일체 미혹惑을 단멸斷滅하면 곧 고난을 없앨 수 있겠다.
- 도제道諦 : 인생을 깊이 깨닫고, 열반涅槃하여 성불成佛하고, '상常, 락樂, 아我, 정淨'의 경지에 이르러야 한다는 것이다.

둘째는 십이인연이다. 인생이 고통스러운 것은 열 두 개의 근원이 있다.

- 무명無明 : 무지無知함을 말하는 것이고 이를 '치우癡愚'라고도 칭한다.
- 행行 : 무명에서 비롯된 사상과 행위를 말하는 것이고, 심心, 구口, 의意를 포괄한다.
- 식識 : 환생할 때의 심식心識을 말한다.
- 명색名色 : 태아가 이미 심신心身을 갖춘 그런 생명체를 말한다.
- 육처六處 : 눈, 귀, 코, 혀, 신身, 의意로서 신체의 각종 기관의 발육을 말한다.
- 촉觸 : 유아 단계로부터 외계와의 접촉을 말한다.

- 수수受 : 외계에 대한 감수를 말하는데, 고苦, 락樂, 불고불락不苦不樂 세 가지가 있다.
- 애愛 : 물건과 이성異性에 대한 탐욕과 애착을 말한다.
- 취取 : 성년이 된 후의 각종 목표 추구를 말한다.
- 유有 : 사상과 행위가 만들어낸 업業은 반드시 과보果報가 있다는 것이다.
- 생生 : 탄생에는 윤회와 환생이 있음을 말한다.
- 노사老死 : 환생해도 역시 늙어가고 병들고 죽음으로 나아가는데, 오직 열반涅槃해야만 해탈을 얻을 수 있다는 것이다.

무명無明은 십이인연十二因緣의 근본으로서 오직 탐욕을 끊고 어리석음을 버려야만 해탈을 얻을 수 있겠다.

셋째는 팔정도八正道이다.

- 정견正見 : 불법에 부합되는 올바른 견해로서 사견邪見을 피함을 말한다.
- 정사正思 : 올바른 사유로서 편집偏執과 허망함虛妄을 멀리 함을 말한다.
- 정어正語 : 불법에 부합되는 언어로서 허튼 소리를 하지 않고 악담을 하지 않음을 말한다.
- 정업正業 : 계율戒律에 부합되는 행위를 말한다.
- 정명正命 : 불법에 부합되는 삶을 말한다.
- 정정진正精進 : 불법의 요구에 따라 선업善業을 쌓고 악행을 그치고, 꾸준히 정진精進하는 것을 말한다.
- 정념正念 : 사성제四聖諦 등의 교의敎義에 대해 확고한 신념이 있음을 말한다.
- 정정正定 : 불법에 따라 수행하고 참선하는 것을 말한다.

넷째는 삼법인三法印이다.

- 제행무상諸行無常 : 세상 만사와 만물은 시시각각 변화하고 변동하고, 찰나

에 생기고 멸滅한다는 것이다.

- 제법무아諸法無我 : 일체 사물과 현상은 모두 자성自性 즉 안정한 본성이 없고, 모두 인연因緣이 화합하여 이루어진다는 것이다.
- 열반적정涅槃寂靜 : 이를 멸도滅度 또는 원적圓寂이라고도 칭하는데, 즉 사람들이 수행을 거쳐 번뇌와 윤회에서 해탈을 얻고, 영원히 즐거운 성불成佛의 경지에 이르는 것을 말한다.

삼법인三法印은 진짜 불교와 가짜 불교를 판단하는 준거이다. 그래서 법인法印이라고 칭한다.

다섯째는 삼학육도三學六度이다. 삼학三學이란 계戒, 정定, 혜慧를 말한다. 이는 불법佛法을 닦는 세 경로로서 즉 첫째, 청규계율淸規戒律을 엄수하는 것이고, 둘째, 마음을 한 곳에 집중하고, 마음을 고요히 하고 번뇌를 그치는 것이고, 셋째, 반야般若의 지혜로 해탈하여 성불成佛하는 것이다. 육도六度란 삼학을 확장한 것으로서 포시布施, 지계持戒, 인욕忍辱, 정진精進, 선정禪定, 반야般若를 말한다. 포시布施는 재시財施, 무외시無畏施, 법시法施를 포함한다. 인욕忍辱이란 각종 고난과 치욕을 참아내는 것을 말한다.

4) 중국 불교 사상의 요의要義

그 요의는 연기성공緣起性空, 만법유식萬法唯識, 인과응보因果應報, 자비평등慈悲平等, 중도원융中道圓融으로 요약할 수 있다.

첫째는 연기성공緣起性空이다. 불교에서는 일체 사물과 현상은 모두 인연因緣 (즉 각종 물질과 조건)이 화합하여 이루어지고, 독립적으로 존재하는 주체 또는 본질은 없으며, 뭇 인연因緣이 흩어지기만 하면 사물은 곧 존재하지 않는다고 한다. 때문에 사물의 본성은 텅 빈 것空이다. 본성性이 공空하다고 하여 현상의 존재를 부정하는 것은 아니다. 다만 그것은 가짜로 있는 것이고 진실한 본질이 아니라는 것이다. 이 때문에 해탈을 얻으려면 반드시 '아我'와 '법法'에 대한 집착을 버려야 한다. '아집我執'이란 자아에 대한 집착이고, '법집法執'이란 외계 사물에 대한 집착이다. 예컨대 명名, 이利, 권權, 색色에 대한 집착을 말한다. 만약 일체 사물이 성공性空(本性이 空하다)에서 연기緣起한다는 도리를 깨닫게 되면 집착은 없어질 것이다.

둘째는 만법유식萬法唯識이다. 중국 유식종唯識宗에서는 "실제로 외경外境은 없고, 오로지 내식內識만 있다."[108]라고 한다. 다시 말하면, 우주만물은 모두 심식心識에서 만들어낸 것이라고 한다. 식識은 여덟 가지가 있다. 눈, 귀, 코, 혀, 심心, 신身, 말나末那, 아뢰야阿賴耶가 그것이다. 아뢰야식阿賴耶識의 종자가 만법萬法을 변현變現해낸다. 수행을 통하여 아뢰야식의 '유루종자有漏種子'는 없어지고, '무루종자無漏種子'가 많아지고 강해지는데 마지막에 '오염을 없애고 깨끗하게 되고轉染成淨', '식을 변환시켜 지혜를 이루고轉識成智', 생사의 번뇌를 열반涅槃의 청정함清淨으로 전환시키면 곧 성불成佛할 수 있다고 한다.

셋째는 인과응보因果應報이다. 중생들은 무명無明으로 인하여 발생한 "업력 業力'(善業과 惡業을 포함하여) 때문에 언젠가는 반드시 이에 상응한 과보果報를 받게 된다. 이는 '육도六道(즉 하늘, 인간, 짐승, 아귀餓鬼, 지옥, 아수라阿修羅) 윤회輪回' 에서 영원히 지속되고 반복된다. 중국 불교는 '삼세三世 인과응보因果應報'를 강조하고 있다. 그 핵심은 선업善業에는 선善한 보報가 따르고, 악업惡業에는 악惡한 보報가 따른다는 것이다. 그러나 '보'는 늦고 빠름이 있다. 당세當世에 이몸이 받게 되는 '보'를 현보現報라고 하고, 내생來生에 받게 되는 '보'를 생보生報라고 하고, 이생二生, 삼생三生 혹은 백생百生, 천생千生에 받게 되는 "보'를 후보後報라고 한다. 이것들은 모두 자업자득하는 것이고, 그 인과관계는 자연적이고 타자와는 상관이 없다. 보다시피 중국 불교에서는 영혼은 영원히 죽지 않고, 인간은 환생하여 다시 태어날 수 있음을 인정하고 있다.

넷째는 자비평등慈悲平等이다. "대자大慈는 모든 중생에게 즐거움을 주고, 대비大悲는 모든 중생들의 괴로움을 없애준다."[109] 대승불교의 종지宗旨가 바로

---

108) 韓廷傑校釋:《成唯識論校釋》, 中華書局1998年版, 第9頁.[원문: 實無外境, 唯有內識.]
109) [印]龍樹:《大智度論》, (後秦)鳩摩羅什譯, 上海古籍出版社1991年版, 第181頁.[원문: 大

널리 중생들을 제도濟度하는 것이다. 자비는 불교의 근기根基로서 불교에서는 이로 모든 유정중생有情衆生의 고통을 없애주고, 이들이 즐거움과 환락에 빠져들게 한다. 그리하여 자비와 희사喜捨가 불교의 근본정신으로 되었던 것이다. 자비에는 세 가지가 있다. 중생연자비衆生緣慈悲, 법연자비法緣慈悲, 무연자비無緣慈悲가 그것이다. 무연자비無緣慈悲인 즉 '무연대자無緣大慈, 동체대비同體大悲'인데, 이것이 자비慈悲의 최고경지이다. '평등은 제법諸法의 체體(본질)와 상相, 모습으로서' 성공性空, 유식唯識, 진여眞如에서 차별이 없을 뿐만 아니라, 중생에 대한 자비도 높고 낮음과 가깝고 먼 차별이 없어야 하고, 마땅히 같은 사랑을 베풀어야 한다는 것이다. 불성에 있어서는 중생들이 평등할 뿐만 아니라, 불타와 중생 역시 평등하다. 수행자들은 '스스로를 이롭게 하는 동시에 남도 이롭게 해주어야 하고', '스스로 깨치는 동시에 남도 깨치게 해주어야 하며', '모든 악한 일은 저지르지 말아야 하고', '선善한 일은 널리 행해야 하고', 생명을 존중하고 '살생殺生하지 않는 것'을 첫 번째 계율로 삼고, 일체 유정중생有情衆生을 사랑해야 하고, 이들을 위해 자기의 생명도 기꺼이 바칠 수 있어야 한다. 불교에는 불타가 '비둘기 대신 자기 살을 베어주고割肉貿鴿' '굶주린 호랑이를 살리기 위해 자기 몸을 던져 호랑이 먹이가 됐다捨身飼虎.'는 전설도 있다.

다섯째는 중도원융中道圓融이다. 중도中道란 불법이 바르고, 어느 한쪽에 치우치지 않음을 말한다. 중도는 최고의 진리를 나타내고 있다. 중도를 진여眞如, 불성佛性, 법성法性, 실상實相이라고도 칭한다. 중도는 상견常見에 빠지지도 않고, 단견斷見에 가려지지도 않으며, 세상을 유有로 보지도 않고 무無로 여기지도 않는 것을 말한다. "중도 불성은 생기지도 않고 없어지지도 않고, 일정하지도 않고 끊어지지도 않는다."110) 천태종天臺宗에서는 '삼제원융三諦圓融'을 강조하는데, 즉 사물의 본성은 공空인데 또한 가짜로 있는 것처럼 드러나는 바, 양쪽을 모두 아울러 인식識하는 것을 '중도'라 한다고 한다. 화엄종華嚴宗에서는

　　　慈與一切衆生樂, 大悲拔一切衆生苦.]
110) (隋)吉藏疏:《中論·百論·十二門論》, 上海古籍出版社1994年版, 第119頁.[원문: 中道佛性, 不生不滅, 不常不斷.]

판교判敎를 중요시하는데, 여러 종파를 모두 포용해주고 있고, 단, 그중에서 원교圓敎가 가장 원만圓滿하다고 한다. 특히 "하나가 즉 온갖 것이고一即一切, 온갖 것이 즉 하나一切即一이다."라고 강조한다. 또 '사법계四法界'설을 제기했는데, 즉 사법계事法界, 이법계理法界, 이사무애법계理事無礙法界, 사사무애법계事事無礙法界가 그것이다. 또한 여기서 온갖 상이한 사물은 사실 모두 원융무애圓融無礙하다고 강조한다. 불법佛法이 중도中道를 지키고, 치우치는 바가 없음을 나타내기 위하여 이들은 언어표현 방식에 있어서도 늘 '표전表詮(정면적 논술)'을 버리고 '차전遮詮(부정식 표현)'을 많이 활용한다. 예를 들면, '있지도 않고 없지도 않고不有不無', '일정하지도 않고 끊어지지도 않고不常不斷', '생기지도 않고 없어지지도 않는다不生不滅.'와 같은 것들이다.

5) 중국 불교와 불학佛學의 공통점과 차이

중국 불교는 신령神靈 숭배가 있는 종교이고, 중국 불학은 심령을 정화하는 인간학人學이다. 양자는 모두 석가모니를 종사宗師로 받들고 있고, 모두 불경을 경전으로 삼고 있으며, 모두 현실의 번뇌와 인간세상의 고난에서 초탈하고자 하고 있고, 모두 사람들이 즐거운 인생을 영위하도록 이끌어주고 있다. 불교는 철리형 종교이다. 때문에 교의 및 종교 활동에 인생철학의 계시와 깨달음이 많이 담겨져 있다. 불학은 신학神學적 색채를 지니고 있는 인간학으로서 심령心靈의 철학을 탐구하는 동시에 불타와 불경에 대한 성실하고 참다운 숭배를 많이 간직하고 있다.

양자는 또 차이도 있다. 불교는 주로 일반 승려와 하층 민중들에게서 유행했다. 신도들은 석가모니를 우주의 최고 신령으로 간주하고 있었고, 그 법신法身은 영원히 존재하고 최고의 법력法力을 가지고 있는 바, 과거, 현재와 미래를 통찰할 수 있고, 재앙災을 없애주고 복福을 하사할 수 있다고 믿고 있었다. 수삼세불竪三世佛이 있는데, 과거불過去佛 가섭伽葉, 현재불現在佛 석가모니, 미래불未來佛 미륵彌勒이 그것이다. 횡삼세불橫三世佛도 있는데, 동방약사불東方藥師佛,

파사세계석가모니불婆娑世界釋迦牟尼佛, 서방아미타불西方阿彌陀佛이 그것이다. 중국에서 송宋나라 이후에는 대두미륵불大肚彌勒佛이 인기가 높았다. 항상 싱글벙글 웃고 있고, 그 불뚝한 배는 도량이 넓어 그 어떤 소원도 모두 들어줄 수 있었기 때문에, 민중들의 존경과 사랑을 크게 받았던 것이다. 정토종淨土宗에서는 서방아미타불西方阿彌陀佛을 숭배하고 있었다. 신도들은 성실하게 지속적으로 부처님 명호名號를 외우기만 하면 임종臨終 시, 아미타불이 데리고 서방정토西方淨土 극락세계極樂世界에 갈 수 있었다. 부처님佛 아래에는 많은 보살이 있다. 중국에는 4대 보살이 있는데, 사대 명산을 도장道場으로 삼고 있다. 첫째는 관세음보살觀世音菩薩로서 도장道場은 절강성浙江省 보타산普陀山에 있다. 신도들은 관음이 대자대비大慈大悲하고, 고난을 구제해 줄 수 있다고 믿고 있었고, 그리하여 집집마다 공양하고 있었다. 둘째는 문수보살文殊菩薩로서 도장道場은 산서성山西省 오대산五臺山에 있다. 셋째는 보현보살普賢菩薩로서 도장은 사천성四川省 아미산峨眉山에 있다. 넷째는 지장보살地藏菩薩로서 도장은 안휘성安徽省 구화산九華山에 있다. 보살 아래에는 아라한阿羅漢이 있다. 아라한阿羅漢은 소승불교에서 수행修行하는 최고 과위果位이다. 십육라한十六羅漢, 십팔라한十八羅漢, 오백라한五百羅漢이 있는데, 북경 벽운사碧雲寺, 무한武漢 귀원사歸元寺, 곤명昆明 공죽사筇竹寺에는 모두 오백라한당五百羅漢堂이 있다. 불교 선남선녀善男善女(信徒를 말함)들이 절에 찾아가서 불조佛祖, 보살菩薩, 나한羅漢들을 참배하고 공양하고, 향을 피우고 소원을 빌고, 참회하고 기도하는 것은 모두 진짜로 불佛과 보살이 영험하다고 믿기 때문이었다. 다시 말하면, 불佛과 보살이 진짜로 악행惡行을 징벌하고 선행善行을 격려하고, 복을 내려주고 재앙災을 없애주고, 힘없는 백성들을 보우保佑해줄 수 있다고 믿기 때문이었다. 불교의 신령神靈 숭배와 삼세인과응보설三世因果應報說, 영혼환생설靈魂轉世說은 고난 속에서 허덕이는 신도들에게 필수적인 것이었다. 또한 그들의 정신적 기탁으로 되었고, 악을 버리고 선善을 행하는 정신적 동력으로 되었다.

불학은 주요하게 지식인 계층에서 유행했는데, 즉 불교 내부의 고승高僧과 거사居士, 불교 외부의 일부 학자들 가운데서 유행했다. 이들은 석가모니를 '크게 깨달은 자'로 보고 있었고, 반야般若의 큰 지혜를 가진 선사先師로 보고 있었다. 하지만 초인간적인 신령神靈으로 간주하지는 않았다. 따라서 그들은 그의 큰 지혜를 활용하여 정신적 경지를 승화시킬 것을 주장하고 있었지만, 무릎 꿇고 막배膜拜하고, 은혜를 내려줄 것을 구걸하는 것에는 찬성하지 않았다. 선종禪宗의 창립자 혜능慧能은 '문자를 세우지 않을 것不立文字'을 주장했고, '무념無念을 종宗으로 삼고, 무상無相을 체體로 삼고, 무주無住를 근본으로 삼을 것'을 주장했다. 그는 또 사람마다 모두 불성佛性을 가지고 있고, 정토淨土는 바로 자기 마음속에 있기에, '마음을 알아 자성을 보고識心見性' '생각이 머무는 곳이 없기만 하면念念無住'111) '그 자리에서 즉시 성불할 수 있다立地成佛.'고 주장했다. 이렇게 무릎 꿇고 막배膜拜하던 종교는 생명을 탐구하는 학문으로 탈바꿈했던 것이다. 근대 거사불교居士佛敎 대표학자 양문회楊文會는 이렇게 말한다.

선문禪門에서는 문자를 쓸어버리고, 다만 "염불念佛하는 자는 누구인가?"라는 한마디 화두話頭만 제기했는데, 이를 성불成佛하고 조사祖師로 되는 토대로 삼고 있었다.112)

태허법사太虛法師는 '인간세상불교人間佛敎'를 제창했고, "인간정토人間淨土'를 구축할 것을 주장했다. 그는 불교의 취지는 사람들이 인간세상을 떠나 신神이 되고 도깨비鬼가 되고, 아니면 출가出家해서 산속에 들어가 까까중이 되는 것이 아니라고 했다. 반대로 그의 인간세상불교人間佛敎는 사회를 개량하고 자아와 타자 모두를 이롭게 해주는 인간세상을 배려하는 종교였다.113) 장태염章太炎이 보건대, 불교는 무신無神 종교이고, 불교에서는 영혼 대신 심식心識을

---

111) (宋)釋延壽集：《宗鏡錄》, 三秦出版社1994年版, 第1023, 838頁.[원문："識心見性", "念念無住".]

112) 楊仁山：《楊仁山卷》, 武漢大學出版社2008年版, 第240頁.[원문：禪門掃除文字, 單提'念佛的是誰'一句話頭, 以為成佛作祖之基.]

113) 參見太虛大師：《佛法原理與做人》, 載《太虛大師全書》第3卷, 宗敎文化出版社2005年版, 第157頁.

중요시하고 있었고, 또한 '자신에 의지하고 타자에 의지하지 않고', '귀신을 마음의 주인으로 삼지 않고 있었다.'114) 구양경무歐陽競無는 『불법은 종교도 아니고 철학도 아니다佛法非宗敎非哲學』라는 저서에서 '만법萬法은 나의 한 마음에 모두 갖추어져 있다.'115)고 했다. 후일 탕용동湯用彤은 『한위양진남북조불교사漢魏兩晉南北朝佛敎史』에서 '불법은 종교이기도 하고, 철학이기도 하다.'116)라고 했다. 때문에 이에 대해 마땅히 '동정同情의 묵응默應'이 있어야 하고, '심성心性의 체득體會'117)이 있어야 한다는 것이다. 철리哲理적 성격이 강한 인간학으로서의 불학은 지식계에서 거대한 매력이 있었고, 또 신도神道로서의 불교에 대해서도 이끌어주고 승화시켜주는 역할이 있었는데, 즉 이를 용속하고 신비한 지경에 빠져들지 않게 해주었다. 한편, 신도로서의 불교는 신도神道로써 만백성을 교화하는 방식으로, 불교의 '사섭四攝', '오계五戒', '십선十善' 등 선善을 권장하는 도덕 신조信條를 민간에 널리 보급시켰고, 항상 대중들의 현실생활과 밀접히 연관 짓고 있었다. 그리하여 불교와 불학은 광범한 사회 기반을 영유하고 있었던 것이다.

---

114) 傅傑編校 : 《章太炎學術史論集》, 雲南人民出版社2008年版, 第111頁, [원문 : "依自不依他", "不以鬼神為奧主".]
115) 歐陽竟無 : 《歐陽竟無佛學文選》, 武漢大學出版社2009年版, 第16頁.[원문 : 萬法具吾一心.]
116) 湯用彤 : 《漢魏兩晉南北朝佛敎史》, 北京大學出版社2011年版, 第487頁.[원문 : 佛法, 亦宗敎, 亦哲學.]
117) 湯用彤 : 《漢魏兩晉南北朝佛敎史》, 北京大學出版社2011年版, 第487頁.[원문 : "同情之默應", "心性之體會".]

제2장 중화문명의 기원과 유·도 관계사

유·도·불 삼교 관계가 발생해서부터 날로 가까워지고, 상호 보완하면서 화해를 이루게 된 것은 우연이 아니다. 이는 상고上古 문명에서 종합하고 혁신하고, 변통變通하고 중화中和하던 그 전통에 뿌리를 두고 있었고 또한 유가와 도가가 상호 작용하고 상호 보완하던 그 전통을 이어받고 발양한 결과라고 하겠다.

제1절 중화문명의 다원多元 통화通和 전통의 초기 형성

중화민족은 5000년 문명사를 영유하고 있는데, 이는 전 세계에서 보기 드문 일이라고 하겠다. 이 문명이 조숙早熟했던 것은 아래와 같은 몇 가지 중요한 원인이 있었다. 첫째, 자연지리환경이 독자적으로 일체一體를 이루고 있었다. 중국은 반봉폐적이고 반개방적인, 독자적으로 일체를 이룬 지세地勢를 가지고 있다. 서부와 북부는 고원과 험산준령, 황량한 사막지대가 있어 자연적으로 외계와 장벽을 형성하고 있었지만, 그러나 또 육로가 있어 서역과의 교역은 편리했다. 남부는 평탄하고, 동부와 동남부에는 긴 해안선이 있어 안전을 보장받을 수 있는 한편, 바다를 통해 다른 나라들과의 교류는 편리했다. 이런 자연지리환경 특징은 중화민족이 외세의 간섭 없이 독자적으로 발전하는 데 유리했고, 한편 개방적 공간도 열어주었다. 둘째, 농업문명이 발달했다. 중국은 지역이 광활하다. 황하와 양자강이라는 두 갈래 큰 강이 흐르고 있고, 중원中原 지대는 지세가 평탄하고 토지가 비옥하고, 대체로 온대溫帶에 위치하고 있어 농업발전에 유리했다. '삼황三皇(수인씨燧人氏, 복희씨伏犧氏, 신농씨神農氏를 가리킴)' 신화에서 선민先民들의 역사기억을 찾아볼 수 있는데, 여기서 서술하고 있는 것이 바로 선민들은 아주 일찍 인공으로 불씨를 얻을 수 있었고, 이미 목축업과 농경업을 형성했고, 이 두 산업이 상호 보완을 이루면서 민생경제의 발전과 번영을 추진했다는 역사이야기이다. 농업문명과 가족사회, 이 양자는 훌륭한 조합을 이루었는데, 이렇게 친근하고 화목하고, 안정하고 자족적이고, 서로 도우면서 살아가는 중화민족의 우수한 성품을 형성하게 되었던 것이다. 전설속의 황제黃帝부족은 목축업을 중요시했고, 염제炎帝(후일 신농씨神農氏와 통합되었음) 부족은 농경업을 중요시했다고 한다.1) 이 양 대 부족은 전쟁을 거쳐 결국 중원中原 지역에서 병합되었고, 이렇게 공동으로 화하華夏의 자손들을 키워내게 되었던 것이다. 셋째, 중화민족은 다원 일체多元一體 구도를 형성했다.2) 선민들은 씨족, 부족으로부터 민족으로 발전하면서 다양하게 변천했고 또 이주, 충돌, 융합의 과정에 끊임없이 발달한 중원 지역에 모여들었다. 이들의 문화는 또 끊임없이 사방에로 확산되었고, 이렇게 점차 화하족華夏族을 핵심으로 삼고, 사이四夷를 보조로 하는 다원 일체 구도를 형성했던 것이다. 이런 구도는 응집형內聚型으로 나아가고 있었다. 각 씨족, 부족, 민족의 특색 있는 문화는 서로 부딪칠 때 하나가 다른 하나를 동화시키거나 대체한 것이 아니라, 오히려 상호 흡수하면서 공동으로 새로운 종합형綜合型 문화를 창조했고, 한편 각자 또한 자체의 특색을 보존하고 있었다.

이 삼자는 중화中華 초기 문명이 처음부터 독립적으로 발전하게 만들었고, 또한 다원성多元性과 통화성通和性 특징을 가지게 만들었다. 바꾸어 말하면, 일원배타一元排他적 유전자는 없었다. 선민들의 자연 숭배, 토템 숭배, 선조 숭배는 모두 다원·종합적 중화 특색을 가지고 있었다. 예를 들면, 자연 숭배는 아주 다양했는데, 일월성신日月星辰, 풍우뢰전風雨雷電, 산천호해山川湖海, 동·식물, 불과 돌 등 무릇 생활과 관련이 있는 자연사물과 현상은 모두 숭배의 대상으로 되어졌었다. 특히 농업에 관계되는 사직社稷(土地神, 五谷神을 가리킴) 숭배는 더욱 중시 받고 있었다. 토템 숭배는 각 종족들에서 똑같지 않았는데, 특기할만한

---

1) 참고 : 錢穆 : 《中國文化史導論》, 商務印書館1994年版.
2) 참고 : 費孝通編 : 《中華民族多元一體格局》, 中央民族大學出版社1999年版.

것은 각 종족들에는 모두 용봉龍鳳 숭배가 있었다는 점이다. 용龍의 형상은 구렁이를 골간으로 악어, 사슴, 말, 독수리, 돼지, 번개 등 여러 토템을 종합해서 점차 형성한 것이다. 봉황새鳳의 형상은 공작새를 원형原型으로, 여기에 닭, 독수리, 까마귀, 제비, 두루미, 백로 등 금류禽類의 요소들을 종합해서 점차 형성한 것이다. 용은 후일 전체 중화민족의 예술적 상징으로 되었고 봉황새는 여성 문화의 예술적 상징으로 되었다. 선조 숭배를 보면 많은 민족들에는 여조신女祖神 창세創世 신화가 있는데, 그 가운데 여와女媧가 흙을 빚어 인간을 만들었다는 이야기가 주류 신화로 되어 있었다. 또 여와와 복희伏羲가 결혼하여 인류를 번식시켰다는 신화도 있다(한나라 화상석畫像石에는 인간 몸체에 뱀의 꼬리를 한 여와와 복희의 상像이 그려져 있다). 또 여와가 오색의 돌을 녹여 하늘을 메웠다는 신화도 있는데, 이런 것들은 모계母系 씨족 시대에 생긴 것으로 추정된다. 부계父系 씨족 시대에 생겨 후세에 전해 내려온 창세創世 신화로는 반고盤古가 천지를 개벽했다開天闢地는 이야기가 가장 유명하다. 반고씨가 죽은 후, "머리는 사악四岳으로 되었고, 눈은 해와 달로 되었고, 고혈脂膏은 강과 바다로 되었고, 모발은 초목으로 되었다."[3]고 한다. 여와와 반고는 인류를 창조하고 천지개벽을 이룬 위대한 공적功績이 있기는 하지만 전체 우주의 창조자는 아니었고, 기독교『성경·창세기』에서 묘사한 절대적이고 유일한 신神과는 달랐다. 또 신처럼 영생불멸하지도 않았다. 사마천의『사기事記』에는『오제기五帝紀』가 있는데, 여기서는 중화민족의 전설 속의 먼 조상遠祖들을 기술하고 있다. 즉 황제黃帝, 전욱顓頊, 제곡帝嚳, 당요唐堯, 우순虞舜이 그들이다. 이것이 바로 중화민족이 융합하여 고대 국가를 형성하던 과정에 먼 조상들에 대한 주류적 공통 인식이었다. 이런 인식은 동일한 혈연관계 부족 내부에서만 전해 내려온 것이 아니다. 오히려 이는 수많은 부족들의 영웅 선조 전설을 한데 모아 형성한 것으로서 그 자체가 곧 여러 민족이 융합하여 만들어낸 것이다. 예를 들면, "요임금은 순임금에게 왕위를 선양禪讓했다."라는 등이다.『상서尙書·요전堯典』에서는 요임금이 "큰

---

3) (梁)任昉:《述異記》, 湖北崇文書局 1875年版, 第1頁.[원문: 頭爲四嶽, 目爲日月, 脂膏爲江海, 毛髮爲草木.]

덕을 밝히시어, 구족九族이 친근하게 하셨고, 구족이 화목하게 지내니, 백성들이 밝게 다스려졌고, 백성들이 소명昭明하니, 온 세상이 화평하게 되었다."4)라고 한다. 요임금은 광대하고 포용적이고 박애博愛하는 정신을 가지고 있었기에 각 부족을 단결시킬 수 있었고, 각 나라들이 화목하게 지내게 할 수 있었다. 그리하여 공자는 이를 찬양하여 "오직 하늘만이 이토록 위대하시거늘, 오직 요임금만이 이를 본받았도다."5)라고 했던 것이다. 오제五帝 신앙의 공통점은 즉 오제는 모두 현명하고聖明, 인덕仁德을 갖추고 있고, 백성들을 이롭게 해주고益民, 평화롭고和平, 공적功績이 크다는 것이다. 이밖에 태호씨太皡氏, 소호씨少皡氏라는 영웅 선조先祖도 있다. 진秦나라 『여씨춘추呂氏春秋』 '십이기十二紀'에는 오방제五方帝 숭배가 기재되어 있는데 그 내용은 이러하다.

즉 중앙의 황제黃帝는 그 색色이 누른색黃이고 그 신神은 후토后土(대지를 관장하는 신)이고, 동방의 태호太皡는 그 색이 푸른색靑이고 그 신은 구망句芒(초목의 발아를 관장하는 신)이고, 남방의 염제炎帝는 그 색이 붉은 색赤이고 그 신은 축융祝融(불을 관장하는 신)이고, 서방의 소호少皡는 그 색이 흰색白이고 그 신은 욕수蓐收(가을을 관장하는 신)이고, 북방의 전욱顓頊은 그 색이 검은 색黑이고 그 신은 현명玄冥(비와 물을 관장하는 신)이다.6)

오방제五方帝 숭배는 중화민족이 초기에 화하華夏족을 중심으로 하고 사이四夷를 변두리로 하던 다민족 공존의 양태를 드러내고 있었다. 하夏·상商·주周 삼대에 다민족 국가가 형성되고, 하늘天을 최고의 신으로 하는 숭배가 출현했는바, 하나라, 주나라 때에는 이를 '천天'이라고 칭했고, 상나라 때에는 이를

---

4) 張馨編:《尙書》, 中國文史出版社 2003年版, 第3頁.[원문 : 克明俊德, 以親九族, 九族旣睦, 平章百姓, 百姓昭明, 協和萬邦.]
5) 楊伯峻, 楊逢彬 注譯:《論語》, 嶽麓書社2000年版, 第75頁.[원문 : 唯天爲大, 惟堯則之.]
6) 참조: (漢) 高誘注:《呂氏春秋》, 上海古籍出版社2014年版, 第112, 1, 67, 132, 208頁.[원문 : 中央黃帝, 其色黃, 其神后土. 東方太皡, 其色靑, 其神句芒. 南方炎帝, 其色赤, 其神祝融. 西方少皡, 色白, 其神蓐收. 北方顓頊, 其色黑, 其神玄冥.]

'상제上帝'라고 칭했다. 이는 뭇 신들 가운데서 가장 높은 우두머리 신이다. 후일 또 호천昊天과 상제를 함께 아울러 '호천상제昊天上帝'라고도 칭했다. 그러나 이는 세상을 창조한 절대적이고 유일한 신은 아니었고, 이는 하늘 위天上와 인간세상을 관장하는 최고의 신령으로서 무한하게 넓기도 하고 또 모호하고 확실하지도 않았고, 또 고정불변의 인간세상의 대표자도 아니었다. 『예기·표기表記』에는 이런 말들이 있다.

> 공자께서 이르기를, 하夏나라의 도는 사람의 명命을 높이 받들고 있었다. 귀신을 삼가 섬기되 멀리하고, 사람을 충심으로 가까이 했다. 사람들은 친근했지만 존경심이 없었다. 사람들은 천박하고 세련되지 못했다. 은殷나라 사람들은 신神을 높이 받들고 있었다. 사람들 모두가 귀신을 섬기고 앞세우며 예禮를 뒤로 했다. 존경심은 있었으나 친근하지 않았다尊而不親. 부끄러움도 없이 이기려고만 들었다. 주나라 사람들은 예를 높이 받들며 남에게 베푸는 것을 숭상하고 있었다. 귀신을 삼가 섬기되 멀리하고, 사람을 충심으로 가까이 했다. 사람들은 친근했지만 존경심이 없었다. 세련되었지만 뻔뻔스러웠다. 우하虞夏의 문식(文)은 그 질박함(質)을 이기지 못하고, 은주殷周의 질박함은 그 문식을 이기지 못했다.7)

하나라 사람들은 천명을 믿고 있었고 그들의 인성은 질박했고, 은나라 사람들은 귀신을 믿고 있었고 그들은 존경심만 논하고 친근함은 중요시하지 않았고, 주나라 사람들은 예를 숭상하고 그들은 친근함을 중요시했다는 것이다. 주나라는 하나라 걸桀임금과 은나라 주紂임금이 몰락한 교훈을 받아들여 천명을 절대화시키지 않았고, 오히려 그들은 이런 주장을 제기했다. 즉 "황천皇天은 친한 자가 따로 없으니, 오직 덕德이 있는 자를 돕는다."8) "백성이 원하는 바가 있다면, 하늘은 반드시 이를 따라준다."9) 그들은 덕이 있는 자만이 천명을 받들

---

7) 《禮記》: 崔高維校點, 遼寧敎育出版社2000年版, 第197頁.[원문: "子曰: 夏道尊命, 事鬼敬神而遠之, 近人而忠焉", "親而不尊", "樸而不文", "殷人尊神, 率民以事神, 先鬼而後禮", "尊而不親", "勝而無恥", "周人尊禮尙施, 事鬼敬神而遠之, 近人而忠焉", "親而不尊", "文而不慚", "虞夏之文不勝其質, 殷周之質不勝其文".]

8) 張馨 編: 《尙書》, 中國文史出版社2003年版, 第265頁.[원문: 皇天無親, 惟德是輔.]

고 천하에 군림할 수 있다고 생각했던 것이다. 한편, '천명은 일정하지 않고'[10) 도가 없는 혼군昏君을 만나게 되면, 천명은 딴 곳으로 이전한다고 한다. 그들은 이렇게 천명을 덕치德治와 연관 지었고, 천신天神 숭배 또한 각 민족의 훌륭한 집권자들에게 정신적 기둥을 제공해줄 수 있었다. 중화민족이 통일된 다민족 국가를 형성한 2000여 년간, 소수 민족 귀족들이 집권했던 왕조가 거의 반을 차지하는데 그들은 모두 중화 예의문화禮儀文化를 받들고 있었다. 그들은 모두 하늘에 제사 지내고, 선조들에게 제사 지내고, 사직社稷에 제사 지냈었다. 보다시피 경천법조敬天法祖 관념은 지극히 포용적이었고, 이는 중화민족의 공통한 기초 신앙으로 되어졌었다.

제2절 중화정신 발달의 주축 : 공孔 · 노老의 병생竝生과 유儒 · 도道의 상호 보완

1. 공자 : 중화 덕德문화를 계승 · 발전시킨 도덕의 대사大師

공자가 창립한 유가 학설은 중국 가족사회와 농업문명에 가장 적합했고, 중화문명의 차원과 경지를 대폭적으로 끌어올렸다. 그리하여 동방의 예의지국禮儀之邦이 탄생하게 되었던 것이다. 때문에 공자를 대성지성선사大成至聖先師라고도 칭한다. 공자는 일반 학파의 종사宗師가 아니다. 공자는 '요임금과 순임금의 법통을 본받았고, 문왕과 무왕의 법도를 본받았고祖述堯舜, 憲章文武', '오경'에 대한 정리와 수정修訂을 거쳐, 오제삼대五帝三代의 우수한 윤리형倫理型 문화를 전면적이고 체계적으로 계승했다. 또한 인화학설仁和之學을 창립하고, 그것이 박대하고 심오한 이론체계를 갖추게 했다. 이렇게 중화민족 인문주의 정신적 방향을 확립하였던 것이다. 공자는 삼대三代의 경전을 폭넓게 탐구했을 뿐만 아니라 또 그 정화精華를 취하여 융통성 있게 활용했다. 때문에 공자유학이

---

9) 張馨 編:《尙書》, 中國文史出版社2003年版, 第143頁.[원문 : 民之所欲, 天必從之.]
10) 萬麗華, 藍旭譯注:《孟子》, 中華書局2006年版, 第151頁.[원문 : 天命靡常.]

후일 중화문명을 이끌어가는 주도적 사상으로 자리매김하게 되었던 것이다. 이는 우연이 아니라고 하겠다.

'오경五經'(『상서尙書』, 『주역周易』, 『시경詩經』, 『예경禮經』, 『춘추경春秋經』을 말함, 『악경樂經』은 후일 실전되었음)은 주나라 때 만들어진 것이다. 『상서』에는 요순堯舜 및 삼대三代에서 나라를 다스리고 국정을 운영하던 일을 기록한 중요한 문헌자료가 보존되어 있다. 『주역』은 은나라와 주나라가 바뀌던 시기에 만들어졌는데, 이 책은 점복占卜의 형식으로 인생의 지혜를 응축凝結하고 있다. 전하는 바에 따르면, 공자는 십익十翼(즉 『역전易傳』임, 공자의 제자들과 재전제자들이 만든 것으로 추정됨)을 만들어 점복술占卜術을 음양陰陽의 도道 철학으로 발전시켰다고 한다. 『시경時經』도 주나라 때에 만들어졌는데, 공자의 수정修訂과 편집을 거쳐 더욱 정교하게 되었다. 이 경經은 각 지역, 각 나라의 시가 총집總集이다. 이 경은 '풍風', '아雅', '송頌' 세 부분으로 나뉘어져 있는데, 여기에는 사회 각 계층의 생활, 이상, 소원, 정감이 진실하게 반영되어 있다. 『예경禮經』은 '삼례三禮'를 포함하는데 『의례儀禮』는 좀 일찍 만들어졌고, 『예기禮記』는 전국戰國 시기 작품이고, 『주례周禮』 또는 『주관周官』은 좀 더 늦게 만들어진 것으로 추정된다. "삼례'는 주나라 예악문화의 결정체로서 이 책은 예법禮法(제도), 예의禮義(도덕), 예의禮儀(의식과 예절)의 세 차원을 아우르고 있다. 『춘추경春秋經』은 공자가 노魯나라 역사에 근거하여 만든 것이다. 이 경經에는 춘추시대 200여 년간의 큰일 大事들이 기재되어 있는데, 여기에는 인물들에 대한 평가도 들어있다. 공자는 이렇게 말한다. "나를 아는 자도 오직 『춘추春秋』뿐이요, 나에게 죄를 줄 자도 오직 『춘추』뿐이다."[11] 『좌전左傳』, 『공양전公羊傳』, 『곡양전穀梁傳』을 합칭 삼전三傳이라고 하는데, 이것들은 『춘추경』에 대한 상이한 해설이다.

보다시피 공자는 확실히 요순堯舜 및 삼대三代의 문화를 집대성한 대사大師이다. 공자는 '오경五經'을 인용하고 발휘하면서 그 이전 역대에 축적한 경험과 교훈을 총화했다.

---

11) 萬麗華, 藍旭譯注 : 《孟子》, 中華書局2006年版, 第138頁.[원문 : 知我者其惟《春秋》乎, 罪我者其惟《春秋》乎.]

'오경'은 중화문명의 조숙早熟을 상징하는 대표적 전적典籍이다. 사상적으로 주요 성취는 즉 고대 예禮 문화에서 '덕德' 관념을 돌출하게 부각시킨 것이고, 예악禮樂이 도덕교화의 수단과 방식으로 자리매김하게 만든 것이다. 공자는 "덕' 관념의 기초 위에서 또 '인仁' 사상을 돌출하게 부각시켰고, 이렇게 예와 덕문화가 영혼을 가지게 만들었다. 이런 문명에 대한 자아각성自覺은 주공周公으로부터 시작되었다. 『상서尙書』 등 책의 기재에 따르면 주공은 예악禮樂 제도를 만들었을 뿐만 아니라 또한 은나라 주임금이 멸망한 교훈을 총화한 기초 위에서 덕으로 나라를 다스릴 것을 강조했다고 한다. 그는 몇 가지 문제를 해결했다. 첫째는 천신天神과 백성의 관계문제로서 하늘天은 백성들과 동떨어진 높이 자리하고 있는 절대적 권위자가 아니라고 했다. 하늘은 폭군을 보호하지 않고, 다만 백성들의 목소리에 귀를 기울이는 덕이 있는 임금만 도와주는데, 그래서 덕으로써 천명天命을 보조해야 한다는 것이다. '왕이 덕을 씀은 하늘의 영원한 명命을 비는 것이고'[12] '하늘이 듣고 보는 것은 우리 백성들이 듣고 보는 것을 좇고, 하늘이 상을 주고 벌을 내리는 것은 우리 백성들이 상을 주고 벌을 내리는 것을 통해 드러낸다.'[13] 이렇게 백성들의 뜻民意이 하늘의 뜻天意의 표현으로 되어졌고, 한편 천신은 인간화 되었다. 둘째는 임금과 백성의 관계문제로서 '오직 백성이 나라의 근본이니, 근본이 튼튼해야 나라가 안정하다.'[14]는 것이다. 또 '옛사람들이 이르기를, 임금은 물을 거울로 삼을 것이 아니라, 마땅히 백성들을 거울로 삼아야 한다고 했다.'[15]라고 한다. 또 '백성들의 마음은 일정하지 아니 하니, 오직 혜택을 주는 자만을 마음에 품는다.'[16]라고 한다. 군왕이 나라를 다스리는 데는 반드시 백성들의 마음民意을 잘 헤아려야

---

12) 張馨編:《尙書》, 中國文史出版社 2003年版, 第225頁.[원문: 王其德之用, 祈天永命.]
13) 張馨編:《尙書》, 中國文史出版社 2003年版, 第34頁.[원문: 天聰明自我民聰明, 天明畏自我民明威.]
14) 張馨編:《尙書》, 中國文史出版社 2003年版, 第34頁.[원문: 民惟邦本, 本固邦寧.]
15) 張馨編:《尙書》, 中國文史出版社 2003年版, 第34頁.[원문: 古人有言曰: 人無於水監, 當於民監.]
16) 張馨編:《尙書》, 中國文史出版社 2003年版, 第34頁.[원문: 民心無常, 惟惠之懷.]

하고, 민생民生을 중요시해야 한다는 것이다. 이것이 즉 덕정德政이다. 아니 할 경우, 오래 가지 못한다는 것이다. 셋째는 덕치德治와 형벌의 관계문제로서 '덕은 밝게 밝히고, 벌罰은 신중하게 내린다.'17)는 것이다. 소공召公은 려왕厲王에게 충고하기를, "백성들의 입을 막는 것은 강물을 막는 것보다 더 위험합니다.…… 강물을 다스리는 자는 물길을 터서 잘 흐르게 해야 하고, 백성을 다스리는 자는 백성들이 말을 자유롭게 할 수 있게 해주어야 합니다."18)라고 했다고 한다. 즉 정치가 잘 이루어져 국민들이 화평하고 즐겁고, 위와 아래가 한마음 한뜻이 되어야 사회가 안정해진다는 것이다. 달리 말하면, 형벌은 삼가야 한다는 것이다. 넷째는 덕치와 예의제도禮制의 관계문제로서 '공명정대하고 백성들을 헤아리는 마음으로 다스림을 행하고, 질서를 지키는 예의로 안정한 사회를 구축해야 한다.'19)는 것이다. 『좌전左傳』의 기재에 따르면 노소공魯昭公이 진晉나라에 갔을 때 진나라 제후가 그를 칭찬하여 예가 바르다고 했는데, 여숙제女叔齊가 말하기를 "그것은 의儀(예절의 겉모습)이지, 예라고 할 수는 없다."고 했다고 한다. 이어서 "예란 나라를 지키고, 정령政令을 실시하고, 백성을 잃지 않기 위한 것이다."20)(기원전 537)라고 했다고 한다. 예는 형식상의 예의범절이 아니라, 마땅히 나라를 다스리는 법도로 되어야 하고, 백성들의 마음에서 우러나와 숭상하는 것으로 되어야 한다는 것이다. 여기에는 덕치德治의 의미가 내재되어 있겠다. 그리하여 주공으로부터 공자에 이르기까지 많은 선철들이 예를 강조했고, 덕으로 예를 이끌어갈 것을 주장했던 것이다.

『역경易經』에는 음陰과 양陽이 대립하고 전환하고, 천도天道와 인사人事가 상호 감응한다는 사상이 들어 있다. 『역전易傳』의 출현은 삼대三代의 예 문화를 '하늘과 인간 사이를 탐구하고, 고금의 변화에 통달하는窮天人之際 通古今之變'

---

17) 張馨編:《尙書》, 中國文史出版社 2003年版, 第34頁.[원문: 明德愼罰.]
18) (漢)高誘注:《呂氏春秋》, 上海古籍出版社 2014年版, 第492頁, [원문: 防民之口, 甚於防川……治川者決之使導, 治民者宣之使言.]
19) (春秋) 左丘明:《左傳》, 蔣冀騁標點, 嶽麓書社1988年版, 第4頁.[원문: 明恕而行, 要之以禮.]
20) (春秋) 左丘明:《左傳》, 蔣冀騁標點, 嶽麓書社1988年版, 第286頁.[원문: 禮, 所以守其國, 行其政令, 無失其民者也.]

차원으로 승화시켰는바, 이렇게 중국인들은 대우주관을 가지게 되었고, 중화中華의 정신은 지극히 높은 경지에 이르게 되었던 것이다. 이는 사실 공자와 노자, 유가와 도가 사상을 융합한 결정체이다. 『역전』에서는 이러한 개념과 명제들을 많이 제기한다. 즉 '태극太極', '한번 음이 되고 한번 양이 되는 것을 도라고 한다一陰一陽之謂道.' '낳고 또 낳는 것을 일러 역이라 한다生生之謂易.' '굳셈과 부드러움이 서로 밀어주면서 변화가 생긴다剛柔相推而生變化.' '천지의 대덕을 낳는 것이라 한다天地之大德曰生.' '대인은 하늘땅과 더불어 덕을 합친다大人者与天地合其德.' '삼재三才의 도', '자강불식自强不息', '두터운 덕으로 만물을 싣는다厚德載物.' '보합태화保合太和' 등이다. 이는 후일 각종 사상과 학설을 통솔하는 중화철학 특유의 방향과 경로를 결정지었다. 그 가운데 "자강불식自强不息', '후덕재물厚德載物', '강건중정剛健中正'은 중화中華 정신의 정수精髓로 되어졌다. 공자는 『주역周易』을 지극히 중요시했다. 이르기를, "하늘이 나에게 몇 해 시간을 더 주어, 쉰 살에 『역경』을 배우게 된다면, 나에게 큰 허물은 없으리라."[21]라고 했다. 공자는 만년에 『역경』을 공부할 때 '죽간竹簡을 꿰맨 소가죽 끈이 세 번이나 끊어질 정도로韋編三絶' 수차 반복해서 읽었다고 한다. 『주역周易』은 공자가 인간세상을 통찰하는 지견智見을 가지게 만들었다고 하겠다.

『시경詩經』에는 춘추 중엽 이전의 사회생활 상황이 광범하고 심각하게 반영되어 있다. 여기에는 인仁·의義·예禮·지智·신信·경敬·효孝·우友 등 윤리 관념도 포함되어 있고 또 민간의 희喜·노怒·애哀·락樂·원怨 등 정감의 솔직한 토로도 들어 있다. 『모시서毛詩序』에서는 "정이 마음에서 움직여 언어로 나타난다."[22]라고 한다. 『시대서詩大序』에서는 "윗사람은 바람風으로 아랫사람을 교화시키고, 아랫사람은 바람風으로 윗사람을 풍자한다."[23]라고 한다. 『장자莊子·천하天下』에서는 "시경은 사람들의 뜻을 서술한 것이다."[24]라고 한다. 『예

---

21) 楊伯峻, 楊逢彬注譯:《論語》, 嶽麓書社2000年版, 第62頁.[원문:加我數年, 五十以學《易》, 可以無大過矣.]

22) (漢)毛氏, 鄭氏箋:《毛詩》, 山東友誼書社1990年版, 第19頁.[원문:情動於中而形於言.]

23) (周)蔔商:《詩序》, 商務印書館1937年版, 第1-2頁.[원문:上以風化下, 下以風刺上.]

24) 陳鼓應注釋:《莊子今注今譯》, 中華書局2009年版, 第908頁.[원문:詩以道志.]

기『禮記·경해經解』에서는 "따스하고 부드럽고 도탑고 후덕한 것이 시경詩經의 가르침이다."25)라고 한다. 요컨대 '육경六經'의 하나로서 『시경』은 문학적 차원을 훨씬 초월하여 선진先秦 시기 한 부의 사회와 인생을 이끌어가는 원전元典으로 되어졌었고, 사람들이 인용하는 빈도도 '육경'에서 가장 높았다. 예컨대 『논어論語』에서 공자는 『시경』에 대한 기대가 아주 컸는데, 공자는 이를 덕을 밝히는 교과서라고 했다. "『시경』의 시 삼백 편은 한마디로 말하자면, 생각에 사특함이 없는 것이다." 그것은 옛것을 배우고 익혀 새로운 것을 알게 하는 교과서였다. 공자는 자하子夏와 함께 일시逸詩에서의 "보조개 지은 예쁜 미소, 반짝이는 아름다운 눈동자, 흰 바탕에 고운 무늬 이루었네巧笑倩兮, 美目盼兮, 素以爲絢兮."라는 시구를 논할 때 평가하기를 "그림 그리는 일은 흰 바탕이 있은 뒤에 할 수 있다는 뜻이다繪事后素."라고 했다. 이에 자하는 깨달음을 얻고 말하기를, "예는 그 정신이 먼저이고, 예의는 그 다음이라는 말씀입니까?"라고 했다. 그러자 공자는 "나를 일깨워 주는 이는 바로 상商(子夏의 이름)이로구나. 비로소 너와 더불어 『시詩』를 논할 수 있겠구나."26)라고 했다고 한다. 『시』는 언어 훈련의 매개물이었다. "『시』를 배우지 않으면, 말을 할 수 없다."27) "『시경』의 시 삼백 편을 외운다 해도, 정치를 맡겨서 잘 해내지 못하고, 사방에 사신으로 가서도 독자적으로 일을 해낼 수 없다면 시를 많이 외운다 한들 그것이 또 무슨 소용이 있겠느냐?"28) 『시』는 또 인생을 배우는 첫 단계였다. "『시』에서 일어나고, 예에서 서며, 악에서 이루니라."29) 『시』는 또 여러 기능이 있었다. "『시』는 감정이 일어나게 하며, 세상을 살필 수 있게 하며, 사람들과 어울릴 수 있게 하며,

---

25) 《禮記》: 崔高維校點, 遼寧教育出版社2000年版, 第171頁.[원문: 溫柔敦厚, 詩教也.]

26) 楊伯峻, 楊逢彬注譯: 《論語》, 嶽麓書社2000年版, 第19頁.[원문: "《詩》三百, 一言以蔽之曰: 思無邪", "巧笑倩兮, 美目盼兮, 素以為絢兮", "繪事後素", "禮後乎?", "起予者商也! 始可與言《詩》已矣".]

27) 《禮記》: 崔高維校點, 遼寧教育出版社2000年版, 第162頁.[원문: 不學《詩》, 無以言.]

28) 《禮記》: 崔高維校點, 遼寧教育出版社2000年版, 第118頁.[원문: 誦《詩》三百, 授之以政, 不達. 使於四方, 不能專對, 雖多, 亦奚以為?]

29) 楊伯峻, 楊逢彬注譯: 《論語》, 嶽麓書社2000年版, 第72頁.[원문: 興於《詩》, 立於禮, 成於樂.]

불의를 원망할 수 있게 한다."30) 때문에 공자는 참답게 『시경』을 정리했던 것이다. 공자는 "내가 위나라에서 노나라로 돌아온 뒤로 비로소 음악樂이 바르게 되었고, 『아雅』와 『송頌』이 각자 제자리를 찾았다."31)라고 한다. 『논어論語·태백泰伯』에는 증자曾子가 『시詩·소민小旻』에서 인용한 문구가 실려 있다. "두려워 벌벌 떨며 조심하기를, 마치 깊은 연못을 건너듯이 하고, 마치 엷은 얼음 위를 걷는 듯이 하라."32) 이 한마디는 후세 사람들이 자신을 단속하고 자신을 경고하는 좌우명으로 남겨졌었다. 또 예를 들면, 『대학大學』에서는 『시·상송商頌·현조玄鳥』에서의 "나라 땅 사방 천 리는 오로지 백성이 머물러 사는 곳이다."33)라는 한마디를, 『시·문왕文王』에서의 "성대하고 아름다운 문왕이시여, 아아, 영원히 밝고 존경스럽습니다."34)라는 한마디를, 『시·주남周南·도요桃夭』에서의 "이 아가씨 시집가니, 집안사람 모두 화락하네."35)라는 한마디를, 『시·소아小雅·남산유대南山有臺』에서의 "즐거우라 군자여君子, 백성의 어버이시라."36)라는 한마디를 인용하고 있다. 『중용中庸』에서는 『시·대아大雅·가악嘉樂』에서의 "아름다운 군자여, 훌륭한 그 덕이 환히 드러났도다. 백성과 관리들을 잘 다스리니 하늘로부터 복록福祿을 내려 받았구나. 보우하시며 그에게 명하시네. 하늘이 거듭 그에게 베풀어 주시네."37)라는 문구를, 『시·대아·증민烝民』에서의 "밝고 현명하게 처신하시어, 그 몸을 온전히 보존했구려."38)라는 한

---

30) 楊伯峻, 楊逢彬注譯：《論語》, 嶽麓書社2000年版, 第168頁.[원문：《詩》可以興, 可以觀, 可以群, 可以怨.]

31) 楊伯峻, 楊逢彬注譯：《論語》, 嶽麓書社2000年版, 第82頁.[원문：吾自衛反魯, 然後樂正, 《雅》,《頌》各得其所.]

32) 楊伯峻, 楊逢彬注譯：《論語》, 嶽麓書社2000年版, 第70頁.[원문：戰戰兢兢, 如臨深淵, 如履薄冰.]

33) 程俊英：《詩經譯注》, 上海古籍出版社2004年版, 第564頁.[원문：邦畿千裏, 維民所止.]

34) 程俊英：《詩經譯注》, 上海古籍出版社2004年版, 第407頁.[원문：穆穆文王, 於緝熙敬止.]

35) 程俊英：《詩經譯注》, 上海古籍出版社2004年版, 第11頁.[원문：之子於歸, 宜其家人.]

36) 程俊英：《詩經譯注》, 上海古籍出版社2004年版, 第270頁.[원문：樂只君子, 民之父母.]

37) (宋) 朱熹注：《大學·中庸·論語》之《中庸集注》. 上海古籍出版社1987年版, 第7頁.[원문：嘉樂君子, 憲憲令德, 宜民宜人, 受祿於天, 保佑命之, 自天申之.]

38) 程俊英：《詩經譯注》, 上海古籍出版社2004年版, 第491頁.[원문：既明且哲, 以保其身.]

문구를, 『시·대아·황의皇矣』에서의 "나는 밝은 덕明德을 품고 있다."39)라는 한
문구를 인용하고 있다. 이상 『시경詩經』에서 인용한 글귀는 저자가 '경지敬止',
'의민宜民', '의가宜家', '명철明哲', '명덕明德' 등 사상을 중요시하고 있었음을 보
여주고 있고, 후세 사람들은 또 이를 계승하고 발휘하고 있었다. 보다시피 『시
경』은 아주 중시 받고 있었다. 『한서漢書·유림전儒林傳』에서는 이렇게 말한다.
"육학六學(『시경』을 포함)은 왕의 교화王敎의 전적典籍으로서 옛 성인들이 천도
天道를 밝히고, 인륜人倫을 바로 잡고, 안정한 다스림에 이르던 성법成法이었
다."40)라고 한다. 아래에 『예경禮經』을 보기로 하자.

　『삼례三禮』에서 『예기禮記』가 그 당시 및 후세의 사상과 문화에 끼친 영향이
가장 크다. 한편, 『예기』에서는 『대학大學』, 『중용中庸』, 『예운禮運』, 『학기學記』,
『경해經解』 등 편이 특히 중요한데, 이 몇 편에서도 『대학』과 『중용中庸』 이
두 편이 철학적 차원이 가장 높다. 그리하여 후일 송유宋儒들의 선정을 거쳐
'사서四書'에 들어가게 되었던 것이다. 『대학』에서는 수기치인修己治人의 도를
논하는데, 여기에는 '삼강령팔조목三綱領八條目'이 들어 있다. 우선, '대학의 도
는 밝은 덕明德을 밝힘에 있고, 백성들을 교화하여 새롭게 만듦에 있고, 지극한
선善에 머무르게 함에 있다."라고 한다. 밝은 덕이 즉 지극히 선至善한 덕으로서
이로 백성들을 새롭게 만들고 잘 교화시켜 사회가 태평성세에 이르게 한다는
것이다. 이 목표를 실현하려면 사회의 모든 사람은 반드시 수신修身을 근본으
로 해야 한다. 즉 격물格物, 치지致知, 성의誠意, 정심正心, 수신修身, 제가齊家를
거쳐, 그 다음 치국治國과 평천하平天下의 목표를 달성해야 한다는 것이다. 이렇
게 중국인들에게 자아완성으로부터 가정을 잘 꾸리고, 나아가 뭇사람들에게
널리 은혜를 베풀고 중생들을 구제해주는 한 갈래 내성외왕內聖外王의 길을 열
어 주었던 것이다. 『중용』은 생명의 성장에 관한 학문으로서 유가의 인생철학
이라고도 할 수 있다. 『중용』에서는 '하늘이 명한 것을 성이라 이른다天命之謂

---

39) 程俊英：《詩經譯注》, 上海古籍出版社2004年版, 第426頁.[원문：予懷明德.]
40) 《禮記》：崔高維校點, 遼寧教育出版社2000年版, 第192頁.[원문：六學者, 王敎之典籍, 先聖
　　所以明天道, 正人倫, 致至治之成法也.]

性’, ‘중화中和’, ‘시중時中’, 그리고 ‘덕성德性을 높이면서 묻고 배우는 길을 걷는 다尊德性道問學’, ‘만물은 함께 길러지되, 서로 해치지 않고, 도道는 함께 행해지되, 서로 어긋나지 않는다.’41)라는 등의 이치를 논한다. 또한 처음으로 중화中和의 도를 제기했는데 “중中은 천하의 대본大本이고, 화和는 천하의 달도達道이니라. 중화中和에 이르면 천지가 자리를 잡고 만물이 길러지느니라.”42)라고 한다. 이렇게 유가에서는 화和를 귀하게 여기는 사상을 우주의 법칙을 논하는 차원에로 끌어올렸던 것이다. 이는 인성人性의 타락墮落과 허위虛僞에 비추어보면서 제기한 것이다. 또한 그래서 ‘성誠’의 중요성을 강조했던 것이다. ‘성’이란 즉 진실하고 거짓이 없고, 이상理想을 충실하게 하는 것이다. 이는 개체 생명의 성장을 보장해줄 수 있고, 더욱 “지극한 정성은 세상을 변화시킬 수 있다至誠能化.” 다시 말하면, ‘지극한 정성은 신과 같아서至誠如神’, 자기를 이루고 만물을 이루고, 나아가 천지의 화육化育도 도울 수 있다. 『중용』은 중국철학이 ‘높고 밝음을 지극히 다하는極高明’ 경지에 들어서게 만들었고 또한 ‘중용의 길로 나아가게道中庸’ 만들었다. 또한 중국철학이 인륜일용人倫日用에서도 역할을 충분히 발휘하게 만들었다.

공자는 그 당시 ‘예악제도가 무너지고 망가진禮壞樂崩’ 어지러운 세상을 보고서, ‘오경五經’을 전면적이고 심각하게 해석하고, 주례周禮의 두터운 문화전통을 계승하면서 인화학설仁和之學을 내놓았다. 이로 ‘주나라 문화가 피폐해진’ 현실을 바로잡고 그 병을 치유하려고 했던 것이다. 공자는 특히 인애仁愛, 민본民本, 귀화貴和(화목함을 소중히 여김)의 중요성을 강조하고 있었고, 인학仁學으로써 인간의 덕성德性을 발양하고 예문화의 생명력을 활성화시키려고 했다. 또한 인을 예 앞에 위치지울 것을 창도하고 있었다. 치국治國에 있어서는 ‘덕으로써 이끌고, 예禮로써 가지런하게 하고道之以德 齊之以禮’, 도덕교화를 통해 인성人性을

---

41) 《禮記》: 崔高維校點, 遼寧敎育出版社2000年版, 第192頁.[원문 : 萬物並育而不相害, 道並行而不相悖.]
42) 《禮記》: 崔高維校點, 遼寧敎育出版社2000年版, 第186頁.[원문 : 中也者, 天下之大本也. 和也者, 天下之達道也. 致中和, 天地位焉, 萬物育焉.]

개량하고, 나아가 관리官吏들의 덕성德性과 백성들의 풍속을 개변시켜 중국을 예의의 나라禮儀之邦로 만들려고 했다. 인학仁學의 요지는 다음과 같다. 첫째, 인仁의 근본은 효제孝悌에 있다. 둘째, 인의 함의는 남을 사랑하는 것이다. 셋째, 인의 방식은 충서忠恕이다. 넷째, 인의 모습은 온화溫和·선량善良·공경恭敬·절검節儉·겸양謙讓이다. 다섯째, 인의 실천은 즉 자기를 닦아 백성들을 편안하게 해주는 것이다. 여섯째, 인의 수행은 널리 배우고博學, 뜻을 독실하게 하고篤志, 간절히 묻고切問, 가까이 있는 것부터 생각하는近思 것이다. 일곱째, 인의 제도는 예악禮樂이다. 여덟째, 인의 쓰임은 중화中和에 있다.

인화학설仁和之學을 창립하는 과정에 공자는 주례周禮의 중요성을 강조했을 뿐만 아니라 또 주동적으로 각 학파의 사상을 흡수하여 자신의 학설을 풍부하게 만들었다. 예를 들면, 공자의 '화이부동和而不同'이라는 위대한 이념은 서주西周 말년 '화동지변和同之辨'에서 온 것이다. 『국어國語·정어鄭語』에는 사백史伯의 말이 실려 있는데, 그는 "서로 다른 것들끼리 조화를 이루면 만물이 번성하지만, 모두를 같게 만들어버리면 이어가지 못한다."43)라고 했다. 『좌전左傳』에는 제나라 안영晏嬰의 군신관계君臣關係 논설이 기재되어 있는데, 그는 군신관계는 마땅히 음식이나 음악처럼 반드시 다양한 요소(예를 들면 五味와 五聲)가 조화를 이루면서 서로 이루어주어야 한다고 했다. 이렇게 되어야만 음식은 맛이 있게 되고 음악은 아락雅樂이 있게 되는데, 군신관계도 마찬가지라는 것이다. 반면에 '물에다 물을 보태서는' 아무리 보태도 원래 그대로라는 것이다. 공자는 노자를 만나 주례周禮에 관해 물은 바 있는데, 비록 노자로부터 꾸지람을 들었지만 원망하지 않았고, 오히려 노자를 '마치 용龍과 같은 분'이라고 찬탄했다. 노자의 학문은 너무 심오하여, 자기로는 헤아릴 수 없다고 생각했던 것이다. 공자는 순임금을 칭송하여 이렇게 말한다. "아무 일도 하지 않으면서 천하를 잘 다스린 사람은 순임금일 것이로다. 무엇을 하셨는가? 자기 몸가짐을 공손히 하고 남면南面하여 똑바로 앉아 계셨을 뿐이다."44) 보다시피 공자는 노

---

43) (春秋) 左丘明:《國語》, 上海古籍出版社2015年版, 第347頁.[원문: 和實生物, 同則不繼.]
44) 楊伯峻, 楊逢彬注譯:《論語》, 嶽麓書社2000年版, 第145頁.[원문: 無爲而治者, 其舜也與?]

자의 무위無爲 사상을 긍정해주고 있었고, 군왕들이 무위無爲할 것과 솔선수범할 것을 주장하고 있었다. 공자는 이렇게 말한다. "몸가짐이 바르면 명령을 내리지 않아도 절로 바르게 행한다."45) 이는 원래 도가의 지혜였다. 공자는 일생의 추구를 이렇게 논한다.

> 나는 열다섯에 학문에 뜻을 두었고, 서른에 뜻이 확고히 섰으며, 마흔에는 마음에 미혹됨이 없어졌고, 쉰에는 천명天命을 깨달아 알게 되었고, 예순에는 어떠한 말을 들어도 이해하여 순순히 받아들이게 되었으며, 일흔에는 하고자 하는 바를 마음대로 하면서도 법도에 어긋나지 않게 했다.46)

그가 추구하는 최고의 경지는 심령心靈의 자유였다. 보다시피 이는 노자의 '도는 자연을 본받는다道法自然.'라는 사상의 영향을 깊이 받은 것이다. 『논어論語 · 선진先進』에는 공자와 그의 제자들이 뜻을 담론하던 이야기가 실려 있다. 공자는 제자들과의 대화에서 증점曾點의 "늦은 봄에 봄옷이 만들어지면 관冠을 쓴 벗 대여섯 명과 아이들 예닐곱 명을 데리고, 기수沂水에 가서 목욕을 하고, 기우제 드리는 곳에서 바람을 쐰 뒤에 노래하며 돌아오렵니다."라는 소탈함을 긍정해주고 있었는데, 여기서도 도가의 풍격을 드러내고 있었다고 하겠다. 공자는 형세에 맞추어 일을 했고, '써 주면 일을 하고, 버림당하면 숨어 지내고'47) '숨어 살면서도 그 뜻을 추구하고, 의로움을 행하면서 꿋꿋이 그 도에 이르렀다.'48) 그는 인생의 지혜에서 늘 유가와 도가를 번갈아 활용하고 있었는데, 참말로 "성인으로서 시기를 적절히 알아 일을 행하던 분이었다." 공자는 '정령政令으로 이끌고, 형벌刑罰로써 가지런하게 하는 것'에 찬성하지 않았다.

夫何爲哉? 恭己正南面而已矣.]

45) 楊伯峻, 楊逢彬注譯:《論語》, 嶽麓書社2000年版, 第118頁.[원문 : 其身正, 不令而行.]

46) 楊伯峻, 楊逢彬注譯:《論語》, 嶽麓書社2000年版, 第9頁.[원문 : 吾十有五而志於學, 三十而立, 四十而不惑, 五十而知天命, 六十而耳順, 七十而從心所欲不逾矩.]

47) 楊伯峻, 楊逢彬注譯:《論語》, 嶽麓書社2000年版, 第60頁.[원문 : 用之則行, 舍之則藏.]

48) 楊伯峻, 楊逢彬注譯:《論語》, 嶽麓書社2000年版, 第161頁.[원문 : 隱居以求其志, 行義以達其道.]

그는 예와 법을 결합하여 다스리고, 덕을 주로 하고 형형刑을 보조로 해야 한다고 주장했다. 그래서 "예악禮樂이 흥성興盛하지 않으면 형벌이 적절히 내려지지 못하고, 형벌이 적절히 내려지지 못하면 백성들은 손과 발을 둘 곳이 없게 된다."49)라고 했고 또 "군자는 항상 법을 생각하고 소인은 항상 은혜를 생각한다."50)라고 했던 것이다. 여기에는 법가의 사상이 숨겨져 있다고 하겠다. 공자는 제齊나라 법가 관중管仲을 평가할 때 "관중은 환공桓公을 도와 그가 제후들의 패자霸者가 되게 했고, 천하를 가지런하게 했다.", "환공이 제후들을 아홉 번 소집하면서 군사를 동원하지 않은 데는 관중의 힘이 컸다. 그만큼만 인仁하면 되니라. 그만큼만 인하면 되니라."51)라고 찬양했다. 보다시피 공자는 오로지 도덕주의자만은 아니었다. 공자가 보건대, 인덕仁德을 행하는 데는 반드시 실력이 뒷받침되어야 했다. 『관자管子』에서는 "창고가 가득 차야 예의禮義를 알게 되고, 먹고 입는 것이 풍족해야 영예와 치욕을 알게 된다."라고 했는데, 이 말은 유가의 부민富民 사상을 충실하게 만들었고, 또 "예禮·의義·염廉·치恥는 나라의 네 가닥 벼리인데, 이를 널리 펼치지 못하면 나라는 곧 멸망한다."라고 했는데, 이 견해도 유가의 도덕체계에 들어갔고, 팔덕八德의 유기적 구성부분으로 되어졌었다. 공자는 또 정鄭나라 자산子産을 칭찬하여 "너그러움으로 용맹함을 돕고, 용맹함으로 너그러움을 도왔다. 정치는 이렇게 조화를 이루는 것이니라."52)라고 했다. 공자는 폭정에도 반대했고, 형벌을 남용하는 것에도 반대했다. 그는 "가혹한 정치는 호랑이보다 더 무섭다."라고 했다. 그리하여 덕을 주로 쓰고 형형刑은 보조로 사용할 것을 주장했던 것이다. 공자는 또 명가名家의 이념을 받아들여 정치를 행하기 전에는 "반드시 명분을 바로 세워야 한다."고 했고,

---

49) 楊伯峻, 楊逢彬注譯:《論語》, 嶽麓書社2000年版, 第117頁.[원문: 禮樂不興則刑罰不中, 刑罰不中則民無所措手足.]

50) 楊伯峻, 楊逢彬注譯:《論語》, 嶽麓書社2000年版, 第30頁.[원문: 君子懷刑, 小人懷惠.]

51) 楊伯峻, 楊逢彬注譯:《論語》, 嶽麓書社2000年版, 第134, 133頁.[원문: "管仲相桓公, 霸諸侯, 一匡天下", "桓公九合諸侯, 不以兵車, 管仲之力也, 如其仁".]

52) (春秋) 左丘明:《左傳》, 蔣冀騁標點, 嶽麓書社1988年版, 第334頁.[원문: 寬以濟猛, 猛以濟寬, 政是以和.]

"명분이 바로 세워지지 못하면 말이 불순하고, 말이 불순하면 일을 이루지 못한다. 일을 이루지 못하면 예악禮樂이 흥성하지 못한다."53)라고 했다. 예를 들면, "군군, 신신, 부부, 자자君君臣臣父父子子'나 "임금은 임금의 도道가 있고, 신하는 신하의 도가 있고, 아버지는 아버지의 도가 있고 아들은 아들의 도가 있다."라는 것, 모두 명분에 맞고, 경우에 맞고 도리에 맞게 처사해야 함을 말한 것이다. 아니할 경우, 사회 질서는 당연히 무너질 수밖에 없겠다.

맹자는 공자 인학仁學의 충실한 계승자였고 또 혁신자였다. 그의 공헌은 다음과 같다. 첫째, 인학에 성선설性善說의 논증을 제공한 점이다. 그는 인성人性에는 '인의예지仁義禮智'의 사단四端이 있다고 했고, 이를 양지양능良知良能이라고 칭했다. 또 이를 확충하면 군자로 되고, 이를 잃으면 소인이 된다고 했다. 둘째, '인의'를 함께 아울러 열거한 점이다. 맹자는 인은 안락한 집이고, 의는 바른 길이라고 했다. 따라서 인간은 반드시 "인에 머물고 의를 따라야 한다."54)는 것이다. 셋째, 인심仁心으로부터 나아가 '인정仁政'의 논리를 편 점이다. 맹자는 "백성들의 생업生業을 정해주어", 백성들이 먹고 입는 것이 풍족하게 해주어야 하고, "형벌을 줄이고, 세금을 적게 거두고", 홀아비와 과부, 고아와 자식이 없는 늙은이들을 구제해주어야 하고55), "상서庠序(지방학교) 교육을 신중히 실시하고, 효제孝悌의 의리를 가르쳐야 한다."56)고 했다. 넷째, 민본사상을 고양시킨 점이다. 맹자는 "백성이 가장 귀하고, 사직社稷이 그 다음이고, 임금은 하찮다." 라고 했다. 다섯째, 사인士人들의 독립적 인격을 확립한 점이다. "부귀해도 그 마음을 어지럽히지 않고, 빈천해도 그 뜻을 바꾸지 않고, 권세와 무력 앞에서도 절개를 굽히지 않는다. 이렇게 하는 자를 대장부라고 한다." 이렇게 인의군자仁義君子의 존엄을 현양顯揚했던 것이다.

---

53) 楊伯峻, 楊逢彬注譯 : 《論語》, 嶽麓書社2000年版, 第117頁.[원문 : "必也正名乎!", "名不正則言不順, 言不順則事不成, 事不成則禮樂不興".]

54) 楊伯峻, 楊逢彬注譯 : 《論語》, 嶽麓書社2000年版, 第124頁.[원문 : 居仁由義.]

55) 참고 : 楊伯峻, 楊逢彬注譯 : 《孟子》, 嶽麓書社2000年版, 第26頁.

56) 楊伯峻, 楊逢彬注譯 : 《孟子》, 嶽麓書社2000年版, 第5頁.[원문 : 謹庠序之敎, 申之以孝悌之義.]

맹자는 제자들과 도를 논할 때 공자의 말을 가장 많이 인용했고, 다음으로는 『시경詩經』을 많이 인용했고, 그 다음으로는 『상서尚書』와 『예기禮記』를 많이 인용했다. 이로 그의 인의학설仁義之學을 논증했던 것이다. 맹자는 요임금과 순임금의 도, 삼대三代의 덕을 충실히 계승했고, 특히 주문왕周文王을 크게 찬양했다. 즉 그는 역사적 안광을 가지고 있었다. 맹자는 또 여러 나라를 두루 많이 돌아다녔다. 그리하여 보고 들은 것이 많았고, 따라서 식견이 아주 넓고 실천 또한 아주 풍부했다. 그는 또 제자백가들의 학설 및 추鄒나라와 노魯나라, 연燕나라와 제齊나라, 삼진三晉, 형초荊楚, 오월吳越 등 지역의 문화에서 많은 것을 배웠다. 『맹자』라는 책에는 노자도가 사상도 많이 들어 있다. 예를 들면, 노자가 갓난아기를 논했다면 맹자도 갓난아기를 논했고, 노자가 사욕私慾을 줄일 것을 주장했다면 맹자도 정신수양을 하는 데는 욕망을 줄이는 것보다 좋은 것이 없다고 했고, 노자가 기氣를 오로지해서 몸을 부드럽게 할 것專氣致柔을 주장했다면 맹자도 호연지기浩然之氣를 기를 것을 주장했고, 노자가 명철보신明哲保身을 주장했다면 맹자도 궁색할 때면 홀로 자기 몸을 착하게 닦는다窮則獨善其身고 했다. 맹자는 법가에서도 받아들인 것이 있는데, 그는 특히 덕德과 법法을 병용할 것을 주장했다. 맹자는 이렇게 말한다. "단지 선善만 가지고는 정치를 잘하기에 부족하며, 단지 법만 가지고는 정치가 저절로 행해질 수 없다."[57] 맹자는 "양씨楊氏는 나만을 위하니, 이는 임금이 없는 것이요, 묵씨墨氏는 모두를 사랑하니, 이는 아버지가 없는 것이다. 아버지가 없고 임금이 없는 것은 짐승이다."[58]라고 비판했다. 하지만 이는 다만 최저한도의 충효忠孝를 지키기 위함이었다. 맹자는 비록 양자楊子의 유아론唯我論(국가정권을 관계치 않음)과 묵자의 겸애론兼愛論(孝悌가 仁의 근본임을 논하지 않음)을 비난했지만, 그러나 이는 절대로 군권지상君權至上과 부권지상父權至上을 제창하려는 것은 아니었다. 맹자는 "백

---

57) 楊伯峻, 楊逢彬注譯 : 《孟子》, 嶽麓書社2000年版, 第115頁.[원문 : 徒善不足以爲政, 徒法不能以自行.]

58) 楊伯峻, 楊逢彬注譯 : 《孟子》, 嶽麓書社2000年版, 第111頁.[원문 : 楊氏爲我, 是無君也, 墨氏兼愛, 是無父也. 無父無君是禽獸也.]

성이 귀하고 임금은 하찮다民貴君輕”고 했고, 임금과 신하는 각자 책임과 의무를 다해야 한다고 했다. 아니할 경우, 둘은 원수로 될 수도 있다고 했다. 맹자는 하나라 걸임금과 상나라 주임금 같은 폭군을 ‘인의仁義를 해치는 백성들의 적獨夫民賊’[59]이라고 질책했고, 죄를 덮어씌워 죽여 버려도 된다고 했다. 맹자는 묵자의 “모든 사람이 서로 사랑하고, 서로 이롭게 해준다兼相愛, 交相利.”는 논설은 부정하지 않았고, 오히려 그의 인정관仁政觀에서는 묵자의 겸애교리兼愛交利(모두를 사랑하는 것이 모두에게 이롭다는 주장) 관을 실천하려고 하고 있었다. 묵자의 ‘비공非攻(전쟁 반대 주장)’ 사상은 더욱 맹자의 ‘왕도王道’ 사상과 일치하다. 부자父子 관계에 있어서 맹자는 경우에 따라 융통성 있게 처리할 수 있다고 했다. 예를 들면, 순임금도 “장가 들 때 부모님에게 아뢰지 않았다不告而娶.”는 것이다. 또 예에는 남녀 간에 주고받기를 직접 하지 않는다男女授受不親고 정해져 있지만, “형수가 물에 빠졌는데 손으로 잡아당기는 것嫂溺援之以手”은 당연한 도리이고, 만약 이런 상황에 구원의 손길을 내밀지 않는다면, 이런 자가 오히려 승냥이와 이리 같은 짐승이라고 한다.[60] 맹자는 아주 일찍 공업과 상업의 분공 및 시장 교역의 필요성을 논술한 사상가이다. 일찍 『시경詩經』에는 “옷감을 가지고 와 실과 바꾸려 하네抱布貿絲”라는 기술이 있었고, 『논어論語』에도 “장인은 작업장에서 그 일을 이루고, 군자는 배움의 장에서 그 도道를 이룬다.”[61]라는 말이 있었다. 맹자는 이런 사상을 더 발전시켜 사회적 분공의 필요성을 더 구체적으로 명확하게 지적한다. “한 사람의 몸에 기술자들이 만들어낸 온갖 물건들이 다 갖추어져 있다.”, “마음을 수고롭게 하는 자는 남을 다스리고, 힘을 수고롭게 다하는 자는 남에게 다스려진다(정신노동과 체력노동의 분공을 가리킴).”, “대체로 물건이 가지런하지 않은 것이 만물의 실태이다.”[62] “자기가 가지고 있는 물건으로 자기에게 없는 물건을 바꾼다.”라는 등이다. 또 ‘독점龍斷(孟子가

59) 참조: 楊伯峻, 楊逢彬注譯:《孟子》, 嶽麓書社2000年版, 第30頁.

60) 참조: 楊伯峻, 楊逢彬注譯:《孟子》, 嶽麓書社2000年版.

61) 楊伯峻, 楊逢彬注譯:《論語》, 嶽麓書社2000年版, 第183頁.[원문: 百工居肆以成其事, 君子學以致其道.]

62) 楊伯峻, 楊逢彬注譯:《孟子》, 嶽麓書社2000年版, 第93頁.[원문: 夫物之不齊, 物之情也.]

이 용어를 처음 사용했다.)'63)해서는 아니 되고, 인위적으로 획일적이고 가지런하게 해서는 아니 되고, 시장 교역은 품질에 따라 가격을 정해야 하고, 시세에 따라 가격이 오르내리게 해야 한다고 했다. 이는 시장의 가치법칙을 초보적으로 인식한 것이라고 하겠다. 또한 "시장에서 자릿세만 받고, 거래 세금은 받지 않거나 법으로 다스리기만 하고 자릿세도 받지 않으면 천하의 장사치들은 모두 기뻐하고, 그 나라의 시장에서 상품을 팔기를 좋아할 것이다"64)라고 한다. 이렇게 상품무역을 격려할 것을 제창했는데, 이는 허행許行(東周 때 사상가)이나 농가農家(춘추 시대 諸子百家 중 하나)의 사상과 비교할 때 훨씬 더 고명했다고 하겠다. 맹자는 '화이지변華夷之辨'에서 "하夏로 이夷를 변화시킬 것"65)을 주장했다. 그러나 그는 공자와 마찬가지로 종족의 우열優劣에 차별을 두지 않았고, 이夷와 하夏의 차별은 다만 우수한 예악문화를 가지고 있는가 없는가 하는 문제라고 했다. 공자는 춘추 시기 송나라 사람이었고, 은殷(東夷 민족)나라 후예였지만, 그는 주나라 예를 아주 높이 평가했다. 맹자도 대순大舜과 문왕文王을 아주 숭상하고 있었는데, 사실 "순은 제풍諸馮에서 태어났고, 부하負夏에 이주했고, 명조鳴條에서 죽었는데, 그는 동이東夷 사람이었다. 문왕文王은 기주岐周에서 태어났고, 필영畢郢에서 죽었는데, 그는 서이西夷사람이었다."66) 보다시피 맹자의 흉금은 아주 박대했다. 그리하여 공자의 뒤를 이어 한걸음 더 나아가 중화中華 각 부족과 각 지역의 수많은 학설의 정화精華를 종합할 수 있었고, 유학을 크게 발전시킬 수 있었던 것이다.

공맹의 도를 총화 한다면 맹자의 한마디로 표현할 수 있겠다. "부모님을 친애하고서, 백성들을 인仁하게 대해주고, 백성들을 인하게 대해주고서, 만물을 사랑한다."67) 이는 가족윤리親親 토대 위에 구축한 민본주의民本主義 사상이다.

---

63) 楊伯峻, 楊逢彬注譯:《孟子》, 嶽麓書社2000年版, 第74頁.[원문: 以其所有易其所無者.]
64) 楊伯峻, 楊逢彬注譯:《孟子》, 嶽麓書社2000年版, 第55頁.[원문: 市廛而不征, 法而不廛, 則天下之商皆悅而願藏於其市矣.]
65) 楊伯峻, 楊逢彬注譯:《孟子》, 嶽麓書社2000年版, 第92頁.[원문: 用夏變夷.]
66) 楊伯峻, 楊逢彬注譯:《孟子》, 嶽麓書社2000年版, 第134頁.[원문: 舜生於諸馮, 遷於負夏, 卒於鳴條, 東夷之人也. 文王生於岐周, 卒於畢郢, 西夷之人也.]

또한 인애충서仁愛忠恕를 인류사회와 우주만물에 미루어 확장시킨 것이다. 가정과 나라를 일체一體로 보고, 가족에 대한 사랑을 나라 사랑에로 확장시키고, 부모님에게 드리는 효도孝를 임금에 대한 충성忠으로 이전시켰다. 충효忠孝는 온갖 선善의 우두머리로서 이는 가정과 사회에 대한 사람들의 책임감을 가장 잘 체현할 수 있었다. 그리하여 이는 중화민족의 끊어지지 않고 길게 이어져 내려온 문화 혈맥의 주요 요소로 되어졌던 것이다.

2. 노자 : 중화 문화의 심층적 철학 사유를 개척한 지혜의 대사大師

노자가 창립한 도가 학설은 자연형自然型 도덕학설道德之學로서 공자의 윤리형倫理型 인의학설仁義之學과 상호 보완을 이루고 있었다. 노자도가와 공자유가는 같은 근원에서 나온 다른 흐름이라고 할 수 있겠다. 양자는 때로는 합치되고 때로는 갈라지고, 하나는 음陰으로 존재하고 하나는 양陽으로 존재하고, 하나는 유연하고 하나는 강건하고, 하나는 높고 밝음을 지극히 다하고極高明 하나는 중용의 길로 나아가고道中庸, 하나는 순박한 본연의 모습으로 되돌아가고 하나는 인문으로 세상을 변화시키고 있었는데, 즉 양자는 지극히 상호 보완적이었다. 양자 또한 이렇게 중화사상사의 시작과 끝을 관통하는 본맥主脈을 형성하고 있었다. 양자는 모두 '세상 사람들을 교화하는' 학설로서 많은 사람들에게 핵심 가치관과 인생의 신앙을 제공해 주었다. 이와 비교할 때 기타 학설은 대부분 어느 한 영역에 치우친 학문으로서 도구이성적 성격이 강했고, 한편 가치이성은 도가와 유가에서 흡수할 수밖에 없었다. 노자도가도 공자유가와 마찬가지로 심원한 근원을 가지고 있었고 또한 바다가 만갈래 강물을 받아들이는 것처럼 기타 수많은 학설을 널리 받아들였다. 노자는 『도덕경道德經』의 여러 곳에서 '성인이 이르기를聖人云' 또는 '성인이 어찌어찌 했다'고 말한다. 또 '어떤 이가 이런 말을 했으니建言有之', '옛날에 이른바古之所謂', '용병가들 사이에는 이런 말이 있었으니用兵有言', '옛날에 도를 잘 행하던 사람은 어찌어찌했다.古之善爲

---

67) 楊伯峻, 楊逢彬注譯 :《孟子》, 嶽麓書社2000年版, 第244頁.[원문: 親親而仁民, 仁民而愛物.]

道者'라는 식으로 서두를 떼고 그 말들을 인용하고 있다. 이는 노자 학설이 사실 어떤 이론적 바탕이 있었음을 말해준다. 다만 누구의 어떤 책을 참고했다고 명확하게 지적하지 않았을 따름이다. 하지만 우리는 이를 대체적으로 추리해볼 수는 있겠다.

첫째, 노자 학설은 『역易』에서 기원했다고 볼 수 있다. 『역』은 세 가지가 있었는데, 즉 『주역周易』, 『연산連山』, 『귀장歸藏』이 그것이다. 김경방金景芳은 노자 학설이 『귀장歸藏』 역에서 나왔다고 한다. 그 주요 근거는 『주역』에서 「건乾」을 우선으로, 「곤坤」을 다음으로 하는 괘卦 순서와 달리, 노자 학설에서 괘 순서는 「곤」이 우선이고 「건」이 다음이라는 것이다. 이로 보면 노자는 『귀장歸藏』의 영향을 많이 받았고, 공자는 『주역』의 영향을 많이 받았다는 것이다.[68] 『귀장』 역이 실전失傳된 지 오래서 오늘날 우리가 이 책을 다시 찾아볼 수는 없지만, 그러나 『주역』으로 미루어 볼 때 양자는 모두 음양의 도陰陽之道를 논하고, 강유상제剛柔相濟를 논했다고 추리할 수 있겠다. 단, 하나는 음陰을 중요시하고 다른 하나는 양陽을 중요시하고, 하나는 유柔를 중요시하고 다른 하나는 강剛을 중요시하고 있었는바, 그리하여 결국 도가와 유가로 갈라지게 되었다는 것이다. 『여씨춘추呂氏春秋 · 불이不二』에서는 "노담老聃은 부드러움柔을 귀하게 여기고, 공자는 인仁을 귀하게 여겼다."[69]라고 한다. 즉, 일찍 양자의 특색을 명확하게 지적했다고 하겠다. 청나라 위원魏源은 『노자본의老子本義』에서 이렇게 말한다.

노자와 유가는 같은가? 아니다. 천지天地의 도는 양陽과 음陰으로 이루어졌는데, 한편 성인聖人(공자를 가리킴)의 도는 늘 양을 부추기고 음을 억누르는 것을 일삼고 있었다. 이 학설(儒家)에서는 욕심이 없으면無欲 강건剛健해진다고 한다. 그리하여 건도乾道의 순수하고 밝음陽을 가지고, 강건하고 중정中正할 것을 추구했다. 그 다음 삼재三才(天, 地, 人)를 얽어매기에 족하게 되었다綱維三才. 이 학설은 황극皇極을 주장한다. 노자는 부드러움柔을 우선하고, 강건함剛을 다음으로 하고

68) 참조 : 金景芳 : 《論老子思想》, 《延邊大學學報》(哲學社會科學版)1980年 第3期.
69) (漢)高誘注 : 《呂氏春秋》, 上海古籍出版社2014年版, 第404頁.[원문 : 老耽貴柔, 孔子貴仁.]

있었다. 골짜기에서 취取하고, 암컷에서 취하고, 어미에서 취하고, 물이 낮은 곳에 흘러들기를 좋아하는 것에서 취했는데, 그 체와 용體用은 모두 음陰에서 취한 것이다.[70]

둘째, 우리는 또 노자가 생활했던 시대와 비교적 가까운 동주東周 전기와 중기 상황을 미루어 노자 사상을 살펴볼 수 있겠다. 춘추 시대는 사회가 격변하던 시대였다. 그때 일부 학식이 있고 생각이 깊은 선비들은 이미 '사물의 발전이 극에 달하면 반드시 반전한다物極必反', '교만하고 사치하면 반드시 손해가 있다驕奢必損', '검박하고 겸양하면 이익이 있다儉讓有益'라는 등 일련의 변증법적 사상을 총화해냈는데, 이 모두 노자 학설에 사상적 영양분을 제공해 주었다고 볼 수 있겠다. 『좌전左傳』의 기재에 따르면, 은공원년隱公元年(기원전 722) 정장공鄭莊公은 "의롭지 못한 일을 많이 하면 반드시 스스로 멸망한다多行不義必自斃.'라고 했는데, 이는 노자의 "부귀하다고 교만하면 자기 스스로 더러운 허물을 남기게 된다富貴而驕, 自遺其咎'는 말과 아주 유사하다. 『여씨춘추呂氏春秋・신행愼行』에서는 옛날 일시逸詩를 인용하여 "장차 그것을 무너뜨리고자 하면 반드시 먼저 그것을 높이 쌓아올려야 하고, 장차 그것을 넘어뜨리고자 하면 반드시 먼저 그것을 높이 치켜세워야 한다."[71]라고 하고, 『전국책戰國策・위책魏策』에서 임장任章은 옛 『주서周書』를 인용하여 "장차 그것을 패망敗시키고자 하면 반드시 먼저 도와주어야 하고, 장차 그것을 얻고자 하면 반드시 먼저 그것에 주어야 한다."[72]라고 하는데, 이런 것들은 모두 『노자』 제36장에서 나오는 말들과 아주 유사하다. 당연히 전 사람들의 이런 견해는 산발적이었고 체계적

---

70) (淸)魏源:《老子本義》, 華東師範大學出版社2010年版, 第7頁.[원문 : 老子與儒合乎? 曰否. 天地之道, 一陰一陽, 而聖人之道, 恒以扶陽抑陰為事, 其學無欲則剛, 是以乾道純陽, 剛健中正, 而後足以綱維三才, 主張皇極. 老子主柔賓剛, 而取牝取雌取母, 取水之善下, 其體用皆取於陰.]

71) (漢)高誘注:《呂氏春秋》, 上海古籍出版社2014年版, 第499頁.[원문 : 將欲毀之, 必重累之, 將欲踣之, 必高舉之.]

72) 張彦修注說:《戰國策》, 河南大學出版社2010年版, 第469頁.[원문 : 將欲敗之, 必姑輔之, 將欲取之, 必姑與之.]

이지 못했는데, 노자의 귀납과 정리를 거쳐 이론적으로 승화되었다고 하겠다. 노자는 전체 우주를 바라보는 거대한 시야에서 뛰어난 지견智見을 가지고 고왕금래의 사변들을 통찰하고서 마침내 웅대한 이론체계를 정묘하게 구축해냈던 것이다. 서범징徐梵澄은 『노자억해老子臆解』에서 이렇게 말한다.

　　노자는 대개 역사를 훤히 꿰뚫어보고서 그 거룩한 철학을 구축해낸 분이다. 폭넓게 백세百世의 변천을 살펴보았고, 스스로는 까마득히 높은 하늘 위에 서서 인륜人倫과 물리物理를 내려다보았다. 그 당시 아웅다웅하던 것들에 대해서는 자질구레한 일로 취급하여 개의치 않았고, 홀로 자신의 '순박함에 되돌아가는 도道'를 펼쳤다.73)

　　셋째, 노자 사상의 근원은 또 황제에게로 거슬러 올라가 살펴볼 수 있겠다. 고대 역사전설 속의 중화中華 인문 시조 황제는 유가와 도가 및 제가諸家들에서 모두 숭배하는 성현聖賢이었고 또한 그에 관한 역사 기재도 아주 많았다. 『좌전左傳』, 『국어國語』, 『세본世本』에는 모두 황제 이야기가 실려 있다. 유가 경전 『주역周易·계사하繫辭下』에서는 "신농씨神農氏가 죽자, 황제, 요堯, 순舜 씨가 일어났다", "황제, 요, 순이 옷을 드리우니, (하는 바 없이) 천하가 다스려졌다"74)라고 한다. 『예기禮記·제법祭法』에서는 "유우씨有虞氏는 황제에게 체제禘祭를 지내고, 제곡帝嚳에게 교제郊祭를 지냈다", "황제는 백가지 물건을 바르게 이름 지어서 백성들이 예의를 분명히 알고 재물을 함께 하도록 가르쳐 주셨다."75)라고 한다. 도가와 도교 사상이 발전하는 과정에 전국戰國 후기에는 황제와 노자 학설을 융합한 황로학설黃老之學이 출현했고, 한나라 초 문제文帝와 경

---

73) 徐梵澄:《老子臆解》, 中華書局1988年版, 第26頁.[원문 : 老子蓋由洞明歷史而成其超上哲學者. 曠觀乎百世之變, 而自立於九霄之上, 下視人倫物理, 如當世之曉曉者, 若屑屑不介意, 獨申其返淳還樸之道.]

74) 宋祚胤注譯:《周易》, 嶽麓書社2000年版, 第348, 349頁.[원문 : "神農氏沒, 黃帝堯舜氏作", "黃帝堯舜垂衣裳而天下治".]

75) 《禮記》崔高維校點, 遼寧教育出版社2000年版, 第155, 156頁.[원문 : "祭法, 有虞氏禘黃帝而郊嚳", "黃帝正名百物, 以明民共財".]

제景帝 때에는 '황로의 다스림黃老之治'을 실행했고, 사마천司馬遷은 그때의 "대도大道를 논하자면 황로가 우선이고 육경六經이 다음이었다"[76]라고 했고, 한나라 말에 와서는 황로 숭배가 도교로 변천했다. 또한『한서漢書・예문지藝文志』에는 황제의 명의로 작성된 전적典籍이 아주 많이 수록되어 있다. 그 가운데『황제사경黃帝四經』을 학자들은 창사長沙 마왕퇴馬王堆 한나라 무덤에서 출토한『황로백서黃老帛書』네 편으로 보고 있다. 위진 시기『열선전列仙傳』에는『황제전黃帝傳』이 실려있고, 갈홍葛洪의『포박자내편抱朴子內篇』에는 황제가 신단神丹을 제련하여 복용한 후 신선으로 되었다는 이야기가 실려 있다. 송나라 장군방張君房이 저술한『운급칠첨雲笈七籤』에는「헌원본기軒轅本紀」가 실려있는데, 이 편은 도교에서 황제를 논한 대표적 작품이라고 하겠다.『사기史記・오제기五帝紀』의 기재에 따르면 황제는 이렇게 말했다.

> 덕을 베풀고 군사를 일떠세웠고, 오기五氣를 다스렸고, 다섯 가지 곡식을 심었고, 만민을 어루만져 주었고, 사방을 살펴 측량했고, 때에 맞추어 오곡과 풀과 나무를 심었고, 물, 불 및 재료와 물자를 절제하여 사용했고, 그때는 토덕土德(황색을 말함)의 상서로운 징조가 있었다.[77]

황제는 또 재능이 있는 기술자들과 함께 옷, 문자, 양잠養蠶, 배와 차舟车, 궁시弓矢, 가옥, 의약, 달력 등도 발명했는바, 이렇게 중화민족이 문명시대에 진입하게 했다고 한다. 유가와 도가는 모두 황제를 인문 시조始祖로 받들고 있었는데, 이는 양자의 문화적 근원이 동일함을 말해준다. 다만, 발전경로가 달랐을 뿐이다. 양자를 비교해볼 때, 공자와 맹자는 늘 요임금과 순임금의 법도에 치중하여 논설을 폈고, 도가와 도교는 늘 황제 학설에 치중하여 논설을 폈다. 보다시피 황제와 노자는 문화적 근원에 있어서 아주 밀접한 관계를 가지

---

76) (漢)班固：《漢書》, 中華書局2007年版, 第622頁.[원문：論大道則先黃老而後六經.]
77) (漢)司馬遷：《史記》, 線裝書局2006年版, 第1頁.[원문："修德振兵, 治五氣, 藝五種, 撫萬民, 度四方", "時播百穀草木", "節用水火材物, 有土德之瑞".](역자 주：여기서 五氣를 다스린다는 것은 사계절의 변화를 탐구한다는 뜻이다.)

고 있었다.

넷째, 더 아득한 옛날로 거슬러 올라가 살펴본다면 우리는 노자 학설의 근원을 모계씨족사회 문화에서 찾아볼 수 있겠다. 만약 공자유학의 근원을 부계씨족사회 문화에서 찾아볼 수 있다면 노자 도학의 근원은 이보다 더 이른 모계씨족사회 문화에서 찾아볼 수 있다. 문화인류학의 시각에서 볼 때, 이는 일리가 있는 견해이다. 공자와 맹자는 부자父子, 부형父兄을 많이 논하고, 노자는 모자母子, 현빈玄牝을 많이 논하지 않았는가. 이는 우연이 아니라고 하겠다. 주지하다시피, 『노자』라는 책에는 여성의 생식生殖을 숭배하는 용어術語가 아주 많다. 예컨대

> 신神이 죽지 않는 계곡이 있으니, 이를 일러 현빈玄牝이라 이름 한다. 현빈의 문을 일러 천지의 뿌리라고 한다. 있는 듯 없는 듯 존재하면서도 작용함에는 지침이 없다. 무無는 천지天地의 시초를 이름하고, 유有는 천지의 어미를 이름 한다. 하늘의 문이 열리고 닫히는 것이 능히 암컷과 같을 수 있겠는가. 어떤 물건이 혼돈하게 이루어졌는데, 천지에 앞서 생겼다. 소리도 없고 형체도 없는데, 홀로 우뚝 서 있어 변함이 없고, 두루 다니지만 위태롭지 않으니 가히 만물의 어미라 할 수 있겠다. 나는 그것의 이름을 알지 못해서, 그것에 억지로 도라고 이름 붙였고, 또 억지로 대大라는 이름을 붙였다. 수컷을 알면서 암컷을 지키면 천하의 계곡이 된다. 천하 만물은 유有에서 생겼고, 유有는 무無에서 생겼다. 천하에는 시초가 있으니, 이를 천지만물의 어미로 삼는다. 이미 그 어미를 알았으니, 그 자식을 알 수 있고, 그 자식을 알고서 돌이켜 그 어미를 지킬 수 있으면 죽을 때까지 위태롭지 않다.[78]

보다시피 노자는 우주의 대도大道가 만물을 화생化生하는 과정을 사고할 때,

---

78) 陳鼓應注釋:《老子今注今譯》, 商務印書館2003年版, 第98, 73, 108, 169, 183, 226, 265, 233頁.[원문: "穀神不死, 是謂玄牝, 玄牝之門, 是謂天地根, 綿綿若存, 用之不勤", "無, 名天地之始, 有, 名天地之母", "天門開闔, 能為雌乎", "有物混成, 先天地生. 寂兮寥兮, 獨立不改, 周行而不殆, 可以為天下母. 吾不知其名, 強字之曰道, 強為之名曰大", "知其雄, 守其雌, 為天下谿", "天下萬物生於有, 有生於無", "天下有始, 以為天下母. 既得其母, 以知其子, 既知其子, 復守其母, 沒身不殆".]

여성의 생식 활동에서 계발을 많이 받았다. 인간은 모두 어머니로부터 탄생된다. 어머니의 자궁은 원래 텅 빈 것이다. 하지만 끊임없이 아기를 탄생시킬 수 있다. 그렇다면 우주만물도 마찬가지로 이처럼 현묘하고 또 현묘한 이름 없는 대도로부터 탄생된다는 것이다. "도는 하나를 낳고 하나는 둘을 낳고 둘은 셋을 낳고 셋은 만물을 낳는다." 도는 현존하는 우주의 전前 상태이다. 이는 아무것도 없는 '무無'이고, 마치 우주의 자궁처럼 속은 비어있지만 무한한 활기를 가지고 있다. "도는 하나를 낳는다."에서 그 '하나'는 초기의 미분화한 혼돈한 세계이고, 그 다음 음陰과 양陽을 갈라내면서 곧 '둘'이 되었다. 음과 양이 교합하면 '셋'이 되는데, 이는 즉 "만물은 음陰을 등제 지고, 양陽을 껴안고, 텅 빈 기운冲氣으로써 조화和를 이룸"79)을 가리키는 것이다. "만물은 하나를 얻어 생겨난다."80)에서 이 '하나'가 바로 도가 낳은 '하나'인데, 다시 말하면 현존하는 우주의 혼돈한 모체母體이다. 이는 중국 최초의 우주발생론이다. 이는 원시사회 창세創世 신화에서 "혼돈混沌에서 천지를 열어내고", "여와女媧가 인간을 빚어냈다"는 이야기를 이론적으로 정련精鍊해서 승화시킨 것이다. 이렇게 "도가 천지를 낳았다"는 설說을 만들어내고, '도道'를 가지고 우주의 내적 활기를 밝히게 되었는데, 마침내 '도'가 우주의 그치지 않는 생명의 활기와 에너지로 자리매김하게 되었던 것이다. 노자의 우주발생론은 신학神學이 아니고 철학이다. 이는 오늘날 우주론과도 별반 차이가 없다. 영국의 저명한 과학자 호킹Hawking도 "우주는 무無에서 기원했다."고 했다. 이 '무無'는 현존하는 물질세계와는 다르지만, 그러나 텅 비고 아무것도 없는 것虛無은 아니다. 이 '무'는 현존의 세계를 탄생시키는 에너지를 함유하고 있다.81) 노자는 상고上古 시기 모계씨족 사회 문화를 계승했을 뿐만 아니라 또한 일상 사회생활에서의 여성 특유의 사유, 성품, 능력, 역할도 세밀하게 고찰했고, 철학적 언어를 가지고 여성의 지혜

---

79) 陳鼓應注釋:《老子今注今譯》, 商務印書館2003年版, 第233頁.[원문: "道生一, 一生二, 二生三, 三生萬物", "萬物負陰而抱陽, 沖氣以為和".]

80) 陳鼓應注釋:《老子今注今譯》, 商務印書館2003年版, 第221頁.[원문: 萬物得一以生.]

81) 참조 : 趙尙弘:《也談"道"及宇宙的起源和統一》,《社會科學》1989年第3期.

와 미덕을 이론적으로 승화시켰었다. 대만 학자 오이吳怡는 이렇게 말한다.

> 중국 철학에는 여성의 덕을 활용한 경전 작품이 두 권 있는데, 하나는 『역경易經』이고, 다른 하나는 『노자』이다. 『역경』은 다만 절반만 활용했고, 『노자』는 철두철미하게 전부가 여성 철학이다.[82]

여성은 인류의 절반을 차지한다. 여성은 부드럽고 유순한 성품을 지니고 있고, 모성母性을 지니고 있고, 독특한 자애로움과 친화력을 지니고 있다. 여성은 또한 부드러우면서도 강인한 성격을 가지고 있다. 이를 바탕으로 여성은 인간 세상의 한 세대 한 세대를 정성 들여 키워왔다. 여성은 또 한 가정의 일상생활을 책임지고, 남성들의 큰 일을 뒷받침해주고, 인류사회가 정상적인 발전과 번성을 이루도록 기여했다. 그러나 부권제가 형성된 뒤로는 남성이 사회의 중심으로 자리잡으면서 여성은 남성의 부속물로 전락하고, 여성의 지혜와 미덕은 남성에 의해 차폐되고 무시당하고 말았다. 그리하여 결국 인류사회에 수많은 고난을 가져다주게 되었던 것이다. 예컨대 전쟁과 범죄는 많은 경우, 대부분 남성들이 저지른 일이다. 노자는 세계 역사상 최초로 남성의 약점과 여성의 위대함을 의식했던 철학자이다. 그는 여성의 온순하고 부드럽고, 자애롭고 면밀하고, 겸양謙讓하고 차분하고, 강인하고 끈질기고, 생명력이 굳센 품격을, 음陰을 소중히 여기고 부드러움柔을 귀하게 여기는 철학으로 승화시켰다. 이렇게 전체 중국철학에 색다른 활력을 주입시켰던 것이다.

첫째, 노자는 "부드럽고 약한 것이 단단하고 강한 것을 이긴다."(제36장)고 했다. 노자는 인간과 동식물의 생명은 부드럽고 약할 때 가장 활력을 가지고 있고, 굳어지고 단단해질 때에는 쇠망으로 나아간다고 한다.

> 사람이 살아 있을 때는 부드럽고 약하지만, 죽으면 굳어지고 강해진다. 풀과 나무도 살아 있을 때는 부드럽고 연하지만 죽으면 마르고 굳어진다. 그러므로 굳고 강한 것은 죽음의 무리이고, 부드럽고 약한 것은 삶의 무리이다. 그렇기 때

---

82) 吳怡:《中國哲學的生命和方法》, 東大圖書股份有限公司1984年版, 第84頁.

문에 군대가 강하면 멸망(滅)하고 나무가 강하면 부러진다.[83]

이른바 '굳고 강하다堅强'는 것은 바깥으로는 강해 보이나 속은 마르고 텅 비어 활력이 없음을 말하는 것이다. 노자는 물의 덕을 높이 찬양한다. "가장 위대한 선上善은 물과 같다. 물은 만물을 이롭게 하면서도 다투지 않는다.", "천하에 물보다 부드럽고 약한 것이 없거늘, 굳세고 강한 것을 치는 데는 물보다 나은 것이 없다."[84]

둘째, 노자는 "낳되 소유하지 않고, 위하되 기대지 아니하며, 기르되 지배하지 않는다."[85]고 했다. 노자는 이를 현덕玄德이라고 칭했는데, 여기에는 남성의 천성적 점유와 지배 욕망이 들어 있지 않다. 다만 봉헌정신과 보살펴주려는 의지가 들어있을 따름이다. 여성들은 가정을 돌보고 아이들을 키우는 인류의 가장 위대한 사업을 맡고 있으면서도 자기 공로를 내세우지 않고, 더욱 사회에 진출한 친인들을 지배하려고 하지도 않는다. 다만 그들의 평안과 인생의 순탄함을 걱정하고 기원하고, 이를 자신의 자랑으로 삼을 따름이다. 이는 절대 다수 어머니들의 공통한 성품이라고 하겠다.

셋째, 노자는 "나에게는 세 가지 보물이 있는데, 나는 이를 항상 몸에 지니고 있다. 하나는 자애로움이고, 둘은 검약함이며, 셋은 감히 천하에 앞서지 않는 것이다."[86]라고 했다. 속어에는 '엄격한 아버지, 자애로운 어머니'라는 말도 있다. 어머니의 마음은 세상에서 가장 자애롭고, 어머니는 자녀들을 위해 굴욕을 참고 견딜 수 있고, 무거운 부담을 짊어질 수 있고, 더욱 간고함을 두려워하지

---

83) 陳鼓應注釋 : 《老子今注今譯》, 商務印書館2003年版, 第332頁.[원문 : 人之生也柔弱, 其死也堅强. 草木之生也柔脆, 其死也枯槁. 故堅强者死之徒, 柔弱者生之徒. 是以兵强則滅, 木强則折.]

84) 陳鼓應注釋 : 《老子今注今譯》, 商務印書館2003年版, 第102, 339頁.[원문 : "上善若水, 水善利萬物而不爭", "天下莫柔弱於水, 而攻堅强者莫之能勝".]

85) 陳鼓應注釋 : 《老子今注今譯》, 商務印書館2003年版, 第260頁.[원문 : 生而不有, 為而不恃, 長而不宰.]

86) 陳鼓應注釋 : 《老子今注今譯》, 商務印書館2003年版, 第310頁.[원문 : 我有三寶, 持而保之, 一曰慈, 二曰儉, 三曰不敢為天下先.]

않는다. 여성은 기름·소금·땔나무·쌀 등 잡다한 살림살이를 책임져야 하고, 면밀하게 계산하고 수입에 맞게 지출하는 등 절약정신과 습관을 양성해야 한다. 여성은 겸허하고, 항상 남의 뒤에 서 있고, 묵묵히 헌신하고, 영예를 다투지 않고, 영예 앞에서는 뒤로 물러서는 그런 고상한 품덕을 지니고 있다. 노자는 '자애롭고慈 검약하고儉, 감히 천하에 앞서지 않는 것'을 진귀한 보물로 여기고 있었고, 여성의 품성을 보편적 가치로 승화시켜 높이 찬양하고 있었다.

넷째, 노자는 "하는 바 없이無爲 일을 이루고, 말이 없는 가르침을 행한다."[87]고 했다. 부모는 아이들의 최초의 선생님이다. 그러나 아버지는 늘 말로 아이들을 가르치고 또 자주 바깥 출장을 다닌다. 하지만 어머니는 늘 몸으로 아이들을 가르치고 또 밤낮없이 자녀들의 곁을 지켜주고 직접 본보기를 보여주면서 아이들을 가르친다. 노자는 어머니의 가르침을 사회의 다스림에 미루어 확장시켰고, 사회의 다스림에서 관리자가 자연을 따르면서 일부러 하는 바가 없을 것無爲을 주장했다.

다섯째, 노자는 "흰 바탕을 드러내고 통나무를 껴안으라見素抱樸(소박함을 지킨다는 뜻)."라고 했다. 남성은 사회생활에서 중심의 위치에 자리하고 있고, 보고 들은 것이 많은 바, 그리하여 각종 불량한 습관에도 물들기 쉽다. 그러나 여성과 아이들은 사회의 변두리 위치에 자리하고 있고, 일반적으로 소박하고 순진하다. 노자는 '박樸'자를 높이 위치 지우고, 이로 대도大道를 형용했다. "통나무樸 같아 비록 보잘 것 없으나 천하에서 누구도 이를 신하로 부리지 못할 것이다."[88]

여섯째, 노자는 "뿌리로 돌아가는 것을 고요함靜이라 하고, 고요함을 일컬어 또 제 명으로 돌아간다復命고 한다", "맑고 고요한 것이 천하를 바르게 한다."[89]라고 했다. 고요한 덕靜德은 여성의 풍격이다. 이에 반해 남성은 움직이기 좋아한다. 노자는 '고요함'을 대도 본연의 상태로 보고 있었고, 남과 잘 어울려 더불

---

87) 陳鼓應注釋:《老子今注今譯》, 商務印書館2003年版, 第80頁.[원문: 處無爲之事, 行不言之敎.]
88) 陳鼓應注釋:《老子今注今譯》, 商務印書館2003年版, 第198頁.[원문: 樸, 雖小, 天下莫能臣.]
89) 陳鼓應注釋:《老子今注今譯》, 商務印書館2003年版, 第134, 243頁.[원문: "歸根曰靜, 靜曰復命", "淸靜爲天下正".]

어 살아가는 처세의 도道로 보고 있었다. 그는 청정함과 무위無爲를 연관 짓는다. 그가 보건대 청정함은 사적인 욕심을 줄여줄 수 있고, 사람들이 침착하고 태연하게 해줄 수 있고, 변화에 맞띄워도 놀라지 않게 해줄 수 있고, 고요함으로 움직임을 제약하게 해줄 수 있고, 또한 "암컷은 늘 조용함으로 수컷을 이긴다."90) 도를 닦는 방법은 즉 '비움을 극에 이르게 하고, 고요함을 도탑게 지키는' 것이라고 한다.

이상에서 보다시피 노자의 부드러움을 귀하게 여기는 철학은 직접적으로 여성의 덕德에서 나온 것이다. 이는 공자의 인仁을 소중히 여기는 철학과 아주 훌륭하게 상호 보완을 이루고 있었다. 이렇게 양자는 공동으로 중화문화의 정신적 토대를 구축했던 것이다.『역전易傳·상象·건乾』에는 "하늘의 운행은 굳세니, 군자는 이를 본받아 스스로 힘쓰고 쉬지 않는다."91)라는 말이 있는데, 이는「건」괘卦의 함의를 풀이한 것으로서 여기서 건은 하늘을 대표하고 또 남성을 대표한다. 한편,『상·곤坤』에는 "땅의 기운은 푸근한 것이니, 군자는 이를 본받아 두터운 덕으로써 만물을 싣는다."92)라는 말이 있는데, 이는「곤」괘의 함의를 풀이한 것으로서 여기서 곤은 땅을 대표하고 또 여성을 대표한다. 군자라면 강건하고 유위有爲해야 할 뿐만 아니라 또한 모든 것을 실어주고 품어주어야 한다는 것이다. 이렇게 되어야만 천지의 도에 합쳐지고, 남·여의 본성에 부합되고, 나아가 "대인大人은 천지와 더불어 그 덕을 합치는"93) 이상을 실현할 수 있다는 것이다. 공자유가와 노자도가가 상호 보완을 이루던 그 의의가 바로 여기에 있었다고 하겠다.

노자 학설의 요지는 우주론, 생명론, 치국론, 변증법의 이 네 방면에서 살펴볼 수 있겠다.

노자의 우주론은 우주발생론(이에 관해서는 앞에서 이미 논술했음)과 우주본체론

---

90) 陳鼓應注釋 :《老子今注今譯》, 商務印書館2003年版, 第293頁.[원문 : 牝常以靜勝牡.]
91) 宋祚胤注譯 :《周易》, 嶽麓書社2000年版, 第5頁.[원문 : 天行健, 君子以自强不息.]
92) 宋祚胤注譯 :《周易》, 嶽麓書社2000年版, 第17頁.[원문 : 地勢坤, 君子以厚德載物.]
93) 宋祚胤注譯 :《周易》, 嶽麓書社2000年版, 第15頁.[원문 : 大人者與天地合其德.]

을 포괄한다. 노자의 우주본체론에서는 도道가 만사와 만물의 본바탕임을 강조한다. 도는 형체가 없고 모양象이 없으며 만물에 내재하면서 만물의 본질을 규정한다. 노자는 이렇게 말한다.

도道는 텅 비어 있으나, 그것을 아무리 써도 고갈되지 않는다. 그 깊음이여, 만물의 근원인 것 같구나. 사람은 땅을 본받고, 땅은 하늘을 본받고, 하늘은 도를 본받고, 도는 자연을 본받는다. 도는 늘 이름이 없다. 통나무樸 같이 보잘 것 없으나 천하에서 누구도 이를 신하로 부릴 수 없다. 제후나 왕이 그것을 지킬 수 있다면, 만물이 스스로 따를 것이다. 대도大道가 넘쳐흐르니, 좌우 어디나 흘러갈 수 있겠다. 만물이 이것에 의지하여 생기지만 이 일을 내세워 말하지 않으며, 공을 이루고도 이름을 내세우지 않고, 만물을 입혀주고 길러주고도 주인 노릇을 하지 않는다. 항상 욕심이 없으니 작다고 할 수 있겠고, 만물이 귀복하여도 주인 노릇을 하지 않으니 크다고 할 수 있겠다. 도는 항상 하는 바 없지만無爲, 하지 못하는 일이 없다. 도는 만물의 보금자리이다.94)

만물의 근원으로서 대도大道는 만물에 생명과 기능을 부여해주지만 만물을 지배하지는 않는다. 다만 자연스럽게 만물을 양육하는 역할을 맡고 있다. 그것은 허체虛體(텅 빈 본바탕)이고, 이름도 없고 모양도 없지만 만물 속에 깊이 들어 있다. 대도는 기독교에서 말하는 하나님(높은 곳에 자리하고 있고, 인간세상을 주재한다)과도 다르고, 플라톤이 말하는 절대이념(지시하는 사물을 여읜 절대적인 존재)과도 다르다. 이는 동태적으로 만물에 내재해 있는 끊임없이 낳고 또 낳는 생명의 에너지라고 하겠다.

노자의 생명론에서는 인간 생명의 깊이와 두께를 모두 중요시한다.

첫째, 노자는 인성人性을 탐욕과 거짓의 구렁텅이에서 건져내와 진실하고

---

94) 陳鼓應注釋 : 《老子今注今譯》, 商務印書館2003年版, 第90, 169, 198, 203, 212, 295頁.[원문 : "道沖, 而用之或不盈, 淵兮似萬物之宗", "人法地, 地法天, 天法道, 道法自然", "道常無名, 樸, 雖小, 天下莫能臣. 侯王若能守之, 萬物將自賓", "大道氾兮, 其可左右, 萬物恃之以生而不辭, 功成而不有, 衣養萬物而不爲主. 常無欲, 可名於小, 萬物歸焉而不爲主, 可名爲大", "道常無爲而無不爲", "道者, 萬物之奧".]

순박하고 중후重厚한 본연의 모습에로 되돌려갈 것을 주장한다. 노자는 이렇게 말한다.

> 흰 바탕을 드러내고 통나무를 껴안고, 사사로움을 줄이고 욕심을 적게 한다. 혼돈스러운 모습이 마치 아직 웃을 줄 모르는 갓난아기 같다. 상덕常德을 여의지 않고, 갓난아기로 되돌아간다. 상덕이 충분하여 질박함으로 되돌아간다. 대장부는 두터움에 머물고 옅음에 머물지 않고, 내실을 중히 여기고 화려함에 머물지 않는다. 덕을 두텁게 품은 자는 갓난아기에 비길 수 있다.95)

만약 유가에서 인성人性의 인문적 육성을 중요시했다면, 노자는 인성人性을 순박한 본연의 모습에로 되돌려 갈 것을 강조했다.

둘째, 노자는 사람들이 마땅히 우매함과 속견을 떨쳐버리고, 사물의 변화 법칙을 깊이 탐구하고, 인지의 통찰력과 융통성을 제고하고, 큰 지혜와 명석함을 지녀야 한다고 강조한다. 노자는 이렇게 말한다.

> 변하지 않는 것常을 아는 것을 밝음이라고 한다. 도道는 스스로를 드러내지 않아서 밝다. 남을 아는 사람은 지혜롭고, 자신을 아는 사람은 밝다. 작은 것까지 볼 수 있는 것을 밝음이라 이른다. 몸으로써 몸을 보고, 집으로써 집을 보고, 마을로써 마을을 보고, 나라로써 나라를 보며, 천하로써 천하를 본다.96)

또 속세의 인간들은 작은 지혜를 가지고 우쭐대지만 득도得道한 자는 큰 지혜를 가졌음에도 어리석은 자처럼 보인다고 한다.

> 세상 사람들 모두 똑똑한데, 나만 홀로 흐리멍텅하구나. 세상 사람들은 살피고

---

95) 陳鼓應注釋:《老子今注今譯》, 商務印書館2003年版, 第147, 150, 183, 215, 274頁.[원문: "見素抱樸, 少私寡欲", "沌沌兮, 如嬰兒之未孩", "常德不離, 復歸於嬰兒", "常德乃足, 復歸於樸", "大丈夫處其厚, 不居其薄, 處其實, 不居其華", "含德之厚, 比於赤子".]

96) 陳鼓應注釋:《老子今注今譯》, 商務印書館2003年版, 第134, 161, 201, 265, 271頁.[원문: "知常曰明", "不自見故明", "知人者智, 自知者明", "見小曰明", "故以身觀身, 以家觀家, 以鄉觀鄉, 以邦觀邦, 以天下觀天下".]

살피는데, 나만 홀로 어수룩하구나. 뭇사람들 모두 뚜렷한 목적이 있는데, 나만 홀로 어슬프고 촌스럽구나. 나만 홀로 세상 사람들과 달리, 천지의 어미食母를 귀하게 여기는구나.97)

셋째, 노자는 사람들이 유연한 성품을 길러 생명에 유연성이 넘치게 하고, 좌절과 타격을 감당할 수 있게 하고, 부드러움으로 군센 것을 이길 수 있게 해야 한다고 한다. 노자는 특히 사람들이 물의 덕을 본받아야 한다고 한다. 물은 만물을 이롭게 하면서도 다투지 않고 또한 부드러움 속에 힘이 있다.

세상에서 부드럽고 약하기를 물보다 더한 것은 없거늘, 군세고 강한 것을 치는데는 물보다 나은 것이 없다.98) 부드럽고 약한 것이 군세고 강한 것을 이긴다. 천하에서 가장 부드러운 것이 천하에서 가장 군센 것을 길들여 부린다.99)

진정하게 능력이 있는 자는 타인을 억제하는 것보다는 자신을 억제할 수 있어야 하는데, 그것은 "남을 이기는 자는 힘이 있고, 자기를 이겨내는 자는 강하기 때문이다.100)" 인생의 길은 항상 울퉁불퉁하고 평탄치 않다. 그러므로 사람들은 마땅히 곡절 속에 광명이 있음을 보아내야 한다. "밝은 도道는 어두운 듯하고, 앞으로 나아가는 도는 물러서는 듯하며, 평탄한 도는 울퉁불퉁한 듯하다.101)" 노자의 생명론에서는 또 사람들이 생명을 연장하고 생명의 폭을 넓히고, 삶을 기르고養生 마음을 기르는養心 법을 배울 것도 주장한다.

---

97) 陳鼓應注釋 : 《老子今注今譯》, 商務印書館2003年版, 第150頁.[원문 : 俗人昭昭, 我獨昏昏, 俗人察察, 我獨悶悶, 眾人皆有以, 而我獨頑且鄙. 我獨異於人, 而貴食母.]

98) 陳鼓應注釋 : 《老子今注今譯》, 商務印書館2003年版, 第339頁.[원문 : 天下莫柔弱於水, 而攻堅強者莫之能勝.]

99) 陳鼓應注釋 : 《老子今注今譯》, 商務印書館2003年版, 第239頁.[원문 : 天下之至柔, 馳騁天下之至堅.]

100) 陳鼓應注釋 : 《老子今注今譯》, 商務印書館2003年版, 第201頁.[원문 : 勝人者有力, 自勝者強.]

101) 陳鼓應注釋 : 《老子今注今譯》, 商務印書館2003年版, 第229頁.[원문 : 明道若昧, 進道若退, 夷道若纇.]

첫째, 노자는 몸을 보호하고 화禍를 피할 것을 강조한다. 노자는 '총애와 굴욕에 놀라듯이 하고, 큰 재앙을 자기 몸처럼 귀하게 여기면서'102), 권세 있고 지위 높은 자들에게 빌붙지 말라고 한다. 왜냐하면 총애와 굴욕은 모두 재앙을 가져다주기 때문이다. 또 "섭생攝生을 잘 하는 사람은 육지를 다녀도 외뿔소나 호랑이를 만나지 않고, 군대에 들어가도 갑옷을 입지 않는다.", "왜 그런가? 그에게 죽을 자리가 없기 때문이다."103) 그 말인 즉 위험한 지대를 피하라는 것이다. 또 "화禍는 복福이 의지하는 곳이요, 복은 화가 숨어 있는 곳이다."라는 변증법적 전환의 법칙도 파악해야 한다고 한다.

둘째, 노자는 탐욕을 버릴 것을 주장한다. 노자는 이렇게 말한다. "명예名와 몸身 가운데 어느 것이 더 가까운가? 몸과 재물 가운데 어느 것이 더 소중한가? 지나치게 집착하고 좋아하면 반드시 크게 대가를 치르고, 많이 감추어두면 반드시 크게 잃는다."104) 당연히 생명은 명예나 이익보다 더 귀중하다. 한편 탐욕은 몸을 상하게 할 뿐만 아니라 또한 각종 죄악과 재앙의 근원이 된다. 그래서 노자는 "죄罪는 욕심을 부리는 것보다 큰 것이 없고, 화는 스스로 만족할 줄 모르는 것보다 큰 것이 없고, 재앙은 남의 것을 가지려고 하는 것보다 참혹한 것이 없다."105)고 했던 것이다.

셋째, 노자는 검박한 생활을 창도한다. 노자는 "삶에 집착하면"106) 오히려 삶을 해칠 수 있고, 가무와 여색, 그리고 말을 달리면서 사냥하고 개를 가지고 노는 농탕질에 빠지면 건강에 해로울 뿐만 아니라 또한 "사람들의 마음을 광분하게 만들고", "사람들의 행실을 그르치게 만든다."107)고 한다. 그리하여 "극단

---

102) 陳鼓應注釋:《老子今注今譯》, 商務印書館2003年版, 第121頁.[원문 : 寵辱若驚, 貴大患若身.]

103) 陳鼓應注釋:《老子今注今譯》, 商務印書館2003年版, 第256頁.[원문 : "善攝生者, 陸行不遇兇虎, 入軍不被甲兵", "夫何故? 以其無死地".]

104) 陳鼓應注釋:《老子今注今譯》, 商務印書館2003年版, 第241頁.[원문 : 名與身孰親? 身與貨孰多? 甚愛必大費, 多藏必厚亡.]

105) 陳鼓應注釋:《老子今注今譯》, 商務印書館2003年版, 第246頁.[원문 : 罪莫大於可欲, 禍莫大於不知足, 咎莫憯於欲得.]

106) 陳鼓應注釋:《老子今注今譯》, 商務印書館2003年版, 第256頁.[원문 : 生生之厚.]

적인 것을 버리고, 사치한 것을 버리고, 지나친 것을 버리고"108) 검약함에 되돌아와야 한다는 것이다.

넷째, 노자는 색嗇으로 생명을 기를 것을 주장한다. 노자는 "사람을 다스리고 하늘을 섬기는 데는(나라 다스림을 말함), 아끼는 것嗇(검약 정신을 말함)보다 좋은 것이 없다."109)고 한다. 나라를 다스리는 데는 수입을 늘리고 지출을 줄여야 하고, 양생養生하는 데는 덕성德性을 쌓고 정화精華를 축적하고, 허虛에 이르고 고요함을 지켜야 한다고 한다.

다섯째, 노자는 기氣를 오로지해서 부드러움에 이를 것을 주장한다. "혼백魂魄(정신을 말함)을 싣고 몸에서 하나로 껴안아, 능히 그 상태에서 분리되지 않게 할 수 있겠는가? 기를 오로지해서 몸을 부드럽게 만들기를 능히 갓난아기처럼 할 수 있겠는가?"110) 노자는 형形과 신神을 하나로 합치고, 정기精氣를 오로지해서 쌓으면 "뼈가 약하고 근육이 부드러워도 틀어쥐는 힘은 센"111) 상태에 이를 수 있다고 한다.

여섯째, 노자는 공을 이루고는 물러설 것을 주장한다. "금과 옥이 집안에 가득 차게 되면, 제대로 지킬 수가 없고, 부귀하다고 교만하면 스스로 허물만 남기게 된다. 공을 이루고 물러서는 것이 하늘의 도이다."112)

일곱째, 노자는 사람들이 대도大道와 같아질 것을 주장한다. "도와 같아진 사람은 도 역시 그를 얻은 것을 즐거워한다." 그래서 인생은 대도에 되돌아가야 한다는 것이다.

여덟째, 노자는 대아大我를 실현할 것을 주장한다. "성인은 쌓아두지 않는다.

---

107) 陳鼓應注釋 :《老子今注今譯》, 商務印書館2003年版, 第118頁.[원문 : "令人心發狂", "令人行妨".]
108) 陳鼓應注釋 :《老子今注今譯》, 商務印書館2003年版, 第188頁.[원문 : 去甚, 去奢, 去泰.]
109) 陳鼓應注釋 :《老子今注今譯》, 商務印書館2003年版, 第288頁.[원문 : 治人事天莫若嗇.]
110) 陳鼓應注釋 :《老子今注今譯》, 商務印書館2003年版, 第108頁.[원문 : 載營魄抱一, 能無離乎? 專氣致柔, 能如嬰兒乎?]
111) 陳鼓應注釋 :《老子今注今譯》, 商務印書館2003年版, 第274頁.[원문 : 骨弱筋柔而握固.]
112) 陳鼓應注釋 :《老子今注今譯》, 商務印書館2003年版, 第105頁.[원문 : 金玉滿堂, 莫之能守, 富貴而驕, 自遺其咎, 功遂身退, 天之道也.]

남을 위해 일함으로써 자기는 더욱 있게 되고, 남들에게 베풀어줌으로써 자기는 더욱 많아지게 된다."[113] 타인을 이롭게 해주는 것은 개체 생명의 승화라고 하겠다. 그리하여 "죽었더라도 없어지지 않는 자가 천수天壽를 다 누린 자"[114]로 되겠다.

아홉째, 노자는 세상을 구제하고 인간을 사랑할 것을 주장한다. 노자는 사람을 구원해주되 '버리지 않고', 만물을 구제해주되 '버리지 않는다.' "성인은 항상 마음이 없으니, 백성들의 마음을 자기 마음으로 삼는다."[115]고 한다.

노자의 치국론治國論의 특색은 무위無爲의 다스림이다. 무위란 아무것도 안 한다는 말이 아니다. 노자의 주장은 사실, 정부기구를 간소화하고, 권한을 하부기관에 이양하여 될수록 자치를 실행하게 하고, 민간의 풍속을 순박하게 만들어 이런 식으로 태평한 세상에 이르게 하려는 것이었다.

첫째, 관리자는 청정清靜하게 있으면서 백성들을 사랑해야 한다고 한다. 노자는 이렇게 말한다. "백성들을 사랑하고 나라를 다스리는 일을 능히 무위로써 할 수 있겠는가?"[116] 그 말인 즉, 윗자리에 있는 자는 백성들이 부담을 가지지 말게 하고, 압력을 가지지 말게 해야 한다는 것이다. "가장 훌륭한 지도자는 백성들이 있는 것만 알고 있는 지도자이고, 그 다음은 백성들이 가까이하고 찬양하는 지도자이며, 그 다음은 백성들이 두려워하는 지도자이고, 그 다음은 백성들의 업신여김을 당하는 지도자이다."[117] 가장 이상적인 상태는 "공이 이루어지고 일이 마무리되면, 백성들이 모두 '내가 스스로 그렇게 했어' 라고 말하는"[118] 상태로서 이때 백성들은 집권자에게 원한도 품지 않고 또 고마워할

---

113) 陳鼓應注釋:《老子今注今譯》, 商務印書館2003年版, 第349頁.[원문: 聖人不積, 既以爲人己愈有, 既以與人己愈多.]
114) 陳鼓應注釋:《老子今注今譯》, 商務印書館2003年版, 第201頁.[원문: 死而不亡者壽.]
115) 陳鼓應注釋:《老子今注今譯》, 商務印書館2003年版, 第253頁.[원문: 聖人常無心, 以百姓心爲心.]
116) 陳鼓應注釋:《老子今注今譯》, 商務印書館2003年版, 第108頁.[원문: 愛民治國, 能無爲乎?]
117) 陳鼓應注釋:《老子今注今譯》, 商務印書館2003年版, 第141頁.[원문: 太上, 下知有之, 其次, 親而譽之, 其次, 畏之, 其次, 侮之.]
118) 陳鼓應注釋:《老子今注今譯》, 商務印書館2003年版, 第141頁.[원문: 功成事遂, 百姓皆謂

필요도 없다. 그 말인 즉, 가혹한 정치를 버리고, 백성들이 안정하고 여유 있는 생활을 영위하도록 해주어야 한다는 것이다. 노자는 또 이렇게 말한다.

세상에 피하고 꺼릴 것이 많으면, 백성들은 점점 더 가난해진다. 법령이 분명해 질수록 도둑이 더 늘어난다. 백성이 굶주리는 것은 윗자리에 있는 자들이 세금을 많이 먹기 때문이다. 백성들을 다스리기 어려운 것은 윗사람이 일을 많이 벌이기 때문이다. 큰 나라를 다스리는 것은 작은 생선을 굽는 것과 마찬가지이다.[119]

그래서 정치는 간단하고 신중해야 하고, 번잡한 제도와 가혹한 형벌은 그쳐야 하고, 법령이 아침저녁으로 자주 바뀌는 일도 없어야 한다는 것이다.

둘째, 무위의 다스림이다. '성인은 어질지 않아서, 백성들을 (제단의) 풀강아지처럼 여긴다.'[120] 즉 성인은 자연의 도를 본받아, 작은 은혜와 작은 사랑을 베풀지 않는다는 것이다. 성인은 다만 백성들이 각자 자기의 천성을 따르고, 각자 자기의 위치를 찾고, 각자 자기의 재능을 다하게 한다. 이것이 바로 대인大 仁이다. 노자는 또 이렇게 말한다.

성인은 항상 마음이 없으니無心, 백성들의 마음을 자기 마음으로 삼는다. 성인이 이르기를, 내가 하는 바 없으니 백성들이 스스로 교화되고, 내가 조용하게 지내니 백성들이 스스로 바르게 되고, 내가 일을 만들지 않으니 백성들이 스스로 부유해지고, 내가 욕심을 부리지 않으니 백성들이 스스로 소박해졌다고 했다.[121]

  : '我自然'.]

119) 陳鼓應注釋:《老子今注今譯》, 商務印書館2003年版, 第280, 330, 291頁.[원문: "天下多忌諱, 而民彌貧", "法令滋彰, 盜賊多有", "民之饑, 以其上食稅之多", "民之難治, 以其上之有為", "治大國若烹小鮮".]

120) 陳鼓應注釋:《老子今注今譯》, 商務印書館2003年版, 第93頁.[원문: 聖人不仁, 以百姓為芻狗.]

121) 陳鼓應注釋:《老子今注今譯》, 商務印書館2003年版, 第253, 280頁.[원문: "聖人常無心, 以百姓心為心", "故聖人雲: 我無為, 而民自化, 我好靜, 而民自正, 我無事, 而民自富, 我無欲, 而民自樸".]

이것이 바로 '올바름으로써 나라를 다스리는以正治國' 것이다. 이렇게 하면 "하는 바 없이無爲, 하지 못하는 일이 없게 된다."[122]

셋째, 자신을 비우고 노고를 마다하지 말아야 한다고 한다. 노자는 이렇게 말한다.

> 성인은 하나를 지킴으로써 천하의 본보기가 된다. 스스로 자신을 내보이지 않으니 밝고, 스스로 옳다하지 않으니 드러나며, 스스로 자랑하지 않으니 공이 있고, 스스로 뽐내지 않으니 오래간다. 대저 오로지 성인만이 다투지 않으니, 천하에 그와 더불어 능히 다툴 자가 없다.[123]

집권자는 자신을 비워야 할 뿐만 아니라 또 노고를 마다하지 말아야 한다고 한다. "나라의 허물을 받아들이는 사람을 사직社稷의 주인이라 했고, 나라의 상서롭지 못한 일을 받아들이는 사람을 천하의 왕이라 했다."[124]

집권자는 주동적으로 백성들의 치욕을 씻는 일을 떠맡고, 나라의 재앙을 물리치는 일을 짊어져야 한다는 것이다. 이렇게 해야만, 백성들의 존중과 사랑을 받는다는 것이다.

넷째, 질박하게 정치를 하고 나쁜 풍속을 개변시켜야 한다고 한다. 노자는 "정치가 무던하면 백성들은 순해지고"[125] 정치가 청명淸明하면 백성들의 풍속은 순박해진다고 한다. 집권자들은 우선 '우인지심愚人之心'이 있어야 하는데, 즉 도의 기상氣象을 지니고 큰 지혜를 가지고서도 어리석은 것처럼 보여주면서, 이런 '어리석음'으로 나라를 다스려야 한다는 것이다. 노자는 "옛날에 도를 잘 닦은 자는 백성들을 총명하게 만들려 하지 않고, 그들을 어리석게 만들려 했다."[126]고 한다. 하지만 이는 우리가 늘 말하는 이른바 '우민정책愚民政策'이 아

---

122) 陳鼓應注釋:《老子今注今譯》, 商務印書館2003年版, 第250頁.[원문 : 無為而無不為.]
123) 陳鼓應注釋:《老子今注今譯》, 商務印書館2003年版, 第161頁.[원문:聖人執一, 為天下式. 不自見, 故明, 不自是, 故彰, 不自伐, 故有功, 不自矜, 故能長. 夫唯不爭, 故天下莫能與之爭.]
124) 陳鼓應注釋:《老子今注今譯》, 商務印書館2003年版, 第339頁.[원문:受國之垢, 是謂社稷主, 受國不祥, 是為天下王.]
125) 陳鼓應注釋:《老子今注今譯》, 商務印書館2003年版, 第284頁.[원문:其政悶悶, 其民淳淳.]

니다. 이는 집권자들이 솔선수범하여 질박함에 되돌아가게 하고, 조정朝廷에서 명예를 쟁탈하고, 시장에서 이익을 쟁탈하고, 속세에 기편과 사기가 넘쳐나는 이런 불량한 기풍과 습속을 개변시키려는 것이었다. 그래서 노자는 덕을 잘 닦을 것을 제창했다.

몸에서 그것을 닦으면 그 덕은 참되어질 것이고, 집안에서 그것을 닦으면 그 덕은 넉넉해질 것이고, 마을에서 그것을 닦으면 그 덕은 오래갈 것이고, 나라에서 그것을 닦으면 그 덕은 풍요로워질 것이고, 천하에서 그것을 닦으면 그 덕은 널리 펼쳐질 것이다.127)

다섯째, 전쟁을 그치고 백성들이 편안히 살게 해주어야 한다고 한다. 노자는 '소국과민小國寡民'의 이상을 제기했다. 즉 백성들이 "음식을 달게 먹고, 옷을 아름답게 입고, 편안하게 거처하고, 풍속을 마음껏 즐기게"128) 해주려고 했다. 이를 위해, 우선 전쟁을 그쳐야 한다고 한다. 노자는 이렇게 말한다.

도道로써 임금을 보좌하는 자는 군사로써 천하를 정복하지 않는다. 그런 일은 늘 돌아오는 것이 있는데, 군대가 머물던 곳은 가시덤불이 생기고, 큰 전쟁 뒤에는 반드시 흉년이 든다. 대저 병장기란 상서롭지 못한 기물이니, 사람들 모두가 혐오하는 것이라. 그래서 도를 지닌 자는 이것을 가까이 하지 않는다.129)

노자는 침략에 저항하는 정의로운 전쟁에서도 상대가 먼저 공격해오기를 기다려 적을 제압해야 하고, "염담할 것을 최상으로 여겨야 한다恬淡爲

126) 陳鼓應注釋 :《老子今注今譯》, 商務印書館2003年版, 第304頁.[원문 : 古之善爲道者, 非以明民, 將以愚之.]

127) 陳鼓應注釋 :《老子今注今譯》, 商務印書館2003年版, 第271頁.[원문 : 修之於身, 其德乃眞, 修之於家, 其德乃餘, 修之於鄕, 其德乃長, 修之於邦, 其德乃豊, 修之於天下, 其德乃普.]

128) 陳鼓應注釋 :《老子今注今譯》, 商務印書館2003年版, 第345頁.[원문 : 甘其食, 美其服, 安其居, 樂其俗.]

129) 陳鼓應注釋 :《老子今注今譯》, 商務印書館2003年版, 第192, 195頁.[원문 : "以道佐人主者, 不以兵强天下. 其事好還, 師之所處, 荊棘生焉, 大軍之後, 必有凶年", "夫兵者, 不祥之器, 物或惡之, 故有道者不處".]

上."130)고 한다. 그것은 전쟁에서 사람이 죽어나가기 때문이다. 또 백성들을
지나치게 핍박하지도 말아야 한다고 한다.

백성들이 통치자의 위엄에 두려워하지 않으면, (진짜로) 큰 위태로움이 이르
게 된다. 백성들이 죽음을 두려워하지 않으면, 어찌 죽음으로써 두려워하게 만들
수가 있겠는가?131)

엄벌과 혹형으로는 어지러움을 그칠 수 없다는 것이다. 다음, 평등하게 해주
어야 한다고 한다.

하늘의 도道는 남는 것에서 덜어 부족한 것을 보태준다. 그러나 사람의 도는
그렇지 않다. 부족한 자들에게서 덜어 남는 자들에게 섬긴다.132)

노자가 보건대 빈부의 분화가 사회 동란의 중요한 근원이었다. 그래서 인도
人道는 천도天道를 본받아 재부가 합리적으로 배분되게 해야 한다는 것이다.
또 "대상大象(대도를 말함)을 잡고 있으면 천하 사람들이 그에게로 모여들고, 모
여들어도 서로 해치지 않으니 천하는 안정되고 평화롭고 태평해진다."133)고
한다. 다시 말하면, 도道로 백성들을 결집시키고, 백성들이 서로 도와주고 상호
해치지 않으면 백성들의 생활은 안정되고 평화롭고 태평하게 된다는 것이다.
여섯째, 작은 것에 신중하고 일찌감치 기획을 해야 한다고 한다. 노자는 이렇
게 말한다.

---

130) 陳鼓應注釋 :《老子今注今譯》, 商務印書館2003年版, 第195頁.[원문 : 恬淡為上.]
131) 陳鼓應注釋 :《老子今注今譯》, 商務印書館2003年版, 第323, 328頁.[원문 : "民不畏威, 則大
威至", "民不畏死, 奈何以死懼之?"]
132) 陳鼓應注釋 :《老子今注今譯》, 商務印書館2003年版, 第336頁.[원문 : 天之道, 損有餘而補
不足, 人之道則不然, 損不足以奉有餘.]
133) 陳鼓應注釋 :《老子今注今譯》, 商務印書館2003年版, 第205頁.[원문 : 執大象, 天下往, 往
而不害, 安平太.]

어려운 일은 어려워지기 전에 손을 쓰고, 큰일은 커지기 전에 해결한다. 안정되었을 때 유지하기 쉽고, 조짐이 드러나지 않았을 때 꾀하기 쉽고, 취약할 때 녹여버리기 쉽고, 미세할 때 흩어버리기 쉽다. 드러나지 않았을 때 해결해야 하고, 어지럽지 않았을 때 다스려야 한다. 아름드리 나무도 털끝만한 것에서 생겨나고, 구층 누대도 쌓아올린 흙으로부터 일어나며, 천리 길도 한걸음부터 시작된다.[134]

그렇다면 나라를 다스리고 국정을 운영하는 일에 있어서도 적시에 문제를 발견하고, 잠재하고 있는 위기를 보아내고, 일찌감치 이를 해결해야 한다는 것이다. 모순이 격화되어 큰 사변이 발생하면, 이때는 이미 해결의 시기를 놓쳐버린 것으로 되겠다. 노자는 또 공론은 적게 하고 실제적인 일을 많이 하되, 오랫동안 노력하고 '마지막까지도 처음처럼 신중해야만' 큰일을 이룰 수 있다고 한다.

노자의 변증법을 살펴보기로 하자. 중국 변증법에는 삼대 체계가 있었다. 첫째는 『주역周易』을 대표로 하는, 강건함을 숭상하고 움직임을 주로 다루는 유가의 변증법이고, 둘째는 노자를 대표로 하는 유연함을 숭상하고 고요함을 주로 다루는 도가의 변증법이고, 셋째는 화엄종華嚴宗을 대표로 하는 무애원융無碍圓融의 불가 변증법이다. 노자의 변증법도 음양陰陽의 도에서 나왔지만 사유방식에 있어서는 유가와 많이 달랐다. 유가는 사회와 인생에 있어서의 긍정적이고 진보적이고 분명하게 드러나는 변증법적 운동을 주목하고 있었지만 노자는 유형有形의 세계 내부와 그 배후의 무형無形의 세계 및 그 법칙을 발굴하는 데 힘을 기울이고 있었다. 이는 더욱 중요하고 더욱 근본적인 것이라고 하겠다. 또한 이가 유형의 세계의 발전을 규정짓는다고 하겠다. 노자는 '유有'와 '무無'의 변증법을 주목하고 있었다. 여기서 특히 역방향 사유의 특징을 드러내고 있었다. 노자는 형체가 없고無形 모양이 없는舞象 '무無'가 형체가 있고有形 모양이 있는有象 '유有'를 지배한다고 보고 있었다. 이렇게 말한다.

---

134) 陳鼓應注釋:《老子今注今譯》, 商務印書館2003年版, 第298, 301頁.[원문: "圖難於其易, 為大於其細", "其安易持, 其未兆易謀, 其脆易泮, 其微易散. 為之於未有, 治之於未亂. 合抱之木, 生於毫末, 九層之臺, 起於累土, 千裏之行, 始於足下".]

서른 개의 바퀴살이 하나의 굴레에 모여 있으니, 그 없음無(비어 있음)에 수레의 쓰임이 있다. 진흙을 이겨 그릇을 만드니 그 없음에 그릇의 쓰임이 있다. 집을 뚫어 문과 창을 만드니 그 없음에 집의 쓰임이 있다. 그리하여 그것의 있음有은 이로움의 바탕이 되고, 그것의 없음은 쓰임의 바탕으로 된다.135)

왕필王弼의 『노자주老子注』에서는 "있음이 이롭게 쓰여지는 것도 모두 없음이 작용을 발휘하는 덕분이다."라고 한다. 노자의 "진짜로 큰 음音은 그 소리가 희미하고, 진짜로 큰 형상은 형체가 없고, 도道는 숨겨져 있고 이름이 없다."136) 라는 말을, 왕필王弼의 주注에서는 "만물이 그것에 의해 이루어지나, 그 이루어지는 모습이 보이지 않기 때문에, 숨겨져 있고 이름이 없다고 하는 것이다."137) 라고 해석한다. 노자의 변증법에서는 '유有'와 '무無'의 모순운동은 상호 의존하고 상호 전환하는 법칙이 있다고 강조하는데, 그것인 즉 "되돌아감反은 도의 운동이요, 유약함은 도의 작용이다."138)라는 것이겠다. 그 핵심은 '반反'이라는 글자에 있다. 구체적으로 말하자면 아래와 같은 몇 가지 경우가 있겠다.

첫째, 상반상성相反相成이다. 노자는 이렇게 말한다.

'유'와 '무'는 서로가 있어 생겨나고, 어려움과 쉬움은 서로가 있어 이루어지고, 길고 짧음은 서로가 있어 드러나고, 높고 낮음은 서로가 있어 의지하고, 음과 소리는 서로가 있어 어우러지고, 앞과 뒤는 서로가 있어 잇따르게 된다.139)

---

135) 陳鼓應注釋:《老子今注今譯》, 商務印書館2003年版, 第115頁.[원문: 三十輻共一轂, 當其無, 有車之用. 埏埴以為器, 當其無, 有器之用. 鑿戶牖以為室, 當其無, 有室之用. 故有之以為利, 無之以為用.]

136) 陳鼓應注釋:《老子今注今譯》, 商務印書館2003年版, 第116, 229頁.[원문: "有之所以為利, 皆賴無以為用也", "大音希聲, 大象無形, 道隱無名".]

137) (漢)河上公, (魏)王弼注:《老子》, 劉思禾校點, 上海古籍出版社2013年版, 第92頁.[원문: 物以之成, 而不見其成形, 故隱而無名也.]

138) 陳鼓應注釋:《老子今注今譯》, 商務印書館2003年版, 第226頁.[원문: 反者道之動, 弱者道之用.]

139) 陳鼓應注釋:《老子今注今譯》, 商務印書館2003年版, 第80頁.[원문: 有無相生, 難易相成, 長短相形, 高下相盈, 音聲相和, 前後相隨.]

둘째, 정언약반正言若反이다. 노자는 이렇게 말한다.

> 밝은 도道는 어두운 듯 하고, 앞으로 나아가는 도는 뒤로 물러서는 듯 하고,
> 평탄한 도는 울퉁불퉁한 듯 하고, 높은 덕德은 빈 골짜기 같으며, 아주 흰 것은
> 더러운 듯 하고, 넓은 덕은 부족한 듯 하고, 강건한 덕은 어리숙한 듯 하고, 질박한
> 것은 변질한 것 같으며, 큰 네모는 모퉁이가 없고, 큰 그릇은 늦게 완성되며, 큰
> 음은 소리가 미약하고, 큰 형상은 모습이 없으며, 도는 감추어져 이름이 없다.
> 아주 곧은 것은 구부러진 듯 하고, 아주 교묘한 기교는 서투른 듯 하고, 아주 뛰어
> 난 말솜씨는 어눌한 듯하다.[140]

이런 부정식 표현은 일반 긍정식 표현보다 진리의 내적 본질을 더욱 심각하
게 드러낼 수 있었다.

셋째, 사물의 발전이 극에 달하면 반드시 반전한다고物極必反 한다. 노자는
이렇게 말한다.

> 금과 옥이 집안에 가득 하면 그것을 지킬 수 없고, 부귀하다고 교만하면 스스
> 로 더러운 허물을 남기게 된다. 오색은 사람의 눈을 멀게 하고, 오음은 사람의
> 귀를 먹게 하고, 오미는 사람의 입맛을 잃게 한다. 말을 달리면서 하는 사냥은
> 사람을 광분하게 만들고, 얻기 어려운 재화는 사람의 행동을 방자하게 만든다.
> 발꿈치로 서 있는 자는 오래 서 있지 못하고, 발걸음을 크게 떼는 자는 멀리 가지
> 못한다. 스스로 드러내는 자는 밝지 못하고, 자신만 옳다고 떠드는 자는 드러나지
> 못한다. 스스로 뽐내는 자는 공이 없고, 스스로를 자랑하는 자는 오래가지 못한다.
> 화禍는 복福이 의지하는 곳이요, 복은 화가 숨어 있는 곳이다. 올바른 것이 다시
> 괴이한 것으로 되기도 하고, 선한 것이 다시 요망한 것으로 되기도 한다.[141]

---

140) 陳鼓應注釋 :《老子今注今譯》, 商務印書館2003年版, 第229頁, 243頁.[원문 : 大直若屈, 大
巧若拙, 大辯若訥.]
141) 陳鼓應注釋 :《老子今注今譯》, 商務印書館2003年版, 第106, 118, 167, 284頁.[원문 : "金玉
滿堂, 莫之能守, 富貴而驕, 自遺其咎", "五色令人目盲, 五音令人耳聾, 五味令人口爽, 馳
騁畋獵令人心發狂, 難得之貨令人行妨", "企者不立, 跨者不行, 自見者不明, 自是者不彰,
自伐者無功, 自矜者不長", "禍兮福之所倚, 福兮禍之所伏", "正復為奇, 善復為妖".]

사물의 발전이 극에 이르렀을 때는 자신의 반대쪽으로 나아간다는 것이다. 넷째, 반면으로부터 정면에로 들어가야 한다고由反入正 한다. 노자는 이렇게 말한다.

성인은 자기를 뒤로 함으로써 앞서게 되고, 자기를 바깥에 둠으로써 몸을 보존하게 된다. 굽으니 온전케 되고, 휘어지니 곧아지고, 파이니 채워지고, 낡으니 새로워지고, 적으니 얻게 된다. 줄이려고 하면, 반드시 먼저 늘려줘야 하고, 약하게 하려면 반드시 먼저 강하게 해주어야 하며, 망하게 하려면 반드시 먼저 흥하게 해주어야 하고, 빼앗고자 하면 반드시 먼저 주어야 한다.[142]

즉 목적을 달성하기 위해서는 반드시 그 대립면에서 출발하여 우회적 경로를 거쳐 목적을 달성해야 한다고 하는데, 이는 모든 일을 성취함에 전략적 지혜로 될 수 있겠다.

다섯째, 올바른 것이 역전되는 것을 방비해야 한다고 한다. 노자는 이렇게 말한다.

말이 많을수록 궁색해지니, 오히려 속을 지키는 것만 못하다. 성인은 극단적인 것을 버리고, 사치스러운 것을 버리고, 지나친 것을 버렸다. 만족할 줄 알면 욕되지 않을 것이고, 멈출 줄 알면 위태롭지 않을 것이다. 그리하면 오래 갈 수 있을 것이다. 성인은 모나지만 남을 베지 않고, 예리하지만 남을 상하게 하지 않고, 바르고 곧지만 방자하지 않고, 밝게 빛나지만 눈부시지 않다. 성인은 아는 체 하는 병이 없으니, 그것은 아는 체 하는 병을 병으로 알기 때문이며, 그런 까닭에 병들지 않는 것이다.[143]

---

142) 陳鼓應注釋:《老子今注今譯》, 商務印書館2003年版, 第100, 161, 207頁.[원문: "聖人後其身而身先, 外其身而身存", "曲則全, 枉則直, 窪則盈, 敝則新, 少則得", "將欲歙之, 必固張之, 將欲弱之, 必固強之, 將欲廢之, 必固擧之, 將欲取之, 必固與之".]

143) 陳鼓應注釋:《老子今注今譯》, 商務印書館2003年版, 第93, 188, 241, 284, 320頁.[원문: "多言數窮, 不如守中", "聖人去甚, 去奢, 去泰", "知足不辱, 知止不殆, 可以長久", "聖人方而不割, 廉而不劌, 直而不肆, 光而不燿", "聖人不病, 以其病病, 夫唯病病, 是以不病".]

그 말뜻인 즉, 사람들이 주동적으로 부정적 요소를 받아들여 국부적인 부정이 내적으로 진행되게 하면, 온전한 통일체의 장구한 생명을 유지할 수 있다는 것이다.

여섯째, 최초의 근원으로 되돌아가야 한다고 한다. 노자는 이렇게 말한다.

> 만물이 어우러져 함께 자라는데, 나는 그것들이 되돌아감을 본다. 만물은 모두 무성하게 자라지만 각자 모두 뿌리로 되돌아간다. 뿌리로 되돌아감을 일러 고요함靜이라 하고, 이것을 일컬어 제 명命에 돌아간다고 한다. 제 명命으로 돌아감을 일러 늘 그러함이라 하고, 늘 그러함을 아는 것을 일러 밝음이라 한다. 늘 그러함을 알면 너그러워지고, 너그러워지면 공평해지고, 공평해지면 온전하게 되고, 온전하게 되면 하늘같이 되고, 하늘같이 되면 도와 하나로 되고, 도와 하나로 되면 오래 가고, 몸이 다하는 날까지 위태롭지 않다. 어떤 물건이 섞여서 이루어져 있으니, 하늘과 땅에 앞서 생겼다. 고요하고 텅 비어 있는데, 홀로 우뚝 서 변함이 없고, 두루 돌아다녀도 위태롭지 않으니, 가히 천하의 어미라 할 수 있겠다. 나는 그것의 이름을 알지 못해서, 그것에 억지로 '도'라는 이름을 붙였고, 또 억지로 '대大'라는 이름을 붙였다. '대'라는 것은 흘러감을 말하고, 흘러감은 멀어짐을 말하고, 멀어짐은 되돌아옴을 말한다.[144]

즉 만물의 운동은 결국에는 원초의 출발점으로 되돌아가는데, 크게 보면 만물은 순환운동을 한다는 것이다. 인간이 태어나서 죽음으로 가는 것이 바로 원초의 자연으로 되돌아가는 것이고, 한편 사회발전은 늘 나선식으로 되풀이된다고 하겠다. 한편, 일년 사계절의 바뀜이 순환운동이고, 지구의 자전과 공전이 순환운동이고, 태양계와 은하계의 탄생과 훼멸의 과정이 우주의 대순환운동이겠다.

---

144) 陳鼓應注釋 :《老子今注今譯》, 商務印書館2003年版, 第134, 169頁.[원문: "萬物並作, 吾以觀復, 夫物芸芸, 各復歸其根. 歸根曰靜, 靜曰復命. 復命曰常, 知常曰明", "知常容, 容乃公, 公乃全, 全乃天, 天乃道, 道乃久, 沒身不殆", "有物混成, 先天地生. 寂兮寥兮, 獨立不改, 周行而不殆. 可以為天下母. 吾不知其名, 強字之曰'道', 強為之名曰'大'. 大曰逝, 逝曰遠, 遠曰反".]

노자의 역방향 사유와 역방향 변증법의 표현방식은 늘 사람들의 일반 상식에 어긋났었다. 그리하여 늘 사람들의 곡해와 비난을 받고 있었다. 이에 노자는 이렇게 말했다.

> 나를 아는 자는 드물고, 나를 본받는 자는 귀하다. 뛰어난 선비는 도道를 들으면 부지런히 그것을 행한다.145)

그러나 아쉬운 것은 이런 '뛰어난 선비'가 너무 적다는 것이다. 노자는 이렇게 말한다.

> 중간 층에 있는 선비는 도道를 들으면 그저 듣고 말며, 밑층에 있는 선비는 도를 들으면 이를 크게 웃는다. 그가 웃지 않는다면 도道라고 이르기에 부족할 것이다.146)

당연히 노자는 도를 듣고서 부지런히 그것을 행하는 뛰어난 선비가 날로 많아지기를 기대했다.

노자 이후 도가 사상은 양주楊朱, 송견宋鈃, 윤문尹文, 팽몽彭蒙, 전변田骈, 신도愼到, 관윤關尹, 열자列子 등이 상이한 방향에서 한걸음 더 나아가 발휘했다. 양주楊朱는 노자 학설에서 몸을 귀하게 여기고 재앙을 방비하는 사상을 더 발휘하여 '위아爲我'론을 만들어냈다. 맹자는 "양자楊子(즉 楊朱)는 위아를 취했는데, 털 한오리 뽑으면 천하가 이롭게 된다고 해도, 이런 일을 하지 않았다."147)라고 했다. 『여씨춘추呂氏春秋』에서도 "양생陽生(즉 楊朱)은 자신만을 귀하게 여겼다."148)고 한다. 『회남자淮南子』에서는 "본성을 온전케 하고 그 진수를 보존

---

145) 陳鼓應注釋：《老子今注今譯》, 商務印書館2003年版, 第318, 229頁.[원문："知我者希, 則我者貴", "上士聞道, 勤而行之".]
146) 陳鼓應注釋：《老子今注今譯》, 商務印書館2003年版, 第229頁.[원문：中士聞道, 若存若亡, 下士聞道, 大笑之. 不笑不足以為道.]
147) 楊伯峻, 楊逢彬注譯：《孟子》, 嶽麓書社2000年版, 第235頁.[원문：楊子取為我, 拔一毛而利天下不為也.]

하며, 사물로써 신체를 얽어매지 않는다는 것이 양자楊子가 세운 학설이다."[149]라고 한다. 송견宋銒, 윤문尹文은 노자 학설에서의 반전反戰 사상과 과욕寡慾 사상을 더 발휘하여, "밖으로는 침략을 금하고 무기를 버리고, 안으로는 정욕을 줄일 것"[150]을 주장했다. 팽몽彭蒙, 전변田駢, 신도愼到는 노자 학설에서 공적인 것으로 사적인 것을 대체하고以公易私, 성스럽고자 하는 마음을 끊고, 지혜롭고자 하는 집착을 버린다絶聖棄智는 사상을 더 발휘하여 "공정하여 편벽되지 않고, 평이하여 숨기는 것이 없고, 무엇을 하나 주장을 내세우지 않고, 사물의 변화에 순응하되 내 의견 네 의견을 구별 짓지 않고, 이런 저런 생각 굴리며 되짚지 않고, 이리저리 해보려고 잔꾀를 부리지 않으며", "만물을 차별하지 않고 가지런하게 대하는 것을 첫째로 내세웠다."[151] 『여씨춘추呂氏春秋』에서는 "진변陳駢(즉 田駢)은 가지런한 것을 귀하게 여겼다."[152]라고 한다. 『신자愼子』 (많은 내용이 실전되었고, 남은 일곱 편을 淸나라 때 錢熙祚이 정리하여 『수산각총서守山閣叢書』에 수록했음)에 따르면 "법이란 천하의 움직임을 가지런하게 하고, 공평함에 이르고 안정함을 이루는 제도이다."[153]라고 한다. 보다시피 전변田駢, 신도愼到는 법으로 세상을 가지런하게 할 것을 주장했다. 이는 도가에서 법가로의 전환을 의미한다고 하겠다. 후일 신불해申不害, 한비자韓非子가 이를 계승하고 발전시켰다. 관윤關尹과 열자列子는 노자 학설에서 비움에 이르고致虛 고요함을 지키는守靜 사상을 크게 발휘했는데, 그리하여 『여씨춘추呂氏春秋·불이不二』에서는 "관윤은 맑음淸을 귀하게 여기고, 자열자子列子는 비움虛을 귀하게 여겼

---

148) (漢)高誘注:《呂氏春秋》, 上海古籍出版社2014年版, 第404頁.[원문:陽生貴己.]

149) 楊有禮注說:《淮南子》, 河南大學出版社2010年版, 第457頁.[원문:全性保眞, 不以物累形, 楊子之所立也.]

150) 陳鼓應注釋:《莊子今注今譯》, 中華書局2009年版, 第924-925頁.[원문:以禁攻寢兵為外, 以情欲寡淺為內.]

151) 陳鼓應注釋:《莊子今注今譯》, 中華書局2009年版, 第930頁.[원문:"公而不黨, 易而無私, 決然無主, 趣物而不兩, 不顧於慮, 不謀於知", "齊萬物以為首."]

152) (漢)高誘注:《呂氏春秋》, 上海古籍出版社2014年版, 第404頁.[원문:陳駢貴齊.]

153) 王斯睿:《愼子校正》, 商務印書館1935年版, 第41頁.[원문:法者所以齊天下之動, 至公大定之制也.]

다."154)라고 했던 것이다. 관윤과 열자列子는 자기를 비우고 사물을 받아들일 것을 주장했고, 청정淸靜하게 수신修身할 것을 크게 창도했다. 『장자莊子』라는 책에서도 열어구列禦寇를 수 차 언급하고 있지만, 이 책은 우언寓言이 19편으로서 그 이야기들은 신빙성 있는 역사기록은 아니라고 하겠다. 오늘날 『열자』라는 책에는 당연히 고대 『열자』의 유문遺文이 얼마간 들어있기는 하지만 또한 위진 사람들이 『열자』에 의탁하여 만든 글들이 많이 들어있어 아마도 자세히 변별해야 하겠다.

전국 중기, 장자 및 그의 학파가 출현하면서 노자 도학을 크게 발전시켰다. 장자가 생활했던 시대는 대체로 맹자와 같은 시기였고, 그가 도가에서 가졌던 지위도 맹자가 유가에서 가졌던 지위와 비슷하다. 학계에서는 일반적으로 후세에 전해 내려온 『장자』라는 책의 내편內篇을 장자의 작품으로 보고 있고, 외편外篇과 잡편雜篇은 장자의 후학들의 작품으로 보고 있다. 우선, 장자는 노자의 핵심 사상을 계승했는데, 즉 '도'를 최고의 진리로 삼고 있었고, 자연무위自然無爲를 숭상하고 있었고, 예악교화禮樂敎化를 반대하고 있었고, 자연 본성을 따를 것을 주장하고 있었고, 순진하고 초탈하고 허정虛靜한 인생을 동경하고 있었다. 장자는 '도'에 대하여 체계적으로 논술했다. 그는 이렇게 말한다.

대저 도道는 정情과 신信은 있으나(진실한 존재이지만) 작용이나 형체는 없는지라, 전해 줄 수는 있지만 받을 수는 없으며, 터득할 수는 있지만 볼 수는 없다. 도는 스스로를 근본으로 삼아 천지가 있기 전에 예로부터 엄연히 존재하여 온 것이다. 귀신과 상제上帝를 신령스레 만들었고, 천지를 낳았으며, 태극太極보다 앞서 존재하면서도 높은 체하지 않고, 육극六極의 아래에 머물면서도 깊은 체하지 않고, 천지보다 앞서 존재하면서도 오래된 체 하지 않고, 상고上古보다 오래되었음에도 늙은 체하지 않았다.155)

---

154) (漢)高誘注:《呂氏春秋》, 上海古籍出版社2014年版, 第404頁.[원문: 關尹貴淸, 子列子貴虛.]
155) 陳鼓應注釋:《莊子今注今譯》, 中華書局2009年版, 第199頁.[원문: 夫道, 有情有信, 無為無形, 可傳而不可受, 可得而不可見, 自本自根, 未有天地, 自古以固存, 神鬼神帝, 生天生地, 在太極之上而不為高, 在六極之下而不為深, 先天地生而不為久, 長於上古而不為老.]

그러나 동시에, 장자는 또 창조정신이 지극히 풍부하고, 재능이 철철 흘러넘치는 사상가였다. 그는 노자 학설을 새로운 방향으로 이끌어갔다. 첫째, 노자의 도론道論을 객체로부터 주체에로 이끌어갔고, 도를 도가에서 추구하는 가장 높은 정신적 경지로 위치지웠다. 이 경지에서 득도得道한 사람(眞人, 神人, 至人, 聖人)들은 현실의 사물의 유한성을 초월하여 심령의 해방과 자유를 추구하고, 속세의 갖가지 옳고是 그름非, 영예와 치욕의 속박을 떨쳐버린다. 장자는 이렇게 말한다.

세상 사람들이 모두 그를 칭찬해도 그는 더 하려고 애쓰지 않았고, 세상 사람들이 모두 그를 비난해도 그는 꺾이지 않았다. 천지의 바른 기운을 타고, 육기六氣의 변화를 부리면서, 무궁에서 노니는 자라면, 그는 기댈 무엇이 필요하겠는가. 그리하여 지인至人은 사심私心이 없고, 신인神人은 공적功績이 없으며, 성인은 명예名譽가 없다고 말하는 것이다.156)

둘째, 인식의 상대론을 제기했다.

이것 또한 저것이며, 저것 역시 이것이다. 저것과 이것이 서로 짝을 얻지 못하는 곳을 일러 '도의 지도리道樞'라고 한다. 지도리(樞)는 고리의 중심을 차지함으로써, 무궁한 변화에 대처한다.157)

오직 대도大道의 시야에서 보아야만 자기가 옳고 상대는 그르다고 비난하는 그런 협애함에 빠지지 않게 되고 또한 '천지는 하나의 손가락이고, 만물은 한 마리 말임'을 알게 된다는 것이다. 즉 '도에서 보면 통하여 하나가 된다.'는 것이다.

---

156) 陳鼓應注釋 : 《莊子今注今譯》, 中華書局2009年版, 第18頁.[원문 : 乘天地之正, 而禦六氣之辯, 以遊無窮者, 彼且惡乎待哉? 故曰 : 至人無己, 神人無功, 聖人無名.]
157) 陳鼓應注釋 : 《莊子今注今譯》, 中華書局2009年版, 第62頁.[원문 : "是亦彼也, 彼亦是也", "彼是莫得其偶, 謂之道樞. 樞始得其環中, 以應無窮".]

셋째, '대미大美', '지락至樂'의 예술적 인생을 추구하고, 자신에게만 속하는 생활공간을 찾아내어 즐겁게 살아갈 것을 주장했다. 『포정해우庖丁解牛』에서 장자는 칼날의 움직임이 '노랫가락에 맞지 않는 것이 없고, 『상림桑林』의 춤에 어울리지 않는 것이 없고, 『경수經首』의 가락에도 들어맞는' 예술적 경지를 아주 찬미한다. 또 "두께가 없는 칼날을 틈이 있는 뼈마디에 꽂아 넣으면, 널찍하여 칼을 놀릴 공간이 반드시 있게 됩니다."158)라고 한다. 넷째, '심재心齋', '좌망坐忘'의 수신修身 방법을 제기하고, 정情을 잊고 자기를 잊고, 천명天命을 따라 순리대로 살아가는 인생 태도를 창도했다. 장자는 이렇게 말한다.

그것이 어찌할 수 없는 것임을 알고, 천명을 따라 그들을 편안히 섬기는데, 이것이 덕의 극치이다. 옛날 진인眞人은 삶을 기뻐할 줄도 모르고, 죽음을 싫어할 줄도 몰랐다. 천지는 나에게 형체를 주어 삶으로써 나를 힘들게 하고, 늙음으로써 나를 편안케 하고, 죽음으로써 나를 쉬게 한다. 무릇 태어남이란 때를 얻는 것이며, 죽음이란 자연의 변화를 따르는 것이다. 때에 맞춰 편안히 변화에 순응한다면, 슬픔이나 즐거움이 끼어들 수 없게 된다. 지인至人의 마음 씀씀이는 거울과도 같아, 사물을 떠나보내지도 맞이하지도 않고, 응하기는 하되 숨기거나 감추는 법이 없다. 그러므로 능히 사물에 대한 욕심을 버릴 수 있어, 인격이 손상을 입지 않는다.159)

『장자』라는 책에는 우언寓言이 19편 있는데, 장자는 우언을 빌려 심오한 뜻을 표현했고, 그 내용 또한 풍부하고 기세가 웅장하다. 그 글들 또한 굴곡이 많고 기묘하고 시의詩意적이다. 많은 편에서 철리哲理를 생동한 이야기에 함축시켰는데, 그리하여 이 책은 또 도가미학道家美學의 걸작으로 평가받고 있다. 이 책에서는 늘 공자의 이름을 빌려 도가의 이야기를 엮어내고 있는데, 이로

---

158) 陳鼓應注釋 : 《莊子今注今譯》, 中華書局2009年版, 第106, 107頁.[원문 : "莫不中音, 合於 《桑林》之舞, 乃中《經首》之會", "以無厚入有間, 恢恢乎其於遊刃必有餘地矣".]
159) 陳鼓應注釋 : 《莊子今注今譯》, 中華書局2009年版, 第136, 186, 196, 208, 248頁.[원문 : "知 其不可奈何而安之若命, 德之至也", "古之眞人, 不知說生, 不知惡死", "夫大塊載我以形, 勞我以生, 佚我以老, 息我以死", "且夫得者, 時也, 失者, 順也, 安時而處順, 哀樂不能入 也", "至人之用心若鏡, 不將不迎, 應而不藏, 故能勝物而不傷".]

보면 장자는 유가에 대해서 아주 잘 알고 있었다.

외편外篇과 잡편雜篇에도 심오한 철리와 눈부신 사상이 많이 들어있다. 예를 들면, 『변모駢拇』에서는 이렇게 말한다.

> 지극히 올바른 자는 천성 그대로를 잃지 않는다. 그래서 발가락이 붙은 네 발가락이어도 변무駢拇라 여기지 않고, 손가락이 하나 더 붙은 육손이를 병신이라 여기지 않는다. 길다 해서 남는 것이 아니고, 짧다 해서 모자라는 것이 아니다. 그래서 물오리는 비록 다리가 짧지만 길게 이어주면 괴로워하고, 학은 비록 다리가 길지만 짧게 잘라버리면 슬퍼한다.160)

이는 사물의 다양성을 존중할 것을 강조한 것이다. 『마제馬蹄』에서는 "대저 지덕至德의 세상에서는 사람들이 새와 짐승과 함께 살았고, 무리 지어 만물과 나란히 살았다. 그러니 어찌 군자君子와 소인小人의 차별을 알았겠는가!"161)라고 하고, 혁서씨赫胥氏 시대에는 "배불리 먹고 기뻐하며 배를 두드리며 놀았다."162)라고 한다. 이는 모두 순박한 생활과 천인합체天人合體에 대한 동경을 표현한 것이겠다. 『거협胠篋』에서는 나라를 훔치고 인의仁義를 훔친 큰 도둑을 신날하게 비판한다. 이렇게 말한다.

> 성인이 죽지 않으면, 큰 도둑이 그치지 않는다. 인仁과 의義로 그것을 바로잡으려 하면, 그자들은 인과 의까지 함께 훔친다. 혁대 고리를 훔친 자는 죽음을 당하지만, 나라를 훔친 자는 제후가 된다. 제후들의 문에는 인의가 있으니, 그렇다면 인의仁義와 성지聖知까지 함께 훔친 것이 아니겠는가?

이는 중국역사에서 존재했던 사회의 어두운 일면을 심각하게 폭로하고 비판

---

160) 陳鼓應注釋:《莊子今注今譯》, 中華書局2009年版, 第257頁.[원문: 彼至正者, 不失其性命之情. 故合者不為駢, 而枝者不為跂, 長者不為有餘, 短者不為不足. 是故鳧脛雖短, 續之則憂, 鶴脛雖長, 斷之則悲.]
161) 陳鼓應注釋:《莊子今注今譯》, 中華書局2009年版, 第270頁.[원문: 夫至德之世, 同與禽獸居, 族與萬物並, 惡乎知君子小人哉?]
162) 陳鼓應注釋:《莊子今注今譯》, 中華書局2009年版, 第273頁.[원문: 含哺而熙, 鼓腹而遊.]

한 것이겠다. 『재유在宥』에서는 양생養生을 논한다.

보려 하지도 들으려 하지도 말고, 정신을 지켜서 고요함을 유지하면 몸도 저절로 바르게 될 것입니다. 반드시 고요함과 깨끗함을 지키면서, 당신의 몸을 수고롭게 하지 않고, 정신을 흔들어대지 않아야만 비로소 장생할 수 있을 것입니다. 순일純一한 도를 지키면서 조화 속에 머물고 있어야 합니다.[163]

이런 사상은 후일 도교 양생술養生術에서 계승하고 있었다. 『천지天地』에서는 "『기記』를 인용하여 이르기를, '하나道에 통달하니, 만사가 모두 잘 이루어졌다.'"[164]라고 하는데 이는 도교 도술의 최종 지향점이라고 하겠다. 『천도天道』에서는 허정虛靜의 도道를 논한다.

대저 텅 비고 고요하고 담백하고 적막하며, 일부러 하지 않는 것이 천지의 근본이고 도덕의 극치이다. 대저 천지의 덕을 분명히 깨달은 것을 일러 위대한 근본大本이라 하고 위대한 종주大宗라 하니, 이것이 바로 하늘과 조화되는 것이다. 이것이 온 천하를 고르게 다스리고 사람들이 화합하게 만드는 근본이 되는 것이다. 사람들과 화합하는 것을 일러 인락人樂이라 하고, 하늘과 조화되는 것을 일러 천락天樂이라 한다.[165]

장자는 이렇게 허정虛靜의 도를 천지의 근원과 근본의 위치에 올려놓았던 것이다. 이 편에는 또 윤편輪扁이 환공桓公의 독서讀書를 평론한 이야기도 실려 있다. 윤편은 "임금님이 읽고 있는 것은 옛사람들의 찌꺼기糟粕일 따름입니다."[166]라고 한다. 그 말인 즉, 목공의 기예技藝가 말로 가르쳐줄 수 있는 것이

---

163) 陳鼓應注釋:《莊子今注今譯》, 中華書局2009年版, 第304, 305頁.[원문: "無視無聽, 抱神以靜, 形將自正. 必靜必淸, 無勞汝形, 無搖汝精, 乃可以長生", "守其一以處其和".]

164) 陳鼓應注釋:《莊子今注今譯》, 中華書局2009年版, 第320頁.[원문:《記》曰:'通於一而萬事畢.'.]

165) 陳鼓應注釋:《莊子今注今譯》, 中華書局2009年版, 第364, 367頁.[원문: "夫虛靜恬淡寂漠無爲者, 天地之本而道德之至", "夫明白於天地之德者, 此之謂大本大宗, 與天和者也, 所以均調天下, 與人和者也. 與人和者, 謂之人樂, 與天和者, 謂之天樂".]

아닐 뿐만 아니라, 나라를 다스리는 도道도 책을 읽어 계승할 수 있는 것이 아니라는 것이다. 『추수秋水』에서는 "우물 안의 개구리에게 바다에 대해 말해 줄 수 없는데, 이는 개구리가 한곳에 갇혀 살기 때문이고, 여름 벌레에게 얼음에 대해 말해줄 수 없는데, 이는 여름 벌레가 여름철을 넘겨보지 못했기 때문이며, 시골뜨기 선비에게 도에 대해 이야기해줄 수 없는데, 이는 시골뜨기가 받은 교육에 속박되어 있기 때문이다."167)라고 한다. 그래서 사람은 마땅히 자신의 제한된 시공간의 속박에서 떨쳐 나와 대도大道의 시야에서 세상을 바라보아야 하는데, 오직 '도의 시각에서 보아야만' 세상 전체를 훤히 알 수 있다는 것이다. 또 말하기를, "소와 말이 네 발을 가지고 있는 것을 일러 천성天性이라 하고, 말의 머리에 고삐를 달고 소의 코에 코뚜레를 뚫는 것을 일러 인위人爲라 한다. 그래서 인위로 천성을 손상시키면 아니 된다고 하는 것이다."168)라고 한다. 이는 자연적 본성性을 따르고 인위적으로 함부로 무엇을 개변하지 말 것을 주장한 것이겠다. 이 편에서는 또 장자와 혜시惠施가 호수濠水의 다리에서 물고기를 구경하던 일을 이야기하고 있다. 그들은 인간이 타자(물고기)의 즐거움과 괴로움을 느껴 알 수 있는가 하는 문제를 토론한다. 『지락至樂』에서는 "최고의 즐거움은 즐거움이 없는 것이요, 최고의 명예는 명예가 없는 것이다."169)라고 한다. 또 생生과 사死의 문제에 대해 논의한다. 장자의 부인이 죽자, 장자는 대야를 두드리며 노래를 불렀다. 장자는 인간의 생과 사는 기氣의 모임과 흩어짐이라 여기고 있었다. 마치 '춘하추동 사계절의 운행처럼' 말이다. 그래서 이런 일은 마땅히 평온한 마음가짐으로 대해야 한다는 것이다. 『산목山木』에서는 어떤 큰 나무는 "재목이 되지 못해서 제 명을 다 누렸다."170)라고 한다. 하지만 고향

---

166) 陳鼓應注釋:《莊子今注今譯》, 中華書局2009年版, 第386頁.[원문: 君之所讀者, 古人之糟粕已夫.]
167) 陳鼓應注釋:《莊子今注今譯》, 中華書局2009年版, 第442頁.[원문: 井蛙不可以語於海者, 拘於虛也, 夏蟲不可以語於冰者, 篤於時也, 曲士不可以語於道者, 束於教也.]
168) 陳鼓應注釋:《莊子今注今譯》, 中華書局2009年版, 第461頁.[원문: 牛馬四足, 是謂天, 落馬首, 穿牛鼻, 是謂人, 故曰, 無以人滅天.]
169) 陳鼓應注釋:《莊子今注今譯》, 中華書局2009年版, 第480頁.[원문: 至樂無樂, 至譽無譽.]

집의 거위는 울 줄을 몰라(쓸모가 없어) 먼저 죽음을 당했다고 한다. 그렇다면 인간은 어떻게 처세해야 하는가? 장자는 "주周(즉 莊周)는 재목감이 되고 재목감이 못되는 그 중간에 머물고 싶구나."171)라고 한다. 그러나 이 중간은 참된 도가 아니므로, 세속의 누累를 면하기 어렵다. 하지만

　　만약 자연의 도와 덕을 타고, 어디든 유유히 떠다니면서 노닌다면 그렇지 않을 것이다. 그렇게 되면 칭찬도 없고 비방도 없을 것이며, 한 번은 용이 되었다가 한 번은 뱀이 되듯이, 시간과 더불어 함께 변화하면서 한 가지 일에만 집착하지 않게 될 것이다. 한 번은 올라갔다 한 번은 내려갔다 하면서 온갖 것과 조화로써 자기의 도량을 삼고, 만물의 시초에서 자유롭게 노닐게 된다. 그러면 물건을 물건으로써 부리되, 다른 물건으로부터 물건으로 부림당하지 않을 것이니, 어찌 누累를 받는단 말이냐!172)

여기서 '물건을 물건으로서 부리되, 다른 물건으로부터 물건으로 부림을 당하지 않는다.'173)라는 것이 장자 인생관의 핵심이었다. 즉 인생은 사물을 지배해야지 사물에 지배당해서는 아니 된다는 것이다. 『지북유知北遊』에서 장자는 "사람의 삶이란 기氣가 모인 것이다. 기가 모이면 삶이 되고, 기가 흩어지면 죽음이 된다."라고 했고 또 "천하는 하나의 기로써 통할 뿐이다."174)라고 하면서 '기氣'를 우주론에 활용했다. 또 "냄새나고 썩은 것이 다시 신기한 것으로 바뀌고, 신기한 것이 다시 냄새나고 썩은 것으로 바뀐다."175)라는 변증법적 관

---

170) 陳鼓應注釋：《莊子今注今譯》, 中華書局2009年版, 第534頁.[원문：以不材得終其天年.]

171) 陳鼓應注釋：《莊子今注今譯》, 中華書局2009年版, 第534頁.[원문：周將處乎材與不材之間.]

172) 陳鼓應注釋：《莊子今注今譯》, 中華書局2009年版, 第534-535頁.[원문：若夫乘道德而浮遊則不然. 無譽無訾, 一龍一蛇, 與時俱化, 而無肯專為. 一上一下, 以和為量, 浮遊乎萬物之祖. 物物而不物於物, 則胡可得而累邪.]

173) 陳鼓應注釋：《莊子今注今譯》, 中華書局2009年版, 第535頁.[원문：物物而不物於物.]

174) 陳鼓應注釋：《莊子今注今譯》, 中華書局2009年版, 第597頁.[원문："人之生, 氣之聚也, 聚則為生, 散則為死", "通天下一氣耳".]

175) 陳鼓應注釋：《莊子今注今譯》, 中華書局2009年版, 第597頁.[원문：臭腐復化為神奇, 神奇復化為臭腐.]

점도 제기했다. 또 이르기를, "천지는 가장 **빼**어난 아름다움을 지녔음에도 자랑하지 아니 하고, 사계절은 분명한 법칙에 의해 바뀌면서도 따지지 아니 하고, 만물은 이루어진 이치를 지니고 있으면서도 말하지 않는다."[176]라고 한다. 그래서 성인은 '하늘과 땅의 아름다움을 근원으로 삼고, 만물의 이치에 통달한 자'[177]로서 함부로 무엇을 하지 않는다는 것이다. 또 도道는 어디에나 존재한다는 명제를 제기했는데, 도는 "땅강아지와 개미螻蟻에게도 들어있고", "돌피와 가라지稊稗에도 들어있고", "기와와 벽돌瓦甓에도 들어있고", "똥과 오줌屎溺에도 들어 있다."고 한다.[178] 『도척盜跖』에서는 상고上古 시기 백성들은 나무위에 둥지巢를 틀고 살면서 날짐승과 길짐승의 해를 피했는데, "그래서 이들을 유소씨有巢氏의 백성이라고 불렀다."[179]고 한다. 한편, 신농씨神農氏 때에는

> 백성들이 자기의 어머니는 알고 있어도 아버지는 알지 못했고, 크고 작은 사슴 무리들과 함께 살면서 스스로 밭을 갈아 농사 지어 먹고, 스스로 베를 짜서 옷을 해입었으며, 서로를 해치려는 마음은 갖지 않고 지냈으니, 이때가 바로 지극한 덕이 가장 성했던 때이다. 그런데 황제黃帝 때에 와서는 덕을 행하지 못했고, 치우蚩尤와 탁록涿鹿의 들판에서 치열하게 싸웠는데, 사람들의 피가 백리 사방에 흘렀다. 요堯와 순舜이 일떠서서는 뭇 신하들을 세웠고, 탕왕湯王은 그의 임금主君을 내쳤으며, 무왕武王은 주왕紂王을 죽여 버렸다. 그 뒤로, 강한 자가 약한 자를 짓밟고, 다수가 소수를 학대하게 된 것이다. 탕왕과 무왕 이후로는 모두 난폭한 자들의 무리였다.

척跖이 '문왕과 무왕의 도를 닦은' 공자를 꾸짖어 '도구盜丘(공자가 도둑이라는 뜻)'라고 한 것은 말이 좀 격한 것 같기는 하지만 그러나 사실 이 우언寓言에는

---

176) 陳鼓應注釋 :《莊子今注今譯》, 中華書局2009年版, 第601頁.[원문 : 天地有大美而不言, 四時有明法而不議, 萬物有成理而不說.]
177) 陳鼓應注釋 :《莊子今注今譯》, 中華書局2009年版, 第601頁.[원문 : 原天地之美而達萬物之理.]
178) 陳鼓應注釋 :《莊子今注今譯》, 中華書局2009年版, 第613, 614頁.
179) 陳鼓應注釋 :《莊子今注今譯》, 中華書局2009年版, 第827頁.[원문 : 故命之曰有巢氏之民.]

일종의 유가와 상반되는 역사관을 함축하고 있었다. 여기서 저자는 천재적 식견으로 모계씨족사회로 거슬러 올라가 살펴보고서 요순堯舜 이전의 계급이 없고 쟁탈이 없던 순박하고 조화로운 사회를 찬미했고, 문명 발전 과정에서의 다른 일면을 폭로했다. 즉 인성人性의 이화異化와 후퇴가 그것이다. 『열어구列禦寇』에서는 공자의 입을 빌려 이렇게 말한다.

> 대저 사람의 마음은 산천보다 험한 것이어서, 그것은 자연에 대해 알기보다 더 어렵다. 자연에는 봄, 가을, 겨울, 여름, 아침, 저녁과 같은 일정한 시기의 변화가 있는데, 사람은 두툼한 외모속에 감정을 깊숙히 감추고 있다.[180]

장자는 여기서 인성人性의 복잡함과 알기 어려움을 논하고 있는데, 이 말은 깊이 생각해볼 가치가 있는 말이라고 하겠다. 『장자』라는 책에는 많은 우언이 있는데, 이 우언들에서는 각 지역, 각 종족들에서 전해 내려온 고대 신화전설과 백가경전을 폭넓게 아우르고 있다. 장자는 이를 철리哲理를 함축하고 있는 문학 이야기로 엮어냈다. 여기서 장자의 풍부한 지식과 뛰어난 조예를 충분히 보아낼 수 있다고 하겠다.

『천하天下』는 『장자』라는 책에서 가장 마지막 한 편篇이다. 이 편에서는 도가의 입장에서 '너그러우면 공평해진다容乃公'는 흉금을 가지고, 선진 시기 학술사를 총화 했다. 이 편에서는 추鄒나라와 노魯나라 선비들이 전해서 내려온 『시詩』, 『서書』, 『예禮』, 『악樂』의 가치를 충분히 긍정해준다. 장자는 이렇게 말한다. 그들은

> 『시詩』로써 사람들의 뜻志을 논하고, 『서書』로써 고대의 정사政事를 논하고, 『예禮』로써 사람들의 행실을 논하고, 『악樂』으로써 세상의 조화를 논하고, 『역易』으로써 음양陰陽을 논하고, 『춘추春秋』로써 명분名分을 논하고 있었다. 그 도술의 구체 내용이 천하에 흩어져 중원中原의 나라에 베풀어진 것을 제자백가들에서도

---

180) 陳鼓應注釋：《莊子今注今譯》，中華書局2009年版，第896頁.[원문: 凡人心險於山川, 難於知天, 天猶有春秋冬夏旦暮之期, 人者厚貌深情.]

때로는 논하는 자가 있었다.[181]

후일 천하가 크게 어지러워지면서 백가百家가 일떠섰는데, "모두 나름대로 뛰어난 점이 있었고, 때로는 그들의 도술을 쓸 곳도 있었다. 비록 그렇기는 하나 그들은 전부를 포괄하거나 두루 미치지는 못했고, 그들은 다만 한편에 치우쳐진 학문밖에 알지 못하는 곡사曲士들이었다."[182] 이렇게 그들은 "내성외왕內聖外王의 도를 어둡게 만들었고", 결국 그 "도술道術은 천하에서 분열되었던 것이다."[183] 분명히 장자는 '육경六經'이 대표하는 문화가 삼대三代 이래의 주류 문화라고 인정하고 있었고, 한편 이는 주요하게 추나라와 노나라 학자들이 계승해온 것이라고 생각하고 있었다. 보다시피 장자는 아주 객관적이었다. 『천하天下』에서는 우선 묵가를 평론한다. 그들의 학설은 "후세 사람들에게 사치를 부리지 못하게 하고, 만물을 낭비하지 못하게 하고, 법도를 번드레하게 내걸지 못하게 했다. 먹줄 긋듯이 엄격한 계율을 만들어 스스로를 규제했고, 이로써 세상의 위급함에 대비했다."[184]고 한다. 또 묵가에서는 '음악과 관련한 모든 것을 비판하고非樂', '물건을 절제하여 사용할 것'을 주장하고, '모든 사람을 차별없이 널리 사랑하고, 물질적 이익을 함께 공유하고, 전쟁을 벌이지 말 것'[185]을 주장하고, 대우大禹가 치수할 때 빗물로 머리를 감고 바람에 머리를 말리고, "자기 몸을 사리지 않고 고통스럽게 하는 것을 최고의 규율로 삼은 것"[186]을

---

181) 陳鼓應注釋：《莊子今注今譯》, 中華書局2009年版, 第908-909頁.[원문：《詩》以道志,《書》以道事,《禮》以道行,《樂》以道和,《易》以道陰陽,《春秋》以道名分. 其數散於天下而設於中國者, 百家之學時或稱而道之.]

182) 陳鼓應注釋：《莊子今注今譯》, 中華書局2009年版, 第909頁.[원문：皆有所長, 時有所用. 雖然, 不該不徧, 一曲之士也.]

183) 陳鼓應注釋：《莊子今注今譯》, 中華書局2009年版, 第909頁.[원문："內聖外王之道, 暗而不明", "道術將為天下裂".]

184) 陳鼓應注釋：《莊子今注今譯》, 中華書局2009年版, 第916頁.[원문：不侈於後世, 不靡於萬物, 不暉於數度, 以繩墨自矯而備世之急.]

185) 陳鼓應注釋：《莊子今注今譯》, 中華書局2009年版, 第916頁.[원문：泛愛兼利而非鬥.]

186) 陳鼓應注釋：《莊子今注今譯》, 中華書局2009年版, 第917頁.[원문：以自苦為極.]

크게 받들어 숭상했다고 찬양한다. 하지만 "그 도는 실행하기가 어려우니, 아마도 성인의 도로 되기에는 힘들 것이다."[187]라고도 한다. 그러나 장자는 묵자가 분명히 "훌륭한 선비였다."[188]라고 칭찬했다. 이어서 『천하天下』에서는 송견宋鈃, 윤문尹文, 팽몽彭蒙, 전변田駢, 신도愼到를 평가한다. 앞에서 이미 기술했기에 여기서는 이들에 대한 논의를 삼간다. 『천하』에서는 또 관윤關尹과 노자를 크게 찬미한다.

> 만물의 근본을 정수로 여기고, 사물은 조잡粗雜하다고 여기고, 그런 조잡한 만물은 아무리 축적해도 충분하지 못하다고 하여, 담담하게 홀로 조화의 신명神明과 함께 머문다고 하니, 옛날 도술道術 가운데 그런 것이 있었다. 관윤關尹과 노담老聃이 그 학풍을 듣고 기뻐했다.[189]

장자는 이들을 '옛날의 박대한 진인博大眞人'[190]이라고 칭찬했다. 그 다음, 『천하天下』에서는 장주의 학설莊周之學을 평론한다. 이로 보면 이 편의 저자는 장자가 아니고, 분명히 장자의 후학後學이다. 이 편에서는 이렇게 말한다.

> 황홀하고 적막하여 아무 형체도 없으며, 끊임없이 변화하여 일정한 모습도 없다. 죽은 것인지 산 것인지 알 수 없으나, 천지와 나란히 존재하고, 신명에 따라 움직여간다! 망연한데 어디로 가는 것인가? 황홀한데 어디로 변화하여 가는가? 만물을 죄다 망라하고 있거늘, 족히 귀착할 곳이 없다. 옛날 도술에 이런 경향을 지닌 사람이 있었으니, 장주莊周가 그런 학풍을 듣고서 기뻐했다. 그는 상식을 벗어난 말과 황당무계한 말과 종잡을 수 없는 말로 이를 논했다. 때로는 제멋대로 논하기는 했으나 어느 쪽에 치우치는 일은 없었으며, 진기함을 내보이며 자랑하지도 않았다. 천하 사람들이 혼탁함에 빠져 있어, 그들과 더불어 바른 이야기를

---

187) 陳鼓應注釋:《莊子今注今譯》, 中華書局2009年版, 第916頁.[원문: 其行難爲也, 恐其不可以爲聖人之道.]

188) 陳鼓應注釋:《莊子今注今譯》, 中華書局2009年版, 第917頁.[원문: 才士也夫.]

189) 陳鼓應注釋:《莊子今注今譯》, 中華書局2009年版, 第935頁.[원문: 以本爲精, 以物爲粗, 以有積爲不足, 澹然獨與神明居, 古之道術有在於是者. 關尹老聃聞其風而悅之.]

190) 陳鼓應注釋:《莊子今注今譯》, 中華書局2009年版, 第936頁.[원문: 古之博大眞人.]

할 수 없다고 생각하여, 장자는 치언卮言으로써 자연의 끝없는 변화에 순응케 하고, 중언重言으로써 진실을 깨닫게 하고, 우언寓言으로써 우주의 광대함을 깨닫게 했다. 그는 홀로 천지의 정묘하고 신묘한 작용과 더불어 왕래하면서도 만물 위에서 오만하게 내려다보지 않았고, 옳고 그름을 따져 추궁하고 견책하지 않았고, 오히려 속세와 더불어 살았다.191)

이로 보면 『천하天下』의 저자가 장주莊周 학설에 대한 이해는 아주 투철하고 찬미 또한 아주 각별하다. 이 편의 저자는 장자의 후학임에 틀림없겠다! 마지막에, 『천하』에서는 혜시惠施, 환단桓團, 공손룡公孫龍의 학설을 평론한다. "혜시는 다방면에 걸쳐 학문을 닦았고, 책이 다섯 수레나 된다. 하지만 그의 도道는 잡박하고 그 말도 적중하지 못하다."192) 또 혜시의 일련의 명제도 열거한다.

지극히 커서 그 밖이 없는 것을 일컬어 대일大一이라 하고, 지극히 작아서 그 안이 없는 것을 일컬어 소일小一이라 한다. 남쪽은 끝이 없으면서도 끝이 있다. 오늘 월越나라로 떠나 어제 도착했다. 알에는 털이 있고, 닭은 다리가 세 개이다', '날아가는 새의 그림자는 움직인 적이 없다', '한 자 길이 채찍을 매일 그 반씩 잘라내면, 만년이 지나도 없어지지 않는다.193)

오늘날 다시 곰곰이 따져보면, 이 말들에는 공간, 시간, 운동, 무한성 등에 관한 수많은 천재적 이해가 들어 있었다고 하겠다. 『천하』에서는 또 이렇게 평론한다.

---

191) 陳鼓應注釋:《莊子今注今譯》, 中華書局2009年版, 第939頁.[원문: 芴漠無形, 變化無常, 死與生與, 天地並與, 神明往與! 芒乎何之, 忽乎何適, 萬物畢羅, 莫足以歸, 古之道術有在於是者, 莊周聞其風而悅之. 以謬悠之說, 荒唐之言, 無端崖之辭, 時恣縱而不儻, 不以觭見之也. 以天下為沈濁, 不可與莊語, 以卮言為曼衍, 以重言為眞, 以寓言為廣. 獨與天地精神往來而不敖倪於萬物, 不譴是非, 以與世俗處.]

192) 陳鼓應注釋:《莊子今注今譯》, 中華書局2009年版, 第942頁. [惠施多方, 其書五車, 其道舛駁, 其言也不中.]

193) 陳鼓應注釋:《莊子今注今譯》, 中華書局2009年版, 第942, 943, 952頁.[원문: "至大無外, 謂之大一, 至小無內, 謂之小一", "南方無窮而有窮, 今日適越而昔來", "卵有毛, 雞三足", "飛鳥之景未嘗動也", "一尺之捶, 日取其半, 萬世不竭".]

환단桓團, 공손룡公孫龍이 바로 이런 변자辯者의 무리들이다. 그들은 사람들의 마음을 꾸미기도 하고, 사람들의 뜻을 바꾸기도 했다. 하지만 그들은 사람들의 입을 이길 수는 있었으나, 사람들의 마음을 굴복시키지는 못했다. 그러니 이것이 변자辯者들의 한계였다.

또 이렇게 말한다. "천지의 도道를 가지고 혜시의 재능을 헤아려본다면, 그것은 한 마리 모기나 한 마리 등에가 수고롭게 날아다니는 것과 같겠다." 보다시피 저자가 이들에 대한 평가는 대체로 낮았다. 요컨대 『천하』에서는 '육경'을 백가가 출현하기 전의, 중화문화의 정통正統으로 보고 있었고 노자, 장자의 도가 학설을 백가가 출현한 이후의 가장 참된 도로 보고 있었다. 한편, 유가와 도가를 종합하는 풍격도 드러내고 있었다.

제3절 전국戰國 후기 유가와 도가의 상호 평가 및 선진先秦 문화에 대한 총화

1. 유가 순자荀子의 총화

순황荀況은 맹가孟軻 다음 선진 공자유학의 중요한 대표학자이고, 유가의 입장에서 제자백가를 집대성한 대학자이다. 하지만 그의 종합과 계승은 자체의 중심축이 있었고 또한 선택적이었고, 사실은 공자유학에 대한 비판적 계승과 창조였다. 순자의 많은 관점(예를 들면 人性論)은 맹자와 달랐고, 순자가 맹자에 대한 비판 또한 아주 심했다. 그리하여 후일 일부 학자들은 이를 근거로 순자를 맹자와 대립시키고 심지어 공자와 대립시키기도 했다. 어떤 이들은 맹자를 치켜 세우고 순자를 내리 깎았고(예를 들면 韓愈, 譚嗣同) 어떤 이들은 순자를 치켜 세우고 맹자를 내리 깎았다(예를 들면 당대의 일부 철학사학자들). 그러나 이들의 평가는 모두 편파적이다. 사실 공자, 맹자, 순자는 모두 선진 유학의 대표 학자이고, 각자 모두 자체의 독특한 공헌이 있었다. 순자는 분명히 유가 학자이다. 그는 공자를 숭상하여 이렇게 말했다.

공자님은 어질고 지혜로우며 또한 가려져 막히지 않으셨다. 그러므로 다스리는 술법을 배워서 족히 선왕들과 같게 될 만한 분이었다.[194]

또한 그는 유가를 아주 긍정하고 있었다.

유자儒者들은 선왕先王들을 본받아 예의禮義를 숭상하며, 신하로써 몸가짐을 삼간다. 이렇게 윗사람을 귀하게 섬겼다. 선왕先王들의 도道란 인仁이 융성하여 이룩된 것으로, 올바름(中)을 좇아 행하는 것이다. 무엇을 올바름이라 하는가? 말하자면, 예의禮義가 바로 그것이다.[195]

그는 인의仁義를 아주 중요시했다.

마음을 수양하는 데는 정성誠을 들이는 것보다 좋은 것이 없다. 정성을 다하는 데는 다른 방법이 따로 없고, 오로지 인仁을 지키고, 오로지 의義를 행하는 것만이 있을 뿐이다.[196]

그는 특히 예의를 중요시하고 있었다. 『예론禮論』에서 그는 이렇게 말한다.

대저 예의와 문리文理는 사람의 정情을 길러주는 길이다.
예禮에는 세 개의 근본이 있는데, 하늘과 땅은 생명의 근본이고, 선조는 같은 종족의 근본이고, 군주와 스승은 다스림의 근본이다.[197]

이로부터 중국인들은 '천지군친사天地君親師'라는 기본 신앙을 형성하게 되

---

194) 張覺:《荀子譯注》, 上海古籍出版社1995年版, 第453頁.[원문: 孔子仁知且不蔽, 故學亂術, 足以為先王者也.]

195) 張覺:《荀子譯注》, 上海古籍出版社1995年版, 第115頁.[원문: "儒者, 法先王, 隆禮義, 謹乎臣子, 而致貴其上者也", "先王之道, 仁之隆也, 比中而行之. 曷謂中? 曰: 禮義是也".]

196) 張覺:《荀子譯注》, 上海古籍出版社1995年版, 第38頁.[원문: 養心莫善於誠, 致誠, 則無它事矣, 唯仁之為守, 唯義之為行.]

197) 張覺:《荀子譯注》, 上海古籍出版社1995年版, 第395, 397頁.[원문: "禮義文理之所以養情也", "禮有三本, 天地者, 生之本也, 先祖者, 類之本也, 君師者, 治之本也".]

었던 것이다. 그가 보건대, 예禮는 종법宗法사회 질서를 수호하는 기본 준칙이
었다.

> 예는 나라를 올바르게 다스리는데 있어서, 저울로 가볍고 무거운 것을 저울질
> 하는 것과 같고, 먹줄로 굽고 곧은 것에 먹줄 치는 것과 같다. 그러므로 사람들은
> 예가 없으면 살아갈 수가 없고, 일은 예가 없으면 성취할 수가 없으며, 나라에
> 예가 없으면 평안치 못하다. 예라고 하는 것은 귀貴한 자를 공경하고, 늙은이에게
> 효도하며, 어른에게 공손하고, 어린이에게 자애로우며, 천한 자들에게 은혜를 베
> 푸는 것이다.[198]

순자는 예의 기원과 본질, 예의 특징과 기능, 예와 법제도의 관계, 제사예의祭
禮의 도덕교화 기능 등에 대해 모두 체계적인 논술이 있었다. 이렇게 후일 한나
라 예학禮學과 예의禮義제도 건설에 풍부한 사상적 자원을 제공해주게 되었던
것이다. 만약 공자가 처음으로 인예 학설을 세우고, 내성외왕內聖外王의 도道를
논했다고 한다면, 맹자는 인의仁義 설과 성선性善 설로 공자의 내성內聖의 도를
크게 발전시켰고, 순자는 예의 설과 성악性惡 설로 공자의 외왕外王의 도를 크
게 발전시켰다고 하겠다.

순자는 전국 시기 백가의 학술적 논쟁百家爭鳴이 아주 활발하던 시대에 살았
고, 세 차례나 제齊나라 직하학궁稷下學宮의 '좨주祭酒(국자감의 학장에 상당함)'를
맡았다. 직하稷下에는 인재들이 수많이 모여 있었고, 후일 종합적 성격을 가진
『관자管子』및 관중管仲 학파도 양산시켜냈다. 그때, 직하학궁稷下學宮에서는 학
술적 쟁론이 아주 활발하게 펼쳐지고 있었는데, 순자는 강렬한 비판의식을 가
진 대유大儒로서 당연히 이런 학술적 쟁론에 적극적으로 뛰어들었다. 순자는
『비십이자非十二子』를 저술하여, 타효它囂, 위모魏牟, 진중陳仲, 사추史鰍, 묵적墨
翟, 송견宋銒, 신도愼到, 전변田騈, 혜시惠施, 등석鄧析, 자사子思, 맹가孟軻 등의

---

198) 張覺:《荀子譯注》, 上海古籍出版社1995年版, 第599, 585頁.[원문 : "禮之於正國家也, 如權
衡之於輕重也, 如繩墨之於曲直也. 故人無禮不生, 事無禮不成, 國家無禮不寧", "禮也者,
貴者敬焉, 老者孝焉, 長者弟焉, 幼者慈焉, 賤者惠焉".]

제諸 학설을 날카롭게 비판했다. 특히 자사와 맹가를 크게 비난했다. 그는 이렇게 말한다. 자사와 맹가는

대체로 선왕先王들을 본받았으나, 그 계통을 알지 못하며, 한편 그들은 재주가 많고 뜻이 크며, 보고 들은 것이 잡박하기는 하다. 옛것에 기대어 학설을 만들고서, 그것을 오행五行(즉 五德)이라고 일컫고 있었는데, 그것들은 너무 편벽되고 어긋나고 체계적이지 못하고, 깊이 가리워져 있어 잘 설명되지 못하고 있고, 닫히고 막혀 있어 이해할 수가 없다.[199]

그가 보건대, 그들은 공자의 학통學統을 벗어났었다. 그리하여 반드시

위로는 순임금과 우임금의 법도를 본받고, 아래로는 중니(孔子)와 자궁子弓(후세 사람들은 이 학자에 대해 확실치 않음)의 뜻을 본받아, 십이자十二子의 학설을 내치는데 힘써야 하겠다.[200]

고 한 것이다. 순자『해폐解蔽』에서는 이렇게 비난한다.

묵자墨翟는 실용實用에 가려져 문화의 가치를 알지 못했고, 송자宋鈃는 욕심을 줄이는 것에 가려져 정당하게 얻는 것의 가치를 알지 못했고, 신자愼到는 법에 가려져 현명한 인재의 가치를 알지 못했고, 신자申不害는 권세權勢에 가려져 지혜의 가치를 알지 못했고, 혜자惠施는 언사辭에 가려져 진실實의 가치를 알지 못했고, 장자는 하늘(자연)에 가려져 인간의 가치를 알지 못했다.[201]

여기서 '장자는 하늘에 가려져 인간의 가치를 알지 못했다.'라는 비판은 장자

---

199) 張覺 :《荀子譯注》, 上海古籍出版社1995年版, 第87頁.[원문 : 略法先王, 而不知其統, 然而 猶材劇志大, 聞見雜博. 案往舊造說, 謂之五行, 甚僻違而無類, 幽隱而無說, 閉約而無解.]

200) 張覺 :《荀子譯注》, 上海古籍出版社1995年版, 第90頁, [원문 : 上則法舜禹之制, 下則法仲 尼子弓之義, 以務息十二子之說.]

201) 張覺 :《荀子譯注》, 上海古籍出版社1995年版, 第453頁.[원문 : 墨子蔽於用而不知文, 宋子 蔽於欲而不知得, 愼子蔽於法而不知賢, 申子蔽於勢而不知知, 惠子蔽於辭而不知實, 莊 子蔽於天而不知人.]

학설의 장단점에 대한 투철하고 예리한 평가라고 하겠다. 『성악性惡』에서 순자는 "인간의 본성은 악惡하다. 그것이 선善하다는 것은 거짓말이다."202)라고 한다. 그가 보건대, 인간은 태어나면서부터 이득을 좋아하고 탐욕스러운 마음을 갖고 있는데, 만약 사람들이 저마다 '본성을 따르고 감정을 좇는다면, 반드시 남과 다투고, 남의 것을 빼앗는 일이 생기게 된다. 또한 분수를 어기고, 이치를 어지럽히고, 결국 난폭함에 이르게 된다.'203) 그런 까닭에 '스승과 법도에 따른 교화와 예의禮義의 교도가 있어야 하는데, 그런 뒤에야 사람들은 서로 사양하게 되고, 경우와 이치에 맞게 처사하게 되고, 결국 안정한 세상을 이루게 된다.'204) 그래서 순자는 인성人性은 원래 악惡하고, 선성善性은 훗날 인위적으로 형성하는 것이라고 했던 것이다. 순자는 맹자의 성선설性善說에서 성性과 위僞(즉 人爲)를 제대로 구분하지 못했다고 비난했다. 그러나 이 비난은 적절치 못하다고 하겠다. 왜냐하면 그들이 인성人性에 대한 이해가 달랐기 때문이다. 자세히 따져보면, 맹자는 인간의 도덕이성道德理性을 성性으로 보고 있었고, 순자는 인간의 생리적 욕구를 성性으로 보고 있었다. 그렇다면 그들의 주장은 대립되지 않는다고 하겠다. 맹자는 다만 인의예지仁義禮智가 곧 '사단四端'(또는 맹아)으로서 이를 확충하지 않으면 장차 상실하게 된다고 했고, 한편 순자는 다만 교화가 없으면 인간의 덕성德性은 발달할 수 없다고 했다. 사실 양자는 길은 달랐으나 귀착점은 같다고 하겠다. 또한 양자 모두 교육과 수신修身이 인간의 정상적인 발달에 있어서 필수적인 것이라고 주장했다. 순자의 성악설性惡說은 그가 예법禮法제도의 중요성을 강조하는데 많은 유익했다. 이 점에서 그는 맹자보다 더 고명했다. 그러나 그는 또 예의법도는 성인의 인위적인 창조에 의해 생긴 것이라고 했다. 그렇다면 적어도 성인의 본성性만은 선善한 것으로 되겠다. 이는 자체 모순에 빠진 것이다. 이 점에서는 맹자의 이론보다 완전하지

---

202) 張覺 : 《荀子譯注》, 上海古籍出版社1995年版, 第497頁.[원문 : 人之性惡, 其善者僞也.]

203) 張覺 : 《荀子譯注》, 上海古籍出版社1995年版, 第498頁.[원문 : 從人之性, 順人之情, 必出於爭奪, 合於犯分, 亂理, 而歸於暴.]

204) 張覺 : 《荀子譯注》, 上海古籍出版社1995年版, 第498頁.[원문 : 有師法之化, 禮義之道, 然後出於辭讓, 合於文理, 而歸於治.]

못하다고 하겠다.

　순자는 한편으로는 제자諸子들을 많이 비판하고, 다른 한편으로는 제자諸子들로부터 많이 받아들였다. 즉 순자는 유가 근본주의자fundamentalist는 아니었다. 순자의 학설에서 유가와 도가의 상호 보완 및 유가와 법가의 동시적 활용竝用을 많이 찾아볼 수 있다. 우주론과 인식론에서 그는 노자도가 사상에서 많은 것을 받아들였다. 순자는 『천론天論』에서 노자의 "천도는 자연무위하다天道自然無爲"는 주장을 받들고, 한걸음 더 나아가 공자와 맹자의 천명론天命論에서 '하늘天'에 부여한 종교적 신비주의 색채를 해소해버렸다. 명확하게 주장하기를, 하늘天에는 의지와 정감이 없고, 하늘은 사회와 인사人事와 아무런 상관이 없다고 한다. 순자는 이렇게 말한다.

　　하늘과 인간을 분명히 구분해야 한다. 천도天道의 운행에는 불변하는 법칙이 있는데, 그것은 요임금 때문에 존재하고, 걸 임금 때문에 없어지지 않는다.

　자연계는 독립적으로 운행하는데, '일부러 하지 않아도 이루고, 일부러 구하지 않아도 얻는다.' 즉 이는 신神과 인간과는 아무런 상관이 없다는 것이다. 그러나 순자는 또 인간은 '천명天命을 다스려 이용할 수 있다.'고 한다. 이 점에서, 순자는 장자가 '하늘天에 가려져 인간의 가치를 알지 못하는' 한계를 초월했다고 하겠다. 순자는 도가의 기론氣論을 끌어들여 이렇게 말한다.

　　물과 불은 기氣는 있으나 생명이 없고, 풀과 나무는 생명은 있으나 지각知이 없고, 날짐승과 길짐승은 지각은 있으나 법도義가 없다. 사람은 기氣도 있고, 생명도 있고, 지각 있고 또한 법도도 있으니, 그리하여 천하에서 가장 귀하다.[205]

　순자는 '기氣', '생生', '지知', '의義' 등 개념을 활용하여 무생물, 식물, 동물, 인류 각자의 성질을 규정지었는데, 아주 정확하고 또한 구분도 명확했다고 하

---

205) 張覺 : 《荀子譯注》, 上海古籍出版社1995年版, 第162頁.[원문 : 水火有氣而無生, 草木有生而無知, 禽獸有知而無義, 人有氣有生有知亦且有義, 故最為天下貴也.]

겠다. 순자는 『해폐解蔽』에서, 노장도가에서 "도道로써 만물을 살펴보고", "마음을 비우고 고요함에 머문다"는 주장을 참조하여 이렇게 말한다.

　　성인은 사람들의 심술心術(마음의 쓰임새)에 우환患이 있는지를 알고 있었고, 마음이 가려지고 막힘으로써 생기는 화禍를 보아냈었다. 그리하여 특별히 욕심내는 것도 없었고 싫어하는 것도 없었으며, 시작한다는 생각도 없었고 끝낸다는 생각도 없었으며, 가까운 것에도 마음이 끌리지 않았고 먼 것에서도 마음이 끌리지 않았으며, 넓은 것도 특별히 없었고 옅은 것도 특별히 없었으며, 옛 것도 따로 없었고 지금의 것도 따로 없었다. 다만 만물을 다 늘여놓고 곧고 바름을 재고 헤아렸었다.
　　사물에 통달한 사람은 사물을 그 사물로써만 잘 다루고, 도道에 통달한 사람은 사물들을 모두 아울러서 잘 다룬다. 그리하여 군자는 도를 한결같은 마음으로 구하고, 사물들을 찬찬하게 재고 헤아린다. 도를 한결같은 마음으로 구하면 바르게 되고, 사물을 찬찬하게 재고 헤아리면 잘 살피게 된다. 뜻과 행동을 바르게 하고 사리를 잘 살피면 온갖 것들이 제 구실을 한다.[206)

또 사람이 도를 깨달으려면 반드시 마음을 비워야 한다고 한다.

　　사람은 어떻게 도를 깨닫는가? 말하자면 바로 마음으로 깨닫는다. 마음은 어떻게 해야만 도를 깨달을 수 있는가? 말하자면, 마음이 텅 비고 한결같으며 고요해야만 깨달을 수 있겠다. 이미 감춰둔 것이 장차 받아들일 것을 해치지 않음을 일러 텅 비었다고 한다. 무릇 이 하나로써 저 하나를 해치지 않음을 일러 한결같다고 한다. 몽상夢想이나 번잡한 생각으로 지각을 어지럽히지 않는 상태를 일러 고요하다靜고 한다.[207)

206)　張覺 :《荀子譯注》, 上海古籍出版社1995年版, 第455, 461頁.[원문 : "聖人知心術之患, 見蔽塞之禍, 故無欲, 無惡, 無始, 無終, 無近, 無遠, 無博, 無淺, 無古, 無今, 兼陳萬物而中縣衡焉", "精於物者以物物, 精於道者兼物物. 故君子壹於道而以贊稽物. 壹於道則正, 以贊稽物則察, 以正志行察論, 則萬物官矣".]
207)　張覺 :《荀子譯注》, 上海古籍出版社1995年版, 第457頁.[원문 : "人何以知道? 曰 : 心. 心何以知? 曰 : 虛壹而靜", "不以所已臧害所將受謂之虛", "不以夫一害此一謂之壹", "不以夢劇亂知謂之靜".]

이것이 바로 후일 사람들이 늘 말하는, 인지활동에서 '허심'해야 한다는 그 말이겠다.

순자는 유가와 법가를 아울러 깊이 탐구했고, 제나라 법가 사상을 받아들여, 법치法治로 예치禮治를 충실하게 할 것도 주장했다. 이렇게 말한다.

『예禮』는 법제도의 근본이며, 각종 조례의 강기綱紀이니, 학문은 예에 이르러 그치게 된다. 그러므로 예를 어기는 것은 법이 없는 것과 같은 것이다. 그러므로 학문이란 곧 예법禮法을 실천하는 것이겠다. 성인은 예의禮義가 생기자 법을 제정하셨다. 그래서 군왕의 권위를 내세워 그들 위에 군림하고, 예의를 밝혀 그들을 교화하고, 올바른 법을 일으켜 그들을 다스리고, 형벌을 무겁게 해서 그들의 악한 행위를 끊었다. 이렇게 천하가 모두 잘 다스려지고, 백성들이 착하게善 되게 만들었던 것이다. 사士 이상은 반드시 예악禮樂으로 절제시키고, 무릇 서민과 백성들은 반드시 법률조문으로 단속했다.208)

그러나 임금은 반드시 덕德으로 백성을 다스려야 하고, 반드시 백성을 사랑해야 한다고 한다. 또 백성들을 다스림에 순수 형법에 의지할 수는 없다고도 한다. 순자는 이렇게 말한다.

『전傳』에서는 '임금은 배요, 백성은 물이다. 물은 배를 띄우기도 하고 배를 뒤집기도 한다.'라고 하는데, 바로 이를 말한 것이다. 그러므로 임금이 평안하고자 한다면, 정사政事를 공평하게 보고 백성을 사랑하는 것보다 좋은 것이 없겠다.209)

보다시피 순자는 분명히 유가 학자였다. 순자 이후, "임금은 배요, 백성은 물이다."라는 명구도 역대로 전송되어 왔었다. 『사기史記·노장신한열전老莊申

---

208) 張覺 : 《荀子譯注》, 上海古籍出版社1995年版, 第8, 26, 503, 505, 183頁.[원문: "禮者, 法之大分, 類之綱紀也", 故學至乎禮而止矣", "故非禮, 是無法也", "故學也者, 禮法也", "禮義生而制法度", "故為之立君上之勢以臨之, 明禮義以化之, 起法正以治之, 重刑罰以禁之, 使天下皆出於治, 合於善也", "由士以上則必以禮樂節之, 眾庶百姓則必以法數制之".]

209) 張覺 : 《荀子譯注》, 上海古籍出版社1995年版, 第148頁.[원문: 《傳》曰: '君者, 舟也, 庶人者, 水也. 水則載舟, 水則覆舟'. 此之謂也, 故君人者, 欲安, 則莫若平政愛民矣.]

韓列傳』에서는 한비자韓非子와 이사李斯 모두 순자의 학생이라고 한다. 그런 까닭에 후세의 일부 학자들은 한비자와 이사의 유법주의唯法主義를 순자의 탓으로 돌리고 있었는데, 사실 이는 공정치 못한 평가이다. 순자는 확실히 법치法治의 역할과 가치를 긍정하고 있었고 또한 한비자와 이사에게도 어느 정도 영향을 끼쳤다고는 하겠지만, 그러나 한비자와 이사가 자체적으로 형성한 유법주의唯法主義 사상은 순자의 덕을 주로 하고 법을 보조로 하는 사상과는 근본적으로 다르다. 한비자는 군주 개인의 독재를 주장했고, 군주가 법法, 술術, 세勢에 의지하여 상과 벌이라는 두 가지 도구를 잘 활용하기만 하면 사회를 질서정연하게 잘 다스릴 수 있다고 했다. 반면에 도덕은 쓸모가 없다고 했다. "나는 인의仁義와 자애慈愛와 은혜를 베푸는 일은 별로 쓸모가 없고, 오히려 엄한 형벌로 나라를 잘 다스릴 수 있다고 생각한다."[210] 이렇게 한비자는 명확하게 유가의 인애仁愛와 민본民本사상을 반대했다. 그는 또 이렇게 말했다. "현명한 군주의 나라에는 서간書簡의 글이 없고, 법을 가르침으로 삼는다. 선왕先王들의 말이 없고, 관리吏를 스승으로 삼는다."[211] 진시황이 이사의 건의를 받아들여 분서갱유焚書坑儒를 감행하고, 사상적 및 정치적으로 폭정을 실시한 것은 더욱 순자 사상과는 아무런 관련이 없다고 하겠다.

순자는 명확하게 '하늘이 의지'를 부정하고 또 인간이 죽어서 귀신이 된다는 설說도 부정했다. 공자가 천명天命을 두려워하고 또 귀신鬼神에 대해 논하기를 꺼리던 것과 비교해 볼 때, 순자는 선진 유가에서 가장 확실한 무신론자였다. 순자는 이렇게 말한다.

기우제를 지내면 비가 오는데 그것은 무엇때문인가? 사실 거기에는 아무런 이유도 없다. 그것은 기우제를 지내지 않아도 비가 오는 것과 마찬가지이다.[212]

---

210) 張覺 :《韓非子校注》, 嶽麓書社2006年版, 第135頁.[원문 : 吾以是明仁義愛惠之不足用, 而嚴刑重罰之可以治國也.]

211) 張覺 :《韓非子校注》, 嶽麓書社2006年版, 第662頁.[원문 : 明主之國, 無書簡之文, 以法為敎, 無先王之語, 以吏為師.]

212) 張覺 :《荀子譯注》, 上海古籍出版社1995年版, 第356頁.[원문 : 雩而雨, 何也? 曰 : 無何也,

이른바 괴이한 현상이란, 사실 사람들이 적게 보아서 괴이하게 생각하는 자연현상일 따름이라고 한다.

> 별이 떨어지고 나무가 우는 소리를 내면, 나라 사람들이 모두 두려워하며 '이게 웬 일인가?' 라고 한다. 그것은 사실 '별거 아니다'. 그것은 천지의 변화이자 음양陰陽의 변화로서 드물게 나타나는 현상일 따름이다. 그것을 괴상하게 여길 수는 있겠지만 두려워하는 것은 잘못이다.[213]

이른바 '귀신을 만난다'는 것도 사람의 정신이 똑똑하지 못해서 생기는 일이라고 한다. "대저 사람들이 귀신이 있다고 생각하는 것은 반드시 황홀할 때이거나 또는 깊은 의혹에 빠져 있을 때의 일이다. 이런 일은 사람이 없는 것을 있는 것으로, 있는 것을 없는 것으로 착각할 때 비로소 생긴다."[214] 그러나 순자는 공자의 "귀신을 공경하되 멀리 한다敬鬼神而遠之.", "부모님의 장례는 정중히 치르고, 제사를 지낼 때에는 정성을 다한다愼終追遠."라는 사상과 『역전易傳』에서의 "신도神道로써 백성들을 교화한다神道设敎"는 사상을 계승하고 발양했다. 순자는 신도를 인도人道의 유기적 구성부분으로 간주하고 있었고, 신도를 예악제도의 내용으로 삼고 있었고, 신도의 사회문화적 기능과 역할을 강조하고 있었고, 사회관리 차원에서 민중들의 귀신鬼神 신앙을 배려해줄 것을 주장하고 있었다. 순자는 '예禮의 세 근본', 즉 하늘과 조상에게 제사지내고, 사직社稷에 제사 지내고, 스승을 섬기는 일을 사람들이 은혜에 보답하고, 근본을 잊지 않는 활동으로 간주하고 있었다. 조상에게 제사 지내는 의의는 '죽은 사람 섬기기를 산 사람 섬기듯이 하고, 없는 사람 섬기기를 있는 사람 섬기듯이 하는데'있다고 한다. 또 "제사祭祀라는 것은 죽은 이를 생각하는 뜻과 사모하는 마음이 쌓여

猶不雩而雨也.]

213) 張覺 : 《荀子譯注》, 上海古籍出版社1995年版, 第354頁.[원문 : 星隊, 木鳴, 國人皆恐, 曰 : 是何也? 曰 : 無何也. 是天地之變, 陰陽之化, 物之罕至者也. 怪之, 可也, 而畏之, 非也.]
214) 張覺 : 《荀子譯注》, 上海古籍出版社1995年版, 第467頁.[원문 : 凡人之有鬼也, 必以其感忽之間, 疑玄之時正之. 此人之所以無有而有無之時也.]

이루어지는 것이며, 충성과 신의와 사랑과 공경을 지극히 다하는 일이며, 예절과 그 형식을 성대하게 갖추는 행사이다."215)라고 한다. 이는 예의禮義 문명의 표현이라고 하겠다. 그러나 순자는 또 백성들이 귀신을 믿고 숭배하고, 흉凶한 일을 피하고 길吉한 일을 기원하는 행위는 사실, "군자는 모양새를 갖추기 위해서 그런 일을 하는 것이고, 백성들은 신령스러운 것이라고 여겨 그런 일을 하는 것이다. 모양새를 갖추기 위해 그런 일을 행하면 길하지만, 신령스러운 일이라여겨 그런 일을 행하면 흉하다."216)라고 한다. 즉 사군자士君子가 그것을 모양새를 갖추는 일로, 민속 문화로 간주하여 행하면 사람들의 마음을 안위해줄수 있고, 이 또한 교화에 도움이 되겠지만, 만약 그것을 진짜로 믿고 신령의보우만 기다린다면 결국 재앙을 피할 수 없게 된다는 것이다. 나라를 다스리고국정을 운영하는 측면에서 말할 때,

> 성인이 그것을 분명히 알고, 사군자士君子가 그것을 편안히 행하고, 관리들이 그것을 잘 지키고, 백성들이 그것을 풍속으로 삼게 되면 평안한 세상을 기대할수 있겠다. 다만 그것이 군자에게 있어서는 인도人道로 되고, 그것이 백성에게있어서는 귀신鬼神을 섬기는 일로 되겠다.217)

그 말뜻인 즉, 무신론자들은 귀신이 없다는 것을 분명히 알고 있지만 백성들이 귀신을 믿고 받들고 있다면 그 신앙을 존중해주어야 하고, 집권자들은 귀신의 도道를 인생의 도의 일부분으로 삼아 사회관리 체계에 들여놓고, 그것이사회질서를 안정시키는 데 도움이 되도록 해야 하고, 한편 백성들이 종교 및민속 문화를 형성하게 되면 관리자들은 쉽게 "풍속에 따라 다스림을 행할 수있다."는 것이다. 이는 아주 지혜로운 견해라고 하겠다. 이는 일종의 온화한

---

215) 張覺:《荀子譯注》, 上海古籍出版社1995年版, 第427頁.[원문 : "事死如事生, 事亡如事存", "祭者, 志意思慕之情也. 忠信愛敬之至矣, 禮節文貌之盛矣".]

216) 張覺:《荀子譯注》, 上海古籍出版社1995年版, 第356頁.[원문 : 君子以爲文, 而百姓以爲神, 以爲文則吉, 以爲神則凶.]

217) 張覺:《荀子譯注》, 上海古籍出版社1995年版, 第427頁.[원문 : 聖人明知之, 士君子安行之, 官人以爲守, 百姓以成俗. 其在君子, 以爲人道也, 其在百姓, 以爲鬼事也.]

또는 이성적인 무신론이다. 이는 신도神道를 인도人道에 끌어들인 인문주의 종교관이라고 하겠다. 역대의 사회 관리자들은 종교정책을 제정할 때, 공자의 '화이부동和而不同' 사상과 순자의 온화한 종교관의 영향을 많이 받았다. 그들은 자신의 신앙(종교를 믿든지 안 믿든지 또는 어떤 종교를 믿든지 상관없이)을 초월하여 각종 종교에 대해서 포용적인 태도를 취할 수 있었고 또한 그것을 중화中華 문화의 인본주의 인화仁和 정신과 밀접히 연관지었다. 이런 사상 또한 유가와 불교, 도교의 대화에도 이론적 근거를 마련해 주었다.

2. 도가 『여씨춘추呂氏春秋』의 총화

『여씨춘추』는 진秦나라가 중국을 통일하기 전야에 만들어졌다. 이 책은 기원전 241년(시황始皇 6년), 진나라 대권을 장악한 문신후文信候 여불위呂不韋가 책임지고 많은 학자들을 소집하여 미리 정한 대강大綱에 따라 계획적으로 분공·협력하여 편찬한 한부의 종합성적인 대형 저작물이다. 이런 편찬방식도 그때 처음으로 시행되었다. 후일, 폭정을 행하던 진나라가 재빨리 멸망하면서 형성된 진나라를 거부하는 사조에 더하여, 여불위呂不韋가 상인출신이고, 그가 진나라 재상을 맡게 된 것도 계략으로 탈취한 것이라고 알려지면서 한漢나라 이후, 이 책은 오랫동안 중시를 받지 못했다. 『한서漢書·예문지藝文志』에서는 이 책을 잡가雜家에 귀속시켰었다. 즉 학문의 일가一家를 이루지 못한 책으로 보고 있었다는 것이다. 그러나 사실 이 책은 도가를 위주로, 백가의 사상을 널리 받아들인 종합가綜合家들의 작품으로서 이 책에서는 도가의 "너그러우면 공평해진다"는 포용정신을 발양하여 유가, 묵가, 음양오행가陰陽五行家, 병가兵家 등 제가諸家들의 사상을 널리 받아들였고 또한 이들 피차 사이를 대체로 조화시켰었다. 바꾸어 말하면, 더 거대한 시야에서 학문의 일가를 이루었다는 것이다. 한나라 고유高誘는 『여씨춘추서呂氏春秋序』에서 이렇게 말한다.

이 책에서 숭상하는 바는 도덕道德(노자사상)을 표적標的으로 삼고, 무위無爲를 기강綱紀으로 삼고, 충의忠義(유가 사상을 말함)를 품식品式(법식)으로 삼고, 공방公

方(묵가 사상을 말함)을 검격檢格(법도)으로 삼는 것인 바, 맹가孟軻, 손경孫卿, 회남淮南, 양웅揚雄의 학설과 서로 표리를 이룬다.[218]

이 평가는 비교적 객관적이라 하겠다. 저자들이 상이한 학파에서 왔고, 또 상호 융회融會가 결핍했기 때문에 사람들에게 '잡雜스럽다'는 인상을 주기는 하지만 사실 이는 각 학파의 장점을 취한 '잡'이고, 화이부동和而不同한 '잡'이고, 앞사람들이 사회, 정치, 경제, 문화, 군사, 철학 등 각 영역에서 축적한 소중한 성과를 전면적으로 선택하여 취한 '잡'이고, 학파의 계선을 타파한 '잡'이다. 이 책은 백가쟁명 이후의 중화문명의 박대함博大을 드러내고 있다. 비교적 완전한 한 부의 치국대전治國大典으로 볼 수도 있는데, 아무튼 참말로 귀중한 책이라 하겠다. 사마천司馬遷은 『사기史記·여불위전呂不韋傳』에서 이렇게 말한다.

여불위呂不韋는 그의 식객食客들이 각자 자기가 보고 들은 바를 쓰게 했고, 논의를 모아 『팔람八覽』, 『육론六論』, 『십이기十二紀』를 만들었는데, 총 20여 만자나 되었다. 이를 통해, 천지만물과 고왕금래의 일들을 정리하고 총화했고, 이를 『여씨춘추』라 이름 했다. 이 책을 함양咸陽의 시장 대문 앞에서 공개했다.[219]

여불위呂不韋가 책임지고 편찬했기 때문에, 이 책을 또 『여람呂覽』이라고도 칭한다. 후일 여불위가 진시황의 박해를 받아 죽자 『여람』의 사상도 함께 진시황의 버림을 받게 되었다. 이는 진시황이 폭정暴政으로 나아간 중요한 연유緣由라고 하지 않을 수 없겠다. 우리는 마땅히 여불위의 명예를 회복해주어야 할 것이다. 그는 넓은 흉금을 가지고 있었고, 제가들의 사상을 폭넓게 받아들였고, 더욱 종합적으로 창조를 이루었던 위대한 사상가이다.

---

218) 張雙棣等譯注:《呂氏春秋譯注》, 吉林文史出版社1986年版, 第944頁.[원문: 此書所尙, 以道德爲標的, 以無爲爲綱紀, 以忠義爲品式, 以公方爲檢格, 與孟軻, 孫卿, 淮南, 揚雄相表裏也.]
219) 韓兆琦譯注:《史記》, 中華書局2007年版, 第256頁.[원문: 呂不韋乃使其客人人著所聞, 集論以爲《八覽》,《六論》,《十二紀》, 二十餘萬言. 以爲備天地萬物古今之事, 號曰《呂氏春秋》, 布咸陽市門.]

여불위는 우선 이 책을 편찬하는 지도사상을 제기했다. 즉 어떤 주장에 대해서 그것이 "위로는 천도天道에 부합되는지를 헤아려보고, 아래로는 지도地道에 부합되는지를 검증해보며, 가운데서는 인도人道에 부합되는지를 살펴본다."[220]는 것이었다. 이는 도가와 유가의 관념을 혼합한 것이다. 노자는 "사람은 땅을 본받고, 땅은 하늘을 본받고, 하늘은 도道를 본받고, 도는 자연을 본받는다."[221]라고 했고, 『역전易傳』에서는 "『역易』이라는 책은 광대廣大하여 모든 것을 다 갖추고 있다. 천도天道도 있고, 인도人道도 있고. 지도地道도 있다. 삼재三才를 모두 갖추고 있고, 이를 두 번 하니, 곧 육효六爻로 되었다. 육효란 다른 것이 아니고, 바로 삼재三才의 도道이다."[222]라고 했다. 『여람呂覽』의 우주관에서 최고 개념은 '도'이다. 이를 또 '일一', '태일太一'이라고도 칭한다. 이렇게 말한다.

하늘은 사사로움 없이 만물을 덮어주고, 대지는 사사로움 없이 만물을 실어주고, 일월은 사사로움 없이 세상을 비춰주고, 사계절은 사사로움 없이 쉬지 않고 운행한다.[223]

이는 주요하게는 노자의 도론道論에서 온 것이다. 치국론治國論에서, 『여람呂覽』에서는 무위無爲의 다스림을 주장한다.

도道를 지닌 임금은 신하에게 의지하기만 하고 스스로는 행하지 않고, 책임만 맡기고 명을 내리지 않는다. 신하에 대한 생각과 의견을 버리고, 고요히 텅 빈 마음으로 신하를 대하고, 교만한 말도 안하고 신하들의 일을 앗아 하지도 않는다. 신하들의 명분에 따라 그들의 실제 공로만 살피고, 관리들이 스스로 알아서 일을

에 맞춰 정리합니다.

220) (漢)高誘注:《呂氏春秋》, 上海古籍出版社2014年版, 第626頁.[원문 : 上揆之天, 下驗之地, 中審之人.]

221) 陳鼓應注釋:《老子今注今譯》, 商務印書館2003年版, 第169頁. [人法地, 地法天, 天法道, 道法自然.]

222) 宋祚胤注譯:《周易》, 嶽麓書社2000年版, 第371頁.[원문:《易》之為書也, 廣大悉備, 有天道焉, 有人道焉, 有地道焉. 兼三才而兩之, 故六. 六者非它也, 三才之道也.]

223) (漢)高誘注:《呂氏春秋》, 上海古籍出版社2014年版, 第19-20頁. [天無私覆也, 地無私載也, 日月無私燭也, 四時無私行也.]

하게끔 한다.224)

　이 책에서는 노자의 삶을 중요시하고 이익을 도외시하고, 화禍를 피하고 몸을 보전하는 인생관에 대해서도 많이 수용하고 있다. 『여람呂覽』은 『장자』에서도 많이 수용하고 있었다. 만물의 본성은 바뀔 수 없고, 인간은 만물이 각자 본성性에 맞게 자기 위치를 찾도록 해주어야 하고, 천도天道의 운행은 멈추지 않는다는 등이다. 또한 임금은 무위하고 신하가 일을 하고, 먼저 몸을 닦고 연후에 세상을 다스릴 것을 주장한다. 이 책에서는 『장자』에서 말하는 지인至人, 신인神人을 아주 숭상하고 있다. 그들은 "하늘을 법法으로 삼고, 덕德을 행行으로 삼고, 도道를 종宗으로 삼고, 만물과 더불어 끝없이 변화했다."225)고 한다. 『여람呂覽』에서는 노장老莊 다음으로 묵가墨家 사상을 많이 수용했는데, 이 책에서는 의義와 리利를 결합할 것을 주장하고, 도에 어긋나지 않으면서 리를 추구할 것을 주장한다. 또한 "백성들을 위해 일을 하고, 백성들의 이익을 걱정해주고, 백성들의 해로움을 제거해줄 것"을 주장한다. 맹자와 달리, 이 책에서는 "군왕의 도道를 폐廢하지 않는 것이 천하에 이롭다."226)고 한다. 이 책의 『절상節喪』, 『안사安死』 두 편에서는 묵자의 장례를 간소하게 치러야 한다는 주장을 더 발휘하고 있고, 『정명正名』, 『이위離謂』, 『음사淫辭』, 『불굴不屈』 등 여러 편에서는 변학辯學(변론을 탐구하는 학문, 즉 논리학)을 설명함에, 묵경墨經에서의 '고故, 이理, 유類' 해석을 많이 활용하고 있다. 또 공손룡자公孫龍子의 "견고함과 결백함은 돌에서 하나의 전체이다堅白石相盈."라는 견해도 수용하고 있다. 이 책에는 6, 7명의 묵자들의 이야기가 실려 있는데, 이 책에서는 이들을 의사義士, 지자智者로 높이고 있다. 그러나 『여람』에서는 천지天志나 명귀明鬼를 거론하지

---

224) (漢)高誘注：《呂氏春秋》, 上海古籍出版社2014年版, 第396頁.[원문：有道之主, 因而不爲, 責而不詔, 去想去意, 靜虛以待, 不伐之言, 不奪之事, 督名審實, 官復自司.]

225) (漢)高誘注：《呂氏春秋》, 上海古籍出版社2014年版, 第320頁.[원문：以天爲法, 以德爲行, 以道爲宗, 與物變化而無所終.]

226) (漢)高誘注：《呂氏春秋》, 上海古籍出版社2014年版, 第474頁.[원문："以民爲務, 憂民利, 除民害", "君道不廢者, 天下之利".]

않았고, 비락非樂과 언병偃兵에 대해서도 비판이 많았다. 다시 말하면, 묵가 사상에 대한 수용은 선택적이었다. 『여람』에서는 유가도 아주 숭상하고 있다. 늘 공자와 묵자를 함께 칭송하고 또 여러 곳에서 공자 및 그의 제자들을 언급하고 있다. 이 책에서는 오로지 위세에만 의지하여 나라를 다스리는 것에 반대하고, 임금은 반드시 "덕을 베풀고 백성들을 사랑해야 한다."고 주장하고 있다. 하지만 덕치德治는 윤리강상倫常과 명분을 명확히 하는 것을 전제로 해야 한다고 한다. "대저 다스림에 있어서는 반드시 명분을 우선 정해야 하는데, 즉 임금과 신하, 아버지와 아들, 남편과 아내의 위치를 분명히 해야 한다"[227] 그 근본은 효도孝道를 발양하는데 있다고 한다. "대저 효孝는 삼황오제三皇五帝가 근본으로 삼던 도道이고 또한 만사萬事의 기강紀이겠다."[228] 『권학勸學』, 『존사尊師』, 『무도誣徒』 등 여러 편에서는 "빨리 배우는 데는 반드시 스승을 높여야 한다."고 주장하고 있고, 유가의 교육사상을 얼마간 발휘하고 있다. 『여람』에서는 창조적으로 음양오행陰陽五行 사상을 발휘하여 새로운 사상 도식을 형성했다. 예컨대 십이기十二紀 기수紀首에서는 음양이기陰陽二氣의 증감增減으로 사계절의 변화를 해석하고, 이에 오행五行, 오방五方, 오색五色, 오음五音, 오사五祀를 짝지우고, 그 속에 계절季節, 생산生産, 정사政事, 제사祭祀, 생활生活 등 사회활동 행사를 배정한다. 이렇게 음양오행陰陽五行의 세계 도식圖式을 만들어냈다. 여기서는 특히 정령政令과 농사일은 반드시 절기時令를 따라야 한다고 주장하고 있다. 사실 이 십이기十二紀는 『예기禮記·월령月令』을 본 뜬 것이겠다. 『응동應同』에서는 오행이 상극相勝한다는 원리로 황제黃帝, 우禹, 탕湯, 문왕文王이 번갈아 흥성하고 쇠락하던 상황을 설명하고 있는데, 이는 또 추연鄒衍 학파의 오덕종시五德終始설에 해당한다고 하겠다. 『여람』에서는 법치法治의 중요성과 변법變法의 필요성도 강조한다. 예를 들면, 『신세愼勢』에서는 권력과 위세의 중요성

---

227) (漢)高誘注 : 《呂氏春秋》, 上海古籍出版社2014年版, 第596頁.[원문 : 凡為治必先定分, 君臣, 父子, 夫婦.]

228) (漢)高誘注 : 《呂氏春秋》, 上海古籍出版社2014年版, 第268頁.[원문 : 夫孝, 三皇五帝之本務, 而萬事之紀也.]

을 강조하고 있고, 『찰금察今』에서는 나라를 다스림에 반드시 법이 있어야 하고 또한 법은 마땅히 형세에 따라 변통해야 한다고 주장하고 있고, 『군수君守』에서는 "지혜는 마음속에 간직되어 있는데, 하지만 진실을 엿볼 수가 없는 것인가."[229]라고 하고, 『지도知度』에서는 명분을 주고 일을 맡길 것을 주장하고 있다. 이 모두 군왕들의 통치술南面之術로서 여기에는 법法, 술術, 세勢에 대한 깊은 이해가 담겨져 있다고 하겠다. 그러나 이 책에서는 오로지 법술法術과 위세威勢에만 의지하여 나라를 다스리는 것에는 반대하고, 반대로 덕德과 법法을 함께 아울러 쓸 것을 주장하고 있다. 『여람』의 여러 편(예를 들면 『탕변蕩兵』, 『진란振亂』 등)에서는 군사를 논하고 있는데, 그 내용은 손무孫武, 손빈孫臏의 병법兵法과 일치할 뿐만 아니라 또한 진秦나라의 용병用兵 경험도 많이 수용하고 있다. 『여람』에서 『상농上農』, 『임지任地』, 『변토辯土』, 『심시審時』, 이 네 편은 체계적인 농가農家 저작인데, 여기에는 진나라가 농경農耕을 중요시하던 일면이 반영되어 있다고 하겠다.

　　『여람』에서는 백가百家의 학설은 모두 장점도 있고 단점도 있다고 한다. 『용중用衆』에서는 이렇게 말한다.

　　　만물은 본래 길고 짧음이 있는 법인데, 이는 사람도 마찬가지이다. 그리하여
　　학문을 잘 하는 자는 다른 사람의 장점을 배워 자신의 단점을 보완한다.[230]

『불이不貳』에서는 여러 학파의 특색과 장점에 착안하여 이렇게 평가한다.

　　　노담老聃은 부드러움柔을 귀하게 여기고, 공자는 어짐仁을 귀하게 여기고, 묵적
　　墨翟은 청렴廉을 귀하게 여기고, 관윤關尹은 맑음淸을 귀하게 여기고, 자열자子列
　　子는 텅 빔虛을 귀하게 여기고, 진변陳駢은 가지런함齊을 귀하게 여기고, 양생陽生
　　은 자기己를 귀하게 여기고, 손빈孫臏은 세勢를 귀하게 여기고, 왕료王廖는 앞先을
　　귀하게 여기고, 아량兒良은 뒤後를 귀하게 여긴다. 이 열 사람은 모두 천하의 호사

---

229) (漢)高誘注 : 《呂氏春秋》, 上海古籍出版社2014年版, 第382頁.[원문 : 智乎深藏而實莫得窺.]
230) (漢)高誘注 : 《呂氏春秋》, 上海古籍出版社2014年版, 第83-84頁.[원문 : 物固莫不有長, 莫
　　不有短, 人亦然. 故善學者假人之長以補其短.]

豪士(재주와 능력이 뛰어난 사람)들이다.231)

『여람』은 백가百家들에서 훌륭한 것善들을 택해서 모았고, 이를 통합하고 다듬어 새로운 토대 위에서 하나의 비교적 통일적인 이론체계를 구축해냈다. 『역전易傳』에서는 "천하의 이치는 하나이지만 백가지 생각이 있고, 다 같은 곳으로 돌아가지만 길은 다르다."232)라고 했다. 이 책에서는 이 이치를 충분히 발휘하고 있다고 하겠다. 이 책에서는 또한 바야흐로 통일을 이룰 제국帝國을 위해 전면적인 치국治國 방안을 마련하고자 했다. 의심할 바 없이, 이는 아주 의미 있는 거대한 문화 프로젝트였다.

『여람』에서는 창조적인 견해를 아주 많이 제기했다.

첫째, 우주론에 있어서 『여람』에서는 이런 견해들을 제기한다.

> 만물이 나오는 것은 태일太一에서 빚어지고, 음양의 변화에서 완성된다. 태일이 양의兩儀를 내오고, 양의가 음양陰陽을 내온다. 음양의 변화는 한번 오르고 한번 내리며, 이들이 합쳐져 형태를 이루게 된다. 하늘과 땅이 아직 나뉘어지지 않은 혼돈한 상태에서 떨어지면 곧 다시 합쳐지고, 합쳐지면 곧 다시 떨어진다. 이를 일러 하늘의 법칙天常이라 한다.233)

이는 창조적으로 노자 학설과 『역전易傳』을 활용하여 천도天道의 운행법칙을 설명한 것으로서 후세에 거대한 영향을 끼쳤다. 하늘과 인간의 관계에 있어서 『여람』에서는 '하늘땅을 본받을 것法天地'과 '하늘의 법도를 따르면 대적할 자가 없다因則無敵'라는 새로운 이념을 제기했다. 『서의序意』에서는 "옛날 태평

---

231) (漢)高誘注:《呂氏春秋》, 上海古籍出版社2014年版, 第404頁.[원문: 老耽貴柔, 孔子貴仁, 墨翟貴廉(兼), 關尹貴淸, 子列子貴虛, 陳騈貴齊, 陽生貴己, 孫臏貴勢, 王廖貴先, 兒良貴後. 此十人者, 皆天下之豪士也.]

232) (漢)司馬遷:《史記》, 線裝書局2006年版, 第544頁.[원문: 天下一致而百慮, 同歸而殊途.]

233) (漢)司馬遷:《史記》, 線裝書局2006年版, 第91頁.[원문: "萬物所出, 造於太一, 化於陰陽", "太一出兩儀, 兩儀出陰陽, 陰陽變化, 一上一下, 合而成章. 渾渾沌沌, 離則復合, 合則復離, 是謂天常."]

한 시대에는 하늘땅을 본받았다."234)라고 하면서, 인간의 행위는 마땅히 "그 법도를 본받아 자연의 이치에 순응하고, 사적인 것을 버려야 한다."고 한다. 『귀인貴因』에서는 "삼대三代에서 보물로 여기던 것도 자연에 의지하는 것因뿐이었으니, 자연에 의지하게 되면 대적할 자가 없다."235)라고 한다. 우禹임금은 '물의 힘에 의지하고', 순舜임금은 '사람들의 마음에 의지하고', 탕무湯武는 '백성들의 욕구에 의지했다.'는 것이다. 여기서, '의지한다因'는 것은 소극적으로 의지하고 따르는 것을 말하는 것이 아니다. 이는 법칙을 이해하고 형세에 맞추어 유리하게 이끌어가는 것이고, 그 목적은 일을 성사시키는 데 있겠다. 예컨대 군사軍事에서 "대저 용병用兵은 형세에 의지하는 것因을 중히 여긴다. 형세에 의지한다는 것因은 적들의 험난한 곳을 자기의 견고한 곳으로 삼는 것이고, 적들의 계략에 따라 응하면서因 자기의 승리를 성취하는 것이다. 인因을 잘 살펴 행동을 취할 수 있다면, 승리는 다함이 없을 것이다."236)

둘째, 치국론治國論에 있어서 『여람』에서는 "천하天下는 한 사람의 천하가 아니고, 천하는 모든 사람의 천하이다."237)라는 강렬한 민주주의 성격을 지닌 슬로건을 제기한다. 또 "임금은 비록 존귀하나 흰 것을 검다고 하면 신하는 들어줄 수 없고, 아버지는 비록 친근하나 검은 것을 희다고 하면 아들은 따라줄 수 없다."238)고 한다. 이는 임금과 아버지의 지위보다 진리가 더 중요함을 강조한 것이겠다. 또 현명한 자賢者를 찾아내어 등용하는 것은 나라를 잘 다스리는 근본이라고 한다. "임금이 현명하여 세상을 잘 다스리면 현자가 위에 있게 되고, 임금이 못나서 세상이 어지러우면 현자가 아래에 있게 된다."239) 임금은

---

234) (漢)司馬遷:《史記》, 線裝書局2006年版, 第626頁.[원문: "古之淸世, 是法天地.]

235) (漢)司馬遷:《史記》, 線裝書局2006年版, 第336頁.[원문: 三代所寶莫如因, 因則無敵.]

236) (漢)高誘注:《呂氏春秋》, 上海古籍出版社2014年版, 第164頁.[원문: 凡兵, 貴其因也. 因也者, 因敵之險以爲己固, 因敵之謀以爲己事. 能審因而加, 勝則不可窮矣.]

237) (漢)高誘注:《呂氏春秋》, 上海古籍出版社2014年版, 第16頁.[원문: 天下非一人之天下也, 天下之天下也.]

238) (漢)高誘注:《呂氏春秋》, 上海古籍出版社2014年版, 第252頁.[원문: 君雖尊, 以白爲黑, 臣不能聽, 父雖親, 以黑爲白, 子不能從.]

239) (漢)高誘注:《呂氏春秋》, 上海古籍出版社2014年版, 第260頁.[원문: 主賢世治, 則賢者在

또 간언諫言을 잘 받아들여야 한다고 한다. "지극히 충정한 말은 귀에 거슬리고 비위에 거슬린다. 현명한 임금이 아니라면 누가 그것을 들어줄 수 있겠는가?"240) 임금과 백성의 관계에 있어서는 백성들의 마음民心을 따라야 하고, 백성들의 이익을 도모해야 하고, 백성들의 힘을 빌려야 한다고 한다.

군주된 자가 덕德을 베풀고 백성을 사랑한다면, 백성들은 그이를 친애할 것이다. 사랑愛과 이익利을 베풀어준 다음에야 위엄이 행해질 수 있다. 다만 위세만 내세운다면 몸은 반드시 그 화를 당할 것이다. 옛날, 세상을 잘 다스리던 군왕은 인仁과 의義로써 백성들을 다스렸고, 사랑과 이익을 베풀어줌으로써 백성들을 편안케 해주었고, 충성과 신의忠信로써 백성들을 이끌었다.241)

또한 농업을 발전시키고 사유제도私有制를 실행해야 한다고 한다.

옛날 성왕聖王들이 백성을 다스릴 때는, 우선 그들이 농사일에 힘쓰게 했다. 백성들이 농사일에 힘쓰게 하는 것은 다만 땅에서 이익을 얻게 해주는 것만이 아니다. 이는 그들의 뜻을 중히 여겨주는 것이다.
오늘날 수많은 토지는 공유제를 실시하게 되면 효율이 낮을 것이고, 백성들은 얼마간 자신의 힘을 숨길 것이다. 토지를 나누어 준다면 효율이 높을 것이고, 백성들도 자신의 힘을 숨기지 않을 것이다.242)

셋째, 인식론에 있어서, 『여람』에서는 빨리 배울 것을 강조하고 스승을 존중할 것을 강조한다. "자세하고 치밀하게 그것을 익히면 귀신이 장차 그에게 알

上, 主不肖世亂, 則賢者在下.]
240) (漢)高誘注:《呂氏春秋》, 上海古籍出版社2014年版, 第212頁.[원문: 至忠逆於耳, 倒於心, 非賢主其孰能聽之?]
241) (漢)高誘注:《呂氏春秋》, 上海古籍出版社2014年版, 第166, 457, 459頁.[원문: "行德愛人, 則民親其上", "愛利之心諭, 威乃可行", "徒疾行威, 身必咎矣", "古之君民者, 仁義以治之, 愛利以安之, 忠信以導之".]
242) (漢)高誘注:《呂氏春秋》, 上海古籍出版社2014年版, 第611, 376頁.[원문: "古先聖王之所以導其民者, 先務於農. 民農非徒為地利也, 貴其志也", "今以眾地者, 公作則遲, 有所匿其力也, 分地則速, 無所匿遲也".]

려준다고 하는데, 사실은 귀신이 알려주는 것이 아니라, 자세하고 치밀하게 하는 데에서 저절로 숙달된 것이다."243) 또 학문을 닦음에 있어서는 스승을 존경해야 하고, 스승은 "제자를 자신처럼 아껴야 하고', '스승과 제자는 한 몸이 되어야 한다."고 한다. 또 '활용'과'변용'을 잘 해야 하고, 이미 알고 있는 것으로부터 미루어 아직 모르는 것을 잘 추리해야 한다고 한다. "도道가 있는 선비士는 가까운 것으로부터 먼 것을 알고, 오늘의 것으로부터 옛 것을 알고, 거기에 자신이 본 것으로부터 자신이 보지 못한 것을 아는 것을 귀하게 여긴다."244) 또 "먼저 알고자 한다면先知 반드시 사물의 드러난 모습微表을 살펴보아야 하는데, 사물의 드러난 모습을 살펴보지 않고서 먼저 아는 것은 요堯임금과 순舜임금도 일반 사람들과 마찬가지로 불가능한 일이었다."245)라고 한다. 시비 판단은 실제로부터 출발해야 한다고 한다. "옳고 그름은 분명히 하지 않을 수 없으니, 이는 성인들이 신중했던 일이겠다. 그렇다면 어떻게 신중할 것인가? 그것은 사물의 사정과 인간의 사정에 인연하는 것으로서 들은 바를 자세히 따진다면 시비 판단을 분명히 할 수 있을 것이다."246) 편견과 정서, 이욕利慾의 간섭도 제거해야 한다고 한다. "들은 것은 국한된 바가 많은데, 그것은 사람들이 늘 좋아하고 싫어하는 정감에 따라 판단하기 때문이다', '대저 사람이 어떤 것에 국한되면 꼭 낮을 밤으로 보고, 흰 것을 검은 것으로 보고, 요임금을 걸임금으로 보게 된다."247) 풍문은 반드시 자세히 살펴보아야 하는데, 그것은 "몇 번 돌아서 전해지다나면 흰 것이 검은 것으로 되고, 검은 것이 흰 것으로 되기

---

243) (漢)高誘注 :《呂氏春秋》, 上海古籍出版社2014年版, 第579頁.[원문 : 精而熟之, 鬼將告之, 非鬼告之也, 精而熟之也.]

244) (漢)高誘注 :《呂氏春秋》, 上海古籍出版社2014年版, 第340頁.[원문 : 有道之士, 貴以近知遠, 以今知古, 以(益)所見知所不見.]

245) (漢)高誘注 :《呂氏春秋》, 上海古籍出版社2014年版, 第507頁.[원문 : 先知必審征表, 無征表面欲先知, 堯, 舜與眾人同等.]

246) (漢)高誘注 :《呂氏春秋》, 上海古籍出版社2014年版, 第546頁.[원문 : 是非之經, 不可不分, 此聖人之所愼也. 然則何以愼? 緣物之情及人之情, 以為所聞則得之矣.]

247) (漢)高誘注 :《呂氏春秋》, 上海古籍出版社2014年版, 第254, 372頁.[원문 : "所以尤者多故, 其要必因人所喜, 與因人所惡", "夫人有所有者, 固以晝為昏, 以白為黑, 以堯為桀".]

때문이다."248) 유사한 것은 반드시 자세히 살펴보아야 하는데, 그것은 "사람을 크게 미혹시키는 것이 틀림없이 사물의 유사함에서 오기 때문이다."249) 미세할 적에 자세히 살펴야 하는데, 그것은 "한 나라의 안정과 동란, 생존과 쇠망도 그 시작이 추호秋毫처럼 미세하기 때문이다. 그 추호를 자세히 살핀다면 후일 큰 과오는 없을 것이다."250) 의심스럽지 않더라도 반복해서 살펴보아야 한다고 한다. "비록 의심스럽지 않고, 비록 이미 알고 있는 것일 지라도 반드시 법法으로써 그것을 살펴보고, 양量으로써 그것을 헤아려보고, 술수數로써 그것을 시험해보아야 한다."251)

넷째, 인성人性과 인생론에 있어서, 『여람』에서는 맹자, 순자의 견해에 대해 긍정도 하고 부정도 한다. 『여람』에서는 "하늘은 인간을 낳을 때부터 탐욕이 있게 만들었다."고 한다. 예컨대 '오성五聲을 욕망하고', '오색五色을 욕망하고', '오미五味를 욕망하게' 만들었다는 것이다. 또 "이 삼자는 귀한 자나 비천한 자나, 우매한 자나 지혜로운 자나, 현명한 자나 못난 자나 할 것 없이 똑같이 욕망하는 것들이다.", "사람의 마음은 오래 살기를 욕망하고 일찍 죽기를 싫어하고, 평안하기를 욕망하고 위험한 것을 싫어하고, 영예를 욕망하고 치욕을 싫어하고, 안일함을 욕망하고 노고를 싫어한다."252)라고 한다. 즉 이는 모두 정상적인 현상이라는 것이다. 그러나 첫째, 지나치지 말고 적절해야 한다고 한다. "이른바 삶을 온전케 한다는 것은 육욕六欲이 모두 적절함을 얻게 해주는 것이다."253) 둘째, 이치에 맞고 경우에 맞아야 한다고 한다. 예를 들면, 제환공齊桓公

---

250) (漢)高誘注:《呂氏春秋》, 上海古籍出版社2014年版, 第365頁.[원문: 治亂存亡, 其始若秋毫. 察其秋毫, 則大物不過矣.]

248) (漢)高誘注:《呂氏春秋》, 上海古籍出版社2014年版, 第544頁.[원문: 數傳而白為黑, 黑為白.]

249) (漢)高誘注:《呂氏春秋》, 上海古籍出版社2014年版, 第536頁.[원문: 使人大迷惑者, 必物之相似也.]

250) (漢)高誘注:《呂氏春秋》, 上海古籍出版社2014年版, 第365頁.[원문: 治亂存亡, 其始若秋毫. 察其秋毫, 則大物不過矣.]

251) (漢)高誘注:《呂氏春秋》, 上海古籍出版社2014年版, 第259頁.[원문: 雖不疑, 雖已知, 必察之以法, 揆之以量, 驗之以數.]

252) (漢)高誘注:《呂氏春秋》, 上海古籍出版社2014年版, 第32, 98頁.[원문: "此三者, 貴賤愚智賢不肖欲之若一", "人之情, 欲壽而惡夭, 欲安而惡危, 欲榮而惡辱, 欲逸而惡勞.]

253) (漢)高誘注:《呂氏春秋》, 上海古籍出版社2014年版, 第30頁.[원문: 所謂全生者. 六欲皆

을 잘 섬기기 위해 역아易牙가 아들을 삶아서 바친 일, 수조竪刁가 스스로 불알을 깐 일, 위衞나라 공자公子 계방啓方이 아버지를 버리면서 임금의 환심을 산 일, 이런 것들은 모두 인간사정에 통하지 않는 일이고, 모두 비도덕적인 행위라고 한다. 셋째, 인성人性은 또 정신적 만족을 추구해야 한다고 한다. 예컨대 치욕을 당하면서 산다면 죽기보다 못하다고 한다. 이렇게 말한다. "죽는 것은 두 번째 순위이고, 죽지 못해 사는 것은 가장 아래이다", "의롭지 못한 것不義보다 더 큰 치욕은 없다."254) 요컨대 인성人性의 물질적 수요와 도덕 이성은 통일적이라는 것이다. 생生과 사死에 대해서, 『여람』에서는 "무릇 하늘과 땅 사이에 사는 자는 반드시 죽음이 있고, 어느 누구도 이를 면치 못한다."255)라고 한다. 그러나 삶을 기를 수양養生는 있다고 한다. 첫째, 욕심을 절제해야 한다고 한다. "(성인은) 일찍부터 욕심을 줄이면 정력이 마르지 않음을 알고 있었고', '성인은 소리와 색상과 자미滋味에 있어서, 성性에 이로우면 취하고 성性에 해로우면 버렸는데, 이것이 성性을 온전케 하는 법도이다."256) 둘째, 지나친 것을 버려야 한다고 한다. '너무 달고, 시고, 쓰고, 맵고, 짠 것'을 먹지 말고, 정신적으로는 '너무 기쁘고, 노엽고, 걱정스럽고, 두렵고, 슬픈 일'을 피하고, 생활환경에서는 '너무 춥고, 덥고, 건조하고, 습하고, 바람이 세고, 비가 그치지 않고, 안개가 자욱한 곳'을 피해야 한다고 한다.257) 셋째, 운동을 많이 해야 한다고 한다. "흐르는 물은 썩지 않고 문짝의 지도리는 좀 먹지 않는데, 이는 움직임 덕분이다. 형체와 기운氣도 마찬가지이다. 형체가 움직이지 않으면 정精이 흐르지 않고, 정精이 흐르지 않으면 기氣가 엉키게 된다."(『진수盡數』) "대저 사람의 360개

得其宜也.]

254) (漢)高誘注：《呂氏春秋》, 上海古籍出版社2014年版, 第30頁.[원문: "死次之, 迫生為下", "辱莫大於不義".]

255) (漢)高誘注：《呂氏春秋》, 上海古籍出版社2014年版, 第193頁.[원문: 凡生於天地之間, 其必有死, 所不免也.]

256) (漢)高誘注：《呂氏春秋》, 上海古籍出版社2014年版, 第34頁.[원문: "知早嗇則精不竭", "聖人之於聲色滋味也, 利於性則取之, 害於性則舍之, 此全性之道也".]

257) (漢)高誘注：《呂氏春秋》, 上海古籍出版社2014年版, 第8頁.

뼈마디節, 구규九竅, 오장五臟, 육부六腑에서 피부는 조화롭고자比 하고, 혈맥은 통通하고자 하고, 근골은 튼튼하고자 하고, 마음과 뜻心志은 화평하고자 하고, 정기精氣는 다니고자 한다. 만약 이렇게 해준다면 병病이 머물러 있을 곳이 없고, 병惡이 생길 길도 없게 된다."258) 『여람』에서는 음란하고 사치하고 방탕무도한 생활을 신랄하게 비판한다. 이를 삶을 해치는 도道로 보고 있었고, 이에 대해 명구 한마디 남긴 것이 있다.

　밖에 나가면 수레車를 타고, 집에 들어오면 가마를 타면서 자신의 편안함만 추구하는데, 이 수레와 가마를 일러 '발을 못 쓰게 만드는 기물'이라고 한다. 진한 술과 기름진 고기로 자신의 신체를 튼튼히 하고자 하는데, 이 술과 고기를 일러 '위와 창자를 썩게 만드는 먹거리'라고 한다. 음탕하고 지저분한 소리鄭과 위衛의 음악를 들으면서 즐거움을 추구하는데 이 소리를 일러 '본성을 찍는 도끼'라고 한다.259)

　다섯째, 군사이론과 음악이론에 있어서, 『여람』에는 창조적인 것이 많았다. 이 또한 중화문명의 인화仁和정신에 어울리는 것들이었다. 주제를 벗어나기 때문에 이 책에서는 논의를 삼간다.

　여섯째, 『여람』에서는 또 현실을 비판하고 진秦나라를 비판하는데, 이 관점은 여불위呂不韋의 정치적 달견과 나라를 걱정하는 마음에서 나온 것이라고 하겠다. 여불위는 바야흐로 성인成人이 되어 정사政事를 맡을 진나라 왕 영정嬴政에게 권계勸誡와 거울을 제공해주려고 했다. 『진란振亂』에서는 이렇게 말한다.

　오늘날 세상은 너무나 혼탁하다. 백성들의 고난을 이제 더 이상 추가할 수는 없

---

258) (漢)高誘注 : 《呂氏春秋》, 上海古籍出版社2014年版, 第52, 491頁.[원문 : "流水不腐, 戶樞不蠹, 動也. 形氣亦然. 形不動則精不流, 精不流則氣鬱"(《盡數》), "凡人三百六十節, 九竅, 五臟, 六腑, 肌膚欲其比也, 血脈欲其通也, 筋骨欲其固也, 心志欲其和也, 精氣欲其行也, 若此則病無所居而惡無由生矣".]

259) (漢)高誘注 : 《呂氏春秋》, 上海古籍出版社2014年版, 第9頁.[원문 : 出則以車, 入則以輦, 務以自佚, 命之曰招蹶之機. 肥肉厚酒, 務以自強, 命之曰爛腸之食. 靡曼皓齒, 鄭, 衛之音, 務以自樂, 命之曰伐性之斧.]

다. 천자天子는 이미 끊어졌고, 현자들은 버려져 숨어버렸다. 임금은 방자하게 행동하고 백성들과 멀리 떨어져 있으니, 백성들은 고초를 하소연할 곳조차 없구나.[260]

『근청謹聽』에서는 이렇게 말한다.

천자天子가 없으면 강자가 약자를 능욕하고, 다수가 소수를 폭행하고, 병장기를 내들고 서로 해치고, 혼란이 그치지 않을 것이다. 오늘날 세상이 바로 그렇구나.[261]

이는 분명히 그 당시 진秦나라가 육국六國을 연이어 패배시켰지만 백성들은 오히려 고난에 시달리는 상황에 비추어 한 말이다. 여불위呂不韋는 진나라가 전쟁을 발동한 것에 대해서 반감을 가지고 있었고, 이 책에서는 진무공秦繆公과 진혜공秦惠公을 모두 크게 질책한다. 또 임금이 권력을 독점하고 독단적으로 정치를 행하면 아니 된다고 재삼 강조한다. 『교자驕恣』에서는 이를 엄숙하게 비난한다.

나라를 잃은 군주는 반드시 스스로 교만하고, 스스로 지혜롭다 여기고, 물건을 가볍게 여긴 자이다. 스스로 교만하면 선비들을 깔보게 되고, 스스로 지혜롭다 여기면 독단적이게 되며, 물건을 가볍게 여기면 미리 대비하지 못하게 된다. 미리 대비하지 못하게 되면 재앙禍을 부르게 되고, 독단적이게 되면 지위가 위태롭게 되고, 선비들을 깔보게 되면 정치가 막히게 된다. 정치가 막히지 않게 하려면 반드시 선비들을 예우해주어야 하고, 지위가 위태롭지 않으려면 반드시 민심을 얻어야 하고, 재앙禍을 부르지 않으려면 반드시 준비를 착실하게 해야 한다. 이 삼자는 임금이 지켜야 할 가장 큰 도리經이다.[262]

---

260) (漢)高誘注 :《呂氏春秋》, 上海古籍出版社2014年版, 第140頁.[원문 : 當今之世濁甚矣, 黔首之苦不可以加矣. 天子既絶, 賢者廢伏, 世主恣行, 與民相離, 黔首無所告愬.]

261) (漢)高誘注 :《呂氏春秋》, 上海古籍出版社2014年版, 第260頁.[원문 : 無天子則強者勝弱, 眾者暴寡, 以兵相殘, 不得休息, 今之世當之矣.]

262) (漢)高誘注 :《呂氏春秋》, 上海古籍出版社2014年版, 第502頁.[원문 : 亡國之主, 必自驕, 必自智, 必輕物. 自驕則簡士, 自智則專獨, 輕物則無備. 無備召禍, 專獨位危, 簡士雍塞. 欲無

『시군恃君』에서는 심지어 이렇게 경고한다. 만약 임금이 바른 법도正道를 행하지 아니 하면 "그를 임금 자리에서 쫓아내고, 임금의 도道를 행하는 자를 그 자리에 세울 수 있다."263)는 것이다. 이는 날로 커가고 또 독단적인 군왕으로 되어가는 진秦나라 왕 영정嬴政의 불만을 살 수 밖에 없었다. 이렇게 두 사람은 정치사상에서 첨예하게 대립하게 되었던 것이다. 결국, 영정嬴政은 노애嫪毐 사건을 빌미로 여불위를 재상 자리에서 쫓아내고, 그를 핍박하여 자살하게 만들었다. 곽말약郭沫若은 『십비판서十批判書』에서 이렇게 지적한다. 『여씨춘추』는

사실 '잡雜'되지 않다. 이 책은 일정한 평가기준이 있었고, 엄정한 취사선택이 있었다. 대체로, 이 책에서는 도가道家와 유가의 우주관과 인생관을 절충하고 있고, 이성을 존중하고 있다. 하지만 묵가墨家의 종교사상은 받아들이지 않았다. 이 책에서는 도가의 삶을 지키는衛生 교조敎條를 취했고, 유가의 수신·제가·치국·평천하 이론을 받들고 있다. 하夏나라 역법曆法(음력)을 따르고, 덕정德政을 중요시하고, 예악禮樂을 높이고, 시서詩書를 선양하고 있다. 하지만 묵가의 비락비공非樂非攻, 법가의 엄형준법嚴刑峻法, 명가名家의 궤변가찰詭辯苛察은 반대하고 있다. 이 책에서는 임금이 무위無爲할 것을 주장하고 또 유가의 선양설禪讓說을 고취하는데, 이는 '왕권을 자손들에게 물려주고, 왕업을 만세에 이어간다.'는 관념과는 근본 서로 용납될 수 없는 것이었다. 우리가 이런 것들을 이해하고 다시 『여씨춘추』를 읽는다면 아마도 이 책의 매 장마다 그리고 매 편마다 거의 모두 진秦나라 정치 전통과는 어긋남을 발견할 수 있을 것이다. 특히 진시황의 후기의 정견政見 및 풍격과 정면충돌하고 있음을 발견할 수 있을 것이다. 여불위呂不韋는 진시황의 숙적宿敵이었다고 할 수 있겠다. 진시황이 그를 제거하려고 한 것은 아주 당연한 일이고 또한 필연적인 결과이겠다.264)

단기적으로 볼 때, 분명히 영정嬴政이 승리하고 여불위는 실패했다. 그러나 장기적으로 볼 때, 진시황秦始皇 및 이세二世가 독재를 실시하고 폭정을 실행한

維塞必禮士, 欲位無危必得衆, 欲無召禍必完備. 三者, 人君之大經也.]

263) (漢)高誘注 :《呂氏春秋》, 上海古籍出版社2014年版, 第474頁.[원문: 廢其非君, 而立其行君道者.]

264) 郭沫若 :《十批判書》, 人民出版社1954年版, 第401頁.

것은 중화中華의 치국治國의 상도常道를 거스른 것으로서 이로 말미암아 사회모순을 더욱 격화시켰는 바, 결국 진秦나라는 재빨리 멸망하게 되었던 것이다. 가의賈誼는 『과진론過秦論』에서 이렇게 말한다.

> 진왕秦王은 탐욕스럽고 비루한 마음을 품고, 자기 개인의 지혜만 내세우려 했고, 공신功臣들을 믿지 않고, 선비와 백성들을 가까이 하지 않고, 왕도王道를 버리고 개인의 권력만 세웠고, 유가 경전을 불태우고 형법을 가혹하게 실시하고, 사기와 폭력을 우선하고 인의仁義는 뒷전으로 했고, 잔혹함과 포악함을 천하를 다스리는 전제로 삼았다.[265]

진秦왕조는 이세二世에 이르러 "수졸 한사람(陳勝, 吳廣의 농민봉기를 가리킴)이 반란을 일으키니, 칠묘七廟(天子의 宗廟)가 무너졌고, 몸身(황제의 아들과 손자들을 가리킴)은 모두 남의 손에서 죽어나갔다. 결국 천하의 웃음거리가 되고 말았다. 어찌 된 일인가? 인의仁義를 베풀지 않아 공격하고 수비하는攻守 태세가 달라졌던 것이다."[266] 『여람』을 다시 돌이켜볼 때, 저자들의 탁월한 식견과 통찰력에 참말로 감탄을 금할 수 없다고 하겠다.

유가의 『순자荀子』와 도가의 『여씨춘추呂氏春秋』에서 선진先秦 사상에 대한 총화에서 살펴보았듯이, 유가에서는 주로 도가의 우주론, 인지론을 수용했고, 도가에서는 주로 유가의 치국론治國論, 도덕론을 수용했다. 양자의 상호 보완성은 아주 강했다고 하겠다.

제4절 양한兩漢 시기 중화 사상문화의 종합적 발전

이 시기 유가와 도가의 관계는 새로운 단계에 진입한다. 유가와 도가는 선진

---

265) (漢)司馬遷 : 《史記》, 線裝書局2006年版, 第39頁.[원문 : 秦王懷貪鄙之心, 行自奮之智, 不信功臣, 不親士民, 廢王道, 立私權, 禁文書而酷刑法, 先詐力而後仁義, 以暴虐為天下始.]
266) (漢)司馬遷 : 《史記》, 線裝書局2006年版, 第38-39頁.[원문 : 一夫作難而七廟隳, 身死人手, 為天下笑者, 何也? 仁義不施而攻守之勢異也.]

제자백가들로부터 우수한 사상과 이념을 대량으로 받아들였고, 점차 중화 사상 문화의 중심축으로 자리매김하게 되었다.

1. 도가사상의 실천과 발전

1) 서한西漢 시기 황로학설黃老學說

도가 사상은 전국戰國 후기에 이르러 황로黃老 학설로 변모했다. 황로 학설은 도가 학자들이 황제黃帝와 노장 학설을 토대로, 이에 유가와 법가 사상을 많이 받아들여 형성한 것이다. 도가의 많은 은사隱士들은 원래 사회의 방관자였지만 이 시기에 와서는 점차 사회생활에 적극적으로 참여했는데, 한나라 초에 이르러서는 그들의 영향력이 대폭 커졌다. 이 시기 황로 학설은 중요한 사회 사조로 되어졌을 뿐만 아니라 또한 나라의 다스림에 있어서도 주도적 이념으로 자리매김하게 되었다. 『한서漢書·예문지藝文志』에 기재된 제자諸子들의 전적典籍 명칭을 살펴보면 황제의 명의로 작성된 전적이 아주 많은데, 이로 미루어보면 이 시기는 확실히 황제를 아주 높이 받들고 있었다. 하지만 아쉽게도 오늘날까지 전해 내래온 『황제내경黃帝內經』을 제외하고는 기타 모두 실전失傳되었다. 창사長沙 마왕퇴馬王堆 한나라 무덤에서 출토한 『황로백서黃老帛書』는 전국戰國 말기 작품인데, 이 책에서는 분명히 대도大道를 숭상하고 있고, 덕치德治를 주장하고 있고, 또한 형명학刑名學을 창도하고 있다. 한나라 초에 와서 전란戰亂이 그친 후 사회는 원기를 회복해야 했는 바, 그리하여 황로 학설이 다시 성행하게 되었던 것이다. 조삼曹參은 제齊나라 재상이었는데, 황로 학자 개공蓋公의 "나라를 다스리는 도道는 청정함을 귀하게 여기야 하는데, 그리하면 백성들은 자연적으로 안정됩니다."[267]라는 말을 듣고서, 개공蓋公을 고문으로 삼았다고 한다. 그 후 "나라를 다스림에 황로학설을 활용하게 되었는데, 그가 제齊나라 재상을 맡았던 9년 간 제나라는 안정되고 태평했는 바, 그 공로로 그는 현명한

---

267) (漢)司馬遷 :《史記》, 線裝書局2006年版, 第258頁.[원문 : 爲言治道貴淸靜而民自定.]

재상으로 크게 칭송받았다."268) 문제文帝, 경제景帝와 두태후竇太后도 모두 황로黃老를 높이 받들고 있었다. "문제文帝는 처음부터 황로 학문만 닦았고, 유가 학설은 그다지 좋아하지 않았는데, 그는 나라의 다스림에 있어서 청정무위清靜無爲를 아주 숭상하고 있었다."269) "두태후竇太后도 황로 학설을 좋아했는데, 그리하여 황제皇帝와 태자 및 두竇씨 가문의 자손들은 『황제黃帝』, 『노자老子』를 읽지 않을 수 없었고, 그 도술道術을 높이 받들지 않을 수 없었다."270) 문제文帝와 경제景帝가 집권하던 6, 70년 간, 그들은 황로 학설을 나라의 다스림에 활용했는데, 그들은 정치를 함에 청정할 것을 숭상했고, 노역을 줄이고 조세를 낮추고 백성들이 원기를 회복하게 했다. 그리하여 생산은 활기를 되찾고 국력은 날로 강대해졌는데, 이렇게 강성한 한나라의 탄생에 견실한 토대를 마련해 주게 되었던 것이다. 그러나 한무제가 즉위한 후, 그는 차츰 유가에 관심을 가지게 되었고, 후에는 동중서의 건의를 받아들여 아예 '백가百家를 배척하고, 육경六經을 표창했다.' 하지만 이는 다만 국가에서 유학을 정치적 의식형태(이데올로기)로서 받들고 있었음을 의미할 뿐, 도가와 제자諸子들을 모두 배척하고 없애버린 것은 아니다. 예컨대 동해태수東海太守 급암汲黯은 "황로 학설을 관리들과 백성들을 다스리는데 활용했는데, 특히 청정함清淨을 좋아했다.", "일 년이 좀 넘어 동해東海는 잘 다스려졌다." 사실 그의 "다스림 방식은 무위無爲였을 따름이고, 그는 큰 도리만 펼쳤고, 법령과 조칙에는 얽매이지 않았다."271) 급증汲曾은 얼굴을 맞대고 무제武帝를 꾸짖기를, 임금님은 "마음 속은 다욕하면서도, 겉으로만 인의仁義를 베풀고 있습니다."272)라고 비난했고, 장탕張湯을 비하

---

268) (漢)司馬遷:《史記》, 線裝書局2006年版, 第258頁.[원문: 其治要用黃老術, 故相齊九年, 齊國安集, 大稱賢相.]

269) (漢)應劭:《風俗通義》, 上海古籍出版社1990年版, 第19頁.[원문: 文帝本修黃老之言, 不甚好儒術, 其治尙清靜無為.]

270) (漢)司馬遷:《史記》, 線裝書局2006年版, 第244頁.[원문: 竇太后好黃帝, 老子言, 帝及太子諸竇不得不讀《黃帝》, 《老子》, 尊其術.]

271) (漢)司馬遷:《史記》, 線裝書局2006年版, 第500頁.[원문: "學黃老之言, 治官理民, 好清靜", "歲餘, 東海大治", "治務在無為而已, 弘大體, 不拘文法".]

272) (漢)司馬遷:《史記》, 線裝書局2006年版, 第500頁.[원문: 內多欲而外施仁義.]

하여 '도필리刀笔吏(옛날에 남을 대신하여 고소장을 써주던 사람)'라고 질책했다. 무제
武帝는 비록 기분이 언짢았지만, 말하기를 "옛날에 '사직社稷(나라를 말함)을 관
리하는 충신'이 있었는데, 급암汲黯 같은 자가 그와 가깝겠다."273)라고 했다고
한다. 사마담司馬談과 사마천司馬遷 부자는 모두 황로를 숭상하고 있었다. 『사
기史記·태사공자서太史公自序』에서는 사마담이 "천관天官(천문학)을 당도唐都
에게서 배웠고, 『역易』을 양하楊何에게서 전수받았고, 도를 황자黃子(즉 黃生)로
부터 익혔다."274)라고 한다. 사마담司馬談의 『논육가요지論六家要旨』에서는 선
진 학파들을 육가六家로 개괄한다. 즉 음양가陰陽家, 유가儒家, 묵가墨家, 명가名
家, 법가法家, 도덕가道德家로 나누어 논하고 있다. 사마담은 이렇게 말한다.

내가 슬그머니 음양陰陽의 도道를 살펴보니, 그것은 길흉吉凶과 화복禍福의 조
짐을 중요시하고, 금기禁忌와 꺼리는 것이 너무 많고, 또 사람들이 구속을 많이
받게 하고, 두려움을 많이 가지게 한다. 하지만 음양가陰陽家들의 일년 사계절
운행 법칙에 관한 해석은 버릴 수 없겠다. 유가 학설은 광대하지만 요점을 잡지
못하고 있고, 공을 들여 공부하는 만큼 효과가 나지 않는데, 따라서 이 학파의
주장은 모두 따르기 어렵겠다. 하지만 유가에서 정한 임금과 신하, 아버지와 아들
의 예의, 남편과 아내, 윗사람과 아랫사람의 구별은 바꿀 수 없겠다. 묵가의 검박
함과 절약 정신은 지키기 어려운 바, 이 학파의 주장은 전부 그대로 준수할 수는
없다. 하지만 근본을 튼튼하게 하고 절약해서 사용해야 한다는 주장은 버릴 수
없겠다. 법가는 엄격하고 각박하고 베풀지를 않는다. 하지만 임금과 신하, 윗사람
과 아랫사람의 명분을 분명히 가르는 사상은 바꾸면 아니 되겠다. 명가는 늘 사람
들이 구속받게 하고 쉽게 진실을 잃게 한다. 그러나 명名과 실實에 대한 변별은
참답게 살펴보지 않을 수 없겠다. 도가는 사람들이 정신을 전일하게 하고, 행실이
무형의 도에 합치되게 하고, 만물이 풍족하게 해준다. 도가 학설은 음양가들의
사계절 운행 법칙에 관한 해석을 따르고, 유가와 묵가의 장점을 취하고, 명가와
법가의 정수를 취합했고, 형세에 맞추어 변화하고, 만물의 변화에 순응하면서 풍
속을 세워 속세의 일에 적용했는 바, 적절하지 않음이 없겠다. 그 이치는 간단명

273) (漢)司馬遷 : 《史記》, 線裝書局2006年版, 第500頁.[원문 : 古有社稷之臣, 至如黯, 近之矣.]
274) (漢)司馬遷 : 《史記》, 線裝書局2006年版, 第544頁.[원문 : 學天官於唐都, 受《易》於楊何, 習
道於黃子.]

료하여 다루기 쉽고, 공은 적게 들지만 효과가 크다.275)

또 이렇게 말한다.

도가에서는 '무위'를 주장하면서 또 '무불위'한다고 말하는데, 사실 이 주장은
시행하기는 아주 쉽다. 다만 그 용어가 이해하기 어려울 따름이다. 이 학설은 허
무虛無를 근본으로 삼고 있고, 자연에 순응하는 것을 쓰임用으로 삼고 있다. 도가
에서는 사물은 이미 이루어져 변화하지 않는 세勢가 없고, 그냥 존재하면서 변화
하지 않는 형체形가 없다고 한다. 그러므로 능히 만물의 사정을 탐구할 수 있는
것이다.276)

사마담이 보건대 앞의 오가五家는 모두 장점과 단점이 있고, 유독 도가만이
가장 높고 완벽했다. 왜냐하면 도가에서는 무無로 유有를 관觀하고, 만물을 포
용하고, 자연을 따르고 있는데, 그리하여 이루지 못할 것이 없기 때문이었다.
그러나 그가 말하는 도가는 이미 노장 학설이 아니고, 그것은 음양가, 유가,
묵가, 명가, 법가의 사상을 받아들인 황로도가였다. 사마천은 『사기史記』에서
오제五帝와 삼대三代의 다스림, 열국세가列國世家(여러 나라에서 세습적 통치를 행했
던 집안)들의 통치, 공신功臣과 명사名士들의 전기傳記, 제자백가諸子百家의 학설,
화식貨殖(즉 경제활동)과 구책龜策(즉 占卜)에 관한 일, 흉노匈奴와 제이諸夷(여러
夷族)의 사정, 예악禮樂과 율력乐律(历法) 제도 등에 대하여 전면적으로 기술했
다. 그 가운데 『공자세가孔子世家』와 『유림열전儒林列傳』은 따로 내왔는데, 여기

---

275) (漢)司馬遷:《史記》, 線裝書局2006年版, 第544頁.[원문:嘗竊觀陰陽之術, 大祥而眾忌諱,
使人拘而多所畏. 然其序四時之大順, 不可失也. 儒者博而寡要, 勞而少功, 是以其事難盡
從, 然其序君臣父子之禮, 列夫婦長幼之別, 不可易也. 墨者儉而難遵, 是以其事不可遍循,
然其強本節用, 不可廢也. 法家嚴而少恩, 然其正君臣上下之分, 不可改矣. 名家使人儉而
善失眞, 然其正名實, 不可不察也. 道家使人精神專一, 動合無形. 贍足萬物. 其為術也, 因
陰陽之大順, 采儒墨之善, 撮名法之要, 與時遷移, 應物變化, 立俗施事, 無所不宜, 指約而
易操, 事少而功多.]
276) (漢)司馬遷:《史記》, 線裝書局2006年版, 第545頁.[원문:道家無為, 又曰無不為, 其實易
行, 其辭難知. 其術以虛無為本, 以因循為用. 無成勢, 無常形, 故能究萬物之情.]

서 그가 유가를 중요시했던 점을 보아낼 수 있겠다. 그의 『태사공자서太史公自序』에는 공자가 정리한 '육경六經'에 대한 멋진 논술이 있다.

> 『역易』은 천지天地·음양陰陽·사시四時·오행五行을 드러냈는데, 그러므로 변화變를 설명하는데 있어 훌륭하다. 『예禮』는 인륜人倫을 규범화했는데, 그러므로 일을 행하는데 있어 훌륭하다. 『서書』는 선왕先王들의 일을 기록했는데, 그러므로 정치를 하는데 있어 훌륭하다. 『시詩』는 산천계곡, 새와 짐승과 초목, 수컷과 암컷에 대하여 기록했는데, 그러므로 풍토인정을 알아보는데 있어 훌륭하다. 『악樂』은 음악으로 사람을 세우는 것에 관한 것으로서 그래서 화해和諧를 도모하는데 있어 훌륭하다. 『춘추春秋』는 시비是非를 변별했는데, 그러므로 사람을 다스리는데 있어 훌륭하다. 이런 까닭에 『예』로써 사람들을 단속하고, 『악』으로써 화해로움을 발양하고, 『서』로써 정사政事를 처리하고, 『시』로써 뜻을 표현하고, 『역』으로써 변화를 해석하고, 『춘추春秋』로써 올바름義을 논할 수 있겠다.277)

사마천은 특히 『춘추春秋』를 중요시했는데, 그가 보건대 "혼란한 세상을 돌려세워 올바르게 만드는 데는 『춘추』를 따를 것이 없었다.", "그러므로 『춘추』는 예의禮義의 주종大宗이다. 대저 예禮는 일이 발생하기 전에 금지시키고, 법法은 일이 발생한 다음 실시된다. 그래서 법의 작용은 쉽게 볼 수 있지만 예의 금지 역할은 알아보기 어렵다."278) 사마천은 유가와 도가를 모두 통달한 역사학자였다. 그가 『사기』를 저술한 목적도 '하늘과 땅 사이를 탐구하고, 고금의 변화를 통달하여 학문의 일가一家를 이루는 데' 있었는 바, 그래서 황로 학설에 더 치우치게 되었던 것이다. 분명히 그는 도가의 천도天道로써 인사人事를 바라보는 안광을 가지고 있었고, 뿐만 아니라 또한 유가의 옛 것으로써 오늘

---

277) (漢)司馬遷 : 《史記》, 線裝書局2006年版, 第545-546頁.[원문 : 《易》著天地陰陽四時五行, 故長於變. 《禮》經紀人倫, 故長於行. 《書》記先王之事, 故長於政. 《詩》記山川溪穀禽獸草木牝牡雌雄, 故長於風. 《樂》樂所以立, 故長於和. 《春秋》辯是非, 故長於治人. 是故《禮》以節人, 《樂》以發和, 《書》以道事, 《詩》以達意, 《易》以道化, 《春秋》以道義.]

278) (漢)司馬遷 : 《史記》, 線裝書局2006年版, 第546頁.[원문 : 故《春秋》者, 禮義之大宗也. 夫禮禁未然之前, 法施已然之後. 法之所為用者易見, 而禮之所為禁者難知.]

을 비추어보는 안목도 갖추고 있었다. 『한서漢書·사마천전司馬遷傳』에서는 그
가 "대도大道를 논할 때는 황로를 우선으로 하고 육경을 다음으로 했다."279)라
고 하는데, 이는 어느 정도 근거가 있는 말이라고 하겠다.

  2) 『회남자淮南子』의 결집結集

  『회남자』는 회남왕淮南王 유안劉安이 많은 학자들을 소집하여 편찬한 한 부
의 대형 저작물이다. 이 책은 한나라 초 이전 여러 학파들의 사상을 종합해서
만든 이론저서이다. 이 책은 원래 유가학술儒術을 독존獨尊하기 전, 국가의 장기
적인 안정을 위해 설계한 종합적 치국방안이었다. 이 책에서 황로 사조의 영향
을 많이 찾아볼 수 있다. 유안은 이 책을 건원建元 2년 한무제漢武帝에게 헌상獻
上했는데, 한무제는 처음에는 이 책을 숨겨서 보다가 후에는 아예 내버렸다.
그리하여 이 책은 응분의 지위를 가지지 못하고, 마땅히 있어야 할 역할을 발휘
하지 못했던 것이다. 유안이 자살하고 한무제가 유술儒術만 독존하고 백가百家
의 학설은 배척하기에 이르면서 『회남자』는 한동안 매몰되었다. 후일 동한東漢
때에 와서 허신許愼, 고유高誘가 이 책에 주注를 달면서야 세상에 다시 전해지게
되었다. 『한서漢書·예문지藝文志』에서는 이 책을 잡가雜家에 귀속시켰는데, 사
실 『회남자』는 『여씨춘추呂氏春秋』와 마찬가지로 모두 노장 철학을 높이 받들
고 있고, 이에 유儒, 법法, 음양陰陽 및 백가百家의 학설을 널리 받아들여 종합적
으로 창조를 이룬 학술저서로서 이를 마땅히 도가 사상에 바탕을 둔 종합가綜
合家라고 칭해야 할 것이다. 고유高誘는 『회남자주서목淮南子注敍目』에서 이렇
게 지적한다.

  그 취지는 노자에 가까운데, 담백하고 무위無爲하고, 허虛를 추구하고 고요함
  을 지키고, 또한 경도經道(유교의 보편 도덕윤리)에 드나들고 있다. 그 뜻도 분명하
  고, 그 문장도 풍부하고, 기재하지 않은 사물과 현상이 없다. 하지만 대체적으로

_____

279) (漢)司馬遷:《史記》, 線裝書局2006年版, 第622頁.[원문 : 論大道則先黃老而後六經.]

볼 때 도가에 귀속된다고 하겠다.[280]

『여씨춘추』와『회남자』를 시간 상 선후先后로 작성된 자매편으로 볼 수도 있겠다. 이 책들은 모두 글쓰기를 좋아하고 재능이 뛰어난 귀족이 책임지고, 수많은 학자들을 소집하여 계획적으로, 공동으로 편찬한 대형 저작물이다. 또한 모두 '음양가들의 사계절 운행 법칙에 관한 해석을 따르고, 유가와 묵가의 장점을 취하고, 명가와 법가의 정수를 취합한'[281] 황로학파의 저작물이다. 이 책들은 또한 유사한 창작 지도사상과 짜임새를 가지고 있었다. 더욱 거의 똑같은 비극적 운명을 공유하고 있었는데, 즉 책임자들은 모두 자살했고, 이 책들은 모두 한동안 찬밥 신세가 되었다. 그러나 시간이 흐르고 세상이 바뀌면서 이두 책은 마침내 세상에 다시 전해지게 되었고, 후세에 중대한 영향을 끼치게되었다.

첫째, 창작 지도사상과 편찬 원칙.『회남자淮南子 · 요략要略』에서는 이렇게 말한다.

> 대저 글을 짓고 논술을 펴는 것은 도덕道德의 기강紀綱을 세우고 인사人事를 바로 잡기 위함이다. 위로는 천체의 운행에 맞추고, 아래로는 지형의 고저를 따르고, 가운데로는 인간의 도리에 맞도록 해야 한다. 그래서 20편을 지어 천지天地의 이치를 궁구했고, 인간세상의 일을 논했으며, 제왕帝王이 천하를 다스리는 도道도 완비하게 갖추도록 했다.[282]

저자들의 목표는 천도天道를 논함으로써 인사人事를 분명히 밝히고, 온갖 이치를 통하게 해서 나라의 다스림에 대비하는 것이었다.

---

280) (漢)高誘:《淮南子注》, 上海書店出版社1986年版, 第1-2頁.[원문: "其旨近老子, 淡泊無為, 蹈虛守靜, 出入經道", "其義也著, 其文也富, 物事之類, 無所不載, 然其大較, 歸之於道".]
281) (漢)高誘:《淮南子注》, 上海書店出版社1986年版, 第544頁.[원문: 因陰陽之大順, 采儒墨之善, 撮名法之要.]
282) (漢)高誘:《淮南子注》, 上海書店出版社1986年版, 第369, 373, 374頁.[원문: "夫作為書論者, 所以紀綱道德, 經緯人事, 上考之天, 下揆之地, 中通諸理", "故著書二十篇, 則天地之理究矣, 人間之事接矣, 帝王之道備矣".]

둘째, 책의 구조. 모두 20편인데『원도훈原道訓』에서는 대도大道의 함의를 논하고,『숙진훈俶眞訓』에서는 도의 변천을 논하고,『천문훈天文訓』에서는 천상天象을 논하고,『지형훈地形訓』에서는 지리를 논하고,『시칙훈時則訓』에서는 사계절을 논하고,『남명훈覽冥訓』에서는 내적 법칙을 논하고,『정신훈精神訓』에서는 생명과 양생養生을 논하고,『본경훈本經訓』에서는 성왕聖王의 덕을 논하고,『주술훈主術訓』에서는 임금의 도를 논하고,『무칭훈繆稱訓』에서는 정명正名에 관해 논하고,『제속훈齊俗訓』에서는 민속民俗을 논하고,『도응훈道應訓』에서는 역사 사실로 도덕을 밝히고,『범론훈氾論訓』에서는 어지러운 세상의 다스림 및 흥망 성쇠를 논하고,『전언훈詮言訓』에서는 치국治國과 보신保身을 논하고,『병략훈兵略訓』에서는 군사를 논하고,『설산훈說山訓』,『설림훈說林訓』에서는 잠언箴言을 모아 수록했고,『인간훈人間訓』에서는 화禍와 복福을 논하고,『수무훈脩務訓』에서는 학업을 논하고,『태족훈泰族訓』에서는 이 책에 대해 총화를 한다.『요략要略』은 이 책의 서언과 개요이다.

셋째, 도를 높이는 우주론.『회남자』에서는 대도大道를 우주의 본원本原으로 보고 있다. 대도는 만물을 만들어내고, 모든 것을 덮어 감싸고, 또한 만물 속에 들어있는데, 하지만 만물을 주재하지는 않는다고 한다.

무릇 도道는 하늘을 덮고 땅을 싣는다. 산은 이에 의지하여 높고, 연못은 이에 의지하여 깊고, 짐승은 이에 의지하여 달리며, 새는 이에 의지하여 날고, 해와 달은 이에 의지하여 밝고, 뭇별들은 이에 의지하여 운행한다. 대저 태상太上의 도는 만물을 낳지만 소유하지는 않고, 형상象을 이루고 변화시키지만 지배하지는 않는다. 유有는 무無에서 생기고, 실實은 허虛에서 나온다. 도道란 하나가 세워져 만물이 생겨나는 것이다. 만물의 전체는 모두 한 구멍으로 통솔되고, 온갖 일의 근본은 모두 하나의 문에서 나온다. 도는 지극히 높아서 위가 없고, 지극히 깊어서 아래가 없다. 도道는 우주를 감싸고 있고, 표리가 없다.[283]

283) (漢)劉安:《淮南子》, 河南大學出版社2010年版, 第124, 126, 140, 141, 365頁.[원문: "夫道者, 覆天載地", "山以之高, 淵以之深, 獸以之走, 鳥以之飛, 日月以之明, 星曆以之行", "夫太上 之道, 生萬物而不有, 成化象而弗宰", "有生於無, 實出於虛", "道者, 一立而萬物生矣", "萬

『회남자』에는 새로운 창조도 있었다. 첫째는 노자의 "도道가 만물을 낳는다."는 설을 음양陰陽의 시각에서 더 명확하게 표현한 점이다.

　　도道는 태양과 같은 본보기를 말한다. 하나에서 시작되는데, 하나는 낳지 못하기 때문에 음과 양陰陽으로 나뉘고, 그 다음 음과 양이 화합하여 만물이 생기게 한다. 그리하여, 하나는 둘을 낳고, 둘은 셋을 낳고, 셋은 만물을 낳는다고 하는 것이다.[284]

둘째는 원기설元氣說을 끌어들인 점이다.

　　도道는 허곽虛廓(넓고 빈 광활한 공간)에서 시작되고, 허곽이 우주를 낳고, 우주가 원기元氣를 낳는다. 원기에는 가장자리涯垠가 있는데, 깨끗하고 밝은淸陽 기氣는 가벼워 위로 떠올라 하늘이 되었고, 무겁고 탁한重濁 기는 엉기고 굳어져 땅이 되었다. 천지天地에서 물려받은 정기精가 음과 양陰陽으로 되고, 음과 양이 정기를 오로지하여 사계절이 되고, 사계절의 정기가 흩어져 만물이 되었다.[285]

셋째는 정기설精氣說로 우주 생성의 원리를 인간에게로 확장시킨 점이다.

　　나뉘어 음과 양이 되고, 흩어져 팔극八極이 되었으며, 강하고 부드러움이 서로 어우러져, 만물이 형성되었다. 여기서 혼탁한 기氣는 벌레가 되었고, 깨끗한 기는 사람이 되었다. 이런 까닭에 정신精神은 하늘에 귀속하는 것이고, 뼈는 땅에 귀속하는 것이다. 죽은 다음 정신은 하늘의 문으로 들어가고, 골해骨骸는 그 뿌리로 되돌아간다면, 나 또한 어찌 존재하겠는가.[286]

　　物之總, 皆閱一孔. 百事之根, 皆出一門", "道, 至高無上, 至深無下", "包裹宇宙而無表裏".]
284) (漢)劉安:《淮南子》, 河南大學出版社2010年版, 第197頁.[원문: 道日規始於一, 一而不生, 故分而為陰陽, 陰陽和合而萬物生. 故曰: 一生二, 二生三, 三生萬物.]
285) (漢)劉安:《淮南子》, 河南大學出版社2010年版, 第174頁.[원문: "道始於虛廓, 虛廓生宇宙, 宇宙生元氣, 元氣有涯垠, 清陽者薄靡而為天, 重濁者凝滯而為地", "天地之襲精為陰陽, 陰陽之專精為四時, 四時之散精為萬物".]
286) (漢)劉安:《淮南子》, 河南大學出版社2010年版, 第293頁.[원문: 別為陰陽, 離為八極, 剛柔相成, 萬物乃形, 煩氣為蟲, 精氣為人. 是故精神, 天之有也, 而骨骸者, 地之有也. 精神入其

넷째, 무위無爲의 인지론. 『회남자』에서는 무위에 대해 새로운 해석이 있었다.

어떤 사람이 말하기를, 무위란 적적하고 고요하며 막연히 움직이지도 않고, 당겨도 오지 않고 밀어도 가지 않는 것이라고 했다. 또 이 같은 것이 도를 얻은 모습像이라고 했다. 그러나 나는 그렇지 않다고 생각한다. 내가 말하는 '무위'란 사적인 뜻이 공적인 도公道에 들어가지 못하게 하며, 개인적 욕심이 바른 법술正術을 왜곡시키지 못하게 하며, 이치를 따르면서 일을 하고, 본바탕에 의지하여 서고, 자연의 추세를 따르면서 이루고, 한편 거짓으로 꾸며져서는 용납되지 못하게 하는 것이다. 또한 일이 이루어져도 스스로 자랑하지 않고, 공로가 세워져도 명예가 있지 않는 것이다. 즉 그것을 느끼고서도感 응하지 않고, 공격을 받고서도 가만히 있는 것을 말하는 것이 아니다.287)

이렇게 도가 무위설無爲說의 소극적이던 요소들을 제거해버리고, 무위설에 이성적·주동적 의미를 부여했던 것이다. 즉, 사욕私慾의 간섭과 방애를 제거해버리고, 사물의 발전 법칙과 추세를 따르면서 주체의 능동적 역할을 충분히 발휘하여 사회를 다스리는 일에 임해야 한다는 것이다. 그리하여 첫째, 사물을 깊이 이해해야 한다고 한다.

눈으로는 그 형체를 보고, 귀로는 그 소리를 듣고, 입으로는 그 진실을 말하고, 한편 마음속으로 그 정묘함에 이르게 되면 만물의 변화는 모두 극極이 있게 된다.288)

둘째, 허심하게 열심히 배워야 한다고 한다.

門, 而骨骸反其根, 我尙何存.]
287) (漢)劉安:《淮南子》, 河南大學出版社2010年版, 第626, 628頁.[원문: "或曰無爲者, 寂然無聲, 漠然不動, 引之不來, 推之不往. 如此者, 乃得道之像. 吾以爲不然", "若吾所謂無爲者, 私志不得入公道, 嗜欲不得枉正術, 循理而擧事, 因資而立, 權自然之勢, 而曲故不得容者, 事成而身弗伐, 功立而名弗有, 非謂其感而不應, 攻而不動者".]
288) (漢)劉安:《淮南子》, 河南大學出版社2010年版, 第383頁.[원문: 目見其形, 耳聽其聲, 口言其誠, 而心致之精, 則萬物之化鹹有極矣.]

지혜로운 자가 배움에 힘쓰지 아니 한다면 아둔한 자가 열심히 배우는 것보다 못하다. 사람이 알고 있는 것은 아주 옅고, 사물의 변화는 무궁하다. 예전에 모르던 것을 오늘 알게 되는 것은 아는 것이 더 많아진 것이 아니고, 이는 학문을 물은 것이 더 많아진 것일 따름이다.289)

셋째, 내적 요령을 파악해야 한다고 한다.

근본을 보고서 끝머리를 알고, 가리키는 곳을 보고서 돌아갈 곳을 알고, 하나를 잡고서 만 가지 변화에 대처하고, 요체를 잡고서 자세한 것을 탐구한다. 이런 것을 '術술'이라고 이른다.290)

다섯째, 이성적 생명관生命觀과 양생론養生論. 『회남자』에서는 앞사람들이 논하지 않았던 생명의 세 요소를 제기한다.

대저 형체形는 생명이 머무는 집舍이고, 기氣는 생명에 채워지는 물질이고, 신神은 생명을 조절하는 존재이다. 하나가 제 자리를 잃으면 삼자가 모두 상하게 된다.291)

삼자는 상호 의존하고 또 상대적으로 독립적이다. 한편으로, "귀와 눈이 소리와 색聲色의 즐거움에 빠지게 되면 오장五臟이 요동치고 안정하지 못하다. 오장이 요동치고 안정하지 못하면 혈기血氣가 들끓게 되어 쉬지를 못한다."292) 다른 한편으로, "형체가 추위나 더위, 건조함이나 습함에 손상 받은 자는 형체는 쇠해도 정신은 건장하다. 정신이 즐거움과 노여움, 근심과 걱정에 손상 받은

---

289) (漢)劉安:《淮南子》,河南大學出版社2010年版,第638, 672頁.[원문:"知人無務, 不若愚而好學", "人之所知者淺, 而物變化無窮, 豈不知而今知之, 非知益多也, 問學之所加也".]

290) (漢)劉安:《淮南子》,河南大學出版社2010年版,第589頁.[원문:見本而知末, 觀指而睹歸, 執一而應萬, 握要而治詳, 謂之術.]

291) (漢)劉安:《淮南子》,河南大學出版社2010年版,第149頁.[원문:夫形者, 生之舍也, 氣者, 生之充也, 神者, 生之制也. 一失位, 則三者傷矣.]

292) (漢)劉安:《淮南子》,河南大學出版社2010年版,第296頁.[원문:耳目淫於聲色之樂, 則五臟搖動而不定矣, 五臟搖動而不定, 則血氣滔蕩而不休矣.]

제4절 양한兩漢 시기 중화中華 사상문화의 종합적 발전 173

자는 정신은 소진되었어도 형체는 여유가 있다."293) 오로지 성인만이 "천성性을 지팡이로 삼고 신기神에 의지하는데 양자가 서로 부추겨주면서 시종 일관할 수 있다." 형形과 신神을 비교할 때 신이 더 중요하다고 한다. "그리하여 신이 제어하면 형체가 따르고, 형체가 이기면 신은 고갈된다." 『회남자』의 인성론 특색은 맹자와 순자를 종합하고 도가와 유가를 혼합한 것에 있었다. 『원도훈原道訓』에서는 이렇게 말한다. "사람이 태어나서 고요한 것은 천성이다. 바깥 사물에 감응하면서 움직이는데, 이는 천성을 해치는 일이겠다. 사물이 이르러 신이 감응하는 것은 지각의 움직임이다. 지각과 사물이 접하면 좋아하고 싫어하는 감정이 생긴다. 좋아하고 싫어하는 감정이 생기게 되면 지각은 바깥사물에 이끌리는데, 이를 자신에게로 되돌리지 못하면 천리天理가 무너진다."294) 『전언훈詮言訓』에서는 "성인은 바른 마음이 욕심을 이기고, 뭇사람衆人은 욕심이 바른 마음을 이긴다."라고 한다. 『태족훈泰族訓』에서는 "그 본성이 없다면 타이르고 가르칠 수 없고, 그 본성이 있더라도 기르지 않는다면 도道를 받들고 따를 수 없다."295)라고 한다. 그래서 예악과 법도法度로써 가르치고 이끌어주어야 한다는 것이다. 어떻게 양생養生을 할 것인가? 『회남자』에서는 형形, 신神, 기氣를 함께 기르되, 신을 기르는 일을 위주로 할 것을 주장한다. 바꾸어 말하면 인생의 즐거움은 보고 듣는 것에 있는 것이 아니라, 내적 정신의 안일함과 쾌적함에 있다는 것이다. 『원도훈原道訓』에는 한마디 멋진 말이 있다.

대저 편종編鐘과 동고銅鼓를 세워놓고, 관악기와 현악기를 줄지어 놓고, 양털 방석을 깔아놓고, 깃발과 (상아 장식을 갖춘) 의장기를 나란히 세워놓고서 귀로는 조가朝歌(옛날 殷商의 도읍)와 북비北鄙(殷商의 북부 지역)의 음악을 듣고, 눈으로는

---

293) (漢)劉安 :《淮南子》, 河南大學出版社2010年版, 第155頁.[원문 : 形傷於寒暑燥濕之虐者, 形苑(枯)而神壯, 神傷乎喜怒思慮之患者, 神盡而形有餘.]

294) (漢)劉安 :《淮南子》, 河南大學出版社2010年版, 第128-129頁.[원문 : 人生而靜, 天之性也, 感而後動, 性之害也, 物至而神應, 知之動也, 知與物接, 而好憎生焉. 好憎成形, 而知誘於外, 不能反己, 而天理滅矣.]

295) (漢)劉安 :《淮南子》, 河南大學出版社2010年版, 第654頁.[원문 : 無其性, 不可以敎訓, 有其性, 無其養, 不能遵道.]

요염한 무녀들의 춤을 즐기고, 입으로는 맛좋은 술을 들이키면서 밤낮을 이어 놀음질 한다. 혹은 강궁強弓으로 하늘 높이 나는 새를 쏘고, 사냥개를 풀어 잽싸게 도망치는 토끼를 쫓게 한다. 그들은 이런 것을 즐거움으로 삼고 있는데, 참으로 열 띄고 성대하다. 취한 듯 홀린 듯 넋을 잃은 듯, 참말로 유혹의 세상이다. 그러나 수레에서 내리고 술상에서 물러나면, 마음은 홀연 무엇을 잃은 듯, 무엇을 빼앗긴 듯 허전하다. 무엇 때문인가? 이는 마음속의 즐거움으로 바깥세상의 쾌락을 향유한 것이 아니라 바깥세상의 이런 쾌락으로 마음속을 자극했기 때문이다. 음악이 한창일 때는 즐겁지만 악곡이 끝나면 슬프다. 슬픔과 즐거움이 엇갈리면서 정신을 어지럽히니, 마음은 잠시도 평온하지 못하겠다.296)

그래서 마음속의 정신적 충실함이야말로 진정한 즐거움이라는 것이다. 이는 비교적 바른 인생관이었다고 하겠다.

여섯째, 변증법적 고금관古今觀. 『회남자』에서는 인류의 역사는 퇴화도 있고 진보도 있다고 한다. 인성人性의 순박함으로 볼 때는 퇴화했다고 한다. 『본경훈本經訓』에서는 이렇게 말한다. '태청太淸의 세상'에서 사람들은 "본바탕이 참되고 소박했는데" 그래서 "인의仁義를 쓰지 않았고", "예악禮樂을 쓰지 않았다." 하지만 "덕德이 쇠락한 후에 인仁이 생겼고, 품행이 어지러워진 후에 의義가 세워졌고, 화해和를 잃은 후에 악樂으로 조율하게 되었고, 예禮가 음란해진 후에 용모를 꾸미게 되었다."297) 물질문명의 발전으로 볼 때는 진보했다고 한다. 『범론훈氾論訓』에서 말하는 것처럼 성인이 궁실宮室(건축물)을 만들면서 "백성들이 편안하게 살게 되었고", 후에는 또 베틀을 만들어 베를 짰는데, 그리하여 "백성들은 몸을 가리고 추위를 막을 수 있었고", 그 후에는 또 호미와 괭이와 곰방메가 있게 되어 "백성들이 편안하게 일을 하게 되었고 이익을 많이 얻게

---

296) (漢)劉安 : 《淮南子》, 河南大學出版社2010年版, 第144-145頁.[원문 : 夫建鐘鼓, 列管弦, 席旄茵, 傅旄象, 耳聽朝歌北鄙靡靡之樂, 齊靡曼之色, 陳酒行觴, 夜以繼日, 强弩弋高鳥, 走犬逐狡兔, 此其爲樂也. 炎炎赫赫, 怳然若有所誘慕, 解車休馬, 罷酒徹樂, 而心忽然, 若有所喪, 悵然若有亡也. 是何則? 不以內樂外, 而以外樂內. 樂作而喜, 曲終而悲. 悲喜轉而相生, 精神亂營, 不得須臾平.]

297) (漢)劉安 : 《淮南子》, 河南大學出版社2010年版, 第316頁.[원문 : 德衰然後仁生, 行沮然後義立, 和失然後聲調, 禮淫然後容飾.]

되었고", 더 후에는 배가 있어 항해할 수 있었고, 소와 말을 부릴수 있어 "백성들이 멀리 다녀도 노고를 줄이게 되었고", 더 후에는 무기가 있게 되어 "맹수들이 해치지 못하게 되었다."는 것이다. 그 후에 "사람들은 어려움에 봉착하게 되면 그에 적합한 해결방도를 구했고, 재앙과 곤혹을 치르게 되면 그것을 방비하는 도구를 장만했다. 사람들은 각자 자기의 지혜로 해로움을 제거하고, 이로움을 구했던 것이다."298) 역사적 경험에 대해서는 옛 것에 얽매이고 낡은 것을 그대로 인습해서는 아니 된다고 한다. 『범론훈』에서는 이렇게 지적한다.

선왕先王들의 법도도 적합하지 않으면 폐廢해야 한다. 말세末世의 일도 훌륭하면 분명히 드러내야 한다.
법과 제도는 시대에 따라 바뀌어야 하고, 예의禮義도 풍속에 따라 변화해야 한다. 의복과 기계는 각자 사용에 편리해야 하고, 법령과 제도는 각자 형편에 알맞게 써야 한다.299)

『수무훈脩務訓』에서는 옛 것을 귀하게 여기고 오늘날 것을 천하게 여기는 풍기를 비판한다.

속세의 사람들은 많은 경우, 옛 것을 높이고 오늘날의 것을 천하게 여긴다. 그래서 도道를 닦는 자들은 반드시 신농씨神農氏와 황제黃帝에 의탁하고서야 비로소 말을 꺼낸다. 어지러운 세상의 어두운 군주들은 늘 그들의 유래가 오래되었다고 말하고 또한 그래서 귀하다고 떠벌인다. 학문을 닦는 자들은 그들의 논설에 가려져 자신이 들은 바를 높이면서 함께 모여앉아 진지하게 그것을 외우고 찬송한다. 이는 옳고 그름의 분별이 분명하지 못한 짓이다. 『시詩』와 『서書』를 공부하는 자들은 여기서 도리를 깨치고 사회를 이해할 것을 기대하는데, 반면 이를 『홍범洪範』이나 『상송商頌』 같은 글에서 찾아보지 않는다. 마음에 잣대가 있으면, 진실을 귀하게 여길 것이고, 옛날과 지금을 똑같이 대할 것이다.300)

---

298) (漢)劉安:《淮南子》, 河南大學出版社2010年版, 第449頁.[원문:故民迫其難, 則求其便, 因其患, 則造其備. 人各以其所知, 去其所害, 就其所利.]
299) (漢)劉安:《淮南子》, 河南大學出版社2010年版, 第450, 451頁.[원문: "先王之制, 不宜則廢之 末世之事, 善則著之", "法與時變, 禮與俗化. 衣服器械, 各便其用, 法度制令, 各因其宜".]

중요한 것은 옛날과 지금이 아니라, 옳고是 그름非이라고 한다. 그렇다면 옳고 그름은 어디에 있는가? 나라를 다스리고 정치를 운영하는 올바른 원칙은 어디에 있는가? 『전언훈』에서는 이렇게 말한다.

　　나라를 다스리는 근본은 백성들을 평안하게 해주는데 있고, 백성들을 평안하게 해주는 근본은 먹고 입는 것을 풍족하게 해주는데 있고, 먹고 입는 것을 충족하게 해주는 근본은 백성들의 농사철을 앗지 않는데 있고, 백성들의 농사철을 앗지 않는 근본은 일(徭役을 말함)을 줄이는데 있고, 일을 줄이는 근본은 욕심을 절제하는데 있다.301)

　그럼 누가 일을 줄이고 욕심을 절제해야 하는가? 당연히 군왕이겠다. 『범론훈』에서는 이렇게 말한다.

　　나라를 다스리는 데는 법도常가 있는데, 백성들을 이롭게 해주는 것이 근본이고, 정치교화에는 길經이 있는데 법령의 실행을 최상으로 삼는다. 만약 백성들에게 이로운 것이라면 반드시 옛것을 본받을 필요가 없고, 만약 일을 주도면밀하게 처리할 수 있다면, 반드시 옛것을 좇아 따를 필요가 없다.302)

　이는 분명히 민본주의이고 또한 창조적인 사상이었다고 하겠다.
　일곱째, 의롭고義, 용감하고勇, 지혜로울 것智을 강조하는 군사사상. 『회남자』에서는 군사를 단순히 군사로만 보는 관점에 반대한다. 이 책에서는 군사를 정치에 종속되는 것으로 보고 있고, 또한 정의正義적으로 백성들을 보호해주는

---

300) (漢)劉安：《淮南子》, 河南大學出版社2010年版, 第641, 643, 642頁.[원문 : "世俗之人, 多尊古而賤今, 故為道者必托於神農, 黃帝而後能入說. 亂世暗主, 高遠其所從來, 因而貴之. 為學者蔽於論而尊其所聞, 相與危坐而稱之, 正領而誦之. 此見是非之分不明", "誦《詩》, 《書》者期於通道略物, 而不期於《洪範》, 《商頌》", "有符於中, 則貴是而同今古".]

301) (漢)劉安：《淮南子》, 河南大學出版社2010年版, 第481頁.[원문 : 為治之本, 務在於安民, 安民之本, 在於足用, 足用之本, 在於勿奪時, 勿奪時之本, 在於省事, 省事之本, 在於節欲.]

302) (漢)劉安：《淮南子》, 河南大學出版社2010年版, 第451頁.[원문 : 治國有常, 而利民為本, 政教有經, 而令行為上. 苟利於民, 不必法古, 苟周於事, 不必循舊.]

것이어야 말로 전쟁에서 승리하는 근본이라고 한다. 『병략훈兵略訓』에서는 이렇게 말한다.

> 군사의 승패勝敗는 그 근본이 정치에 있다. 정치가 백성들을 이겨 아래에서 위를 따르게 되면 군사는 강해진다.
> 덕과 의가 천하의 백성들을 품어주기에 족하고, 하는 일이 천하의 어려움을 해결하기에 족하고, 인재등용이 현명한 자들의 마음을 얻기에 족하고, 계략과 지혜가 적과 아敵我의 강약强弱을 판단하기에 족해야 하는데, 이것이 필승必勝하는 근본이겠다.[303]

『병략훈』에서는 더 나아가 지적하기를, 용병用兵에는 상, 중, 하의 세 개 차원이 있다고 한다. "위와 아래가 한마음이 되고, 임금과 신하가 힘을 합치고, 제후들이 그 위엄에 굴복하고, 천하에서 그 은덕에 고마워하는 마음을 품고 있어 정사政事를 조정廟堂에서 보지만 천리 바깥에서 적을 물리치고, 두 손을 마주잡고 읍을 하면서 지휘하지만 천하에서 호응한다면 이것이 용병의 상책上策이겠다."[304] 다음은 '임금이 현명하고 장군들이 충성하고, 나라가 부유하고 군사가 강해' 출병하니 적군이 '싸움이 시작되기도 전에 놀라 도망가는 것인데', 이것이 용병의 중책中策이겠다. 전쟁이 시작되어 "천리에 피가 강물처럼 흐르고, 시체가 전쟁터에 무더기로 쌓여있는 가운데 결사전을 벌여 승리를 거두는 것은 용병의 하책이겠다." 이 세 개 용병 계책은 『손자병법』과 일치하다. 『병략훈』에서는 노자의 '도'를 활용하여 설명하기를, 용병의 도道는 전쟁에서 미묘하게 변화하는 추세와 규칙을 충분히 파악하고, 천天, 지地, 시時 및 인간의 조건을 충분히 활용하여 '신출귀몰'할 수 있는 데 있다고 한다. "신령스러운 것神은

---

303) (漢)劉安：《淮南子》, 河南大學出版社2010年版, 第507頁.[원문 : "兵之勝敗, 本在於政. 政勝其民, 下附其上, 則兵强矣", "德義足以懷天下之民, 事業足以當天下之急, 選擧足以得賢士之心, 謀慮足以知强弱之勢, 此必勝之本也".]

304) (漢)劉安：《淮南子》, 河南大學出版社2010年版, 第505頁.[원문 : 上下一心, 君臣同力, 諸侯服其威, 而四方懷其德. 修政廟堂之上, 而折沖千裏之外, 拱揖指揮, 而天下響應, 此用兵之上也.]

천도天道에 합치되는 것보다 귀한 것이 없고, 세勢는 유리한 지형을 차지하는 것보다 편한 것이 없고, 행동動은 적절한 시기를 노려 취하는 것보다 급한 것이 없고, 사용用은 인재보다 유용한 것이 없다. 대저 이 네 가지가 용병用兵의 근간이다. 하지만 반드시 도에 기대어 행해야 하고, 이렇게 해야만 각자의 역할을 모두 발휘할 수 있다."305) 이밖에 장군들은 "명성을 얻기 위해 진격하지 말아야 하고, 죄를 피하기 위해 퇴각하지 말아야 하고, 오로지 백성들을 보호해야 하고", "위로는 천도天道를 얻고, 아래로는 지형의 편리함을 얻고, 가운데서는 민심을 얻고", "반드시 병졸들과 동고동락해야 한다"고 한다. 또한 작전 시에는 용병술을 기이하게 사용할 줄 알아야 하는데, "용병의 도道는 일부러 부드럽게 보여주고서 굳세게 대응하고, 일부러 약하게 보여주고서 기회를 타면 강하게 압도하는 것이다."306)라고 한다. 또 군사는 신속하게 움직여야 하고, 기세를 타고 진격해야 하는데, '우렛소리가 미처 귀에 닿기 전에' 해치워야 한다고 한다. 군용물자도 충족해야 한다고 한다. "갑옷이 견고하고 병기가 예리하고, 수레가 튼튼하고 말이 훌륭하며, 식량비축도 충족하고, 사졸들이 수레에 가득 타고 있는 것, 이것이 군대의 큰 자산이다."307)

『회남자』와 『여씨춘추』에서는 모두 분봉제分封制를 실시하는 통일 제국을 구축할 것을 주장한다. 또 임금은 주로 아랫사람들에게 의지하고 자신은 일을 맡지 말고, 대신들과 각 계층 각 업종의 사람들이 각자 능력을 다하게 해야 한다고 한다. 나라의 다스림에 있어서는 백성들을 부드럽게 품어주는 것懷柔을 위주로 하고 형벌은 보조적으로 사용하고, 농사일과 베 짜는 일을 근본으로 삼아야 한다고 한다. 하지만 『회남자』에서는 『여씨춘추』보다 한걸음 더 나아갔다. 첫째, 진秦나라가 멸망한 교훈을 총화하고서, 백성들을 편안하게 해주고

---

305) (漢)劉安:《淮南子》, 河南大學出版社2010年版, 第517頁.[원문:神莫貴於天, 勢莫便於地, 動莫急於時, 用莫利於人, 凡此四者, 兵之幹植也. 然必待道而後行, 可一用也.]

306) (漢)劉安:《淮南子》, 河南大學出版社2010年版, 第520頁.[원문:用兵之道, 示之以柔, 而迎之以剛, 示之以弱, 而乘之以強.]

307) (漢)劉安:《淮南子》, 河南大學出版社2010年版, 第506頁.[원문:甲堅兵利, 車固馬良, 畜積給足, 士卒殷軫, 此軍之大資也.]

잘 보살펴줄 것을 더욱 강조한다. '가장 훌륭한 다스림은 너그럽게 다스리는 것'인 바, 진시황처럼 오로지 법으로만 다스리면 아니 된다는 것이다. 『태족훈泰族訓』에서는 이렇게 말한다.

> 조정趙政은 낮에는 옥사를 판결하고 밤에는 문서를 처리했다. 오령五嶺에 수자리를 두고 월越나라의 침공에 대비했고, 만리장성을 쌓아 호인胡人들의 침공을 방비했다. 하지만 간악한 자들이 무리지어 생기고, 도적들이 떼를 짓고 있었는데308)

그리하여 장기적인 안정을 얻지 못했다는 것이다. 둘째, 상이한 지역의 민속과 풍기를 포용해주고 존중해주어야 한다고 한다. 『제속훈齊俗訓』에서는 강조하기를, "그 나라에 들어가면 그 나라의 풍속을 따르고, 그 집에 들어가면 그 집 사람들의 꺼리는 바를 피해야 한다. 그 곳의 금기를 범하지 않고 들어가고, 꺼리는 바를 거스르지 않고 들어간다면, 비록 그 곳이 이적夷狄과 같은 맨발에 알몸을 한 나라라고 할지라도, 수레바퀴 자국을 먼 나라에 가서 내더라도, 결코 곤궁에 빠지는 일은 없을 것이다."309) 셋째, 『회남자』에서는 『여씨춘추』에 비해 더 분명하게 도가와 유가의 상호 보완을 부각시키고 있었다. 하지만 상대적으로 유가와 법가의 결합이 더욱 긴밀했다. 예컨대 『태족훈泰族訓』에서는 '삼오參伍' 계략을 제기하는데, 이를 이렇게 설명하고 있다.

> 무엇을 삼參, 오伍라고 하는가? 우러러 하늘에서 일월성신의 상象을 취하고, 엎드려 땅에서 도수度數를 취하고, 가운데서 사람에게서 법도를 취했다. …… 이것을 삼參이라고 한다. 임금과 신하의 의義를 정하고, 아버지와 아들의 친근함親을 정하고, 남편과 아내의 분별辨을 정하고, 윗사람과 아랫사람의 차례序를 정하고, 친구 사이際를 정했는데, 이것을 오伍라고 한다.310)

---

308) (漢)劉安:《淮南子》, 河南大學出版社2010年版, 第661頁.[원문: "趙政晝決獄而夜理書", "戍五嶺以備越, 築修城以守胡, 然奸邪萌生, 盜賊群居".]

309) (漢)劉安:《淮南子》, 河南大學出版社2010年版, 第394頁.[원문: 入其國者從其俗, 入其家者避其諱, 不犯禁而入, 不忤逆而進, 雖之夷狄徒倮之國, 結軌乎遠方之外, 而無所困矣.]

당나라 사학자 유지기劉知幾는 『사통史通・자서自敍』에서 이렇게 말한다.

　　옛날 한나라 유안劉安은 책을 지어 이름을 『회남자』라고 했는데, 이 책은 하늘
　땅을 모두 포괄하고 있고, 고금古今을 널리 아우르고 있다. 위로는 태공太公으로
　부터 아래로는 상앙商鞅에 이르기까지 종횡으로 얼기설기 널리 아우르고 있었다.
　스스로 이르기를, 여러 학파를 널리 종합했다고 하는데, 참말로 모든 정열을 남김
　없이 쏟아 부었다고 하겠다.311)

　양계초梁啓超는 『중국 근대 삼백년 학술사中國近三百年學術史』에서 "『회남홍
렬淮南鴻烈』은 서한 도가 학설의 연부淵府(물건을 많이 집적한 곳)이다."312)라고 한
다. 유문전劉文典은 『회남홍렬집해자서淮南鴻烈集解自序』에서 이렇게 말한다.

　　회남왕淮南王의 책은 고금을 널리 아우르고 있고, 인의를 모두 통섭하고 있고,
　천지를 전부 포괄하고 있고, 산천山川을 아주 생동하게 그려내고 있는데, 참말로
　묘의眇義(깊은 도리)의 연총淵叢(물건을 많이 모아놓은 곳)이고, 가언嘉言의 임부林府
　(물건이 많이 쌓인 곳)이다. 태사공太史公(司馬遷)이 말하는 '음양陰陽의 대순大順을
　따르고, 유가와 묵가의 훌륭한 것들을 취하고, 명가와 법가의 정수를 취합한' 책
　이라고 하겠다.313)

　이들의 평가는 역사 사실에 비교적 부합된다고 하겠다. 본 저자는 졸작 『여
씨춘추呂氏春秋와 회남자淮南子의 사상 연구』(人民出版社, 2013)의 '재출판 서언'
에서 이렇게 평가했다.

---

310) (漢)劉安：《淮南子》, 河南大學出版社2010年版, 第654頁.[원문：何謂三伍？ 仰取象於天,
　　俯取度於地, 中取法於人……此之謂三. 制君臣之義, 父子之親, 夫婦之辨, 長幼之序, 朋友
　　之際, 此之謂五.]
311) 劉虎如選注：《史通》, 商務印書館1929年版, "自序"第3-4頁.[원문：昔漢世劉安著書, 號曰
　　《淮南子》, 其書牢籠天地, 博極古今, 上自太公, 下至商鞅, 其錯綜經緯, 自謂兼於數家, 無
　　遺力矣.]
312) 梁啓超：《中國近三百年學術史》, 天津古籍出版社2003年版, 第267頁.[원문：《淮南鴻烈》
　　為西漢道家言之淵府.]
313) 劉文典：《淮南鴻烈集解》, 馮逸, 喬華點校, 中華書局1989年版, "自序"第1頁.

나는 이 두 책을 저술한 사상가들에게 경이로움을 금치 못했다. 그들은 사회의 대변혁 시기에 이렇게 이성적이고 포용적인 태도로써 제자백가들의 사상 자원을 활용하여 체계적으로 치국治國의 방략을 제기했던 것이다. 그들은 철학, 윤리, 정치, 경제, 사회, 군사, 문화교육의 모든 방면을 아우르고 있었고, 또한 이상에 대한 추구도 있었고 현실에 대한 고민도 있었다. 저자들은 탁월한 식견을 보여주고 있었고, 실제로 사마천이 말하는 '하늘과 인간 사이를 탐구하고 고금의 변천을 통달하는' 일을 완성했다. 비록 융회融會가 불충분하고 창조가 결핍하다는 결점이 존재하기는 하지만 그러나 이미 충분히 우리들이 참답게 연구하고 참고할만한 가치를 제공해주었다고 하겠다. 예를 들면, 사회 관리 측면에서 천도天道와 인도人道를 결합하고, 집권集權과 분권分權을 결합하고, 덕치德治와 법치法治를 결합하고, 제도制度와 인재 등용을 유기적으로 결합할 것을 주장한 점, 문화적 측면에서 백가百家를 포용하고, 인재를 널리 끌어 모으고, 문화교육을 진흥시키고, 계승도 하고 변혁도 할 것을 주장한 점, 일을 함에 있어서 진짜와 가짜를 살펴 변별하고, 이치를 따르면서 일을 처리하고, 뭇사람들의 지혜를 모아 잘 활용하고, 요체를 잡고 많은 것을 통섭할 것을 주장한 점, 인간 됨做人에 있어서 인仁과 지智를 함께 받들고, 정情과 이理를 모두 갖추고, 형形과 신神이 서로 의지하게 하고, 안과 밖에서 함께 길러줄 것을 주장한 점 등이겠다. 요컨대 이 두 책은 모두 그 당시 여러 학파의 지혜, 즉 우주와 사회, 인생에 관한 많은 지혜를 취합했다. 또한 이런 지혜 배후의 수많은 역사사실들을 예로 들어 그 합리성을 뒷받침하고 있었다. 이런 것들은 오늘날 우리들의 정신세계를 풍부하게 해줄 수 있고, 또한 오늘날 사회 건설에도 많은 도움이 될 것이다.

만약 진秦나라에서 『여씨춘추』로써 나라를 다스리고, 한나라에서 『회남자』로써 사회를 다스렸다면 중국은 아마도 2000여 년 전부터 개명군주제開明君主制를 실시했을 것이고, 그랬다면 역사 또한 다른 광경이었을 것이다. 적어도 중국에서 현대문명에 대한 수용은 많이 용이했을 것이다. 또한 근현대 사회 변혁과 전환에 있어서도 그렇게 간거하고 굴곡적이지 않았을 것이다.[314]

3) 황로도가黃老道家의 연속과 도교의 형성

한나라 때 도가 형태로 존재했던 황로 사조는 한무제가 유술儒術을 존숭하면

---

314) 牟鐘鑒 :《〈呂氏春秋〉與〈淮南子〉思想硏究》, 人民出版社2013年版, "再版序言".

서부터는 정치무대에서 버려지게 되었다. 하지만 민간에서는 계속하여 존재했고 또한 발전하고 있었다. 서한 성제成帝 때, 엄준嚴遵(즉 君平)은 『노지지귀老子指歸』를 저술했는데, 여기서 그는 '도道'는 '허虛하고 허하기' 때문에 만물을 성취할 수 있음을 논증한다. 그는 이렇게 설명한다.

> 도道의 체體는 텅 비고 없는 것虛無이지만, 만물은 형체가 있다. 도道의 체는 모습이 없지만 만물은 모나고 둥글다. 도道의 체는 고요하고 소리가 없지만 만물은 소리가 있다. 이로 보면 도道는 아무것도 넘겨주지 않았지만 만물은 이에 의지하여 존재하고, 하는 일도 없고 주재主宰하지도 않지만 만물은 이에 의지하여 그렇게 되어 있다. 그렇게 된 것은 그렇지 않은 것에서 생겨나고, 존재하는 것은 존재하지 않는 것에서 생겨난다는 것, 역시 분명하다고 하겠다.315)

이런 추리방식은 왕필王弼의 "천지天地는 무無를 근본으로 삼는다."는 말에 대한 논증과 아주 유사한데, 이를 위진 현학에로 과도過渡하는 양상으로 볼 수도 있겠다. 동한 명제明帝와 장제章帝 때, 왕충王充은 『논형論衡』을 저술했는데, 그는 여기서 새로운 견해들을 많이 제기했다. 예를 들면, 정치적 측면에서는 관자管子의 "곡창倉廩이 가득 차 있으면 백성들은 예절을 알고, 먹고 입는 것이 풍족하면 백성들은 영예와 수치를 안다."라는 말을 높이 받들고 있었고, "도를 논하고 정치를 의론하는 데는 현명한 선비들의 힘이 중요하다."316)라는 말을 크게 찬양하고 있었다. 철학적 측면에서는 도가의 원기자연론元氣自然論을 받들고 있었고, '천인감응天人感應'설과 귀신에 대한 미신迷信은 반대하고 있었다. 스스로 말하기를, "비록 유가 학설에 위배되기는 하나, 황제와 노자의 이치에는 합치된다."317)라고도 했다. 왕충王充은 무신론자였지만, 그러나 귀신鬼神에게

---

315) 王德有譯注：《老子指歸譯注》, 商務印書館2004年版, 第190頁.[원문 : 道體虛無而萬物有形, 無有狀貌而萬物方圓, 寂然無音而萬物有聲. 由此觀之, 道不施不與而萬物以存, 不爲不宰而萬物以然. 然生於不然, 存生於不存, 亦明矣.]

316) (漢)王充：《論衡》, 陳蒲淸點校, 嶽麓書社2006年版, 第172頁.[원문 : "倉廩實民知禮節, 衣食足民知榮辱", "論道議政, 賢儒之力也".]

317) (漢)王充：《論衡》, 陳蒲淸點校, 嶽麓書社2006年版, 第239頁.[원문 : 雖違儒家之說, 合黃,

제사祭祀 지내는 필요성은 긍정하고 있었다. "대저 제사의 의미는 두 가지이다. 하나는 공로에 보답하는 것이고 다른 하나는 선조들을 공경하는 것이다. 공로에 보답함으로써 열심히 일하는 자들을 격려하고, 선조들을 공경함으로써 은덕 恩德이 있는 이들을 높이 받든다."[318] 동한 때 만들어진 『노자하상공장구老子河上公章句』에서는 처음으로 『노자』를 81장으로 나누고, 정기설精氣說로 도를 논했다. "오늘의 만물은 모두 도의 정기精氣를 받아 생겼다."[319] "사람이 정신을 기를 수 있으면養神, 죽지 않는다.", "기氣를 아끼고 신神을 길러 수명을 연장한다."[320] 즉 양생養生을 통하여 장생長生을 실현할 수 있다고 믿고 있었고, 이렇게 도교의 탄생에 이론적 토대를 마련해주게 되었던 것이다. 이 시기는 노자 학설이 발달하고 장자학설은 침체되어 있었다. 『노자』에 주注를 한 저작으로는 10여 권 있었는데, 예컨대 『노자린씨경전老子隣氏經傳』, 『노자부씨경설老子傅氏經說』, 『노자서씨경설老子徐氏經說』 등이 그것이다. 동한 전기, 초나라 왕 유영劉英은 "황로의 미언微言(심오한 말)들을 읊조리고, 불타의 인사仁祠(사찰)를 숭상했다."[321] 동한 말년, 황로 학설은 한걸음 더 나아가 종교 신학적 색채를 가진 황로 숭배 및 이에 상응하는 제사 활동으로 변천했고, 동시에 신선방술神仙方術 및 민간의 신도神道와 결합되어 점차 민간 도교를 배태해냈다. 그때는 '황로도 黃老道'(다만 숭배만 있고 종교조직은 없었다)라고 칭했고, 사회에서는 이를 우러러 높이 받들고 있었다. 역사 기재를 보면 『후한서後漢書·양해전襄楷傳』에서는 "궁宮에서 황黃, 노老, 불타의 사당을 세운다고 들었다."[322]라고 하고, 『왕환전

老之義也.]

318) (漢)王充:《論衡》, 陳蒲淸點校, 嶽麓書社2006年版, 第330頁.[원문 : 凡祭祀之義有二 : 一曰報功, 二日修先. 報功以勉力, 修先以崇恩.]

319) 王卡點校:《老子道德經河上公章句》, 中華書局1993年版, 第87頁.[원문 : 今萬物皆得道精氣而生.]

320) 王卡點校:《老子道德經河上公章句》, 中華書局1993年版, 第21, 207頁.[원문 : "人能養神則不死也", "愛氣養神, 益壽延年".]

321) (南朝宋)範曄:《後漢書》, 浙江古籍出版社2000年版, 第399頁.[원문 : 誦黃老之微言, 尙浮屠(佛敎)之仁祠.]

322) (南朝宋)範曄:《後漢書》, 浙江古籍出版社2000年版, 第300頁.[원문 : 聞宮中立黃, 老, 浮屠

王渙傳』에서는 환제桓帝가 "황로도를 섬겼다."라고 하고, 『환제기桓帝紀』에서는 환제가 관리官를 파견하여 "고현古縣에 가서 노자에게 제사 지내게 했다."라고 하고, 『황보숭전皇甫嵩傳』에서는 "거록鉅鹿의 장각張角은 자칭 대현량사大賢良師라고 하면서 황로도를 받들고 섬겼다奉事."323)라고 한다. 변소邊韶는 『노자명老子銘』(『예석隸釋』卷三)에서 말하기를, 세상에서 도道를 좋아하는 자들은 "노자가 (태초의) 혼돈의 기氣에 드나들고, 해·달·별의 삼광三光과 시작과 끝을 함께 했고', '도道가 완성되고 몸이 변용되어 매미가 허울을 벗듯 세상을 초월했으니, 복희伏羲·신농神農의 상고시대이래, 성인들의 스승이 되셨다."324)고 믿고 있었다고 한다. 노자는 이렇게 이미 신선神仙이 되었던 것이다. 한나라 말에는 『태평경太平經』, 『주역참동계周易參同契』, 『노자상이주老子想爾注』 등 책들이 나왔는데, 이 책들에서는 노자 학설과 역학易學, 신선 신앙, 음양오행陰陽五行, 연양방술煉養方術을 함께 아우르고 있었다. 이 책들은 도교의 조기 경전으로 되어졌고 또한 이렇게 도교 의리義理의 토대를 구축하게 되었다. 『태평경太平經』은 안제安帝와 순제順帝가 바뀌던 시기에 만들어졌다. 『양해전襄楷傳』에서는 이 책에 관해서 이렇게 말한다.

그 말들은 음양오행陰陽五行을 집으로 삼고 있고, 무격巫覡의 잡언雜語들이 많고, 후일 장각張角이 그 책을 상당히 많이 가지고 있었다.325)

이 책에서 처음으로 도교의 신선神仙 체계를 제기했고, 도를 닦는 원칙은 성性을 기르는 것養性과 덕을 쌓는 것을 모두 중요시하는 것이라고 확정했다.

之祠.]
323) (南朝宋)範曄: 《後漢書》, 浙江古籍出版社2000年版, 第649頁.[원문: 鉅鹿張角自稱大賢良師, 奉事黃老道.]
324) (宋)洪適: 《隸釋·隸續》, 中華書局1985年版, 第36頁.[원문: 道成身化, 蟬蛻渡世, 自羲農以來, 爲聖者作師.]
325) (南朝宋)範曄: 《後漢書》, 浙江古籍出版社2000年版, 第302頁.[원문: "其言以陰陽五行爲家, 而多巫覡雜語", "後張角頗有其書".]

또 "안으로는 장수함에 이르고, 바깥으로는 이치에 이르고"326), 태평한 세상을 동경한다고 한다. 또 도교 특유의 '승부설承負說'을 제기했는데 "착善한 일을 많이 했지만 도리어 악惡한 과보를 받는 것은 선조들이 범한 과오를 대신 벌 받는 것이고, 전에 쌓인 재앙이 흘러내려와 이 사람을 해친 것이다. 악한 일을 했지만 선善한 과보를 받는 것은 선조들이 공을 크게 쌓은 덕분이고, 그 공이 이 사람에게 흘러 내어온 것이다."327)라고 한다. 도를 닦는 요점은 부모님을 잘 섬기고, 임금에게 충성하고, 스승을 존경하는 것이라고 한다. "부모님은 생명의 뿌리요, 임금님은 영광과 존귀함을 주는 문이요, 스승님은 지혜가 무궁하게 나오게 하는 기틀이다. 이 삼자는 도덕道德의 관문이다."328) 이밖에 또 하나를 지켜 흩어지지 않게 하고, 기氣를 마시고 약을 복용해야 한다고 한다.『주역참동계周易參同契』는 도교 단정파丹鼎派의 가장 초기의 경전이다. 이 책은『주역周易』을 입론立論의 근거로 삼고, 황로 학설과 노화爐火(즉 煉丹) 방술을 참고하여 만든 것이다. 이 책에서는 이렇게 말한다.

> 대역大易의 성과 정情性은 각각 그 절도에 맞으니 황로 학설을 연구하면 비교하여 거느릴 수 있게 된다. 노화爐火의 일은 진실로 근거할 바가 있는 것이므로, 세 가지 도道가 하나에서 유래하여 모두 같은 경로를 따라 나왔다.329)

이 책은 위백양魏伯陽이 저술한 것인데, 그때는 순제順帝와 환제桓帝가 바뀌던 시기였다. 그는 음양陰陽의 도道와 황로 학설로 노화爐火 연단鍊丹의 방법을 논했다. 이 책에는 약재를 선별하고, 불의 세기와 시간火候을 조절하고, 단약丹藥을 복용하는 것에 대해 모두 정묘하고도 함축적인 해석과 설명이 있는데,

---

326) 王明編:《太平經合校》(下), 中華書局1960年版, 第739頁.[원문: 內以致壽, 外以致理.]

327) 王明編:《太平經合校》(下), 中華書局1960年版, 第22頁.[원문: 力行善反得惡者, 是承負先人之過, 流災前後積來害此人也. 其行惡反得善者, 是先人深有積蓄大功, 來流及此人也.]

328) 王明編:《太平經合校》(下), 中華書局1960年版, 第311頁.[원문: 父母者, 生之根也, 君者, 授榮尊之門也, 師者, 智之所出, 不窮之業也. 此三者, 道德之門戶也.]

329) (後蜀)彭曉:《周易參同契通眞義》, 中州古籍出版社1988年版, 第157頁.[원문: 大易性情, 各如其度, 其度黃老用究, 較而可御, 爐火之事, 眞有所據, 三道由一, 俱出徑路.]

사람들은 또 이를 더욱 다양하게 발휘할 수도 있다. 이 책은 단경丹經의 시조(주로는 外丹)로 알려져 있다. 후일 도교 학자들은 이를 해독解讀해서 내단內丹의 경전으로 삼고 있었다. 한나라 말, 오두미도五斗米道가 파촉巴蜀과 한중漢中 일대에서 일떠섰는데, 이는 장릉張陵이 창립한 것이다. 사람들은 장릉을 천사天師라고 칭했고, 그는 이를 아들 장형張衡에게 전수해주었는데, 사람들은 장형을 사사嗣師라고 칭했고, 장형은 또 이를 그의 아들 장로張魯에게 전수해주었는데 사람들은 장로를 계사系師라고 칭했다. 장로는 정교합일政敎合一의, 군왕君과 스승師의 신분을 한 몸에 지닌, 지방 할거割據 정권의 우두머리를 했고, 파촉巴蜀, 한중漢中 일대에서 30여 년 위풍당당하게 정권을 운영했다. 후일 그곳이 조조曹操의 관할 지역으로 편입되면서 오두미도 도사道師들은 중원中原 지역에 들어왔고, 오두미도는 위진 시기 천사도天師道로 탈바꿈했다. 『노자상이주』의 저자는 아마도 장로張魯인 것으로 보인다. 이 책은 많은 오두미도 좨주祭酒들이 『노자』의 5000글자를 해석한 논설을 종합하여 만든 책이다. 그 특징이라면, 신학神學적 관점으로 『노자』 철학을 해석한 것이고, 그들은 이런 방식으로 오두미도五斗米道를 널리 보급하려 했다. 현존하는 것으로는 돈황燉煌 사본寫本이 있고, 또 당대 학자 요종이饒宗頤가 만든 『노자상이주교전老子想爾注校笺』이 있다. 『노자』 경문經文에서 "성인은 자기를 뒤로 하고 남을 앞세운다聖人後其身而身先."라는 말을 『상이주想爾注』에서는 해석하기를 : "선인仙人이 장수함을 얻는 비결은 속세에서 남을 앞에 세워 복을 받는 것이다."[330]라고 한다. 『노자』 경문에서 "왕의 덕을 갖추면 하늘과 같아진다王乃天."라는 말을 『상이주』에서는 "왕王이라는 글자를 생生이라는 글자로 바꾸었고生能天", 이를 해석하기를 "능히 장생할 수 있으면 하늘에 짝할 수 있다."[331]라고 한다. 『노자』 경문에서 "백성들은 나를 일러 자연이라 한다百姓謂我自然."라는 말을 『상이주』에서는 해석하기를,

---

330) 劉昭瑞：《〈老子想爾注〉導讀與譯注》，江西人民出版社2012年版，第77頁.[원문 : 得仙壽, 獲福在俗人先.]

331) 劉昭瑞：《〈老子想爾注〉導讀與譯注》，江西人民出版社2012年版，第102頁.[원문 : 能致長生, 則副天也.]

"나는 선인仙士이다."332)라고 한다. 『노자』 경문에서 "그 가운데 믿음이 있다其中有信."라는 말을 『상이주』에서는 해석하기를, "옛날 선인仙士들은 정기精를 충실하게 하면서 살았는데, 오늘 사람들은 정기를 잃고 죽는다. 이것이 큰 믿음大信이다."333)라고 한다. 『노자』 경문에서 "혼백을 싣고 하나로 껴안아 능히 떨어지지 않게 할 수 있는가載營魄抱一, 能無離"라는 말을 『상이주』에서는 해석하기를, "하나一(道를 말함)는 형체形가 흩어지면 기氣가 되는데, 형체로 모이면 태상노군太上老君이 되어, 늘 곤륜崑崙을 다스린다."334)라고 한다. 『노자』 경문에서 "대도大道가 폐廢하니, 인의仁義가 생기고, 지혜가 나오니 큰 거짓이 생겨나더라. 육친六親이 불화不和하니 효도와 자애가 생기고, 나라가 어둡고 어지러우니 충신들이 생겨나더라."라는 말을 『상이주』에서는 해석하기를, "상고上古 시기 도道가 쓰여졌을 때는 사람으로 명분을 삼아, 모두 인의仁義를 행했다.", "도가 쓰여졌을 때는 집집마다 자애와 효도가 있었다.", "도가 쓰여졌을 때는 신하가 충성하고 자식이 효도하여 나라가 쉽게 다스려졌다."335) 『상이주』의 주注는 대체로 모두 이런 식이었다. 주문注文에서는 도를 신도神道로써 발휘하고 있었을 뿐만 아니라 또한 직접 유가의 인, 의, 충, 효를 긍정하고 있었다. 한나라 말년부터 삼국 시기에 이르기까지 민간 도교 교파에서 장각張角이 이끌고 있던 태평도太平道는 황건군黃巾軍 무장봉기가 진압당하면서 중절되었고, 장릉張陵, 장형張衡, 장로張魯가 이끌고 있던 오두미도五斗米道는 위진 시기 천사도天師道로 탈바꿈했다. 천사도는 부록符籙과 과의科儀를 중요시하고 있었고, 후일 북조 구겸지寇謙之와 남조 육수정陸修靜의 정돈을 거쳐 상층上層의 대교大教로

---

332) 劉昭瑞:《〈老子想爾注〉導讀與譯注》, 江西人民出版社2012年版, 第105頁.[원문 : 我, 仙士也.]

333) 劉昭瑞:《〈老子想爾注〉導讀與譯注》, 江西人民出版社2012年版, 第118頁.[원문 : 古仙士實精以生, 今人失精以死, 大信也.]

334) 劉昭瑞:《〈老子想爾注〉導讀與譯注》, 江西人民出版社2012年版, 第83頁.[원문 : 一散形為氣, 聚形為太上老君, 常治崑崙.]

335) 劉昭瑞:《〈老子想爾注〉導讀與譯注》, 江西人民出版社2012年版, 第106, 107頁.[원문 : "上古道用時, 以人為名, 皆行仁義", "道用時, 家家慈孝", "道用時, 臣忠子孝, 國則易治".]

되어졌고, 더 발전해서는 후세의 정일도正一道로 변천했다. 연단煉丹을 특색으로 하는 단정파丹鼎派는 위진 때 갈홍葛洪이 『포박자抱朴子』를 저술하여 이론적으로 승화시키면서 체계적인 양성養性 수선修仙 학설을 형성했고, 역시 주류의 대교大教로 부상했다. 단정파丹鼎派는 당, 송 시기의 발전을 거쳐 금나라와 원나라가 바뀌던 시기에 이르러서는 전진도全眞道를 배태해냈다.

2. 유가사상의 실천과 발전

1) 한나라 초의 유가

한나라 초의 사상가들이 사고하던 주요문제는 하夏, 상商, 주周 삼대三代에 세상을 잘 다스렸던 경험과 혼란했던 경험을 두루 잘 총화 한 기초 위에서, 특히 폭정을 행했던 진秦나라가 재빨리 멸망했던 교훈을 심각하게 받아들여 정치적으로 이미 중앙집권제를 구축한 통일제국에 나라와 사회를 다스리는 통일적 사상체계를 제공하고, 나라의 장기적인 안정과 사회의 장기적인 평화를 도모하는 등 그런 것이었다. 그들 중 유학 정론가이자 사상가였던 육가陸賈와 가의賈誼가 가장 대표적이라 하겠다.

육가는 늘 고조高祖 유방劉邦과 함께 하고 있었고, 그의 신변에서 그를 보좌해주었다. 『사기史記 · 려생육가열전酈生陸賈列傳』에서는 이렇게 말한다.

> 육생陸生(즉 陸賈)은 늘 황제 앞에서 『시詩』와 『서書』 같은 유가 경전을 이야기했다. 고제高帝는 기분이 언짢아서 그를 꾸짖기를, "이 천하는 내가 말을 타고 달리면서 얻은 것이다. 그 따위 『시』나 『서』와 무슨 상관이 있단 말이냐!"라고 했다. 이에 육생陸生은 아뢰기를, "임금님은 말을 달려 천하를 얻었지만, 말을 달려 천하를 다스릴 수 있다고 생각하십니까? 하물며 상탕왕商湯王과 주무왕周武王 모두 무력으로 천하를 정복하고서는 형세에 맞추어 문치文治로 나라를 지켰고, 문치와 무력을 겸하여 사용했습니다. 이렇게 하는 것이 나라의 장기적인 안정과 평화를 얻는 가장 훌륭한 방법입니다. 옛날 오吳나라 왕 부차夫差나 지백智伯은 모두 무력을 지나치게 쓰다가 결국 나라를 잃었습니다. 진왕조도 오로지 참혹한

형벌만 사용했고 변용할 줄 몰랐는데, 결국 병졸이 조씨趙氏(嬴政)를 멸망시켰습니다. 만약 진秦왕조가 천하를 통일한 다음 인의仁義를 베풀고 선왕先王들을 본받았다면, 폐하께서는 또한 어찌 천하를 얻을 수 있었겠습니까?"336)

그리하여, 유방은 육가에게 명을 내려 진秦나라가 멸망하고 한나라가 일떠서게 된 일 및 고대 왕조에서 혼란을 다스리던 연유緣由를 저술하라고 시켰다. 이를 나라의 다스림과 정사政事에서 참고하려는 것이었다. 그리하여 육생陸生은 어명을 받들고 이 책을 저술하게 되었는데, 책 이름을 『신어新語』라고 정했다. 한나라가 일떠서던 초기, 무력으로 천하를 얻던 데로부터 정치로 천하를 지키는 데로 나아가는 데는 전략적 전이가 있어야 했다. 그때, 유방은 이를 미처 생각지 못했는데, 육가의 지적을 받고서야 그 도리를 깨닫게 되었고, 그제야 유가의 '육경六經' 학설을 중요시하게 되었던 것이다. 그 핵심인 즉 '인의仁義를 행하고, 선성先聖들을 본받는 것'이었다. 『신어新語·도기道基』에서는 이렇게 말한다.

도道를 틀어쥐고 다스리고, 덕德에 의지하여 행동하고, 인仁을 깔고 자리에 앉고, 의義에 기대어 강해진다.337)

가의賈誼는 문제文帝 때의 유생이었다. 어려서 이미 제자백가諸子百家들의 책을 통달했고, 시를 잘 읊고 저술을 잘한다고 그 동네郡에 명성이 자자했다. 『사기史記·굴원가생열전屈原賈生列傳』에서는 이렇게 말한다.

가생賈生이 보건대, 서한西漢 건국으로부터 효문제孝文帝 때에 이르기까지 이

---

336) (漢)司馬遷:《史記》, 線裝書局2006年版, 第413頁.[원문: "陸生時時前說稱《詩》,《書》. 高帝罵之曰: '乃公居馬上而得之, 安事《詩》,《書》!' 陸生曰: '居馬上得之, 寧可以馬上治之乎? 且湯武逆取而順守之, 文武並用, 長久之術也. 昔者吳王夫差, 智伯極武而亡, 秦任刑法不變, 卒滅趙氏(嬴政之姓). 向使秦已並天下, 行仁義, 法先聖, 陛下安得而有之?'".]
337) (漢)陸賈:《新語》, 莊大鈞校點, 遼寧教育出版社1998年版, 第2頁.[원문: 握道而治, 據德而行, 席仁而坐, 仗義而強.]

20여 년, 천하는 조화롭고 태평했다. 하지만 마땅히 역법曆法을 개정하고, 복색服色을 바꾸고, 법제도를 정비하고, 관명官名을 정하고, 예악禮樂을 진흥해야 했고', '진秦나라 법제도를 모두 바꾸어야 했다.338)

한편, "효문제孝文帝는 즉위해서 처음에는 겨를이 없어 미처 실행에 옮기지 못했다." 사실은 더 중요한 원인이 하나 있었다. 그것인 즉 문제文帝는 황로를 좋아했고, 정치에서는 청정함清靜을 숭상했는바, 가의賈誼의 논설을 그다지 중요시하지 않았던 것이다. 가의는 걸출한 사상가였다. 비록 33세로 생애를 마쳤지만, 그는 아주 풍부한 사상적 유산을 세상에 남겨주었다. 그의 사상은 후일 천천히 발효해서 후세에 지대한 영향을 끼쳤었다. 첫째, 진나라가 멸망한 교훈을 전면적이고 심각하게 총화했는데, 이 점에서 가의의 『과진론過秦論』을 초월할 것이 없었다. 가의는 이렇게 지적한다. "진나라 땅은 높은 산에 둘러 쌓여있고 큰 강이 흘러 지나고 있어 자연적으로 견고한 방어태세를 형성하고 있었다. 사방이 모두 막힌 나라였다." 이 지세에 의거하여 오랜 기간의 경영을 거쳐, 더욱 상앙변법商鞅變法을 실시하고 농업과 군사를 크게 발전시키면서 진나라는 날로 강대해졌는데,

진시황 때에 이르러서는 여섯 조대六世에서 남겨준 휘황한 업적을 계속하여 크게 발전시켰고, 긴 채찍을 휘둘러(무력을 말함) 천하를 통치하게 되었고, 서주西周와 동주東周를 삼키고 제후국들을 모두 멸망시켰고, 지존至尊의 자리에 올라 육합六合(천하를 말함)을 통솔하게 되었다. 이윽고 선왕先王들의 치국治國의 도道를 모두 폐廢하고, 백가百家의 책을 모두 불태우고, 백성들을 우매하게 만들었다. 그는 여러 나라의 유명한 성城들을 모두 파괴했고, 호걸과 준재俊才들을 모두 죽여버렸고, 천하의 병기를 모두 거두어 함양咸陽에 집중시켰고, 칼과 검과 화살촉을 모두 용해하여 금동상을 12개나 주조鑄造했고, 이렇게 천하 백성들의 반항을 약화시켰다. 진시황은 속으로 관중關中 지역의 이런 험악하고 견고한 지세와 수 천리에 이르는 견고한 성새城塞에 의지하면, 자손 제왕들은 만세에 길이 빛날 것이라

---

338) (漢)司馬遷:《史記》, 線裝書局2006年版, 第363頁.[원문 : "賈生以為漢興至孝文二十餘年, 天下和洽, 而固當改正朔, 易服色, 法制度, 定官名, 興禮樂", "悉更秦之法".]

고 생각하고 있었던 것이다.339)

그러나 결과적으로는 이세二世를 넘기지 못해 멸망해버리고 말았다. "어찌된 일인가? 인의仁義를 베풀지 아니 하고, 공격과 수비의 태세가 달라졌기 때문이었다."340) 가의는 더 나아가 이렇게 지적한다.

> 진시황은 탐욕스럽고 비열한 마음을 품고 있었고, 단지 개인의 지혜를 펼치려고만 했고, 공신功臣들을 신임하지 않았고, 선비와 백성들을 가까이 하지 않았고, 왕도王道를 폐폐廢하고, 개인적 권위만 내세우고, 문서文書(유가경전을 말함)를 금하고, 형법刑法을 가혹하게 실시하고, 허위적이고 간악한 정치를 우선하고 인의仁義를 뒷전으로 하고, 포악함과 잔인함을 나라를 다스리는 전제로 삼고 있었던 것이다.

그래서 진나라는 필연적으로 빨리 멸망할 수밖에 없었다. 『과진론過秦論』은 한나라 정치가들이 더욱 자각적으로 진나라의 폭정暴政을 반성해보고, 그와 상반되는 길로 나아가게 만들었고, 더욱 적극적으로 공자의 덕치德治 전통에로 되돌아오게 만들었다. 둘째, 유가의 민본주의를 높이 내걸고 있었다. 『신서新書·대정大政』에서는 이렇게 말한다.

> 듣건대, 정치에 있어서는 백성이 없으면 근본이 세워지지 않는다고 한다. 그래서 나라에서 백성을 근본으로 삼고, 임금이 백성을 근본으로 삼고, 관리들이 백성을 근본으로 삼아야 한다. 듣건대, 정치에 있어서는 백성이 없으면 명맥이 세워지지 않는다고 한다. 그래서 나라에서 백성을 명맥으로 삼고, 임금이 백성을 명맥으로 삼고, 관리들이 백성을 명맥으로 삼아야 한다. 듣건대, 정치에 있어서는 백성이 없으면 공功을 이루지 못한다고 한다. 그래서 나라에서 백성들에 의지하여 공을 세우고, 임금이 백성들에 의지하여 공을 세우고, 관리들이 백성들에 의지하여 공

---

339) (漢)司馬遷:《史記》, 線裝書局2006年版, 第38頁.[원문 : "及至秦王, 續六世之餘烈, 振長策而禦宇內, 吞二周而亡諸侯, 履至尊而制六合", "於是廢先王之道, 焚百家之言, 以愚黔首. 墮名城, 殺豪俊, 收天下之兵聚之鹹陽, 銷鋒鑄, 以為金人十二, 以弱黔首之民", "秦王之心, 自以為關中之固, 金城千裏, 子孫帝王萬世之業也".]

340) (漢)司馬遷:《史記》, 線裝書局2006年版, 第39頁.[원문: 何也? 仁義不施, 而攻守之勢異也.]

을 세워야 한다. 듣건대, 정치에 있어서는 백성이 없으면 힘이 없다고 한다. 그래서 나라가 백성들을 힘으로 삼고, 임금이 백성들을 힘으로 삼고, 관리들이 백성들을 힘으로 삼아야 한다. 그러므로 전쟁에서 이기는 것은 백성들의 이기고자 하는 욕망에 달렸고, 공격해서 얻는 것은 백성들의 얻고자 하는 욕망에 달렸고, 수비에서 지킬 수 있는 것은 백성들의 지키고자 하는 욕망에 달렸다.[341]

즉 백성이 나라의 근본이고, 나라의 명맥이고, 나라를 지키고 건설하고 발전시키는 동력이라는 것이다. 셋째, 한걸음 더 나아가 예의禮義를 주로 하고 형벌을 보조로 하는 치국治國의 도道를 천명闡明한다. 『한서漢書·가의전賈誼傳』에 따르면 가의는 나라를 안정하게 다스리는 계략을 진술할 때, 이런 말들을 했다고 한다.

임금님이 선택하여 쌓는 일이 중요합니다. 예의禮義로써 다스리는 이는 예의를 쌓고, 형벌로써 다스리는 이는 형벌을 쌓습니다. 형벌이 쌓이면 백성들은 원한을 품고 등을 돌리게 되고, 예의가 쌓이면 백성들은 화해롭고 친근해집니다. 덕德으로써 교화하여 덕교德教가 적절하면, 백성들의 의기意氣는 즐겁고, 법령으로 다스려 법령이 극도에 달하면 백성들의 풍기는 쇠합니다. 슬픔과 즐거움은 화禍와 복福에 대응합니다. 탕湯임금과 무武임금은 천하에 인의예악仁義禮樂이 넘치게 했고, 덕택德澤으로 적셔주었습니다. 진시황은 천하에 법령과 형법이 넘치게 했고, 덕택은 하나도 없었고, 세상에는 원한만 차 넘쳤습니다. 오늘날 어떤 이가 '예의禮誼가 법령보다 못하다.' '교화가 형법보다 못하다'고 말하는데, 임금님은 어찌하여 은殷, 주周, 진秦나라의 일들을 사례로 그에게 밝혀주지 않으십니까?[342]

---

341) 閻振益, 鐘夏校注 : 《新書校注》, 中華書局2000年版, 第338頁.[원문 : "聞之於政也, 民無不爲本也, 國以爲本, 君以爲本, 吏以爲本", "聞之於政也, 民無不爲命也, 國以爲命, 君以爲命, 吏以爲命", "聞之於政也, 民無不爲功也, 國以爲功, 君以爲功, 吏以爲功", "聞之於政也, 民無不爲力也, 國以爲力, 君以爲力, 吏以爲力. 故夫戰之勝也, 民欲勝也, 攻之得也, 民欲得也, 守之存也, 民欲存也".]

342) (漢)班固 : 《漢書》, 中華書局2007年版, 第492, 493頁.[원문 : "人主之所積, 在其取捨. 以禮義治之者, 積禮義, 以刑罰治之者, 積刑罰. 刑罰積而民怨背, 禮義積而民和親", "道之以德教者, 德教洽而民氣樂, 驅之以法令者, 法令極而民風哀. 哀樂之感, 禍福之應也", "湯武置天下於仁義禮樂, 而德澤洽", "秦王置天下於法令刑法, 德澤亡一有, 而怨毒盈於世", "今或言禮誼之不如法令, 教化之不如刑法, 人主胡不引殷, 周, 秦事以觀之也".]

가의는 특히 『관자管子』에서 제기한, "예·의·염·치禮義廉恥, 이를 사유四維라고 칭한다. 사유가 펼쳐지지 않으면 나라는 멸망한다.", "임금과 신하, 위와 아래가 차별이 있게 하고, 아버지와 아들과 육친六親이 각자 적절한 위치를 찾게 한다."343)라는 주장을 아주 중요시하고 있었다. 이렇게 되면 "세대를 이어 늘 안정하고, 훗날에도 이를 유지하고 따를 것이기 때문이었다."344) 가의의 사상은 후일 동중서가 계승하고 있었다.

2) 동중서董仲舒의 춘추공양학春秋公羊學과 한무제漢武帝의 "육경六經 표창"

한무제 때에는 『시詩』, 『서書』, 『역易』, 『예禮』, 『춘추春秋』 등 경학經學이 흥기했다. 공손홍公孫弘이 학관學官을 맡고, 많은 유생들이 경학을 탐구하고 전수하게 되면서, 유학이 흥성하기 시작했던 것이다. 그들 중, 동중서는 『춘추春秋』 공양학公羊學을 탐구했는데, 제자들도 아주 많고 영향력도 상당히 컸었다. 사람들은 동중서를 한나라 때 가장 대표적인 유학 대사로 보고 있다. 후세에 전해진 동중서의 저작으로는 『춘추번로春秋繁露』와 『한서漢書』에 실린 '천인삼책天人三策'이 있다. 동중서의 유학은 음양오행, 황로도가, 법가, 묵가 등 제가諸家들의 사상을 한데 아우르고 있었고, 『공양춘추公羊春秋』를 경전적 근거로 삼고 있었다. 동중서는 통일을 이룬 대한제국大漢帝國에 어울리는 유학 이론체계를 구축하려고 했다. 아래에 그 요지와 특색을 살펴보기로 한다.

첫째, 천인감응天人感應 학설. 공자와 맹자가 운명적 하늘天, 도덕적 하늘을 숭상하고, 순자가 자연적 하늘을 숭상했다면, 동중서는 의지意志의 하늘, 지배主宰의 하늘을 숭상했다. 동중서에게 있어서 하늘은 최상至上의 신神이었다. 즉 그의 유학은 다분히 신학적 색채를 지니고 있었다고 하겠다. 『춘추번로』에서 그는 이렇게 말한다.

---

343) (漢)班固 : 《漢書》, 中華書局2007年版, 第491頁.[원문 : "禮義廉恥, 是謂四維, 四維不張, 國乃滅亡", "令君君臣臣, 上下有差, 父子六親各得其宜".]

344) (漢)班固 : 《漢書》, 中華書局2007年版, 第491頁.[원문 : 世世常安, 而後有所持循矣.]

하늘天은 온갖 신百神의 임금大君이시니, 그래서 군왕들이 가장 높이 받드는 것이다. 인간의 운명은 하늘이 정한다. 천명命을 받아 제위에 오른 임금君은 하늘이 그 왕권을 내려주셨다.[345]

동중서는 천신이 인류를 지배하고 뭇 신들을 통솔하고, 한편 군왕의 권력도 하늘이 내려준 것이라고 했다. 그가 보건대 하늘天은 낳아 기르는 어진 덕仁德을 지니고 있었다. "하늘天은 어질다. 하늘은 만물을 덮어주고 길러준다. 만물을 빚어주고 낳아주고, 길러주고 이루어준다."[346] 또 하늘은 음양오행陰陽五行의 변화로써 자체의 덕성德性을 드러낸다고 한다. "하늘의 도天道가 큼은 음과 양陰陽에 있다. 양陽은 덕德이 되고 음陰은 형刑이 되는데, 형은 죽이는 일을 주로 하고 덕은 살리는 일을 주로 한다. 이런 까닭에 양기陽는 항상 대하大夏(여름)에 머물고, 낳아 기르는 것을 일로 삼는다. 음기陰는 항상 대동大冬(겨울)에 머물고, 텅 비어 쓰임새가 없는 곳에 쌓인다. 이로 보면 하늘은 주로 덕德을 쓰고 형刑을 쓰지 않는다."[347] 하늘과 인간天人의 관계에 있어서, 한편으로는 하늘과 인간은 서로 닮았다고 한다. "사람이 사람다운 것은 하늘에 근본을 두고 있으며, 하늘 또한 사람의 증조부이다. 이것이 사람이 위로 하늘을 닮은 까닭이다."[348] 그래서 사람은 천수天數와 짝을 이룬다고 한다. 말하자면 머리는 둥글기를 하늘과 비슷하고, 형체와 골육은 두텁기를 땅과 비슷하고, 귀와 눈은 밝기를 해와 달과 비슷하고, 열두 개 큰 뼈마디는 일 년 열두 달과 짝을 이루고, 366개 작은 뼈마디는 일 년 366일과 짝을 이루고, 사지四肢는 사계절과 짝을 이루고, 오장五臟은 오행五行과 짝을 이룬다는 것이다.[349] 다른 한편으로 하늘과 인간은 서로 감응

---

345) (清)蘇興:《春秋繁露義證》, 鐘哲點校, 中華書局1992年版, 第402, 318, 286頁.[원문: "天者, 百神之大君也, 王者之所最尊也", "為人者天也", "受命之君, 天意之所予也".]

346) (清)蘇興:《春秋繁露義證》, 鐘哲點校, 中華書局1992年版, 第329頁.[원문: 天, 仁也. 天覆育萬物, 既化而生之, 有養而成之.]

347) (漢)班固:《漢書》, 中華書局2007年版, 第563頁.[원문: 天道之大者在陰陽. 陽為德, 陰為刑, 刑主殺而德主生. 是故陽常居大夏, 而以生育養長為事, 陰常居大冬, 而積於空虛不用之處. 以此見天之任德不任刑也.]

348) (清)蘇興:《春秋繁露義證》, 鐘哲點校, 中華書局1992年版, 第318頁.

한다고 한다.

국가의 실책이 처음으로 나타나려고 하면, 하늘이 이상 현상을 일으켜 경고하여 다가올 위험을 알려준다. 경고를 했는데도 고칠 줄 모르면 사변을 일으켜 사람들을 놀라게 하고 두려워하게 한다. 그럼에도 불구하고 여전히 두려워할 줄 모르면 재앙이 일어난다. 이로부터 우리는 하늘의 의지가 인仁에 있지 사람을 위험에 빠뜨려 다치게 하는 데에 있지 않음을 알 수 있다.350)

이것이 바로 재이견고설災異譴告說이다. 그 주요 취지는 천신의 권위와 사람들이 재해에 대한 공포를 빌려, 군왕들이 늘 스스로 과오를 성찰하고 두려움을 가지게 하는데 있었다. 또한 이로써 군왕들이 덕德을 베풀고 인仁을 쌓도록 권유했다.

둘째, 인의덕정설仁義德政說. 동중서는 맹자의 인에 머물고 의를 따른다居仁由義는 논설을 계승하여, 이에 한걸음 더 나아가 "인으로써 남을 편안하게 해주고, 의로써 자신을 바르게 한다以仁安人, 以義正我."라는 새로운 이념을 제기했다. 그는 이렇게 말한다.

인仁의 법도는 남을 사랑하는 데 있지, 자신을 사랑하는 데 있지 않다. 의義의 법도는 자신을 올바르게 하는데 있지, 남을 바르게 하는데 있지 않다. 뭇사람들은 이 도리를 살피지 않고, 반대로 인으로써 자신을 너그럽게 대하고, 의로써 남을 이래라 저래라 요구한다. 교활하게 기만하면서 이 도리를 거스르는데 혼란하지 않은 경우가 아주 드물다.351)

나라를 다스림에 있어서는 "인으로써 백성들을 적셔주고, 의로써 백성들을

349) 참고 : (淸)蘇興 : 《春秋繁露義證》, 鐘哲點校, 中華書局1992年版, 第354-357頁.
350) (淸)蘇興 : 《春秋繁露義證》, 鐘哲點校, 中華書局1992年版, 第259頁.[원문 : 國家之失乃始萌芽, 而天出災害以譴告之, 譴告之而不知變, 乃見怪異以驚駭之, 驚駭之尙不知畏恐, 其殃咎乃至. 以此見天意之仁而不欲陷人也.]
351) (淸)蘇興 : 《春秋繁露義證》, 鐘哲點校, 中華書局1992年版, 第250頁.[원문 : "仁之法在愛人, 不在愛我", "義之法在正我, 不在正人", "衆人不察, 乃反以仁自裕, 而以義設人, 詭其處而逆其理, 鮮不亂矣".]

연마시키고, 예절禮節로써 백성들을 절제시킨다. 왕은 하늘의 뜻을 받들고 일을 한다. 그러므로 덕으로써 교화하지 형벌에 맡기지 않는다.”352)고 한다. 한편, 인덕仁德을 베푸는 정치는 반드시 백성을 근본으로 삼아야 한다고 한다.

> 하늘이 백성을 낳은 것은 지배하려고 낳은 것이 아니다. 오히려 하늘은 왕을 세워 백성들을 돌보게 했다. 그러므로 그 덕德이 백성들을 충분히 안락하게 해줄 수 있으면 하늘은 그것(권력과 지위)을 주고, 그 악惡이 백성들을 충분히 해칠 수 있으면 하늘은 그것(권력과 지위)을 앗아간다.353)

그래서 “백성들이 땅을 많이 차지하는 것을 제한하고, 남는 토지는 부족한 자들에 보태주고, 토지를 병합하는 경로를 막아버리고”, “세금을 적게 거두고, 요역徭役을 줄이고, 백성들의 노동력이 여유를 가지게 해주어야 한다.”354)는 것이다. 또 “대학大學을 세워 나라를 교화하고, 상서庠序를 설립하여 향읍을 교화해야 한다.”355)고 한다.

셋째, 윤리강상설倫理綱常說. 동중서는 ‘삼강오상三綱五常’의 틀을 초보적으로 확립했다. 그는 이렇게 말한다.

> 왕도王道의 삼강三綱은 하늘에서 그 근본을 찾을 수 있다. 임금과 신하, 아버지와 아들, 남편과 아내의 의는 모두 음양陰陽의 도道에서 취한 것이다. 임금은 양이고 신하는 음이고, 아버지는 양이고 아들은 음이고, 남편은 양이고 아내는 음이다. 천자天子는 하늘의 명命을 받고, 제후諸侯는 천자의 명을 받고, 아들은 아버지의 명을 받고, 신하와 첩臣妾들은 군주君의 명을 받고, 아내는 남편의 명을 받는다.356)

---

352) (漢)班固 :《漢書》, 中華書局2007年版, 第563頁.[원문 : “漸民以仁, 摩民以誼(義), 節民以禮”, “王者承天意以從事, 故任德教而不任刑”.]
353) (清)蘇興 :《春秋繁露義證》, 鐘哲點校, 中華書局1992年版, 第220頁.[원문 : 天之生民, 非為王也, 而天立王以為民也. 故其德足以安樂民者, 天予之, 其惡足以賊害民者, 天奪之.]
354) (漢)班固 :《漢書》, 中華書局2007年版, 第162頁.[원문 : “限民名田, 以澹不足, 塞並兼之路”, “薄賦斂, 省徭役, 以寬民力”.]
355) (漢)班固 :《漢書》, 中華書局2007年版, 第563頁.[원문 : 立大學以教於國, 設庠序以化於邑.]
356) (清)蘇興 :《春秋繁露義證》, 鐘哲點校, 中華書局1992年版, 第350, 412頁.[원문 : “王道之三綱

그는 또 이렇게 말한다.

대저 인仁, 의誼(義), 예禮, 지知(智), 신信, 이 오상五常의 도는 왕이 마땅히 수칙
修飭해야 할 것들이다. 이 다섯 가지를 잘 수칙하게 되면, 그 다음 하늘의 보우를
받을 수 있고, 귀신의 영력靈을 향유할 수 있고, 그 덕은 나라 밖으로 베풀어지고,
중생들에게로 확장될 것이다.357)

이로부터 '삼강오상三綱五常'은 유가 명교의 전형적 명제로 자리매김하게 되
었고 또한 사회에서 보편적으로 인지認知하게 되었다. 동중서는 또 그의 윤리
사상에 인성육성人性育成설을 보탰다. 그가 보건대 '성인의 성性'은 선善만 있고
악惡은 없다고 하는 것, '천박한 자斗筲들의 성'은 악만 있고 선이 없다고 하는
것은 모두 소수 사례에 속하고 예외적인 것으로서 이로 성을 설명하기에는 충
분하지 못했다. 그가 보건대, 대다수 '중간 계층 백성中民들의 성'은 선단善端은
있지만 선성善性을 이루지 못했는데, 그래서 반드시 훗날의 교화를 거쳐 선성
을 이루게 해야 했다. 그는 이렇게 말한다.

삼강오기三綱五紀를 준수하고, 팔단八端(孝, 悌, 忠, 信, 禮, 義, 廉, 恥)의 이치에
통하고, 충신忠信하고 박애博愛하고, 돈후敦厚하고 예의를 잘 지키게 되면, 이를
선善하다고 할 수 있겠다.358)

그래서 하늘의 뜻에 따라 가르침敎을 세워야 한다는 것이다.
넷째, 의리덕재론義利德才論. 동중서의 의리관義利觀은 한마디 명구로 표현할
수 있겠다. 즉 "의誼(義)를 올바르게 하고 이利를 꾀하지 않고, 도를 밝게 하고
공功을 따지지 않는다."359)는 것이다. 사실 그의 참뜻眞義은 이익을 추구하지

可求於天", "君臣, 父子, 夫婦之義, 皆取諸陰陽之道. 君為陽, 臣為陰, 父為陽, 子為陰, 夫為
陽, 妻為陰", "天子受命於天, 諸侯受命於天子, 子受命於父, 臣妾受命於君, 妻受命於夫".]
357) (漢)班固:《漢書》, 中華書局2007年版, 第564頁.[원문: 夫仁誼(義)禮知(智)信五常之道, 王者
所當修飭也, 五者修飭, 故受天之佑, 而享鬼神之靈, 德施於方外, 延及群生也.]
358) (淸)蘇輿:《春秋繁露義證》, 鐘哲點校, 中華書局1992年版, 第303, 304頁.[원문: 循三綱五
紀, 通八端之理, 忠信而博愛, 敦厚而好禮, 乃可謂善.]

말라는 것은 아니었다. 다만 일을 하는 원칙과 출발점에서, 마땅히 도의道義에 부합되어야 하고, 어떤 국부적 이익이 잠시 손해 보는 것을 두려워하지 말아야 하고, 절대로 개인과 소집단의 이익만 추구하고 눈앞의 이익에만 어두워지면 아니 된다는 것이었다. 이는 공자가 말하는 "군자는 의義에 밝고, 소인小人은 리利에 밝다."는 말을 더 발휘한 것이겠다. 이 또한 권세 있는 자들이 무절제하게 공리功利를 추구하는 것에 대한 비판이다. 그러나 동중서는 공리公利(모든 사람의 이익)와 원리遠利(먼 앞날의 이익)를 아주 중요시하고 있었다. 그리하여 그는 부유한 자를 제한하고 가난한 자를 구제해 줄 것을 주장했던 것이다. 그는 백성들이 "집안에서는 노인을 공양하는데 효성을 다할 수 있고, 바깥에서는 윗사람을 잘 섬기고 세금을 다 바칠 수 있고, 아래로는 처자를 충분히 부양할 수 있도록 해주어야 한다."[360]고 했다. 그러나 후일 일부 유자儒者들은 '의義'와 '이利', '공公'과 '사私'를 대립시키고, '천리天理'로 '인욕人慾'을 멸滅할 것을 주장했다. 즉 이들은 백성들의 이익과 수요를 도외시하는 경향이 있었다. 그래서 청나라 안원顏元은 "의誼(義)를 바르게 하고 이利를 꾀하고, 도道를 밝게 하고 공功을 따진다."[361]라는 주장을 제기하여 동중서의 이 명구를 수정했던 것이다. 이는 필요한 교정이었다고 하겠다. 덕과 재德才의 문제에 있어서, 공자는 덕과 재를 함께 닦을 것兼修을 주장했다. 그리하여 '삼달덕三達德'설이 있었는데, 공자는 '어진 자仁者는 걱정하지 않고, 지혜로운 자는 헷갈리지 않고, 용감한 자는 두려워하지 않는다.'고 했다. 여기서 인仁은 선덕善德이고, 지智는 재지才智이고, 용勇은 지기志氣이다. 하지만 후세의 유자들은 늘 덕德을 중요시하고 재才를 도외시하고, 지智를 덕德에 귀속시키려 하고 있었다. 동중서는 인仁과 지智를 모두 중요시할 것을 강조했다. 『춘추번로春秋繁露』에는 『필인차지必仁且智(반드

---

359) (淸)蘇興:《春秋繁露義證》, 鐘哲點校, 中華書局1992年版, 第268頁.[원문: 正其誼(義)不謀其利, 明其道不計其功.]

360) (漢)班固:《漢書》, 中華書局2007年版, 第162頁.[원문: 內足以養老盡孝, 外足以事上共稅, 下足以畜妻子極愛.]

361) (淸)蘇興:《春秋繁露義證》, 鐘哲點校, 中華書局1992年版, 第268頁.[원문: 正其誼以謀其利, 明其道而計其功.]

시 어질고도 지혜로워야 한다)』라는 한 편이 있는데, 여기서 그는 이렇게 말한다. "인仁보다 가까운 것은 없고, 지智보다 급한 것은 없다." 왜냐하면 "어질지仁 못하면서 용맹함과 힘과 재능이 있게 되면, 이는 미치광이가 예리한 병장기를 손에 잡은 것과 같으며, 지혜롭지 못하면서 약삭빠르고 민첩하다면, 이는 얼빠진 자가 천리마를 탄 것과 같기 때문이다."[362] 그러므로 인仁으로써 지智를 부리고, 지智로써 인仁을 행해야 한다는 것이다.

다섯째, 중국통일론中國統一論. 동중서의 중요한 역사적 공헌의 하나는 『춘추공양春秋公羊』학의 '대일통大一統' 사상을 발양하여, 한나라가 구축한 중앙집권의 통일 대제국의 번영에 크게 이바지한 것이다. 그가 보건대 『춘추春秋』경經의 요지가 바로 '대일통'이었다. 우선 정치에 있어서, 하늘天의 명의로 군왕(국가정권을 대표함)의 권위를 수립해야 한다고 했다. "『춘추』의 법도는 사람들이 임금의 뜻을 따르고 임금이 하늘의 뜻을 따르는 것이다. 그러므로 백성들을 굽히고 군왕을 펴고, 군왕을 굽히고 하늘天을 펴는 것이 『춘추』의 대의大義이다."[363] 이렇게 군왕은 하늘의 뜻天意을 빌려 국민들에게 명령을 내릴 수 있게 되었고, 백성들이 반역을 하고 나라를 분열하는 일이 없도록 만들었던 것이다. 동시에 또한 현명하고 능력이 있는 선비들도 하늘의 뜻을 빌려 군왕의 권력 남용을 제한할 수 있게 되었다. 즉 군왕의 권력이 합리적으로 운행되게 만들었던 것이다. 다음 사상적으로, 국가는 반드시 유가의 육경六經 학설을 받들고, 나라의 제도, 법령, 정책을 통일하고, 이로써 통일제국의 정상적 운행과 장기적 안정을 보장해야 한다고 했다. 그는 한무제漢武帝에게 이렇게 건의했다.

『춘추』의 대일통大一統은 하늘과 땅天地 사이에서 영원히 불변하는 법칙이고, 옛날부터 지금까지 줄곧 통하던 진리입니다. 오늘날 사람들은 각자 다른 도道를 공부하고 있고, 사람들이 의론하는 바도 각자 다르고, 제자백가들은 각자 다른

---

362) (淸)蘇輿:《春秋繁露義證》, 鐘哲點校, 中華書局1992年版, 第257頁.[원문: "莫近於仁, 莫急於智", "不仁而有勇力材能, 則狂而操利兵也. 不智而辯慧獧給, 則迷而乘良馬也".]
363) (淸)蘇輿:《春秋繁露義證》, 鐘哲點校, 中華書局1992年版, 第31, 32頁.[원문: "《春秋》之法, 以人隨君, 以君隨天", "故屈民而伸君, 屈君而伸天, 《春秋》之大義也".]

학설을 세웠고, 그들은 또한 상이한 추구와 목적을 가지고 있습니다. 그리하여 위朝廷에서 통일된 법령과 제도를 구축할 수 없게 되었습니다. 법령과 제도가 자주 변하면 아래에서는 어떻게 따라야 할지 모릅니다. 신하의 어리석은 생각으로는 무릇 육예와 공자의 학설에 있지 않은 것들은 모두 끊어버리고, 그것들이 공자 학설과 함께 발전하지 못하게 해야 합니다. 삿되고 그른 논설이 사라져야만 나라의 법과 질서가 한결같이 되고, 백성들도 따라야 할 것을 알게 됩니다.[364]

한무제漢武帝는 직접 태도 표시를 하지 않았지만, 사실상 동중서의 건의를 받아들였다. 『한서漢書·무제기武帝紀』의 기재에 따르면, 승상丞相 위관衛綰은 한무제에게 글을 올려 "추거推擧한 현명한 인재들 가운데서 어떤 이들은 신불해申不害, 상앙商鞅, 한비자韓非子, 소진蘇秦, 장의張儀의 학설을 받들고 탐구하고 있는데, 이런 것들은 나라의 정치를 어지럽힐 수 있으니, 이것들을 모두 폐하십시오."라고 했다고 한다. 이에 한무제는 "그래도 되겠다."라고 했다고 한다.[365] 이것이 바로 중국 역사에서 발생한 나라를 다스리고 국정을 운영함에 있어서 이른바 "백가百家를 배척하고 유술儒術만 독존獨尊하던" 중대한 사건이다. 그러나 이를 완전히 유가문화 독재주의專制主義로 볼 수 있겠는가? 또한 기타 제자백가들의 학설을 모두 소멸하고 제거했다고 볼 수 있겠는가? 그렇지는 않다. 아마도 이 문제는 더 구체적으로 변별해야 할 문제인 것 같다.

첫째, 『사기史記』와 『한서漢書』에는 '독존유술獨尊儒術'이라는 말이 없다. 『한서漢書·무제기武帝紀』찬贊에서는 이렇게 말한다.

한漢나라는 백왕百王(역대의 제왕)들의 폐해를 물려받았었는데, 고조高祖(劉邦)

---

364) (漢)班固：《漢書》, 中華書局2007年版, 第570頁.[원문：《春秋》大一統者, 天地之常經, 古今之通誼也. 今師異道, 人異論, 百家殊方, 指意不同, 是以上亡以持一統. 法制數變, 下不知所守. 臣愚以為諸不在六藝之科孔子之術者, 皆絶其道, 勿使並進. 邪辟之說滅息, 然後統紀可一而法度可明, 民知所從矣.]

365) (漢)班固：《漢書》, 中華書局2007年版, 第39頁.[원문："所擧賢良, 或治申, 商, 韓非, 蘇秦, 張儀之言, 亂國政, 請皆罷", 武帝"奏可".]

는 어지러운 세상을 다스려 바르게 돌아오게 했고, 문경제文景帝는 백성들을 기르는 데 힘을 쏟았다. 그러나 옛 예의와 법도에 대한 탐구에 있어서는 많이 부족했다. 효무孝武(漢武帝)가 즉위해서는 분명하게 백가百家를 배척하고 육경六經을 표창했는데, 마침내 온 천하에 물어 재능이 뛰어난 준재들을 천거하게 하여 그들과 더불어 큰 공업을 세우게 되었다. 태학太學을 일떠세우고, 교사郊祀 제도를 정비하고, 정삭正朔(옛날 제왕이 나라를 세운 뒤 새로 반포하는 曆法)을 바꾸고, 역수歷數(왕위나 조대가 바뀌는 순서)를 정하고, 음율音律을 고르게 맞추고, 시詩와 악樂을 만들고, 봉선封禪하는 곳을 만들고, 백신百神들에게 예禮를 갖춰 제사지냈다. 주나라의 뒤를 이어 호령하는 문장을 분명히 진술하여 후손들이 그 대업을 이어받게 할만도 했다. 참말로 삼대三代의 기풍이 있었다.366)

보다시피 반고班固는 예악禮樂과 문화, 교화敎化에 있어서, 한무제가 선인들의 뒤를 이어 크게 발전시킨 그 공적과 관건적 역할을 아주 높이 평가했다. 반고가 보건대, 바로 한무제가 삼대三代의 예의문화를 발양하고, 육경六經의 정통적 지위를 확립하고, 주공과 공자의 법도를 반영한 사회 예악제도를 전면적으로 구축했는데, 그리하여 마침내 예의의 나라禮儀之邦가 나오게 되었던 것이다. 여기서 그는 다만 한무제가 "백가百家를 배척하고 육경을 표창했다."367)라고 말했을 뿐, "유술儒術만 독존했다獨尊儒術."라고는 말하지 않았다.

둘째, 동중서가 말한 "무릇 육예六藝와 공자의 학설에 있지 않은 것들은 모두 끊어버리고, 그것들이 공자 학설과 함께 발전하지 못하게 해야 합니다."368)라는 것은 다만 유가를 제외한 기타 제가諸家들의 학설에 국가의 정치적 이념으로 부상하는 길을 열어주지 말고, 공자유학과 동시에 주도적 지위를 향유하지 못하게 할 것을 말하는 것이다. 이는 통일 대제국에 있어서 필수적인 것일

---

366) (漢)班固:《漢書》, 中華書局2007年版, 第52頁.[원문: 漢承百王之弊, 高祖撥亂反正, 文景務在養民, 至於稽古禮文之事, 猶多闕焉. 孝武初立, 卓然罷黜百家, 表章六經. 遂疇咨海內, 舉其俊茂, 與之立功. 興太學, 修郊祀, 改正朔, 定曆數, 協音律, 作詩樂, 建封禪, 禮百神, 紹周後, 號令文章, 煥焉可述. 後嗣得遵洪業, 而有三代之風.]
367) (漢)班固:《漢書》, 中華書局2007年版, 第52頁.[원문: 罷黜百家, 表章六經.]
368) (漢)班固:《漢書》, 中華書局2007年版, 第570頁.[원문: 諸不在六藝之科孔子之術者, 皆絕其道, 勿使並進.]

뿐만 아니라 또한 정상적인 일이겠다. 그 어떤 통일 제국도 정치 이데올로기에 있어서는 모두 일원一元적이다. 동중서가 강조했던 것은 국가의 법제와 법도의 통일이지, 사회사상과 학술의 '일률'이 아니었다. 그는 백가가 민간에서 생존하고 발전하는 것을 허용하지 않는다고는 말하지 않았다.

셋째, 동중서는 한무제를 도와 유가를 주도적 지위에 올려놓고, '육경'을 관학官學으로 위지 지우는 문화 구도를 확립했고, '오상五常', '팔덕八德'이 중화민족의 기본 도덕규범으로 자리매김하게 했다. 또한 충효忠孝를 중화민족의 핵심 가치관으로 위치 지웠으며, 한편 이 관념은 중국 사회에서 2000여 년 줄곧 지속되어 왔다. 이는 다만 정권 운영에서의 성공을 의미하는 것이 아니다. 심층적 본질에 있어서 유가의 사회 덕교德敎 전통이 오랫동안 전해져 내려왔는바, 그 축적이 아주 두텁고, 또한 유가가 상고上古 중화문명의 주류를 이어왔고, 중국 가족사회의 수요와 농업문명의 정신을 가장 잘 나타낼 수 있었기 때문에 정치가들이 민족문화발전의 추세에 맞추어 그것을 더 번영·발전하도록 추진시켰던 것이다. 이는 한 차례 민족문화 주체성에 대한 각성이었고, 그에 따른 행동이었고, 한 차례 거대한 '갱신과 변화更化'였다. 그 의의는 아주 중대하다고 하겠다. 유향劉向은 이렇게 말했다.

동중서는 왕을 보좌하는 재능이 있었다. 이윤伊尹(商湯王을 보좌했음)과 여상呂尙(周武王을 보좌했음) 같은 이들도 그를 초월할 수 없었고, 관중管仲(齊桓公을 보좌하여 패권을 수립했음)과 안영晏嬰(齊景公을 보좌하여 나라를 잘 다스렸음) 같은 자들은 패권자들의 보좌관으로서 더욱 그를 따라오지 못했다.

유흠劉歆은 또 이렇게 말했다.

동중서는 한나라 때, 진秦나라가 분서갱유焚書坑儒를 행하고나서 육경六經이 완전히 분실된 상황에서 바깥세상과 인연을 끊고 분발하여 대업大業에만 몰두했는데, 후학後學들에게 얼마간 통일된 학문을 넘겨주었다. 이렇게 유자儒者들의 우두머리가 되었던 것이다.[369]

넷째, 『한서漢書』에서 말하는 "백가를 배척한다罷黜百家"라는 것도 그 당시 법률조문의 근거가 없다. 다만 무제武帝가 치국治國에 있어서 '신申, 한韓, 소蘇, 장張'의 주장을 채택하지 말 것에 대한 묵인만 있었는데, 이도 법가의 법치 사상을 받아들이지 않았음을 의미하지는 않는다. 나라에서 동중서의 유가 경학을 관학官學으로 위치 지웠지만, 그렇다고 해서 제자諸子들의 학설은 완전히 단절되지는 않았고, 다만 사회 정치적 지위가 하락했을 따름이었다. 피석서皮錫瑞는 『경학역사經學歷史』에서 이렇게 말한다.

> 하지만 무제武帝, 선제宣帝는 모두 형법刑名을 좋아했고, 오로지 유학만 중요시한 것은 아니다. 개관요盖寬饒(『漢書』에는 그의 傳이 있다)도 말하기를, '법률로 『시詩』와 『서書』를 대체했고, 경술經術이 널리 쓰이지 못했다'라고 했다.370)

다만, 원제元帝, 성제成帝 이후, 조서詔書, 주의奏議에서 모두 경의經義를 인용하게 되면서 이것이 풍기로 되어졌을 따름이다. 하물며 무제武帝 또한 신선神仙이 날아오르는 그런 방술(도교를 말함)을 좋아했고, 이소군李少君, 소옹少翁, 난대欒大, 공손경公孫卿 등 도사道士들을 신임하고 있었고, 열심히 연단煉丹하고, 장생불로의 도道을 찾고 있었고, 신선으로 될 것을 추구하고 있었다. 이런 풍기는 후일 끊이지 않고 길게 이어져 왔는데, 선제宣帝와 성제成帝 같은 권세 있고 지위 높은 자들이 애써 불로초를 찾고 신선이 될 것을 추구했을 뿐만 아니라 민간에서도 신선이 될 것을 추구하는 풍기가 오랫동안 쇠락하지 않고 성행했다. 유향劉向의 명의로 작성된 『열선전列仙傳』에는 고대로부터 한나라 때에 이르기까지의 72명의 신선에 관한 이야기가 실려 있다. 『회남자』 중편에서도 신선 황백黃白의 도술이 세상에서 널리 유행했다고 한다. 『한서漢書 · 예문지藝文志』에는 신선가神仙家들의 저작 10부, 총 205권이 수록되어 있다. 이 책들은 한

---

369) (漢)班固:《漢書》, 中華書局2007年版, 第571頁.[원문: 仲舒遭漢承秦滅學之後, 六經離析, 下帷發憤, 潛心大業, 令後學者有所統一, 為群儒首.]

370) (淸)皮錫瑞, 周予同注釋:《經學歷史》, 商務印書館1928年版, 第94頁.[원문: 然武帝, 宣帝皆好刑名, 不專重儒. 蓋寬饒(《漢書》有其傳)謂以法律為詩, 書, 不盡用經術也.]

나라 말 도교 경전의 형성에 큰 영향을 끼쳤다. 여사면呂思勉은 『진한사秦漢史』
에서 이렇게 지적한다.

> 『한서漢書・예문지藝文志』의 제자諸子 10가家에서 유독 명가와 묵가에만 진秦
> 나라와 한나라 때 학자들의 저술이 없고, 『병서략兵書略』 속의 『병음양가兵陰陽
> 家』 및 『수술략數術略』, 『방기략方技略』에는 진나라와 한나라 때 학자들의 저술이
> 있는지 불분명하고, 나머지에는 모두 한나라 때 학자들의 저술이 있다. 혹은 아주
> 많이 있다.371)

'오경五經'은 오제五帝, 삼대三代 문명의 총화이고, 한편 선진 유학은 황로를
융회融會하고, 여러 학설에서 정화精華를 흡수하면서 발전해온 학설이다. 동중
서의 유학 자체도 순수하지 않다. 예컨대 천인감응설天人感應說, 재이지설災異之
說은 음양오행가陰陽五行家들의 말에서 많이 따왔는데, 이는 공자와 맹자가 말한
적이 없는 것들이다. 때문에 『한서漢書・오행지五行志』에서는 이렇게 말한다.

> 한나라가 일떠서서는 진秦나라가 분서갱유를 행한 뒤를 이어받았는데, 경제景
> 帝와 무제武帝 때에 와서 동중서가 『공양춘추公羊春秋』를 탐구하면서 처음 음양陰
> 陽학설을 내세우기 시작했다. 그리하여 유자儒者들이 이를 본받게 되었던 것이
> 다.372)

'백가百家를 배척했다罷黜百家'는 말은 반고班固의 해독인데, 이 말은 지나치
다고 하겠다. 한편 '유술만을 독존했다獨尊儒術'는 말은 후세 사람들의 잘못된
표현이다. 이 여덟 글자를 함께 사용하게 되면서, 이 대구는 사람들의 이목을
끌게 되었고, 그 영향력도 컸고, 거의 정론定論으로 되어졌던 것이다. 그러나
사실 이는 한나라 역사 실제에 부합되지 않는다. 따라서 시정이 필요하다고

---

371) 呂思勉 : 《秦漢史・下》, 上海古籍出版社1983年版, 第762頁.[원문:《漢 書・藝文志》諸子十
 家, 惟名, 墨二家無秦, 漢人著述, 《兵書略》中的《兵陰陽 家》, 及《數術略》,《方技略》各四
 家, 有無秦, 漢人著述不明, 餘率皆有, 或頗多.]

372) (漢)班固 : 《漢書》, 中華書局2007年版, 第216頁.[원문: 漢興, 承秦滅學之後, 景, 武之世, 董
 仲舒治《公羊春秋》, 始推陰陽, 為儒者宗.]

하겠다. 사실 무제武帝 때에는 주로 유학을 존숭하고, 이를 나라의 주도적 사상으로 위치지우기는 했지만, 동시에 또한 도가와 법가, 음양가와 신선가들의 정신적 성취도 받아들였고, 문화의 민족 주체성과 다양성을 두루 모두 고려했다. 요컨대 우리는 무제가 동중서의 건의를 받아들여 '육경六經을 표창한' 그 의도와 실제적 효과 및 역사적 의의를 전면적으로 적절하게 평가해야 하겠다.

3) 양한 경학의 발전

(1) 유향劉向, 유흠劉歆이 경전經典과 자서子書를 정리한 일

서한 전기, 금문경학今文經學이 발달했는데, 그때 오경박사五經博士는 모두 금문경학今文經學 학자들이었다. 서한 성제成帝 때, 성제는 유향에게 명을 내려 경전經傳, 제자諸子, 시부詩賦를 교정보고, 『별록別錄』을 저술하게 했다. 유향의 아들 유흠劉歆은 아버지가 하던 일을 계승하여 "육예六藝"에 관한 글들을 모아 『칠략七略』을 만들었는데, 이렇게 고문경학古文經學이 흥기하게 되었다. 주여동周予同은 피석서皮錫瑞가 저술한 『경학역사經學歷史』에 써준 '서序'에서 이렇게 말한다.

> 금문학今文學에서는 공자를 정치가로 보고 있었고, 육경六經을 공자의 세상을 안정하게 다스리는致治 학설로 보고 있었는데, 그리하여 '미언대의微言大義'를 더 중요시하고 있었다. 고문학古文學에서는 공자를 사학가로 보고 있었고, 육경을 공자가 정리한 고대 역사 자료집史料集으로 보고 있었는데, 그리하여 명물名物과 훈고訓詁를 더 중요시하고 있었다.373)

그리하여 양자는 때로는 쟁론도 있었다는 것이다. 『한서漢書・예문지藝文志』에서는 말하기를, 그때 "『집략輯略』, 『육예략六藝略』, 『제자략諸子略』, 『시부략詩賦略』, 『병서략兵書略』, 『술수략術數略』, 『방기략方技略』이 있었는데"374), 이것들

---

373) (淸)皮錫瑞, 周予同注釋:《經學歷史》, 商務印書館1928年版, "序言"第5頁.[원문: "今文學以孔子爲政治家, 以六經爲孔子致治之說, 所以偏重於'微言大義'", "古文學以孔子爲史學家, 以六經爲孔子整理古代史料之書, 所以偏重於名物訓詁".]

은 구류십가九流十家로 나뉘어졌었고. 그 가운데서 '육예六藝'가 우두머리였다고 한다. 또 이 모두 왕관王官들에게서 나온 것이라고 한다. 선진 백가百家들의 전적은 진秦나라 때 불에 타 거의 잃어지고 사라졌었다. 그리하여 한나라 때에 와서 경학을 부흥시키던 초기에는 '오경五經' 텍스트를 찾아보기 힘들고 혹은 어지럽게 흩어져 있었는데, 유씨劉氏 부자가 그것들을 찾아 모으고 정리하고 편집해서야 유학과 제자諸子들의 글은 완전한 목록과 체계를 갖추게 되었다. 그제야 새로운 모습으로 세상에 전해지게 되었던 것이다. 『한서漢書·예문지藝文志』가 즉 그 요지를 정리한 책인데, 이를 중국 고대 목록학目録學의 시조로 볼 수도 있겠다. 이로 보면 유씨 부자의 공적은 참말로 아주 크다고 하겠다.

(2) '오경五經'으로부터 '십삼경十三經'에로의 확장

한나라 때 『주례周禮』(즉 『주관周官』)가 처음 세상에 전해졌는데, 여기에는 주나라 관정官政 제도에 관한 기재가 들어있었다. 이 책은 신망新莽(王莽이 漢 왕권을 찬탈하여 세운 新나라) 때, 학관學官에 들어갔고, 훗날 육경六卿 제도 수립에 지대한 영향을 끼쳤었다. 『의례儀禮』는 주나라 옛 예의禮로서 한유漢儒들이 정리하여 편찬한 것이다. 『예기』(『소대예기小戴禮記』를 말함)와 『대대예기大戴禮記』는 모두 공자의 후학들이 저술한 책으로서 이 책들은 전국, 진秦나라 시기를 걸쳐 한나라 초에 이르러 완성된 것으로 보인다. 후세 사람들은 『예기』를 표준독본으로 삼고 있었다. 이 책의 『예운禮運』, 『대학大學』, 『중용中庸』, 『학기學記』, 『악기樂記』, 『경해經解』 등 수 편은 후일 유학사儒學史에서 중대한 영향을 끼쳤다.

『효경孝經』은 한나라 때 크게 유행했다. 사마천司馬遷은 증자曾子가 이 경經을 만들었다고 한다(『사기史記·중니제자열전仲尼弟子列傳』). 『효경』의 「개종명의開宗明義」에서는 "대저 효란 덕의 근본이며, 본받게 함이 말미암아 생겨나는 바이다."[375]라고 한다. 「삼재장三才章」에서는 "대저 효란 하늘天의 경經(진리)이고,

---

374) (漢)班固 : 《漢書》, 中華書局2007年版, 第324頁.[원문 : "有《輯略》, 有《六藝略》, 有《諸子略》, 有《詩賦略》, 有《兵書略》, 有《術數略》, 有《方技略》.]

375) 喻涵, 湘子譯注 : 《孝經·二十四孝圖》, 嶽麓書社2006年版, 第3頁.[원문 : 夫孝, 德之本也,

땅地의 의義(올바름)이고, 백성들의 행行(행위준칙)이다."376)라고 한다. 한나라 군왕들은 효로써 천하를 다스릴 것을 제창했다. 그리하여 효도孝道는 가정윤리의 기본 준칙으로부터 정치윤리의 기본 준칙으로 승격하게 되었던 것이다.

『춘추春秋』는 공자가 편찬한 책이다. 세상에 전해진 『전傳』으로는 세 가지가 있다. 하나는 『춘추좌씨전春秋左氏傳』으로서 이 『전』은 춘추 때 좌구명左丘明이 만든 것이라고 전해지고 있는데, 실제로는 전국戰國 초에 만들어진 것으로 보인다. 이 『전』에서는 역사 사실을 가지고 『춘추』를 주해했고, 여기에는 저자의 평가도 들어 있다. 한나라 가규賈逵와 복건服虔이 이 책에 주해를 달았었는데, 하지만 세상에 널리 전해진 것으로는 진晉나라 두예杜預가 만든 『춘추좌씨경전집해春秋左氏經傳集解』이다. 다른 하나는 『춘추공양전春秋公羊傳』으로서 이 『전』은 전국 시기 제齊나라 사람 공양고公羊高가 만든 것이라고 전해지고 있다. 이 『전』에서는 『춘추春秋』의 미언대의微言大義(깊고 심오한 뜻)를 해석하고 있다. 한나라 때 동중서와 하휴何休가 이 책을 깊이 탐구했다. 또 다른 하나는 『춘추곡량전春秋穀梁傳』으로서 이 『전』은 자하子夏의 제자 곡량적穀梁赤이 만든 것이라고 전해지고 있다. 한나라 때에 완성되었는데, 그 글쓰기 방식은 『공양전公羊傳』과 아주 비슷했다.

『주역周易』은 『역경易經』과 『역전易傳』을 포함한다. 『역경』은 은나라와 주나라가 바뀌던 시기에 만들어졌는데, 이 책은 복서卜筮에 관한 책이다. 『역전』은 전국 시기 유가 학자들이 모여 함께 만든 것으로 보인다. 이 책은 도가 사상도 많이 받아들였는데, 아마도 도가 학자들도 많이 참여하여 편찬한 것으로 보인다. 이 책에서는 『역경』을 음양 철학으로 해석했는데, 이렇게 『주역』이 중화 사상문화의 근원으로 자리매김하게 되었던 것이다. 한나라 때 전하田何가 『역』에 대한 탐구에서 가장 뛰어났다.

『시경詩經』은 주나라 시기詩歌 총집總集으로서 '풍風', '아雅', '송頌' 세 부분으

教之所由生也.]

376) 喻涵, 湘子譯注 : 《孝經 · 二十四孝圖》, 嶽麓書社2006年版, 第3頁.[원문: 夫孝, 天之經也, 地之義也, 民之行也.]

로 구성되었다. 한나라 때에는 제齊, 노魯, 한韓, 모毛 네 학파의 시학詩學이 있었는데, 그 중 『모시毛詩』(毛亨, 毛萇)가 가장 흥성했다.

『상서尙書』는 요, 순, 우 삼대三代의 역사문헌을 모아 편찬한 책이다. 한나라 초에는 복생伏生이 전傳을 한 『금문상서今文尙書』가 있었고, 그 후에는 공안국孔安國이 전傳을 한 『고문상서』가 있었는데, 이 두 책은 서진西晉 때 모두 산실되었다. 동진 때 매색梅賾이 헌상한 『고문상서古文尙書』(후세 사람들은 이 책을 위僞 『고문상서古文尙書』라고 한다.)가 세상에 널리 전해졌었는데, 이 책에는 수많은 가치 있는 역사자료가 보존되어 있었다. 이 책은 중국정치사상의 근원으로 인정받고 있다.

선진 육경六經에서 『악경樂經』은 일찍 실전되었고, '오경五經'만 세상에 전해 내려왔다. 전국 말기로부터 한나라 초에 이르기까지 사람들은 '오경'을 해석한 여러 『전傳』(『역전易傳』, 『춘추春秋』 삼전三傳과 '삼례三禮'를 포함하여)을 모두 경經으로 추대하여 받들고 있었다. 『논어論語』는 처음에 공자가 친히 작성한 것이 아니라는 이유로 경으로 추대 받지 못했는데, 한나라 때에 와서 유학의 지위가 급부상하면서 마침내 경으로 추대 받게 되었다. 이렇게 한나라 말 유경은 '오경'으로부터 '십일경十一經'으로 확장되었다. 즉 『논어』, 『주역』(經과 傳을 모두 포함함), 『시경』, 『상서尙書』, 『의례儀禮』, 『주례周禮』, 『예기禮記』, 『효경孝經』, 『춘추좌전春秋左傳』, 『춘추공양전春秋公羊傳』, 『춘추곡량전春秋穀梁傳』이 그것이다. 송나라 때, 『맹자』가 경으로 승격했고, 이에 『이아爾雅』(經學 명사의 訓詁)가 더 추가되어, 청나라 때에 이르러서는 마침내 '십삼경十三經'으로 확장되었다. 한나라 때부터 흥기한 유가 경학은 방대한 이론체계였고, 경전도 아주 많았고, 경 하나에도 상이한 유파가 존재했고, 그 내부에서는 여러 학파의 학술적 쟁론이 그치지 않았다. 한편 그리하여 활기가 넘쳤었다고 하겠다.

(3) 양웅揚雄의 경학 사상의 새로운 창조

서한 후기 학자 양웅은 사부가辭賦家 겸 유가 경학 사상가였다. 사부辭賦로는 『감천부甘泉賦』, 『우렵부羽獵賦』, 『장양부長楊賦』, 『태현부太玄賦』 등이 있다. 이

론저서로는『태현太玄』,『법언法言』이 있다.『한서漢書·양웅전찬揚雄傳贊』에서는 그를 이렇게 평가한다. 그는

> 참으로 옛 것을 좋아하고 도道를 즐겼고, 문장으로 후세에 명성을 남기려고 했다. 그가 보건대, 경經은『역易』보다 위대한 것이 없었던바, 그리하여『태현太玄』을 만들었고, 전傳은『논어論語』보다 위대한 것이 없었던바, 그리하여『법언法言』을 만들었다. 웅雄이 사망해서부터 지금까지 40여 년, 그의『법언法言』은 크게 유행했지만,『현玄』은 결국 드러나지 못했다. 하지만 그 죽간篇籍들은 모두 잘 보존되어 있다.[377]

양웅揚雄의 독특한 점은 경經을 해석한 것이 아니라 경을 모방했다는 데 있었다. 그 형태를 본 따면서 그 혼백魂을 섭수하고, 그 다음 절로 새로이 경을 만들었던 것이다.『태현太玄』에서는 '현玄'을 천지만물의 본원本原으로 보고 있고,『역易』은 상象으로 드러나고『현玄』은 수數로 정해진다고 한다. "『역』을 보는 자는 그 괘卦를 보고 그것에 이름을 붙이고,『현』을 보는 자는 그 획畫을 헤아리면서 그것을 정한다."[378] 또『역』에는 양의兩儀, 사상四象, 팔괘八卦, 육십사중괘六十四重卦, 삼백팔십사효三百八十四爻가 있고,『현』에는 삼방三方, 구주九州, 이십칠부二十七部, 팔십일가八十一家, 이백사십삼표二百四十三表, 칠백이십구찬七百二十九贊이 있어 서로 대응한다고 한다. 하지만 이 내용은 너무 심오하여 일반 사람들이 이해하기 어렵다.『법언法言』의 격식은『논어論語』를 모방했는데, 이 책은『학행學行』,『오자吾子』,『수신修身』,『문도問道』,『문신問神』,『문명問明』,『과견寡見』,『오백五百』,『선지先知』,『중려重黎』,『연건淵騫』,『군자君子』,『효지孝至』등 모두 13편으로 구성되어 있다. 그 취지는 공자와 맹자의 학설로써 그 당시 사람들에게 도道를 밝혀주고 의혹을 풀어주려는데 있었다. 그가

---

377) (漢)班固:《漢書》, 中華書局2007年版, 第872, 873頁.[원문: "實好古而樂道, 其意欲求文章成名於後世, 以為經莫大於《易》, 故作《太玄》. 傳莫大於《論語》, 作《法言》", "自雄之沒至今四十餘年, 其《法言》大行, 而《玄》終不顯, 然篇籍具存".]

378) (漢)班固:《漢書》, 中華書局2007年版, 第870頁, [원문: "觀《易》者, 見其卦而名之, 觀《玄》者, 數其畫而定之.]

보건대, 공자의 도는 "백 명의 성인百聖들 속에 넣고 봐도 부끄럽지 않고, 하늘과 땅 사이에 넣고 가려봐도 부끄럽지 않았다."[379] 다시 말하면, 그것은 최고의 진리였다. 하지만 한나라가 일떠선 이래로 제가諸家들의 학설이 혼잡하게 뒤섞여 사람들의 눈과 귀를 혼란스럽게 만들었는데, 그리하여 반드시 공자의 도를 가지고 이를 바로잡아야 했다. 그는 이렇게 말한다. "만물이 어지럽게 엇갈려 있으면, 하늘에 드리워 바로잡고, 뭇사람들의 말이 엇갈리고 어지러우면, 성인의 말에 비추어 바로잡는다."[380] 그가 보건대 "옛날 양주楊朱와 묵적墨翟이 길을 막았는데, 맹자가 사辭(웅변으로)로 막힌 그것을 확 틔웠다. 훗날에도 길을 막는 자들이 있었지만 다들 슬그머니 맹자에 견주어 보고 있었다."[381] 그는 비판의 화살을 경학의 번잡함에 겨냥하고 있었다. "한 아름卷(竹簡을 감아놓은 한 무더기)의 죽간竹簡(經學을 말함)이 이단異端의 사설邪說을 이기지 못하는구려."[382] 또 경학의 신비화도 신날하게 비판한다. "어떤 이가 말했다. 심하구려. 고서에 전해 내려온 것이 진실하지 못하구려. 양웅이 말했다. 진실하지 못한 것은 진실하지 못한 것으로 그만이지만, 거기다가 사람들은 허튼 소리로 가득 채웠구려."[383] 그는 신학神學적 경학을 '허튼소리巫鼓(원뜻은 무당의 굿에 사용되는 북임)' 학설이라고 했다. 그는 공자와 맹자의 인의仁義, 오상五常의 도道를 굳게 믿고 지키고 있었다. 이렇게 말한다. "인仁은 집이요, 의義는 길이다. 예禮는 옷이요, 지智는 촛불이다. 신信은 부절符이겠다."[384] 그는 인성론人性論에서, 인성人性에는 선善과 악惡이 뒤섞여 있다는 새로운 논설을 제기한다. 이렇게 말한다. "인

---

379) (漢)揚雄:《揚子法言》, 中華書局1978年版, 第22頁.[원문:關百聖而不慙, 蔽天地而不恥.]

380) (漢)揚雄:《揚子法言》中華書局1978年版, 第6頁.[원문:萬物紛錯則懸諸天, 眾言淆亂則折諸聖.]

381) (漢)揚雄:《揚子法言》, 中華書局1978年版, 第6頁.[원문:古者楊墨塞路, 孟子辭而辟之, 廓如也. 後之塞路者有矣, 竊自比於孟子.]

382) (漢)揚雄:《揚子法言》, 中華書局1978年版, 第2頁.[원문:一卷之書不勝異說焉.]

383) (漢)揚雄:《揚子法言》, 中華書局1978年版, 第38頁.[원문:或曰:甚矣, 傳書之不果(實也)也. 曰:不果則不果矣, 人以巫鼓.]

384) (漢)揚雄:《揚子法言》, 中華書局1978年版, 第7頁.[원문:仁, 宅也. 義, 路也. 禮, 服也. 知, 燭也. 信, 符也.]

간의 성性은 선과 악이 뒤섞여 있는데, 후일 선한 일을 많이 하면 착한 사람善人이 되고, 악한 일을 많이 하면 악한 사람惡人이 된다."385) 이 말은 맹자의 성선설性善說이나 순자의 성악설性惡說에 비교할 때, 인성人性의 실제에 더 부합된다고 하겠다. 양웅揚雄은 노자도가에 대해서 흡수도 있었고 지양도 있었다. 그러나 신선神仙은 믿지 않았다. 그는 이렇게 말한다.

노자의 도덕에 관한 논설은 나는 받아들였고, 인의仁義를 내버리고 예학禮學을 절멸하는 것은 나는 받아들이지 않았다.386)

그는 또 도덕道德과 인의仁義를 연관 짓는다.

도道, 덕德, 인仁, 의義, 예禮를 사람의 몸에 비유할 수 있겠다. 사람의 몸은 대저 도로써 그것(몸)을 이끌고, 덕으로써 그것(몸)을 얻고, 인으로써 사람답게 만들고, 의로써 올바르게 하고, 예로써 모양새禮(혹은 근본)를 갖춘다. 이것이 천성天性이겠다. 합하면 한 덩어리가 되고, 갈라지면 흩어져버린다. 한 사람으로서 사체四體(道, 德, 仁, 義를 말함)를 아울러 거느리는 자는 그 몸이 온전할 것이다.387)

그는 또 이렇게 말한다.

선인仙人은 하늘 아래 살면서 하루 살지 못하는 것을 부끄러워한다. 말하기를, "살았다, 살았다."라고 하는데 말로만 살았지 실제로는 죽은 것이다. 어떤 이가 물었다. 세상에 신선仙이 없다면 어찌하여 신선에 관한 이런 말들이 있는 것인가? 대답하기를 : 말이라는 것은 원래 이렇게 실속 없이 떠들어대는 것이 아니요? 이렇게 실속 없이 떠들어대야만 능히 없는 것을 있게 만드는 법이요.388)

---

385) (漢)揚雄:《揚子法言》, 中華書局1978年版, 第6, 7頁.[원문 : 人之性也善惡混, 修其善則為善人, 修其惡則為惡人.]

386) (漢)揚雄:《揚子法言》, 中華書局1978年版, 第10頁.[원문 : 老子之言道德, 吾有取焉耳, 及槌提仁義, 絶滅禮學, 吾無取焉耳.]

387) (漢)揚雄:《揚子法言》, 中華書局1978年版, 第9, 10頁.[원문 : 道, 德, 仁, 義, 禮, 譬諸身乎, 夫道以導之, 德以得之, 仁以人之, 義以宜之, 禮以體之, 天也. 合則渾. 離則散. 一人而兼統四體者. 其身全乎.]

양웅揚雄은 유가 경학의 이성적 인본주의 사상을 널리 발양하는 데 치중했는데, 그 목적은 유가 경학이 신학으로 발전해가는 것을 방비하려는 데 있었다. 환담桓譚, 왕충王充, 장형張衡 등 사람들은 모두 그의 영향을 많이 받았다. 『태현太玄』은 또 위진 현학에 '현玄'이라는 이념을 제공하기도 했다. 당나라 한유는 도통설道統說을 제기하면서 맹자를 공자학설의 정통 계승자로, 순자와 양웅을 맹자 다음의 현자賢者로 위치 지웠었다. 한유는 『독순讀荀』에서 이렇게 말한다.

> 맹씨孟氏는 순수하고 순수한 자이고, 순자와 양웅은 대체적으로는 순수하나 약간의 하자가 있었다.[389]

그가 맹자의 계승자로 자처했던 것도 사실은 양웅에게서 계발을 받은 것이었다.

(4) 왕망王莽의 신新나라

서한西漢과 동한東漢이 바뀌던 시기, 그 당시 권신權臣이었던 왕망은 음모를 꾸미며 황제皇帝 자리에 올랐고, 국호國號를 신新으로 바꾸었다. 그는 모든 일에서 독단적이었는데 심지어 예법禮法과 악률樂律도 자기 마음대로 정했다. 그는 귀신과 복서卜筮에 아주 집착했고 또한 일마다 옛 것을 모방했다. 그리하여 그가 즉위한 후, 한나라 법령은 많이 바뀌게 되었다. 또한 각종 정책과 조치도 현실을 이탈했는바, 결국 더 많은 사회모순을 야기시켰다. 그는 겉으로는 늘 공손하고 겸손하고, 예의가 바르고, 열심히 나라 일을 맡아 보는 것처럼 꾸몄고, 늘 주공과 공자의 가르침을 표방하고 있었다. 하지만 그는 사실 인의仁義에 대한

---

388) (漢)揚雄：《揚子法言》, 中華書局1978年版, 第39頁.[원문："仙人之於天下, 耻一日之不生, 曰：生乎生乎, 名生而實死也", "或曰：世無仙, 則焉得斯語? 曰：語乎者, 非嚣嚣也與? 惟嚣嚣能使無為有".]

389) 馬其昶校注：《韓昌黎文集校注》, 上海古籍出版社1986年版, 第37頁.[원문：孟氏, 醇乎醇者也, 荀與揚, 大醇而小疵.]

신앙은 없었고, 유가의 예교禮敎를 다만 자신이 제왕 자리에 오르는 야심을 실현하는 도구로 삼고 있었다. 결국 그는 나라를 안정하게 다스릴 수 없었을 뿐만 아니라 도리어 백성들의 원한만 크게 사게 되었다. 백성들은 사처에서 반란을 일으켰고, 마지막에 그는 거사를 일으킨 한나라 병졸들에게 능지처참 당했다. 황제 자리에 있었던 시간도 합해서 모두 14년이 못 된다. 그 전에는 진시황이 천하를 통일하고 나서 인의를 베풀지 않고 폭정과 혹형만 일삼았었는데, 결국 이세二世에 와서 나라를 잃었다. 이번에는 왕망이 인의를 높이 외치면서, 온갖 수단을 부려 명예를 추구하고, 못된 짓거리만 일삼고 있었는데 그 행실 역시 민심을 크게 거슬렀는바, 결국 스스로 빠른 멸망을 초래하게 되었다. 중국 역사에서 그는 진시황과는 다른 모습을 가진 또 하나의 부정적 형상이었다.『한서漢書·왕망전王莽傳·찬贊』에서는 이렇게 총화한다.

> 왕망王莽은 황제의 외척外戚(외가 친척) 출신으로 일떠섰는데, 처음에는 절개를 굽히고 겸손하게 열심히 일을 했고 명예를 얻으려고 아주 노력했다. 집안사람들은 효성이 지극하다고 칭찬이 자자했고, 스승과 벗들도 어질다고 평판이 아주 높았다. 그는 한성제漢成帝, 한애제漢哀帝를 도와 국정 운영을 보좌하는 기간, 확실히 근면하고 성실하게 일을 했고, 정직하고 겸손해서 사람들의 칭찬을 많이 받았다. 그가 바로 공자가 말하던 '집안에서 칭찬이 마르지 않고 나라에서 명성이 자자하고' '겉으로는 너그럽고 친절하고 인정이 넘치지만' 속은 완전히 딴 판인 위군자였는가?'
>
> 그가 제왕 자리를 탈취하고 남면을 향하고 나서(군주는 남쪽을 향해 앉았음), 오르지 말았어야 할 자리에 오르고 나서는 정권이 뒤엎어질 형세가 걸桀임금과 주紂임금 때보다도 더 위태로웠다. 하지만 왕망王莽은 아무 일 없는 듯이 평온하게 황제黃帝, 우순虞舜이 세상에 다시 나왔다고 자처하고 있었다. 그는 드디어 방자하기 시작했고, 위엄을 내세우며 간악한 짓거리를 거리낌 없이 행했고, 극악무도하게 백성들을 학대했다. 그 독毒은 제하諸夏에서 흘러넘쳤고, 어지럽게 남쪽의 만蠻(종족)과 북쪽의 학貉(종족) 지역에도 마구 퍼졌다. 상황이 이 지경에 이르렀는데도 그의 욕망은 그칠 줄 몰랐다. 그리하여 온 나라의 굶주린 백성들은 삶의 즐거움을 잃었고, 나라 안팎에 원한과 분노가 차 넘치게 되었다. 이윽고 가까운 곳이나 먼 곳이나 할 것 없이 거사와 봉기가 마구 일어났는데, 그는 성城을 지키

지 못했을 뿐만 아니라 자신의 신체마저 사분오열 당하게 되었다. 결국 온 나라의 도읍은 텅 비게 되었고, 도적들은 선왕들의 무덤까지 죄다 파헤쳤다. 그 폐해害는 온 나라 백성들에게 퍼졌고 그 재앙은 썩은 뼈(선왕들을 가리킴)들에까지 미쳤다. 역사에 기재된 포학무도하고 도道를 갖추지 못한 자들 가운데서 그 재앙과 쇠패로 말하자면 왕망王莽보다 심한 자가 없었다. 옛날 진시황은 『시詩』와 『서書』를 불태우고 개인적 위세를 내세웠지만, 왕망은 육예六藝를 읊조리면서 교양 있게 간사한 말만 꾸며댔었는데, 양자는 길은 달랐지만 결국 모두 멸망으로 끝장을 보았다. 양자 모두 항룡亢龍(최고 권력을 가진 자)이 숨을 거둔 것이요, 양자 모두 제 명命을 다하지 못한 운運이라.390)

『한서漢書』의 총화는 비록 한왕조의 입장을 대변하고 있기는 하지만 그러나 전체적으로 보면 아주 객관적이다. 역사에서는 늘 상이한 방식으로 유사한 희극을 되풀이하고 있었다. 20세기 초, 원세개袁世凱는 민국공화제도民國共和制度를 옹호한다는 명의로 청나라 황제를 군왕자리에서 쫓아내고 자신이 대통령자리에 올랐다. 그 다음, 하늘에 제사 지내고 공자에게 제사 지낼 것을 창도하고, 인의를 높이 내걸고 허장성세를 부렸다. 그러나 얼마 지나지 않아서 본질이 드러났다. 그는 황제로 되는 꿈을 꾸고 있었던 것이다. 결국 그의 꿈은 깨지고, 그는 83일 만에 병으로 죽었는데 결국 세상에 '나라 도둑'이라는 악명만 남겼다. 사람들은 감탄한다. 어쩌면 그 행실이 왕망과 그렇게 똑같을 수 있겠는가! 유학은 원래 박대하고 심오하고 또한 문명으로 이끌어가는 학설이었다. 그러나 발전 과정은 순탄하지 않았고, 각종 도전에도 봉착했다. 이를 해치는 자도 있었고, 위선자도 있었고, 번잡하게 만드는 자도 있었고, 신비하게 만드는 자도 있

---

390) (漢)班固 : 《漢書》, 中華書局2007年版, 第1065頁.[원문 : "王莽始起外戚, 折節力行, 以要名譽, 宗族稱孝, 師友歸仁. 及其居位輔政, 成, 哀之際, 勤勞國家, 直道而行, 動見稱述. 豈所謂 在家必聞, 在國必聞, '色取仁而行違'者邪?", "及其竊位南面, 處非所據, 顚覆之勢險於桀紂, 而莽晏然自以黃, 虞復出也. 乃始恣睢, 奮其威詐, 滔天虐民, 窮凶極惡, 毒流諸夏, 亂延蠻貉, 猶未足逞其欲焉. 是以四海之內, 囂然喪其樂生之心, 中外憤怨, 遠近俱發, 城池不守, 支體分裂. 遂令天下城邑為虛, 丘壟發掘, 害遍生民, 辜及朽骨, 自書傳所載亂臣賊子無道之人, 考其禍敗, 未有如莽之甚者也. 昔秦燔詩書以立私議, 莽誦六藝以文奸言, 同歸殊途, 俱用滅亡, 皆炕(亢)龍絶氣, 非命之運".]

었고, 교조敎條주의자도 있었다. 한나라 때의 유학은 바로 이런 일들이 끊임없이 발생하고 또 이런 일들을 끊임없이 극복하는 과정을 거치면서 발전해왔던 것이다.

(5) 참위경학讖緯經學

참위경학은 서한 때, 애왕哀王에서 평왕平王으로 정권이 바뀌던 시기에 생겼고, 동한 때 크게 성행했다. 참讖이란 "괴이하고 숨겨진 말로 미리 길흉을 결정하는詭爲隱語, 預決吉凶' 종교적 예언으로서 아주 일찍부터 존재했다. 양한이 바뀌던 시기에 이르러 경의經義를 인용하고 모방하면서 참讖은 일종의 사회적 사조로 변모했다. 위緯란 경經에 대비하여 이르는 말이다. 위緯에서는 천인감응天人感應의 신학神學으로 '오경五經'의 경의를 해석하고 있었다. 참위讖緯에서는 공자를 미래를 예언할 수 있었던 신神이라고 한다. 예컨대 왕충王充의 『논형論衡·실지實知』에서는 참언 기록을 인용하여 공자는 참서讖書를 남겨 이렇게 말했다고 한다.

> 어떤 한 남자가 스스로 진시황이라고 자처하면서, 나의 방에 들어와 내 침대에 걸터앉아, 내 옷들을 뒤집고 나서는 사구沙丘(지명)에 가서 죽었다.391)

보다시피 이는 분명히 한나라가 세워진 다음 만들어낸 신화이다. 참위경학은 한편으로는 주류 학자 동중서 등 사람들의 부명재이설符命災異說과 서로 호응하고 서로 치켜세워주면서 발전했고, 다른 한편으로는 또 자체적으로 일가를 이루면서, 자체로 천인감응天人感應의 괴이한 신화이야기를 수많이 만들어냈다. 그 이야기에는 집권자를 위해 만든 신화도 있었고 또 사회위기에 대한 예언도 있었다. 참위는 왕망王莽이 황제 자리에 오를 때에도 여론을 조성하는데 일조했고 또 광무제光武帝가 천명命을 받고 등극할 때에도 이유와 근거를 찾아주

---

391) (漢)王充:《論衡》, 陳蒲淸點校, 嶽麓書社1991年版, 第399頁.[원문: 不知何一男子, 自謂秦始皇, 上我之堂, 踞我之床, 顚倒我衣裳, 至沙丘而亡.]

었다. 예컨대 『후한서後漢書·광무제기光武帝紀』에는 『적부부赤伏符』라는 한 편이 있는데, 이 편에는 이런 말이 있다.

> 유수劉秀가 군사를 보내 도道가 없는 자를 잡으니, 사이四夷의 용들이 구름처럼 모여 들판에서 싸우고, 사칠四七에 이십팔二十八이라, 이 시기는 화덕火德을 가진 자가 천하의 주인이 된다.[392]

그 의미인 즉, 유수劉秀가 화덕火德에 자리하고 있고, 나라의 운명은 280년이라는 것이다. 광무제光武帝는 즉위 후, "도참圖讖을 천하에 선포했는데", 그리하여 참위讖緯가 크게 성행하게 되었고, 주류 경학가經學家들은 모두 그 영향을 크게 받았다. 한편, 참위의 정치비판 사상 및 왕조를 바꾸는 데 활용하던 방식과 경험은 또한 사회의 반역세력과 야심가들도 늘 활용하고 있었다. 그 때문에 집권자들은 또 참위를 아주 경계하고 있었고 혹은 선택적으로 활용하고 있었다. 예컨대 『백호통白虎通』에서는 이렇게 말한다.

> 하늘이 재변災變을 일으키는 것은 무엇 때문인가? 그것으로 임금을 꾸짖어 스스로 자신의 행위를 반성해보도록 훈계하는 것이고, 잘못을 뉘우치고 덕德을 닦고 깊이 깨치게 하려는 것이다. 『원신계援神契』에서는 '행실에 허물과 하자가 있으면 기氣가 간천幹天을 거스르게 되어, 하늘은 이상한 현상을 일으켜 사람을 훈계한다.'라고 했다.[393]

참위경학의 사회적 영향력은 금문경학과 고문경학보다는 작았고, 동한 말에 이르러서는 이미 아주 쇠미해졌고, 위진 이후에는 조정에서 명확히 금지했다. 위서緯書는 동한 시기에 집성한 책이 있었는데 수나라 이후에는 산실되었고,

---

392) (南朝宋)范曄:《後漢書》, 浙江古籍出版社2000年版, 第5頁.[원문: 劉秀發兵捕不道, 四夷雲集龍鬥野, 四七之際火為主.]

393) (漢)班固:《白虎通德論》, 上海古籍出版社1990年版, 第41頁.[원문: 天所以有災變何? 所以譴告人君, 覺悟其行, 欲令悔過修德, 深思慮也.《援神契》曰: 行有玷缺, 氣逆幹天, 情感變出, 以戒人也.]

청나라 때에 와서 마국한馬國翰이 『옥함산방집일서玉函山房輯佚書』를 만들었는데, 여기에 위서緯書 40종이 수록되어 있다. 예컨대 『역위易緯』에는 『계람도稽覽圖』, 『건착도乾鑿度』, 『곤령도坤靈圖』 등이 있고, 『시위詩緯』에는 『추도재推度災』, 『함신무含神霧』 등이 있고, 『예위禮緯』에는 『함문가含文嘉』, 『계명징稽命徵』 등이 있고, 『서위書緯』에는 『선기령璇璣鈴』, 『고령요考靈曜』 등이 있고, 『악위樂緯』에는 『동성의動聲儀』, 『계요가稽燿嘉』 등이 있고, 『춘추위春秋緯』에는 『연공도演孔圖』, 『원명포元命包』, 『운두추運斗樞』 등이 있고, 『효경위孝經緯』에는 『원신계援神契』, 『구명결鉤命決』 등이 있다. 위서緯書에서, 『역위易緯』가 보존된 것이 가장 많았는데, 이 또한 훗날 역학易學의 발전에 심원한 영향을 끼쳤었다. 『사고전서총목四庫全書總目 · 역류육易類六』에서는 『건착도乾鑿度』를 이렇게 평가한다.

설자說者들은 이 책이 선진 시기에 나왔다고 한다. 『후한서後漢書』, 남북조 시기 제諸 사서史書 및 당나라 사람들이 저술한 『오경정의五經正義』, 이정조李鼎祚가 만든 『주역집해周易集解』에서 인용이 가장 많았는데, 이 책들 모두 『역易』(『건착도乾鑿度』를 말함)의 취지에서 발굴하여 밝힌 것이 있었다. 기타 위緯에 비해 이 위緯는 특히 순수했다고 하겠다.[394]

『계람도稽覽圖』를 평가할 때는 이렇게 말한다.

이 책은 첫머리에서 괘卦의 기운이 중부괘中孚卦에서 일어난다고 한다. 한편 감괘坎, 이괘離, 진괘震, 태괘兌를 네 개의 방위를 결정하는 사정괘四正卦로 삼고 있고, 나머지 60괘는 괘마다 6일 7푼을 주도한다고 한다. 또 "복復"으로부터 "곤坤"에 이르는 12괘를 소식괘消息卦로 삼고 있고, 나머지 잡괘雜卦는 공公, 경卿, 후候, 대부大夫를 주도하고(한나라 신분제도 질서를 말함), 이에 바람과 비, 추위와 따뜻함을 징후로 삼는다고 한다. 대개 맹희孟喜와 경방京房의 학설이 여기서 나온

---

394) (淸)永瑢 等 : 《四庫全書總目》(上), 中華書局1965年版, 第46頁.[원문 : 說者稱其書出於先秦, 自《後漢書》, 南北朝諸史及唐人撰《五經正義》, 李鼎祚作《周易集解》徵引最多, 皆於易旨有所發明, 較他緯獨為醇正.]

것이다. 한나라 대유大儒들 가운데서 역易을 논하던 자들은 모두 이를 근본으로 삼고 있었다.395)

『역위易緯』의 괘기설卦氣說은 후세의 역학易學 학계에서 많은 학자들의 인정을 받고 있었는데, 이로 보면 위서緯書는 일정한 학술적 가치를 지니고 있었다.

(6) 『백호통의白虎通義』

한나라 유가 경학은 하나의 방대한 이론체계였다. 그 내부에는 학파가 수풀처럼 많았고 해석도 각자 상이했다. 그때 유학은 이미 통일 국가의 주도적 사상으로 자리매김하기는 했지만 늘 학자들의 관점의 차이로 인하여 집권자들의 선택을 혼란스럽게 만들었다. 그리하여 늘 힘이 있는 정치가들이 나서서 중요한 관점들을 통일하고, 사회에서 따라야 할 표준을 제시해주어야 했다. 이렇게 해야만 혼란을 방비할 수 있었던 것이다. 서한 때, 선제宣帝는 역사에서 명성이 높은 석거각회의石渠閣會議를 소집했다. 선제는 이 회의에서 우선 대표적 경학가經學家들이 나와서 각자 '오경五經'을 강론하게 하고, 다음 의론을 거쳐 '오경'에 대한 공통 인식을 도출해내고, 마지막에 선제가 직접 총화를 했다. 그러나 양한이 바뀌던 시기, 참위경학이 나오면서 유가 경학 내부의 분기分岐는 작아진 것이 아니라 오히려 더 커졌다. 그리하여 동한 때 장제章帝가 백호관회의白虎觀會議를 소집하여, 강도를 한층 더 높여 '오경'의 의리義理를 통일시켰던 것이다. 장제의 말로 하면, "유학자들 모두가 경의經義를 올바르게 이해하게 만들려는 것이었다."396) 그 결과, 한부의 국가차원의 경학법전經學法典 성격을 가진 작품 『백호통白虎通』(『백호통의白虎通義』라고도 칭함)이 만들어졌던 것이다. 이 책의 중심사상은 가규賈達가 『좌전左傳』과 『공양전公羊傳』을 비교하고서 말한 것

---

395) (淸)永瑢等:《四庫全書總目》(上), 中華書局1965年版, 第46頁.[원문: 其書首言卦氣起中孚, 而以《坎》,《離》,《震》,《兌》爲四正卦, 六十卦卦主六日七分, 又以自《復》至《坤》十二卦爲消息, 餘雜卦主公, 卿, 侯, 大夫, 候風雨寒溫以爲徵應, 蓋卽孟喜, 京房之學所自出. 漢世大儒言易者, 悉本於此.]

396) (南朝宋)範曄:《後漢書》, 浙江古籍出版社2000年版, 第33頁.[원문: 欲使諸儒共正經義.]

처럼, 모두 "임금과 신하의 정의正義(올바른 도리)와 아버지와 아들의 기강紀綱을 명확히 하려는 것"397)이었다. 이 책은 금문경학今文經學의 관점을 주로 취했고, 고문경학古文經學의 관점을 보조로 삼으면서 거기에 또 참위경학을 섞어 넣었다 문장격식은 모두 정의定義의 형식을 취했는데, 그 말들은 간결하고 명확하고 의심할 여지가 없었다. 예컨대 『작爵』에서는 이렇게 말한다.

천자天子란 작위爵位의 명칭이다. 작위爵位를 천자天子라고 칭하는 것은 무엇때문인가? 왕王은 하늘天을 아버지로 삼고, 땅地을 어머니로 삼고 있는데, 그래서 천자天子라고 칭하는 것이다.398)

『서지瑞贄』에서는 이렇게 말한다.

천명命을 받은 임금은 하늘이 일으켜준 자로서 사방에서 감히 거스르지 못하고, 이적夷狄 모두 고스란히 복종한다.399)

『봉선封禪』에서는 이렇게 말한다.

왕이 성姓을 바꾸고 새로이 나라를 일떠세울 때, 반드시 태산泰山에 올라 봉선封禪을 하는데, 이는 무엇 때문인가? 천하에 가르쳐 알려준다는 의미이다. 천하가 태평하면 상서로운 조짐符瑞이 이르는 것은, 왕이 하늘의 이치를 삼가 전해 받고, 음양을 조화調和하게 만들려는 것이다. 음양이 조화되면 만물이 질서정연하게 되고, 상서로운 기운休氣이 가득 차게 되는데, 그리하여 상서로운 조짐符瑞이 함께 이르는 것이다. 이는 모두 왕의 덕에 감응하여 이르는 것이다.400)

---

397) (南朝宋)範曄 :《後漢書》, 浙江古籍出版社2000年版, 第348頁.[원문 : 君臣之正義, 父子之紀綱.]

398) (漢)班固 :《白虎通德論》, 上海古籍出版社1990年版, 第6頁.[원문 : 天子者, 爵稱也. 爵所以稱天子者何? 王者父天母地, 為天之子也.]

399) (漢)班固 :《白虎通德論》, 上海古籍出版社1990年版, 第53頁.[원문 : 受命之君, 天之所興, 四方莫敢違, 夷狄咸率服.]

400) (漢)班固 :《白虎通德論》, 上海古籍出版社1990年版, 第42, 43頁.[원문 : "王者易姓而起, 必升封泰山何? 教告之義也", "天下太平, 符瑞所以來至者, 以為王者承統理, 調和陰陽. 陰

『봉공후封公侯』에서는 이렇게 말한다.

하늘 아래 왕의 땅 아닌 곳 없고, 땅 위에 사는 사람 왕의 신하 아닌 자 없다.[401]

『삼강육기三綱六紀』에서는 이렇게 규정하고 있다.

임금과 신하란 무엇을 이르는 말인가? 임금이란 무리를 이끄는 자이고, 무리들이 마음을 맡기게 되는 자이다. 신하란 확고히 따르는 자이고, 속지屬志(마음을 연결하고자 하는 의지)가 절로 굳고 튼튼한 자이다.[402]

삼강三綱이란 무엇을 말하는가? 임금과 신하, 아버지와 아들, 남편과 아내의 관계를 말하는 것이다. 육기六紀란 삼촌들諸父, 형제들, 친족들族人, 외삼촌들諸舅, 스승과 어른들師長, 친구들과의 관계를 이르는 말이다. 그래서 『함문가含文嘉』에서는 '임금은 신하의 벼리가 되고, 아버지는 자식의 벼리가 되며, 남편은 아내의 벼리가 된다.'라고 했다. 또 '부형父兄들을 존경해야 한다. 한편 백부와 숙부들은 착善해야 하고, 외삼촌들은 의義로워야 하고, 친족族人들은 차례序가 있어야 하며, 형제昆弟들은 친근함이 있어야 하고, 스승과 어른들은 존귀함이 있어야 하고, 친구들은 정이 있어야 한다.'고 했다. 무엇을 강기綱紀라고 하는가? 강綱은 펼친다張는 뜻이고, 기紀는 도리理라는 뜻이다. 큰 것大이 강綱이 되고, 작은 것小은 기紀가 되니, 곧 위 아래에 도리를 펼쳐 인간의 도리人道를 질서 있게 하는 것이다. 사람은 누구나 다섯 가지 떳떳한 본성五常之性을 지니고 있고, 친근하고 사랑하는 마음을 가지고 있다. 그러므로 강기綱紀를 가지고 교화하는 것은 마치 그물에 기강紀綱이 있어 수많은 그물눈을 펼칠 수 있는 것과 같겠다.[403]

陽和, 萬物序, 休氣充塞, 故符瑞並臻, 皆應德而至".]

401) (漢)班固 : 《白虎通德論》, 上海古籍出版社1990年版, 第24頁.[원문 : 普天之下, 莫非王土, 率土之濱, 莫非王臣.]

402) (漢)班固 : 《白虎通德論》, 上海古籍出版社1990年版, 第59頁.[원문 : 君臣者何謂也? 君, 群也, 群下之所歸心也. 臣者, 堅也, 屬志自堅固也.]

403) (淸)蘇興 : 《春秋繁露義證》, 鐘哲點校, 中華書局1992年版, 第303-304頁.[원문 : 三綱者何? 謂君臣, 父子, 夫婦也. 六紀者, 謂諸父, 兄弟, 族人, 諸舅, 師長, 朋友也. 故《含文嘉》曰 : 君爲臣綱, 父爲子綱, 夫爲妻綱. 又曰 : 敬諸父兄, 諸父有善, 諸舅有義, 族人有序, 昆弟有親, 師長有尊, 朋友有舊. 何謂紀綱? 綱者張也, 紀者理也, 大者爲綱, 小者爲紀, 所以張理上下, 整齊人道也. 人皆懷五常之性, 有親愛之心, 是以綱紀爲化, 若羅網之有紀綱而萬目張也.]

이 편에서는 동중서의 강상설綱常說의 토대 위에서 정식으로 '삼강三綱'설을 제기했는데, 이는 법전法典의 조문條文으로서 후세에 지대한 영향을 끼쳤다. 하지만 '삼강'설은 공자와 맹자의 학설이 아니라 위서緯書에 근원을 두고 있었다. 『예악禮樂』에서는 이렇게 말한다.

> 존귀함貴과 비천함賤이 있고, 가까움親과 소원함疏이 있고, 어른長과 아이幼의 차별이 있다. 조정朝廷의 예禮는 존귀한 자가 비천한 자에게 양보하지 않는 것인데, 그리하여 존귀함과 비천함의 차별이 있는 것이다. 시골마을의 예禮는 어른이 아이에게 양보하지 않는 것인데, 그리하여 나이 차이를 밝히는 것이다. 종묘宗廟의 예禮는 가까움親이 멂遠에 양보하지 않는 것인데, 그리하여 가까운 자를 분명히 밝히는 것이다. 이 삼자가 행해지면 그 다음 왕도王道가 행해지고, 왕도가 행해지면 그 다음 만물이 이루어지고, 천하의 음악樂은 경磬을 사용하게 된다.404)

여기서는 존귀한 자를 존경하고尊尊, 어른을 어른으로 받들고長長, 친인을 친근하게 대하는親親 세 개 원칙을 강조하고 있는데, 이것이 바로 종법宗法 등급사회의 사회관계 기본원칙이었다. 『백호통의白虎通義』에서는 존비尊卑, 상하上下, 친소親疏의 질서를 강조하는 동시에 또한 오상五常을 발양하고, 백성들을 중히 여기고, 간언諫言을 잘 받아들이고, 노인을 존경하고, 덕으로써 다스리는 등 유가의 이념을 부각시키고 있었다. 『정성情性』에서는 이렇게 말한다.

> 오상五常이란 무엇인가? 인仁, 의義, 예禮, 지智, 신信을 말한다. 인仁이란 차마 하지 못하는 마음이니, 삶을 베풀어주고 남을 사랑하는 것이겠다. 의란 올바름을 따르는 것이니, 결단을 내림에 적절하게 하는 것이겠다. 예란 도를 실천함이니, 도를 실천하여 교양 있게 되는 것이겠다. 지란 앎이니, 전에 홀로 보고 들은 것에 미혹되지 않고, 심오한 것을 보아내는 것이겠다. 신이란 성실함이니, 마음이 전일專一하여 딴 곳으로 옮겨가지 않는 것이겠다. 사람은 태어나서 팔괘八卦의 체體(본

---

404) (漢)班固: 《白虎通德論》, 上海古籍出版社1990年版, 第21頁.[원문: 有貴賤焉, 有親疏焉, 有長幼焉. 朝廷之禮, 貴不讓賤, 所以有尊卑也. 鄕黨之禮, 長不讓幼, 所以明有年也. 宗廟之禮, 親不讓疏, 所以有親也. 此三者行, 然後王道得, 王道得然後萬物成, 天下樂用磬也.]

질)에 감응하고, 오행의 기운을 얻어 떳떳한 본성으로 삼으니, 인, 의, 례, 지, 신이 바로 그것이겠다.405)

『간쟁諫諍』에서는 임금과 신하의 관계는 의義(올바름)를 따라야 한다고 한다.

현명한 임금이 간쟁諫諍(제도)을 세운 것은 모두 백상을 중히 여기고 자신의 과오를 찾아보기 위함이다.406)

『향사鄕射』에서는 이런 도리를 설명하고 있다.

왕王者이 삼로오경三老五更(학식과 덕망이 높은 늙은 재상)을 부형처럼 섬기는 것은 무엇 때문인가? 부모에게 효도하고 형에게 공경하는 덕德을 드러내서 천하에 보여주려는 것이다. 그러므로 천자天子라고 하더라도, 반드시 존경해야 할 이가 있으니, 제부諸父가 그들이라는 말이겠고, 반드시 앞세워야 할 이가 있으니, 제형諸兄이 그들이라는 말이겠다.407)

보다시피 존귀한 천자天子라고 하더라도 의義를 받들고 높여야 하고, 오상五常을 믿고 따라야 하고, 백성들을 중히 여겨야 하고, 간언諫言을 잘 받아들여야 하고, 늙은이를 공경하고 윗사람을 존경해야 한다. 『오형五刑』에서는 덕德을 위주로, 형형刑을 보조로 쓸 것을 주장한다.

성인이 천하를 다스리는 데는 반드시 형벌이 있었으니, 무엇 때문인가? 그것 (형벌)으로 덕德을 보조하여 다스림을 돕고, 하늘의 법도를 따르려는 것이었다.408)

---

405) (漢)班固:《白虎通德論》, 上海古籍出版社1990年版, 第60頁.[원문: 五常者何? 謂仁, 義, 禮, 智, 信也. 仁者, 不忍也, 施生愛人也. 義者, 宜也, 斷決得中也. 禮者, 履也, 履道成文也. 智者, 知也, 獨見前聞, 不惑於事, 見微者也. 信者, 誠也, 專一不移也. 故人生而應八卦之體, 得五氣以為常, 仁, 義, 禮, 智, 信是也.]

406) (漢)班固:《白虎通德論》, 上海古籍出版社1990年版, 第37頁.[원문: 明王所以立諫諍者, 皆為重民而求己失也.]

407) (漢)班固:《白虎通德論》, 上海古籍出版社1990年版, 第38-39頁.[원문: 王者父事三老, 兄事五更者何? 欲陳孝悌之德, 以示天下也. 故雖天子, 必有尊也, 言有父也. 必有先也, 言有兄也.]

『백호통의白虎通義』의 역사적 공헌과 영향은 거대했다. 『백호통의』는 왕권의 정치적 역량에 의지하여 한무제의 '백가百家를 배척하고, 육경六經을 표창하는' 정치사상을 새로운 차원에로 끌어올렸고, 수많은 학자들의 연구 성과를 집성한 토대 위에서 '삼강오상三綱五常'의 법제화, 보편화, 안정화를 실현했다. 또한 '삼강오상'이 나라를 다스리는 고정적 양식으로 자리매김하고, 공자 육경의 현실적 실천 형태로 되게 만들었다. 이는 줄곧 청나라 말년까지 지속되어 왔었다. 따라서 이를 장제章帝 한 사람의 독단적인 결책이라고 볼 수는 없겠다. 이는 '대일통大一統' 국가를 튼튼히 지키고, 중화민족공동체의 응집력을 강화하고, 전통 사회가 안정을 유지하면서 발전하는데 있어서 중대한 역할을 일으켰었다. 하지만 다른 한편, 정치권력의 심층적 개입과 조종, 특히 '삼강三綱'과 '오상五常'을 접목시키면서 형성된 강상명교綱常名敎 관념 및 천인감응天人感應 학설은 공맹 유학의 이성적 인문주의의 인애통화仁愛通和 정신을 감손시켰고, 충서忠恕의 도道의 "상호 존중하고 서로 사랑해주는" 문명한 지혜의 역량이 효과적인 방출을 얻어내지 못하게 만들었다. 결국 중국에서 제왕사회 후기에는 왕권이 지극히 독단적이고, 예교禮敎가 강직되고 보수적인 상황으로 나아갔는데, 그 화근은 이에 있었다고 하겠다. 예컨대 근대에 '중체서용中體西用'을 주장하던 장지동張之洞은 종법宗法 등급제도를 '체體(본바탕)'로 보고 있었고, '삼강三綱'을 가지고 민권民權 혁명을 반대했다. 그는 청나라 말기晩淸 진부한 제왕 제도를 수호하려고 했다. 『권학편勸學篇』에서 그는 이렇게 말한다.

그러므로 임금과 신하 사이에 마땅히 지켜야 할 도리를 안다면, 민권民權 설說은 실행行할 수 없고, 아버지와 아들 사이에 마땅히 지켜야 할 도리를 안다면 아버지와 아들을 분별없이 똑같이 치죄하고 상복喪服을 벗고 제사祭祀를 폐지한다는 설은 실행할 수 없고, 남편과 아내 사이에 마땅히 지켜야 할 도리를 안다면 남·여의 권력이 평등하다는 설은 실행할 수 없겠다.[409]

---

408) (漢)班固 : 《白虎通德論》, 上海古籍出版社1990年版, 第68頁.[원문 : 聖人治天下必有刑罰 何? 所以佐德助治, 順天之度也.]

409) 羅炳良主編 : 《張之洞勸學篇》, 華夏出版社2002年版, 第34頁.[원문 : 故知君臣之綱, 則民

(7) 왕충王充이『논형論衡』에서 신학경학神學經學에 행한 비판

왕충은 동한 전기, 힘써 유가와 도가의 상호 보완을 실천하고, 앞장서서 신학 경학과 속세의 미신을 비판하던 학자이다. 저서로는 세상에 널리 전해진『논형 論衡』이 있다. 그는 공자를 아주 존숭하고 있었다. 그가 보건대, 공자의『춘추春 秋』는 "좋고 나쁨과 옳고 그름에 대한 평판에서, 도道의 실질을 얻었고 어긋나 고 편벽된 잘못은 하나도 없었다."410) 나라의 다스림에 있어서 왕충은 "치국治 國의 도는 길러야 할 것이 두 가지 있다. 하나는 덕德을 기르는 것이고, 다른 하나는 힘을 기르는 것이다."411)라고 한다. 또 이렇게 말한다.

　　대저 천하의 태평함은 사회의 안정함을 효험效으로 삼고, 백성들의 안락함을 징표符로 삼는다. 공자께서 말씀하셨다. '자신을 닦아 백성들을 편안하게 해주는 것은 요임금과 순임금도 어려워하셨다!' 백성들이 편안하게 사는 것이 천하가 태평한 증험驗이겠다.412)

이는 공자가 주장하던, 덕으로 다스리고, 군사를 충족히 갖추고, 백성을 근본 으로 삼는 사상과 고도로 일치하다. 그는『역전易傳』과『춘추』를 중요시하고 있었고, 예의禮義가 나라의 강기綱紀라는 논설을 긍정하고 있었고, "동중서의 도덕정치 논설은 찬미할 만 하다."413)라고 했다. 이런 것들은 모두 그가 사회가 치관에 있어서, 유가의 입장에 서 있었음을 말해 주는 것이다. 한편, 그는 또 노자도가의 '천도天道는 자연무위自然無爲하다.'라는 우주관도 아주 숭상하고

權之說不可行也. 知父子之綱, 則父子同罪免喪廢祀之說不可行也. 知夫婦之綱, 則男女 平權之說不可行也.]

410) (漢)王充:《論衡》, 陳蒲淸點校, 嶽麓書社1991年版, 第424頁.[원문: 文義褒貶是非, 得道理 之實, 無非僻之誤.]

411) (漢)王充:《論衡》, 陳蒲淸點校, 嶽麓書社1991年版, 第153頁.[원문: 治國之道, 所養有二, 一曰養德, 二曰養力.]

412) (漢)王充:《論衡》, 陳蒲淸點校, 嶽麓書社1991年版, 第299頁.[원문: 夫太平以治定爲效, 百 姓以安樂爲符. 孔子曰: '修己以安百姓, 堯, 舜其猶病諸!' 百姓安者, 太平之驗也.]

413) (漢)王充:《論衡》, 陳蒲淸點校, 嶽麓書社1991年版, 第440頁.[원문: 仲舒之言道德政治, 可 嘉美也.]

있었다. 『자연自然』 편에서 그는 '하늘이 만물을 낳는 것'을 논할 때 "도가에 기대어 그것을 논해보았는데", 비록 유가 학설에는 거스르지만, 황로의 뜻에는 합치되었다."414)라고 한다. 『견고譴告』편에서는 더 명확하게 이렇게 말한다.

대저 천도天道는 자연적이고 무위無爲하다. 만약 사람을 꾸짖고 견책한다면그 것은 유위有爲이지 자연自然이 아니다. 황로학파에서는 천도를 논할 때 그 실질을 파악했다.415)

유가 인본주의와 도가 자연주의는 왕충이 신학경학을 비판하는 유력한 사상 무기가 되었다. 또한 여기서 그의 명석하게 진리를 추구하고 진실을 추구하는 태도를 보아낼 수 있겠다. 그는 『일문佚文』에서 이렇게 말한다.

『시詩』 삼백 편을 한마디로 말하자면, 공자는 '생각함에 사특함이 없는 것이다 思無邪.'라고 했다. 『논형論衡』도 백여 편十數(현존 85편임)이 되는데, 역시 한마디로 개괄할 수 있겠다. 그것인 즉 거짓되고 허망한 것을 비판하는 것이다.416)

『자기自紀』에서는 스스로 이 책은 "성인의 도聖道를 가지고 절충折衷하고, 통재通材들의 학설에서 도리를 분석했는데, 저울처럼 공평하고 거울처럼 훤하 다."417)라고 한다. 『논형論衡』에서 신학경학에 대한 비판은 대체로 아래와 같이 개괄할 수 있겠다.

첫째, 『논형』에서는 비판의 화살을 신학神學의 목적론에 향하고 있었다. 왕 충王充은 하늘이 의지가 있다는 설說과 천인감응설天人感應說을 반대하고 있었

---

414) (漢)王充:《論衡》, 陳蒲淸點校, 嶽麓書社1991年版, 第281, 287頁.[원문: "試依道家論之", "雖違儒家之說, 合黃, 老之義也".]
415) (漢)王充:《論衡》, 陳蒲淸點校, 嶽麓書社1991年版, 第226頁.[원문: 夫天道, 自然也, 無為. 如譴告人, 是有為, 非自然也. 黃, 老之家, 論說天道, 得其實矣.]
416) (漢)王充:《論衡》, 陳蒲淸點校, 嶽麓書社1991年版, 第320頁.[원문: '《詩》三百, 一言以蔽 之, 曰:思無邪.'《論衡》篇以十數, 亦一言也, 曰:疾虛妄.]
417) (漢)王充:《論衡》, 陳蒲淸點校, 嶽麓書社1991年版, 第455頁.[원문:折衷以聖道, 析理於通 材. 如衡之平, 如鑒之開.]

다. 그가 보건대 '하늘과 땅天地은 기氣를 품고 있는 자연이고'(『담천談天』), '하늘과 땅이 기를 합치게 되면, 만물은 절로 생겨나고', '대저 하늘은 하는 바 없고無爲, 때문에 말을 하지 않고, 가끔 재변災變이 이르는 것도 기氣가 절로 만들어 낸 것이다. 대저 하늘과 땅天地은 무엇을 이룰 수도 없고 또한 무엇을 알 수도 없다.'[418] 한편, 하늘天과 인간 및 동물 사이에는 자연적으로 상호 작용하는 현상이 존재하는데, 예를 들면, "하늘에서 비가 내리려고 할 때는 땅강아지와 개미가 이사를 하고, 지렁이가 땅위로 올라오고, 거문고 줄이 느슨해지고, 고질병痼疾病이 도진다."[419] 이는 "바람과 비風雨의 기氣가 벌레와 사물을 감동시킨 것이다."[420] 하지만 "인간은 행동으로 하늘을 감동시킬 수 없고, 하늘도 역시 인간의 행위에 감응할 수 없다."[421] 그가 보건대 자연재해가 발생하는 것은 사람의 몸에서 질병이 생기는 것과 똑같은데, 이는 자연적 과정이다. "혈맥이 조화되지 못하면, 사람은 질병이 생기고, 바람의 기氣가 불화不和하면, 그 해에는 재이災異가 일어난다."[422] 즉 이는 천인감응天人感應과는 무관하다는 것이다. 하지만 왕충의 "하늘은 의지가 없다."는 논설은 많이는 경험적 차원에 머물러 있었다. 그는 이렇게 말한다.

어떻게 하늘이 자연적임을 알 수 있는가? 하늘에 입과 눈이 없는 것에서 알 수 있겠다. 만약 하늘땅이 만물을 만들어냈다고 한다면, 만물을 만들 때에는 마땅히 손을 사용해야 할 것인데, 하늘땅에 어찌 천만 개의 손이 있어 천만 가지 사물을 만들어 냈다는 말인가?[423]

---

418) (漢)王充：《論衡》, 陳蒲清點校, 嶽麓書社1991年版, 第168, 281, 286頁.[원문: "天地, 含氣之自然也"(《談天》), "天地合氣, 萬物自生", "夫天無為, 故不言, 災變時至, 氣自為之. 夫天地不能為, 亦不能知也".]

419) (漢)王充：《論衡》, 陳蒲清點校, 嶽麓書社1991年版, 第232頁.[원문: 天且雨, 螻蟻徙, 丘蚓出, 琴弦緩, 固疾發.]

420) (漢)王充：《論衡》, 陳蒲清點校, 嶽麓書社1991年版, 第232頁.[원문: 風雨之氣, 感蟲物也.]

421) (漢)王充：《論衡》, 陳蒲清點校, 嶽麓書社1991年版, 第237頁.[원문: 人不能以行感天, 天亦不能隨行而應人.]

422) (漢)王充：《論衡》, 陳蒲清點校, 嶽麓書社1991年版, 第226頁.[원문: 血脈不調, 人生疾病, 風氣不和, 歲生災異.]

둘째, 『논형』에서는 비판의 화살을 귀신설鬼神說에 향하고 있었다. 왕충은 사람이 죽은 다음 귀신으로 된다는 설도 부정하고 또 장례를 정중하게 치르는 풍속도 반대했다. 『논사論死』에서는 이렇게 말한다.

사람은 죽어서 귀신으로 되지 않는다. 죽으면 지각도 없고, 말도 할 수 없다. 그러니 사람을 해칠 수도 없겠다. 형체는 반드시 기氣가 있어야 이루어지고, 기는 반드시 형체에 의지해야 지각이 있게 된다. 천하에는 홀로 피어오르는 불이 없거늘, 세상에 어찌 체體(바탕)가 없이 홀로 지각을 만들어내는 정기精가 있겠는가? 음양陰陽의 기氣는 응결하면 사람이 되는데, 세월을 다하고 명을 마치고 죽게 되면 다시 기로 되돌아간다.424) 귀신鬼神이란, 음기陰氣와 양기陽氣의 이름이다.425)

그렇다면 어찌하여 사람들은 귀신鬼神 관념이 있게 되었는가? 왕충이 보건대, "그리움이 그렇게 만든 것이다. 그 연유는? 질병으로 말미암은 것이다. 사람들은 병에 걸리면 곧 걱정과 두려움이 생긴다. 걱정과 두려움이 생기게 되면 곧 귀신이 나온다."426) 세상에 귀신이 없으니, 당연히 장례도 검소하게 치러야 하겠다. 하지만 그는 선조들에게 제사 지내는 예의禮에 대해서는 비판하지 않았다. 『사의祀義』에서 그는 "살아 있는 이를 섬기는 것처럼 죽은 이를 섬기는 것은, 이로써 선조들을 잊지 않고 있음을 보여주려는 것이다."427)라고 한다. 『제의祭義』에서는 이렇게 말한다.

423) (漢)王充 : 《論衡》, 陳蒲清點校, 嶽麓書社1991年版, 第281, 283頁.[원문 : "何以知天之自然也? 以天無口目也", "如謂天地爲之, 爲之宜用手, 天地安得萬萬千千手, 並爲萬萬千千物乎?"]
424) (漢)王充 : 《論衡》, 陳蒲清點校, 嶽麓書社1991年版, 第325, 323, 324頁.[원문 : "人死不爲鬼, 無知, 不能語言, 則不能害人矣", "形須氣而成, 氣須形而知, 天下無獨燃之火, 世間安得有無體獨知之精?", "陰陽之氣, 凝而爲人, 年終壽盡, 死還爲氣".]
425) (漢)王充 : 《論衡》, 陳蒲清點校, 嶽麓書社1991年版, 第266頁.[원문 : 鬼神, 陰陽之名也.]
426) (漢)王充 : 《論衡》, 陳蒲清點校, 嶽麓書社1991年版, 第347頁.[원문 : 思念存想之所致也, 致之何由? 由於疾病. 人病則憂懼, 憂懼則鬼出.]
427) (漢)王充 : 《論衡》, 陳蒲清點校, 嶽麓書社2006年版, 第326頁.[원문 : 緣生事死, 示不忘先.]

대저 제사의 의미는 두 가지이다. 하나는 공로에 보답하는 것이고 다른 하나는 선조들을 공경하는 것이다. 공로에 보답함으로써 열심히 일하는 자들을 격려하고, 선조들을 공경함으로써 은덕이 있는 이들을 존숭한다. 열심히 일하는 자들을 격려하고, 은덕이 있는 이들을 존숭하면서 공업을 이루고 널리 교화를 펼치는 것, 이는 성왕聖王들이 늘 하던 일이었다.[428]

이는 공자의 '부모님의 장례를 정중히 치르고 조상의 제사를 정성스레 지내는慎終追遠' 전통과 '신도로써 백성들을 교화하는神道設敎' 전통을 계승한 것이겠다.

셋째, 『논형論衡』에서는 비판의 화살을 신선방술神仙方術에 향하고 있었다. 왕충은 우선 도사方士들이 선양하는 '속세를 떠나 죽지 않고, 수련하여 신선이 된' 이들의 이야기를 열거한다. 예를 들면, 황제가 형산荊山 아래에서 정鼎을 주조하는 일을 마치자 하늘에서 용龍이 내려와 황제와 신하들 그리고 황비들을 태우고 하늘나라에 올라갔다는 이야기, 회남왕淮南王이 득도하고서 온 가족을 데리고 하늘나라에 올라갔는데, 그때 집에 있던 개와 닭도 함께 데리고 갔다는 이야기 등이다. 왕충은 이렇게 지적한다. "혈맥이 있는 것은 생명生이 없는 것이 없고, 생명은 죽지 않음이 없다. 살아 있기 때문에 죽음을 아는 것이다.[429]" 확대해서 말하자면,

> 무릇 시작이 있는 것은 반드시 끝이 있고, 끝이 있는 것은 반드시 시작이 있는 법이다. 대저 인간은 사물物이다. 왕후처럼 귀한 자라고 할지라도 그 성性은 사물과 다를 바 없다. 사물은 죽지 않는 것이 없거늘, 사람이라고 어찌 신선으로 될 수 있겠는가?[430]

---

428) (漢)王充:《論衡》, 陳蒲淸點校, 嶽麓書社2006年版, 第397頁.[원문: 祭祀之義有二: 一曰報功, 二曰修先. 報功以勉力, 修先以崇恩. 力勉恩崇, 功成化通, 聖王之務也.]

429) (漢)王充:《論衡》, 陳蒲淸點校, 嶽麓書社1991年版, 第117頁.[원문: 有血脈之類, 無有不生, 生無不死. 以其生, 故知其死也.]

430) (漢)王充:《論衡》, 陳蒲淸點校, 嶽麓書社1991年版, 第118, 109-110頁.[원문: 夫人, 物也, 雖貴爲王侯, 性不異於物. 物無不死, 人安能仙?]

여기에는 이미 생과 사生死의 변증법이 들어 있었다.

마지막으로, 『논형論衡』에서는 비판의 화살을 속세의 미신에 향하고 있었다. 왕충은 금기忌諱, 복서卜筮, 기일諱日, 해제解除, 태세太歲 등의 미신과 『사휘四諱』, 『장력葬曆』, 『목서沐書』, 『재의유서裁衣有書』, 『이사법移徙法』, 『도택술圖宅術』 등의 속서俗書에 대해 비판을 행한다. 그가 보건대, 천도天道는 자연적이고 하는 바도 없어自然無爲, 하늘에 물어도 대답이 있을 수 없다. 그러나 사람들은 일을 함에 있어서 늘 '마음속으로 생각하고 판단하는 것이 아니라 길일인지 아닌지만 따지고, 사리에 맞는지에 비추어 탐구하는 것이 아니라 길한 시기인지만 맞추어보고', '사람들과 의논하지 않고 점만 치면서 일이 될지 안 될지, 그 도리는 따지지 않고 길흉만 미신한다.' 그는 이를 쇠락한 세상의 케케묵은 풍속이라고 비난한다. 그는 이렇게 말한다. "쇠락한 세상에서는 금기를 미신하기를 좋아하고, 못난 임금은 복을 기구하기를 좋아하고", "쇠락한 세상에서는 귀신을 믿기를 좋아하고, 우매한 자들은 복을 기구하기를 좋아한다."[431] 그가 보건대 이는 아주 잘못된 것이었다. 왕충은 더 나아가 심리적 근원에서 미신의 유행을 분석한다.

대저 사람이 세상에서 살아가면서 일을 하지 않을 수 없고, 일을 한 후에는 길흉吉凶이 없을 수 없다. 사람들은 늘 좋은 일吉이 생기면 이를 가리켜 그 전에 길일吉日을 택한 그 복福이 이른 것이라고 말하고, 흉凶한 일 생기면 이를 가리켜 그 전에 금기禁忌를 저촉한 그 화禍를 당한 것이라고 말한다. 임금은 자신의 권세를 귀하게 여기고, 백성들은 자신의 몸을 귀하게 여기는데, 그들은 줄지어 그것(미신)을 믿고 있고, 더는 의심하지 않는다. 간서奸書와 위문僞文은 이로부터 생겨나고 퍼지게 되었다. 교활한 자들은 나쁜 생각을 품고 잔머리를 굴리면서 이익을 추구하여 우매한 자들을 놀래우고 미혹시키고, 부자들을 사기 치고 가난한 자들을 사취했다.[432]

---

431) (漢)王充:《論衡》, 陳蒲淸點校, 嶽麓書社1991年版, 第369, 389頁.[원문: "衰世好信禁, 不肖君好求福", "衰世好信鬼, 愚人好求福".]

432) (漢)王充:《論衡》, 陳蒲淸點校, 嶽麓書社1991年版, 第376, 377頁.[원문: "凡人在世, 不能不作事, 作事之後, 不能不有吉凶. 見吉, 則指以爲前時擇日之福, 見凶, 則剌以爲往者觸

앞날을 예측하기 어려운 인생살이에서, 인간의 심리적 욕구의 발현과 저속한 풍속의 적폐에 더하여, 미신을 직업으로 삼는 자들이 방술에 기대어 이익을 추구하면서, 세속의 미신이 생존하고 연속되게 만들었던 것이다. 왕충은 강조하기를, 일은 사람이 하기에 달렸고, 미신과는 상관이 없다고 한다.

> 대저 해제解除를 논해봐도, 해제解除는 이로움이 없고, 제사祭祀를 논해 봐도 제사는 보탬이 안 되고, 무축巫祝을 논해 봐도 무축은 힘이 없다. 결국 사람이 하기에 달렸지 귀신과는 무관하고, 덕에 달렸지 제사와는 무관하다. 이는 아주 분명하다![433]

이는 이성적인 유가 학자들이 재앙을 없애고 복을 기구하는 풍속에 대한 기본 입장과 태도였다.

왕충의 『논형』에는 또 『문공問孔』과 『자맹刺孟』이라는 두 편이 있는데, 여기서 그의 '성현聖賢들을 존숭하되 미신하지는 않고, 오로지 옳고 그름을 최고 표준으로 삼는 진리관'을 엿볼 수 있다. 그는 참서讖書에서 공자를 '앞으로는 천 년 전 일을 알고 있고, 뒤로는 만년 후의 일을 알고 있는' 신神이라고 말하는 것에 찬성하지 않았고 또 성현들의 말이 완전무결하다고도 생각하지 않았다. 『문공問孔』에서는 지적하기를, "성현들의 말에 그릇된 것이 없다"[434]고 말할 수 없는데, 사실 공자의 말에도 "위와 아래가 어긋나는 것이 많고', '앞과 뒤가 모순되는 것이 많다."[435]고 한다. 예를 들면, 먹을 것을 버리고 죽을 지언정 신의信義를 저버리지 않는다고 하면서도 먼저 부유해지고 후에 가르침을 행해야 한다는 것, 의롭지 못하게 부귀富貴를 얻는 것을 뜬 구름처럼 본다고 하면서

忌之禍", "人君惜其官, 人民愛其身, 相隨信之, 不復狐疑", "奸書偽文, 由此滋生. 巧惠生意, 作知求利, 驚惑愚暗, 漁富偷貧".]

433) (漢)王充:《論衡》, 陳蒲清點校, 嶽麓書社1991年版, 第390-391頁.[원문: 夫論解除, 解除無益. 論祭祀, 祭祀無補. 論巫祝, 巫祝無力. 竟在人不在鬼, 在德不在祀, 明矣哉!]
434) (漢)王充:《論衡》, 陳蒲清點校, 嶽麓書社1991年版, 第137頁.[원문: 以為聖賢所言皆無非.]
435) (漢)王充:《論衡》, 陳蒲清點校, 嶽麓書社1991年版, 第137頁.[원문: "上下多相違", "前後多相伐".]

도 필힐佛肸한테 가서 먹을 것을 구하려 한 것 등이 그것이다. 그렇다면 "만약 이해하지 못한 것이 있어 공자에게 캐묻고 따진다면, 이 또한 어찌 의義에 손상 주는 것이겠는가? 참말로 성인의 뜻을 전하는 지혜가 있어 공자의 학설을 비난 한다면, 이 또한 어찌 도리를 거스르는 것이겠는가?"436) 『자맹刺孟』에서는 맹 자가 '의義'를 받들고 '이利'를 폄하하는 것은 '오경'의 취지에 맞지 않는다고 한다. 왜냐하면 '이'에는 '재화財貨의 이利'도 있고, '평안하고 길吉한 이利'도 있는 바, 그래서 '의'와 '이'를 완전히 대립시키는 것은 옳지 않다는 것이다. 이는 『묵경墨經』에서 말하는 '의義는 이利이다.'라는 사상을 활용한 것이겠다. 우리는 왕충의 말이 "유경을 이탈했지만 도道(진리)를 어기지는 않았다."고 볼 수 있는데, 이런 학자는 유가에서 많지 않았다. 왕충이 하늘에 의지가 있다 는 설과 귀신 설을 부정하고, 공자와 맹자에 대해 찬양도 하고 비판도 하던 이런 진실을 추구하는 태도는 남조南朝 양나라 시기의 범진范縝과 명나라 말 이지李贄에게 직접적으로 영향을 주었다. 범진은 '신멸론神滅論'을 저술했고, 이지는 공자의 시비是非 판단 기준을 여과 없이 자신의 시비 판단 기준으로 삼지 않았다.

(8) 제사祭祀 예교禮敎와 국가 교사郊社 종묘宗廟 예의제도의 구축

교사 종묘 제사와 태산泰山 제사는 그 유래가 아주 오래다. 이는 주나라 이후, 군왕들이 나라를 다스리는 합법성을 상징하는 종교적 근거로 되어졌었고 또한 그들의 정신적 의탁으로 되어졌었다. 사마천은 이렇게 말한다.

『주관周官』에서는 이르기를, 동지冬至가 이르면 남교南郊에서 하늘에 제사 지 내면서 날이 길어지는 것을 맞이했고, 하지夏至가 이르면 땅의 신령地祇에게 제사 지냈다고 한다. 이런 행사에는 모두 악무樂舞가 있었는데, 이런 방식으로 신神을 위로할 수 있다고 생각하여 예禮를 들이는 것이었다. 천자天子는 천하의 명산과

---

436) (漢)王充 : 《論衡》, 陳蒲淸點校, 嶽麓書社1991年版, 第138頁.[원문 : 苟有不曉解之問, 追難 孔子, 何傷於義? 誠有傳聖業之知, 伐孔子之說, 何逆於理?]

대천名山大川에 제사 지냈는데, 오악五嶽(즉 泰山, 華山, 衡山, 恒山, 嵩山)을 삼공三公
(즉 周나라 太師, 太傅, 太保)으로 사독四瀆을 제후諸侯(周나라 때, 三公에 버금가는 이들)
로 삼고 제사를 지냈다. 제후들은 그들의 영지내의 명산과 대천에 제사 지냈다.
사독四瀆이란 즉 양자강長江, 황하黃河, 회하淮河, 제수済水를 말한다. 천자天子는
명당明堂, 벽옹辟雍(대학)이라는 제사를 지내는 장소가 있었고, 제후들은 반궁泮宮
(제후들이 만든 學宮)이라는 제사를 지내는 장소가 있었다. 주공周公旦이 성왕成王을
보필한 후, 후직后稷(周나라 시조, 堯, 舜 시기 농업을 관장, 백성들에게 농사법을 가르쳐
주었음)을 하늘과 짝지워 교사郊祀(國都 교외에서 지내는 제사)를 지냈고, 문왕文王을
상제上帝와 짝지워 명당明堂에서 종사宗祀(조상에게 드리는 제사)를 지냈다. 우禹가
일떠선 후에 사사社祀(土地神에게 지내는 제사) 제도가 생겼는데, 후직后稷이 농사일
을 관장했기 때문에 직사稷祠가 있게 되었다. 교사郊祀는 줄곧 숭상 받고 있었
다.[437]

『예기禮記』의 기재에 따르면, 주나라 때에는 엄격한 제사 제도가 있었는데,
"천자는 천지에 제사 지내고, 제후諸侯들은 사직社稷에 제사 지내고, 대부大夫들
은 다섯 신령(즉 戶神, 竈神, 土神, 門神, 行神)에게 제사 지냈다."[438]고 한다. 하늘에
제사 지내는 방식은 네 가지였다. 즉 첫째는 교사郊祀이고, 둘째는 봉선封禪이
고, 셋째는 보제報祭이고, 넷째는 명당제明堂祭였다. 조상에게 드리는 제사도 엄
격한 종묘宗廟 제사 제도가 있었는데, 즉 천자天子는 칠묘七廟(일곱 개 묘당), 제후
는 오묘五廟, 대부는 삼묘三廟, 사士는 일묘一廟에서 제사 지냈고, 서민들은 묘廟
가 없이 자기 안방에서 제사를 지냈다. 이밖에 또 사직社稷과 일월산천日月山川,
백신百神에게 드리는 제사가 있었다. 『좌전左傳』에는 진晉나라 채묵蔡墨의 이런
말이 실려 있다.

437) (漢) 司馬遷 : 《史記》, 線裝書局2006年版, 第121頁.[원문 : 《周官》曰, 冬日至, 祀天於南郊,
迎長日之至. 夏日至, 祭地祇. 皆用樂舞, 而神乃可得而禮也, 天子祭天下名山大川, 五嶽
視三公, 瀆視諸侯, 諸侯祭其疆內名山大川. 四瀆者, 江, 河, 淮, 濟也. 天子曰明堂, 辟雍,
諸侯曰泮宮. 周公既相成王, 郊祀後稷以配天, 宗祀文王於明堂以配上帝. 自禹興而修社
祀, 後稷稼穡, 故有稷祠, 郊社所從來尚矣.]

438) 《禮記》, 崔高維校點, 遼寧教育出版社2000年版, 第43頁.[원문 : 天子祭天地, 諸侯祭社稷,
大夫祭五祀.]

공공씨共工氏에게는 구룡句龍이라는 아들이 있었는데, 그가 후토后土로 되었으니, 이로부터 둘(다른 하나는 祝融)에게 제사 지내게 되었다. 후토는 사社(토지신)이고 또 직稷(곡식신)이었는데, 즉 곡식이 자라는 것을 관장하는 전정田正신이었다. 열산씨烈山氏에게는 주柱라는 아들이 있었고 그도 직稷이었는데, 하夏나라 전부터 그에게 제사 지냈다. 주周나라 기棄도 직稷이었는데, 상商나라 때부터 그에게 제사 지냈다.[439]

중국은 전통적으로 가족사회였고 또 농업을 근본으로 삼고 있었는데, 그리하여 천지와 조상과 사직에 대한 숭배가 기본 신앙으로 되어졌던 것이다. 사마천의 『사기·봉선서封禪書』에서는 상고 이래의 봉선 전설을 기술하고 있는데, 그 이야기들을 모두 자세히 고증해보기는 어렵겠다. 사마천의 기술에 따르면 태산은 오악五嶽(즉 南嶽 衡山, 西嶽 華山, 北嶽 恒山, 中嶽 嵩山, 東嶽 泰山)의 우두머리로서 태산의 정상에 제단을 세우고 하늘에 제사 지내면서 하늘의 은혜에 보답하는 것을 봉封이라고 칭하고, 태산 아래의 작은 산봉우리를 평평하게 깎고 거기서 제사 지내면서 땅의 은혜에 보답하는 것을 선禪이라고 칭했다고 한다. 봉선封禪 행사는 제왕帝王들이 천명天命을 받고 나라를 잘 다스린다는 의미를 가진 국가 차원의 대형 종교제사활동이었는 바, 이 행사는 아주 신성하고 장엄했다. 진시황은 즉위 후, 곧 이 봉선 행사를 거행했다. 한나라 초에는 국가차원의 종교제사 행사규범이 정해져 있지 않았다. 유방 때에는 백, 청, 황, 적, 흑의 오제五帝의 사당을 세워, 이로써 오행五行과 짝을 이루게 했다. 통일 제국을 일떠세우기 위해 무제 때에는 토덕土德에 의거하여 제도를 개혁했는데, 토덕으로 진秦나라 때의 수덕水德을 대체하고, 색은 황색을 숭상하고, 수數는 오五를 사용하고, 인월寅月(정월을 말함)을 한 해의 시작으로 정하고, 또 천계天界의 주신主神을 다시 세웠다. 그때 박毫(지명임) 지역의 도사道士 목기謬忌가 태일太一에 제사 지내는 법을 임금에게 알려주었는데, 그는 태일을 최고의 신으로 삼고, 오방제

---

439) (春秋)左丘明:《左傳》, 蔣冀騁標點, 嶽麓書社1988年版, 第360頁. [원문: 共工氏有子曰句龍, 為後土, 此其二祀也. 後土為社, 稷, 田正也. 有烈山氏之子曰柱為稷, 自夏以上祀之. 周棄亦為稷, 自商以來祀之.]

五方帝를 태일의 보좌관으로 삼고, 사당을 세워 제사를 지낼 것을 제의했다. 이렇게 교제郊祭의 구도가 초보적으로 형성되었던 것이다. 한무제는 또 봉선封禪 행사大典도 거행하여, 이로써 나라가 태평하고 백성들이 평안함을 세상에 과시했다. 무제 이후, 예학이 발달했는데 교사郊祀 종묘宗廟 제도는 예의규범을 새로이 정하는 데서도 중점으로 되어졌었다. 『예기禮記』가 아주 중시 받고 있었는데, 이 책의 『제통祭統』편에서는 이렇게 말한다.

> 대저 사람을 다스리는 도道에서 예禮보다 더 절실히 요구되는 것은 없다. 예에는 오경五經이 있으나 제사만큼 중요한 것은 없다. 체제禘祭(주나라 예로서 천자가 여름에 지내는 제사)와 상제嘗祭(주나라 예로서 천자가 가을에 지내는 제사)의 의미가 아주 크다. 이는 나라를 다스리는 근본이다. 종묘宗廟와 사직社稷을 받들고 섬기면 자손들이 순종하고 효도한다. 그 도道(도리)를 다하고 그 의義(의리)를 바르게 하면 교화敎化가 여기서 이루어진다. 제사祭는 효도孝의 근본이다.440)

『예운禮運』편에서는 "천신上神과 선조의 신을 내려 보내서, 임금과 신하君臣의 도리를 바로 잡고, 아버지와 아들父子의 친애를 도탑게 한다."441)라고 한다. 『교특생郊特牲』편에서는 "만물은 하늘에 근본이 있고, 사람은 조상에 근본이 있다. 이것이 조상의 신과 상제에게 함께 제사 지내는 까닭이다. 교외에서 상제께 올리는 교사郊祀는 크게 근본에 보답하고 시작을 돌이켜보는 것이다."442)라고 한다. 이것이 경천법조敬天法祖 사상의 정의精義라고 하겠다. 예학을 받들고, 한나라 집권자들은 끊임없이 새로운 제사 예의를 창조하고 개혁했다. 선제 때에는 이런 조서를 내렸다.

---

440) 《禮記》, 崔高維校點, 遼寧敎育出版社2000年版, 第165, 169, 167頁.[원문 : "凡治人之道, 莫急於禮. 禮有五經, 莫重於祭", "禘嘗之義大矣. 治國之本也", "崇事宗廟社稷, 則子孫順孝. 盡其道, 端其義, 而敎生", "祭者, 孝之本也".]

441) 《禮記》, 崔高維校點, 遼寧敎育出版社2000年版, 第76頁.[원문 : 以降上神與其先祖, 以正君臣, 以篤父子.]

442) 《禮記》, 崔高維校點, 遼寧敎育出版社2000年版, 第88頁.[원문 : 萬物本乎天, 人本乎祖, 此所以配上帝也. 郊之祭也, 大報本反始也.]

들건대, 천자天子가 정성을 다하여 천지를 섬기고 산천山川에 제사 지내는 것
은 옛날이나 지금이나 통행하는 예禮라고 한다. 그 사이, 친히 상제上帝의 사궐祠
闕에 가서 제사 지내지 않은지도 10여 년이 되었다. 짐朕은 몹시 두렵다. 짐朕은
솔선수범하여 몸을 바르게 닦고 친히 제사를 지내려고 한다. 이로 백성들에게
상서로운 기운氣를 구해주고, 풍작을 거두게 해주려는 것이다.[443]

그리하여 교외에서 하늘에 제사 지내는郊天 예禮를 회복하고, 동시에 또 후토
后土, 오악五嶽과 사독四瀆에 제사 지내게 되었던 것이다. 성제成帝 때에는 제사
를 갈라서 지냈는데, 남교南郊에서 하늘에 제사 지내고, 북교北郊에서 땅에 제사
지냈다. 평제平帝 때에는 왕망王莽이 정치를 보좌하면서 변경한 것이 많았다.
예를 들면, 장안長安 남교에서 천지天地에 합제合祭를 지냈고, 태일신泰一神을
황천상제皇天上帝라고 칭했고, 오제사五帝祠(다섯 개의 제왕의 사당)를 장안長安의
다섯 개 방위에 세웠고, 또 천하의 성신天下星辰을 각자 그 방위에 따라 오제의
신과 짝 지웠고, 함께 제사 지냈다. 동한 연간, 광무제光武帝는 태산에서 봉선封
禪 행사를 거행했고, 낙양洛陽에 고묘高廟를 세웠다. 명제明帝는 명당明堂에서
오제에게 제사 지냈고, 이에 광무제光武帝를 배사配祀했다. 교천郊天, 종묘宗廟,
사직社稷에 지내는 제사는 구체적으로 규범을 제정할 때에는 답습도 있었고
변경도 있었고 교체도 있었는데, 그러나 기본 제도는 바뀌지 않고 줄곧 계승되
고 있었고, 후세 사람들은 이를 본받고 있었다.

하늘을 공경하고敬天, 선왕들의 법통을 본받고法祖, 사직신社稷에 제사 지내
고, 백신百神에게 제사 지내던 것 및 교사郊社종묘宗廟 예의제도禮制는 예로부터
전해 내려온 전통이었다. 이는 유가에서 창조한 것이 아니다. 공자가 천명天命
을 두려워하고畏天命, 제사를 중요시하던 것重祭祀도 그 목적은 사람들이 하늘
의 덕德과 선조들의 은혜에 존경과 숭배의 마음을 간직하게 만들려는데 있었
고, 이로 풍속을 순후하게 만들려는데 있었다. 사실 공자는 제사 활동에 열성적

443) (漢)班固 : 《漢書》, 中華書局2007年版, 第190頁. [蓋聞天子尊事天地, 修祀山川, 古今通禮
也. 間者, 上帝之祠闕而不親十有餘年, 朕甚懼焉. 朕親飭射齊戒, 親奉祀, 為百姓蒙嘉氣,
獲豐年焉.]

이지 않았다. 공자는 '귀신鬼神을 공경하되 멀리 하고 있었고' 다만 신도神道를
인도人道에 끌어들이고, 인도로써 신도를 숭고하게 만들려고 했다. 동중서의
천인감응天人感應의 신학경학은 공자유학의 인본주의 대추세에 어울리지 않았
는데, 그리하여 후일 유학의 주류로 되지 못했다. 그러나 예의제도禮制에는 반
드시 하늘天, 선조祖, 사직社稷에 올리는 제사가 있었고(五禮에는 吉, 凶, 嘉, 軍,
賓의 禮가 있는데, 여기서 吉禮는 제사를 지내는 禮이고, 凶禮는 장례를 치르는 禮이다),
유가 예학禮學에서는 반드시 신도와 제사의 의미를 분명히 밝혀야 했는데, 그
리하여 유학의 인본주의 학통學統은 하늘을 공경하고敬天, 선왕들의 법통을 본
받고法祖, 사직신社稷에게 제사 지내는 교통敎統과 교차하게 되었던 것이다. 유
학儒學(즉 人學)과 예교禮敎(神道로써 교화)는 병행하면서 발전했고, 또 피차 상호
보완해주었다. 유학은 예교가 현실의 인생을 보살피도록 만들었고, 예교는 유학
이 신도에 대한 경의敬意를 간직하도록 만들었다. 이렇게 양자는 공동으로 덕교
德敎를 형성하여 중국인들의 인의예지신仁義禮智信이라는 오상五常의 도道에 대
한 신앙을 이어왔던 것이다.

그러나 한나라 상층 집단에서는 늘 전통 신도의 범위를 확대했고, 훗날에
생긴 신선방술神仙方術도 신앙 체계에 끌어들였다. 『사기史記·봉선서封禪書』,
『한서漢書·교사지郊祀志』, 『후한서後漢書·제사지祭祀志』에는 모두 이런 이야기
가 많이 기재되어 있다. 예를 들면, 한무제가 신선이 될 것을 욕망했다는 이야
기, 선제宣帝가 회남왕淮南王의 '침중枕中(베개속에 들어 있다는 뜻) 홍보원비鴻寶苑
秘 방술'을 좋아했다는 이야기, 광무제光武帝가 『하도河圖』와 『낙서洛書』에 열중
했다는 이야기, 환제桓帝가 친히 노자의 사당에 찾아가 제사 지냈다는 이야기
등이 그것이다. 도덕이성道德理性 의식이 비교적 강한 유가 학자들은 교사郊社
종묘宗廟 예교禮敎는 수호하고 있었지만, 신선방술神仙方術에는 찬성하지 않았
다. 이떤 이들은 직접 나서서 그것을 바로잡으려 했다. 예를 들면, 성제成帝 때
곡영谷永은 글을 올려 이렇게 말했다.

신하臣下가 듣건대 천지天地의 본성性을 훤히 알게 되면 신비롭고 괴상한 것에

미혹될 수 없고, 만물의 이치를 훤히 알게 되면 그 따위 얼토당토하지 않은 것에 속할 수 없다고 합니다. 그런 인의仁義의 정도正道에 위배되고, 오경五經의 법언法言을 따르지 않고, 오히려 기이하고 괴상한 귀신들만 몹시 칭송하고, 제사 지내는 방술方術만 아주 숭상하면서 복福을 내려줄 수 없는 사당에 가서 헛되이 제사를 지내는 자들, 그리고 세상에 선인仙人이 있다고 떠벌이면서 죽지 않는 약을 복용하고, 멀리 가볍게 하늘에 날아올라 일월 위에서 거꾸로 된 경치를 내려다보고, 곤륜산 위의 현포県圃 선경仙境을 구경하고, 봉래蓬萊산 위를 떠돌아다니면서 오덕五德을 가꾸고, 오색의 곡식을 아침에 심어 저녁에 수확하고, 장수하기를 산석山石의 무궁함을 초월하고, 단사丹沙를 제련하여 황금으로 변화시키고, 약석藥石을 얼음위에 던져 얼음이 녹게 하고, 오색五色과 오창五倉을 변화시키는 방술을 지녔다고 떠드는 자들은 모두 뭇사람들을 간교하게 미혹시키고 있습니다. 그자들은 이단異端의 허튼 논설左道을 가지고 사람을 속이려는 나쁜 마음을 품고 임금님을 속이고 있습니다. 그자들의 말을 들으면 아름다운 광경이 넘실거리는데 마치 금방이라도 만날 것 같습니다. 그러나 그것을 구하자면, 바람을 쥐고 그림자를 잡는 것처럼, 결국에는 아무것도 얻을 수 없습니다. 그리하여 현명한 임금明王은 이와 거리를 두고서 들어주지 않았고, 성인은 그것을 끊고 입 밖에 내번지지 않았습니다.

진시황은 천하를 통일하고서 신선도술神仙道術에 마음이 끌려, 서복徐福과 한종韓終 따위들을 파견하여 동남동녀童男童女 3000명을 데리고 바다에 들어가서 신선약神仙藥을 캐오게 했는데, 그자들은 도망가고 다시 돌아오지 않았습니다. 그리하여 천하의 원한을 크게 사게 되었습니다. 한나라가 일떠서고서 조나라 사람 신원평新垣平과 제나라 사람 소옹少翁, 공손경公孫卿, 난대欒大 등은 모두 선인仙人이라는 명의로 연단鍊丹하여 황금을 만든다고 떠벌이고, 사당에서 제사를 지내 귀신을 섬기고 사물을 부린다고 떠벌이고, 바다에 들어가 신선약神仙藥을 캐온다고 떠벌이면서 임금으로부터 총애를 크게 받았던 귀인貴幸들입니다.

원정元鼎, 원봉元封이 바뀌던 시기, 연나라와 제나라 접경지대에는 용감한 방사方士들이 많았는데, 신선神仙으로 되는 방술을 지니고 있고, 제사를 지내 복福을 내려 받는 방술을 지니고 있다고 당당하게 말하던 자만 만 명을 넘었다고 합니다.

세월이 많이 흘렀지만 추호의 효험도 없었던 바, 이는 오늘날 거울로 삼기에 족합니다. 경經에서는 '대접하는享 데는 예절이 많은데, 예절이 공물에 미치지 못하면 이는 대접하지 않은 것이다.'라고 했습니다. 『논어』에서는 '공자께서는 괴이한 것과 귀신을 말하지 않는다.'고 했습니다. 바라옵건대, 폐하께서는 이런 것들을

거절하고, 간악한 자들이 조정朝廷을 엿보지 못하게 하십시오.444)

곡영谷永이 올린 글에서 공자와 맹자의 정통 후학들의 도道를 널리 발양하고 덕德을 훤히 밝히려는 노력을 보아낼 수 있겠다. 또한 한나라 때 방사方士와 방술方術이 아주 흥성했음도 보아낼 수 있겠다. 바로 이런 신선방술神仙方術이 한나라 말 삼국 시기에 도교를 배태해냈던 것이다.

(9) 정현鄭玄과 한나라 말 경학經學의 통일

한나라 때 경학의 분쟁은 왕조의 정치적 권력에만 의존해서는 통일되기 어려웠고 또한 근본적으로 해결할 수도 없었다. 반드시 대경학가大經學家가 나와서 학술적 권위를 가지고 분쟁을 체계적으로 해결하고, 분쟁이 진정한 통일을 이루도록 이끌어야 했다. 동한 때에는 통유通儒 마융馬融이 나와서 고문경학古文經學을 집대성했고, 『효경孝經』, 『시詩』, 『논어論語』, 『역易』, '삼례三禮', '상서尚書』에 일일이 주해注를 달았고 또 『춘추삼전이동설春秋三傳異同說』도 저술했다. 그는 경經과 주注를 한데 아울러 한 책에 집성했다. 이로 금문경학에서 스승이 말로만 전하던 관습을 타파하고, '경經이 지속적으로 전해지게' 만들었던 것이다. 조금 후에는 하휴何休가 나와서 금문경학今文經學 『공양公羊』학을 집대성했고, 『춘추공양전해고春秋公羊傳解詁』를 저술했다. 후일, 사람들은 이 주注와

---

444) (漢)班固 :《漢書》, 中華書局2007年版, 第194頁.[원문 : "臣聞明於天地之性, 不可或以神怪. 知萬物之情, 不可罔以非類. 諸背仁義之正道, 不遵五經之法言, 而盛稱奇怪鬼神, 廣崇祭祀之方, 求報無福之祠, 及言世有仙人, 服食不終之藥, 遥興輕舉, 登遐倒景, 覽觀縣圃, 浮遊蓬萊, 耕耘五德, 朝種暮獲, 與山石無極, 黃冶變化, 堅冰淖溺, 化色五倉之術者, 皆奸人惑眾, 挾左道, 懷詐偽, 以欺罔世主. 聽其言, 洋洋滿耳, 若將可遇. 求之, 蕩蕩如系風捕景, 終不可得. 是以明王距而不聽, 聖人絕而不語", "秦始皇初並天下, 甘心於神仙之道, 遣徐福, 韓終之屬多齎童男童女入海求神采藥, 因逃不還, 天下怨恨. 漢興, 新垣平, 齊人少翁, 公孫卿, 欒大等, 皆以仙人, 黃冶, 祭祠, 事鬼使 物, 入海求神采藥貴幸", "元鼎, 元封之際, 燕齊之間方士瞋目扼腕, 言有神仙祭祀致福之術者以萬數", "曠日經年, 靡有毫厘之驗, 足以揆今. 經曰 :'享多儀, 儀不及物, 惟曰不享'. 《論語》說曰 :'子不語怪神.'唯陛下拒絕此類, 毋令奸人有以窺朝者".]

당나라 서언徐彦의 소疏를 합쳐 『춘추공양전주소春秋公羊傳注疏』를 만들었는데, 그 후 이 책은 오랫동안 『춘추공양전春秋公羊傳』을 해독하는 권위 작품으로 되어졌었다. 그는 『해고解詁·자서自序』에서 이렇게 말한다. '옛날 공자께서는 말씀하시기를, '나의 뜻은 『춘추』에 담겨져 있고, 행실은 『효경孝經』에 담겨져 있다.'라고 하셨는데, 이 두 학문은 성인의 최고의 경지이고 또한 세상을 다스림에 있어서 가장 중요한 것이겠다.'445) 그리하여 해설에서'의미가 엇갈리고, 논설이 괴상한 것'446)들을 규명하여 정확하게 해석하려고 했던 것이다. 그는 동중서의 '『춘추』에서는 12세를 세 등급으로 나누었는데, 군자가 본 것이 있고有見, 들은 것이 있고有聞, 전해 들은 것有所傳聞이 있다.'447)라는 논설에 근거하여 '쇠란세衰亂世'(有所傳聞에 대응함), '승평세昇平世'(有聞에 대응함), '태평세太平世'(有見에 대응함)라는 신新 삼세설三世說을 제기했다. 그가 보건대 춘추 시대는 '쇠란세'로부터 '승평세'로 나아갔고 최종적으로는 '태평세'를 향해 나아가고 있었다. 그때는 '오랑캐夷狄도 들어와서 중국의 작위爵를 받았고, 천하는 가까운 곳이나 먼 곳이나, 크거나 작거나 할 것 없이 하나 같았고'448) 국가와 민족의 차별이 없었다. 청나라 말, 강유위康有爲는 『대동서大同書』에서 하휴何休의 '삼세三世'설을 확장하여 유, 불, 도 사상을 하나로 통합한 대동이상大同理想을 제기했다.

동한 전기, 고문경학자古文經學者 겸 문자학자文字學者였던 허신許愼(字는 叔重임)이 『오경이의五經異義』를 저술했는데, 사람들은 그를 찬양하여 "오경五經은 허숙중許叔重과 대적할 자가 없다."449)라고 했다. 그는 문자를 '오경五經과 육예

---

445) (漢)何休解詁, (唐)徐彦疏, 刁小龍整理 : 《春秋公羊傳注疏》(上), 上海古籍出版社2014年版, 第1-2頁.[원문: 昔者孔子有雲 : '吾志在《春秋》, 行在《孝經》', 此二學者, 聖人之極致, 治世之要務也.]

446) (漢)何休解詁, (唐)徐彦疏, 刁小龍整理 : 《春秋公羊傳注疏》(上), 上海古籍出版社2014年版, 第3頁.[원문 : 非常異義, 可怪之論.]

447) (淸)蘇輿 : 《春秋繁露義證》, 鐘哲點校, 中華書局1992年版, 第9頁.[원문 : 《春秋》分十二世以爲三等 : 有見, 有聞, 有所傳聞.]

448) (漢)何休解詁, (唐)徐彦疏, 刁小龍整理 : 《春秋公羊傳注疏》(上), 上海古籍出版社2014年版, 第38頁.[원문 : 夷狄進至於爵, 天下遠近, 小大若一.]

449) (宋)範曄, (唐)李賢等注 : 《後漢書》, 中華書局1965年版, 第2588頁.[원문 : 五經無雙許叔重.]

六藝의 근본으로, 왕의 정치王政의 시작으로'450) 보고 있었는데, 그리하여 또 고대 한자의 변천을 탐구하고서 『설문해자說文解字』를 저술했다. 그는 이 책에 전래의 자서字書와 고문자古文字 자료를 종합하여 소전小篆을 위주로 9,000여 글자를 수록했다. 그는 또 고주문古籒文 1000여 글자를 선택하여 그 글자들의 형태, 음, 의미 특징을 자세히 분석하고서, '육서六書(즉 象形, 指事, 會意, 形聲, 轉注, 假借)'설을 제기했다. 여기서 그는 한자의 형태와 소리, 형태와 의미 관계 체계를 완전하게 밝혔고, 다른 한편 한자에 숨겨져 있는 고대 정치, 경제, 사상, 문화에 관한 대량의 정보를 발굴해냈었다. 그리하여 이 책은 고문자학의 경전으로 되어졌을 뿐만 아니라, 또한 '오경五經'과 제자백가諸子百家를 연구함에 있어서 반드시 갖추어야 할 도구서工具書로 되어졌던 것이다. 후일, 이 책을 정현鄭玄 등 학자들이 늘 인용했다. 청나라 때에는 단옥재段玉裁가 『설문해자주說文解字注』를 만들었고, 근대에는 정복보丁福保가 『설문해자고림說文解字詁林』을 저술했다. 이 두 책은 역대의 『설문해자說文解字』학에서 가장 대표적인 작품으로 인정받고 있다. 한자는 전 세계에서 유일한 표의문자表意文字로서 스펠링문자와는 전혀 다른 문자발전과정을 거쳐 왔다. 그 특징을 말하자면, 첫째, 음音과 의미意가 합쳐져 있을 뿐만 아니라 형태와 의미도 합쳐져 있고, 둘째, 형태, 음, 의미의 변천은 점진적이었고, 단절이 없었다. 그리하여 한자를 주요 매개체로 중화문명의 주요 흐름의 연속성을 보장할 수 있었던 것이다. 한편, 옛 문자전적文字典籍은 어느 세대에도 해독이 가능했고, 중국에서 각 지역의 방언方言은 천차만별했지만 문자는 통일되었다. 한자는 중국인들의 전체적·형상적 사유를 길러주었고, 중화민족 공동체의 중요한 유대와 혈맥으로 되어졌었다. 또 한자의 서예는 고상하고 우아한 예술로 되어졌고, 이 또한 문학예술 전반에 걸쳐 지대한 영향을 끼쳤었다.

정현鄭玄(字는 康成임)은 동한 후기, 가장 위대한 경학가經學家이다. 마융馬融을 스승으로 모시고 학문을 닦았고, 금문경학今文經學과 고문경학古文經學을 모

---

450) (漢)許愼, (淸)段玉裁注 : 《說文解字注》, 上海古籍出版社1988年版, 第763頁.[원문 : 經藝之本, 王政之始.]

두 정통했다. 일찍 '당고의 화党錮之禍'를 당한 적이 있는데, 감금에서 풀려난 후에는 버슬길을 포기하고, 경학에 뜻을 두고 오로지 학문에만 열중했다. 그는 뭇 경經에 일일이 주해를 달았다. 그는 금문경학과 고문경학을 아울러 모두 탐구했는데, 독특한 점이라면 그는 옛 사람들과 달리, 훈고訓詁의 기초 위에서 적당히 의리義理를 발휘했다. 그는 기존의 경문經文 해설에서 막히고 편벽된 것滯偏들을 모두 버리고 참 뜻本義을 밝히려고 했고, 여러 학파를 관통시키면서 훌륭한 것들만 취해서 그 의리義理를 더 발휘하려고 했다. 노력 끝에 마침내 그는 한나라 경학을 집대성했고, 여러 학파의 해설을 통일한 정학鄭學을 구축해냈다. 이렇게 정현은 한나라 유가 경학의 최고 수준을 자랑하는 학자로 되었던 것이다. 사방에서 학생들이 구름처럼 몰려들었는데, 사람들은 그를 칭송하여 말하기를, 이낙伊洛(伊水와 洛水) 동쪽, 회한淮漢(淮河 중류 지역) 북쪽에는 강성康成 한 사람밖에 없다고 했다. 멀리로는 오나라의 정병程秉, 촉나라의 강유姜維 모두 정씨鄭氏를 스승으로 모시고 학문을 닦았다. 그 후, 경학은 아주 오랫동안 줄곧 정학을 종宗으로 삼고 있었다. 『후한서後漢書·정현전鄭玄傳』에서는 이렇게 말한다.

　　대저 정현은 『주역周易』, 『상서尙書』, 『모시毛詩』, 『의례儀禮』, 『예기禮記』, 『논어論語』, 『효경孝經』, 『상서대전尙書大傳』, 『중후中侯』, 『건상력乾象曆』에 주해注를 달았고 또 『천문칠정론天文七政論』, 『노례체협의魯禮禘祫義』, 『육예론六藝論』, 『모시보毛詩譜』, 『박허신오경이의駁許愼五經異義』, 『답림효존주례난答臨孝存周禮難』 등 책을 저술했는데 합치면 백여 만자가 넘는다.
　　진진秦나라 때 육경六經이 불에 타 없어지면서 성인의 글은 거의 모두 사라졌다. 한나라가 일떠선 후, 제유諸儒들은 육예六藝의 글文을 상당히 많이 탐구했고, 서울을 동경東京(東漢 수도 洛陽)에 옮기고서는 학자들은 또 각자 일가를 이루고 있었다. 하지만 융통성 없이 옛 글만 외우는 자들은 앞사람들로부터 물려받은 것만 고수하고 있었고, 이단異端의 학설도 많이 어지럽게 엇갈려 있었고, 그들은 또 서로 대립하고 충돌하고 있었다. 결국 경經은 여러 학파로 갈리게 되었고, 한 학파에도 여러 학설이 엇갈려 있었다. 장구章句는 많게는 심지어 백여 만자나 되었는데, 그리하여 학도들은 헛되이 정력을 많이 소모하는 반면에 얻는 것은 아주 적었고, 후생後生들은 의혹이 많은 반면에 올바른 것을 제대로 배울 수 없었다. 정현은 중요한 전적大典들을 모두 찾아보고, 뭇 학파의 학설들을 모두 아우르면서 번잡하고 거짓된 것들을 분별해서 삭제하고, 누락된 것과 잃어진 것들을 보충하고 보완하고 교정했는데, 이때부터 학도들은 대체로 올바른 것을 배우게 되었다.[451]

정현이 경經에 단 주해注에서『삼례주三禮注』가 특히 후세 사람들의 중시를 받고 있었다. 당나라 가공언賈公彦이『주례周禮』,『의례儀禮』에 소疏를 할 때나, 공영달孔穎達이『예기정의禮記正義』를 만들 때나 모두 정현의 주注를 가지고 소해疏解(잘 통하게 해석함)를 했다. 정현의 경학의 장점은 문자, 음운音韻, 훈고訓詁 방법을 활용하여 제諸 경經의 텍스트를 교감校勘하고, 세상에 널리 전해진 경전 판본과 전기傳記의 진위眞僞 및 그 연대를 변별·분석하고, 문자 오류를 찾아내고 바로잡은 것에 있었다. 또한 이렇게 문헌의 복원을 중요시하는 한학漢學 전통을 형성했는데, 이는 송, 명 시기 경전의 의리義理 발휘를 중요시하던 송학宋學 학풍과 더불어 경학의 양 대 학술적 풍격으로 되어졌었다. 또한 후일, 청나라 고거학考據學이 일떠서는데 거대한 영향을 끼쳤었다. 위진 때에는 왕숙王肅의 경학(學官에 들어갔었음)이 흥기했는데 한 시기 거의 정학의 지위를 대체했다. 왕숙의 학설은 정현의 학설에서 미흡한 것과 누락된 것들을 미봉할 수 있었고, 게다가 그 배후에 사마씨司馬氏 권력 집단의 지지가 있었기 때문에, 정씨鄭氏 학설과 지위를 다툴 수 있었던 것이다. 하지만 결국에는 정현의 학설이 왕숙의 학설을 압도했고, 남북조 시기 북조 경학에서 주도적 지위를 차지했다.

그러나 정현은 대학문가大學問家였지만 대사상가大思想家는 아니었다. 그는 훈고경학訓詁經學을 깊이 탐구했고, 일부 이론적 관점에서 독창적인 견해도 있

---

451) (宋)範曄, (唐)李賢等注 :《後漢書》, 中華書局1965年版, 第1212-1213頁.[원문 : "凡玄所注《周易》,《尚書》,《毛詩》,《儀禮》,《禮記》,《論語》,《孝經》,《尚書大傳》,《中候》,《乾象曆》, 又著《天文七政論》,《魯禮禘祫義》,《六藝論》,《毛詩譜》,《駁許愼五經異義》,《答臨孝存周禮難》, 凡百餘萬言", "自秦焚六經, 聖文埃滅. 漢興, 諸儒頗修藝文, 及東京, 學者亦各名家. 而守文之徒, 滯固所稟, 異端紛紜, 互相詭激, 遂令經有數家, 家有數說, 章句多者或乃百餘萬言, 學徒勞而少功, 後生疑而莫正. 鄭玄括囊大典, 網羅眾家, 刪裁繁誣, 刊改漏失, 自是學者略知所歸".]

었다. 그의 주요공헌도 경전을 전승傳承하고, 경전을 정확하게 해독하고, 의리 연구를 위해 견실한 토대를 마련해놓은데 있었다. 또한 그는 기초 문헌자료를 상당히 많이 정리해놓았다. 하지만 그는 철학적 차원에서의 전체적 사유가 결핍했고, 이미 변혁을 이룬 새 시대에 새로운 사상체계를 제공할 수 없었다. 그리하여 한나라 말 경학의 쇠락을 만회할 수는 없었던 것이다. 조금 후, 송충宋忠을 대표학자로 하는 형주학파荊州學派가 돌연 일떠섰는데, 그들은 『역易』학과 『태현太玄』학을 중요시했고, 천도天道와 성명性命 탐구에 열중했다. 그들의 학설은 후일 흥기한 위진 현학경학玄學經學의 맹아로 되어졌었다.

3. 양한兩漢 시기 유·도 관계사 총화

앞에서 유가와 도가는 근원은 같은데 흐름이 달랐다同源異流고 했다. 근원이 같다同源함은 다음과 같은 이유에서 말하는 것이다. 첫째, 유가와 도가는 모두 황제를 인문人文의 시조始祖로 받들고 있던 중화中華 상고上古 문명에서 기원했다. 그래서 유가는 요임금과 순임금의 법통을 조술祖述하는 동시에 또 늘 황제를 우두머리로 하던 오제五帝 시대에 거슬러 올라가 그 근원을 찾고 있었던 것이다. 『좌전左傳』, 『국어國語』, 『세본世本』과 같은 전적에는 황제에 대한 기재가 많이 있고, 『대대예기大戴禮記』에는 『오제덕五帝德』, 『제계帝繫』가 있다. 도가와 도교 역시 황제를 근원과 시조始祖로 받들고 있었다. 『장자』에는 황제가 득도한 이야기(『대종사大宗師』)가 실려 있고, 갈홍葛洪의 『포박자내편抱朴子內篇』에서는 황제가 구정신단九鼎神丹을 먹고 하늘에 날아오른 일을 기술하고 있고, 『운급칠첨雲笈七籤』에는 「헌원본기軒轅本紀」가 실려 있다. 한편, 사마천은 유가와 도가를 모두 정통한 위대한 역사학자로서 『사기史記』의 첫 권으로서 『오제본기五帝本紀』를 만들었다. 여기서 그는 황제가 중화 문명의 시조始祖임을 명확하게 밝혔다. 둘째, 유가와 도가 모두 상고上古 시기 순박하고 공평한 세상公天下을 이상적 사회의 원형原型으로 삼고 있었다. 그리하여 유가에는 '대도大道가 행해지면 천하는 모든 사람의 것이 된다.'452)라는 대동사회大同社會의 꿈이 있었고, 도가에는 '음식을 달게 먹고, 옷을 아름답게 입고, 편안하게 거처하고, 풍속을 즐기는'453) 사회 이상, 그리고 '소요유逍遙遊'와 '지덕지세至德之世'454)의 꿈이 있었던 것이다. 셋째, 유가와 도가는 모두 은나라와 주나라가 바뀌던 시기에 만들어진 『역경易經』에서 연원했다. 유가는 『주역周易』을 종宗으로 삼고 있었고, 도가는 『귀장歸藏』을 종宗으로 삼고 있었는데, 양자 모두 음양陰陽의 도道를 우주관의 초석으로 삼고 있었다. 후세의 유학은 『역경』을 이론적 사유의 원천으로 삼고 있었고, 후세의 도학道學 역시 『역경』을 도론道論, 술론術論의 토대로 삼고 있었다. 넷째, 유가와 도가의 궁극적 관심은 모두 하늘과 인간 사이를 탐구하고, 고금의 변천을 통달하고, 사회와 인생의 미美와 선善을 이루어내는 데 있었다. 그리하여 유가는 천인일체天人一體를 주장하고, 옛것을 가지고 오늘날의 것을 비추어보고, 생명의 성장을 배려해 줄 것을 강조하고, 도가 역시 '천지와 나가 더불어 함께 살아가고'455) '옛날의 도道를 잡고, 오늘날의 것을 다루고', '항상 사람을 잘 구해주어, 버려진 사람이 없을 것'456)을 주장했던 것이다.

이른바 흐름이 달랐다異流 함은 다음과 같은 이유에서이다. 첫째, 유가는 인사人事를 다하되 천도天道에 합치되게 할 것을 주장했다. 그리하여 '자기 몸을 닦는 일을 근본으로 삼고'457), '자신을 이루고 만물을 이루고'458), '하늘의 이치와 사람의 본성을 모두 깊이 탐구하여 이로써 천명에 이르고'459), '천지天地의 화육化育을 돕고'460), '인문을 관찰하고서 이로 천하를 변화시킨다.'461)고 했던

452) 《禮記》, 崔高維校點, 遼寧教育出版社2000年版, 第75頁.[원문: 大道之行也, 天下為公.]
453) 陳鼓應注釋: 《老子今注今譯》, 商務印書館2003年版, 第345頁.[원문: 甘其食, 美其服, 安其居, 樂其俗.]
454) 陳鼓應注釋: 《莊子今注今譯》, 中華書局2009年版, 第3, 269頁.[원문: "逍遙遊", "至德之世".]
455) 陳鼓應注釋: 《莊子今注今譯》, 中華書局2009年版, 第80頁.[원문: 天地與我並生.]
456) 陳鼓應注釋: 《老子今注今譯》, 商務印書館2003年版, 第126, 179頁.[원문: "執古之道, 以禦今之有", "常善救人, 故無棄人".]
457) 《禮記》, 崔高維校點, 遼寧教育出版社2000年版, 第222頁.[원문: 修身為本.]
458) (宋)黎靖德編: 《朱子語類一》, 楊繩其, 周嫻君校點, 嶽麓書社1997年版, 第741頁.[원문: 成己成物.]
459) 宋祚胤注譯: 《周易》, 嶽麓書社2000年版, 第375頁.[원문: 窮理盡性以至於命.]
460) 《禮記》, 崔高維校點, 遼寧教育出版社2000年版, 第190頁.[원문: 贊天地之化育.]

것이다. 유가는 윤리와 교화를 중요시하는 적극적이고 진취적인 인문주의였다. 도가는 천도天道를 본받아 인사人事를 바로잡으려 했다. 그리하여 '사람은 땅을 본받고, 땅은 하늘을 본받으며, 하늘은 도道를 본받고, 도는 자연을 본받는다.', '영아嬰兒로 되돌아간다.', '하늘을 본받고, 참된 것眞을 귀하게 여긴다.'462)라고 했던 것이다. 도가는 본연의 성性을 중요시하는 청정하고 무위한清靜無爲 자연주의였다. 둘째, 유가는 가정을 근본으로, 사회를 본위本位로 삼고 있었다. 그리하여 '충忠', '효孝'를 핵심 도덕으로 삼고, 인애충서仁愛忠恕를 인생의 도리로 삼고, 예의성신禮義誠信을 행위준칙으로 삼고 있었던 것이다. 도가는 자유를 핵심 가치로, 개인을 본위로 삼고 있었다. 그리하여 '만족할 줄 알고知足', '다투지 않는 것不爭'을 인생의 도리로 삼고 있었고, '스스로 바르게 되고自正', '스스로 부유해지고自富', '일부러 하는 바가 없으나, 이루지 못하는 것이 없는無爲而無不爲', 그런 것을 이상과 목표로 삼고 있었던 것이다. 셋째, 유가는 천하의 일을 자신의 소임으로 삼고 있었다. 즉 천지天地를 위해 마음心을 세우고, 백성을 위해 사명命을 세우고, 떠나간 성인을 위해 끊어진 학문을 잇고, 만세萬世를 위해 태평한 세상을 열어주려고 했다. 그리하여 강건하고 진취적이고 큰 뜻을 품은 어진 자를 이상적 인간상으로 숭배하고 있었던 것이다. 한편 도가는 '천하天下로써 천하天下를 보고', 스스로 천성天性을 온전케 하고, 유연하고 부드럽고 너그럽고 포용적일 것을 이상적 인격으로 삼고 있었다.

유가는 백성들의 생활을 배려해 줄 수 있었고, 도가는 천도와 통할 수 있었는데, 양자를 합치면 바로『중용中庸』에서 말하는 '높고 밝음을 지극히 다하고 중용의 길로 나아가는 것極高明而道中庸'이겠다. 이 두 사상 조류潮流는 선진 시기 백가쟁명에서 자체의 가치체계의 웅장함을 드러내고 있었고 또한 뭇 학파의 장점을 널리 받아들일 수 있었다. 그리하여 유가와 도가는 점차 백가百家에

---

461) (魏)王弼, (晉)韓康伯注, (唐)孔穎達疏:《周易注疏》, 中央編譯出版社2013年版, 第143頁.
[원문: 觀乎人文以化成天下.]

462) 陳鼓應注釋:《老子今注今譯》, 商務印書館2003年版, 第169, 183頁.[원문: "人法地, 地法天, 天法道, 道法自然", "復歸於嬰兒".]

서 두각을 내밀게 되었던 것이다. 양자는 또 양한 시기 사상의 합류에서 피차 가까워졌고, 때로는 합류하고 때로는 갈라지고, 때로는 심하게 부딪치기도 하면서 중화민족의 민족정신의 발전방향을 잡아주었다. 양한 시기, 유가 경학은 일체다원一體多元적 양상을 드러내고 있었다. 도가에서 배워 도道를 숭상하고 『역易』을 받들고, 현玄을 중요시하면서 경지를 높이게 되었고, 시야를 넓히게 되었던 것이다. 양한 시기, 황로도가는 뭇 학설을 종합하는 양상을 드러내고 있었다. '유가와 묵가의 훌륭한 점을 취하고, 명가와 법가의 요지를 간추려 모았는데'463), 그리하여 입세入世의 품격을 강화하게 되었고, 사회 실제에 더욱 가까워졌다. 한편, 유가 내부에서는 도가의 한 지류가 점차 신학화神學化하는 동시에 도교를 형성하고 있던 추세에 대하여 엇갈린 태도를 보여주고 있었다. 어떤 이들은 이를 높이 평가하면서 직접 적극적으로 참여했고, 어떤 이들은 이를 거부하고 반대하고 비판했는데, 그리하여 양자는 일종의 장력을 형성하게 되었고 훗날의 유가와 도가의 쟁론과 합류에 복선을 깔아두게 되었다. 유가와 도가의 병행竝行과 교착交錯은 나라를 다스리고 국정을 운영하는 자들에게 좌우에서 지혜를 얻을 수 있는 기회를 제공해 주었고, 또한 사람들이 안신입명安身立命하는데 있어서 자유롭게 진퇴를 선택할 수 있는 정신적 공간을 제공해 주었다. 또한 학자들이 중화학술을 창조적으로 발전시키는데 있어서 상이한 사유방식과 많은 계발을 주는 풍부한 자원을 제공해주었다. 이 과정에 또한 다양한 이질적 문화가 상호 교류하고 상호 비추어보는 소중한 경험을 많이 축적하게 되었다.

---

463) 陳鼓應注釋:《莊子今注今譯》, 中華書局2009年版, 第875頁.[원문 : 采儒墨之善, 撮名法之要.]

제3장 유·도·불 삼교 관계 발생 단계

(한나라 말)

  유가와 도가 관계로부터 유·도·불 삼교 관계로 발전한 것은 인도 불교가 전해 들어와서 날로 강성해진 것이 원인이었다. 모자牟子의 『이혹론理惑論』의 기재에 따르면, 불교가 중국 내륙에 전해 들어온 것은 동한 명제明帝 영평永平 연간의 일이다. 후세의 학자들도 대부분 이렇게 보고 있다. 또 배송지裴松之가 『삼국지三國志』에 단 주해에서는 어환魚豢의 『위략魏略』을 인용하여 말하기를, 서한 애제哀帝 원수원년元壽元年, 대월지大月氏 왕의 사절使者 이존伊存이 중국 박사博士 제자 경로景盧에게 『불타경浮屠經』을 가르쳐주었다고 하는데, 이로 보면 불교는 기원전 2년에 중국에 전해 들어왔다. 아무튼 양한 시기 불교는 실크로드를 거쳐 중국에 전해 들어왔고, 그 시기는 지금으로부터 약 2000여 년이 된다. 『이혹론理惑論』의 기재에 따르면, 가장 일찍 중국에 전해 들어온 한문불경漢文佛經은 『사십이장경四十二章經』이고 또 그때, 낙양洛陽 서옹문西雍門 바깥에 처음 백마사白馬寺를 세웠다고 한다. 그 후, 안세고安世高(An Shigao)가 소승불선학小乘佛禪學의 여러 경諸經, 제諸 경經을 중국어로 번역했는데, 주요한 것으로 『안반수의경安般守意經』, 『음지입경陰持入經』 등 경經이 있었다. 같은 시기, 지루가참支婁迦讖(본명은 로케세마, Lokakṣema임)이 번역한 『도행반야경道行般若經』 등 대승반야학大乘般若學도 있었다. 한나라 말 불교는 처음에는 낙양洛陽, 강회江淮 일대와 교지交趾 등 지역에서 전해졌었고, 그 후 차츰 주변으로 널리 전해졌는데 삼국 시기에 이르러서는 귀족 계층으로부터 점차 민간에로 퍼져 이미 어느 정도 규모를 갖추고 있었다. 인도 불교가 중국에서 널리 전해졌던 까닭은 다음과 같겠다. 첫째, 한무제漢武帝가 서역西域으로 가는 국제 통로를 개척한 덕분이었다. 이 길은 무역 통로이기도 했고 또 문화 통로이기도 했다. 둘째, 인도 불교의 자비慈悲, 평등平等 설과 중국 유가와 도가의 인화仁和, 포용包容 정신이 충돌이 없었던 덕분이었다. 그리하여 불교는 평화롭게 중국에 전해 들어오게 되었는데 여기에는 정치 집단의 개입도 없었고, 그 과정에 무력과 전쟁을 수반하지도 않았다. 셋째, 외래 승려들과 본토 승려들의 우호적 협력 덕분이었다. 그들은 우선 산스크리트어 불경을 중국어로 번역하는 일에 매진했는데, 한편 이렇게 불교가 중국에서 널리 전파될 수 있도록 기반을 튼튼히 다져놓았던 것이다. 당연히 인도 불교 자체의 독특한 사유방식, 풍부한 철리哲理와 박대博大한 체계는 중국인들에게 있어서 아주 매혹적이었다. 이 점이 더 중요했다고 하겠다. 그리하여 중국인들의 마음을 사로잡을 수 있었던 것이다. 삼자 관계 발생 과정은 초기에는 진전이 아주 느렸고, 게다가 오해도 상당히 많았지만, 그러나 그 과정은 아주 자연스럽고 평온했다. 삼교 관계 발전의 이 양적 축적으로부터 질적 비약에 이르던 과정은 이질異質적 문명 간 교류에 있어서, 훌륭한 본보기를 보여주었다고 하겠다.

제1절 동한東漢 사람들의 이해 : 불타는 신선神仙

동한 초 건무建武 연간, 초나라 왕 유영劉英은 황로와 불교를 아주 숭상했다. 『후한서後漢書』에서는 "초나라 왕은 황로의 미언微言을 읊조렸고, 불타의 인사仁祠를 좋아했다."[1]라고 한다. 『이혹론理惑論』에는 이런 내용이 기재되어 있다.

옛날 효명황제孝明皇帝는 꿈에 신인神人을 보았는데, 신인은 몸에서 일광日光을 발하고, 전당 앞에서 훨훨 날아다니고 있었다. 이를 보고 크게 기뻐 이튿날 뭇 신하들에게 물었다. '그이는 무슨 신神인가?' 통인通人(널리 사물의 이치에 통달한 사람) 부익傅毅이 아뢰기를, '신하가 듣건대, 천축天竺에 불佛이라고 이름 하는 도道

---

1) (宋)範曄, (唐)李賢等注:《後漢書》, 中華書局1965年版, 第1428頁.[원문 : 楚王誦黄老之微言, 尙浮屠之仁祠.]

를 깨달은 분이 계시는데, 허공을 날아다니고, 몸에서는 일광日光을 발한다고 합니다. 아마도 그 신神인 것 같습니다.'라고 했다. 그리하여 크게 깨닫고, 사절使者 장건張騫, 우림랑중羽林郎中 진경秦景, 박사제자博士弟子 왕준王遵 등 12명을 대월지大月支에 보내서 불경 사십이장四十二章을 베껴오게 했고, 이를 남대석실蘭臺石室 제14실에 소장했다. 그때, 낙양성洛陽城 서옹문西雍門 바깥에 불사佛寺를 세웠다.[2]

환제桓帝 때에는 양해襄楷가 글을 올려 도서道書(도교 책)를 추천하면서 이렇게 말했다고 한다.

전에 궁숭宮崇(東漢 黃老道家)이 드린 신서神書는 오로지 천지天地를 섬기고 오행五行을 따르는 것을 근본으로 삼고 있었습니다. 거기에는 또 나라를 부흥시키고 자손을 많이 늘이는 술법도 들어있었습니다.[3]

그러면서 말하기를,

또 '궁중宮中에 황로와 불타의 사당祠을 함께 세운다'고 들었습니다. 이 도佛道는 맑고 깨끗하고, 무위無爲를 귀하게 여기고, 생명을 사랑하고 살육을 싫어하고, 욕심을 줄이고 사치함을 버린다고 합니다. 어떤 이가 말하기를, 노자가 이적夷狄(胡人들이 사는 지역)에 들어가서 불타가 되었다고 합니다.[4]

이 말은 『후한서後漢書·양해전襄楷傳』에서 찾아볼 수 있는데, 범엽范曄은 전傳(주해)에서 양해襄楷가 말하는 신서神書의 유래를 더 명확하게 밝혔다.

---

2) (南朝梁)僧祐, (唐)道宣:《弘明集·廣弘明集》, 上海古籍出版社1991年版, 第5頁.[원문: 昔孝明皇帝夢見神人, 身有日光, 飛在殿前, 欣然悅之. 明日, 博問群臣: '此爲何神?' 有通人傅毅曰: '臣聞天竺有得道者, 號之曰佛, 飛行虛空, 身有日光, 殆將其神也.' 於是上悟, 遣使者張騫, 羽林郎中秦景, 博士弟子王遵等十二人, 於大月支寫佛經四十二章, 藏在蘭臺石室第十四間. 時於洛陽城西雍門外起佛寺.]

3) (宋)範曄, (唐)李賢等注:《後漢書》, 中華書局1965年版, 第1081頁.[원문: 前者宮崇所獻神書, 專以奉天地順五行爲本, 亦有興國廣嗣之術.]

4) (宋)範曄, (唐)李賢等注:《後漢書》, 中華書局1965年版, 第1082頁.[원문: "又聞宮中立黃老, 浮屠之祠. 此道淸虛, 貴尙無爲, 好生惡殺, 省欲去奢", "或言老子入夷狄爲浮屠".]

순제順帝 때, 낭사琅邪(지명) 사람 궁숭宮崇이 궁궐에 들어가 그의 스승 간길干吉
이 곡양曲陽의 샘물터에서 얻은 신서神書 170권을 헌상했는데, 이 책들은 모두
흰 색의 비단 위에 글을 적은 것이었고, 제목은 붉은 색, 표식라벨은 푸른색, 행
나눔은 붉은 색으로 표기했다. 책 이름은 『태평청령서太平淸領書』라고 했다. 그
말들은 음양오행陰陽五行을 기본으로 삼고 있었는데, 한편 또 무격巫覡들의 잡언
雜語이 많았다. 어떤 벼슬아치가 아뢰기를, '숭崇(宮崇)이 올린 그것은 황당무계하
고妖妄, 경經이 못됩니다.'라고 하면서 그것을 숨겨 소장했다. 후일 장각張角이 그
책을 상당히 많이 가지고 있었다.5)

어환魚豢의 『위략魏略 · 서융전西戎傳』에서는 이렇게 말한다.

불타가 기재한 것(불경을 말함)과 중국의 『노자경老子經』은 똑같지 않은데, 그
것은 대개 노자가 서쪽으로 출관出關해서 서역의 천축天竺에 가서 호인胡人들을
가르친 것에서 비롯된 것으로 보인다. 불타는 제자의 별호이고, 모두 합쳐 29명이
었다.6)

상술한 기재에서 보다시피 중국 중원中原 지역의 상층 인사들은 초기에 외래
의 불교를 접할 때 거부하지 않았다. 그것은 중국에는 다신多神숭배 전통이 있
었기 때문이고, 불타의 도래는 신계神界에 존귀한 신神 한 분이 더 많아진 것에
지나지 않았기 때문이었다. 또한 한나라 때에는 신선神仙 신앙이 사회 전반에
서 유행했기 때문에 중국인들은 아주 쉽게 불타를 신선으로 오독誤讀할 수 있
었다. 그들은 불타가 하늘에 날아오를 수 있고, 일광을 발하고, 신과 통하는
능력을 가지고 있다고 보고 있었다. 혹은 불교와 황로 숭배를 같은 것으로 보고
있었는데, 불교의 교의敎義에서 청정무위淸淨無爲를 숭상하고, 생명을 사랑하고

---

5) (宋)範曄, (唐)李賢等注:《後漢書》, 中華書局1965年版, 第1084頁.[원문: 順帝時, 琅邪宮崇詣
闕, 上其師幹吉於曲陽泉水上所得神書百七十卷, 皆縹白素朱介靑首朱目, 號《太平淸領書》.
其言以陰陽五行爲家, 而多巫覡雜語. 有司奏崇所上妖妄不經, 乃收藏之. 後張角頗有其書.]
6) (晉)陳壽, (宋)裴松之注:《三國志》, 中華書局2005年版, 第637頁.[원문: 浮屠所載與中國
《老子經》相出入, 蓋以爲老子西出關, 過西域之天竺, 敎胡. 浮屠屬弟子別號, 合有二十九.]

욕심을 줄일 것을 요구하고, 착하게 살고 자비를 베풀 것을 제창하는 등은 노자 학설과 별반 차이가 없다고 보고 있었던 것이다. 이로 보면 도가 및 맹아상태에 처해 있던 도교는 불교가 중국인들의 정신세계에 들어오는데 있어서 중개자였고 또한 교량이었다. 한편, 오독誤讀 가운데는 정확한 이해도 있었다. 예컨대 양해襄楷가 올린 글에서는 이렇게 말한다.

> 불타가 뽕나무桑 아래서 사흘 머물지 않고, 함께 오래 있어 은애恩愛가 생기지 않게 하고자 했던 것이 가장 정수精髓입니다. 천신天神은 호녀好女를 이렇게 대해 주었습니다. 불타는 '이는 가죽주머니에 피를 담는 것에 불과하다.'라고 하면서 결국 곁눈 한번 팔지 않았습니다. 그는 이렇게 하나를 지켜守一 도를 이룰 수成道 있었습니다.[7]

이 말이 즉 불교의 '불정관不淨觀'이겠다. 중화문화가 외래의 불교보다 높고 또한 중화문화에서 불교를 받아들일 수 있다는 점을 보여주기 위해 중국인들은 노자가 석가釋迦로 환생하여 사람들에게 행한 가르침이 불교라는 이른바 '노자화호老子化胡' 설도 만들어냈었다. 탕용동湯用彤은 이렇게 말한다.

> 전하는 바에 따르면, 『화호경化胡經』은 서진 도사道士 왕부王浮가 만든 것이라고 한다. 아마도 이 책은 그가 예전에 주어들은 말들을 모아서 저술한 것 같다. 중국인들은 어떻게 타민족의 신神을 신봉할 수 있었는가? 또한 왜 그것을 중국 고유의 도술道術과 똑같이 중요시했는가? 나는 이 문제를, 화호설化胡說이 있어 그것을 해석할 수 있었기 때문이 아닌가 생각한다. 이 설이 있어, 사람들은 중국과 외국의 학술은 원래 같은 근원에서 나왔고, 길은 다르지만 귀착점은 똑같고, 사실 근본적 차별은 없다고 여기게 되었던 것이다. 또한 그리하여 함께 섬기고 모실 수 있었던 것이다.[8]

---

7) (宋)範曄, (唐)李賢等注:《後漢書》, 中華書局1965年版, 第1082頁.[원문:浮屠不三宿桑下, 不欲久生恩愛, 精之至也. 天神遺以好女, 浮屠曰:'此但革囊盛血', 遂不盻之. 其守一如此, 乃能成道.]
8) 湯用彤:《漢魏兩晉南北朝佛教史》, 北京大學出版社2011年版, 第35頁.[원문:《化胡經》相

그리하여, 불교는 한나라 말에 도교의 초기 경전經典(예컨대『太平經』) 및 신앙 (神仙 숭배)과 함께 나란해 유행하게 되었던 것이다.

제2절 한나라 말 불교 규모

한나라 말, 영제靈帝와 헌제獻帝가 바뀌던 시기, 작융笮融이란 사람이 불교를 크게 전파시켰다. 그때 작융은 서주의 목徐州 牧(관직명) 도겸陶謙의 수하였는데, 그는 광릉廣陵 단양丹陽에서 수로를 이용하여 양식을 운반하는 일을 맡고 있었다. 작융이

> 불교 사찰을 크게 일떠세웠는데, 동銅으로 불상을 만들었고, 황금으로 불상을 칠했고, 불상에 비단옷을 입혔고, 동반銅槃(건물 처마를 가리킴)을 구층九重으로 드리웠다. 아래 각 층에는 각도閣道를 만들었는데, 여기에 3000여 명을 수용할 수 있었다. 그는 사람들이 불경을 열심히 읽게 했고, 그 지역 사람들과 인근 군郡의 사람들 가운데서 불교를 숭상하는 자들은 모두 와서 도道(佛道 설교를 말함)를 들을 수 있게 했다. 또한 기타 방식으로 사람들을 끌어 모았는데, 이렇게 인근에서 선후로 불경을 들은 자는 5000여 명에 달했다. 관불회灌佛會 때마다 밥상을 길 따라 줄 지어 수 십리 차렸었는데, 와서 구경하는 자와 식사하는 자가 만 명에 달했고, 그 비용은 억 만 단위로 계산해야 했다.[9]

한나라 말에는 사회가 불안정했고, 전쟁이 사처에서 일어났고, 백성들은 도탄에 빠져있었다. 이런 상황에서, 불법에서 자비를 베풀고 살생 하지 말고, 욕

傳爲西晉道士王浮所造, 當系撫拾舊聞而成", "外族之神, 何以能爲中華所信奉, 而以之與固有道術並重? 則吾疑此因有化胡之說爲之解釋, 以爲中外之學術本出一源, 殊途同歸, 實無根本之差異, 而可兼奉並祠也.]

9) (晉)陳壽, (宋)裴松之注：《三國志》, 中華書局2005年版, 第876頁.[원문：乃大起浮圖祠, 以銅爲人, 黄金塗身, 衣以錦采, 垂銅槃九重, 下爲重樓閣道, 可容三千餘人, 悉課讀佛經, 令界內及旁郡人有好佛者聽受道, 復其他役以招致之, 由此遠近前後至者五千餘人戶. 每浴佛, 多設酒飯, 布席於路, 經數十裏, 民人來觀及就食且萬人, 費以巨億計.]

심을 버리고 마음을 깨끗이 하라는 권고는 사람들의 마음을 안위해줄 수 있었고, 사회 풍속을 바꾸게 해줄 수 있었다. 사찰에서는 또한 자선慈善 사업과 민생을 구제救濟하는 일을 많이 했는데, 그리하여 불법은 그 당시 재빨리 흥성하게 되었던 것이다. 이는 당연한 일이었다고 하겠다. 작융이 단양丹陽에 세운 불사佛寺는 각도閣道만 하더라도 3,000여 명을 수용할 수 있었고, 이 사람들은 여기서 동시에 경經을 읽고 도道(佛道)를 전수 받을 수 있었다. 또 수만 명 사람들이 함께 식사를 할 수 있었으니, 여기서 사찰의 규모가 얼마나 크고 웅장하고, 실력이 얼마나 강하고 튼튼하고, 사찰의 영향 범위가 얼마나 넓고 장관이었는지 알 수 있겠다. 사찰의 승려 규모도 상당히 컸을 것이다. 한나라 말 불교 사찰은 초기에는 서역의 승려들이 주를 이루었고, 후기에는 한인漢人들이 점차 많아졌는데, 작융이 세운 불교 사찰의 경우로 보면, 법사法事에 참여한 거사居士와 재가在家신도들은 대부분 현지 민중들이었던 것 같다.

제3절 모자牟子의 『이혹론理惑論』과 삼교 충돌의 발생

탕용동은 『문화와 사상의 충돌과 조화文化思想之衝突與調和』라는 글에서 다음과 같이 지적한다.

> 외래 사상의 수입은 늘 세 단계를 거친다. 첫째, 표면적 일치함을 보고서 조화시킨다. 둘째, 상이함을 보고서 충돌한다. 셋째, 진실한 합치점을 재발견하고서 조화시킨다.[10]

그렇다면 한나라 말 사람들은 불교를 황로, 신선神仙 학설과 같은 것이라고 보고 있었는데, 이는 그때 외래 사상을 수입하는 첫 번째 단계에 처해 있었음을 의미한다고 하겠다. 한편, 모자의 『이혹론』은 불교와 유교, 도교(및 도가) 관계가 두 번째 단계로 진입했음을 의미하는데, 삼교 논쟁의 서막은 이렇게 열렸던

---

10) 湯用彤 : 《湯用彤全集》第五卷, 河北人民出版社2000年版, 第281頁.

것이다.

모자의 이름은 모융牟融이다. 그는 원래 한나라 말 창오蒼梧 지방의 태수太守였다. 그가 저술한 『이혹론』은 후일 승우僧祐가 편찬한 『홍명집弘明集』권일卷一에 수록되었다. 사학계史學界에서는 이 글의 진위眞僞에 대해 의견이 많이 엇갈리고 있다. 하지만 탕용동은 이 글의 역사적 진실성과 그 가치를 아주 높이 평가했다. 그는 이렇게 말한다.

> 이 책의 서문에 기재한 역사 사실史事은 사서史書에 기재된 것과 일치할 뿐만 아니라 또한 정사正史의 결함도 보완해줄 수 있다. 참으로 중요한 불교 전적이라 하겠다. 모자牟子는 대략 영제靈帝 말년(기원 188년) 세상을 도피하여 교지交趾에 숨어 살았다. 그 후, 다섯 번째 해는 즉 헌제獻帝 초평初平 4년(기원 193년)이었는데, 그때 도겸陶謙이 서주의 목徐州牧(徐州의 책임자)이었고, 작융笮融은 운하로 양식을 운반하는 일을 맡고 있었다. 작융은 그때, 불교 사찰을 크게 일떠세웠다. 모자는 대체로 그 후에 『이혹론理惑論』을 저술하여, 불법을 높이 치켜세웠다.[11]

모자는 어려서 유가 경전을 많이 읽었고, 후에는 불학에 뜻을 두고 열심히 공부했다. 그는 불교 신도의 신분으로 세상 사람들이 불교에 대한 갖가지 비난에 대해 하나하나씩 반박했고, 비교적 일찍이 불교와 중화 고유문화 간 일련의 실질적 차이에 대한 사람들의 발견을 기록했고, 또한 불교가 중국에서 조우한 사상관념 상의 진정한 도전을 설명했다. 한편, 그는 노자의 자연무위自然無爲 사상은 긍정하고 있었으나, 신선神仙 방술方術은 거부하고 있었다.

첫째, 어떤 사람이 물었다. "불佛이란 정확히 무슨 말인가? 불佛은 도대체 누구를 이르는 말인가?" 이는 반드시 우선 대답해야 할 문제였다. 모자는 이렇게 말한다.

> 불佛이란 시호諡號이다. 삼황신三皇神, 오제성五帝聖을 이르는 것과 같다. 불佛은 도덕의 원조元祖이고, 신명神明의 종서宗緒(대대로 전해 내려온 家系)이다. 불佛의

---

11) 湯用彤：《漢魏兩晉南北朝佛教史》, 北京大學出版社2011年版, 第44, 45, 71頁.

말은 깨달음인데, 황홀하고 또 늘 변화한다. 불佛은 몸을 분산할 수 있는데, 존재하기도 하고 사라지기도 하고, 작아지기도 하고 커지기도 하고, 둥그러지기도 하고 네모나기도 하고, 늙어가기도 하고 젊어지기도 하고, 감추어지기도 하고 나타나기도 한다. 불佛을 밟고 지나다녀도 타지 않고, 칼날을 밟고 지나다녀도 상하지 않고, 더러운 곳에 있어도 물들지 않고, 화禍를 당해도 해害를 입지 않고, 다니려고 하면 날 수 있고, 앉아 있으면 빛을 발한다. 그래서 불佛이라 이름 하는 것이다.

모자가 불佛에 대한 기술은 불佛 본생本生 신화이야기를 근거로 삼고 있기는 했지만, 보다시피 또한 한나라 때 사람들이 이해하고 있던 신선神仙의 신통력神通의 색채도 지니고 있었다.

둘째, 어떤 사람이 비난했다. "성인이 만든 칠경七經(詩·書·易·春秋·禮記·孝經에 論語를 합쳐 7經임)은 3만자에 불과하지만, 그 속에 모든 것이 갖추어져 있다. 오늘 불교 경전은 수 만 권을 넘고, 그 말은 억億으로 헤아려야 하니, 이는 한사람의 힘으로 감당해낼 수 있는 것이 아니다. 내가 보건대, 이는 번잡하기만 하고 핵심이 없다." 모자는 이렇게 대답했다.

불경에서는 지난 수억 년의 일을 이야기하고 있는데, 한편 만세萬世에서 가장 중요한 것들만 말하고 있다. 부처님은 드넓은 우주바깥을 모두 아울러 탐구했고 또 그 고요하고 깊은 속까지도 자세히 살펴 기록하지 않은 것이 없다. 그리하여 그 경권經卷은 만萬으로 헤아려야 하고, 말은 억億으로 헤아려야 한다. 경권이 많을수록 더욱 완전해지고, 말이 많을수록 더욱 풍부해지는 것이다. 어찌 중요하지 않은 것이 있겠는가?

어떤 사람이 또 이렇게 비난했다. "당신은 불도佛道가 가장 높고 가장 바르고 또 무위無爲하고 담박하다고 했다. 그런데 학사學士들은 그 말을 비난하고 있다. 그 말들이 너무 넓고 커서廓落 쓰기 어렵고, 또 너무 허무虛無해서 믿기 어렵다고 한다. 이는 무슨 까닭인가?" 모자는 이렇게 대답했다.

대도大道는 무위無爲한지라 속세의 사람들이 보아낼 수 있는 것이 아니다. 칭찬하는 자가 있어 귀하지 않고, 헐뜯는 자가 있어 천하지 않다. 쓰거나 쓰지 않음은 하늘의 뜻이요, 행해지거나 행해지지 않음은 시운時이요, 믿거나 믿지 않음은 그자들의 명命이겠다.

이 비난과 반박은 중화中華 사유의 명료함과 현실성, 불교 사유의 광활함과 추상성 사이의 모순을 드러내고 있었다.

셋째, 어떤 사람이 비난했다. "불도가 가장 높고 가장 큰 것이라면, 요임금과 순임금, 주공과 공자는 어찌하여 그것을 닦지 않았는가? 칠경에는 부처님의 말이 보이지 않는구려. 당신은 원래 『시경詩經』과 『서경書經』에 빠져 있었고 『예기禮記』와 『악기樂記』를 즐겼었는데, 어찌하여 다시 불도를 좋아하고, 다른 학술을 좋아하게 되었는가?" 모자는 이렇게 대답했다.

글은 반드시 공구孔丘의 말이어야 하는 것이 아니고, 약은 반드시 편작扁鵲(戰國 시대의 名醫)의 처방이어야 하는 것이 아니다. 글은 이치에 맞는 것을 따라야 하고, 약은 질병을 치료할 수 있는 약이 좋은 약이다.
오경五經에는 원래 빠뜨린 것이 많거늘, 부처님이 오경에 보이지 않는다고 해서, 괴이하게 생각할 것 또 무엇이란 말인가?

어떤 사람이 또 이렇게 비난했다. "황제가 옷을 걸치고 복식服飾을 정하고, 기자箕子가 『홍범洪範』을 내놓으면서, 용모容貌가 다섯가지 일五事에서 우두머리로 되었다. 공자가 『효경孝經』을 만들면서 예의에 맞게 옷을 입는 것이 삼덕三德의 시작으로 되었다.", "오늘날 사문沙門에서는 머리털을 깎고, 붉은 도포를 걸치고, 사람을 만나도 절을 하지 않고, 엄숙하고 정중한 차림새도 없앴는데, 이 얼마나 용모와 복식 제도를 거스르고 또 신사(행세 하는 자들)들의 차림새에 어긋나는 일인가." 모자는 반박하기를, 덕德은 복식에 있는 것이 아니라고 했다.

요임금과 순임금, 주공과 공자는 세상사를 탐구했고, 부처님과 노자는 무위無爲에 뜻을 두고 있었다. 군자君子의 도道는 출세出世하나 처세處世하나, 묵묵히 있으나 말로 번지나, 그 정精을 넘치게 하지 않고, 그 성性을 지나치게 하지 않는 것에 있다. 그리하여 그 도道가 귀한 것이다.

이 일문일답은 중국인들이 유가의 성인과 경전에 대한 숭배 및 예교禮教에 대한 신념과 불교에서 세운 다른 하나의 사상적 권위 및 불교에서 개척한 다른 하나의 행위방식 사이의 모순을 반영하고 있었다.

넷째, 어떤 사람이 비난했다. "『효경孝經』에서는 이르기를, 신체와 모발과 피부는 부모님으로부터 받은 것인데, 감히 훼손하고 손상하면 아니 된다고 했다.", "오늘 사문沙門에서는 머리털을 빡빡 깎아버리는데, 이 얼마나 성인의 말씀을 거스르고 또한 효도孝道에 어긋나는 일인가?" 모자가 대답했다.

만약 대덕大德이 있다면, 작은 것에 구애 받지 않는다. 사문沙門에서 집 재산을 기부하고, 처자식을 버리고, 음탕한 소리(歌舞를 말함)를 듣지 않고, 저속한 세상(色이라 함)을 보지 않는 것은 사양讓의 지극함이라 하겠다. 이를 어찌 성인의 말씀을 거스르고, 효도孝道에 어긋나는 일이라 하겠는가?

어떤 사람이 또 비난했다. "대저 복福은 대를 잇는 것보다 큰 것이 없고, 불효不孝는 후손이 없는 것보다 더한 것이 없다. 사문沙門에서는 처자식을 버리고, 집재산을 기부하고, 평생 결혼하지 않는다. 이 얼마나 복福과 효孝의 행行(실천)에 어긋나는 일인가." 모자가 대답했다.

허유許由는 나무 위에 둥지 틀고 거처했고, 백이伯夷와 숙제叔齊는 수양산首陽山에서 굶어 죽었거늘, 공자 성인은 그들을 어질다고 찬양했다. 이르기를, '인仁을 구해 인仁을 얻은 자들이다.'라고 했다. 그들에게 후손이 없고 재산이 없다고 비난하는 소리는 듣지 못했다. 사문沙門에서는 도덕을 닦는 것으로써 세상에서 노니는 즐거움을 대신하고, 청정하고 소박한 생활방식에 되돌아가는 것으로써 처자식과 함께 하는 환락을 대신한다. 이것이 위대하지 아니 하다면 어떤 것이 더 위대하겠는가. 이것이 거룩하지 아니 하다면 어떤 것이 더 거룩하겠는가?

어떤 사람이 또 이렇게 비난했다. "수다나Suda-na 태자는 불효했고 어질지仁도 않았는데, 불가에서는 그를 존경하고 있네요." 이에 모자는 이렇게 대답했다.

수다나는 세상이 무상無常함을 보아내고, 재화가 자기 보물이 아님을 보아냈다. 그리하여 마음껏 보시布施하고서 대도大道를 이루었다. 아버지 나라(조국)가 그 복을 받아 원수가 쳐들어오지 못했고, 성불成佛해서는 부모형제 모두를 제도濟度해 주었다. 이것이 효孝가 아니고, 이것이 인仁이 아니라면 무엇이 인仁이고 무엇이 효孝란 말인가?

이 문답은 중국인들의 핵심가치관에 관계된다. 모자는 효와 인을 긍정해주는 태도를 취하면서, 한편 불교 신도들이 출가하는 것은 특유의 방식으로 효와 인의 도를 다하는 것이라고 해석했다.

다섯째, 어떤 사람이 이렇게 비난했다. "불도에서는 인간이 죽은 후 다시 태어난다고 말한다. 나는 이 말이 확실하다고 믿지 않는다." 모자는 이렇게 대답했다.

혼靈과 신神은 원래 없어지지 않는다. 그러나 몸은 자연적으로 썩어버린다. 살아서 도道가 있었다면 죽어서 신神은 복당福堂으로 돌아오고, 살아서 악행을 저질렀다면 죽어서 신神은 그 재앙을 받을 것이다.

어떤 이가 또 말했다. "공자께서는 이르기를, '사람도 제대로 섬기지 못하는데, 어찌 귀신을 섬기겠느냐? 삶도 제대로 알지 못하는데 어찌 죽음을 알겠느냐?'라고 했다. 이것은 성인이 말씀하신 것이다. 오늘 불가에서는 쩍 하면 죽고 사는 일을 말하고 귀신이 하는 일을 말하는데, 이는 대개 선철들의 말이 아니겠다." 모자는 이렇게 대답했다.

『효경孝經』에서는 이르기를, '종묘宗廟에서 제사를 올려, 귀신(영혼)이 대접받게 하고, 봄가을에 제사를 지내어, 이로써 철마다 그이를 잊는 않는다.'라고 했다. 또 이르기를, '살아 있을 때는 사랑과 공경을 다하여 모시고, 죽으면 슬픔과 설움을 다하여 섬긴다.'라고 했다. 이것이 사람들에게 귀신을 섬기는 일을 가르치고,

삶과 죽음을 알게 하는 것이 아니겠는가? 불경에서 말하는 삶과 죽음이 바로 이런 것들이 아니겠는가.

이 문답은 영혼이 죽고 사는 문제 및 인과응보가 존재하는가 하는 문제에 관계된다. 불교에서는 '무아無我'를 주장하고, 사람이 죽은 후 귀신과 영혼이 남아있다고는 인정하지 않는다. 그러나 한편으로는 또 생사윤회生死輪回, 삼세인과三世因果를 주장한다. 중국 불교 신도들이 보건대, 업인業因이 즉 신혼神魂이었고, 그것이 윤회의 주체를 실어 나르고 있었다. 공자는 '귀신을 공경하되, 멀리 했고', 죽은 후의 일은 말하지 않았다. 하지만 공자 후에는 귀신이 있다고 주장하는 유자儒者도 있었고, 귀신이 없다고 주장하는 유자도 있었다. 이런 분화를 보고서 모자는『효경孝經』을 인용하여, 유가에서 '부모님의 장례는 정중히 치르고 조상들의 제사는 정성스레 올리는 것愼終追遠.'을 중요시하는 것으로 불교의 선악응보설善惡報應說을 설명했던 것이다.

여섯째, 어떤 사람이 이렇게 비난했다. 공자께서는 이르기를, "이적夷狄에 임금이 있는 것은 제하諸夏(중국)에 없는 것만 못하다."고 했고, 맹자는 "나는 하夏의 예禮로 이夷의 풍속을 바꾼다는 말은 들었어도, 이의 풍속으로 하를 교화시킨다는 말은 듣지 못했다."라고 했다. 그렇다면 "자네는 약관弱冠의 나이에 요, 순, 주, 공의 도를 배우고서, 오늘 그것을 버리고 다시 이적夷狄의 술수를 배우고 있으니, 그것은 잘못 미혹된 것이 아닌가?" 모자는 이렇게 대답했다.

우임금은 서쪽 강족羌族 출신이었지만 성철聖哲이 되셨고, 고수瞽叟는 순임금을 낳았지만 어리석은 고집불통이었다. 여유由余는 적狄에서 나왔으나 진秦나라 패권을 잡았고, 관채管蔡(즉 管叔鮮과 蔡叔度)는 황하黃河와 낙하洛河 지역에서 나왔으나 세상의 비난거리가 되었다. 전하는 말에 '북극성은 하늘 가운데 있거늘, 늘 사람들의 북쪽에 자리하고 있다'고 한다. 이로 보면 한나라 땅이 반드시 하늘 가운데 있는 것도 아니다. 불경에서는 상하上下 주극周極과 피가 흐르는 것들은 모두 불佛에 귀속(즉 佛이 아우르고 있음)된다고 한다. 그리하여 내가 다시 그것을 받들고 배우게 되었는데, 어찌 요, 순, 주, 공의 도道를 버린 것이라고 보겠는가?

이 문답에서는 이夷와 하夏의 구별을 논하고 있는데, 묻는 자는 중화를 중심으로 삼고 있었고, 하夏의 문화로 이夷를 개변시킬 것을 주장하고 있었다. 또 불교를 이적夷狄의 술수術라고 비난한다. 이에 대해, 모자는 성철聖哲들의 도道는 이夷와 하夏를 구분할 필요가 없고, 불경의 교의敎義는 주공과 공자의 도를 포함하고 있고 또한 끝없이 넓고 크다고 한다. 그래서 마땅히 존숭해야 한다는 것이다.

일곱째, 어떤 사람이 물었다. "왕교王喬와 적송赤松이 신선이 되었다는 이야기는 신서神書 170권에 실려 있는데, 그런 장생하는 일은 불경에도 똑같이 실려 있는가?", "도가에서는 말하기를, 요, 순, 주공, 공자와 공자의 제자 72명은 모두 죽지 않고 신선이 되었다고 한다. 불가에서는 말하기를, 사람은 모두 반드시 죽게 되어 있는데, 이는 누구도 피할 수 없다고 한다. 무슨 까닭인가?" 모자는 이렇게 대답했다.

> 신선神仙에 관한 이야기는 들으면 귀에 넘실거리지만, 그 효험을 구하자면 마치 바람을 잡고 그림자를 쥐려는 것과 같다. 내가 육예六藝를 훑어보고 전기傳記를 살펴보니, 요임금이 돌아가셨다는 말이 있고, 순임금이 창오蒼梧의 산에 묻혀 있다는 말이 있고, 우임금이 회계會稽에 능陵(무덤)이 있다는 말이 있고, 백이伯夷와 숙제叔齊는 수양산首陽山에 묘墓가 있다고 하고, 문왕文王은 걸桀을 죽이지 못하고 돌아가셨다고 하고, 무왕武王은 성왕成王이 성장하기를 기다리지 못하고 돌아가셨다고 한다. 또 주공이 장례葬禮 풍속을 개혁했다는 기록(『상서』「周官」)이 있고, 중니仲尼는 두 기둥 사이에 안좌하는 꿈兩楹夢(공자의 죽음을 가리킴)을 꾸었다(『禮記‧檀弓』)고 한다. 나는 경전經傳을 근거로 세상 사람들을 살펴보고 말하는데, '죽지 않음'을 논하는 자들이야말로 사람을 미혹시키는 자들이 아니겠는가?

이 문답에서는 불도佛道와 신선神仙 방술方術의 관계를 논하고 있는데, 모자는 불타를 형용할 때는 신선에 관계되는 용어를 많이 활용했으나, 일반 신도들을 상대할 때는 불교를 믿으면 장생長生할 수 있다고 말하지 않았다. 그 의도는 그 당시 유행하던 신선설로써 불교 교의敎義를 해독解讀하는 방식에 대해 그 실질을 분명히 밝히고 또한 불교 신앙과 도교의 계선을 적절히 가르려는 것이었다.

여덟째, 어떤 사람이 말했다. "불도에서는 무위無爲를 숭상하고, 베푸는 것을 즐기며, 계율을 엄격히 지키기를 마치 심연深淵 변두리에 이른 것 같이 한다. 그러나 오늘날 사문沙門은 술과 여색에 빠져 있고, 혹은 처자식마저도 거느리고 있다. 천賤한 것酒色을 얻으려 하고, 귀한 것道德을 버리려 하고, 오로지 속이고 사기 치는 짓거리만 하고 있으니, 이는 곧 세상에서 가장 그릇된 일이겠다. 그런데도 불도에서는 그것을 무위라 하는가?" 모자는 이렇게 말했다.

> 공수工輸(公輸班)는 사람들에게 자귀와 도끼와 먹줄과 먹통을 줄 수는 있었으나, 사람들을 재주 있게 만들지는 못했고, 성인은 사람들에게 도道를 가르쳐 줄 수는 있었으나, 사람들이 그것을 행하게 만들지는 못했다. 요임금이 단주丹朱(요임금의 아들)를 가르치지 못하고, 주공이 관채管蔡를 타이르지 못했는데, 그렇다고 상탕商湯의 가르침이 두드러지지 않고 주나라의 도道가 갖추어지지 않았던가? 그들이 악인惡人인 것을 어찌 하겠는가. 이는 속세에 칠경七經을 통달하고서도 재물과 여색에 미혹된 자가 많이 있는 것과 마찬가지이겠다. 그렇다고 해서 육예六藝가 사악하고 음탕하다고 하겠는가? 사람들이 행하지 못하는 것을 걱정해야지, 어찌 불도佛道가 나쁘다고 말하겠는가?[12]

이 문답에서는 일부 나쁜 자들 때문에 불도를 폐廢해서는 아니 된다는 도리를 설명하고 있다. 사문沙門에 비루鄙陋한 행위行爲를 일삼는 자가 있다고 해서 불도佛道가 숭고하지 못하다고 말할 수는 없고 또 도道와 사람들의 행위의 불일치는 유가 문화에도 마찬가지로 존재한다는 것이다.

『이혹론理惑論』의 문답은 스스로 문제를 제기하고 스스로 그 문제를 해답하는 형식(후일 남북조시기에는 일종의 문풍文風을 형성했다.)으로 되어 있다. 여기에는 사회 인사들이 불교에 대한 비난이 반영되어 있는데, 이런 비난은 대부분 유가 학자들에게서 나온 것이다. 예를 들면, 묻는 자가 말하는 불도佛道는 이적夷狄의 술수이고, 주공과 공자는 불도를 논한 적이 없고, 불타의 이야기는 '오경'에

---

12) (南朝 梁)僧祐, (唐)道宣:《弘明集・廣弘明集》, 上海古籍出版社1991年版, 第2-7頁.

실려 있지 않고, 불도는 효도孝道를 거스르고 예의禮義에 어긋난다는 등이다. 이는 유·도·불 삼교의 상호 작용 관계가 이미 비교적 깊은 차원에 진입했음을 말해준다. 이때는 이夷와 하夏의 변별, 인仁과 효孝의 도道와 예禮제도의 상이함, 혼魂과 신神의 유무有無, 사문沙門의 불순함, 노자 도가와 신선神仙 방술方術의 차이와 공통점, 불교 경의經義의 기능과 역할 등 중대한 문제를 취급하고 있었다. 후일, 위진 남북조 시기에 삼교에서 쟁론하던 문제들, 예를 들면 사문경왕沙門敬王 쟁론(왕을 만날 때 무릎을 꿇어야 하는가?), 흑백론黑白論 쟁론(인과응보 논쟁), 이하론夷夏論 쟁론(외래 불교와 본토 문화 간의 논쟁), 신멸론神滅論 쟁론(영혼이 죽음과 함께 사라지는가), 불교는 '이로운 것인가 해로운 것인가' 하는 쟁론 등은 모두 『이혹론理惑論』에서 그 초기 형태를 찾아볼 수 있다. 모자의 대답에서는, 한편으로는 불佛을 높이고 유儒를 낮추고, 불학이 유학보다 더 광대하고 주밀하다고 하고, 다른 한편으로는 불佛과 유儒는 길은 다르지만 귀착점은 똑같다고 한다. 예를 들면, 양자는 인仁과 효孝를 다하는 근본 취지는 똑같은데, 다만 그 방식에 있어서 상이하다는 등이다. 이는 그 당시 불교가 중화의 기본 도덕 관념에 접근하고 있었음을 말해준다. 모자의 대답에서는 또 황로를 긍정해주고 현玄도 논하기 시작한다. 또한 어느 정도 신선神仙 도교의 이념을 보류하고 있었다.

제4장 유·도·불 삼교의 상호 작용과 논쟁
: 동질성 추구 단계(위진 남북조 시기)

이 시기 삼교 관계의 전체적 특징을 말하자면, 유가 경학은 분립分立하고 있었으나 여전히 중화의 주도적 사상문화로서 지위를 군히고 있었고, 신도가新道家 즉 현학玄學이 흥성하고 도교가 주류 종교의 하나로 부상했고, 불교가 갑자기 일떠서서 중국인들의 중요한 정신적 기둥으로 자리매김했고, 삼교 사이는 삼자가 역동적으로 상호 작용하는 태세를 보여주고 있었다. 삼교는 상호 간 서로 흡수하고, 상호 간 차이를 분명히 밝히고, 상호 간 변론을 전개하고, 상호 간 상이함 속에서 공통점을 찾고 있었다. 또한 병생竝生할 수 있고 상호 보완이 가능한, 그런 공통된 토대를 탐구하는 특징도 보여주고 있었다. 이 또한 수, 당 시기, 삼교를 함께 장려하는 통일적 문화정책을 실시하는데 실행이 가능한 역사적 경험을 제공해었다.

제1절 유가 경학經學의 분화分化와 창조

이 시기 유학은 사실 한유韓愈가 『원도原道』에서 말하던 그런 상황은 아니었다. 한유는 이렇게 말했다.

> 주나라의 도道가 쇠미해지고, 공자가 세상을 뜬 뒤에, 진秦나라에서는 분서를 겪었고, 한나라에서는 황로 학설이 유행했고, 진晉, 위魏, 양粱 등 남북조 시기와 수나라 때에는 불교가 성행했다. 도덕과 인의를 말하는 자들은 양주楊朱의 학파에 들어가지 않으면, 묵적墨翟의 학파에 들어갔고, 노자 학파에 들어가지 않으면 불교에 들어갔었다.[1]

한유는 유학 부흥의 필요성을 강조하기 위해, 양한 시기 경학의 발달을 부정했을 뿐만 아니라 또한 위진 남북조 시기 도가와 불가의 번성과 유학의 쇠락을 크게 과장했던 것이다. 이는 다만, 도가와 불가가 궐기한 반면 유학이 독존獨尊의 지위를 상실한 상황에서, 그가 일종의 위기감을 드러낸 것일 따름이다. 양한 시기와 비교할 때, 이 시기 유학이 직면한 새로운 도전은 즉 왕조의 교체가 빈번하고, 남과 북이 장기간 분열되어 있고, 불가와 도가가 궐기하고, 경학이 통일을 이루지 못했던 상황에서, 현실의 문제를 지혜롭게 해결하는 것이었다. 이 시기, 유가 경학은 한나라 때 신비화되고 번잡하게 되던 경향성을 떨쳐버리고, 불가와 도가의 충격과 영향을 받고서 의리義理에 새로운 내용과 특색을 추가하게 되었는데, 이는 주로 현학 경학으로 표현되고 있었다. 방법론에 있어서는 강소講疏 또는 의소義疏가 출현했다. 또한 문벌門閥 사족士族을 주체로 하는 종법宗法 등급 질서를 수호하기 위해, '삼례三禮' 학설에 각별한 중시를 기울였고, 문자 훈고訓詁에서도 많은 창조가 있었다. 이렇게 경학사經學史에서 하나의 중요한 단계를 형성하게 되었던 것이다.

1. 위진魏晉 시기 현학玄學 경학經學

하안何晏, 왕필王弼, 혜강嵇康, 완적阮籍, 향수向秀, 곽상郭象을 대표 학자로 하는 위진 현학은 유가와 도가 철학을 융합하여 형성한 신도가新道家 학설이다. 신도가에 관해서는 다음 절에서 상세히 다루기로 한다. 신도가 학설에서, 유가 경전을 해석한 부분을 현학 경학이라고 칭할 수 있는데, 현학 경학은 유학이 학파의 계선을 뛰어넘어 확장된 것이라고 볼 수 있겠다. 신도가 대표학자들은 유가의 대표적인 경전들을 해석했고, 그들이 유경儒經에 단 주해注 또한 유가 경학사經學史에서 중요한 지위를 차지하고 있었다.

---

1) 孫昌武選注:《韓愈選集》, 上海古籍出版社2013年版, 第253-254頁.[원문: 周道衰, 孔子沒, 火於秦, 黃, 老於漢, 佛於晉, 魏, 梁, 隋之間. 其言道德仁義者, 不入於楊, 則入於墨, 不入於老, 則入於佛.]

현학 경학의 대표적 작품으로는 하안何晏의 『논어집해論語集解』와 왕필의 『주역주周易注』가 있다. 특히 왕필은 노장 도가 사상을 많이 받아들여 귀무론貴無論 현학 체계를 구축했고, 경經을 해석하는 방식에 있어서는 한학漢學에서 문자훈고文字訓詁를 중요시하던 전통을 따르지 않고, 경문經文의 의리義理에 치중하여 창조적으로 발휘했다. 이는 공자, 맹자가 『시詩』, 『서書』의 의리義理를 능동적으로 발휘하고, 그 함의義를 역사史에 함축시켜 넣던 전통과 맥을 함께 하고 있는 것으로 볼수 있겠다. 현학 경학에서 해결하려는 중심 문제는 '유有'와 '무無'의 관계 문제였다. 하안, 왕필은 귀무론貴無論(無를 귀하게 여김)을 제기했는데, 그들은 여기서 '유는 무를 근본으로 삼는다'고 주장했고, 그들은 도가의 '자연을 본받는 도道'를 유가 명교名敎(즉 삼강오상)의 형이상形而上(즉 無임)의 근거로 삼고 있었다. 하안은 뭇 학파의 학설을 집성하여 『논어집해論語集解』를 만들었는데, 여기서 이미 도가 사상으로 유경儒經을 해석하는 양상을 보여주었다. 예를 들면, 『논어論語·옹야雍也』의 '어진 사람은 산을 좋아한다.仁者樂山'는 말을 해석하기를, "어진 사람은 산이 안정되고 굳건하고 자연적이고 움직이지 않는데 만물이 거기서 생장하는 것 같은, 그런 것(천하가 안정되고 동요하지 않는 것)을 좋아한다."[2]라고 하고, 또 『논어·위정爲政』에서의 "덕德으로써 정치를 하는 것은 북극성은 제자리에 있고, 뭇 별들이 그 주위를 도는 것과 같으니라.[3]라는 말을 해석하기를, "덕이 있는 사람이 하는 일 없음無爲은 북극성이 제자리를 지키고 뭇 별들이 그것을 에워싸고 도는 것과 같다."[4]라고 한다. 왕필은 『주역략례周易略例』에서 이렇게 말한다.

대저 많은 것이 많은 것을 다스릴 수 없으니, 많은 것을 다스리는 것은 지극히

---

2) (魏)何晏等注, (宋)邢昺疏: 《論語注疏》, 上海古籍出版社1990年版, 第53頁.[원문: 仁者樂 如山之安固, 自然不動, 而萬物生焉.]

3) (魏)何晏等注, (宋)邢昺疏: 《論語注疏》, 上海古籍出版社1990年版, 第15頁.[원문: 爲政以 德, 譬如北辰, 居其所而眾星共之.]

4) (魏)何晏等注, (宋)邢昺疏: 《論語注疏》, 上海古籍出版社1990年版, 第15頁.[원문: 德者無 爲, 猶北辰之不移, 而眾星共之.]

적은 것이다. 움직이는 것으로 움직이는 것을 제어할 수 없으니, 온갖 움직이는 것을 제어하는 것은 올바른 하나一뿐이다. 사물은 제멋대로 그렇게 된 것이 없으니, 반드시 그 이치(하나를 말함)를 따른다. 거느림에는 종宗(본원)이 있고, 모임에는 원元(우두머리)이 있다. 그리하여 번잡하기는 해도 어지럽지 아니하며, 무리를 지었어도 헷갈리지惑 않는다.5)

그렇다면 이 '종宗' 또는 '원元'이란 무엇을 말하는 것인가? 왕필王弼이 보건 대, 그것은 그 어떤 '유有'로는 될 수 없고, 반드시 '무無'여야 했다. 즉, 유有가 아니어야 한다는 것이다. 그는 『주역대연의周易大衍義』에서 이렇게 말한다. "천 지天地의 수數를 연변할 때 기대는 것은 50이다. 그러나 (점을 칠 때는) 49개를 쓰고, 나머지 하나는 쓰지 않는다. 쓰지 않으면서 쓰임으로 되어 그것으로써 통하고, 셈하지 않지만 셈에 들어가 그것으로써 이뤄지니, 이것이 역易의 태극 太極이겠다. 49는 수數의 극極이다. 대저 '무無'는 '무無'로써 밝힐 수 없고 반드 시 '유'에 의지해야 하니, 그래서 늘 있는有 사물의 극極에서 모름지기 그것이 말미암는 바의 종宗을 밝혀야 하는 것이다."6) 요컨대 '유有'는 '무無'를 근본으 로 삼고, '무無'는 '유有'에 의지하여 분명해지게 된다. 한편, '무無'가 바로 그런 지극히 고요하고, 변하지 않고, 형체가 없는 '도道'이겠다. 왕필의 『주역주周易 注』에서는 노자사상을 끌어들여 『역易』을 해석했는데, 이렇게 한나라 때 『역』 학 상수象數의 번잡함과 신비함을 청산해버리고, 이를 간이하면서도 옅지 않고, 심각하면서도 회삽晦澁하지 않게 만들었던 것이다. 또 그리하여 『주역주周易注』 는 한나라 때의 신학경학神學經學을 대체하여 위진 때의 유가 신新의리경학義理 經學의 대표작으로 될 수 있었던 것이다. 이는 유가와 도가를 심층적으로 융합한

---

5) (魏)王弼, (唐)邢璹注:《周易集解略例》, 中華書局1991年版, 第1, 2頁.[원문: "夫眾不能治 眾, 治眾者, 至寡者也", "夫動不能制動, 制天下之動者, 貞夫一者也", "物無妄然, 必由其 理", "統之有宗, 會之有元", "故繁而不亂, 眾而不惑".]

6) (魏)王弼, (晉)韓康伯注, (唐)孔穎達疏:《周易注疏》, 中央編譯出版社2013年版, 第360頁. [원문: 演天地之數, 所賴者五十也. 其用四十有九, 則其一不用也. 不用而用以之通, 非數而 數以之成, 斯易之太極也. 四十有九, 數之極也. 夫無不可以無明, 必因於有, 故常於有物之 極, 而必明其所由之宗也.]

훌륭한 본보기였다. 당나라 공영달孔穎達은『주역정의서周易正義序』에서 이렇게 말한다.

> 유독 위나라 왕보사王輔嗣(왕필의 字)의 주注가 홀로 고금에서 뛰어났으니, 강좌
> 江左(즉 강동)의 제유諸儒들은 모두 그 학문을 나란히 전했고, 하북의 학자들은
> 이에 미칠만한 자가 드물었다.[7]

당나라 때 만들어진『오경정의五經正義』에는『주역정의周易正義』가 있는데, 저자들은 이 책을 만들 때 주로 왕필의 주注와 한강백韓康伯의『계사주繫辭注』를 인용했다. 청나라 때 만들어진『십삼경주소十三經注疏』에는『주역주소周易注疏』가 있는데, 이 역시 왕필과 한강백韓康伯의 주注를 인용하여 만든 것이다. 한편『논어주소論語註疏』는 하안의『논어집해論語集解』를 인용했다. 이로 보면 하안과 왕필은 유가 경학사經學史에서 아주 중요한 학자였다. 흥미로운 것은 현학가玄學家로서 왕필은 공자를 "무無를 깨닫고서 유有를 논하던" 성인으로 보고 있었고 또 공자는 노자나 장자보다 경지가 더 높았다고 평가한 점이다. 『세설신어世說新語·문학文學』에는 배휘裴徽와 왕필의 문답이 실려 있다.

> 왕보사王輔嗣(즉 王弼)는 약관弱冠의 나이에 배휘裴徽를 방문했는데. 배휘裴徽
> 가 그에게 물었다. '대저 무無란 참으로 만물이 의지하는 바이거늘, 성인孔子께서
> 는 그것을 말하려 하지 않았던 반면 노자는 그것을 그침 없이 말했다. 어찌된
> 일인가?' 왕필이 대답했다. '성인께서는 무無를 깨닫고 있었으나, 무無 또한 가르
> 칠 수 없는 것이어서, 말은 반드시 유有에 미치게 되었던 것입니다. 노자와 장자
> 는 유有에서 벗어나지 못하고서도 항상 자기들이 잘 알지 못하는 무無를 가르쳤
> 던 것입니다.[8]

---

7) (魏)王弼, (晉)韓康伯注, (唐)孔穎達疏:《周易注疏》, 中央編譯出版社2013年版, 第1頁.[원문: 唯魏世王輔嗣之注獨冠古今. 所以江左諸儒, 並傳其學. 河北學者, 罕能及之.]

8) (南朝宋)劉義慶, (南朝梁)劉孝標注:《世說新語詳解》, 上海古籍出版社2013年版, 第122頁. [원문: 王輔嗣弱冠詣裴徽, 徽問曰: '夫無者, 誠萬物之所資. 聖人(指孔子)莫肯致言, 而老子申之無已. 何耶?' 弼曰: '聖人體無, 無又不可以訓, 故言必及有. 老, 莊未免於有, 恒訓其

이로 보면 왕필은 공자를 높이 받들고 있었을 뿐만 아니라 또한 공자를 도가의 풍격을 갖추게 만들었다.

2. 위진 남북조 시기 경학의 이성화와 다양화

서진西晉 경학에서는 왕숙王肅을 받들고 있었고, 동진 경학에서는 정현鄭玄을 받들고 있었는데, 이들의 경학은 모두 훈고학訓詁學에 속한다. 한편 현학 경학도 그 가운데서 전해지고 있었다. 서진 때 두예杜預는 『춘추좌전집해春秋左傳集解』를 저술했는데, 여기서 그는 『좌전』을 높이고 『공양公羊』과 『곡량穀梁』을 폄하했다. 그는 자체로 평가 기준과 체계를 세웠고 또한 분명한 역사 이성歷史理性을 보여주었는데, 후일 공영달은 이를 아주 높이 평가했다. 동진 때에는 범녕範寧이 『춘추곡량전집해春秋穀梁傳集解』를 저술하여 세상에 명성을 크게 떨쳤다. 그는 방법론에서 '널리 받아들이고 훌륭한 것을 취하여 따르면서', '이치에 기대어 경經을 통하게 만들었고' 특히 두예杜預의 『좌씨해左氏解』를 아주 중요시했다. 그 목적은 현풍玄風이 만연하는 상황에서 이를 거부하고 명교名教를 부추겨 일떠세우려는데 있었다. 청나라 마국한馬國翰은 그를 찬양하여 말하기를, '속세의 풍속을 무턱대고 따르지 않았고, 앞 사람들이 말하지 않은 것을 말할 수 있었다.'[9]라고 했다. 간보干寶는 『역易』에 주注를 달 때, 상수象數와 현의玄義를 아울러 함께 고려하면서 역사사실에 결부하여 논설을 세웠었다. 이렇게 자체로 학문의 일가를 이루었는데, 그의 학설은 후일 송나라 정주(程頤, 程顥, 朱熹)와 소씨蘇氏의 『역易』학에 모두 큰 영향을 끼쳤었다. 당나라 공영달은 『오경정의五經正義』를 저술하여 오경주소五經注疏를 통일했는데, 이 책은 후일 오경五經 주소注疏의 표준 독본讀本으로 되어졌었다. 이 책에서 그는 한나라 때의 두 학자의 주注를 인용했고, 위진 때의 세 학자의 주注를 인용했다. 청나라 학자

所不足'.]

9) (淸)鄭珍, 莫友芝纂: 《遵義府志》, 遵義市志編纂委員會辦公室1986年版, 第597, 599頁.[원문: 不苟隨俗, 能發前人所未發.]

완원院元이 교감校勘한『십삼경주소十三經注疏』에서는『효경孝經』의 주해에서 당현종唐玄宗의 주注를 인용한 것을 제외하고는, 기타 십이경十二經의 주해 모두 한나라 때의 주와 위진 때의 주를 인용했다. 양자 또한 각자 반씩 차지했다. 이는 이 두 시기 경經에 단 주가 비교적 높은 학술적 가치를 지니고 있었음을 말해준다. 그리하여 오랫동안 쇠락하지 않고 전해 내려올 수 있었던 것이다.

남북조 시기의 경학은 '경학이 분립分立하던 시대'10)에 들어섰었다. 예컨대 『북사北史·유림전儒林傳』에서는 이렇게 말한다.

> 대저 남과 북에서 만든 장구章句는 취향에 있어서 같지 않았다. 강좌江左에서는『주역周易』은 왕보사王輔嗣를,『상서尚書』는 공안국孔安國을,『좌전左傳』은 두원개杜元凱를 손꼽고 있었다. 하락河洛(황하와 낙수)에서는『좌전左傳』은 복자신服子愼을,『상서尚書』,『주역周易』은 정강성鄭康成(즉 鄭玄)을 손꼽고 있었다.『시詩』는 두 모공(즉 毛亨과 毛萇)이 함께 주도하고 있었고,『예禮』는 정씨鄭氏의 것도 함께 따르고 있었다. 남쪽 학자들은 간략하게 만들어 그 정화만 취했고, 북학北學은 크고 거칠었는데 늘 가지와 잎사귀만 궁구했다.11)

바꾸어 말하면, 남조는 위진 전통을 받들고 있었고, 북조는 한나라 말 전통을 받들고 있었다. 한편, 정현의『삼례주三禮注』, 왕필의『주역주周易注』, 두예杜預의『좌씨전해左氏傳解』는 남과 북에서 모두 유행하고 있었다. 남조 송나라 원가元嘉 연간에는 사학四學(즉 儒, 玄, 史, 文)이 세워졌는데, 뇌차종雷次宗, 주응지朱膺之, 유울지庾蔚之가 유학을 주도하면서 학관學官을 열어 학생들을 가르쳤다. 이는 역대의 왕조王朝에서 보기 드문 일이다. 즉 유儒와 현玄의 학관이 병립竝立하고 있었는데, 이는 현학의 영향력이 아주 거대했음을 말해준다. 안연지顔延之가 국자학國子學의 좨주祭酒였는데, 그는 순상荀爽, 왕필의 현학『역

---

10) (淸)皮錫瑞, 周予同注釋:《經學歷史》, 商務印書館1928年版, 第166頁.

11) (唐)李延壽:《北史》, 中華書局1974年版, 第2709頁.[원문: 大抵南北所爲章句, 好尙互有不同. 江左,《周易》則王輔嗣,《尙書》則孔安國,《左傳》則杜元凱. 河洛,《左傳》則服子愼,《尙書》,《周易》則鄭康成.《詩》則竝主於毛公,《禮》則同遵於鄭氏. 南人約簡, 得其英華. 北學深蕪, 窮其枝葉.]

『易』학을 아주 높이 받들고 있었다. 말하기를, 이들의 역학易學은 "그 정통正宗을 치켜들고, 수數와 상象은 생략할 수 있었다.", "인간 마음의 수(이치)를 지극히 했다."[12]고 했다. 송나라에서는 『예禮』학을 아주 숭상하고 있었는데, 뇌차종雷次宗이 "삼례三禮"에 밝아, 그가 늘 황태자와 여러 왕들에게 『상복경喪服經』을 강론해 주었다. 하승천何承天은 그 전 시기의 『예론禮論』 팔백권八百卷을 줄여 삼백권三百卷으로 만들었는데, 이것이 세상에 널리 전해졌다. 『송서宋書·예지禮志』에 따르면, 조정朝庭의 예법제도禮制는 정현의 주注를 많이 인용했다고 한다. 제齊나라의 『예』학도 아주 발달했다. 관학官學에는 왕검王儉이 있었는데, '왕검은 『예』학을 잘했고, 조정의 예의를 깊이 탐구했다. 박의博議를 할때마다 선유先儒들의 말을 인용해 밝혔는데, 이런 사례는 아주 드물었다.'[13] 사학私學에는 유헌劉瓛이 있었는데, 그가 '저술한 문집은 모두 『예』의 함의義였고, 세상에서 널리 유행했다.'[14] 유회劉繪, 범진范缜, 사마균司馬筠, 하거賀琚 등은 모두 그의 제자였다. 남조 양무제梁武帝는 유교, 도교, 불교를 모두 통달했는데, 그 가운데서 특히 유학을 중요시했다. 조서詔書를 내려, 오경五經에 경經마다 박사博士 한 명씩 초빙하도록 했는데, 명산빈明山賓, 심준沈峻, 엄식지嚴植之, 하탕賀瑒, 육련陸璉이 그들이겠다. 그들은 각자 학관學館 하나를 책임졌었고, 학관마다 학생이 수백 명 있었는데, 학생들 가운데서 술책에 훤히 통한자는 모두 관리로 추천했다. 양무제는 또 명을 내려 황실의 귀족 자제들이 유학을 배우게 했고, 몸소 경經을 강론하기도 했다. 그리하여 십여 년 사이, 경학은 크게 흥성하게 되었던 것이다.

양나라 때 경학의 특징은 다음과 같겠다. 첫째, 개방적이고 포용적이었고 또한 현학을 가지고 경經을 주해注하는 것을 중요시했다. 둘째, '삼례三禮' 학설

---

12) (宋)李昉 等:《太平禦覽》, 中華書局1960年版, 第2736, 2737頁.[원문: "擧其正宗, 而略其數象", "極人心之數者".]

13) (梁)蕭子顯:《南齊書》, 中華書局1972年版, 第436頁.[원문: 儉長《禮》學, 諳究朝儀, 每博議, 徵引先儒, 罕有其例.]

14) (梁)蕭子顯:《南齊書》, 中華書局1972年版, 第680頁.[원문: 所著文集, 皆是《禮》義, 行於世.]

이 가장 발달했다. 셋째, 강소講疏 또는 의소義疏가 아주 유행했고, 경을 강론하는 풍기가 성행했다. 양무제는 일생동안 경의經義 자료를 무려 200여 권이나 저술했는데, 거기에는 불학과 현학 사상도 많이 들어 있었다. 황간皇侃의 『논어의소論語義疏』는 하안의 『논어집해論語集解』를 이어 또 한 부의 중요한 『논어』 강의講義였다. 그도 위진 때의 경주經注를 많이 인용했는데, 경을 해석함에 그는 하안보다 현학을 더 많이 인용했다. 예를 들면, 『논어論語·위정爲政』에서 "덕으로써 정치를 한다爲政以德."는 말을 황간皇侃은 곽상의 "만물이 모두 본성性을 얻는 것을 덕德이라고 한다."15)라는 말을 인용하여 해석했고, 『공야장公冶長』에서 "자공子貢이 말하기를, '선생님의 문장文章에 대한 말씀은 얻어 들을 수 있었으나, 선생님의 성性과 천도天道에 대한 말씀은 얻어 들을 수가 없었습니다.'"라는 말을 황간皇侃은 장자의 말을 인용하여 해석하기를, "문장文章이란 육적六籍(즉 六經)을 말하는데, 육적은 성인의 전제筌蹄(물고기를 잡는 통발과 토끼를 잡는 덫)로서 이 역시 물고기와 토끼와는 상관이 없겠다."16)라고 한다. 『선진先進』에서 "공자께서 말씀하시기를, 안회回는 도道에 가까웠지만 자주 쌀독이 비었다."라는 말을, 황간皇侃의 소疏에서는 해석하기를, "비었다空는 것은 허虛하다는 것과 같다."17)라고 하면서, '비었다空'의 실질적 함의 즉 '가난하다'는 뜻을 현학적 의미 '허무하다虛無'는 뜻으로 바꾸어버렸다. 황간皇侃은 역사적으로 의론이 분분하고 해결을 얻지 못했던 문제들을 과감하게 평가하고 판정했고, 자기 스스로 새로운 논설을 세웠었다. 그는 육경六經에 대해서도 미신迷信하지 않고 있었다. 예컨대 그는 이렇게 말한다.

> 『춘추春秋』라는 책은 항상 준확한 것이 아니다. 만약 필요에 따라 제멋대로 취한다면, 올바른 도리를 파악할 수 없겠다.18)

---

15) (魏)何晏, (梁)皇侃等注:《論語》(上), 中華書局1998年版, 第165頁.[원문 : 萬物皆得性謂之德.]

16) (魏)何晏, (梁)皇侃等注:《論語》(上), 中華書局1998年版, 第191頁.[원문 : 文章者六籍也, 六籍是聖人之筌蹄, 亦無關於魚兔矣.]

17) (魏)何晏, (梁)皇侃等注:《論語》(上), 中華書局1998年版, 第238頁.[원문 : 空猶虛也.]

18) (魏)何晏, (梁)皇侃等注:《論語》(上), 中華書局1998年版, 第185頁.[원문 :《春秋》之書, 非復

『사고제요四庫提要』에서는 송나라 형병邢昺의 『논어정의論語正義』를 평론할 때 이렇게 지적한다.

> 오늘 이 책을 살펴보니, 대체로 황씨(皇侃의 『論語義疏』를 말함)의 가지와 덩굴을 잘라냈고, 한편 의리義理도 조금 풀어 전했는데, 한학漢學과 송학宋學은 이로부터 갈리게 되었다. 이 『소疏』가 나오면서 황씨의 『소』(『論語義疏』를 가리킴)는 더욱 정미해졌고, 이낙伊洛의 학설(程顥, 程頤의 학설을 말함)이 나오면서는 이 『소』가 또 더욱 정미해졌다.[19]

보다시피 황간皇侃의 『논어의소論語義疏』는 역사적으로 비교적 높은 학술적 가치를 가지고 있었다. 그 정의精義를 후일 송명도학宋明道學에서 흡수했다. 진陳나라의 유가 경학은 양나라 때 남겨준 것들을 이어받았고, 대유大儒들은 노자와 장자를 많이 좋아했고, 현리玄理를 잘 담론하고 있었다. 주홍정周弘正은 양나라와 진陳나라를 걸쳐 살아온 대유大儒였는데, 그는 노장 학설과 『주역周易』을 모두 통달했고, 왕필의 『역』학을 특히 높이 받들고 있었다. 『안씨가훈顔氏家訓·면학勉學』에서는 이렇게 말한다.

> 양나라 때에 이르러 이 풍조는 다시 성행했는데, 『장자莊子』, 『노자老子』, 『주역周易』을 합칭 '삼현三玄'이라고 했다. 무황武皇, 간문제簡文帝는 몸소 강론도 했다. 주홍정周弘正은 늘 대도大猷를 받들고 찬송하면서, 군군과 읍邑의 백성들을 교화했다.[20]

주홍정周弘正의 제자 장기張譏도 유·도·불 삼교를 모두 통달했는데, 삼교

常准, 苟取權宜, 不得格於正理也.]

19) (淸)永瑢 等：《四庫全書總目》, 中華書局1965年版, 第291頁.[원문：今觀其書, 大抵剪皇氏之枝蔓, 而稍傅以義理, 漢學宋學兹其轉關, 是《疏》出而皇《疏》微, 迨伊洛之說出, 而是《疏》又微.]

20) 莊輝明, 章義和：《顔氏家訓譯注》, 上海古籍出版社1990年版, 第127-128頁.[원문：洎於梁世, 兹風復闡, 《莊》, 《老》, 《周易》, 總謂 '三玄'. 武皇, 簡文, 躬自講論. 周弘正奉贊大猷, 化行郡邑.]

학도들은 모두 그를 높이 받들고 있었고, 다투어 그에게서 가르침을 받았다.

동진 때, 북방에는 오호五胡 십육국十六國이 있었는데, 후일 모두 북위에 의해 통일되었다. 하지만 이어서는 또 동위東魏, 서위西魏로 분열되었고, 더 후에는 북제北齊와 북주北周로 분열되었다. 이 나라들은 대부분 흉노匈奴, 선비鮮卑, 강羌, 저氐, 갈羯 등 유목민족의 왕조로서 강대한 군사적 역량으로 중원中原에 쳐들어온 후, 그들은 원래의 유목생활 습속을 버리고, 농업이 발달하고 문화 축적이 두터운 황하 유역 사회에 적합한 새로운 질서와 문화를 구축해야 했다. 그리하여 집권자들은 북방의 사족士族들 가운데서 준재들을 선발하여 등용하고, 유가 경학으로써 자기 민족의 소양을 높이고, 종법宗法 등급 전장典章 제도를 구축하는 등 일에 힘을 아끼지 않았다. 또 이를 통해, 자신들이 화하華夏 문명의 정통 계승자임을 밝히고, 이로써 한족漢族 인구가 많은 중원中原 사회를 안정하게 다스리고, 민족 간 문화 융합을 촉진시켰던 것이다. 그들은 유가 문화를 발양해야 하는 긴박감을 가지고 있었는바, 남방 귀족들보다 더 열심히 유학 교육에 매진했다. 『진서晉書・재기載記』에 따르면, 십육국十六國의 하나였던 한국漢國에서 유요劉曜는 장락궁長樂宮 동쪽에 대학大學을 세우고, 미앙궁未央宮 서쪽에 소학小學을 세우고서, 청소년 1500명을 선발하여 공부시켰는데, 경經을 통달하고 학문을 깊이 닦은 학자가 직접 가르침을 맡게 했다. 후조后趙의 임금 석륵石勒은 태학太學과 소학을 세우고서, 장군과 부호富豪들의 자제를 선발하여 공부시켰는데, 늘 몸소 학교에 가서 학생들의 학업을 시험 쳐 보았다. 석호石虎는 또 오경박사五經博士와 국자박사國子博士를 더 초빙하여, 가르침을 돕게 했다. 전연前燕의 모용외慕容廆는 유찬劉贊을 동상東庠(황궁 동쪽에 세운 학교)의 좨주祭酒로 초빙하고서, 세자世子 황皝이 그를 스승으로 모시고 배우게 했다. 동상東庠을 옛 궁전 자리에 세웠는데, 그때 학도는 천여 명에 달했다고 한다. 전진前秦의 부견苻堅은 한나라 제도를 모방하여 명당明堂을 세우고, 부홍苻洪을 하늘과 짝 지워 교사郊祀를 지냈고, 부건苻健을 천제天帝와 짝 지워 종사宗祀를 지냈고, 학궁學宮을 대량으로 세우고서 공경公卿 이하 대신들의 자손들을 공부시켰고 또 늘 친히 태학에 가서 돌아보고, 오경五經을 토론했다. 후진后秦 요흥姚興 때에는 강감姜龕, 순어기淳於岐, 곽고郭高가 있었는데, 이들은 모두 나이가 지긋하고 덕망이 높은 석학耆儒碩德들이었다. 이들은 모두 경經에 밝고 덕을 갖춘 대학자들로서 각자 수백 명의 제자들을 거느리고 있었고, 불원천리하고 찾아와서 공부했던 학도는 수만 명을 넘었다고 한다. 요흥姚興은 이들을 크게 장려獎勵해 주었는데, 그리하여 유풍儒風은 크게 흥성했던 것이다. 북위 탁발씨拓跋氏 귀족들은 더욱 유학을 보급시키는데 있는 힘을 다했다. 『위서魏書·유림전儒林傳』에서는 이렇게 말한다.

> 태조太祖는 중원中原을 평정하고서, 비록 매일같이 바삐 돌아쳤지만, 도읍을 세우고서는 곧 경술經術을 첫자리에 놓고, 태학太學을 세우고, 오경박사五經博士를 초빙했다. 그때 학도는 천여 명에 달했다. 천흥天興 2년 봄, 국자태학國子太學 정원을 3000명으로 늘렸다.[21]

북위 효문제는 특히 유가 전적典籍을 좋아했는데,

> 유방劉芳, 이표李彪 등 여러 사람들이 경서經書에 밝아 진급했고', '연나라, 제나라, 조나라, 위나라에서 경經을 통달하고 저술을 잘하는 자는 헤아릴 수 없이 많았다.[22]

그때는 경학이 가장 흥성했고, 문화적으로 여러 민족이 한화漢化(중국화)되는 과정도 가장 빨랐다.

북조 귀족들의 급선무는 중원中原의 옛 강상명교綱常名教 양식으로 국가제도를 구축하고, 귀족들의 자제들을 양성하는 일이었다. 따라서 유학 이론을 탐구하고 창조하는 일에는 신경 쓸 겨를이 없었다. 한편, 경학은 훈고경학訓詁經學과

---

21) (北齊)魏收：《魏書》第5冊, 中華書局1974年版, 第1841頁.[원문：太祖初定中原, 雖日不暇給, 始建都邑, 便以經術爲先, 立太學, 置五經博士生員千有餘人. 天興二年春, 增國子太學生員至三千人.]

22) (北齊)魏收：《魏書》第5冊, 中華書局1974年版, 第1842頁.[원문："劉芳, 李彪諸人以經書進", "燕齊趙魏之間, 橫經著錄, 不可勝數".]

'삼례三禮' 학설을 위주로 가르쳤었는데, 전기前期에는 왕숙王肅의 학설이, 후기
後期에는 정현의 학설이 크게 성행했다. 저명한 경학 대가로는 상상常爽, 유헌지
劉獻之, 장오귀張吾貴, 유란劉蘭, 서준명徐遵明, 노경유盧景裕, 이업흥李業興 등 학
자들이 있었다. 서준명의 영향력이 가장 컸는데, 그의 제자들은 북제北齊, 북주
北周를 걸쳐 크게 활약했다. 이업흥은 서준명의 학생이었는데, 남조 양나라에
사절로 파견나간 적이 있다. 그때, 양무제가 그에게 묻기를, "당신이 경의經義에
밝다고 들었는데, 유儒와 현玄 가운데서 어느 것을 잘하시는가?"[23]라고 하자,
업흥은 이렇게 대답했다고 한다. "어려서는 서생書生이었는데, 오경五經을 읽
는데 그쳤습니다. 깊은 함의는 분별하지 못하고 두루 통하게 해석하지 못합니
다."[24] 이로 보면 남과 북南北의 경학은 달랐다. 남방에서는 유儒와 현玄을 함께
받들고 있었고, 북방에서는 장구章句(유가 經典의 글귀)에만 집착하고 있었던 깃
이다. 북주 무제武帝는 경학을 아주 중요시 했는데, 그는 북조 경학이 북위 효문
제孝文帝 후에 또 한 차례 전성기를 이루게 했다. 그는 유·도·불 삼교에서 유교
의 우선적 지위를 확립했고, 친히 뭇 신하들에게 『예기禮記』를 강론한 적도 있
다. 『주서周書·유림전儒林傳』의 기재에 따르면, 그는 "심중沈重을 남형南荊에서
모셔와 중용했고, 특별한 예의禮를 갖춰 웅생熊生(즉 熊安生)을 초빙했다."[25]고
한다. 심중沈重은 원래 남조 양나라 오경박사五經博士였고, 유명한 대유大儒였
다. 주무제周武帝는 특별히 그를 북으로 초청해서, "'오경五經'을 토론하고, 음률
音律을 교정하게 했다. 천화天和 중기中期에는 또 자극전紫極殿에서 삼교의 함의
를 강론하게 했는데, 그때, 조사朝士(조정의 벼슬아치), 유생儒生, 상문桑門(즉 승려),
도사道士 등 2000여 명이 와서 강론을 들었다."[26] 웅안생熊安生도 서준명徐遵明

---

23) (北齊)魏收 :《魏書》第5冊, 中華書局1974年版, 第1863頁.[원문 : 聞卿善於經義, 儒, 玄之中
何所通達?]

24) (北齊)魏收 :《魏書》第5冊, 中華書局1974年版, 第1863頁.[원문 : 少爲書生, 止讀五經, 至於
深義, 不辨通釋.]

25) (唐)令狐德棻 :《周書》, 中華書局1971年版, 第806頁.[원문 : "征沈重於南荊", "待熊生以殊禮".]

26) (唐)令狐德棻 :《周書》, 中華書局1971年版, 第810頁.[원문 : 詔令討論五經, 並校定鐘律. 天
和中, 復於紫極殿講三教義. 朝士, 儒生, 桑門, 道士至者二千餘人.]

의 문하門下에서 나왔는데, '삼례三禮' 학을 잘해서 명성이 높았다. 그는 일찍 공경公卿들에게 『주례周禮』의 함의를 강론하고 의문점을 해석해 주었다. 주무제周武帝는 제齊나라를 평정하고서 업鄴 지역에 들어와서는 친히 그의 집에 찾아와 인사를 드렸는데, 그때, 주무제周武帝는 격식을 차리지 않고 그와 평등하게 앉아 이야기를 나누었고, 그에게 많은 물품을 상으로 주었다. 웅안생熊安生은 "경성京城에 들어와서는 칙령敕令을 받고 대승불사大乘佛寺에서 오례五禮의 의론議論에 참가했고, 선정宣政 원년元年에는 노문학露門學 박사博士, 하대부下大夫로 초빙 받았다."[27] 웅안생熊安生의 예학禮學 연구는 두 개 특징이 있었다. 하나는 『노자』를 가지고 『예기禮記』의 뜻을 소통疏通시킨 것이다. 예를 들면, "도덕과 인의는 예禮가 없으면 이루어지지 않는다道德仁義 非禮不成."라는 말마디를 웅안생의 소疏에서는 "이것이 노자가 말하는 도를 잃은 후에 덕이 생기고, 덕을 잃은 후에 인이 생기고, 인을 잃은 후에 의가 생긴다는 것이다."[28]라고 한다. 다른 하나는 정현의 해석을 제외하고도 많은 책들에서 널리 인용하여 그것들을 종합해서 예학禮學을 뜻이 통하게 소통시킨 것이다. 공영달은 『예기정의서禮記正義序』에서 "웅熊安生은 본경本經(즉 儒經)을 거스르면서 바깥의 의리外義를 많이 끌어 들여왔다."[29]라고 했다. 하지만 그 자신이 『정의正義』를 만들 때에는 "완벽하지 못한 것이 있으면 웅안생의 것으로 보완했다."[30] 웅안생이 예禮를 해석한 저술들은 후일 실전失傳되었다. 마국한馬國翰이 묶은 『예기웅씨의소禮記熊氏義疏』4권에 따르면, 웅안생의 소疏는 이미 남과 북의 학설을 종합하는 경향성을 가지고 있었고, 그의 제자 유작劉焯, 유현劉炫은 수나라 말 당

---

27) (唐)令狐德棻：《周書》, 中華書局1971年版, 第813頁.[원문：至京, 敕令於大乘佛寺參議五禮. 宣政元年, 拜露門學博士, 下大夫.]

28) (漢)鄭玄注, (唐)孔穎達正義, 呂友仁整理：《禮記正義》, 上海古籍出版社2008年版, 第20頁.[원문：此是老子失道而後德, 失德而後仁, 失仁而後義.]

29) (漢)鄭玄, (唐)孔穎達正義：《禮記正義》, 上海古籍出版社2008年版, "序"第2頁.[원문：熊則違背本經, 多引外義.]

30) (漢)鄭玄, (唐)孔穎達正義：《禮記正義》, 上海古籍出版社2008年版, "序"第2頁.[원문：其有不備, 以熊氏補焉.]

나라 초, 경학 해석에서 모두 실질적으로 그의 영향력을 과시했다고 한다.

위진 남북조 경학은 중화문화를 전승하는 과정에 공헌이 거대했다. 이는 정권이 빈번하게 교체되고 정치가 자주 분열되던 시기에 중화민족 사상전통의 흐름을 보장해 주었고, 그 혈맥을 지켜주었다. 또한 중화 각 민족들은 모두 이를 높이 받들고 있었는데, 경학은 이렇게 민족대융합에 정통 문화를 제공해주게 되었고, 그 후 수, 당 시기, 전국의 정치적 통일에도 공통한 사상적 토대를 마련해주게 되었다. 중화민족은 역사발전과정에 정치적으로는 통일될 때도 있었고 분열될 때도 있었지만, 사상적으로는 종래로 분열된 적이 없었고, 줄곧 문화공동체를 연속해 왔다. 이 과정에 유가 경학이 일으킨 핵심 역할을 무시할 수 없겠다.

제2절 신도가新道家 현학玄學의 흥성과 도교의 발전

1. 현학의 발달 : 학술적 조류

위진 현학은 그 주도적 사상으로 말할 때, 도가에 속한다. 현학가들은 『노자』, 『장자』, 『주역』을 '삼현三玄'으로 받들고 있었고, 이를 그들의 경전적 근거로 삼고 있었다. 반면에 유가의 '오경'에 대해서는 별로 관심이 없었다. 『주역周易』은 유가와 도가에서 공동으로 받들고 있던 경전인데, 다만 양자가 해석에 있어서 달랐을 뿐이다. 이른바 '현학玄學'이란 『노자』의 "현묘하고 또 현묘하니 온갖 묘한 것들이 드나드는 문이다玄之又玄, 衆妙之門"라는 말에서 나온 것이다. 현학은 '일용인륜日用人倫'에 관심을 두고 있지 않았고, 오히려 사물의 형상 배후에 깊이 숨겨져 있는 현리玄理에 주목하고 있었다. 풍우란馮友蘭은 현학이 사람들을 "허하고 드넓은 것을 섭렵하고 다루게經虛涉曠 만들었다."고 한다. 그는 이를 곽상이 『장자주서莊子注序』에서 말하는 '멀리 내다보니 탁 트여서, 속세를 떠나 명극으로 돌아가는'[31] 그런 학문이라고 한다. 그 방법은 즉, '명名과

---

31) (淸)嚴可均輯 : 《全晉文·中》, 商務印書館1999年版, 第800頁.[원문 : 邈綿邈淸遐, 去離塵埃,

실實을 변별하고, 그 이치를 분석하는 것辨名析理'이었다. 바꾸어 말하면, '삼현 三玄'을 논하면서 사람들의 사상을 육합六合 바깥의 정신세계로 이끌어가는 것 이었다. 풍우란은 『중용中庸』에 나오는 '높고 밝음을 지극히 다하되, 중용의 길 로 나아간다極高明而道中庸.'라는 말로 중국철학의 정신을 표현했다. 그것인 즉, 속세의 인륜일용人倫日用을 떠나지 않는 전통을 가지고 있었을 뿐만 아니라 또 한 인간세상을 초탈하여 현묘하고 멀고 텅 비고 확 트인玄遠虛曠 것을 지향하는 전통을 가지고 있었다는 것이다. 전자는 유가가 대표적이고, 후자는 도가가 대 표(후일 또 선종禪宗도 있었다)적이라고 하겠다. 한편 송명 시기 도학道學이 바로 양자의 더 높은 차원에서의 통일이었다. 풍우란은 『중국철학간사中國哲學簡史』 에서 또 이렇게 말한다.

> 사람들은 늘 공자는 '명교名教'를 중요시하고, 노자와 장자는 '자연'을 중요시 했다고 한다. 중국철학에서의 이 두 추세는 대체로 서방 사상에서 고전주의와 낭만주의, 이 두 전통에 상당하겠다.
> 왜냐하면 유가는 '인간사회 내부에서 노닐고 있었는데', 그래서 도가보다 속세 에 더 치우쳐 있는 것으로 보이고, 도가는 '인간 세상 바깥에서 노닐고 있었는데', 그래서 유가보다 속세를 더 초탈한 것으로 보였던 것이다. 이 두 추세는 상호 대립되지만 또 상호 보완도 이루었다. 양자는 일종의 힘의 평형을 연습演習하고 있었다. 이는 중국인들이 입세入世와 출세出世에 있어서 양호한 평형감각을 가지 게 만들었다. 기원 3, 4세기에 일부 도가 학자들은 도가를 유가에 더욱 근접시키 려고 했고, 11, 12세기에는 또 일부 유가 학자들이 유가를 도가에 더욱 근접시키 려고 했다. 우리는 이 도가 학자들을 신도가新道家라고 칭하고, 이 유가 학자들을 신유가新儒家라고 칭한다.[32]

위진 현학은 노장철학을 높이 받드는 동시에 인륜도덕人倫道德도 중요시하 고 있었는데, 그래서 신도가新道家라고 칭한다. 주로는 세 개 유파 및 학설이 있었는데, 첫째는 하안, 왕필의 귀무론貴無論이고, 둘째는 혜강嵇康, 완적阮籍의

而返冥極者也.]

32) 馮友蘭:《中國哲學簡史》, 塗又光譯, 北京大學出版社1985年版, 第29頁.

자연론自然論이고, 셋째는 향수向秀, 곽상郭象의 독화론獨化論이겠다.

1) 귀무론貴無論

귀무론의 핵심명제는 '유有는 무無를 근본으로 삼는다.'이다. 『진서晉書·왕연전王衍傳』에서는 "하안, 왕필은 이론을 세워 천지만물은 모두 무無를 근본으로 삼는다고 했다."33)라고 한다. 하안은 『도론道論』에서 이렇게 말한다. "유有가 유有로 되는 것은 무無에 의지해서 생긴다. 현상事이 현상으로 되는 것은 무無로 말미암아 이루어진다. 대저 언어로 설명하려 해도 설명할 수 없고, 이름 붙여 명명하려 해도 명명할 이름이 없고, 보려 해도 형체가 없으며, 들으려 해도 소리가 없으면, 도道는 온전케 된다."34) 왕필은 『노자지략老子指略』에서 말하기를, "무릇 만물이 생겨나고 공功이 이루어지는 것은 반드시 무형無形에서 생기고 무명無名에서 말미암는다. 형체가 없고無形 이름이 없는 것無名이 만물의 종宗이다."35)라고 한다. 그는 『노자주老子注』에서 "장차 유有를 온전케 하려면 반드시 무無로 되돌아가야 한다."36)라고 한다. 사회와 인생 차원에서 적용한다면, '무無를 근본으로 삼는' 목적은 도덕인의道德仁義를 더욱 잘 실천하기 위함이지, 그것들을 없애기 위함은 아니다. 이는 유가의 모습을 가진 귀무론貴無論이겠다. 왕필은 『노자』 제38장에 단 주에서 덕, 인, 의, 예의 관계를 이렇게 논한다.

어떻게 덕德스러움을 얻겠는가? 도道에서 말미암아야 한다. 어떻게 덕德스러움을 다하겠는가? 무無를 쓰임새用로 삼아야 한다. 무無를 쓰임새로 삼으면 실지

---

33) (唐)房玄齡, 黃公渚選注:《晉書》, 商務印書館1934年版, 第102頁.[원문:何晏, 王弼立論:天地萬物皆以無爲本.]

34) (戰國)列禦寇撰, (東晉)張湛注:《列子》, 中華書局1985年版, 第4頁.[원문:有之爲有, 恃無以生. 事而爲事, 由無以成. 夫道之而無語, 名之而無名, 視之而無形, 聽之而無聲, 則道之全焉.]

35) (宋)張君房輯:《雲笈七籤》, 齊魯書社1988年版, 第2頁.[원문:夫物之所以生, 功之所以成, 必生乎無形, 形由乎無名. 無形無名者, 萬物之宗也.]

36) (魏)王弼注:《老子注》, 中華書局1978年版, 第25頁.[원문:將欲全有, 必反於無也.]

못하는 것이 없게 된다. 사랑하지만 사적 욕심이 없기 때문에, 최고의 인仁을 베풀지만 아무 일도 하지 않는 것이다.

그러므로 인덕을 베풂이 두터움은 인仁을 쓰임새로 삼고서 가능한 바가 아니고, 의義를 행함이 올바름은 의義를 쓰임새로 삼고서 이룰 수 있는 바가 아니며, 예禮를 갖추어 공경함이 맑은 것은 예禮를 쓰임새로 삼고서 다할 수 있는 바가 아니다. 어미를 지켜 그 자식을 보존하고, 근본을 높여 그 끝머리를 든다면, 형태와 이름을 함께 갖되 삿됨이 생겨나지 않고, 크나큰 아름다움이 하늘과 짝하되, 화려함華이 헛되이 일어나지 않는다.37)

노자의 '숭본식말崇本息末'을 인정하던 것으로부터 현학에서 자체로 창조한 '숭본거말崇本擧末'로 나아간 것이 바로 신도가의 '새로움新'이다. 결국 귀무론貴無論에서 도달하려는 목표는 강상명교綱常名教를 완벽하게 실현하는 것이었다. 귀무론은 중국사상사에서 처음으로 우주발생론을 초월하여 우주본체론을 명확하게 제기했다. 귀무론자들은 천지만물의 발생과 변천의 과정을 밝히는 것에만 만족하지 않았고, 그들은 우주의 천변만화하는 현상('有')과 그 심층적 본질('無')의 논리적 관계를 밝히려고 했다. 이렇게 중국인들의 이론적 사유 수준을 한번 크게 끌어올렸던 것이다. 왕필이 말하는 "만물은 제멋대로 그렇게 된 것이 없고, 반드시 그 이치에서 말미암은 것이다."38)라는 것이 즉 사람들이 사물 발전의 내적 법칙을 탐구하도록 요구한 것이다. 현상계의 사물은 드러나 있고 다종다양하고 또 늘 변동한다. 그러나 현상을 지배하는 본질은 숨겨져 있고, 동일하고, 불변한다. 이것이 바로 '유有'와 '무無', '다多'와 '일一', '특수特殊'와 '일반一般', '고요함靜'과 '움직임動'의 변증법적 관계이겠다.

왕필의 본체론에서는 '본本'과 '말末'의 변증법적 관계로 일련의 철학적 범주

---

37) (魏)王弼注:《老子注》, 中華書局1978年版, 第23, 24頁.[원문: "何以得德? 由乎道也. 何以盡德? 以無爲用. 以無爲用, 則莫不載也", "愛之無所偏私, 故上仁爲之而無以爲也", "故仁德之厚, 非用仁之所能也. 行義之正, 非用義之所成也. 禮敬之淸, 非用禮之所濟也", "守母以存其子, 崇本以擧其末, 則形名俱有而邪不生, 大美配天而華不作".]

38) (魏)王弼, (唐)邢璹注:《周易集解略例》, 中華書局1991年版, 第2頁.[원문: 物無妄然, 必由其理.]

를 해석했다. 그 핵심은 본질과 현상의 변증법적 관계였는데, 이는 중국 고대 변증법을 지극히 풍부하게 만들었다고 하겠다. 왕필은 『주역약례周易略例·명상장明象章』에서 "말로 뜻을 다하지 못하고言不盡意, 뜻을 얻으면 형상을 잊는다得意忘象'39)라는 논설을 제기하고서, 괘상卦象의 역할을 논한다. 그는 "대저 상象이란 뜻意을 나타내는 것이고, 말言이란 상象을 밝히는 것이다.", "뜻意을 다함에 상象보다 훌륭한 것이 없고, 상象을 다함에 말言보다 훌륭한 것이 없다."40)라고 하면서, 괘상卦象, 괘사卦辭가 사상을 표현하는데 있어서의 역할을 높이 평가했다. 하지만 그는 더 나아가 지적하기를, 기왕 목표가 상象을 밝혀 뜻意을 드러내는 것이라면, "말言은 상象을 밝히기 위한 것이므로, 상象을 얻으면 말言을 잊는다. 상象은 뜻意을 보존하기 위한 것이므로 뜻意을 얻으면 상象을 잊는다."41)라고 한다. 그는 또 한걸음 더 나아가 지적하기를, 상象과 말言은 도리어 인식의 장애로 될 수도 있다고 한다. 이렇게 말한다. "뜻意을 얻음은 상象을 잊음에 달렸고, 상象을 얻음은 말言을 잊음에 달렸다."42) 여기서 왕필은 이미 언어, 예술, 사상감정 이 삼자 간의 복잡한 관계를 취급하고 있었다.

왕필은 또 '성인은 정情이 있는가? 없는가?'하는 문제를 논했다. 그러나 여기서 왕필은 하안과는 다른 견해를 피력했다. 『삼국지三國志·위서魏書·종회전鐘會傳』에서는 하소何邵의 『왕필전王弼傳』에 실린 말을 인용하여 이렇게 말한다.

하안何晏은 성인은 희로애락이 없다고 보고 있었는데, 그의 논의는 아주 정교했다. 종회鐘會 등이 그렇게 말했다. 왕필은 그와 달리, 성인이 일반 사람보다 무성한 것茂은 신명神明(아주 총명함)이고, 일반 사람들과 똑같은 것은 오정五情이라

---

39) (魏)王弼, (唐)邢璹注 : 《周易集解略例》, 中華書局1991年版, 第15-18頁.[원문 : 言不盡意, 得意忘象.]

40) (魏)王弼, (唐)邢璹注 : 《周易集解略例》, 中華書局1991年版, 第15頁.[원문 : "夫象者, 出意者也. 言者, 明象者也", "盡意莫若象, 盡象莫若言".]

41) (魏)王弼, (唐)邢璹注 : 《周易集解略例》, 中華書局1991年版, 第16頁.[원문 : 言者所以明象, 得象而忘言. 象者所以存意, 得意忘象.]

42) (魏)王弼, (唐)邢璹注 : 《周易集解略例》, 中華書局1991年版, 第17頁.[원문 : 得意在忘象, 得象在忘言.]

고 보고 있었다. 신명神明이 무성茂하기 때문에 원기元氣(沖和)를 체득하여 무無에 통할 수 있고, 오정五情이 똑같기 때문에 슬픔과 즐거움이 없이 사물을 대할 수 없다. 그렇다면 성인의 정情은 사물을 응하되, 사물에 묶이지 않는 것이겠다.43)

왕필이 보건대 성인은 지혜가 일반 사람들보다 뛰어나지만, 정감에 있어서는 일반사람들과 똑같은 희로애락의 정감을 가지고 있는데, 다만 성인은 "사물을 응하되, 사물에 묶이지 않을 수 있다."44) 바꾸어 말하면, 이치理로써 정情을 절제할 수 있고, 정에 묶이지 않을 수 있다는 것이다. 이 논설은 송명도학宋明道學에 지대한 영향을 끼쳤었다. 예컨대 정호程顥는 『정성서定性書』에서 말하기를, "군자君子의 학문은 막힌 곳이 없이 넓고 크고 공정하며, 사물이 오면 그에 따라서 대응하는 것이 가장 훌륭하다."45)라고 했다. 중국인들은 예로부터 "사정情에 맞고 이치理에 맞을 것"을 중요시했고, 정情을 함부로 발현하고 도리에 맞지 않게 처사하는 것에는 반대했다. 또한 도리理를 가지고 정을 말살해버리는 것에도 반대했다.

유가와 도가 관계 발전사로 볼 때, 왕필의 귀무론貴無論의 하나의 큰 공헌은 '본말本末과 체용體用'의 범주에서 유가와 도가를 일체로 융합시킨 것이다. 주관적으로는 유가를 도가에 끌어들였고, 객관적으로는 도가로 유가를 발전시켰었다. 이렇게 후일 송명宋明 신유가의 탄생에 새로운 사유방식을 제공해주게 되었던 것이다.

2) 자연론自然論

혜강嵇康과 완적阮籍은 자연론自然論을 제창했다. 그들은 노자의 '도道는 자

---

43) 盧弼:《三國志集解》, 中華書局1982年版, 第655頁.[원문: 何晏以爲聖人無喜怒哀樂, 其論甚精, 鐘會等述之. 弼與不同, 以爲聖人茂於人者神明也, 同於人者五情也. 神明茂, 故能體沖和以通無. 五情同, 故不能無哀樂以應物. 然則, 聖人之情, 應物而無累於物者也.]

44) 盧弼:《三國志集解》, 中華書局1982年版, 第655頁.[원문: 應物而無累於物.]

45) (宋)程頤, 程顥:《二程文集》, 中華書局1985年版, 第13頁.[원문: 君子之學莫若廓然而大公, 物來而順應.]

연을 본받는다道法自然'라는 말과 장자의 "인위로써 자연적인 것을 없애지 말라 無以人滅天"46)라는 말에 공감하고 있었다. 자연自然인 즉 하늘 그대로로서天然, 이는 본성에 따라 행하고, 예법禮法에 구애받지 않는 것을 말한다. 이들은 모두 현학에서의 방달파放達派에 속했고, 그들은 명교名敎를 많이 비난했다. 혜강은 『혜강집嵇康集』을 남겼고, 완적은 『완보병집阮步兵集』을 남겼는데, 『완보병집阮步兵集』에는 『달장론達莊論』, 『통로론通老論』, 『통역론通易論』 등 수 편이 들어 있다. 두 사람 모두 노자와 장자를 높이 받들고 있었는데, 특히 장자에 대해 칭찬이 많았다. 그들은 노장의 순서를 바꾸어 장로莊老로 칭하기도 했다. 혜강은 "노자, 장주莊周는 나의 스승이다.", "『장자』와 『노자』를 다시 읽으면서, 그들의 방달함放을 더 늘리게 되었다."47)라고 한다. 이른바 방달함放이란 생활방식에 있어서 제멋대로 살고 그 어떤 구속도 받지 않음을 말한다. 혜강嵇康, 완적阮籍, 산도山濤, 유령劉伶, 완함阮咸, 향수向秀, 왕융王戎 등 일곱 사람은 늘 죽림竹林에 모여 마음껏 술은 마시면서 방자하게 즐겼고, 늘 청담淸談(공리공담)을 일삼고 있었는데, 그리하여 사람들은 그들을 '죽림칠현竹林七賢'이라고 칭했다. 그들은 세상사에는 무관심했다. 그들 가운데 혜강이 가장 격렬하게 명교名敎를 비난했는데, 그는 '당우唐虞(唐堯임금과 虞舜임금)를 비하하고 대우大禹를 비웃었고', '탕무湯武(商湯王과 周武王)를 비난하고 주공周孔(周公과 孔子)을 폄하했고', '성격이 강직하고 악한 일을 못봐주고, 경솔하게 제멋대로 바른 말을 잘했는데, 일에 봉착하면 곧 그 성격이 발현되었다.'48) 이렇게 늘 '성인을 비하하고 법을 무시하고', 늘 사마씨司馬氏 귀족 집단을 비난했는데, 그리하여 결국 그들에게 처참하게 죽임을 당했던 것이다. 종회鐘會는 그를 이렇게 나무랐다.

위로는 천자天子를 받들지 않고, 아래로는 왕후王侯들을 섬기지 않고, 시국을

---

46) 陳鼓應注釋：《莊子今注今譯》, 中華書局2009年版, 第461頁.[원문 : 無以人滅天.]

47) (魏)嵇康：《嵇中散集》, 商務印書館1937年版, 第16, 17頁.[원문 : "老子, 莊周, 吾之師也", "又讀莊老, 重增其放".]

48) (魏)嵇康：《嵇中散集》, 商務印書館1937年版, 第22頁.[원문 : "輕賤唐虞而笑大禹", "非湯武而薄周孔", "剛腸疾惡, 輕肆直言, 遇事便發".]

경멸하고 세인世人들을 무시하고, 풍속을 더럽히던 오만하고 쓸모없는 자로서 오늘날에 도움이 안 되는 자였다. 오늘 혜강을 죽이지 않으면, 왕도王道를 깨끗이 할 수 없겠다.[49]

혜강의 자연론을 가장 잘 설명할 수 있는 글은 그의 『석사론釋私論』이다. 이 편篇에서는 이렇게 말한다.

> 대저 군자君子라고 일컫는 자는 마음이 시비是非에 얽매이지 않고, 행실이 도道에 어긋나지 않는 자이다. 왜 그렇게 말하는가? 대저 기氣가 고요하고 정신을 비운 자는 자신을 자랑하고 높이려는 마음을 갖고 있지 않으며, 몸이 맑고 마음이 활달한 자는 정情이 욕망에 매달리지 않는다. 자신을 자랑하고 높이려는 마음을 갖고 있지 않기 때문에 명교名敎를 초탈하여 자연에 맡길 수 있고, 정情이 욕망에 매달려 있지 않기 때문에 귀천貴賤을 살펴 물정物情에 통할 수 있다. 물정物情에 순통順通하기 때문에 대도大道를 거스르지 않고, 명名을 초탈하여 마음이 자유롭기 때문에 옳고 그름에서 갈팡질팡하지 않는다.[50]

"명교名敎를 초탈하여 자연에 맡긴다."[51]라는 말은 "혜강의 현학에서 가장 전형적인 명제이다. 그 정수精義는 즉 사람들이 자신이 즐기는 생활을 영위하고, 사회의 통일적 강상綱常 규범을 준수할 필요가 없으며, 또한 자신의 진실한 정감을 숨길 필요도 없고, 다른 사람들이 어떻게 나를 평가하는지에 대해서도 개의치 않는 것이다."[52] 예컨대 그는 산도山濤가 그에게 추천하는 벼슬길을 거절했는데, 그 이유는 이러했다.

---

49) (南朝宋)劉義慶, (南朝梁)劉孝標注 : 《世說新語詳解》, 上海古籍出版社2013年版, 第219.

49) (南朝宋)劉義慶, (南朝梁)劉孝標注 : 《世說新語詳解》, 上海古籍出版社2013年版, 第219. 頁.[원문 : "上不臣天子, 下不事王侯, 輕時傲世, 不爲物用, 無益於今, 有敗於俗", "今不誅康, 無以淸潔王道".]
50) (魏)嵇康 : 《嵇中散集》, 商務印書館1937年版, 第45頁.[원문 : 夫稱君子者, 心無措乎是非, 而行不違乎道者也. 何以言之? 夫氣靜神虛者, 心不存於矜尙. 體亮心達者, 情不系於所欲. 矜尙不存乎心, 故能越名敎而任自然. 情不系於所欲, 故能審貴賤而通物情. 物情順通, 故大道無違, 越名任心, 故是非無措也.]
51) (魏)嵇康 : 《嵇中散集》, 商務印書館1937年版, 第45頁.[원문 : 越名敎而任自然.]
52) (魏)嵇康 : 《嵇中散集》, 商務印書館1937年版, 第45頁.[원문 : 心無措乎是非.]

방종하게 제멋대로 산지 오래되고, 정의情意가 오만하고도 산만하고, 예의를 소홀히 하거나 또는 이에 어긋나기 일쑤이며, 여린 마음과 오만한 마음이 서로 어우러져 있는데, 어울리는 무리들이 너그러이 봐주는 덕분에 허물을 공격 받지 않았을 따름입니다. 게다가 『노자』와 『장자』를 읽고서 방자함이 더욱 심해졌습니다. 그리하여 벼슬길에 올라 영광을 누리려는 마음은 날로 줄어들고, 타고난 본성을 따르려는 마음이 더욱 두터워졌습니다.53)

즉 자신의 성정性情은 방종하고 산만하기 때문에 벼슬길에 오르기는 무리라는 것이다. 그는 『난자연호학론難自然好學論』에서 더 나아가 이렇게 말한다.

육경六經은 사람을 억눌러 이끄는 것을 위주로 하는데, 사실 인간의 본성은 욕망을 따르는 것을 즐거움으로 삼고 있다. 억눌러 이끌게 되면 소원에 어긋나게 되고, 욕망을 따르게 되면 자연스럽게 된다.54)

이는 아주 대담하고 개방적인 논설이었다. 그러나 이는 혜강이 개인의 생리적 및 물질적 정욕情欲을 제멋대로 발현할 것을 주장했음을 의미하지는 않는다. 왜냐하면 '자연에 맡긴다'는 말인 즉 '행위가 도道에 어긋나지 않는 것'이고, 이는 사람들이 외적 부귀영화의 유혹을 물리치고, 마음속의 정신적 만족의 실현을 요구하는 것이기 때문이다. 그래서 그는 『답난양생론答難養生論』에서 이렇게 말했던 것이다.

그러므로 세상에서 귀한 것은 재물도 영화도 아니요, 오히려 뜻이 부족함을 걱정하는 일이겠다. 뜻이 족하다면 비록 밭을 갈고 거친 옷을 입고 콩을 삶아 먹는 생활을 한들, 어찌 자득하지 않겠는가. 뜻이 부족하다면 비록 천하天下로써 공양하고 만물萬物을 맡겼어도 오히려 만족하지 않는다. 그렇다면 뜻이 족한 자

---

53) (魏)嵇康:《嵇中散集》, 商務印書館1937年版, 第17頁.[원문: 從逸來久, 情意傲散, 簡與禮相背, 嬾與慢相成, 而爲儕類見寬, 不攻其過. 又讀莊老, 重增其放. 故使榮進之心日頹, 任實之情轉篤.]

54) (魏)嵇康:《嵇中散集》, 商務印書館1937年版, 第52頁.[원문: 六經以抑引爲主, 人性以從欲爲歡. 抑引則違其願, 從欲則得自然.]

는 바깥에서 구할 필요 없고, 뜻이 부족한 자는 바깥에서 필요하지 않은 것이 없겠다. 바깥에서 구할 필요가 없으므로 어디에 가도 결핍하지 않고, 바깥에서 필요하지 않은 것이 없으므로 어디에 가도 부족하겠다. 영화를 영유하지 못하고 뜻을 제대로 펼치지 못하고, 세상에 드러나지 못했다 해서 속세에 아부하지 않고, 만물과 혼돈하게 섞여 더불어 살아가니 벼슬길의 총애와 치욕도 있을 수 없겠다. 이것이 참말로 부귀한 것이다.[55]

이로 보면 혜강의 '자연에 맡긴다는 것'은 즉 일종의 무릉도원에서 사는 은둔자들이 추구하는 청정淸靜한 생활이다. 이것이 즉 그가 '자족自足하고' '자득自得하는' 것이었다. 이것이 도연명陶淵明이 『귀거래사歸去來辭』에서 말하는 그런 것일 것이다.

형체를 우주 안에 붙여놓고 살기를 다시 얼마나 하겠는가? 어찌하여 마음을 자연에 맡기고 가고 머무름을 자유로이 하지 않고, 함부로 그리 서둘러 황급히 어디로 가고자 하는가? 부귀는 내 소원이 아니요, 제향帝鄕도 기약하지 않으련다.[56]

더 심층적으로 보면, 혜강의 '명교名敎를 초탈하여 자연에 맡긴다.'라는 주장은 당시 '명교'의 허위虛僞에 대한 일종의 항의抗議였을 따름이고, 명교의 가치를 근본적으로 부정한 것은 아니었다. 그는 『태사잠太師箴』에서 이렇게 말한다.

훗날 덕德은 쇠미해지고 대도大道는 가라앉았다. 지혜는 생활일상에 쓰이게 되었고 점차 자기 육친만 편애했다. 재물이 곁을 떠날까 두려워 의義를 내걸고 인仁을 그렸다. 사리私利를 도모하는 교묘함은 날로 겨루어졌고, 번잡한 예禮는

55) (魏)嵇康:《嵇中散集》, 商務印書館1937年版, 第28頁.[원문 : 故世之難得者, 非財也, 非榮也, 患意之不足耳. 意足者, 雖耦耕畎畝, 被褐啜菽, 豈不自得. 不足者, 雖養以天下, 委以萬物, 猶未愜然. 則足者不須外, 不足者無外之不須也. 無不須, 故無往而不乏. 無所須, 故無適而不足. 不以榮華肆志, 不以隱約趨俗, 混乎與萬物並行, 不可寵辱, 此眞有富貴也.]
56) 吳澤順編注:《陶淵明集》, 嶽麓書社1996年版, 第87頁.[원문 : 寓形字內, 能復幾時? 曷不委心任去留, 胡爲乎遑遑欲何之? 富貴非吾願, 帝鄕不可期.]

거듭하여 늘어났다. 형벌과 교화를 다투어 실시하니, 천성天性은 진실을 잃게 되었다. 계세季世(즉 末世)는 쇠락하고 후계자가 나와 이를 이어받았다. 그자들은 존귀함과 권세에 기대어 친구도 스승도 사귀지 않는다. 또 천하를 짓밟고 유린하면서 자기 사욕만 채운다. 그리하여 임금의 자리가 사치할수록 신하들은 못 된 궁리만 생기게 되었다. 지혜를 다해 나라를 꾀하니, (나라는) 어두컴컴해지기만 하는구려. 상과 벌은 남아 있기는 하나, 좋은 일을 권고하지도 나쁜 일을 금지하지도 못한다. 교만함과 방자함이 넘치고, 군대에 의지하여 권력을 남용하고, 위엄을 자랑하며 폭행을 거리낌 없이 하니, 재앙이 죽은 자의 무덤까지 뒤덮는구려. 형벌은 원래 흉포함을 징벌하는 것이거늘, 오늘날에는 현자賢者들을 협박하는구려. 옛날 천하는 모든 사람들 것이었거늘, 오늘날에는 한사람 것이 되었구려. 아랫사람이 윗사람을 미워하고 임금이 자기 신하를 의심하는 구려. 상란喪亂이 수없이 일어나니, 나라가 무너지겠구나.57)

혜강이 묘사한 것이 바로 위진 시기 정권이 빈번히 교체되고, 사회가 안정하지 못하고 난잡하던 현실이었다. 그때 사마씨司馬氏 집단은 조위曹魏 정권을 탈취하기 위하여 '명문귀족들을 모두 죽이고, 자기 패거리만 총애하여 치켜세웠고'58), 요, 순, 주, 공으로부터 전해 내려오고 양한 시기에 흥성했던 강상명교綱常名敎를 권력쟁탈의 도구로 탈바꿈시켰던 것이다. 그자들은 입으로는 충효예의忠孝禮義를 외쳤지만 사실은 염치도 모르고 부끄러움도 모르는 악당들이었다. 그래서 혜강은 노자와 장자의 진실하고 순박한 도道를 가지고, 이로써 이미 이화異化된 이른바 '명교名敎'를 비난했던 것이다. 혜강은 신도가로서 그는 여기서 현실의 폐해에 대한 비판정신을 드러냈었다. 동시에 이 또한 유가에서 자아비판을 행할 것을 요구하는 권유였다. 즉 위선僞善을 떨쳐버리고 진실로

---

57) (魏)嵇康:《嵇中散集》, 商務印書館1937年版, 第69頁.[원문 : 下逮德衰, 大道沉淪. 智惠日用, 漸私其親. 懼物乖離, 擎義畫仁. 利巧愈競, 繁禮屢陳. 刑敎爭施, 天性喪眞. 季世陵遲, 繼體承資. 憑脅恃勢, 不友不師. 宰割天下, 以奉其私. 故君位益侈, 臣路生心. 竭智謀國, 不吝灰沉. 賞罰雖存, 莫勸莫禁. 若乃驕盈肆志, 阻兵擅權, 矜威從虐, 禍蒙丘山. 刑本懲暴, 今以脅賢. 昔爲天下, 今爲一身. 下疾其上, 君猶其臣. 喪亂弘多, 国乃隕顚.]

58) (南朝宋)劉義慶, (南朝梁)劉孝標注 :《世說新語詳解》, 上海古籍出版社2013年版, 第598頁. [원문 : 誅夷名族, 寵樹同己.]

되돌아가자는 것이었다. 혜강의 마음속에서 진정한 이상 사회는 무위無爲의 다스림을 행하는 종법宗法 등급 사회였다. 즉 "간이簡易한 교화를 숭상하고 무위의 다스림을 행하고, 임금은 조용히 위에 계시고, 신하는 아래에서 잘 따라주고, 교화가 암묵적으로 통通하면서 소리 없이 이루어지고, 하늘과 인간(임금과 백성)이 사이좋게 화평하게 지내는"59) 그런 사회였다.

완적도 자연론을 주장하는 방달파放達派였다. 그는 『달장론達莊論』에서 이렇게 말한다. "천지天地는 자연에서 생겼으며, 만물은 천지에서 생겨났다. 자연은 바깥이 없는데, 그리하여 천지라고 이름 한다. 천지는 안(쪽)이 있는데, 그리하여 만물이 생겨난다."60) 그는 만물의 자연생성을 강조하고 있었다. "인간은 천지 가운데 살고 있는데, 자연의 형체와 본질을 드러내고 있다. 몸은 음양陰陽의 기氣가 쌓인 것이요, 성性은 오행五行의 올바른 성질正性이요, 정情은 유혼遊魂의 변질한 욕망이다. 신神은 그래서(앞의 이유 때문에) 천지가 부리는 것이다."61) 즉 인간의 몸身, 성性, 정情, 신神은 모두 천지자연에서 품부 받아 한 몸을 이루었는데, 그리하여 자연의 순리를 따르게 되면 성정性情은 모두 적절함을 얻는다는 것이다. 그가 보건대, "그들의 육경六經의 말들은 명분과 피차(너와 나)를 갈라서 행하는 가르침이고, 장주莊周가 말씀하신 것들은 모두 의미에 닿는 언사였다."62) 즉 만물과 사회는 인간의 몸처럼 원래는 일체인데, 유가의 명교名敎는 '시골뜨기 선비들의 논설'로서 꼭 그것들을 갈라놓으면서, 그것들이 각자 상이한 명분을 가지게 만든다는 것이다. 한편, 장주莊周의 말씀은 '한없이 넓은 논설로서' 만물 전체를 바라보고 있다는 것이다. 완적은 장자의

---

59) (魏)嵇康:《嵇中散集》, 商務印書館1937年版, 第42頁.[원문 : 崇簡易之敎, 禦無爲之治, 君靜於上, 臣順於下, 玄化潛通, 天人交泰.]

60) 陳伯君校注:《阮籍集校注》, 中華書局1987年版, 第138頁.[원문 : 天地生於自然, 萬物生於天地. 自然者無外, 故天地名焉. 天地者有內, 故萬物生焉.]

61) 陳伯君校注:《阮籍集校注》,中華書局1987年版,第140頁.[원문 : 人生天地之中, 體自然之形. 身者,陰陽之積氣也. 性者,五行之正性也. 情者, 遊魂之變欲也. 神者,天地之所以馭者也.]

62) 陳伯君校注:《阮籍集校注》, 中華書局1987年版, 第142頁.[원문 : 彼六經之言, 分處之敎也. 莊周之雲, 致意之辭也.]

'제물齊物' 사상을 크게 발휘했다. 그 목적은 정신적 자유를 추구하는 것이었다. 그는 장자를 찬미하여 이렇게 말한다. "그리하여 (장자는) 도덕의 오묘함을 서술하고, 무위無爲의 근본을 서술함에 우언寓言으로써 그것을 넓히고 사물을 빌려 그것을 늘어놓고 무위의 마음을 즐기면서 온 세상을 슬슬 돌아다니는 것으로써 그것을 설명했다."63) 이 역시 그의 이상적 경지였다. 완적은 『대인선생전 大人先生傳』에서 대인大人선생의 입을 빌려 우선 사군자士君子들이 예법禮法을 숭상하는 것을 비판한다. "당신들 군자君子의 예법은 참말로 천하의 남은 도적이고, 어지럽고 위험한 짓거리이고, 죽음으로 나아가는 술책이요."64) 다음 은둔자들이 세상을 도피하여 은거하는 것도 고명한 선택이 아니라고 한다. "지인至人은 집이 따로 없고 천지의 손님으로 지낸다. 지인은 아전이 따로 없고 천지를 일터로 삼는다. 지인은 개인의 일이 따로 없고 천지의 변화를 일로 삼는다. 옳고 그름을 가리는 일이 없고 선과 악을 달리 하는 일이 없다."65) 그는 나무꾼薪者의 '부귀함에 뜻을 두지 않고', '존귀하고 혁혁함을 높이지 않고, 가난하고 비천함을 스스로 낮추지 않는'66) 인생태도를 찬양했다. 그는 또 최고의 이상도 제기했다. '인간세상을 초탈하여 인간무리들과 인연을 끊고, 속세를 남겨두고 홀로 떠다니고, 태초太初 전에 올라서서 까마득한 시초를 둘러보고, 우주에서 세상의 흐름을 살펴보고, 호탕함에 뜻을 두고 마음을 자유롭게 펼치는'67) 그런 것이었다. 진정하게 득도得道한 자는 우주를 품는 그런 흉금을 가지고 있고, 정신적으로 세속의 모든 시비와 선악 관념을 타파하고, 한편 자신이 어디에

---

63) 陳伯君校注:《阮籍集校注》, 中華書局1987年版, 第155頁.[원문 : 故述道德之妙, 敍無爲之本, 寓言以廣之, 假物以延之, 聊以娛無爲之心而逍遙於一世.]

64) 陳伯君校注:《阮籍集校注》, 中華書局1987年版, 第170頁.[원문 : 汝君子之禮法, 誠天下殘賊, 亂危, 死亡之術耳.]

65) 陳伯君校注:《阮籍集校注》, 中華書局1987年版, 第173頁.[원문 : 至人無宅, 天地爲客. 至人無主, 天地爲所. 至人無事, 天地爲故. 是非之別, 無善惡之異.]

66) 陳伯君校注:《阮籍集校注》, 中華書局1987年版, 第176頁.[원문 : "不以富貴爲志", "尊顯不加重, 貧賤不自輕".]

67) 陳伯君校注:《阮籍集校注》, 中華書局1987年版, 第185頁.[원문 : 必超世而絶群, 遺俗而獨往, 登乎太始之前, 覽乎汸漠之初, 慮周流於無外, 志浩蕩而自舒.]

거처하든 개의치 않는다는 것이다. 이렇게 되면 '만물을 응하되, 사물에 얽매이지 않게 되는데'68) 이것이 곧 큰 지혜를 가진 자가 떠들썩한 속세에서 젊잖게 조용히 살아가는 경지이겠다. 이 또한 완적의 생활방식의 진실한 모습이었다. 완적은 일생동안 사마씨司馬氏 집단이 정권을 장악했던 시기에 살았다. 그때는 정치 형세가 아주 험악했다. 그러나 그는 그들과 맞서 싸우지도 않았고 또 그들과 한 패거리가 되어 나쁜 짓거리를 일삼지도 않았다. 그는 그들과 가까이 하지도 않고 멀리 하지도 않으면서 세속에 구애받지 않는 소탈한 생활을 영위하고 있었다. 『진서晉書·완적전阮籍傳』에는 이런 기재가 있다.

완적은 원래 세상을 구원하려는 뜻이 있었다. 그때는 위나라와 진나라가 바뀌던 시기였는데, 천하에는 변고가 많았고, 한편 명사名士들 가운데 목숨을 보전한 자는 드물었다. 그리하여 완적은 세상사에 참여하지 않았고, 늘 술만 푹 취하도록 마셨다. 문제文帝(司馬昭)는 처음에 무제武帝(司馬炎)를 위해 완적籍과 사돈을 맺으려고 했는데, 완적이 60일 술에 푹 취해 있어서 결국은 말도 꺼내지 못하고 포기했다. 완적은 보병영步兵營 주방의 사람이 술을 잘 빚는데, 비축해놓은 술이 300곡斛 있다는 말을 듣고서, 보병부 대장校尉 직위를 달라고 요구했다. 그 다음 세상사는 까마득히 잊고 있었다. 급사장給事中 직위에서 물러났지만 늘 진문제晉文帝의 저택에 드나들었고, 궁중 연회에는 반드시 참석했다. 회제會帝(晉文帝 司馬昭)가 구석九錫(공로가 있는 신하들에게 주는 상)을 내려줄 때, 공경公卿(三公九卿을 말함)들은 완적에게 부탁하여 권진표勸進表(표창 문서)를 작성하게 할 것을 제안했다. 그러나 완적은 술에 취해 권진표를 쓰는 일은 까마득히 잊고 있었고, 공경公卿들이 사람을 파견해 문서를 가지러 왔을 때에도, 완적은 술에 취해 책상에 엎드려 자고 있었다. 그 사람이 찾아온 의도를 말하자, 완적은 그 자리에서 말로 서술했고, 온 사람이 그 말을 받아썼다. 그 어떤 수정과 보충도 없었지만 그 글은 아주 화려하고 웅장했는데, 그때 사람들 모두 혀를 끌끌 차며 찬탄을 금치 못했다.69)

---

68) 盧弼:《三國志集解》, 中華書局1982年版, 第655頁.[원문: 應物而無累於物.]

69) 白化文, 許德楠譯注:《阮籍·稽康》, 中華書局1983年版, 第8-9, 12頁.[원문: "籍本有濟世志, 屬魏, 晉之際, 天下多故, 名士少有全者, 籍由是不與世事, 遂酣飮爲常. 文帝(司馬昭)初欲爲武帝(司馬炎)求婚於籍, 籍醉六十日, 不得言而止", "籍聞步兵廚營人善釀, 有貯酒三百斛, 乃求爲步兵校尉. 遺落世事. 雖去佐職, 恒遊府內, 朝宴必與焉. 會帝讓九錫, 公卿將勸

완적은 권세를 탐내지도 않았고, 정치에 빠져들지도 않았고 또 권력자들의 미움을 사서 화禍를 당하려고 하지도 않았다. 그는 늘 술에 취하는 방식으로 권력자들을 대처하고 있었고, 권진표勸進表를 써준 것도 할 수 없이 한 일이었다. 한편 이 또한 권력자들이 자기를 해치지 못하게 하는 수단이었다. 예를 들면, 대신大臣 하증何曾이 사마소司馬昭 앞에서 완적을 비난하여 "방종하고 예법을 거스르고 풍속을 어지럽히는 인간쓰레기"[70]라고 공격했을 때, 사마소는 도리어 하증에게 참으라고 권고했고, 완적을 처벌하지는 않았다. 『진서晉書·완적전阮籍傳』에서는 이렇게 말한다. "완적은 비록 예교禮敎에 얽매이지는 않았으나, 그의 말들은 지극히 심오하고 활달했고, 어느 누구를 비난하는 말을 뱉은 적도 없었다. 효성은 지극했다"[71] 어머니 상사喪事에서도 예의는 지키지 않았지만 애달프게 울었고 "피를 몇 되나 토하고, 척추 뼈가 망가져 바로 서지도 못했다."[72] 『세설신어世說新語·임탄제이십삼任誕第二十三』에는 이런 이야기가 실려 있다.

> 완공阮公(즉 阮籍)의 이웃에는 아름다운 주부가 살고 있었는데, 그녀는 매일같이 주막에서 술을 팔았다. 완적과 후왕侯王 안풍安豊은 늘 이 주부네 주막에 와서 술을 마셨는데, 완적은 술에 취하기만 하면 이 주부네 주막에서 잠을 잤다. 그 집 남편은 처음에 의심을 품고 그의 행실을 조용히 지켜보았다. 하지만 한동안 지켜보니, 완적이 딴 생각을 품은 것 같지는 않았다.[73]

보다시피 완적은 여색을 좋아하는 그런 저속한 인간은 아니었다. 그는 글재

進, 使籍爲其辭. 籍沉醉忘作, 臨詣府, 使取之, 見籍方據案醉眠, 使者以告, 籍便書案使寫之, 無所改竄. 辭甚淸壯, 爲時所重.]

70) (唐)房玄齡等:《晉書》, 中華書局2000年版, 第648頁.[원문: 從情背禮, 敗俗之人.]

71) 白化文, 許德楠譯注:《阮籍·嵇康》, 中華書局1983年版, 第14頁.[원문: 籍雖不拘禮敎, 然發言玄遠, 口不臧否人物. 性至孝.]

72) 白化文, 許德楠譯注:《阮籍·嵇康》, 中華書局1983年版, 第14頁.[원문: 吐血數升, 毁瘠骨立.]

73) (南朝宋)劉義慶, (南朝梁)劉孝標注:《世說新語詳解》, 上海古籍出版社2013年版, 第481頁. [원문: 阮公鄰家婦有美色, 當壚酤酒. 阮與王安豊常從婦飮酒, 阮醉, 便眠其婦側. 夫始殊疑之, 伺察, 終無他意.]

주가 뛰어나고, 심오한 말玄言을 잘하고, 부귀함과 벼슬길을 추구하지 않고, 예교禮敎에 구애 받지 않고, 규범을 조심스레 따르지 않고, 반면에 본성을 따르고 자기만족을 얻는 것을 즐거움으로 삼는 그런 현인이었다. 여성의 아름다움은 좋아했으나, 다만 감상만 즐겼고 정욕은 없었고, 바깥에서는 모가 서지 않고 둥글게 살았으나, 속은 곧고 발랐고 인륜도덕의 기본 준칙은 굳게 지키고 있었다. 또한 한 세대 현풍玄風을 이끌었는데, 이로 그 당시와 후세에서 모두 크게 존숭받고 있었다. 청나라 조설근曹雪芹의 소설 『홍루몽紅樓夢』에서 주인공 가보옥賈寶玉이 어쩌면 완적이 환생하여 다시 태어난 것처럼 보인다. 그는 아주 방자하지만 음탕하지는 않고, 세속을 저주하지만 격렬하지는 않다. 그는 출세와 벼슬길을 혐오하고 제멋대로 살고 스스로 만족하는 그런 생활을 동경한다. 또 조상들로부터 전해 내려온 가법家法을 저촉하려고 하지도 않는다. 실의失意하고 번뇌에 잠길 때면 곧 『장자』를 읽는다. 스스로 말하기를, 글은 마땅히 멀리서 『이소離騷』, 『추수秋水』, 『대인선생전大人先生傳』 등의 규범을 본받아야 한다고 한다. 저자 조설근의 별명은 몽완夢阮이었는데, 이로 보면 그는 완적의 인격을 마음속으로부터 우러러 받들고 있었다. 분명히 그를 원형原型으로 삼아 가보옥賈寶玉의 형상을 구축해냈던 것이다.

하안, 왕필의 귀무론貴無論은 지나치게 무無를 숭상하고 유有를 폄하하고 있었고, 혜강, 완적 등의 방달파放達派는 또 현玄을 숭상하고 허虛를 논하는 청담한 풍기를 조장했는데, 이 모두 세상을 다스리는데 실용적이지 못했거니와 폐해害 또한 아주 심각했다. 그리하여 유가 학자 배위裴頠가 『숭유론崇有論』을 저술하여 신도가의 귀무론을 날카롭게 비판했던 것이다. 『진서晉書·배위전裴頠傳』에서는 이렇게 말한다.

배위裴頠는 그 당시 세속의 방종한 풍기와 유가 학술을 숭상하지 않는 풍기를 크게 걱정했다. 하안, 완적은 워낙 명성이 높았는데, 그들은 허황하고 들뜬 이야기만 하면서 예법禮法은 따르지 않고, 봉록만 타먹고 은총에만 빠져 있었고, 벼슬자리만 차지하고 일은 하지 않았다. 왕연王衍의 무리들도 명성과 지위가 아주 높았는데, 그들은 속세의 일도 관심하지 않았고 장대한 뜻도 없었다. 이를 서로 본받게 되어 세속의 교화는 날로 쇠락하게 되었는데, 그리하여 배위가 숭유론崇有論을 저술하여 귀무론貴無論의 폐해害를 제거하려고 했던 것이다.74)

숭유론崇有論의 핵심 이론은 이러하다. "대저 혼잡하게 섞여 있는 무리 전체의 본질이라는 것은 무한히 이어진 도道 전체를 한 번에 종합해놓은 구축물일 따름이다. 네모난 사방의 땅에는 각각의 종족이 다르듯이, 모든 것은 부류라고 하는 각자 가진 특징이 있다. 형체가 하나의 모양을 가지고 구분지어 드러나는 것은 생명이라는 것의 하나의 몸뚱이가 존재하여 있다는 것이기도 하다. 변화라는 것을 어긋나게 얽혀진 것으로 느껴지게 하는 것은 사실 이치라고 하는 것이 남기고 간 흔적의 실마리가 원래 그러하기 때문이다."75) 배위裴頠는 무리지어 있는 존재 그 자체를 본체로 보고 있었고, 사물이 다양하고 변화가 복잡다단한 것도 "어떤 법칙을 따르고 있는 것"으로 보고 있었다. 그는 더 나아가 이렇게 지적한다. 즉, 만물은 상호 의존하고 있고, 독립적으로 존재할 수 없는바, 현인賢人과 군자君子는 마땅히 "하늘의 도道를 가지고서 땅의 이로움利을 나누어주고分, 몸소 힘을 다해 일을 떠맡고, 노고를 다하고서 대접을 받아야 한다."76)는 것이다. 나라를 다스리고 국정을 운영함에 있어서는 "어질고 순종하는 곳仁順에 머물고, 공손함과 검약함을 지키고, 충성과 신의로써 이끌고, 공경과 겸양을 다하면서"77) 유가의 도덕 교화를 실행해야 한다고 한다. 그들은 "그리하여 (치국의) 전략을 크게 세우고, 이치를 따르면서 만백성들을 다스리고, 사물의 이치를 밝혀주면서 본보기를 드리웠다. 이것이 바로 성인이 정치

---

74) (唐)房玄齡等：《晉書》, 中華書局2000年版, 第683頁.[원문：顧深患時俗放蕩, 不尊儒術. 何晏. 阮籍素有高名於世, 口談浮虛, 不遵禮法, 屍祿耽寵, 仕不事事. 至王衍之徒, 聲譽太盛, 位高勢重, 不以物務自嬰, 遂相放效, 風敎陵遲, 乃著崇有之論以釋其蔽.]

75) (唐)房玄齡等：《晉書》, 中華書局2000年版, 第683頁.[원문：夫總混群本, 宗極之道也. 方以族異, 庶類之品也. 形象著分, 有生之體也. 化感錯綜, 理跡之原也.]

76) (唐)房玄齡等：《晉書》, 中華書局2000年版, 第683頁.[원문：用天之道, 分地之利, 躬其力任, 勞而後饗.]

77) (唐)房玄齡等：《晉書》, 中華書局2000年版, 第683頁.[원문：居以仁順, 守以恭儉, 率以忠信, 行以敬讓.]

를 하던 도道이다."78) 그는 귀무론이 예악제도에 해를 끼친다고 비난했다.

> 만물을 비천하게賤 여기게 되면 반드시 바깥으로 형해形骸가 드러나고(방탕함을 말함), 바깥으로 형해가 드러나면 반드시 규범 제도를 지키지 않게 되고, 규범 제도를 지키지 않게 되면 반드시 윤리도덕을 소홀히 하게 되고, 윤리도덕을 소홀히 하게 되면 반드시 예의禮儀 제도를 버리게 된다. 예의 제도를 버리게 되면 천하를 다스릴 수 없겠다.79)

그는 귀무론이 도덕 풍기에도 해를 끼친다고 비난했다. 그자들은

> 세상을 다스리는 일을 깔보고, 세상을 잘 다스린 공적을 폄하하고, 허망하고 들뜬 논설浮游만 숭상하고, 세상을 다스리는 현자들을 비하한다. 허무虛無에 기대어 논설을 세우고서는 이를 현묘함玄妙이라 이르고, 벼슬자리에 있으면서 몸소 일을 맡아보지 않고서는 이를 우아하고 초탈하다고 이르고, 자신을 섬기면서 청렴한 절조를 흩트리고서도 이를 광달曠達이라고 이른다. 그리하여 갈고 닦고 연마하는 풍기는 두루 쇠미해졌던 것이다. 윗사람과 아랫사람의 서열을 모독하고 저버리고, 존귀함과 비천함의 등급을 뒤섞어 어지럽혔다.80)

숭유론崇有論에서는 유가의 나라를 다스리고 국가를 안정시키고, 예의禮義와 염치廉恥를 중요시하는 문화전통을 찬양하고 있었다. 이가 귀무론이 조장한 청담淸談 기풍에 대한 비판은 합리한 면이 있었다. 또한 강렬한 인문적 배려도 드러내고 있었다. 부족한 점이라면, 첫째, 귀무론에 대한 비판을 이론적으로 승화시키지 못했고, 또한 '유有는 무無를 근본으로 삼는다.'는 말의 체용론體用

---

78) (唐)房玄齡等 : 《晉書》, 中華書局2000年版, 第683頁.[원문 : 故大建厥極, 綏理群生, 訓物垂範, 於是乎在, 斯則聖人爲政之由也.]

79) (唐)房玄齡等 : 《晉書》, 中華書局2000年版, 第683頁.[원문 : 賤有則必外形, 外形則必遺制, 遺制則必忽防, 忽防則必忘禮. 禮制弗存, 則無以爲政矣.]

80) (唐)房玄齡等 : 《晉書》, 中華書局2000年版, 第683, 684頁.[원문 : "薄綜世之務, 賤功烈之用, 高浮游之業, 埤經實之賢", "立言籍於虛無, 謂之玄妙. 處官不親所司, 謂之雅遠. 奉身散其廉操, 謂之曠達. 故砥礪之風, 彌以陵遲", "瀆棄長幼之序, 混漫貴賤之級".]

論적 함의를 정확하게 이해하지 못했다. 둘째, 청담淸談을 즐기는 명사名士들의 생활방식에 대한 관용寬容이 결핍했고, 그들에 대한 질책이 지나쳤다. 셋째, 예교禮敎의 등급성(貴賤 급별)을 수호하고 있었고, 예교가 허위적으로 변모한 현실에 대한 반성이 결핍했다. 하지만 숭유론崇有論은 위진 현학 발전사에서 큰 공헌도 하나 있었는데, 즉 만물은 자생自生적이라는 관점을 제기한 것이 그것이겠다. "대저 절대적으로 순수한 무無는 어떤 물건도 만들어낼 수 없다. 그러므로 만물의 시작은 절로 생성되는 것自生이다."[81] 이 논설은 직접적으로 향수, 곽상의 독화자생론獨化自生論에 영양분을 제공해주게 되었다. 귀무론에서 명교名敎에 대한 비판과 숭유론에서 귀무론에 대한 비판이 바로 도가와 유가가 어느 정도 장력張力을 유지하고 있는 그 표현이었다. 이런 장력은 양자가 서로 바로잡아주고 상호 촉진시켜주는 역할이 있었다.

3) 독화론獨化論

향수向秀, 곽상郭象의 독화론은 주요하게 『장자주莊子注』에서 나타난다. 『진서晉書·향수전向秀傳』에서는 이렇게 말한다.

> 향수向秀의 자字는 자기子期이다. 하내河內 회인懷人(오늘의 河南 武陟) 사람이다. 총명하고도 식견이 넓었고, 어려서 산도山濤의 중시를 받았고, 노장 학설을 아주 좋아했다. 장주莊周는 내·외 수십 편을 저술했는데, 역대의 재능 있는 선비才士들 가운데는 이 책을 읽은 자가 많이 있기는 했지만, 어느 누구도 그 취지와 사상체계를 적절하게 논하지 못했다. 향수가 그 심오한 뜻을 해석하고 유다르게 그 의미를 밝혀냈는데, 이로부터 현풍玄風이 크게 일어났었다. 이를 읽은 자들은 초연히 마음속으로 깨달았고, 어느 누구도 한동안 스스로 만족하지 않는 자가 없었다. 혜제惠帝 때에는 곽상이 또 그것을 논술하여 널리 전했는데, 유가와 묵가의 자취는 초라해졌고, 도가 학설이 드디어 크게 성행하게 되었다.[82]

---

81) (唐)房玄齡等 : 《晉書》, 中華書局2000年版, 第684頁.[원문 : 夫至無者無以能生, 故始生者自生也.]

82) (唐)房玄齡等 : 《晉書》, 中華書局2000年版, 第909頁.[원문 : 向秀字子期, 河內懷人也. 淸悟

풍우란은 곽상의 주注가 향수의 주를 포괄하고 있었기 때문에, 당나라 이후 향수의 주는 전해지지 않고 유독 곽상의 『장자주』만 전해져 내려왔다고 한다. 곽상은 『장자서莊子序』에서 장자 학설의 종지宗旨를 이렇게 설명한다. 장자는 "천지의 총체를 관통하고, 만물의 성질을 차례 지우고, 죽음과 삶의 변고를 통달하고서, 내성외왕內聖外王의 도道를 밝혔는데, 위로는 만물을 창조하는 것이 없다는 것을 알았고, 아래로는 만물이 스스로 이루어진다는 것을 알았다." 또 "신기神器(신묘한 그릇, 무엇을 만들어내는 것)는 현명玄冥(현묘하게 합일하는 경지)의 경지에서 독화獨化(홀로 이루어짐)한다."[83]고 했다. 그는 귀무론에서 말하는 '유有는 무無에서 생긴다.'는 논설에 찬성하지 않았고, 한편 "만물은 자체로 생겨나고 홀로 이루어진다獨化."는 이론을 제기했다. 그는 이렇게 말한다.

세상에서 어떤 사람이 말하기를, 망량罔兩(그림자 외곽의 희미한 부분)은 그림자에 의지해 생기고, 그림자는 형체에 의지해 생기고, 형체는 조물주에 의지해 생긴다고 한다. 그렇다면 묻건대, 조물주가 있는가有 없는가無? 없다면無 어떻게 만물을 만들어낼 수 있겠는가? 있다면有 만물의 뭇 형체를 만들어내기에 턱없이 부족할 것이다. 그러므로 만물의 뭇 형체가 절로 만들어짐은 아주 분명하겠다. 이 점을 밝히고서야, 그와 더불어 조물(만물 창조)에 관해 말할 수 있겠다. 사물이 실제로 존재하는有 영역에서 망량罔兩이라고 할지라도, 현명玄冥의 경지에서 홀로 이루어지지獨化 않는 것이 없다. 그래서 사물을 창조하는 데는造物 주인이 없고, 만물은 각자 자체로 만들어진다고 하는 것이다. 즉 만물은 각자 절로 만들어지고 아무 것에도 의지하지 않는데, 이것이 곧 천지의 올바른 이치이겠다. 그렇다면 피彼와 아我가 서로 기대고因, 형체와 그림자가 같이 생겨나는 것은 현명玄冥의 경지에서 합치玄合된다고 할지라도 이는 의지하는 것待이 아니겠다. 이 도리를 분명히 알게 되면 만물이 각자 자체의 본성에 의해 절로 생겨나고 자체로 이루어

有遠識, 少爲山壽所知, 雅好老莊之學. 莊周著內外數十篇, 歷世才士雖有觀者, 莫適論其旨統也. 秀乃爲之隱解, 發明奇趣. 振起玄風, 讀之者超然心悟, 莫不自足一時也. 惠帝之世, 郭象又述而廣之, 儒墨之跡見鄙, 道家之言遂盛焉.]

83) (淸)郭慶藩:《莊子集釋》, 王孝魚點校, 中華書局2004年版, "序"第3頁.[원문: "通天地之統, 序萬物之性, 達死生之變, 而明內聖外王之道, 上知造物無物, 下知有物之自造也", "神器獨化於玄冥之境".]

지며, 바깥 사물에 의지하지 않는다고 말할 것이다. 바깥에 고마워할 것도 없을 것이요, 안에서 스스로 뽐낼 것도 없을 것이다. 그리하여 천하 만물은 생겨나기는 했지만 어떻게 생겨났는지는 모르고, 마찬가지로 모두 얻었지만 얻게 된 까닭은 모른다. 오늘 망량罔兩이 그림자에 의지한다는 것도 오히려 함께 생겨남을 말하는 것이지, 무엇에 의지하여 생겨남을 말하는 것이 아니겠다. 그렇다면 만물이 모여서 함께 자연을 이루는 것도 분명히 각자 홀로 드러나서 그렇게 된 것이겠다. 그러므로 망량은 그림자가 만들어낸 것이 아니고, 그림자도 형체가 만들어낸 것이 아니고, 형체도 무無에서 변화되어 나온 것이 아니겠다. 또 그렇다면 변화하는 것과 변화하지 않는 것, 그러함과 그러하지 아니함, 남을 따르는 것과 나 자신을 따르는 것은 모두 자체로 그러하지 않음이 없겠다. 그러니 내가 어찌 그 이유를 알겠는가?[84]

곽상은 조물주가 있다는 것을 인정하지 않았고, 또 만물이 공동으로 의존하는 형이상의 본체가 있다고도 인정하지 않았고, 또한 사물 사이에는 객관적으로 존재하는 인과관계가 있다고도 인정하지 않았다. 그는 만물이 모두 자체로 생기고自生, 자체로 만들어지고自造, 어떤 것에 의지하지 않는다고 주장했다. 즉 그 어떤 외부 조건에 의존하지 않는다는 것이다. 이것이 바로 '독화獨化'이다.

그렇다면 두 개 문제는 반드시 대답해야 할 것이다. 첫째, 어찌하여 사물 사이는 상호 연관되고 서로 의존하는 것처럼 보이는가? 둘째, 독화의 원인은 무엇인가?

곽상은 첫 번째 문제에 답하기를, 만물은 절로 이루면서自爲 서로 의지한다

---

84) (晉)郭象注:《莊子》, 上海古籍出版社1989年版, 第19頁.[원문 : 世或謂罔兩(影外淡影)待景 (身影), 景待形(形體), 形待造物者. 請問夫造物者有邪? 無邪? 無也, 則胡能造物哉? 有也, 則不足以物衆形. 故明乎衆形之自物, 而後始可與言造物耳. 是以涉有物之域, 雖復罔兩, 未有不獨化於玄冥者也. 故造物者無主, 而物各自造, 物各自造而無所待焉, 此天地之正也. 故彼我相因, 形景俱生, 雖復玄合, 而非待也. 明斯理也, 將使萬物各反所宗於體中而不待 乎外, 外無所謝而內無所矜, 是以誘然皆生而不知所以生, 同焉皆得而不知所以得也. 今罔 兩之因景, 猶雲俱生而非待也, 則萬物雖聚而共成乎天, 而皆曆然莫不獨見矣. 故罔兩非景 之所制, 而景非形之所使, 形非無之所化也. 則化與不化, 然與不然, 從人之與由己, 莫不自 爾, 吾安識其所以哉.]

고 한다. 예를 들면, "손발은 각자 맡은바 임무가 다르고, 오장五臟은 각자 관할 하는 것이 다르다. 이것들은 각자 서로 상대를 돕고 있지는 않건만, 신체의 각 부분은 조화를 이루고 있는데, 이것이 곧 서로 돕지 않으면서 서로 돕는 것이 다. 서로 이루어준 적이 없지만 겉과 속이 서로 도와주는데, 이것이 곧 서로 이루어주지 않으면서 서로 이루어주는 것이다."85) 인체의 각 기관은 상호 협력 하기 위해 존재하는 것이 아니다. 그러나 그것들이 각자 정상적으로 기능을 발휘하기만 하면, 객관적으로는 자연적이고 조화로운 일체一體를 이루고 또한 어느 하나가 없어도 아니 된다. 때문에 '독화'란 만물이 모두 고립되고 분산된 개체임을 말하는 것이 아니라, 다만 그것들이 모두 자체 내부의 독특한 본성을 가지고 있음을 말하는 것이겠다.

곽상은 두 번째 문제에 답하기를, 독화는 현명玄冥의 경지에서 이루어진다고 한다. 바꾸어 말하면, 독화의 원인은 알 수 없다는 것이다. "절로 그렇게 되지 않음이 없으니, 내가 어찌 그 까닭을 알겠는가?"86) 그렇다면 '현명'이란 무엇인 가? 이는 언어로 표현할 수 없다. 다만 도道는 자연을 본받고, 심오하고 오묘하 고 현통玄通하고, 깊어서 알 수 없다고 이해할 수밖에 없겠다. 곽상은 논리적 추리가 하나 있었다. "무릇 만물과 만사가 가까운 것이라면 혹시 그 연고緣故 를 알 수 있겠지만, 그 근원을 찾아 극極에 이른다면 연고가 없이 절로 그러하 다."87) 바꾸어 말하면 사물이 만약 인과관계가 존재한다고 하더라도 그 결과로 부터 원인을 찾아서는 최종적으로는 반드시 궁극적 원인을 찾을 수 없다는 것 이다. 궁극적 원인이 없다면 가까운 원인도 역시 참되지 못하다. 그래서 만물은 현명의 경지에서, 다시 말하면 알 수 없는 경지에서 독화한다고 말할 수밖에 없다는 것이다.

---

85) (晉)郭象注：《莊子》, 上海古籍出版社1989年版, 第42頁.[원문: 手足異任, 五臟殊管, 未嘗相 與而百節同和, 斯相與於無相與也. 未嘗相爲而表裏俱濟, 斯相爲於無相爲也.]

86) (晉)郭象注：《莊子》, 上海古籍出版社1989年版, 第19頁.[원문: 莫不自爾, 吾安識其所以哉.]

87) (晉)郭象注：《莊子》, 上海古籍出版社1989年版, 第77頁.[원문: 夫物事之近, 或知其故, 然尋 其原以至乎極, 則無故而自爾也.]

곽상이 독화론獨化論에서 우주론의 불가지론不可知論을 구축한 주요 목적은 사람들이 천지만물의 근본을 탐구하는 방향으로 나아가는 것을 저지하려는데 있었다. 한편, 그는 장자가 정신적 '소요逍遙'를 추구하던 사유방식을 따르면서 관찰 대상을 객체로부터 주체로 전환시켰고, 주체의 정신적 경지에로 방향을 돌려, '함께 더불어 변화하는 것을 체體로 삼는與化爲體' 현명玄冥의 경지를 부각 시키려고 했다. 그가 보건대, 인간의 인지認知는 반드시 국한성이 있는데, "대저 앎知이라는 것은 이래도 좋고 저래도 좋으면 아니 되는 것이어서, 그리하여 반드시 의지하는 바待가 있게 되는 것이었다."[88] 그렇다면 반드시 "눈과 귀를 잊고 생각을 버리고", "말을 잊고 신령스레 깨달아야神解 하겠다."[89] 이른바 '신령스레 깨닫는다神解'라는 것인 즉 "만물을 차별 없이 현동玄同하고, 함께 더불어 변화하는 것을 체體로 삼고", "저쪽彼(상대방)을 잊고 자기를 잊고, 수많은 무리들을 혼돈하게 뒤섞으면서", "일부러 생각하지도 않고 알지도 못하는 중에, 자연스럽게 깊이 합치됨冥合"[90]을 말하는 것이다. 그리하여 현명玄冥의 경지에서 주관과 객관은 절대적 합일에 이르게 되는데, 이때는 "좌망坐忘하면서 절로 합치되고, 조찰照察해서 합치시키지 않는다."[91] 현명玄冥의 경지에서 사람은 '소아小我'로부터 '대아大我'에 이르는데, "대저 정신과 몸을 온전히 갖추고서 몸과 사물이 혼돈하게 합쳐진 자는 지대한 변고를 겪더라도 본성을 여읜 자아가 아니 됨非我이 없고", "혼연 자연造化과 합쳐져 하나로 된다면 어디로 가더라도 본성을 여읜 자아가 아니됨非我이 없겠다."[92] 현명의 경지에서 성인은 하는 일 없지만無爲 못 이루는 일이 없는데, 그 까닭은 그가 만물이 각자

---

88) (晉)郭象注：《莊子》, 上海古籍出版社1989年版, 第36頁.[원문 : 夫知者未能無可無不可, 故必有待也.]

89) (晉)郭象注：《莊子》, 上海古籍出版社1989年版, 第24, 18頁.[원문 : "遺耳目, 去心意", "忘言而神解".]

90) (晉)郭象注：《莊子》, 上海古籍出版社1989年版, 第39, 4, 68頁.[원문 : "玄同萬物而與化爲體", "遣彼忘我, 冥此群異", "不識不知, 而冥於自然".]

91) (晉)郭象注：《莊子》, 上海古籍出版社1989年版, 第67頁.[원문 : 坐忘而自合耳, 非照察以合之.]

92) (晉)郭象注：《莊子》, 上海古籍出版社1989年版, 第17, 22頁.[원문 : "夫神全形具而體與物冥者, 雖涉至變而未始非我", "冥然與造化爲一, 則無往而非我矣".]

자체로 하는 일이 있게 해주기 때문이다.

　　지인至人은 뜻을 부려 세상을 다스리지 않고, 오히려 마음을 비우고 사물에
응한다. 성실함과 믿음을 천지에 드러내고, 만물을 제멋대로 지배하려 애쓰지 않
는다. 그 다음, 만물은 절로 그에게 귀화한다. 현玄을 깨닫고 신묘함을 지극히
다하는 자들이 만물의 본성을 회통會通하고서, 천하의 변화를 이루어 요임금과
순임금의 명성을 가진 것은 늘 일부러 하지 않고서 일을 성사시킨 덕분이었다.93)

현명의 경지에서 성인은

　　의지하는 바待 없이 항상 도道에 통通할 수 있다. 어찌 자기만 홀로 통하는
것뿐이겠는가? 그이는 또 의지하는 바가 있는 자는 그 의지하는 바를 잃지 않게
해주고, 수많은 상이한 것들이 각자 자기 나름대로 안정을 찾게 해주고, 뭇사람들
이 각자 자기가 하는 바를 잃지 않게 해준다. 그렇다면 성인은 자기를 만물에
쓰지 않고, 다만 만물의 쓰임새만 그대로 쓰는 것이겠다.94)

　　이는 성인의 '만물과 혼연 합치되는 것與物冥'과 뭇사람들의 '각자 자기 나름
대로 안정을 찾는 것'이 상호 보완적임을 말해주는 것이다.
　　그렇다면 뭇사람들은 어떻게 해야만 자득自得하고 소요逍遙할 수 있는가?
곽상은 '천명天命을 따르고 스스로 만족하면서 아무런 구속도 받지 않는逍遙'
인생철학을 제기했다. 곽상은 이렇게 말한다.

　　대저 형체로 비교한다면, 태산은 추호秋毫보다 크다. 만약 각자 그 성질에 따라
갈라서 살펴본다면 물명物冥(물아합일을 말함)을 지극히 다할 때, 형체가 크다고

<hr>

93) (晉)郭象注：《莊子》, 上海古籍出版社1989年版, 第23, 7頁.[원문 : "至人不役志以經世, 而虛
心以應物, 誠信著於天地, 不爭暢於萬物, 然後萬物歸懷", "體玄而極妙者, 其所以會通萬物
之性, 而陶鑄天下之化, 以成堯舜之名者, 常以不爲爲之耳".]
94) (晉)郭象注：《莊子》, 上海古籍出版社1989年版, 第5, 14頁.[원문 : "無待而常通, 豈自通而已
哉？又順有待者, 使不失其所待", "使群異各安其所安, 安眾人不失其所是, 則已不用於物,
而萬物之用用矣".]

해서 여유가 있는 것이 아니고, 형체가 작다고 해서 모자라는 것이 아니다. 만약 각자 자기의 본성에 충실하다면, 추호가 형체가 작다고 해서 작은 것이 아니고 태산이 형체가 크다고 해서 큰 것이 아니다.

　작은 것이 따로 없고, 큰 것이 따로 없고, 장수한 것이 따로 없고, 요절한 것이 따로 없다. 그리하여 씽씽매미蟪蛄가 대춘大椿(『莊子』에 나오는 나무 이름, 16000세를 일 년으로 삼고 있음)을 부러워하지 않고 흔연 스스로 만족하고 있었고, 메추라기斥鴳는 천지天池를 귀하게 여기지 않고서 지극한 소원을 만족할 수 있었다. 자연적인 것에 만족하고 운명과 본성을 따르면서 분수에 맞게 살았기 때문에 비록 하늘 땅에서 충분히 장수함을 누리지 못했지만 함께 더불어 살 수 있었고, 만물과 충분히 빼어남을 자랑하지 못했지만 함께 더불어 가질 수 있었다.

　대저 천명天命에 만족하는 자는 어디로 가나 소요逍遙하지 않음이 없다. 그리하여 광匡(衛나라 고을 이름)의 옛 유리羑里(殷나라 때 周文王이 갇혔던 감옥)도 자극紫極(제왕의 궁전)의 한당閑堂(황제가 제후를 만나던 궁실)과 다름이 없었다.95)

　그가 보건대, 사물은 천차만별하지만 각자 자신의 '성분性分' 즉 특성과 쓰임새가 있는바, 따라서 높고 낮음을 분별할 수 없고, 서로 비교할 필요도 없었다. 자신의 성명性命에 맞게 본분을 지키며 살기만 하면 스스로 그 즐거움을 얻게 되고, 이렇게 정신적 소요逍遙에 이를 수 있었다.

　이런 "본성에 만족하면서 스스로 즐긴다."는 명제는 일반적 의미에서는 나름대로 합리성이 있다고 하겠다. 세상 만물은 풍부하고 다양하고 복잡한데, 그리하여 온갖 사물의 차이를 인정해주고, 다양성을 포용해주어야 하겠다. 자연계의 생태환경을 놓고 말할 때, 우리는 생물의 다양성을 보호해 주어야 하고, 그것들이 각자 나름대로 잘 자라게 해주어야 하겠다. 인간사회를 놓고 말할 때 우리는 사람들이 각자 맡은 바 책임을 다하게 해주어야 하고, 각자 자신의 위치를 찾게 해주어야 하고, 각자 자신의 능력을 충분히 발휘할 수 있게 해주어

95) (晉)郭象注：《莊子》, 上海古籍出版社1989年版, 第14, 91頁.[원문："夫以形相對, 則太山大於秋毫也. 若各據其性分, 物冥其極, 則形大未爲有餘, 形小不爲不足. 苟各足於其性, 則秋毫不獨小其小而大山不獨大其大矣", "無小無大, 無壽無夭, 是以蟪蛄不羨大椿而欣然自得, 斥鴳不貴天池而榮願以足. 苟足於天然而安其性命, 故雖天地未足爲壽而與我並生, 萬物未足爲異而與我同得", "夫安於命者, 無往而非逍遙矣. 故雖囚陳羑裏, 無異於紫極閑堂也."]

야 하고 또 분공·협력할 수 있게 해주어야 하겠다. 우리는 가지런하고 한결같을 것을 요구할 수는 없고, 또한 자신이 타인을 따를 필요도 없고, 타인이 자신을 따르도록 요구해서도 아니 되겠다. 사람들은 또한 각자 사물의 이치를 궁구하고 타고난 본성과 능력을 충분히 발휘하고, 자기의 특질에 맞는 이상적 생활 목표를 추구할 수 있겠다. 이는 사회공동체의 발전에도 도움이 되는 일이다. 이런 의미에서 사람마다 모두 자신에게만 속하는 속마음의 즐거움과 정신적 안위를 얻을 수 있겠다. 만약 당신이 진정하게 자신의 장점과 단점을 알고, 스스로 즐기며 만족할 줄 안다면 말이다. 그러나 "본성에 만족하면서 스스로 즐긴다性足自得."는 명제는 사회제도의 역사적 변천과정에서 볼 때 제한성도 있었다. 왜냐하면 "무릇 존재하는 것은 모두 합리하다고 할 수는 없기 때문이다." 특히 귀천貴賤 등급이나 빈부貧富 차이에 있어서 "천명命을 따르고 천성을 즐기며 본분에 맞게 살고, 스스로 만족하고 구속 없이 소요逍遙하라."는 말은 약자를 마비시키고 강자를 보호하는 구실로 되어졌었다. 이 또한 늘 특권제도를 찬미하는 찬가로도 되어졌었다. 곽상은 이렇게 말한다.

　　대저 사물은 큰 것이 작게 되려고 하지 않으면, 반드시 작은 것이 큰 것을 부러워한다. 그래서 큰 것과 작은 것의 다름은 각자 정해진 성질定分이 있는 것일 따름이지, 부러워하거나 욕망하는 것과는 관계가 없음을 예로 들었다. 이렇게 하면, 부러워하거나 욕망하는 것의 누累를 끊을 수 있겠다. 대저 자연에 맡기고 적절한 곳에 거처한다면 현명한 자와 우매한 자는 사정에 따라 합리하게 배치되고, 존귀한 자와 비천한 자는 순위에 따라 적절하게 위치를 얻게 된다. 임금이 위에 있고 신하가 아래에 있고, 임금님의 덕택이 잘 베풀어지면 천하에는 근심과 걱정이 사라진다.[96]

　　이 말은 합리하지도 않고, 실행도 불가능하겠다. 왜냐하면 압박이 있으면 반항이 있고, 공평하지 않으면 필연코 불평과 다툼이 있게 되기 때문이다.

---

96) (晉)郭象注：《莊子》, 上海古籍出版社1989年版, 第4, 60頁.[원문：若夫任自然而居當, 則賢愚襲情而貴賤履位, 君臣上下, 莫匪爾極, 而天下無患矣.]

현실생활에 존재하는 차별에 대해서 곽상의 태도는 장자와 달랐다. 장자는 상대론을 가지고 사물의 차별을 없애려고 했고, 사람들이 인간세상의 생활을 포기하고 '무하유無何有의 고향'에 가서 정신적 자유를 추구할 것을 주장했다. 하지만 곽상은 절대론을 가지고 사물의 차별을 긍정하고 있었고, 사람들이 자각적으로 인간세상의 현실생활에 적응하고, 천명天命을 따르고 본분을 지키면서 스스로 만족하고 스스로 즐길 것을 요구했다. 다시 말하면 장자는 인간세상을 초탈하는 '소요逍遙'를 주장하고, 곽상은 인간세상에 순응하는 '소요'를 주장했다. 당연히 곽상의 독화론獨化論에서 이상적 사회는 귀천貴賤등급도 있고 또 인간관계도 조화로운 사회이다. 이런 사회에서 하층의 민중들은 현실에 만족하면서 살아가야 하고 또한 상층의 권세 있는 자들도 스스로 행실이 바르고, 뭇사람들의 재능을 충분히 발휘시키고, 백성들의 실제 이익을 배려해 주어야 한다. 이렇게 되면 위와 아래가 조화롭게 지낼 수 있겠다. 그리하여 그는 군왕의 독재에 대해서도 비판이 있었다. 그는 이렇게 말한다.

천하의 백성들과 더불어 서로 의지하면서 세상을 다스린 자도 있었다. 하지만 오늘날에는 혼자서 천하를 지배하는데, 이렇게 되면 천하는 막혀버린다. 혼자서 어찌 천하를 통하게 하겠는가! 그리하면 자기 한 몸도 이루지 못하고, 온 세상도 다 망하게 된다. 대저 위에 있는 자가 하는 바 없을까 걱정하여 신하가 맡은 일을 앗아 하고, 구요咎繇(즉 皐陶)가 정확한 판단을 내리지 못하게 하고, 후직后稷이 농사일을 가르칠 수 없게 만들면 뭇 재능이 있는 자들은 맡은 바 일을 잘 할 수 없게 되고, 임금은 신하를 부리는 일에 곤혹케 된다. 입으로 마음을 드러내기 때문에 뭇사람들의 입을 쓰게 되면 곧 뭇사람들의 마음을 쓰는 것으로 되겠다. 내가 뭇사람들의 마음을 따르게 되면 뭇사람들도 나를 믿어주게 되겠다. 이렇게 되면 누군들 감히 거역하겠는가! 내가 천하의 자연 법도에 기대어 그런 것을 정한다면 이에 무엇을 더 보탠단 말인가. 대저 성인은 평안하다고 여김도, 평안하지 않다고 여김도 없이, 백성들의 마음을 따르기만 했다.97)

---

97) (晉)郭象注 : 《莊子》, 上海古籍出版社1989年版, 第63, 73, 143, 161頁.[원문 : "與天下, 相因 而成者也. 今以一己而專制天下, 則天下塞矣, 己豈通哉! 故一身既不成, 而萬方有餘喪 矣", "夫在上者患於不能無爲, 而代人臣之所司, 使咎繇(皐陶)不得行其明斷, 後稷不能施

곽상의 치국론治國論에서는 유가와 도가를 융합시키려 했고, 그는 군왕이 무위無爲하고, 신하들이 유위有爲하고, 백성들은 천명天命을 따를 것을 주장했다. 이렇게 되면 사회가 안정해진다는 것이다. 그의 주장은 왕필이 '명교名敎는 자연에 근본을 두고 있음'98)을 논증하던 것과도 달랐고, 혜강이 '명교를 초탈하여 자연에 맡길 것'99)을 주장하던 것과도 달랐다. 그의 독화론獨化論에서는 '명교가 곧 자연임'100)을 설명하고 있었다. 악광樂廣의 '명교에는 본디 즐거운 곳이 있다.'101)라는 말과 아주 근사하다고 하겠다. 곽상의『장자주莊子注』에서는 명교名敎 속에서 그 즐거운 곳을 찾고 있었는데, 이런 사회 이상은 이미 유가에 아주 근접해 있었다.

위진 현학은 양한 시기 경학이 천하를 통치하던 국면이 마감한 후, 사회 정세가 혼란스럽고 사상관념이 다원적이던 상황에서, 노장 도가의 영향을 많이 받은 학자 단체가 유가와 도가의 상호 작용과정에서, 평등하게 변론하고 논쟁하는 와중에, 자유롭게 공리공담淸談을 즐기면서 추진한 신도가 학술 사조였다. 현학은 통치집단의 설교說敎와 일정한 거리를 두고 있었는데, 그리하여 학술적 독립성이 비교적 강했다. 또한 노자, 장자 학설과『역易』의 계시를 많이 받았기 때문에 철리성哲理性도 비교적 강했다. 이 사조는 전체 위진 남북조 시기의 학술적 조류를 이끌었다. 비록 관학官學으로 세워지지는 못했지만 한 시기 학술적 풍조를 주도했고, 심지어 그 당시 집권자와 명신名臣들에게도 큰 영향을 끼쳤다. 역사적으로 본다면 유학에서 공자와 노자를 회통會通하고, 불학에서 도가와 유가를 융합하는데 있어서도 관건적 영향을 끼쳤었다. 당나라 때 불교

其播殖, 則群才失其任, 而主上困於役矣", "口所以宣心, 故用衆人之口, 則衆人之心用矣, 我順衆心, 則衆心信矣, 誰敢逆立哉! 吾因天下之自定而定之, 又何爲乎", "夫聖人無安無不安, 順百姓之心也".]

98) 張岱年主編:《中國哲學大辭典》, 上海辭書出版社2010年版, 第181頁.[원문: 名敎本於自然.]
99) (魏)嵇康:《嵇中散集》, 商務印書館1937年版, 第45頁.[원문: 越名敎而任自然.]
100) 張岱年主編:《中國哲學大辭典》, 上海辭書出版社2010年版, 第508頁.[원문: 名敎卽是自然.]
101) (南朝宋)劉義慶, (南朝梁)劉孝標注:《世說新語詳解》, 上海古籍出版社2013年版, 第15頁.
    [원문: 名敎中自有樂地.]

가 중국화하여 만들어진 선종禪宗 및 송명 시기 신유가에서 자유롭게 불가와 도가에 드나들던 것도 모두 위진 현학의 풍격을 이어받고, 새로운 형태로 탈바꿈한 것이라고 하겠다.

2. 도교의 발전

신도가 학설로서 위진 현학은 주로 사회 엘리트 집단에서 유행했고, 민간사회에는 영향을 미칠 수 없었다. 왜냐하면 민중들은 청담淸談(공리공담)할 줄도 모르고, 청담淸談할 여유도 없었기 때문이다. 전란戰亂이 그치지 않고, 극심한 혼란에 빠졌던 세월, 먹고 사는 일도 걱정인데, 그들이 어찌 대나무 아래에서 한가롭게 종일 술을 마시면서 장자와 노자만 담론할 수 있었겠는가? 그리하여 도교가 탄생하게 되었던 것이다. 도교는 도가사상을 삶을 근본으로 하는 신학神學으로 전환시켰다. 도교는 신성한 진선眞仙 교주敎主 형상을 수립하고, 사람들이 관심하고 있는 생사대사生死大事와 길흉화복吉凶禍福에 초점을 맞추어 현실의 고난에서 벗어나 신선神仙의 세계에 들어가는 목표와 경로를 설계해냈다. 또 민중들의 신앙에 잘 어울리는 교단조직敎團組織을 구축하고, 흉한 일을 길한 일로 전환시킬 수逢凶化吉 있고 자아를 제도濟度할 수 있는 실제적인 여러가지 도술道術과 과의科儀를 만들어, 이로써 민중들에게 종교적 서비스를 제공해주고, 생명수련과 신체단련에 지혜와 방법을 제공해 주었다. 이렇게 도가와 도교는 밀접히 결합하게 되었고, 도道문화는 위로는 노장철학에 직접 통하고, 아래로는 일반 민중에 뿌리를 두게 되어, 사회 각 계층에서 널리 전파될 수 있었고, 일종의 정신적 역량으로서 또한 일종의 사회적 역량으로서 그 거대한 규모와 영향력을 자랑하게 되었던 것이다. 위진 남북조 시기의 도교는 이렇게 강대해 졌던 것이다. 또한 이렇게 유가와 불가와 함께 삼자가 정립鼎立하는 구도를 형성하게 되었던 것이다.

위진 남북조 시기, 도교는 위나라 초에 한 때 제한을 받았다. 조조曹操, 조비曹丕, 조식曹植은 모두 신선神仙과 방술方術을 믿지 않았고, 그들은 한 때 방사方

土(즉 道士)들을 한 곳에 집중시켜 관리했다. 이런 신선 신앙과 방술이 대중들을 현혹시켜 대중들이 반란을 일으킬까봐 미리 방비했던 것이다. 조식은 『변도론 辯道論』에서 이렇게 말한다.

　　세상에는 방사方士들이 있었는데, 우리 왕은 이를 알고서 그들을 불러 모았다. 감릉甘陵에는 감시甘始가 있었고, 여강廬江에는 좌자左慈가 있었고, 양성陽城에는 극검郤儉이 있었다. 감시甘始는 행기도인行氣導引(행기란 주로 의념에 의해 기를 이끄는 것이고, 도인이란 몸을 움직임으로써 기를 이끄는 것임)하는 재능이 있었고, 좌자左慈는 방중술房中術(방중술이란 부부 간 氣의 순환과 음양의 조화를 통해 청춘을 유지하고 무병장수하는 방법임)을 잘 알고 있었고, 극검郤儉은 벽곡辟穀(곡식은 먹지 않고 솔잎이나 대추, 밤 따위를 조금씩 날로 먹는 방법)에 능했는데, 모두 나이가 300세라고 떠들었다. 급히 그들을 위魏나라에 불러 모은 것은 이 사람들 무리가 악당들과 손잡고 대중들을 괴롭히고, 요사하고 간악한 짓을 행하여 백성들에게 피해를 줄까봐 두려워서였다. 그자들이 어찌 그저 영주瀛州(지명임)에서 신선神仙 놀음을 하고, 바다 섬에서 평안을 기원하고, 금로金輅(황금으로 장식한 큰 수레)를 버리고 구름 위를 떠다니고, 여섯 준마驥를 버리고 하늘에서 나는 용龍을 타고 즐기려는 것일 따름이었겠는가? 한편, 우리 부왕父王과 태자 및 그 외의 형제들은 모두 그것을 웃음거리로 여기고 있었고, 믿지 않았다.[102]

　　위명제魏明帝 조예曹叡가 신선神仙 방술方術을 인정하면서부터 상황은 바뀌기 시작했다. 게다가 현학이 유행하고, 혜강 등 명사名士들이 양생술養生術을 즐기게 되면서 현학과 방술方術이 결합하게 되었고, 그 후 도교는 줄곧 흥성했는데, 양진 시기를 걸쳐 남북조 시기에 이르러서는 마침내 주류 대교大教로 부상했던 것이다. 그 성취는 주로 세 방면에서 표현된다. 첫째는 도서道書가 대량으로 출현하고 경전의 대계大系를 이룬 것이고, 둘째는 신선神仙 신앙을 중심으

---

102) (晉)陳壽, (宋)裴松之注：《三國志》, 中華書局2005年版, 第597頁.[원문: 世有方士, 吾王悉
　　所招致, 甘陵有甘始, 廬江有左慈, 陽城有郤儉. 始能行氣導引, 慈曉房中之術, 儉善辟穀,
　　悉號三百歲. 卒所以集之於魏國者, 誠恐斯人之徒, 接奸宄以欺眾, 行妖慝以惑民, 豈復欲
　　觀神仙於瀛洲, 求安期於海島, 釋金輅而履雲輿, 棄六驥而美飛龍哉? 自家王與太子及餘
　　兄弟鹹以爲調笑, 不信之矣.]

로 신학神學 이론체계를 구축한 것이고, 셋째는 나라에서 인정하는 비교적 큰 규모를 가진 도교 교단敎團 조직과 이에 상응하는 제도와 과의科儀를 구축하여 일종의 유형의 사회적 역량으로 부상한 것이다.

1) 도교 경서經書의 대량 출현과 저록著錄들

도교 부록파符籙派 도사道士들은 양진 시기에 상청上淸, 영보靈寶, 삼황三皇의 삼대 경법經法 서전書典 계열을 만들어냈다. 상청경上淸經 계열은 위화존魏華存을 초대 진인眞人으로 섬기면서 양희楊羲, 허밀許謐, 허홰許翽가 함께 만들어 낸 것이다. 대표적 경전은『상청대동진경上淸大洞眞經』이고, 모산茅山을 기지로 삼고 전파했다.

영보경靈寶經 계열은 갈현葛玄이 전수해 내려왔는데, 그때는『영보오부靈寶五符』가 있었다. 오늘날『영보도인경靈寶度人經』은 갈홍葛洪의 증손 갈소보葛巢甫가 만든 것으로서 총 55권이다.

삼황경三皇經 계열은『삼황문三皇文』과『오악진형도五岳眞形圖』를 위주로 하는 도경道經 묶음이다. 전하는 바에 따르면, 그 가운데서『소유삼황문小有三皇文』은 백화帛和가 후세에 전한 것이고,『대유삼황문大有三皇文』은 포정鮑靚이 만든 것으로 갈홍葛洪이 후세에 전한 것이라고 한다.

동진 초, 갈홍葛洪은『포박자抱朴子』를 저술했는데, 그는 여기서 말하기를, 그의 스승 정은鄭隱이 도서道書를 모두 260여 종, 1298권을 소장하고 있었다고 한다. 남조 유송劉宋 때 육수정陸修靜은『삼동경서목록三洞經書目錄』을 수정할 때, 도교 경서 및 약처방藥方, 부록符籙을 모두 합쳐 1228권을 수록했다. 그 가운데 1090권은 이미 세상에 널리 전해졌던 것이고, 자신이 직접 저술한 도서는 30여 종이고, 편저한 재계齋戒 의범儀範은 모두 100여 권이었다. 이밖에 위나라와 진晉나라가 바뀌던 시기, 도사道士 양감梁堪이 섬서陜西에서 누관파樓觀派를 창립했는데, 그들은 윤희尹喜를 종사宗師로 섬기면서『도덕경道德經』,『노자서승경老子西昇經』,『노자화호경老子化胡經』을 경전으로 받들었다. 위진 남북조 시기에 출현한 도서에서 비교적 중요한 것들로는 또 『충허진경冲虛眞經』(즉 『列子』임, 張湛이 注를 했음), 『포박자抱朴子』, 『진고眞誥』, 『노군음송계경老君音誦戒經』, 『무상비요無上秘要』(北周 때 도교 類書임), 『황정경黃庭經』 등이 있었다. 『황정경』은 상청경上淸經 계열에 속하는데, 『태상황정내경옥경太上黃庭內景玉經』과 『태상황정외경옥경太上黃庭外景玉經』으로 구성되었다. 이 '경經'은 도교 내단파內丹派에서 받들고 있었는데, 종교 수련과 생리과학을 한데 아우른 '경'이다. 이 '경'에서는 '팔경이십사진八景二十四眞' 설을 제기한다. 말하기를, 체내의 각 기관에는 모두 신령神靈이 존재하는데, 모두 24명의 진신眞神이 있다고 한다. 또 인체를 상, 중, 하 삼궁三宮 즉 삼단전三丹田으로 나누고, 오장五臟에 오행五行을 짝지운다. 또 하단전下丹田을 정精을 저장하는 장소로 삼고, 정精을 단련하여 기氣를 맺는 것煉精結氣은 하단전下丹田에서 이루어야 한다고 한다. 수련 방법은 정精과 기氣를 쌓고, 곡물을 끊고 기氣를 복용하고, 나아가 신神을 보존하고 허虛에 이르는 것인데, 이렇게 되면 태식胎息(마음에서 잡념을 없애고 편안히 숨을 쉬면서 기운氣運이 배꼽 아래에 미치게 하는 것)하여 신선이 될 수 있다고 한다. 『황정경黃庭經』에서는 체내의 정, 기, 신을 생명의 삼요소三要素로 보고 있고, 이것들은 상호 관통된다고 한다. 또 인체와 생명을 동태적으로 외계와 끊임없이 물질교환을 진행하는 개방적 체계로 보고 있었다. 이 '경'에서는 도를 닦는 일修道과 양생養生하는 일을 함께 아우르고 있었는데, 그래서 후일 도교 내 인사들과 도교 외부의 학자들이 모두 중요시했던 것이다. 당, 송 시기, 『황정黃庭』학설은 아주 성행했다. 예컨대 정초鄭樵의 『통지通志』에는 도가의 황정黃庭 학설 30부 57권이 수록되어 있다. 또한 구양수歐陽修는 『황정외경黃庭外經』을 산정했고, 소식蘇軾은 『황정내경黃庭內經』을 손수 베꼈고(서예 작품임), 육유陸游의 시에서는 "백발이 되어서야 양생養生의 묘함을 깨닫게 되었고, 그 묘함은 모두 『황정黃庭』 두 권에 들어 있었다."[103]라고 한다. 청나라 도사道士 동덕녕董德寧은 저서 『황정경발미黃庭經發微』에서 말하기를, "도서道書에서 오래 된 것으로는 『도덕道德』, 『참

---

103) (宋)陸遊:《劍南詩稿》(下), 錢仲聯點校, 嶽麓書社1998年版, 第1184頁.[원문: 白頭始悟頤生妙, 盡在《黃庭》兩卷中.]

동參同』, 『황정黃庭』이 있다."104)라고 했다. 이로 보면 『황정경黃庭經』은 도교사
道敎史에서 지위가 아주 높았다.

2) 도교 신선神仙 신앙 이론체계 구축

갈홍葛洪은 양진 때 사람이다. 저명한 도교 사상가이고, 외단학外丹學과 도교
신학神學의 창시자이다. 또한 중국 의약학醫藥學과 화학의 발전에도 거대한 공
헌을 했다. 갈홍의 저작으로는 『포박자抱朴子』 내·외편, 『신선전神仙傳』, 『은일
전隱逸傳』, 『금궤약방金匱藥方』, 『주후비급방肘後備急方』 등이 있다. 도교 발전사
에서 그의 가장 큰 공헌은 『포박자』를 저술하고, 도교 신선 신앙 이론체계를
구축하고, 더 나아가 도교와 유가를 화합하는 사상 방향을 명확히 정해준 것이
다. 『포박자·자서自敍』에서 그는 이렇게 말한다.

> 모두 내편 20권, 외편 50권을 저술했다. 내편에서는 신선神仙 방약方藥, 귀신과
> 요괴의 변화, 양생養生과 장수함, 사악함과 재앙을 물리치는 일들을 논했는데, 이
> 는 도가에 속한다. 외편에서는 인간 세상에서의 득得과 실失, 세상사에서의 선善
> 과 불선不善을 논했는데, 이는 유가에 속한다.105)

『포박자抱朴子』 내편內篇의 도교 신학神學의 요지는 다음과 같다.

첫째, 현도玄道 철학을 제기했다. 『창현暢玄』에서는 "현玄이란 자연의 시조始
祖이고, 만 가지 다름의 대종大宗이다."106)라고 한다. '현'은 우주 발생의 총總
근원이고, 만물 운동의 총 법칙과 내적 동력이라는 것이다. 『도의道意』에서는

---

104) 杜潔編：《黃庭經》, 中國友誼出版公司1997年版, 第1頁.[원문：道書之古者,《道德》,《參
　　同》,《黃庭》也.]
105) (晉)葛洪：《抱朴子內外篇》, 中華書局1985年版, 第827, 828頁.[원문："凡著內篇二十卷, 外
　　篇五十卷", "其內篇言神仙方藥, 鬼怪變化, 養生延年, 禳邪卻禍之事, 屬道家. 其外篇言人
　　間得失, 世事臧否, 屬儒家".]
106) 王明校釋：《抱朴子內篇校釋》, 中華書局1980年版, 第1頁.[원문：玄者, 自然之始祖, 而萬
　　殊之大宗也.]

이렇게 말한다.

도道는 건乾을 품고 곤坤을 껴안는데, 그것은 원래 이름이 없었다. 그것이 무無라고 말하자면 영향은 있는 것 같고, 그것이 유有라고 말하자면 만물은 (그때) 아직 없었다.[107]

『지진地眞』에서는 이렇게 말한다.

도道는 하나一에서 일어나는데, 그 귀함은 견줄 짝이 없다. 하나一는 각각 천天, 지地, 인人에 머무르면서 그것들의 모습을 드러내는데, 그래서 셋이면서 하나라고 三一 말하는 것이다. 하늘天은 하나一를 얻어 맑고, 땅地은 하나一를 얻어 평안하고, 사람은 하나一를 얻어 살고生, 신神은 하나一를 얻어 신령스럽다靈.[108]

갈홍의 '현玄', '도道', '일一'에 관한 사상은 노자로부터 유래한 것이고, 『회남자淮南子 · 원도훈原道訓』을 이어 받은 것이고 또한 위진 현학의 영향을 받은 것으로서 모두 우주의 본원과 본체를 지향하고 있었다. 그 후에 도교 특유의 신선으로 되는 도道라는, 이런 종교적 색채를 보태게 되었던 것이다. 『창현暢玄』에서는 이렇게 말한다.

현玄이 있으면 즐거움이 그치지 않는다. 현玄이 가버리면 몸이 피폐해지고 신神이 사라진다. 대저 현도玄道는 안에서 얻고 바깥에서 지키고, 신이 그것을 쓰고, 몸은 그것을 잊는데, 이것이 현도를 이해하는 관건이다. 그것을 얻은 자는 귀하니, 황금도끼와 같은 권력의 위엄에 기대지 않는다. 그것을 깨달은 자는 부유하니, 구하기 힘든 재물도 필요없다. 높아서 오를 수도 없고 깊어서 잴 수도 없다. 흐르는 빛을 타고, 나는 절경을 채찍질하며, 육허六虛에서 달리고, 함용涵溶(대지)

---

107) 王明校釋 : 《抱朴子內篇校釋》, 中華書局1980年版, 第155頁.[원문 : 道者涵乾括坤, 其本無名. 論其無, 則影響猶爲有焉. 論其有, 則萬物尙爲無焉.]
108) 王明校釋 : 《抱朴子內篇校釋》, 中華書局1980年版, 第296頁.[원문 : 道起於一, 其貴無偶, 各居一處, 以象天地人, 故曰三一也. 天得一以淸, 地得一以寧, 人得一以生, 神得一以靈.]

을 관통한다. 더 없이 높은 곳으로 나아가고 더 없이 낮은 곳으로 들어간다. 넓은 문을 지나 아득한 들에서 노닌다. 황홀한 가운데를 자유롭게 노닐고, 방불彷佛의 표면을 한가롭게 거닌다. 구름 끝에서 구화九華의 단약을 삼키며, 붉은 노을에서 육기六氣를 씹는다. 막연함에서 배회하고, 희미함에서 빙빙 날고, 무지개를 밟고 지나고, 북두칠성을 자유롭게 오갈 수 있으면, 이것이 현도玄道를 얻은 것이겠다.109)

이로 보면 현도玄道를 얻은 자는 정신적 경지가 높을 뿐만 아니라 또한 노을을 먹고 이슬을 마시며, 빛을 타고 하늘 높이 날아오르고, 우주에서 자유롭게 날 수 있다. 그렇다면 이런 자는 사실 신선밖에 없을 것이다. 갈홍은 또 '하나一'를 인격신人格神으로 변환시켜, '하나一를 지키는守一' 방법도 제기했다. 『지진地眞』에서는 이렇게 말한다.

선경仙經에서는 이렇게 말했다. 그대가 오래 살고자 하거든, 하나一(마음의 전일함을 가리킴)를 지켜 밝게 해야 한다. 하나一에는 이름姓字과 복색服色이 있으니, 남자는 길이가 구분九分이고 여자는 길이가 육분六分이다. 혹은 배꼽아래 2촌4분 하단전下丹田에 있고, 혹은 심장 아래 강궁絳宮 금궐金闕의 중단전中丹田에 있고, 혹은 사람의 양미간에 있으니, 뒤로 물러서서 1촌이 명당明堂이고, 2촌이 동방洞房이고, 3촌이 상단전上丹田이다.110)

갈홍은 위로 『황정경黃庭經』에서 삼단전三丹田 학설을 계승하여 하나를 지키는 것守一을 진일眞一을 지키는 것과 현일玄一을 지키는 것으로 나누고서, "'하

---

109) 王明校釋:《抱朴子內篇校釋》, 中華書局1980年版, 第1, 2頁.[원문: "玄之所在, 其樂不窮. 玄之所去, 器弊神逝", "夫玄道者, 得之乎內, 守之者外, 用之者神, 忘之者器, 此思玄道之 要言也. 得之者貴, 不待黃之威. 體之者富, 不須難得之貨. 高不可登, 深不可測. 乘流光, 策飛景, 淩六虛, 貫涵溶. 出乎無上, 入乎無下. 經乎汗漫之門, 遊乎窈眇之野. 逍遙恍惚之 中, 倘佯仿佛之表. 咽九華於雲端, 咀六氣於丹霞. 徘徊茫昧, 翱翔希微, 履略蜿虹, 踐躡旋 璣, 此得之者也".]

110) 王明校釋:《抱朴子內篇校釋》, 中華書局1980年版, 第296頁.[원문: "仙經曰: 子欲長生, 守 一當明", "'一'有姓字服色, 男長九分, 女長六分, 或在臍下二寸四分下丹田中, 或在心下絳 宮金闕中丹田也, 或在人兩眉間, 卻行一寸爲明堂, 二寸爲洞房, 三寸爲上丹田也".]

나一'를 지키고 '참됨眞'을 간직하면 신령과 통할 수 있다."111)고 했다.

둘째, 신선은 반드시 있고, 장생長生도 이룰 수 있다고 한다. 갈홍은 신선에 관한 전설은 전적典籍에도 많이 실려 있는데 이는 허무한 이야기가 아니고, 만물은 반드시 살고 죽는다는 관념도 확실한 것이 아니라고 한다. "사람들은 겨울에는 모든 식물이 시들어버린다고 하는데 대나무와 측백나무는 무성하다. 또 시작이 있으면 끝이 있다고 하는데, 천지는 끝이 없다. 생명은 반드시 죽게 되어 있다고 하는데 거북과 두루미는 오랫동안 살아 있다.112)" 그러니 사람도 몸을 적절히 보호하고 가꾸게 되면 오랫동안 살 수 있다는 것이다. "사물의 부류가 같을 지라도 번성하고 시드는 결과는 다르다.", "사람이 받은 천명天命과 죽고 사는 시간은 겨울날 초목과는 다르다. 한편, 수명을 늘이고 가꾸어주는 이치와 모자라는 것을 보충해주는 방법도 단지 따스하게 해주는 것 같은 그런 작은 일뿐이 아니다. 그렇다면 장생구시長生久視는 당연한 일이 아니겠는가."113) 죽음에는 육해六害가 있는데, 이 여섯 가지 해로운 것을 제거하면 곧 장생할 수 있다고 한다.

대저 인간이 죽는 것은 첫째, 온갖 욕망이 해친 까닭이고, 둘째, 늙은 까닭이고 셋째, 백가지 병이 해친 까닭이고, 넷째, 중독된 까닭이고, 다섯 째, 사기邪氣가 손상을 준 까닭이고, 여섯째, 바람이나 찬 기운을 맞은 까닭이다. 오늘 (導引術로) 기氣가 온 몸全身에서 창통하게 하고, (房中術로) 정기精氣가 새지 않게 하고, 이 것들이 체내로 되돌아와 뇌를 보충하게 하고, 음식과 기거起居에서 절도節度를 지키고, 약물을 복용하고, 정신의 전일함專一을 지키고, 횡사를 몰고오는 악귀를 막기 위해 부적護符을 차고, 생명을 손상시키는 무리(珍味나 美人 등)들을 일절 멀리하면 혈기가 통하게 되어 이상의 육해六害를 모두 물리칠 수 있겠다.114)

---

111) 王明校釋:《抱朴子內篇校釋》, 中華書局1980年版, 第297頁.[원문:守一存眞, 乃能通神.]
112) 王明校釋:《抱朴子內篇校釋》, 中華書局1980年版, 第12頁.[원문:謂冬必凋, 而竹柏茂焉. 謂始必終, 而天地無窮焉. 謂生必死, 而龜鶴長存焉.]
113) 王明校釋:《抱朴子內篇校釋》, 中華書局1980年版, 第12頁.[원문:"物類一也, 而榮枯異 功", "人之受命, 死生之期, 未若草木之於寒天也, 而延養之理, 補救之方, 非徒溫煖之爲淺 益也, 久視之効, 何爲不然".]

금단金丹은 견고하고 썩지 않으니, 사람이 복용하면 장생할 수 있다고 한다.

대저 금단金丹이라는 것은 오래 사를수록 그 변화가 더욱 묘해진다. 황금은 불속에 넣어 아무리 제련해도 녹아 없어지지 않으며, 땅에 묻어 오래 지나도 영원히 썩어 없어지지 않는다. 이 두 가지를 복용하여 사람의 몸을 단련하면, 늙지 않고 죽지 않게 할 수 있다. 이는 대개 바깥 사물에서 구하여 스스로를 견고하게 하는 방법이다.115)

셋째, 신선이 되고자 도道를 닦는 데는 반드시 그 방술을 행해야 한다고 한다. 갈홍은 이렇게 말한다. "장생長生이 어려운 것이 아니라 도를 얻는 것이 어렵고, 도를 얻는 것이 어려운 것이 아니라 도를 행하는 것이 어려우며, 도를 행하는 것이 어려운 것이 아니라 제대로 마치는 것이 어렵다."116) 그래서 도를 닦는 방법도 확실하게 제기했다. 첫째, 인仁을 행하고 덕德을 쌓아야 한다고 한다. "신선이 되고자 하는 자는 마땅히 충효忠孝, 화순和順, 인신仁信을 근본으로 삼아야 한다. 만약 덕행이 없이, 단지 방술方術에만 힘쓴다면 결코 장생할 수 없다."117) 이는 분명히 유가의 도덕교화 이념을 긍정한 것이다. 둘째, 정신思神이 전일守一해야 한다고 한다. 이 점은 앞에서 이미 기술했다. 셋째, 초목草木 (중의약을 말함)을 복용해야 한다고 한다. "중약中藥은 성性을 길러주니, 약藥을 복용하면 병이 제거된다."118) 넷째, 굴신도인屈伸導引(屈伸이란 몸을 구부리고 펴는

---

114) 王明校釋:《抱朴子內篇校釋》, 中華書局1980年版, 第101, 102頁.[원문:夫人所以死者, 諸欲所損也, 老也, 百病所害也, 毒惡所中也, 邪氣所傷也, 風冷所犯也. 今導引行氣, 還精補腦, 食飮有度, 興居有節, 將服藥物, 思神守一, 柱天禁戒, 帶佩符印, 傷生之徒, 一切遠之, 如此則通, 可以免此六害.]

115) 王明校釋:《抱朴子內篇校釋》, 中華書局1980年版, 第62頁.[원문:夫金丹之爲物, 燒之愈久, 變化愈妙. 黃金入火, 百鍊不消, 埋之, 畢天不朽. 服此二物, 鍊人身體, 故能令人不老不死. 此蓋假求於外物以自堅固.]

116) 王明校釋:《抱朴子內篇校釋》, 中華書局1980年版, 第218頁.[원문:非長生難也, 聞道難也. 非聞道難也, 行之難也. 非行之難也, 終之難也.]

117) 王明校釋:《抱朴子內篇校釋》, 中華書局1980年版, 第47頁.[원문:欲求仙者, 要當以忠孝和順仁信爲本. 若德行不修, 而但務方術, 皆不得長生也.]

운동임)해야 한다고 한다. "진인眞人이 말하기를, 만약 그의 법도를 배워 수명을 연장하고자 한다면 그의 식기법食氣法을 본받아 곡기穀氣를 끊으라고 했다."119) 다섯째, 정기精를 아껴야 한다고 한다. "신선神仙이 되고자 한다면, 오로지 그 지극히 중요한 것만 얻으면 된다. 지극히 중요한 것이란 정精을 아끼고 기炁를 소중히 하는 것인데, 이는 외단약外丹藥 한첩 복용하면 족하다"120) 여섯째, 금 단金丹을 복용해야 한다고 한다. "선약仙藥에서 가장 좋은 것은 단사丹砂이고, 다음으로는 황금이고, 그 다음으로는 백은白銀이다.", "신단神丹을 복용하면 사 람들이 한 없이 장수하게 된다. 천지와 마감을 같이 하고, 구름을 타고 나는 용을 몰고, 태청太淸을 오르내리게 된다."121) 갈홍은 강조하기를, 선골仙骨(仙人 의 骨相)이 있는 사람이 밀방秘方을 얻고자 한다면 반드시 현명한 스승을 모시고 맹약을 맺고, 동반하여 함께 산에 들어가 재계齋戒하고 목욕沐浴하고, 여러 가지 금기禁忌를 지키면서 처방에 따라 약을 복용해야 그 단丹이 완성된다고 한다. 갈홍의 외단술外丹術은 다만 스승과 제자 사이에서 개별적으로 전수될 수 밖에 없었고, 한편 규모가 큰 교단敎團은 형성할 수 없었다. 그의 영향은 주로 도술道 術을 전파하고, 도교의 발전에 사상적 기반을 마련해준 것에 있었다.

갈홍의 도교 사상에서는 한편으로는 개인적 장생과 속세 초탈을 추구하고 있었고, 다른 한편으로는 세상을 다스리고 속세를 구제하는 일을 중요시하고 있었다. 양자는 상대적 독립성도 가지고 있었고 또한 유가와 교융交融하는 양 상도 드러내고 있었다. 이렇게 도교는 사회 하층의 백성들로부터 사회 상층 귀족집단에로 확산되고, 변두리로부터 중심으로 들어가는 길을 열게 되었던 것이다. 그는 유자儒者들이 벼슬길에 오르는 것과 도사道士들이 은일隱逸을 추

---

118) 王明校釋:《抱朴子內篇校釋》, 中華書局1980年版, 第177頁.[원문:中藥養性, 下藥除病.]

119) 王明校釋:《抱朴子內篇校釋》, 中華書局1980年版, 第43頁.[원문:眞人但令學其道引以延 年, 法其食氣以絶穀.]

120) 王明校釋:《抱朴子內篇校釋》, 中華書局1980年版, 第136頁.[원문:欲求神仙, 唯當得其至 要, 至要者在於寶精行炁, 服一大藥便足.]

121) 王明校釋:《抱朴子內篇校釋》, 中華書局1980年版, 第177, 65頁.[원문: "仙藥之上者丹砂, 次則黃金, 次則白銀", "服神丹令人壽無窮已, 與天地相畢, 乘雲駕龍, 上下太淸".]

구하는 것은 모두 사회적 수요라고 했다. 사회 생활에서 '한걸음 물러서서 조용히 지내면서 시끄럽게 다툼질 하는 일을 피하는 것이나 유교를 흥성케 하여 끊어진 미언微言(함축된 말 속에 담긴 심오한 뜻)을 다시 복구하는 것은'[122] 마찬가지로 모두 필요하다는 것이다. 고명한 도사高士와 현자賢者들은 도道와 유儒를 모두 익힐 수 있다고도 한다. "안에서 양생養生의 도道를 잘 닦으면 바깥에서 평화롭게 세상을 살아갈 수 있고, 몸을 닦아 몸이 늘 바르게 되면 나라를 다스려 나라를 항상 태평하게 할 수 있다."[123] 또한 사회에서는 마땅히 유가를 귀하게 여기고 도가를 높이 받들어야 한다고 한다. "유가를 귀하게 여기는 것은 그것으로써 낡은 풍속과 습관을 바꾸기 위한 것이지, 단지 예禮를 다하여 사양하고 빙빙 에도는 겉치레만 하려는 것이 아니다. 도가를 받드는 것은 그것으로써 말없이 행실을 변화시키기 위한 것이지, 다만 양생養生이라는 한 가지 일만 하려는 것이 아니다."[124] 갈홍은 또 도道를 닦음에 있어서, 유가에서 창도하는 사회 주류의 도덕규범을 잘 준수할 것을 특히 강조한다. 아울러 선덕善德을 많이 쌓으라고 한다. "지선地仙이 되고자 한다면 마땅히 삼백선三百善을 쌓아야 하고, 천선天仙이 되고자 한다면 천이백선千二百善을 쌓아야 한다."[125] 그 선덕이라면 즉, 자애慈愛롭고 어질고, 성실하게 사람을 대해주고, 아랫사람을 학대하지 않고 윗사람을 기만하지 않으며, 재물을 탐하지 않고 현명한 자를 질투하지 않으며, 음란하게 놀지 않고 사악함에 빠지지 않고, 스승과 윗사람을 존경하는 등을 포함하겠다.

치국론治國論에서 갈홍은 군권君權을 강화하고, 충성의 덕德을 발양하고, 예

---

122) 楊明照校箋:《抱朴子外篇校箋》(上), 中華書局1991年版, 第61頁.[원문: 摽退靜以抑躁競之俗, 興儒敎以救微言之絶.]

123) 王明校釋:《抱朴子內篇校釋》, 中華書局1980年版, 第135頁.[원문: 內寶養生之道, 外則和光於世, 治身而身長修, 治國而國太平.]

124) 王明校釋:《抱朴子內篇校釋》, 中華書局1980年版, 第126頁.[원문: 所以貴儒者, 以其移風易俗, 不唯揖讓與盤旋也. 所以尊道者, 以其不言而化行, 匪獨養生之一事也.]

125) 王明校釋:《抱朴子內篇校釋》, 中華書局1980年版, 第47頁.[원문: 人欲地仙, 當立三百善, 欲天仙, 立千二百善.]

교례敎를 실행하고, 형벌로써 인仁을 보조할 것을 주장했다. 사실 이는 모두 유가의 주장이겠다. 그는 이렇게 말한다. "대저 임금은 하늘이고, 아버지이다."126) "현명한 임금은 위엄과 은택으로써 백성을 다스리고, 예리한 무기利器에 의지하지 않는다."127) 신하의 자리에 있는 자는 "오로지 충성하는 것만이 올바른 도리이고, 일에서 독단적이지 말아야 하고, 지시를 받고서 일을 행해야 한다."128) 윗자리에서 백성을 다스리는 자는 반드시 예의도덕에 의지해야 한다고 한다. "대개 사람에게 예禮가 있는 것은 물고기에게 물이 있는 것과 같겠다."129) 나라를 다스리는 데는 형벌과 덕德을 겸하여 사용해야 한다고 한다.

현명한 임금이라면 형벌과 덕德을 버리고서 안정한 다스림을 이룰 수 없겠다.130) 인仁을 귀하게 여기지 않을 수는 없지만 순수 인仁으로써는 안정한 다스림에 이를 수 없고, 형벌刑을 천하게 여기지 않을 수는 없지만 형벌을 폐하고서는 백성들을 가지런하게 할 수 없다.
인仁은 정치를 하는데 있어서 연지臙脂와 분粉이고, 형벌은 세상을 다스리는데 있어서 고삐와 채찍이다. 연지와 분은 다스림에서 가장 요긴한 것이 아니거늘, 고삐와 채찍은 잠시도 없으면 아니 된다.131)

여기서 갈홍이 형벌을 중요시하는 경향성이 드러난다. 그는 도가, 유가, 법가, 현학을 종합하려고 했다.

---

126) 楊明照校箋:《抱朴子外篇校箋》(上), 中華書局1991年版, 第285頁.[원문:夫君, 天也, 父也.]

127) 楊明照校箋:《抱朴子外篇校箋》(下), 中華書局1997年版, 第342頁.[원문:明主躬操威恩, 不假人以利器.]

128) 楊明照校箋:《抱朴子外篇校箋》(上), 中華書局1991年版, 第283頁.[원문:唯忠是與, 事無 專擅, 請而後行.]

129) 楊明照校箋:《抱朴子外篇校箋》(下), 中華書局1997年版, 第7頁.[원문:蓋人之有禮, 猶魚 之有水.]

130) 楊明照校箋:《抱朴子外篇校箋》(下), 中華書局1997年版, 第340頁.[원문:明主不能舍刑德 以致治.]

131) 楊明照校箋:《抱朴子外篇校箋》(上), 中華書局1991年版, 第330, 344頁.[원문:"莫不貴仁, 而無能純仁以致治也. 莫不賤刑, 而無能廢刑以整民也", "仁者爲政之脂粉, 刑者禦世之轡 策, 脂粉非體中之至急, 而轡策須臾不可無也".]

그러나 갈홍은 또 유가에 대해 비판도 많았다. 그는 원래 도가의 입장에서 유가를 받아들였다. 『명본明本』에서 그는 이렇게 말한다. "어떤 이가 유가와 도가의 선후先後를 물었는데, 포박자抱朴子는 이렇게 답했다. 즉, 도道는 유儒의 근본이고, 유는 도의 끝머리라고 했다."[132) 도가의 '도'는 우주의 근본법칙인데, "위로는 이의二儀(음양을 말함)로부터 아래로는 만물에 이르기까지, 그것에서 말미암지 않은 것이 없다. 한편 황로는 그 근본을 잡고 있는데, 유가와 묵가는 그 끝머리만 다룬다.", "그러므로 도가가 백가의 우두머리로 되고, 인의仁義의 조상으로 되는 것이다."[133) 갈홍은 노자의 도가 학설에서 출발했기 때문에 높은 곳에 올라 유가 학설과 백가百家의 학설을 내려다 볼 수 있었다. 그러나 그가 창도한 선도仙道는 모자가 『이혹론理惑論』에서 말하던 불교가 조우遭遇한 경우와 유사한 비난을 받았다. 즉 그것은 유가 경전이나 성인의 말씀에서 그 근거를 찾을 수 없었던 것이다. 『석체釋滯』에는 세인世人들이 제기한 질문이 실려 있다. "과연 그 선도가 구할 수 있는 것이라면 오경五經에는 어찌하여 실려 있지 않는가. 주공周公과 공자는 어찌하여 그것을 말하지 않았는가. 성인은 어찌하여 속세를 초탈하여 선인仙人이 되지 않았는가. 지혜가 뛰어난 자上智들은 어찌하여 영원히 살아있지 않는가. 만약 주공과 공자가 모른다면 그들은 성인이 되지 못했을 것이다. 만약 알고서도 배우지 않았다면 선도는 없는 것이겠다."[134) 갈홍은 이렇게 대답했다. "오경五經에 기재되지 않은 것은 아주 많다. 주공과 공자가 말하지 않은 것도 적지는 않다."[135) 『변문辨問』에서는 성인도 모르는 것이 많다고 예를 들어 설명한다. "외양간이 불에 탔는데, 공자는 사람

132) 王明校釋:《抱朴子內篇校釋》, 中華書局1980年版, 第167頁.[원문: 或問儒道之先後, 抱朴子答曰:道者, 儒之本也. 儒者, 道之末也.]

133) 王明校釋:《抱朴子內篇校釋》, 中華書局1980年版, 第168, 171頁.[원문:"上自二儀, 下逮萬物, 莫不由之. 但黃老執其本, 儒墨治其末耳", "此所以爲百家之君長, 仁義之祖宗也".]

134) 王明校釋:《抱朴子內篇校釋》, 中華書局1980年版, 第140頁.[원문: 果其仙道可求得者, 五經何以不載, 周孔何以不言, 聖人何以不度世, 上智何以不長存? 若周孔不知, 則不可爲聖. 若知而不學, 則是無仙道也.]

135) 王明校釋:《抱朴子內篇校釋》, 中華書局1980年版, 第140頁.[원문: 夫五經所不載者無限矣, 周孔所不言者不少矣.]

과 말이 불에 탔는지 몰랐다. 안연顔淵이 뒤떨어져 쫓아오는데, 공자는 그가 이미 죽었다고 말했다. 또 70여개 나라를 두루 돌아다녔어도 다른 사람들이 반드시 자기를 등용하지 않을 것을 미리 알지 못했다.", "이런 일들은 하나하나 구체적으로 열거하기 어렵다. 그렇다면 공자가 신선의 도道를 모르는 것이 어찌 그렇게 괴이한 일이겠는가?"136) 그는 한걸음 더 나아가 오경은 모두 제한성이 있다고 지적했고, 그래서 또한 맹목적으로 숭배해서는 아니 된다고 했다. 예를 들면, 『역경』에서는 이런 문제를 해석하지 못했다는 것이다. "주천도수周天度數, 사해四海의 크기, 우주의 거리, 이런 것들은 도대체 얼마나 되는가? 위로는 어떤 것이 극極이 되고, 아래로는 어떤 것에 의지하는가? 그리고 그 회전은 누가 밀어주고 누가 끌어당겨 주는가?"137) 또 이런 문제에 대해서 "『춘추春秋』사부四部와 『시詩』, 『서書』, 『삼례三禮』에 하나하나 물어도 모두 정답이 없다."138)고 했다. 갈홍의 시야는 광활했다. 그는 이렇게 말한다.

정경正經은 도의道義의 심연深淵과 대해大海이고, 자서子書(제자백가들의 글)는 깊이를 더해주는 냇물의 흐름으로서 글이 주공과 공자에게서 나오지 않았다 해서, 교화敎化에 도움이 되는 학설을 버리지 말아야 하고139),
육예六藝도 갖추어 탐구하고, 팔삭八索(도가의 옛 전적)도 반드시 갖추어 탐구해야 한다.140)

그가 보건대, 옛 책은 수많은 혼란을 거치면서 죽간으로 엮은 것들이 썩기도

---

136) 王明校釋:《抱朴子內篇校釋》, 中華書局1980年版, 第207頁.[원문: "廏焚, 又不知傷人馬否. 顔淵後, 便謂之已死. 又周流七十餘國, 而不能逆知人之必不用之也", "諸若此類, 不可具擧, 但不知仙法, 何足怪哉?"]

137) 王明校釋:《抱朴子內篇校釋》, 中華書局1980年版, 第141頁.[원문: 周天之度數, 四海之廣狹, 宇宙之相去, 凡爲凡裏? 上何所極, 下何所據, 及其轉動, 誰所推引.]

138) 王明校釋:《抱朴子內篇校釋》, 中華書局1980年版, 第141頁.[원문: 以次問《春秋》四部,《詩》,《書》,《三禮》之家, 皆復無以對矣.]

139) 楊明照校箋:《抱朴子外篇校箋》(下), 中華書局1997年版, 第98, 443頁.[원문: "正經爲道義之淵海, 子書爲增深之川流", "不以書不出周, 孔之門, 而廢助敎之言".]

140) 楊明照校箋:《抱朴子外篇校箋》(下), 中華書局1997年版, 第211頁.[원문: 六藝備硏, 八索必該.]

하고 없어지기도 해서 파손되고 잃어진 것이 아주 많은데, 그리하여 덮어놓고 맹목적으로 미신迷信할 수는 없었다.

대저 『상서尚書』라는 책은 정사政事를 모아 기재한 것인데, 근대의 우문優文(포상할 때 고하는 글), 조조詔, 책책策, 군서軍書, 주奏, 의의議의 청신함과 풍부함과 화려함에 비길 수 없다. 『모시毛詩』는 화려하고 다채로운 말이지만, 『상림上林』, 『우렵羽獵』, 『이경二京』, 『삼도三都』의 심오함과 광활함과 풍부함에 따라오지 못한다.[141]

갈홍은 노자의 도론道論을 그의 본체론 철학으로 삼고서 선도仙道로써 인생의 이상을 실현하고, 유가의 예교禮教로써 나라의 다스림을 실천하고자 했다. 하지만 현학 방달파放達派의 구속 없는 방자함에는 찬성하지 않았다. 『자교刺驕』에서는 그들을 이렇게 비난한다.

사람들은 대숙란戴叔鸞(즉 戴良), 완사종阮嗣宗(즉 阮籍)이 교만하고 방자하다고 들었지만 눈으로 직접 보고서는 그들이 대범하다고 말했다. 하지만 자신들의 재능을 헤아리지 못하고서 교만하지 말아야 할 자들이 본받고 따르는 것이 문제였다. 이는 대개 좌임左衽(북방 소수민족)의 소행으로서 제하諸夏(온 중국) 사람들의 쾌사快事(좋아하는 일)는 아니었다.[142]

이로 보면 갈홍이 말하는 통달通達이란 즉 "도덕道德에 통通하고 인의仁義에 달達하는 것이었다."[143] 따라서 그의 가치관은 쉽게 주류 사회의 인정을 받을 수 있었던 것이다.

---

141) 楊明照校箋：《抱朴子外篇校箋》(下), 中華書局1997年版, 第69-70頁.[원문: "且夫《尚書》者, 政事之集也, 然末若近代之優文, 詔, 策, 軍書, 奏, 議之淸富贍麗也.《毛詩》者, 華彩之辭也, 然不及《上林》,《羽獵》,《二京》,《三都》之汪濊博富也".]

142) 楊明照校箋：《抱朴子外篇校箋》(下), 中華書局1997年版, 第29頁.[원문: "世人聞戴叔鸞, 阮嗣宗傲俗自放, 見謂大度. 而不量其材力, 非傲生之匹, 而慕學之", "此蓋左衽之所爲, 非諸夏之快事也".]

143) 楊明照校箋：《抱朴子外篇校箋》(下), 中華書局1997年版, 第43頁.[원문: 通於道德, 達於仁義.]

3) 민간 오두미도五斗米道가 주류 천사도天師道로 부상

파촉巴蜀 지역에서 발원한 오두미도는 조조曹操가 그 지역을 귀순시킨 후, 장씨張氏가족 및 일부 도교 신도들이 중원中原에 이주해서 계속하여 전파시켰는데, 중원 지역에서는 점차 상층 인사들에게로 침투했고, 한편 강남江南 지역에서도 발전이 얼마간 있었다. 서진 후에는 명문귀족들이 도교를 신봉하는 풍기가 아주 성행했다. 강남江南의 명문귀족들 예를 들면, 치씨郗氏, 왕씨王氏, 은씨殷氏, 심씨沈氏 등 귀족들은 모두 세대를 이어가면서 도교를 신봉하고 있었다. 『진서晉書·왕희지전王羲之傳』에서는 "왕씨王氏네 집안에서는 대대로 장씨張氏의 오두미도五斗米道를 받들고 있었는데, 아주 충실했다."[144]라고 한다. 왕희지王羲之는 도사道士 허매許邁와 복식服食을 함께 하고, 약석藥石을 함께 캐고, 명산을 함께 유람하고, 창해滄海를 함께 떠다니고서 감탄하기를 "내가 죽는 것(방식)은 아마도 즐거운 죽음일 것이다."[145]라고 했다. 그의 명작 『난정서蘭亭序』에서는 이렇게 감개를 토로한다. "인간의 수명이 길고 짧음은 조화造化를 따르는 일이거늘, 그래도 사람들은 끝까지 다하기를 기대한다.", "그러니, 생生과 사死를 동일시하는 것은 황당무계한 일이고, 장수와 요절을 가지런히 하는 것은 함부로 하는 짓임을 알 수 있지 않은가."[146] 이 역시 생과 사를 초탈하여 장생할 것을 동경한 것이라고 하겠다.

남북조 시기, 오두미도는 두 차례 큰 개혁을 진행했다. 한번은 북위 구겸지寇謙之가 이끌고 진행한 '도교를 정리하고 정돈한' 개혁이다. 이때 "장씨張氏네 삼대三代의 거짓 법도와 조세租稅제도 및 남·여가 합기合氣하여 수련하는 방술方術을 없애버렸다. 대도大道는 맑고 깨끗하거늘 어찌 이런 일이 있을 수 있단 말인가. 오로지 예법禮度만 우두머리로 삼고, 거기에 복식服食과 폐련閉練을 추

---

144) (唐)房玄齡等:《晉書》, 中華書局2000年版, 第1399頁.[원문: 王氏世事張氏五鬥米道, 凝之彌篤.]
145) (唐)房玄齡等:《晉書》, 中華書局2000年版, 第1398頁.[원문: 我卒當以樂死.]
146) (唐)房玄齡等:《晉書》, 中華書局2000年版, 第1397頁.[원문: "修短隨化, 終期於盡", "固知一死生爲虛誕, 齊彭殤爲妄作".]

가했다."147) 또 단우壇宇를 세우고, 과의科儀를 정했는데, 이렇게 도교가 민간종교의 난잡하고 용속한 색채를 떨쳐버리고 정규화 되게 했고 또 태무제太武帝를 '태평진군泰平眞君'으로 모시고 그를 보필해 주었다. 또한 권신權臣 최호崔浩의 대폭적인 지지를 얻고서 "천사도장天師道場을 경성京城의 동남쪽에 일떠세웠는데, 중단重壇을 오층五層으로 만들었고, 신경新經 제도를 따랐다. 도사道士 120명에게 먹을 것과 입을 것을 주었고, 가지런히 정중하게 기도를 올리게 했고, 육시六時에 예배를 했다. 달마다 주회廚會(회식)를 열었는데 민중들이 수천 명이 모여들었다."148) 이렇게 북천사도北天師道가 흥성하게 되었는데, 그 후에는 '오두미도'라고 칭하지 않았다.

구겸지寇謙之는 『노군음송계경老君音誦誡經』을 저술했다. 여기서 그는 노자의 명의를 빌어, 촉蜀 지역의 택치宅治(도교에서 스승을 중심으로 하는 관리 방식과 제도) 전통을 폐기했고, 천사天師, 좨주祭酒의 세습제도도 폐지했다.

계誡에서는 이렇게 말했다. 도道는 높고 덕德은 귀하여, 오로지 현명한 자에게만 가르친다. 만약 자손이 못났다면 어찌 선대先代의 대업을 이어받겠는가?

내가 처음 천사도天師道를 세우고, 도교 부록符籙을 새기는 법을 가르칠 때 언제 돈 한 푼 받은 적이 있었는가? 나의 『송계誦誡』에서는 황적黃赤(방중술을 말함)을 버리고, 바꾸어 고상하고 특이한 법도를 수련하도록 요구했으니 이는 도道와 공功이 같겠다. 남·여 관록생官籙生(록이란 신의 명부인데 이것을 받아야만 도교 신직에 오를 수 있다. 관록생은 이를 수여받기 위해 수련하는 학생이다. 관은 정부의 승인을 받았음을 의미한다.)들 가운데서 황적黃赤을 달고 다니는 자는 오늘부터 그것을 버릴 것을 권고한다. 장생長生을 수학修學하는 자들은 이 송계誦誡에서 함께 찾아보기를 즐기고, 제사祭祀 일과 재계齋戒하는 일을 열심히 하여 공功이 이루어지고 도道를 깊이 깨닫게 되면 능히 장생長生할 수 있겠다. 삶生의 법도를 구하고자

---

147) (北齊)魏收:《魏書》第8冊, 中華書局1974年版, 第3051頁.[원문:除去三張僞法, 租米錢稅, 及男女合氣之術. 大道淸虛, 豈有斯事. 專以禮度爲首, 而加之以服食閉練.]

148) (北齊)魏收:《魏書》第8冊, 中華書局1974年版, 第3053頁.[원문:遂起天師道場於京城之東南, 重壇五層, 遵其新經之制. 給道士百二十人衣食, 齊肅祈請, 六時禮拜, 月設廚會數千人.]

한다면, 오천문五千文(즉 도덕경)을 먼저 읽어야 하는데, 이것이 가장 중요한 일이다. 당신이 과율科律(도교 규범과 제도)을 잘 가르치고, 성현들을 본받아 백성을 다스리는 일을 잘 하면 좨주祭酒들은 이를 본받아 일을 하게 된다. 이 부록符籙과 계율을 받는 자들은 조배朝拜를 해야 한다. 비유하자면 이는 예생禮生의 예법禮法과 동등하겠다. 법령처럼, 분명하게 알고 조심스레 행해야 한다.[149]

이로 보면 구겸지寇謙之는 도교 개혁에서 첫째, 노자의 오천문五千文을 수학할 것을 강조했고, 둘째, 과율科律을 가르치고, 예배를 하고 기도를 할 것을 강조했다. 그는 유학을 아주 숭상하고 중요시하고 있었고 또한 자각적으로 도교를 가지고 정치를 보조할 것을 제기했다. 그는 최호崔浩에게 이렇게 말했다.

나는 도道를 수련하면서 은거하여 살았고, 세상사를 관계치 않았습니다. 홀연 신神의 묘리를 깨달았으니, 이제는 마땅히 유교를 겸하여 공부해서 태평진군泰平眞君을 보좌하고, 천년 단절된 법도를 이어가야 하겠습니다.[150]

그리고서 최호崔浩에게 선왕들의 치국治國 법전法典을 저술할 것을 권고했는데, 그리하여 최호가 치국 법전 20여 편을 저술하게 되었던 것이다. 그 당시, 최호는 유림儒林의 수령이었고, 제왕의 총애를 받는 권신이었고, 구겸지寇謙之는 도교 종사宗師였다. 그 당시, 유가와 도가는 상호 협력하면서 정권을 튼튼히 하는 양 대 정신적 기둥으로 되어졌었다.

구겸지寇謙之는 또 불교에서 윤회輪回 응보應報의 교의敎義도 받아들였다. 그

---

149) 胡道靜等選輯:《道藏要籍選刊》第8卷, 上海古籍出版社1989年版, 第377, 378, 383, 381, 377-378, 379頁.[원문: "誡曰: 道尊德貴, 惟賢是授, 若子胤不肖, 豈有繼承先業", "吾初立天師, 授署道敎治箓符契, 豈有取一錢之法乎", "吾《誦誡》斷改黃赤, 更修淸異之法, 與道同功. 其男女官箓生佩契黃赤者, 從今誡之", "諸欲修學長生之人, 好共尋諸誦誡, 建功香火齋練, 功成感徹之後, 長生可剋", "欲求生道, 爲可先讀五千文, 最是要者", "汝好宜敎誡科律法人治民, 祭酒按而行之", "其受治箓誡之人, 弟子朝拜之, 喻如禮生官位吏禮法等同, 明愼奉行, 如律令".]

150) (北齊)魏收:《魏書》第3冊, 中華書局1974年版, 第814頁.[원문: 吾行道隱居, 不營世務, 忽受神中之訣, 當兼修儒敎, 輔助泰平眞君, 繼千載之絶統.]

는 전생前生의 선악善惡은 오늘의 수도修道(도를 닦음) 효과에 영향 주고, 금세今世의 선악善惡은 또 내세來世의 복과 화禍福에 영향을 끼친다고 선양했다. 『노군음송계경老君音誦誡經』에서는 사람이 만약 "갖가지 수단으로 속여 관리로 칭하고 호號를 세우고, 사람들을 개미떼처럼 집결시켜 토지土地(그 지역을 말함)를 망가뜨리고 어지럽히게 되면"[151], 태상노군太上老君이 "크게 노발대발하고"[152] 이어서 그 자신은 지옥에 갇히게 되는데 "죄가 큰 자는 다음 생生에 벌레와 짐승으로 환생한다."[153]라고 한다. 이는 도교의 '승부承負'설을 초월하여 불교의 '업보業報'설에 근접한 논설이다. 하지만 이는 불교에서 말하는 자연응보自然應報가 아니고, 이는 도교에서 신선神仙이 응보應報를 관장하는 색채를 지니고 있었다. 후일, 구겸지寇謙之가 병으로 사망하고, 최호가 죽임을 당하면서 천사도天師道는 제한을 받게 되었는데, 하지만 그때는 이미 북조에 뿌리를 튼튼히 박았는바 천사도는 줄곧 북주 때까지 끊어지지 않고 이어져왔다.

오두미도五斗米道의 다른 한 차례 개혁은 남조 육수정陸修靜이 재의齋儀를 체계적으로 정리한 일이다. 육수정은 남조 유송劉宋 때에 크게 활약했다. 원가元嘉 말기, 육수정은 송문제宋文帝에게 도법道法을 가르쳐주었는데, 그때 그는 쉬지 않고 밤낮없이 강론했다고 한다. 또 송명제宋明帝는 원찬袁粲에게 명을 내려 유가, 도가, 불가 삼자의 변론을 개최하도록 지시했는데, 육수정이 간략한 언어로 도리를 투철하게 설명하고, 엇갈린 견해들을 통일하고, 첨예하게 대립하는 자들의 기세를 꺾어놓으면서 도교의 위상을 크게 떨치게 되었다고 한다. 그리하여 송명제는 경성京城 북쪽 교외에 숭허궁崇虛宮을 세우고, 육수정이 그곳에 거처하면서 도경道經을 강론하게 했다고 한다. 당나라 도선道宣은 육수정의 일생을 이렇게 개괄했다.

---

151) 胡道靜等選輯:《道藏要籍選刊》第8卷, 上海古籍出版社1989年版, 第378頁.[원문: 誑詐萬端, 稱官設號, 蟻聚人眾, 壞亂土地.]

152) 胡道靜等選輯:《道藏要籍選刊》第8卷, 上海古籍出版社1989年版, 第378頁.[원문: 大嗔怒.]

153) 胡道靜等選輯:《道藏要籍選刊》第8卷, 上海古籍出版社1989年版, 第382頁.[원문: 罪重之者, 轉生蟲畜.]

옛날 금릉金陵의 도사道士 육수정陸修靜은 도문道門(즉 도교)에서 명망이 가장 높은 자였다. 송나라와 제나라에서 세 장씨(즉 張陵, 張衡, 張魯)의 법통을 조술祖述하고, 두 갈씨(즉 葛玄, 葛洪)의 사상을 널리 발양했다. 극씨郗氏와 장씨張氏 같은 선비들도 봉문封門하고 그에게서 부록符籙을 받았다. 후일, 도경道經을 두루 자유롭게 천착穿鑿하면서 재의齋儀를 폭넓게 제정하고, 극단적인 것과 번잡한 것들을 모두 없애버렸다. 그 목적은 왕이 받들고 지키게 하려는 것이었다.154)

육씨陸氏는 일생동안 세 개의 큰일을 해냈다. 첫째는 『상청上淸』, 『영보靈寶』, 『삼황三皇』 등 각종 도서道書를 수집·정리하여, 이를 '삼동三洞'(洞眞, 洞玄, 洞神)으로 분류하고서, 『삼동경서목록三洞經書目錄』을 저술한 일이다. 이는 후세에 『도장道藏』을 분류하는 발단으로 되었다. 둘째는 재의齋儀를 만든 일이다. 『금록재의金錄齋儀』, 『삼원재의三元齋儀』 등을 만들었고, 후세에 전해진 것으로는 『육선생도문과략陸先生道門科略』, 『동현영보오감문洞玄靈寶五感文』, 『태상동현령보수도의표太上洞玄靈寶授度儀表』가 있다. 이렇게 천사도天師道는 비교적 엄밀한 조직제도와 종교 예법 규범이 있게 되었던 것이다. 셋째는 도가를 위주로 도가, 유가, 불가를 관통시켜, 다원多元 문화의 융합과 천사도 이론의 창조·발전을 추진시키고 동시에 수많은 우수한 제자들을 양성해낸 일이다. 그의 제자들 가운데는 손유악孫游岳이라는 사람이 있었는데, 그가 바로 도홍경陶弘景의 스승이겠다. 그는 대도大道를 스승으로 삼고 있었다. "대저 대도는 텅 비고 고요하고, 형체와 모양이 없다. 지극한 성인至聖은 몸소 행하면서 그것에 언교言敎를 기탁한다."155) "지극한 도至道는 맑고 깨끗하고, 법전法典은 간소簡素하고 담담하고 고요하고 무위無爲한데, 이것이 근본이겠다."156) 그는 유가의 예교를

---

154) (南朝梁)僧祐, (唐)道宣：《弘明集·廣弘明集》, 上海古籍出版社1991年版, 第116頁.[원문：昔金陵道士陸修靜者, 道門之望. 在宋齊兩代, 祖述三張(張陵, 張衡, 張魯), 弘衍二葛(葛玄, 葛洪). 郗張之士, 封門受籙. 遂妄加穿鑿, 廣制齋儀, 靡費極繁, 意在王者遵奉.]

155) 《道藏》第24冊, 天津古籍出版社1988年版, 第779頁.[원문：夫大道虛寂, 絶乎狀貌. 至聖體行, 寄之言敎.]

156) 《正統道藏》, 藝文印書館1977年版, 第43856頁.[원문：至道淸虛, 法典簡素, 恬寂無爲, 此其本也.]

아주 높이 평가하고 있었고, 하늘天에 제사 지내고, 산천山川에 제사 지내고, 조상에게 제사 지내는 일을 정제正祭(정규적인 제사)로 위치 지우고 있었다. 이렇게 말한다.

백성들이 안으로는 자효慈孝를 행하게 하고, 바깥으로는 경양敬讓을 행하게 하고, 시기에 맞게 교화를 행하여 나라를 다스리는 일에 도움이 되게 해야 한다. 단, 천자天子는 하늘天에 제사 지내고, 삼공三公은 오악五岳에 제사 지내고, 제후諸侯들은 산천山川에 제사 지내고, 백성들은 오랍五臘, 길일吉日에 조상들에게 제사 지내고, 2월과 8월에는 토지신土地神과 부엌신竈王神에게 제사 지내게 한다. 이밖에 다른 제사를 지내면 아니 된다.157)

그는 또 불교를 끌어들여 인연因緣과 화복禍福, 영혼靈魂과 제도濟度를 논했다. 도교의 존신尊神이

이 대화大化(우주를 말함)를 열고, 이 묘법妙法을 내서 만민을 삼도三途(즉 火途, 血途, 刀途)에서 끌어내서 구원해주고, 오도五道(즉 神道, 人道, 畜生道, 餓鬼道, 地獄道)에서 맞아들여 구제해주니, 억만 조상들이 남긴 재앙이 하루아침에 개운하게 사라지고, 유혼幽魂의 괴로움은 상쾌함으로 바뀌고, 복당福堂에 날아오르게 되어 인연因緣으로 생긴 종족種族이 모두 복혜福惠를 받게 된다. 내 이 몸이 도道를 얻으면, 후세에 복福을 받게 된다.158)

이로부터 천사도는 날로 불교의 인과응보因果應報설을 더 인정하게 되었고, 이를 도교의 유기적 구성부분으로 되게 했다. 육수정은 "도道(도교)는 재계齋戒를 덕德을 세우는 근본으로 삼고 있고, 진리眞를 찾아가는 관문門戶으로 삼

---

157) 《道藏》第24冊, 天津古籍出版社1988年版, 第779頁.[원문: 使民內修慈孝, 外行敬讓, 佐時理化, 助國扶命. 唯天子祭天, 三公祭五嶽, 諸侯祭山川, 民人五臘, 吉日祠先人, 二月八月祭祀灶, 自此以外, 不得有所祭.]

158) 《正統道藏》, 藝文印書館1977年版, 第43858頁.[원문: 開此大化, 出斯妙法拯拔三途, 接濟五道, 億曾萬祖積劫殃對, 一旦釋然, 幽魂苦爽, 超升福堂, 因緣種族, 鹹受慶惠, 我身得道, 後世蒙福.]

고 있다."159)고 했다. 그 당시 천사도 예의규범이 느슨하고 조직이 혼란했던 점에 비추어 그는 태상노군太上老君의 지시(스스로 꾸며낸 것임)에 의탁하여 이를 정돈하는 방안도 제기했다. 즉 "이십사二十四 치治(행정관리부서)를 설치하고, 삼십육三十六 정려靖廬(도교 신도들이 수련하는 장소)를 만들고, 내·외 도사道士 2400명을 두고, 천이백관장문千二百官章文을 내려준다."는 것이었다. 또 "천사에서는 치治를 세우고, 관리직職을 설치함에, 마치 양관陽官 (陰官과 대응)의 군현郡縣 관아에서 백성들을 다스리는 것처럼 도道를 신봉하는 자들을 모두 호적을 만들어 관리했고, 각자 귀속이 있게 했다."160) 또한 '도과택록道科宅錄'을 세워 신도들 가정의 남·여 인구를 등록했고, 수택관守宅官이 이를 관장하면서 신도들을 보호해주고, 재앙을 쫓고 화禍를 물리치게 했다. 도교를 신봉하는 가족들에서는 정실靖室을 만들고, 향로香爐, 향등香燈, 장안章案, 서도書刀, 이 네 가지 물품을 장만해 놓고, 정해진 시간에 신神에게 제사 지냈다.161) 육수정이 천사도를 정돈整頓한 효과가 도대체 어떠했는지에 관해서는 지금까지 상세한 역사자료가 발굴되지 않아 정확히 알 수가 없다. 그러나 분명한 것은 이때부터 천사도는 비교적 완전한 조직제도와 과의科儀 규범이 있었고, 천사도 또한 독립적인 대교단大敎團으로 되어졌다. 그리하여 육수정은 후일 천사도에서 크게 존숭을 받게 되었고, 송휘종宋徽宗 때에는 그를 단원진인丹元眞人으로 봉封해 주었다.

4) 도홍경陶弘景이 도교를 종합적으로 발전시킨 성취

도홍경은 남조 제량齊梁 시기 저명한 도교 사상가 겸 의학자였다. 중년 이후, 구곡산句曲山(즉 茅山)에 은거하여 살았고, 도를 닦고 저술하는 일을 즐거움으로 삼고 있었다. 스스로 호號를 화양도은거華陽陶隱居라고 정했다. 도홍경은 상청경

---

159) 《正統道藏》, 藝文印書館1977年版, 第43858頁.[원문: 道以齋戒爲立德之根本, 尋眞之門戶.]

160) 《道藏》第24冊, 天津古籍出版社1988年版, 第779, 780頁.[원문: "置二十四治, 三十六靖廬, 內外道士二千四百人, 下千二百官", "天師立治置職, 猶陽官郡縣城府治理民物, 奉道者皆編戶著籍, 各有所屬".]

161) 참조:《道藏》第24冊《陸先生道門科略》, 天津古籍出版社1988年版, 第779-782頁.

上淸經을 경전으로 받들고 있던 모산종茅山宗의 창시자이다. 양무제가 수차 예의를 갖춰 초빙했으나 그는 모두 완곡하게 거절했다. 그러나 양무제는 길흉吉凶을 알아보거나 혹은 정토征討하는 대사大事가 있을 때면 반드시 사람을 보내 그에게 자문을 구했다. 때문에 그 당시 사람들은 그를 '산중의 재상山中宰相'이라고 칭했다. 그는 박식하고 재능이 많았고, 여러 학설을 널리 받아들여 학문의 일가를 이루었는데 그 성취는 여러 방면에 걸쳐 아주 거대했다고 하겠다.

첫째, 도교 외단外丹과 내련內練, 복식服食과 송경誦經, 선신善神과 양형養形을 모두 깊이 탐구했다. 저술로는 『포박자주抱朴子注』, 『합단법식合丹法式』, 『등진은결登眞隱訣』, 『진고眞誥』 등이 있다. 그는 일곱 차례 직접 외단外丹 제련을 시험한 적이 있는데 모두 실패했다. 하지만 그 시험과정을 충실하게 기록했는데, 이렇게 후세에 진실한 고대 화학 연구 자료를 남겨주게 되었다. 그는 『진고』에서 이렇게 말한다.

풀과 나무草木로 만든 약을 먹는 데는 방중술房中術과 행기도인行氣導引을 모르면 약을 복용해도 무익하다. 만약 방중도인房中導引만 해서 기기가 다니게行氣 하고, 한편 신단법神丹法은 모른다면 역시 신선仙으로 될 수 없다. 만약 금작신단金汋神丹을 얻었다면 기타 방술術이 필요 없고, 즉시에 신선仙이 된다. 만약 대동진경大洞眞經(즉 上淸經)을 얻은 자라면 더는 금단金丹의 도道가 필요 없고, 만 번 읽고 나면 곧 신선仙이 된다. 태극진인太極眞人이 말하기를, 『도덕경道德經』 오천문五千文을 만 번 읽으면 구름수레雲駕가 와서 데려간다고 했다.162)

그는 양생養生은 형形과 신神을 함께 수련해야 한다고 했다.

생명生은 신神의 근본이고, 형체形는 신神의 도구이다. 신神을 크게 쓰면 말라버리고, 형形이 크게 지치면 죽게 된다. 만약 마음이 텅 빔과 고요함虛靜에서 노닐

---

162) (南朝梁)陶弘景：《眞誥》, 中華書局1985年版, 第65, 119頁.[원문："食草木之藥不知房中之法及行氣導引, 服藥無益也", "若但行房中導引行氣, 不知神丹之法, 亦不得仙也", "若得金汋神丹, 不須其他術也, 立便仙矣. 若得大洞眞經(上淸經)者, 復不須金丹之道也, 讀之萬過畢, 便仙也", "太極眞人雲：讀《道德經》五千文萬遍, 則雲駕來迎".]

고, 생각을 그치고 하는 일이 없고無爲, 원기元氣를 자후子后(밤 12시부터 1시까지)에 복용하고, 때때로 한실閑室에서 도인導引을 하고, 섭양攝養에 부족함痾이 없고, 여기에 겸하여 양약良藥을 복용한다면 백년 장수長壽하는 일은 타고난 운명이다.163)

둘째, 중의약中醫藥 사업을 계승하고 발양시켰고, 저명한 중의약 학자로 명성이 높았다. 그는 도적圖籍과 표본을 참고하여 『신농본초神農本草』를 정정하고 보충하여 『본초집주本草集注』7권 및 『서록敍錄』을 저술했는데, 여기에 약물藥物을 총 730종 기재해 넣었다. 또 민간에서 전해지던 처방들을 수집하여 『주후백일방肘后百一方』3권을 저술했고, 염제와 황제 때부터 위진 시기에 이르기까지의 도인導引과 양생養生에 관한 이론과 방법들을 수집하여, 『양성연명록養性延命錄』도 만들었다. 이렇게 민간에서 전해지던 양생, 질병 치료, 건강 단련에 관한 많은 진귀한 자료를 후세에 남겨주었던 것이다. 그는 중의약사中醫藥史에서 영향력이 상당히 큰 학자이다.

셋째, 유교를 융합하고 불교를 받아들이면서 삼교 회통會通에 공력을 크게 들였다. 그는 중국 도교사에서 처음으로 분명히 삼교가 모두 선善하다고 주장한 명망 높은 도사高道이다. 그는 『모산장사관비茅山長沙館碑』에서 이렇게 말한다. "삼라만상森羅萬象은 양의兩儀의 양육을 여의지 못하고, 백법百法이 어지럽게 뒤섞여 있어도 삼교의 경지를 넘어서지 못한다."164) 또 제자 육경유陸敬游에게 가르쳐준 『십재문十齋文』에서는 "교教를 받드는 데는 오로지 선善뿐이고, 그 법도法는 원래 편집함偏執이 없다."165)라고 한다. 그는 삼교가 선으로 나아가는 공통성도 지적하고, 도가와 불가의 형形과 신神의 관계에 있어서의 견해 차이도 지적했다. "대저 본질質과 형상像이 결합하는 것은 형形과 신神의 관계

163) (南朝梁)陶弘景 : 《養性延命錄》, 上海古籍出版社1990年版, "序"第1頁.[원문 : 生者神之本, 形者神之具, 神大用則竭, 形大勞則斃. 若能遊心虛靜, 息慮無爲, 服元氣於子後, 時導引於閑室, 攝養無虧, 兼餌良藥, 則百年耆壽是常分也.]
164) (元)劉大彬編, (明)江永年增補 : 《茅山志》(上), 王崗點校, 上海古籍出版社2016年版, 第298頁.[원문 : 萬象森羅, 不離兩儀所有. 百法紛湊, 無越三教之境.]
165) (元)劉大彬編, (明)江永年增補 : 《茅山志》(上), 王崗點校, 上海古籍出版社2016年版, 第300頁.[원문 : 崇教惟善, 法無偏執.]

에 지나지 않는다. 형과 신이 합쳐질 때는 인간이고 사물이다. 형과 신이 갈라지면 신령이 되고 귀신이 된다. 그것이 갈라지지도 합쳐지지도 않는 것을 불법에서 잡고 있고, 갈라지기도 하고 합쳐지기도 하는 것을 선도仙道에서 기대고 있다."166) 이는 그 당시 삼교에서 형과 신의 관계 문제에 대한 토론에서 그가 표명한 도교의 견해였다. 여기서 불교에 대해 "갈라지지도 합쳐지지도 않는다."라고 한 차전遮詮(불교용어, 역으로 事理를 설명하는 방식)의 해석방식은 그 당시 일반사람들보다 많이 고명했다. 그는 수도修道의 요지를 논술할 때는 이렇게 말했다.

거울을 닦아서 때가 벗겨지면 밝음이 드러나 곧바로 자기 형체를 볼 수 있는 것처럼, 육정六情을 끊고 텅 비고 깨끗함空淨을 지키게 되면 역시 도道의 참모습眞이 보인다. 탐욕과 원망과 노여움과 우매함이 엉킨 독毒이 사람의 몸에 거처하고 있는데, 일찍이 도道로 이 화禍를 제거하지 않으면 반드시 위태로움이 있게 된다. 신神은 형形을 건네주는 배이니 강기슭에는 가지 말아야 한다. 형形은 항상 신神의 집이 아니고, 신神은 항상 형形을 싣는 배가 아니다. 삶生과 죽음死의 윤회에서 배회하는데 고달픈 마음만 머뭇거리는구려.167)

여기에는 불교관념과 불교용어가 많이 들어 있다. 도홍경은 한번 불타가 그에게 보리기菩提記(부처가 보리심을 품은 중생의 이름을 미리 기록하는 일)를 해주는 꿈을 꾸었는데, 그때 기록된 이름이 승리보살勝力菩薩이었다고 한다. 그리하여 그는 무현鄮縣 아소카왕탑阿育王塔에 찾아가서 스스로 오대계五大戒(살생, 도둑질, 음란행위, 망령된 말, 음주를 하지 않음)를 받겠다고 맹세했다고 한다. 죽기 전 유언은 죽은 후 관건冠巾을 씌워주고 법복法服(즉 袈裟)을 입혀달라는 것이었는데, 즉 대가사大袈裟를 금衾(入棺할 때 시체 위에 덮는 이불)으로 덮어주고 머리와 손발

---

166) 《道藏》第23冊, 天津古籍出版社1988年版, 第646頁.[원문: 凡質像所結, 不過形神. 形神合時, 是人是物. 形神若離, 則是靈是鬼. 其非離非合, 佛法所攝. 亦離亦合, 仙道所依.]

167) (南朝梁)陶弘景 :《眞誥》, 中華書局1985年版, 第75, 37頁.[원문: "譬如磨鏡, 垢去明存, 即自見形, 斷六情守空淨, 亦見道之眞", "貪欲恚怒愚癡之毒, 處人身中, 不早以道除斯禍者, 必有危殆", "神爲度形舟, 薄岸當別去, 形非神常宅, 神非形常載, 徘徊生死輪, 但苦心猶豫".]

을 가려주고, 도인道人과 도사道士가 좌우에서 경야經夜(棺 곁에서 밤새는 일)를 해달라는 것이었다. 제자들은 그의 유언대로 해주었다고 한다. 이렇게 불타佛의 제자라고 자처하는 고명한 도사高道는 그 전에는 있은 적이 없다. 그는 유가도 숭상하고 있었는데, 예컨대 충효忠孝의 도道를 신선으로 되는 경로로 삼고 있었다.

> 무릇 지극히 충성하고 지극히 효도하는 자는 죽은 후에 모두 삼관서三官書(도교에서 三官은 즉 天官, 地官, 水官임)를 받고 지하의 주인으로 된다. 백사십년 지하신선神仙으로 되는 가르침을 받는데, 이동안 대도大道를 가르쳐준다. 이로부터 점차 더 나아가서는 선관仙官으로 보충된다.[168]

또 『중용中庸』 주注를 가지고 도道와 성性의 관계를 논한다.

> 이는 사람이 자연과 감응하면서 도道의 기운炁과 합쳐지는 것을 말한다. 그리하여 하늘의 명天命을 성性이라 이르고, 성을 따르는 것을 도라고 이르고, 도를 닦는 것을 가르침敎이라고 이른다.[169]

도홍경은 도교 발전사에서 또 하나의 거대한 공헌이 있었다. 그것인 즉 『진령위업도眞靈位業圖』에서 하나의 전례 없던 신선神仙 체계를 구축한 일이다. 이 체계에서는 원시천존元始天尊을 최고의 존신尊神으로 삼고 있었고 또 모든 신선들을 등급에 따라 일곱 개 중위中位로 나누고, 중위마다 주신主神을 한 명 배치했다. 그다음 좌위左位, 우위右位를 배치했는데, 어떤 경우에는 여진위女眞位, 산위散位, 지선산위地仙散位 등을 증설하기도 했다. 이 체계에 전설 속의 신선과 도사高道 약 400~500명을 몇 계층으로 나누어 배치시켜 신선의 세계를 구축했

---

168) (南朝梁)陶弘景:《眞誥》, 中華書局1985年版, 第204, 205頁.[원문: 夫至忠至孝之人, 既終皆受書爲地下主者, 一百四十年乃得受下仙之敎, 授以大道, 從此漸進, 得補仙官.]
169) (南朝梁)陶弘景:《眞誥》, 中華書局1985年版, 第57頁.[원문: 此說人體自然, 與道炁合, 所以天命謂性, 率性謂道, 修道謂敎.]

던 것이다. 또한 이로부터 후일 '삼청신三淸神'을 최고의 신으로 섬기는 신선 신앙 체계가 형성되었던 것이다.

제3절 불교의 궐기와 융회融會 중 발전

불교는 양진 남북조 시기, 신속하게 궐기하고 또 날로 창성했다. 그 원인은 아래와 같은 몇 가지로 개괄할 수 있겠다. 첫째, 동한 이래, 경經을 번역하는 사업이 지속적으로 착실하게 진행되고 있었는데, 그 시간은 수백 년에 달했다. 그 사이, 대승불교와 소승불교 경전이 육속 중국어로 번역되어 나왔고 또한 그리하여 불교는 중국사회 각 계층에서 널리 전해지게 되었다. 이는 외래 불교 문화가 중국사회에 깊이 스며드는 전제 조건이었다. 양진 남북조 시기에 접어 들어 경經을 번역하는 사업은 또 더 큰 발전이 있었는데, 이렇게 불교가 중국에 서 유행하는 그 기반을 더욱 튼튼히 다지게 되었던 것이다. 둘째, 서진 때 짧은 기간의 통일이 있은 후, 중국은 비교적 긴 분열의 시기에 처해 있었다. 이 시기 는 전란戰亂이 그치지 않고, 사회가 불안정하여, 백성들은 평안하게 생활할 수 가 없었는데, 그리하여 많은 사람들은 불교 신앙에서 마음의 고통을 달래고 정신적 안위를 찾으려고 갈망하고 있었다. 권력자 계층도 늘 빈번한 권력 교체 로 인하여 불안한 심리상태에 처하여 있었는데, 그들 역시 불교로 마음을 달래 고 취약한 심리를 지탱하는 것이 필요했다. 불교는 이렇게 사회 전반의 질서를 안정시키는 중요한 종교로 등장했고, 전례 없는 대발전의 기회를 영유하게 되 었던 것이다. 셋째, 위진 현학은 학리學理적으로 풍부한 축적이 있었고 또한 지대한 영향력을 가지고 있었다. 이는 도가에서 유가를 융회融會하는 본보기를 보여주었을 뿐만 아니라 또한 한나라 유가의 경험주의 인륜일용人倫日用 차원 을 초월하여 중국인들의 추상적 사유수준을 지극히 승화시켜 주었고, 사람들이 대도大道를 깨닫는 원리와 방법을 체득하게 해주었다. 그리하여 철리형哲理型 불교 교의를 받아들이는 중요한 교량으로 역할하게 되었던 것이다. 이는 불교

경전의 번역과 해석에서 처음부터 짙은 현학적 색채를 지니게 만들었고, 동시에 불교가 순조롭게 중국인들의 정신생활에 스며들어오게 해주었다. 넷째, 불교 교의敎義의 독특한 철리성哲理性은 중국 지식인 계층에서 거대한 흡인력과 매력이 있었다. 그리하여 서역西域의 승려들이 동쪽으로 넘어온 지 얼마 안 되어, 중원中原 지역에는 수많은 고승高僧들이 잇달아 출현했는데, 이들이 즉 불학을 중국에서 크게 발전시킨 핵심 역량이었다. 이들은 중화中華 전통 문화와 사회 상황을 잘 알고 있었는바, 그리하여 재빨리 중국 중원지역에서 불교를 전파하는 주력군으로 등장하게 되었던 것이다. 이들은 덕망이 높고 호소력도 컸고 또 그 당시 현실 상황에 결부하여 중국인들이 익숙한 용어로 경經을 강론할 수 있었다. 민중들은 그들의 강론을 듣고 친절하게 느꼈고 또한 알아듣기도 쉬웠는바, 그리하여 사회 각 계층의 수많은 인사들이 신속하게 불교에 다가설 수 있었던 것이다.

1. 불경佛經 번역과 불교 전파 규모의 확대

조위曹魏 때 영천潁川 사람 주사행朱士行이 한토漢土(중국땅) 사문沙門의 일인자였다. 그는 중국에서 친히 서역에 가서 불법佛法을 구해온 첫 사람이기도 하다. 일찍 사문에서 경經을 강론했는데, 다른 사람이 이미 번역한 『반야경般若經』이 마음에 들지 않아 감로甘露 5년(260년) 장안長安에서 떠나 멀리 서쪽으로 사막과 황야를 지나 위티엔於闐(불교국가, 현재 중국 新疆 和田 일대)에 가서 범본梵本 『방광반야경放光般若經』을 구했다. 조금 지나 서진 때, 제자를 파견하여 이 경經을 낙양洛陽에 보냈고, 이어서 축숙란竺叔蘭, Kushulan, 무라의無羅義, Mokṣala 등 사람들이 이 책을 중국어로 번역했다. 그 후, 이 번역본은 재빨리 경성京華에서 유행했는데, '반야경般若經'을 강습하는 일이 한 시기 풍조로 되어졌었다.

삼국 시기, 오吳나라 지역에는 지겸支謙(支讖의 재전제자임)이 있었는데, 그는 대승불교 및 소승불교 경전을 모두 36부 번역했다. 여기에는 『유마힐경維摩詰經』, 『대아미타경大阿彌陀經』, 『법구경法句經』 등도 포함된다. 특히 그는 불경經

의 함의를 중국어로 표현하는데 아주 뛰어났었는데, 그리하여 대승불교가 중국 사회에서 더 용이하게 보급될 수 있었다.

오나라 지역의 승려 강승회康僧會는 안세고安世高(An Sego)의 소승선학小乘禪 學 체계를 이어받았는데, 번역한 불경 가운데 현존하는 것으로는 『육도집경六 度集經』이 있다. 이 경經은 '육도六度(즉 布施, 持戒, 忍辱, 精進, 禪定, 智慧 등 여섯 가지 해탈 방법)'에 따라 6장 체계로 나누었고, 불본생고사佛本生故事(부처님의 전생 에 관한 이야기)를 가지고 보살행菩薩行의 의미와 도리를 설명했다. 그 특색은 유가와 도가 학설을 가지고 불법을 해석한 것이다. 예를 들면, 늘 '측은지심惻隱 之心', '인의지심仁義之心' 등 용어를 가지고 불법을 설명하고 있었고, 또 "하늘 의 목자로서 백성을 기르는 일은 마땅히 어진 도道를 가지고 행해야 한다."[170] 라고 하기도 한다. 또 '효孝를 다할 것'을 강조하고 있었는데, "예를 들면, 유람 維藍이 앞에서 한 보시와 여러 현인과 성인들에게 밥을 대접한 일은 자신의 어버이에게 효도하고 어버이를 잘 섬기는 것보다 못하다."[171]라고 한다.

탕용동은 이렇게 지적한다.

지겸支謙, 강승회康僧會는 서역西域인들인데 중국에서 태어났고, 그래서 중화 문화의 교화를 깊이 받았다. 불경 번역에서 고상하고 우아할 것을 숭상했는데, 그래서 늘 중화中華의 아름다운 말과 이론을 가져다 번역본에 섞어 넣었다. 그러 므로 그들의 학설은 모두 순수 서역西域의 불교 학설이 아니다. 모자도 『노자』, 『장자莊子』의 말에서 취하여 불리佛理를 밝혔었는데, 승회僧會의 『안반安般』, 『법 경法鏡』의 이서二序 역시 『노자』, 『장자莊子』의 명사와 전고典故를 상당히 많이 가져다 활용했다. 같은 시기 『음지입경주陰持入經注』도 있었는데, 읽어보면 특히 서방과 중하中夏(즉 중국) 사상이 점차 합쳐지고 있었음을 느낄 수 있다. 혜강, 완 적이 활용했던 이론 역시 이 책에서 상당히 많이 찾아볼 수 있다. 안세고安世高, 강승회康僧會의 학설은 양생養生하는 일과 신선神仙이 되는 일을 많이 다루고 있 었다. 지참支讖, 지겸支謙의 학설은 신神과 도道의 합치를 주로 다룬다. 전자는

---

170) 蒲正信注 :《六度集經》, 巴蜀書社2001年版, 第314頁.[원문 : 爲天牧民, 當以仁道.]
171) 蒲正信注 :《六度集經》, 巴蜀書社2001年版, 第105頁.[원문 : 又如維藍前施及飯諸賢聖, 又 不如孝事其親.]

도교에 가깝고, 위로는 한나라 불교를 이어받았다. 한편, 후자는 현학과 흐름을 같이 하고 있었는데, 양진 이후 유행하던 불학이 즉 이 두 갈래를 이어받은 것이다. 이를 분명히 알게 되면 중국에서 불교의 현학화玄學化는 이때부터 시작되었음은 사실 의심할 바 없겠다.[172]

양진兩晉이 바뀌던 시기, 불경을 번역한 명승名僧은 상당히 많았다. 예를 들면, 축법호竺法護, Dharmaraks!a는 경經을 모두 175부(『개원석교록開元釋敎錄』) 번역했고, 그를 따라 공부한 제자는 천여 명에 달했다. 그가 번역한 『정법화경正法華經』, 『광찬반야경光讚般若經』 등은 중토中土(중국 중원 지역)에서 심원한 영향을 끼쳤는데, 양나라 승우僧祐는 이를 이렇게 평가했다. "경법經法이 중화中華에서 널리 유행했던 것은 호護(즉 竺法護)의 노력 덕분이었다."[173] 축숙란竺叔蘭, Moksala도 경經을 여러 부 번역했는데, 현존하는 것으로는 『방광반야경放光般若經』이 있다. 이 경은 청담명사淸談名士들 사이에서 널리 전해졌었다. 백법조帛法祖(즉 帛遠)는 『수릉엄경首楞嚴經』에 주注를 달았고, 『보살수행경菩薩修行經』, 『불반니원경佛般泥洹經』 등 불경을 모두 16부 번역했고, 제자도 아주 많았다. 그는 도사 왕부王浮와 불교와 도교의 우열에 관해서 논쟁을 했는데, 결과 이겼다고 한다. 주사행朱士行이 서역西域에 가서 경을 구한 일을 이어서, 십육국十六國 시기에는 또 법현法顯이 서역으로 가서 불법을 구해왔다. 그는 천축天竺을 거쳐 사자국獅子國(스리랑카)까지 갔었는데, 선후로 모두 14년이 걸렸다. 돌아올 때는 범본梵本 율장律藏과 약간의 소승경론小乘經論을 가지고 왔고, 귀국 후에는 남쪽으로 건강建康(오늘의 南京)에 가서 불타발타라佛馱跋陀羅, Buddhabhadra와 함께 『니원경泥洹經』, 『마하승지율摩訶僧祇律』, 『대반열반경大般涅槃經』 등 경전을 번역했다. 저서로는 『불국기佛國記』가 있는데, 이 책은 중국과 인도 문화교류사에서 중요한 역사 자료로 남겨졌다.

남북조 시기, 남조에는 각현覺賢, Buddhabhadra이 있었는데, 그는 법현法顯과

---

172) 湯用彤:《漢魏兩晉南北朝佛敎史》, 北京大學出版社2011年版, 第80-81頁.

173) (南朝梁)慧皎, 湯用彤校注, 湯一玄整理:《高僧傳》, 中華書局1992年版, 第23頁.[원문: 經法所以廣流中華者, 護之力也.]

함께 『승지율僧祇律』 40권을 번역했고 또 『화엄경華嚴經』, 『무량수경無量壽經』
도 번역했다. 천축天竺의 승려 구나발타라求那跋陀羅, Gun·abhadra도 『잡아함경雜
阿含經』 50권, 『소무량수경小無量壽經』 한 권을 번역했다. 양梁나라와 진陳나라
가 바뀌던 시기에는 서역西域의 승려 진제諦, Paramārtha가 중국에 와서 무저無
著, Asanga, 세친世親, Vasubandhu의 대승大乘 유가행학파瑜伽行學派의 학설을 전
했고, 경론經論(즉 불교 經藏과 論藏)과 기전記傳 300여 권을 번역했다. 그의 학설
은 수당 시기에 이르러 크게 빛을 발했다. 사람들은 그와 쿠마라지바鳩摩羅什,
Kumārajīva, 현장玄奘을 삼대三大 번역가로 칭송하고 있었다. 북조 때 경을 번역
하던 학자들로는 또 담요曇曜, Tanyao, 달마유지達磨流支, Dharmaruci, 보리유지菩
提流支, Bodhiruci, 늑나마제勒那摩提, Ratnamati, 구나발타라求那跋陀羅, Gunabhadra 등
이 있었다.

양진 남북조 시기, 중토中土에서 경經을 번역하고 제자들을 가르치는 데서
영향력이 가장 컸던 이는 아마도 쿠마라지바 대사大師일 것이다. 쿠마라지바는
어려서부터 오성悟性이 뛰어났었다. 성인이 된 후, 신앙과 학문을 소승불교로부
터 대승불교로 바꿨고, 구자龜玆에서 저명한 불교 대사로 명성이 높았다. 그는
지식이 연박하고, 사상이 심오했는데, 주변 여러나라들에서 모두 그의 뛰어난
재능을 인정해 주고 있었다. 그의 "도道는 서역西域에서 흘렀는데, 그의 이름은
동쪽 강물을 뒤덮었고"[174], 마침내 그의 명성은 중원中原에까지 전해 들어왔다.
그리하여 도안道安 대사가 전진前秦의 임금 부견苻堅에게 그이를 중국에 모셔올
것을 건의했던 것이다. 후일 부견은 여광呂光을 파견하여 구자龜玆를 정복하게
했고, 그리고는 곧 쿠마라지바를 양주涼州에 모셔 왔다. 그러나 전후로 17년
동안 그를 등용하지는 못했다. 그 당시, 여광은 한 켠에 할거割據하고 있으면서
간신히 목숨을 부지하는 상황이라 다른 일에 신경을 쓸 새가 없었던 것이다.
그 사이, 쿠마라지바는 나이가 41세로부터 58세를 넘겼고, 한편 사상은 더 성숙
되고 조예는 더 깊어졌다. 하지만 그때까지는 동방으로 건너와서 불법을 전하

---

174) (南朝梁)慧皎, 湯用彤校注, 湯一玄整理 : 《高僧傳》, 中華書局1992年版, 第49頁.[원문 : 道
流西域, 名被東川.]

려는 큰 뜻宏願은 이루지 못했는데, 즉 그는 "깊은 뜻을 속에 숨기고 있었고, 불타의 진리를 널리 펼치지는 못했다."175) 후일, 후진後秦의 임금 요흥姚興이 요석덕姚碩德을 파견하여 양주凉州를 정복하고 여륭呂隆을 공략하고서 쿠마라지바를 관내關內에 모셔 왔다. 요흥姚興은 그를 국사國師로 모시고서 예의를 갖춰 그를 존경해주었고, 그로부터 허심하게 가르침을 받았다. 요흥은 또 국가 차원에서 쿠마라지바에게 역경譯經 장소를 제공해주고, 그가 대규모적인 역경 사업을 추진할 수 있도록 협조해주었다. 또 내지內地에서 가장 뛰어난 명승名僧들을 파견하여 쿠마라지바의 역경 사업을 돕게 했다. 그들은 "학문과 문장文章이 모두 지극히 훌륭했고"176), 그때 "삼천 명의 고승대덕들이 한 곳에 함께 머무르면서, 요진천왕姚秦天王의 공양을 받았다."177) 혜교慧皎는 『고승전高僧傳』에서 "흥姚興은 사문沙門의 승계僧契, 승천僧遷, 법흠法欽, 도류道流, 도항道恒, 도표道標, 승예僧睿, 승조僧肇 등 800여 명이 쿠마라지바의 깊은 뜻을 이어받게 했다."178)라고 한다.

쿠마라지바는 장안長安에서 12년(일견 8년이라고도 함)동안, 불교 경론徑論을 모두 35부部 294권 번역했는데(僧祐의 『出三藏記集』에 따르면), 이로부터 대승중관학大乘中觀學이 중토中土에서 크게 흥성했다. 그 후에야 대승大乘 『법화경法華經』, 『아미타경阿彌陀經』, 『금강반야경金剛般若經』, 『대품반야경大品般若經』, 『성실론成實論』, 『삼론三論』 등 불교 경전의 양질의 번역본이 중국에서 전례 없이 유포되었다. 후세의 삼론종三論宗, 천태종天台宗, 정토종淨土宗, 선종禪宗 등 종파도 모두 쿠마라지바가 새로 번역하거나 혹은 다시 번역한 경론에서 큰 도움을

---

175) (南朝梁)慧皎, 湯用彤校注, 湯一玄整理 : 《高僧傳》, 中華書局1992年版, 第51頁.[원문 : 蘊其深解, 無所宣化.]

176) 湯用彤 : 《漢魏兩晉南北朝佛敎史》, 北京大學出版社2011年版, 第166頁.[원문 : 學問文章, 均極優勝.]

177) 《高麗大藏經》第56冊, 線裝書局2004年版, 第538頁.[원문 : 三千德僧同止一處, 共受姚秦天王供養.]

178) (南朝梁)慧皎, 湯用彤校注, 湯一玄整理 : 《高僧傳》, 中華書局1992年版, 第52頁.[원문 : 興使沙門僧契, 僧遷, 法欽, 道流, 道恒, 道標, 僧睿, 僧肇等八百餘人, 諮受什旨.]

얻고 일떠선 것이다. 쿠마라지바의 공적은 아주 거대했다고 하겠다.

쿠마라지바는 경을 번역하는 동시에 또 경의經義도 강론했고, 저술도 많이 했다. 그의 문하門下에서는 불문佛門의 수재들도 많이 배출되었다. 그 가운데 걸출한 자로는 승예僧睿가 있었는데, 요흥姚興은 그를 찬양하여 '사해표령四海標領(세상의 본보기)'이라 했다. 또 승조僧肇가 있었는데, 그는 관보關輔(京畿 지역)에서 명망이 아주 높았고, 『조론肇論』을 저술하여 '삼론의 조상三論之祖'으로 추앙받았다. 또 도생道生이 있었는데 관중關中의 승려들은 모두 그를 신의 깨달음神悟을 얻은 '열반의 성인涅槃之聖'이라 칭했다. 그 당시, 학도들은 수만리 밖에서 구름처럼 모여들었고, 장안長安은 드디어 전국 불교 학술의 중심지로 되어졌다. 혜예慧睿는 "관중이 번화했던 10여 년, 아마도 대법大法(즉 佛法)이 흥성했던 일이 최고일 것이다."[179]라고 한다.

쿠마라지바가 역경 사업에서 거둔 거대한 성취는 사람들에게 이런 도리를 가르쳐주었다. 즉 이질적 문화의 교류에 있어서, 첫째, 선善을 구하고자 하는 성심誠心이 있어야 하고, 현자를 찾아가서 가르침을 받고 현자를 모셔 와서 배워야 하고, 성실하게 꾸준히 진리를 추구해야 한다. 둘째, 대사大師급 학자들이 인솔하고 본보기를 보여주어야 한다. 셋째, 경전의 질 높은 번역본이 있어야 한다. 넷째, 엘리트 집단이 깊이 참여해 들어가야 한다. 다섯째, 사회 각 계의 관심과 지지가 있어야 한다.

쿠마라지바의 성공은 요흥姚興의 대폭적인 지지와 갈라서 논할 수 없겠다. 요흥은 참말로 한 세대 명군明君이었다. 그는 유가와 불가 학설을 모두 깊이 탐구했고, 높은 문화 소양과 너그럽게 사람을 대해주는 아량을 갖추고 있었고, 고승대덕高僧大德을 예우할 줄 알고 그들을 존중해 줄 수 있었다. 『고승전高僧傳』에서는 이렇게 말한다.

흥姚興은 불도佛道가 심오하고 또 선한 일을 많이 한다고 보고 있었다. 그래서

---

179) (南朝梁)僧祐:《出三藏記集》, 蘇晉仁, 蕭煉子點校, 中華書局1995年版, 第234頁.[원문: 關中洋洋十數年中, 當是大法後興之盛也.]

이를 고해苦海에서 헤어 나오는 다리良津로, 세상을 다스리는 큰 준칙洪則으로 받들고 있었다. 그리하여 뜻은 구경九經(즉 九部經)에 기탁하고, 마음은 십이十二 (즉 十二部經)에서 노닐었다.[180]

　그는 재위在位 22년 간, 문덕文德으로 다스리고 교화하는 일을 지극히 중요시 했고, 학자들을 아주 존중해 주었다. 천수天水의 강감姜龕, 동평東平의 순어기淳 於岐, 풍익馮翊, 곽고郭高는 모두 덕망이 높은 석학들이었고, 경經에 밝고 행실이 바른 대사들이었다. 그들은 모두 장안長安에서 열심히 학문을 가르쳤는데, 각자 수백명의 제자들을 두고 있었다. 그때, 멀리서 공부하러 장안에 찾아온 학생은 무려 수만 명에 달했다. 요흥姚興은 정사政事를 보는 바쁜 와중에도 틈 만 있으면 강감姜龕 등 학자들과 도예道藝를 논했고, 명名과 이리理의 문제를 토론 했다. 또한 관위關尉(벼슬직)들에게 칙령을 내려 이르기를, "학도들이 도예道藝 를 묻고 학문을 닦으려고 찾아온다면, 왕래와 출입을 일반 규정에 따라 제한하 지 말라."[181]고 했다. 그리하여 학자들은 아주 적극적이었고 지식인들의 풍모 는 일신했다고 한다. 그는 또 "명을 내려 온 나라郡國에서 재해 때문에 스스로 몸을 팔아 노비로 된 자는 모두 양인良人으로 회복해주었다."[182] 지방 관리官吏 들이 스스로 판결을 내릴 수 없어 올려온 소송에 대해서는 늘 몸소 판결에 참여했는데, "그때 억울하게 감방에 갇힌 자가 없었다."[183] 그는 군정대사軍政 大事를 처리함에 아주 현명했고 방략方略이 아주 많았다. 친인척과 측근들을 엄격히 단속했고, 상과 벌은 분명하게 내렸었고, 어질고 유능한 자를 선발하여 등용했고, 인재를 천하에서 널리 끌어 모았다. 지혜가 있고 재능이 있고 착善한 일을 많이 한 자는 모두 급별을 뛰어넘어 진급할 수 있었고, 절로 찾아와 몸을

180) (南朝梁)慧皎, 湯用彤校注, 湯一玄整理:《高僧傳》, 中華書局1992年版, 第52頁.[원문: 興 以佛道沖邃, 其行爲善, 信爲出苦之良津, 禦世之洪則, 故托意九經, 遊心十二.]

181) (唐)房玄齡等:《晉書》, 中華書局2000年版, 第1997頁.[원문: 諸生諮訪道藝, 修己厲身, 往 來出入, 勿拘常限.]

182) (唐)房玄齡等:《晉書》, 中華書局2000年版, 第1998頁.[원문: 班命郡國, 百姓因荒自賣爲奴 婢者, 悉免爲良人.]

183) (唐)房玄齡等:《晉書》, 中華書局2000年版, 第1998頁.[원문: 於時號無冤滯.]

기탁하려는 진晉나라 관리들도 모두 예의를 갖춰 존중해주었고, 재능을 헤아려 등용했다. 대신人臣 양희粱喜가 그 당시 현명한 자가 별로 없다고 말했을 때, 요흥姚興은 그를 이렇게 나무랐다. "경卿이 인재를 보아내는 안목이 없고, 찾아서 불러들이지 못했음을 스스로 반성해보아야지, 어찌 이런 식으로 온 세상을 무함할 수 있겠는가."184) 요흥은 유가 학설로 나라를 다스렸고, 불가 학설로 선善을 선양했다. 또한 사회관리 실천에서 성공적으로 유가와 불가를 결합하여 활용했다. 요흥은 또 쿠마라지바의 경을 번역하는 역경譯經 사업과 불법을 널리 전하는 일弘法을 대폭적으로 지지해주었고, 우월한 조건을 마련해주었다. 요흥은 명실 공히 중국 유학과 중국 불교의 대 공신功臣이었다.

2. 사회의 상층계급과 다민족 지역에서의 불교 신앙 확산

동진東晉 이후, 불교는 사회 각 계층에서 널리 전해졌었는데, 제왕帝王과 경사卿士(고관대작)들로부터 평민백성에 이르기까지, 불교를 신봉하는 자들이 갈수록 늘고 있었다. 『고일사문전高逸沙門傳』에서는 "원제元帝와 명제明帝는 마음은 현허玄虛에서 노닐고 있었고, 정情은 불도佛道에 기탁하고 있었다."185)라고 한다. 사실 그들은 현학을 좋아하던 데로부터 불법을 숭상하는 데로 나아갔었다. 습착치習鑿齒의 『치도안서致道安書』에서는 명제明帝는 "손으로는 여래如來의 모습을 그리고, 입으로는 삼매三昧의 뜻을 음미했다."186)라고 한다. 명사名士들 가운데서, 은호殷浩는 "관직에서 파면당한 후, 동양東陽에 이주해서 불경을 많이 읽었는데, 이에 모두 깊은 이해가 있었고"187), 손작孫綽은 『유도론諭道論』

---

184) (唐)房玄齡等 :《晉書》, 中華書局2000年版, 第2013頁.[원문 : 卿自識拔不明, 求之不至, 奈何厚誣四海乎.]

185) (南朝宋)劉義慶, (南朝梁)劉孝標注 :《世說新語詳解》, 上海古籍出版社2013年版, 第206頁.[원문 : 元, 明二帝, 遊心玄虛, 托情道味.]

186) (南朝梁)僧祐, (唐)道宣 :《弘明集 · 廣弘明集》, 上海古籍出版社1991年版, 第78頁.[원문 : 手畫如來之容, 口味三昧之旨.]

187) (南朝宋)劉義慶, (南朝梁)劉孝標注 :《世說新語詳解》, 上海古籍出版社2013年版, 第152頁.[원문 : 被廢, 徙東陽, 大讀佛經, 皆精解.]

에서 인과응보因果應報를 믿는 일을 논했고, 극초郗超도 『봉법요奉法要』에서 불법에 대해 많이 논했다. 북방 십육국十六國은 대부분 소수민족 정권이었는데, 불교의 수용은 한족漢族 정권보다 더 용이했다. 후조後趙 석륵石勒은 갈족羯族이었는데, 그는 아들 석호石虎와 함께 서역의 승려 불도징佛圖澄(Fotudeng)을 존경하여 스승으로 모셨었고, 또 친인척과 측근 그리고 제공諸公들에게 명을 내려 그를 특별히 예우하고 공경하라고 지시했다. 한편, 불도징은 불교의 자비慈悲설로 석륵石勒과 석호를 설복하여 잔포함을 줄이게 했다. 그때, 나라에서는 위와 아래 모두 불교를 신봉하고 있었고, 지역마다 앞다투어 사찰을 세웠고, 사람들은 너도나도 출가하여 승려로 되었는데, 나중에는 진짜와 가짜 승려를 분간하기 어려울 정도로 몹시 혼잡했다. 그리하여 석호는 또 명을 내려 승려 무리들을 적당히 정리하고 줄이라고 했다. 그때, 중서中書(詔書를 관장하는 벼슬) 왕도王度는 글을 올려 이렇게 아뢰었다.

대저 왕은 천지에 교사郊祀를 지내고, 백신百神에게 제사를 지낸다고 제사 법전祀典에 기재되어 있습니다. 또 제사에는 음식을 갖춰 올리는 예의도 있습니다. 불佛은 서역에서 나왔는데, 외국의 신이라 공덕이 백성들에게 베풀어지지 않습니다. 그러니 천자나 온 나라 백성들이 제사 드리며 공경할 대상이 아니겠습니다. 옛날에 한나라 명제明帝가 꿈에 불佛을 본 다음, 그 도道가 전해지기 시작했는데, 그때는 오로지 서역 사람들만 도읍에 사찰을 세우고, 그 신을 섬길 수 있었다고 들었습니다. 한편, 한인漢人들은 모두 출가할 수 없었다고 합니다. 위魏나라는 한나라 제도를 이어받았고, 역시 전례를 따르고 있었습니다. 조趙나라 사람은 누구도 사찰에 찾아가 향을 사르고 예배를 올리지 못하게 하십시오.[188]

석호石虎는 조서를 내려 이렇게 말했다.

도왕度가 말하기를, 불佛은 외국의 신이라서 이 나라의 천자나 백성들이 섬기

---

188) (南朝梁)慧皎, 湯用彤校注, 湯一玄整理 : 《高僧傳》, 中華書局1992年版, 第352頁.[원문 : "夫王者郊祀天地, 祭奉百神, 載在祀典, 禮有常饗. 佛出西域, 外國之神, 功不施民, 非天子諸華所應祠奉. 往漢明感夢, 初傳其道, 唯聽西域人得立寺都邑, 以奉其神, 其漢人皆不得出家. 魏承漢制, 亦修前軌", "可斷趙人悉不聽詣寺燒香禮拜".]

기에는 적합하지 않다고 했다. 짐朕은 변방에서 태어나 분수에 넘게 한 시기 천운天運을 얻고서 화하華夏 땅에 군림君臨했다. 음식을 갖춰 올리는 제사에 있어서는 마땅히 본토 풍속을 따라야 할 것이나 불佛은 융戎(서쪽 오랑캐)의 신이니, 마땅히 더 잘 섬겨야 하겠다.189)

이로 보면 불교는 보편적으로 수용할 수 있는 종교로서 서융西戎과 화하華夏를 분간하지 않고 널리 전해졌었는데, 이는 북방 소수민족이 전체 중화민족 공동체에 융화되어 들어오는 과정을 촉진시켰다고 하겠다. 후일 요진姚秦(羌族임)이 관중關中을 점거하고, 북량北涼(沮渠氏, 흉노족)이 농서隴西에 나라를 세우고서는 모두 불법을 높이 받들고 있었다.

남조 각 조대朝代의 제왕과 사인士人들은 모두 유儒와 현玄을 좋아했고 겸하여 불교도 믿고 있었다. 풍기로 말하자면, 의리義理의 강론과 개념의 변별 및 분석을 중요시하고 있었다. 송문제宋文帝는 대신大臣들과 불교의 효용성을 논할 때 이렇게 말했다. "만약 온 나라 백성을 모두 이것으로 교화하여 순수하게 만든다면 나는 앉아서 태평성세를 이루게 될 것이다. 내가 무슨 일을 더 하겠는가."190) 제나라 고제高帝와 무제武帝는 유송劉宋 때 못지않게 불교를 숭상하고 있었다. 무제 때, 문혜태자文惠太子와 경릉왕竟陵王 소자량蕭子良은 불교를 일떠세운 공적으로 세상에 널리 알려져 있다. 그들은 늘 명사名士와 명승名僧들과 함께 불교 이치를 탐구했고, 불경 강론 대회를 조직했고, 각종 재회齋會를 열었고, 자선慈善사업을 많이 추진했다. 『남제서南齊書』에서는 그들이 "명승名僧들을 불러 불법을 강론하게 하고, 경패신성經唄新聲을 만들게 했다. 불도는 속세에서 아주 흥성했는데, 강좌江左(양자강 하류 동남쪽)에는 있은 적이 없는 일이다."191)라고 한다. 양무제 소연蕭衍은 유·불·도 삼교를 모두 깊이 탐구했고,

---

189) (南朝梁)慧皎, 湯用彤校注, 湯一玄整理：《高僧傳》, 中華書局1992年版, 第352頁.[원문：度
    議雲：佛是外國之神, 非天子諸華所可宜奉. 朕生自邊壤, 忝當期運, 君臨諸夏. 至於饗祀,
    應兼從本俗. 佛是戎神, 正所應奉.]

190) (南朝梁)僧祐, (唐)道宣：《弘明集·廣弘明集》, 上海古籍出版社1991年版, 第70頁.[원문：
    若使率土之濱皆純此化, 則吾坐致太平, 夫復何事.]

특히 불교를 높이 받들고 있었다. 그는 『사사이로도법조舍事李老道法詔』를 반포하여 도교를 버리고 불교를 신봉할 것을 정식으로 선포했다. 여기서 그는 "공경公卿과 백관百官, 후왕侯王의 종족宗族들은 마땅히 거짓된 것을 멀리하고 참된 것을 가까이하고, 사악한 것을 버리고 올바른 것에 들어가야 한다."[192]라고 했다. 이렇게 불교를 거의 국교國敎로 부상시켰던 것이다. 그는 또 세 번이나 동태사同泰寺에 사신捨身했고, 출가하여 불타의 참제자가 되겠다고 맹세했다. 또 『단주육문斷酒肉文』을 만들어 계율戒律을 엄격히 정했고, 중국 불교에서 소식素食하는 새 제도를 세웠었다. 그는 또 역경譯經 사업을 대폭적으로 지지하고, 친히 불법 강론에 참여하고, 논기論記도 많이 저술했다. "특히 불교 경전을 깊이 탐구했는데, 『열반涅槃』, 『대품大品』, 『정명淨名』, 『삼혜三慧』 등 경經에 작성한 의기義記(함의를 해석한 글)는 무려 100권이 넘었다."[193] 또 불교 사찰을 많이 일떠세우고, 불상을 많이 만들고, 대형 법회도 많이 열었다. 통계에 따르면 그때 사찰은 도합 2846개(소)였고, 비구와 비구니는 모두 8만여 명에 달했다고 한다. 이렇게 불교가 남조 때 전성기를 누리게 되었던 것이다. 그 당시 명승 승우僧祐는 『출삼장기집出三藏記集』을 저술했는데, 이 책은 현존하는 가장 이르고 가장 완전한 경록經錄으로서 아주 가치 있는 역사자료집이다. 그가 편찬한 『홍명집弘明集』에는 삼교가 논쟁하던 역사자료와 문헌들이 수많이 수록되어 있는데, 이 책은 오랫동안 후세 사람들의 각광을 받았다. 혜교慧皎는 『출삼장기집出三藏記集』과 각종 승전僧傳에 근거하여 중국에서 처음으로 되는 한 부의 상당히 체계적인 『고승전高僧傳』을 저술했는데, 이 책은 중국 불교사에서 지극히 중요한 사서史書 자료로 남겨졌다.

북위北魏(拓跋氏) 태무제太武帝는 처음에는 불교를 받들고 있었으나 후일 최

---

191) (南朝梁)蕭子顥:《南齊書》, 中華書局1972年版, 698頁.[원문: 招致名僧, 講語佛法, 造經唄新聲, 道俗之盛, 江左未有也.]

192) (南朝梁)僧祐, (唐)道宣:《弘明集·廣弘明集》, 上海古籍出版社1991年版, 第116頁.[원문: 公卿百官, 侯王宗族, 宜反偽就眞, 舍邪入正.]

193) (唐)姚思廉:《梁書》, 中華書局2000年版, 第64頁.[원문: 尤長釋典, 制《涅槃》,《大品》,《淨名》,《三慧》諸經 義記, 復數百卷.]

호崔浩의 말을 듣고서 불법을 폐지하고, 승려들을 죽이고, 불상佛像과 경서經書를 모두 불살라버렸다. 그리하여 불교는 7년이나 피폐했다. 문성제文成帝가 즉위한 후, 불교는 북위에서 재빨리 부흥하게 되었는데, 그 발전 규모는 더 웅대했다. 문성제는 운강석굴雲岡石窟도 개착開鑿했다. 문성제는 조서詔書를 내려 이렇게 말했다고 한다.

대저 제왕들은 모두 현명한 신령明靈을 받들고 어진 도仁道를 현양했다. 그것이 백성들에게 혜택을 줄 수 있고, 만물에 이득을 줄 수 있는 것이라면 옛날에도 그것을 도덕교화의 첫 자리에 놓고 있었다. 그리하여 『춘추春秋』에서는 높고 밝은 예禮를 찬양하고, 제전祭典에는 공적을 크게 이룬 이들을 실었다. 하물며 석가釋迦 여래如來는 천하 만물을 구제했는데, 그 공덕과 은택은 인간 세상에서 흐르고 있다. 죽음을 기다리는 자는 그 달관達觀에 감탄하고, 글의 의미를 보는 자는 그 묘명妙明을 귀히 여긴다. 왕정王政의 금기와 법도에 도움이 되고, 인의와 지혜의 선성善性에도 이롭다. 또 모든 삿된 것을 배척하고 참된 깨달음正覺을 열어준다. 그러므로 전대로부터 숭상하지 않는 자가 없었고, 우리나라에서도 줄곧 높이 받들고 있었다.[194]

조서詔書에서는 또 태무제太武帝가 멸불滅佛한 원인은 불교 사찰에 간악한 무리들과 반역의 도당들이 숨어있었기 때문이라고 한다. 바꾸어 말하면 반불反佛은 아니라는 것이다.[195] 이 조서詔書는 위진 남북조 시기 집권자의 종교관, 불교관의 최고수준을 자랑한다고 하겠다. 첫째, 중화中華에서 나라를 다스리고 국정을 운영하던 역사 전통의 시각에서, 신령을 공경하여 섬기고 선조들에게 예의를 갖춰 제사 지내는 것은 '어진 도仁道를 현양하는' 필요한 조치라고 설명

194) (北齊)魏收:《魏書》第8冊, 中華書局1974年版, 第3035-3036頁.[원문: 夫爲帝王者, 必祇奉明靈, 顯彰仁道, 其能惠著生民, 濟益群品者, 雖在古昔, 猶序其風烈. 是以《春秋》嘉崇明之禮, 祭典載功施之族. 況釋迦如來, 功濟大千, 惠流塵境, 等生死者, 歎其達觀, 覽文義者, 貴其妙明, 助王政之禁律, 益仁智之善性, 排斥群邪, 開演正覺. 故前代已來, 莫不崇尚, 亦我國家常所尊事也.]

195) 참고 : (北齊)魏收:《魏書》第8冊, 中華書局1974年版, 第3025-3062頁.

했다. 둘째, 불타의 가르침은 온 세상에 혜택을 주고, 민중들에게 널리 이로움을 주고, 생生과 사死에 대해 달관하게 해주는데, 그 의리義理는 아주 고묘하고 또한 거대한 매력이 있다고 지적했다. 셋째, 불타의 가르침敎으로 정사를 돕는 그 의의 및 선善을 권장하고 덕德을 발양하는 그 역할을 확인했다. 즉 왕법王法에 있어서 '보조해주는' 역할이 있고, 유가의 도덕교화에 있어서 '도움'이 된다는 것이다. 이렇게 불교가 중화中華 사회와 생활에 있어서의 적절한 위치를 기본적으로 확정했던 것이다. 또한 이렇게 정치와 불교가 일체로 합쳐지거나 또는 정치로 불교를 탄압하는 극단적인 현상을 피하게 해주었던 것이다.

효문제孝文帝가 즉위해서는 불교를 부지扶持하는 동시에 관리를 강화했다. 출가한 자들의 인원수를 제한했고, 불교가 너무 범람하지 못하게 했다. 또『승제僧制』사십칠조四十七條를 제정하고, 감복조監福曹를 설립했다. 이 기구는 후일 소현昭顯으로 개정했고, 이 기구에 관리들을 배정하여 전문 승려들의 업무를 관장하게 했다. 이 시기 또 소실산小室山에 소림사小林寺도 세웠다. 그 후 몇 조대의 제왕들은 대체로 이를 따르고 있었고 또 얼마간 개혁도 있었다. 위나라 말에 이르러서는 "불경이 중국에 많이 흘러들어와 널리 유통流通했는데, 전적典籍은 무려 415부나 되었고, 합치면 모두 1919권이었다.", "대략 헤아리면 승려와 여승은 200만 명에 달했고, 사찰은 3만 여개 있었다."[196] 이때, 승려와 여승의 숫자는 중국불교사에서 고봉을 이루었는데, 하지만 모두 진정한 신도信徒는 아니었다. "정광正光 이후, 천하에는 우환이 많았고, 조정의 요역이 특히 지나쳤다. 그래서 호적에 등록된 평민들은 너도나도 불교를 믿는다는 핑계로 사문沙門에 들어와 요역을 피했다. 그 숫자나 난잡함은 중국에 불법이 전해 들어와서부터 있은 적이 없었다."[197] 사원寺院에 승려들이 잡다하게 모이면서 정부의 관리를 어렵게 만들었고, 이 또한 불교 교풍敎風에 있어서도 좋은 일은

---

196) (北齊)魏收:《魏書》第8冊, 中華書局1974年版, 第3048頁.[원문: "佛經流通, 大集中國, 凡有四百一十五部, 合一千九百一十九卷", "略而計之, 僧尼大眾二百萬矣, 其寺三萬有餘".]

197) (北齊)魏收:《魏書》第8冊, 中華書局1974年版, 第3048頁.[원문: 正光已後, 天下多虞, 王役尤甚, 於是所在編民, 相與入道, 假慕沙門, 實避調役, 猥濫之極, 自中國之有佛法, 未之有也.]

아니었다. 그러나 다른 한편, 불교 사찰은 고난에서 허덕이고, 의탁할 곳이 없는 자들에게 비호庇護의 장소를 제공해주었는 바, 이는 분명히 한 시기 중요한 자선慈善 사업이었다고 하겠다.

동위東魏 효정제孝靜帝는 명승名僧 담란曇鸞을 무척 존경하고 있었다. 서위西魏 문제文帝와 승상丞相 우문태宇文泰는 모두 불교를 좋아했고 불교를 크게 일 떠세웠었다. 북주北周 명제明帝도 불교를 받들고 있었다. 무제武帝는 한 시기 멸불滅佛했는데, 선제宣帝가 즉위해서는 불교를 다시 부흥시켰다. 요컨대 남북조 시기, 불교는 이미 국법國法 차원에서 정식으로 합법적 대교大敎로 자리매김 했고, 체제體制 차원에서는 승관僧官제도도 설립했다. 북조에는 사문통沙門統, 도인통道人統 또는 소현昭顯이라는 기구가 있었는데, 이 기구의 최고 승관을 승주僧主라고 칭했다. 남조에는 승사僧司가 있었는데, 주관主官을 승정僧正이라 칭했고, 사찰에는 사주寺主, 상좌上座, 유나維那가 있었다. 이렇게 내부와 외부 관리를 강화하고, 정치와 종교政敎 관계를 조정했던 것이다. 전체적으로 보면 이때 이미 정치를 주로 하고 종교佛敎를 보조로 하는 국가 관리 양식이 형성되었고, 정치와 종교政敎 관계에 있어서 그 주류는 대체로 화목했다.

그러나 예외도 있었다. 하나는 북위 태무제太武帝와 북주 무제武帝가 단기간 멸불滅佛한 일이고, 다른 하나는 양무제가 불교에 깊이 빠져 불교를 국가 이데 올로기 차원으로 높이 끌어올린 일인데, 양자 모두 나쁜 후과를 초래했다. 『양서梁書·무제기武帝紀』에서는 양무제를 극찬하고 있다. 그는 '유儒와 현玄을 통 달했고', 유교와 도교 강론 자료를 '무려 200여 권이나 만들었고, 선유先儒들의 헷갈림을 바로잡았고, 옛 성인의 뜻을 펼쳤고', '또 『통사通史』를 만들었고, 몸소 찬서贊序를 작성했는데, 무려 600권에 달했다.' 그는 '정무政務에 부지런했고, 게으름 없이 꾸준히 일을 했고', '숨어 있는 간악한 자들을 들추어 잡아냈고, 사회물정을 깊이 파악하고 있었는데', '역대의 제왕과 임금들을 두루 살펴보아도, 공손하고 검박하고 정중하고, 예능이 뛰어나고 박식하기를, 그와 비길 자는 극히 드물었다.'198)는 것이다. 그때의 사신史臣은 이렇게 말했다. 양무제는 '문학을 일떠세우고, 교사郊祀를 바로잡고, 오례五禮를 정리하고, 육율六律을 정했는데, 그는 온 세상의 일을 훤히 알고 있었고, 만 갈래 정무 처리에 조리가 분명했고, 안정한 다스림을 이루어 먼 곳은 평안하고 가까운 곳은 숙연했다.'199) 양무제는 재능이 많았고, 유학으로 나라를 다스렸고, 현명하고 근면하게 정무를 보았다. 이렇게 남조 양나라 때에는 사회가 안정되고, 민중들의 생활이 풍요롭고, 문화교육이 번영했는데, 그리하여 그는 사방에서 널리 칭송받고 있었던 것이다. 그러나 아쉽게도 그는 끝을 잘 맺지 못했다. 노년에는 시비를 잘 가르지 못했고, 충신忠臣과 간신奸臣을 분간하지 못했는데, 나중에는 결국 신하 후경侯景의 반군反軍에게 잡혀 태성台城에서 굶어죽었다. 당나라 위징魏徵은 그를 이렇게 평론한다. 양무제梁武帝는 '옛 일을 깊이 탐구하여 비추어보면서 시비도리에 아주 밝았고', '뛰어난 재능과 원대한 계략이 있었고', '공덕과 은택을 잘 베풀어 가까운 곳의 백성들이 달갑게 복종하고 멀리서 찾아와 귀순하려고 했고', '문화와 교육을 크게 진흥시켰었다.' '명성은 천하에 울려 퍼졌고, 은택은 멀리에까지 흘렀고, 병장기는 오랫동안 나돌지 않았는데, 그 기간은 수십 년이 넘었다. 위, 진 이래, 이렇게 흥성하던 모습은 없었다. 하지만 지엽적인 것을 버리고 근본적인 것에 힘쓰지 않고, 화려한 것을 버리고 소박한 것을 취하지 않고, 명예를 추구하는 일을 좋아하고, 실속 없이 겉치레만 좋아하고, 공자와 묵자는 내리까고, 석가와 노자에만 연연하고 있었으니'200), 나중에 결국 '제 명에 죽지 못하게 되었다.'201)는 것이다. 위징魏徵은 양무제가 끝을 잘 맺지 못했던 것은 '지엽적인 것을 버리고 근본에 힘쓰지 않고'202) 또 '명예를 추구하는

---

198) (唐)姚思廉：《梁書》, 中華書局2000年版, 第64頁.[원문: "凡二百餘卷, 並正先儒之迷, 開古聖之旨", "又造《通史》, 躬制贊序, 凡六百卷", "勤於政務, 孜孜無怠", "糾奸擿伏, 洞盡物情", "曆觀古昔帝王人君, 恭儉莊敬, 藝能博學, 罕或有焉".]

199) (唐)姚思廉：《梁書》, 中華書局2000年版, 第65頁.[원문: 興文學, 修郊祀, 治五禮, 定六律, 四聰既達, 萬機斯理, 治定功成, 遠安邇肅.]

200) (唐)姚思廉：《梁書》, 中華書局2000年版, 第100頁.[원문: "聰明稽古", "雄才大略", "布德施惠, 悅近來遠", "大修文教", "聲震寰宇, 澤流遐裔, 干戈載戢, 凡數十年. 濟濟焉, 洋洋焉, 魏, 晉已來, 未有若斯之盛. 然不能息末敦本, 斫雕爲樸, 慕名好事, 崇尚浮華, 抑揚孔, 墨, 流連釋, 老".]

201) (唐)姚思廉：《梁書》, 中華書局2000年版, 第100頁.[원문: 不得其死.]

일을 좋아하고 실속 없이 겉치레만 좋아했던 것'203)에 그 원인이 있다고 지적했다. 이는 지당한 평가이다. 그 표현은 세 방면에서 살펴볼 수 있겠다. 첫째, 나라의 다스림에 있어서 불교를 유학보다 높은 위치에 올려놓았는데, 이는 본말이 도치된 것이다. '유학으로 나라를 다스리는 것'은 중화中華에서 이미 국정을 운영하는 고정 양식으로 되어졌었다. 하지만 불교의 효용성은 다만 선善을 권장하고 마음을 위로해주는데 그치고, 이로 군국대사軍國大事를 처리할 수는 없다. 유·도·불 삼교의 병립並立은 반드시 유교의 주도적 지위를 전제로 해야 하는데, 아니할 경우 즉시 폐단이 생기게 된다. 둘째, 그는 실속 없이 겉치레만 숭상하는 학풍을 조장했다. 사자士子와 승려僧侶들은 모두 앉아서 불佛과 현玄을 논하기를 좋아하고, 실무實務는 멀리 하고 안일함에만 연연하고 있었다. 그리하여 나라는 강건剛健한 기운氣을 잃게 되었던 것이다. 탕용동은 이렇게 지적한다. "세상 사람들은 늘 후경侯景의 난亂을 전부 불교의 탓으로 돌리는데, 사실 국력의 쇠락은 우선 문풍文風의 쇠락과 실속 없는 겉치레로부터 말미암는다."204) 그리하여 그때, 문관과 무관들은文武 나라를 위해 공을 세울 수 없게 되었던 것이다. 셋째, 양무제는 개인의 신앙을 중요시하고 있었고, 최고 집권자의 신분은 망각하고 있었다. 그는 정치적 사명과 책임을 저버리고, 사신捨身하여 부처를 섬기고, 경건하고 정성스런 불제자라는 허명虛名을 추구했다. 또한 사원寺院에서 재물을 긁어모으는 일에 협력해주었는데, 이렇게 불교 신앙이 정도正道에서 벗어나게 되었던 것이다. 이 교훈을 훗날 제왕들은 아주 명심하고 있었다.

3. 중화 고승대덕高僧大德의 잇따른 출현

1) 지둔支遁

지둔의 자字는 도림道林이고, 그는 양진이 바뀌던 시기의 명승名僧이다. 그는

---

202) (唐)姚思廉:《梁書》, 中華書局2000年版, 第100頁.[원문 : 不能息末教本.]

203) (唐)姚思廉:《梁書》, 中華書局2000年版, 第100頁.[원문 : 慕名好事, 崇尙浮華.]

204) 湯用彤:《漢魏兩晉南北朝佛敎史》, 北京大學出版社2011年版, 第266頁.[원문 : 世人每以侯景之亂, 專歸咎於佛法. 實則國力之衰, 首由於風尙之文弱浮華.]

제3절 불교의 궐기와 융회融會 중 발전 349

명사名士의 품위를 갖추고 있었고, 불교 반약학般若學을 정통했고 또 노장철학도 좋아했다. 그 당시 사림士林에서 아주 중시를 받고 있던 고승高僧이다. 『소요유逍遙遊』에 단 주注는 "수천 글자로 새로운 이치를 깊이 해석했는데, 그 문재文才는 사람들이 경탄驚歎하여 절도絶倒할 정도였다."205) 그의 주에서는 이렇게 말한다.

대저 소요逍遙란 지인至人의 마음을 밝힌 것이다. 장자는 대도大道를 논함에 붕새鵬와 메추라기鷃를 빌려 설명했다. 붕새는 삶을 영위하는 길이 광활하므로 늘 몸 바깥에서 적절함을 잃었고, 메추라기는 좁은 안광으로 멀리 있는 것을 비웃었으니, 이는 자신의 마음에서 스스로 뽐낸 것이겠다. 지인至人은 하늘의 바름天正을 타고 즐겁게 지냈고, 자유로운 경지에서 노님이 무궁無窮했고, 사물을 사물로 여기되, 사물로부터 부림을 받지 않았으니, 유유자적하여 자기 생각에 얽매임이 없었다. 현묘하게 감응할 뿐, 일부러 하는 일有爲이 없었으니, 빠르고자 하지 않아도 절로 신속했고, 여유작작하여 언제나 적합하지 않음이 없었다. 이것이 바로 소요逍遙하는 방법이겠다.

그가 장자 사상에 대한 해석은 현학의 취지에 잘 들어맞았다. 극초郄超는 『어친우서與親友書』에서 이렇게 말한다. "도림道林 법사法師는 신神의 섭리에 통달했고, 심오한 현리玄理를 홀로 깨닫고 있었는데, 참말로 백년이래, 대법大法을 밝히고 진리가 단절되지 않게 한 사람은 그이 혼자뿐이다."206) 위진 시기, 중국 불교 반야성공학般若性空學과 현학이 융화되어 '육가칠종六家七宗'을 형성했는데, 그 가운데 '즉색종卽色宗'의 대표자가 바로 지둔支遁이다. 그는 『묘관장妙觀章』에서 이렇게 말한다. "대저 색色(천지만물)의 본성은 자체로 색色을 가지고 있는 것이 아니다. 색色을 자체로 가지고 있지 않으므로 비록 색色이 있더라도 그것은 공空이다. 그러므로 '색色이 즉 공空이고, 색色이 거듭나면 다른 공空

---

205) (南朝梁)慧皎, 湯用彤校注, 湯一玄整理:《高僧傳》, 中華書局1992年版, 第160頁.[원문: 作數千言, 標揭新理, 才藻驚絶.]

206) (南朝梁)慧皎, 湯用彤校注, 湯一玄整理:《高僧傳》, 中華書局1992年版, 第161頁.[원문: 林法師神理所通, 玄拔獨悟, 實數百年來, 紹明大法, 令眞理不絶, 一人而已.]

이 된다.'고 하는 것이다."[207] 지둔支遁이 보건대, '색'은 비록 존재하기는 하지만 그것은 인연因緣이 화합하여 이루어진 것으로서 그래서 자성自性이 없는데, 이것이 곧 '공空'이고, 색色 바깥에 공空이 따로 있는 것은 아니었다. 이것이 바로 연기성공緣起性空 설이다. 이 견해는 반야학般若學의 본뜻本義에 비교적 근접하고 있고 또한 현학에서 향수, 곽상의 『장자주』에서의 독화론獨化論과도 직접 연결된다. 이 학설에서는 사물의 자연성을 강조하고 있고, 만물 바깥에는 본질本體이 따로 없음을 강조하고 있다. 그러나 지둔支遁은 또 강조하기를, "색色이 거듭나면 다른 공空이 된다.色復異空"라고 했는데, 이는 색色과 공空 사이에 간극이 있음을 말해주는 것이겠다. 즉 양자는 원융圓融에 이르지 못함을 말해 주는 것이겠다.

2) 석도안釋道安

석도안은 상산常山 부류扶柳 사람이다. 대체로 지둔支遁과 같은 시대에 살았다. 하북河北에서 남쪽으로 양양襄陽에 내려와 불전佛典을 정리하여 경록經錄을 저술했고, 계율戒律을 정립하고 미륵정토彌勒淨土를 전파했다. 장안長安에서 역경譯經사업을 추진했는데, 번역한 경經은 무려 187권, 100여 만자나 된다. 그는 이 과정에 선법禪法과 반야般若의 두 계열을 집대성했고, 그 후에 반야학般若學이 관중關中에서 널리 유행하게 되었다. 육가칠종六家七宗에서 그는 본무의本無義 학설을 세우고, 수많은 훌륭한 인재들을 양성해냈는데, 말하자면 혜원慧遠, 혜영慧永 등이 그의 제자이다. 그때 쿠마라지바, Kumārajīva는 구자龜玆에서 도안道安의 명성을 듣고서, 그를 '동방의 성인'이라고 찬양했다고 한다. 탕용동은 그 시기 불학을 '석도안釋道安 시대의 반야학般若學'[208]라고 칭한다.

『명승전名僧傳』에 실린 『담제전曇濟傳』에서는 『칠종론七宗論』을 인용하여 본

---

207) (南朝宋)劉義慶, (南朝梁)劉孝標注 :《世說新語詳解》, 上海古籍出版社2013年版, 第137頁.
    [원문 : 夫色之性也, 不自有色, 色不自有, 雖色而空. 故曰 : '色卽爲空 色復異空'.]
208) 湯用彤 :《漢魏兩晉南北朝佛敎史》, 北京大學出版社2011年版, 第130頁.

무의本無義를 이렇게 해석한다.

　　여래如來는 세상에 나와 본무本無(본래는 아무것도 없다)의 뜻으로써 불교를 널
리 전했다. 그래서 『방등方等』 심경深經에서도 모두 오음五陰이 본무하다고 밝혔
던 것이다. 본무론本無論은 유래가 상당히 오래다. 왜 그런가? 대저 세상이 만들어
지기 전에는 텅텅 비어 있었다. 원기元氣가 만물을 길러주기 시작하면서 만물의
모습과 형체가 이루어졌다. 형체가 비록 이를 빌려 이루어지고 변화하지만 그
변화의 근본은 자연에서 나온 것이다. 자연은 스스로 그러함이니 어찌 따로 조물
주가 있단 말인가? 이렇게 보면 무無는 조화元化 전에 있었고, 공空이 뭇 형체의
시작이다. 그래서 본래는 아무것도 없었다本無고 말하는 것이다. 이는 텅 빈 데에
서 능히 만물이 생겨날 수 있음을 말하는 것이 아니다. 대저 사람들은 말유末有(현
상계의 존재)에만 머물러 있는데, 그래서 마음을 본무에 두게 되면 이런 얽매인累
생각들은 확 풀리게 된다. 대저 근본을 높이게 되면 끝머리를 버릴 수 있다는
것이 대개 이를 말하는 것이다.209)

　　본무종本無宗의 우주관은 하안, 왕필의 귀무론貴無論과 일맥상승하고 있었는
데, 모두 만물은 무無를 근본으로 삼고 있다고 보고 있었다. 하지만 그 목적은
불법에서 '공空'의 함의를 재확인하려는 것이었고, 근본을 높이고 지엽적인 것
을 버리고, '말유末有'에 집착하는 누累를 제거하려는 것이었다. 다시 말하면 말
유末有의 가치를 긍정하려는 것은 아니었다. 이것이 현학 귀무론貴無論과 다른
점이겠다. 그러나 '본무의本無義' 학설에서 말하는 "무無는 조화元化 전에 있었
고, 공空이 뭇 형체의 시작이다."라는 것과 "텅 빈 데서 능히 만물이 생겨날 수
있다."라는 것의 차별이 무엇인지 그는 분명히 설명하지 못했다. 이는 그가 우주
발생론과 우주본체론을 명확히 구분하지 못했던 것에서 기인한 것으로 보인다.

---

209) 湯用彤：《漢魏兩晉南北朝佛教史》, 北京大學出版社2011年版, 第138頁.[원문：如來興世,
　　以本無弘教. 故《方等》深經, 皆備明五陰本無. 本無之論, 由來尙矣. 何者? 夫冥造之前, 廓
　　然而已. 至於元氣陶化, 則群像稟形. 形雖資化, 權化之本, 則出於自然. 自然自爾, 豈有造
　　之者哉! 由此而言, 無在元化之先, 空爲衆形之始. 故稱本無. 非謂虛豁之中, 能生萬有也.
　　夫人之所滯, 滯在末有. 宅心本無, 則斯累豁矣. 夫崇本可以息末者, 蓋此之謂也.]

3) 승조僧肇와 『조론肇論』

승조는 쿠마라지바의 제자들 가운데서 성취가 가장 큰 고승高僧이다. 그는
위진 현학과 불교 반야학般若學을 결합하여 『조론』을 저술했다. 이 책에서 『물
불천론物不遷論』, 『불진공론不眞空論』, 『반야무지론般若無知論』이 정요精要이다.
이 책에서 그는 "중국과 인도의 의리義理를 융회融會하고 있었는데, 특히 체體
와 용用의 관계 문제에 있어서 깊고 절실한 증지證知(논리적 추리로 얻은 깨달음)가
있었다. 또한 지극히 우아하고 아름답고 지극히 힘이 있는 문자로 그 함의를
설명했다. 중국 철학에서 가장 문자적 가치가 있는 저작이라고 하겠다. 조공肇
公의 학설을 한마디로 말하자면 바로 즉체즉용卽體卽用이다."[210]

승조僧肇의 학설은 '해공解空 제일'의 학설로 잘 알려져 있다. 그는 노장老莊
학설로써 불학을 해석하는 일반적인 '격의格義'의 간단한 비부比附 방식을 초월
하여 더 심층적으로 불교 반야般若의 본뜻本義을 해석했고, 현학의 언어와 불학
의 명상名相을 유기적으로 융합시켰었다. 이렇게 불교가 철리哲理적 차원에서
중국화 되도록 추진시켰고, 중화민족의 추상적 사유 수준을 크게 끌어올렸었
다. 『불진공론不眞空論』에서는 현학의 언어를 활용하여 반야般若의 깊은 함의를
밝힌다. "대저 허에 이르면至虛 생명이 없다無生(사물이 없음을 말함)는 것은 반야
般若 현감玄鑒(거울에 비추어보는 것으로서 보기만 하면 玄을 알 수 있음을 말함)의 묘취
妙趣로서 있는바 사물有物(존재를 말함)의 근원宗極을 말하는 것이다.'[211] 불법을
통달한 지인至人은 "만물 존재 자체의 텅 빔虛을 통찰했기 때문에, 사물이 그의
신명神明을 얽어매지 못하는 것이다."[212] 이어서 그는 심무종心無宗, 즉색종卽色
宗, 본무종本無宗을 비판한다. 심무의心無義를 비판하기를, "심무心無론에서는
만물에 마음을 두지 않고 있고, 만물이 존재하는지, 존재하지 않는지를 관계치

---

210) 湯用彤：《漢魏兩晉南北朝佛教史》, 北京大學出版社2011年版, 第184-185頁.

211) 張春波校釋：《肇論校釋》, 中華書局2010年版, 第33頁.[원문：夫至虛無生者, 蓋是般若玄
鑒之妙趣, 有物之宗極者也.]

212) 張春波校釋：《肇論校釋》, 中華書局2010年版, 第33頁.[원문：卽萬物之自虛, 故物不能累
其神明者也.]

않는다. 이 논설의 장점은 정신이 고요해지게 만든神靜 것이고, 단점은 만물을 텅 비게虛 만들어 버린 것이다."213)라고 한다. 다시 말하면 심무의에서 정신의 고요함을 추구하는 것은 옳지만, 만물이 허무虛無한지에 대해서는 확실하게 해석하지 못했다는 것이다. 다음 즉색의를 이렇게 비판한다.

> 즉색即色론에서는 밝히기를, 색色(천지만물)이 그 자체로 색色이 아니 됨으로, 색이라고 하더라도 그것은 색이 아니라고 한다. 대저 색을 논하는 자들은 색의 연기緣起가 즉 색色(세상만물)이라고 여기는데, 그렇다면 색의 연기에 의지한 뒤에는 색으로 되는가? 이는 다만 색이 그 자체로 색이 아님을 말한 것일 뿐, 색의 연기가 색이 아닌 그 본질을 파악하지 못한 것이다.214)

즉 즉색의即色義에서는 색色이 그 자체로 색이 아니 되고, 비록 색이더라도 공空하다는 것은 보아냈지만, 색이 즉 공이고, 색과 공은 일체一體임은 보아내지 못했다는 것이다. 또 본무의本無義를 비판한다.

> 본무本無론에서는 정감적으로 무無를 많이 숭상하고 있는데, 말마디마다 무無를 받들고 있다. 그리하여 사물이 있음有을 부정하고, 있는 것有은 없는 것無을 떠날 수 없다고 한다. 사물이 없음無도 부정하는데, 없는 것無은 있는 것有을 여일 수 없다고 한다. 성인이 가르침을 세운 본뜻을 살펴보면 다만 사람들에게 있음有을 부정하는 것은 진짜로 있는 것眞有이 아님을 가르쳐준 것일 따름이고, 없음無을 부정하는 것도 역시 진짜로 없는 것眞無이 아님을 가르쳐준 것일 따름이다. 그런데 왜 유有를 부정하는 것을 꼭 이 유此有가 절대적으로 없는 것이라고 말하고, 무無를 부정하는 것을 꼭 저 무彼無가 절대적으로 없는 것이라고 말하는가? 이는 다만 무無를 즐기는 자들의 담론일 따름이다. 어찌 사리에 순통하고 사물의 사정에 맞는 말이라고 하겠는가?"215)

---

213) 張春波校釋:《肇論校釋》, 中華書局2010年版, 第39頁.[원문:心無者, 無心於萬物, 萬物未嘗無. 此得在於神靜, 失在於物虛.]
214) 張春波校釋:《肇論校釋》, 中華書局2010年版, 第40頁.[원문:即色者, 明色不自色, 故雖色而非色也. 夫言色者, 但當色即色, 豈待色色而後爲色哉? 此直語色不自色, 未領色之非色也.]
215) 張春波校釋:《肇論校釋》, 中華書局2010年版, 第41-42頁.[원문:本無者, 情尚於無多, 觸言

즉 본무의本無義에서는 무無를 높이고 유有를 폄하하고, 유와 무는 결국 모두 무라고 본다는 것이다. 그들은 유와 무를 갈라놓는데, 사실 이는 그들이 불교에서 말하는 무의 본뜻을 이해하지 못했기 때문이라고 한다. 불교에서는 유를 사물이 진짜로 있는 것眞有이 아니라고 보고 있고, 무를 사물이 진짜로 없는 것眞無이 아니라고 보고 있는데, 이것이 무의 본뜻이라는 것이다. 바꾸어 말하면, 불교에서 말하는 무란 '존재하지만 진실하지 않은 것'으로서 이는 현상계의 존재를 부정하는 것은 아니라는 것이다. 승조僧肇는 이렇게 현학 귀무론貴無論에서 말하는 '무'를 순수 본체론 차원에로 끌어올렸는데, 이는 불교에서 말하는 '공'의 함의에 비교적 근접해 있었다고 하겠다.

'불진공不眞空'이란 사물이 진실하지 않기 때문에 공空하다는 뜻이다. 『불진공론不眞空論』에서는 이렇게 말한다.

> 그렇다면 만법萬法은 있더라도 실유實有가 아닌 까닭이 있으므로 실유實有라 하지 못하며, 가유假有로서 실무實無가 아닌 까닭이 있으므로 실무實無라 하지 못한다. 무엇 때문인가? 그것이 있다고 말하고 싶으나 있어도 진실한 연생緣生은 아니며, 그것이 없다고 말하고 싶으나 현상의 사상事象이 이미 나타났다. 현상의 사상事象이 이미 나타났다면, 사상事象은 없지 않으나 이는 진실이 아니므로 정말로 있는 것은 아니다. 그렇다면 불진공不眞空의 의미가 여기서 훤히 드러났다 할 것이다. 그러므로 『방광放光』 반야경에서는 말하기를, '모든 법은 거짓 호칭으로서 진실하지 않다. 비유하자면 이는 꼭두각시와 같은데, 꼭두각시가 없는 것은 아니지만, 꼭두각시는 진실한 사람이 아니다'라고 했다.[216]

그렇다면 어찌하여 만법萬法이 있지만 진실하지 않은가? "그 까닭은 대저 유有가 진실한 유라면 그 유는 스스로 한결 같은 상유常有이기 때문이다. 어찌

以賓無. 故非有, 有即無. 非無, 無即無. 尋夫立文之本旨者, 直以非有非眞有, 非無非眞無耳. 何必非有無此有, 非無無彼無? 此直好無之談, 豈謂順通事實, 即物之情哉.]

216) 張春波校釋 : 《肇論校釋》, 中華書局2010年版, 第56頁.[원문 : 然則萬法果有其所以不有, 不可得而有. 有其所以不無, 不可得而無. 何則? 欲言其有, 有非眞生. 欲言其無, 事象既形. 象形不即無, 非眞非眞有. 然則不眞空義, 顯於茲矣. 故 《放光》云 : 諸法假號不眞. 譬如幻化人, 非無幻化人, 幻化人非眞人也.]

연회緣에 의지한 뒤의 유이겠는가? 말하자면 단견 진실한 무無로서 그 무는 스스로 한결 같은 상무常無이다. 어찌 인연因緣에 의지한 뒤의 무이겠는가?"[217] 그리하여 『마하론摩訶論』에서는 말하기를, "모든 법諸法은 모든 인연 때문에 응당 있어야만 하며, 모든 법은 모든 인연 때문에 응당 진실하게 있지도 않아야만 한다."[218]라고 했다는 것이다. 결국 이는 '연기성공緣起性空'의 불교 교의敎義에 귀결된다. 만법萬法은 모두 인연因緣이 화합하여 생기는 것이고, 상주常住하는 자성自性이 없기 때문에 진실하지 않다는 것이다. 이를 공空이라고 말하는데, 한편, 유는 결국 가유假有로 되겠다.

『물불천론物不遷論』에서는 우주변화의 연속성과 불연속성不連續性의 문제를 논한다. 즉 움직임動과 고요함靜의 관계 문제이다. 일반사람들은 생과 사는 교대로 바뀌고 만물은 유동한다고 보고 있다. 그러나 승조僧肇는 『방광放光』을 인용하여 말하기를, "법에는 떠나감과 다가옴이 없고 운동과 전변이 없다."[219]라고 한다. 또 "옛 것은 당연히 옛날에 있는 것이고 지금으로부터 옛날에 이르지 않는다. 지금의 것은 당연히 지금에 있고 과거로부터 지금에 이르지 않는다."[220]라고 한다. 그래서 "선람旋嵐(회오리바람)의 바람이 수미산을 무너뜨린다 할지라도 항상 고요하며, 강하江河가 다투기나 하듯이 바다로 흘러들어간다 할지라도 흐르는 것이 아니며, 봄날의 아지랑이가 나부끼며 올라간다 할지라도 움직이는 것이 아니며, 해와 달이 하늘을 지나간다 할지라도 우주를 한 바퀴를 도는 것이 아니다"[221] 즉 오지도 않고 움직이지도 않는데, "각자의 본성은 한 세상一世(한 시간대)에만 머문다."[222]는 것이다. 이 설이 곧 불교에서 말하는 '찰

---

217) 張春波校釋 :《肇論校釋》, 中華書局2010年版, 第54頁.[원문 : 所以然者, 夫有若眞有, 有自常有, 豈待緣而後有哉? 譬彼眞無, 無自常無, 豈待緣而後無也?]

218) 張春波校釋 :《肇論校釋》, 中華書局2010年版, 第55頁.[원문 : 一切諸法, 一切因緣故應有. 一切諸法, 一切因緣故不應有.]

219) 張春波校釋 :《肇論校釋》, 中華書局2010年版, 第11頁.[원문 : 法無去來, 無動轉者.]

220) 張春波校釋 :《肇論校釋》, 中華書局2010年版, 第17頁.[원문 : 昔物自在昔, 不從今以至昔. 今物自在今, 不從昔以至今.]

221) 張春波校釋 :《肇論校釋》, 中華書局2010年版, 第17頁.[원문 : 旋嵐偃嶽而常靜, 江河競注而不流, 野馬飄鼓而不動, 日月歷天而不周.]

나생멸刹那生滅’의 논설이겠다. 여기서는 움직임을 가상假象으로 보고 움직임 속의 고요함을 진실한 것으로 보고 있었다.

『반야무지론般若無知論』에서는 반야般若의 깨달음은 일반적으로 느껴 깨닫는感知 그런 것이 아니고, 이는 일종의 아주 뛰어난 ‘허조虛照(마음을 비우고 관조)’로서 증가도 감소도 없이 참 지식眞知을 모두 알 수 있는 깨달음이라고 설명한다. “성인은 마음을 비우고 관조를 충실하게 하는데, 종일토록 일찍이 안 적이 없는 것을 알아낸다. 그리하여 말없이 마음의 광채를 숨기고, 마음을 비우고 깊이 비추어보고玄鑒, 지혜를 닫고 총명(듣고 보는 것)을 끊고서 홀로 깊은 깨달음을 얻을 수 있었던 것이다.”223) 불교 반야의 ‘앎知’은 외부 지식을 획득하는 것이 아니다. 이를 ‘무지無知’라고 말할 수도 있겠다. 그러나 여기서는 세속의 견식을 초월하여 우주와 인생의 진리를 자세히 살피고, 생과 사를 초탈하는 깨달음을 얻으려고 한다. 승조僧肇는『숭본의崇本義』의 첫머리에서 그의 불학의 요지를 밝힌다.

> 본무本無, 실상實相, 법성法性, 성공性空, 연회緣會는 같은 말이다. 무엇 때문인가? 모든 법諸法은 인연이 모여서緣會 생기기 때문이다. 인연이 모여서緣會 생긴 것이라면 유有와 무無는 원래 생기지 않을 것이고, 인연이 떠나면 모든 법諸法은 곧 사라질 것이다. 그것이 참말로 있는 것有이라면 있는 것有은 사라지지 않을 것이다. 이로 추리해보면 비록 현재 존재하고 있는 것有이라고 할지라도 그것의 본성性은 항상 자체로 공空하다는 것을 알 수 있다. 성性이 항상 자체로 공空하기 때문에 그것을 성공性空이라 말하는 것이다. 성性이 공空하기 때문에 법성法性이라 말하는 것이다. 법성法性이 이러하기 때문에 실상實相이라 말하는 것이다. 실상實相은 자체로 실체라고 할 것이 없는 것이지, 추리를 거쳐 없게 만든 것이 아니다. 그리하여 본무本無라 말하는 것이다.224)

---

222) 張春波校釋 :《肇論校釋》, 中華書局2010年版, 第24頁.[원문 : 各性住於一世.]

223) 張春波校釋 :《肇論校釋》, 中華書局2010年版, 第70頁.[원문 : 聖人虛其心而實其照, 終日知而未嘗知也. 故能 默耀韜光, 虛心玄鑒, 閉智塞聰, 而獨覺冥冥者也.]

224) 張春波校釋 :《肇論校釋》, 中華書局2010年版, 第1-2頁.[원문 : 本無, 實相, 法性, 性空, 緣會, 一義耳. 何則? 一切諸法, 緣會而生. 緣會而生, 則未生無有, 緣離則滅. 如其眞有, 有則

여기서는 불가의 명상名相 학설을 회통會通시켜 연회성공緣會性空의 요지를
밝혔다.

『조론肇論』은 그 당시 엘리트들이 불법의 계발을 받고 행한 우주와 인생의
진리에 대한 심층적 탐구와 사고를 반영했다. 여기서 승조僧肇는 사변적 및 논
리적 방식으로 현상과 본질, 허위와 진실, 운동과 정지, 역사와 현재, 고난과
해탈, 찰나와 영원함 사이의 모순을 밝혔다. 여기서 그의 속세의 논설을 초월하
여 원만한 해답을 찾으려는 노력을 보아낼 수 있겠다. 하지만 그가 찾은 해답
역시 일가의 논설一家之言일 따름이었고, 믿는 자는 믿고 있었지만 믿지 않는
자는 여전히 믿지 않고 있었다. 또한 그는 여기서 논리적 추론과정에 생겨난
수많은 문제도 진정하게 해결하지 못했다. 예컨대 어찌하여 사물의 자성自性은
반드시 늘 변함없고 자족적인 것이어야 하는가? 연회緣會(인연이 모여서)로 생겨
난 것은 과연 진실하지 않은가? 사실 이 전제前提 자체가 논증이 필요한 것이었
다. 또 예를 들면, 사물이 만약 시간적으로 연속이 없고, 오늘과 옛날에 각자
한 세상一世에 존재한다면, 인과응보因果應報는 어떻게 나타나는가? 그렇다면
불법 자체가 모순되는 것이 아닌가? 그렇기는 하지만 『조론肇論』은 사람들이
인생의 곤경에 대하여 깊이 사고해보도록 계발을 주었고 또한 지혜의 대문을
크게 열어주었다.

4) 석혜원釋慧遠

석혜원은 동진 때의 안문雁門 누번樓煩 사람이다. 쿠마라지바와 서신을 오가
면서 잘 지냈고, 후반생은 여산廬山 동림사東林寺에 거처하면서 불법을 탐구했
다. 혜원은 도안道安을 이어 중국 불교계에서 덕망이 아주 높았던 수령領袖급
인물이다. 혜원은 젊어서 유경을 폭넓게 공부했고, 이어서는 노장 학설을 탐구
했는데, 후일 도안의 『반야般若』 강론을 듣고서 유가와 도가 대신 불법을 숭상

無滅. 以此而推, 故知雖今現有, 有而性常自空. 性常自空, 故謂之性空. 性空故, 曰法性.
法性如是, 故曰實相. 實相自無, 非推之使無, 故曰本無.]

하게 되었다. 그는 만년에 유유민劉遺民에게 편지를 보내 이렇게 말했다.

옛날을 생각해보면, 그때는 마음이 세전世典(儒敎經典)에서 노닐었는데, 그때는 그것을 화려한 꽃동산으로 여겼습니다. 노장 학설을 보게 되면서 명교名敎는 속세의 일에 대처하는應變 공허한 말들虛談임을 깨닫게 되었습니다. 오늘에 와서야 진정하게 알게 되었는데, 심오함에 잠기는 정취趣 또한 어찌 불학을 우선하지 않을 수 있겠습니까?225)

말은 비록 이렇게 했지만 그는 실상實相의 함의를 해석할 때는 『장자』의 뜻을 끌어다가 연관 지으면서 설명했는데, 그리하여 헷갈렸던 자들이 훤히 깨닫게 되었다. 이 일이 있은 후, 안공安公(道安)은 속세의 책(유가와 도가 경전)을 버리지 말았으면 하는 혜원의 소망을 특별히 들어주었다." 226) 보다시피 중국에서 불법을 펼치는 데는弘法 반드시 삼교를 회통會通시켜야만 효과가 컸다. 혜원慧遠은 동림사東林寺에 30여 년 거처하면서 그 산을 떠난 적이 없고, 손님을 배웅하더라도 호계虎溪 밖을 나서지 않았다고 한다. 그러나 사방의 명사名士들은 소문을 듣고 구름처럼 모여들었고, 제자들도 아주 많았다고 한다. 사문沙門의 명승名僧 승예僧睿, 혜관慧觀, 승제僧濟, 법안法安을 제외하고도 또 명사名士 유유민劉遺民, 뇌차종雷次宗, 주속지周續之, 필영지畢穎之, 종병宗炳, 장래민張萊民, 장계석張季碩 등도 "모두 속세의 영화를 버리고, 혜원을 따라 공부했다. 혜원은 정사精舍의 아미타불상 앞에서 재齋를 올리면서 서원誓願을 세웠는데, 그들과 함께 서방정토에 갈 것을 기원했다." 그때 "수명을 연장하려고 하고 서방정토를 굳게 믿는, 같은 뜻을 가진 자 123명과 함께 여산廬山의 북쪽 음달, 반야대정사般若臺精舍 아미타불상 앞에 모여 함께 향화香華를 올리면서 정중히 서원

---

225) (南朝梁)僧祐, (唐)道宣 : 《弘明集・廣弘明集》, 上海古籍出版社1991年版, 第315頁.[원문 : 每尋疇昔, 遊心世典, 以爲當年之華苑也. 及見老莊, 便悟名敎是應變之虛談耳. 以今而觀, 則知沉冥之趣, 豈得不以佛理爲先.]

226) (南朝梁)慧皎, 湯用彤校注, 湯一玄整理 : 《高僧傳》, 中華書局1992年版, 第212頁.[원문 : 乃引莊子義爲連類, 於是惑者曉然. 是後, 安公特聽慧遠不廢俗書.]

을 세웠었다立誓."227) 이로부터 중국에 아미타불 정토淨土신앙이 있게 되었던 것이다. 그는『법성론法性論』에서 "지극함至極(즉 涅槃을 말함)은 변함없음을 본성(즉 法性을 말함)으로 삼는다. 본성을 얻음은 지극함을 깨닫는 것을 종宗으로 삼는다."228)라고 한다. 쿠마라지바는 이 논論을 보고 찬탄을 금치 못했다고 한다. "변두리나라 사람들이라 아직 불경이 없겠는데, 은연 중 불법과 합치되니, 어찌 묘한 일이 아니겠는가."229) 후일, 환현桓玄이 여산廬山을 지나가다가 혜원을 호계虎溪 바깥에 나오라고 요청했는데, 혜원이 병을 핑계로 거절하자, 곧 절로 산에 찾아 들어와서 인사를 올렸다고 한다. 그 후, 환현이 임금의 위세를 내세우면서 그에게 벼슬길에 오르라고 요청했으나, 혜원은 견정하게 사양하고 거절했다. 또 환현이 승려의 인원수를 감축하려고 할 때도, 신하들에게 분부하기를, "유독 여산만은 도덕이 머무르고 있는 곳이니, 감축 대상에 넣지 말거라."고 했다고 한다. "혜원은 안으로는 불리佛理에 뛰어나고, 밖으로는 뭇 경전에 빼어났었다. 무릇 그의 문하에 들어온 학도들은 탄복하여 답습하고 모방하지 않는 자가 없었다."230) 혜원이 세상을 뜬 후, 심양태수潯陽太守 완간阮侃은 여산의 서쪽 마루에 굴을 뚫어 무덤으로 통하는 길을 열었고, "사령운謝靈運은 그를 위해 비문碑文을 만들어 그의 유덕遺德을 아로새겼고, 남양南陽의 종병宗炳은 그를 기념하여 사찰의 대문 옆에 비석을 세웠었다."231)

탕용동은『한위양진남북조불교사漢魏兩晉南北朝佛敎史』제11장에서 전문 혜

---

227) (南朝梁)慧皎, 湯用彤校注, 湯一玄整理:《高僧傳》, 中華書局1992年版, 第214頁.[원문: "並棄世遺榮, 依遠遊止. 遠乃於精舍無量壽像前, 建齋立誓, 共期西方", "乃延命同志息心貞信之士, 百有二十三人, 集於廬山之陰, 般若臺精舍阿彌陀像前, 率以香華敬薦而誓焉".]

228) (南朝梁)慧皎, 湯用彤校注, 湯一玄整理:《高僧傳》, 中華書局1992年版, 第218頁.[원문: 至極以不變爲性, 得性以體極爲宗.]

229) (南朝梁)慧皎, 湯用彤校注, 湯一玄整理:《高僧傳》, 中華書局1992年版, 第218頁.[원문: 邊國人未有經, 便暗與理合, 豈不妙哉.]

230) (南朝梁)慧皎, 湯用彤校注, 湯一玄整理:《高僧傳》, 中華書局1992年版, 第219, 221頁.[원문: "唯廬山道德所居, 不在搜簡之例", "遠內通佛理, 外善群書, 夫預學徒, 莫不依擬".]

231) (南朝梁)慧皎, 湯用彤校注, 湯一玄整理:《高僧傳》, 中華書局1992年版, 第222頁.[원문: 謝靈運爲造碑文, 銘其遺德, 南陽宗炳又立碑寺門.]

원을 논했다. 그는 여기서 혜원의 인격의 탁월함과 학문의 박식博洽함을 지극히 찬양한다. 첫째, "원공遠公(慧遠)은 덕망이 지극히 높았고, 역경 속에서도 의연히 버티고 있었고, 승가僧伽를 위해 인격을 세웠고, 불법을 위해 변호辯護를 했다. 그림자는 산을 넘은 적이 없고, 자취는 속세에 보여진 적이 없건만, 불법은 자체로 아주 성대했다. 왕후王侯의 벼슬길을 마다하고, 오로지 그 일만을 하고 있었는데, 뭇사람들은 모두 그를 높이 받들고 있었다."232) 둘째, 그는 또 이렇게 말한다. "법사法師는 『장자』, 『노자』와 유경을 모두 통달했는데, 비록 불법을 '유일무이한 가르침, 변하지 않는 종宗'으로 받들고 있었지만 또 '내·외의 도道를 합쳐서 진리를 밝힐 수 있다.'고 말하기도 했다. 또 이르기를, '진실로 모이되 종宗이 있으면, 백가百家가 같은 곳에 이른다.'라고도 했다."233) 그는 "여산廬山 『혜원집慧遠集』을 읽고서 늦게 태어난 것이 원통하여 한탄했다.", "혜원의 인격이나 학문이나 모두 사람을 지극히 감동시켰다."234)는 것이다. 한마디로 하면, 그것인 즉 하나는 인격의 독립이고, 다른 하나는 포용의 정신이겠다. 이는 중화中華의 지식인들이 가장 중요시하던 두 가지 성품이었다. 혜원의 중대한 공헌이라면 사문경왕沙門敬王(沙門에서도 왕을 공경해야 하는가 하는 논쟁)과 인과응보因果應報 쟁론에 참여한 일이다. 그는 불교와 중화 예의禮儀의 관계를 조화시키고, 불학으로써 유학의 단점을 미봉할 수 있도록 새로운 시각과 지견智見을 내놓았다. 이 점에 관해서는 다음 절에서 구체적으로 논술하기로 한다.

---

232) 湯用彤：《漢魏兩晉南北朝佛教史》, 北京大學出版社2011年版, 第195頁.[원문 : 遠公望重德劭, 砥柱中流, 爲僧伽爭人格, 爲敎法作辯護. 影不出山, 跡不入俗, 而佛法自隆. 不仕王侯, 高尙其事, 而群情翕服.]

233) 湯用彤：《漢魏兩晉南北朝佛教史》, 北京大學出版社2011年版, 第195頁.[원문 : 法師既兼通《莊》,《老》, 儒經, 故雖推佛法爲'獨絶之敎, 不變之宗', 然亦嘗曰：'內外之道, 可合而明', 又曰'苟會之有宗, 則百家同致'.]

234) 湯用彤：《漢魏兩晉南北朝佛教史》, 北京大學出版社2011年版, 第207頁.[원문 : 示"讀廬山《慧遠集》, 憮然歎息, 恨生之晚", "遠公風格學問, 感人至深".]

5) 축도생竺道生

축도생은 거록鉅鹿 사람이다. 일찍 쿠마라지바로부터 불학을 배웠었고, 혜예慧叡, 혜엄慧嚴 등과 동창생이다.

역경譯經 사업에서, 일찍 도안道安은 장안長安에서 주로 일체유부경一切有部經을 번역했고, 쿠마라지바는 후일 주로 『반야般若』 삼론三論을 번역했고, 담무참曇無讖은 양주涼州에서 주로 『열반涅槃』을 번역했다. 후일, 축도생은 이 삼자를 종합하고 또 이에 새로운 해석도 추가했는데, 그 후 그는 불교계에서 아주 숭배 받고 있었다. 그는 현학玄學에서 말하는 '말은 뜻을 다하지 못한다言不盡意'는 철학적 사유에 의거하여, 이렇게 지적했다. "대저 상象으로써 뜻意을 다하는데, 뜻을 얻으면 상象을 잊는다. 말로써 이치를 설명하는데, 이치에 들어가면 말을 그친다. 불전佛典이 동쪽 나라에 흘러들어 오면서부터 번역하는 자들은 저애가 막심했는데, 많은 이들이 막힌 문구만 지키고 있어 불경의 원만한 참뜻을 찾아보기 힘들다. 만약 전筌(통발)을 잊고 물고기를 취한다면 비로소 그와 더불어 도道를 논할 수 있겠다."235) 그때는 『대반니원경大般泥洹經』이 유행하지 않았는데, 그 경문經文에는 이런 말이 있었다. "니원泥洹은 불멸不滅하고, 부처님은 참된 자아眞我를 가지고 있으며, 일체 중생은 모두 불성佛性을 가지고 있다. 모두 불성을 가지고 있으니, 모두 성불成佛할 수 있겠다."236) 도생道生은 이에 의거하여 "일천제인一闡提人(成佛할 성품이 없는 자)이라고 하더라도 모두 성불할 수 있다."237)는 논설을 세웠다.

그 당시, 『열반경』의 『대본大本』은 아직 중국에 전해 들어오지 않았는데, 그가

---

235) (南朝梁)慧皎, 湯用彤校注, 湯一玄整理：《高僧傳》, 中華書局1992年版, 第256頁.[원문：夫象以盡意, 得意則象忘. 言以詮理, 入理則言息. 自經典東流, 譯人重阻, 多守滯文, 鮮見圓義. 若忘筌取魚, 始可與言道矣.]

236) (南朝梁)僧祐：《出三藏記集》, 蘇晉仁, 蕭煉子點校, 中華書局1995年版, 第235頁.[원문：泥洹不滅, 佛有眞我. 一切眾生, 皆有佛性. 皆有佛性, 學得成佛.]

237) (明)葛寅亮：《金陵梵利志》, 何孝榮點校, 天津人民出版社2007年版, 第636頁.[원문：一闡提人皆得成佛.]

홀로 밝힌 이 진리는 대중들의 마음에 거슬렸다. 그리하여 구학舊學(옛 학문을 지키던 학자들)들은 이 말을 삿된 논설이라고 비난하며 심하게 질책하고 있었다. 나중에는 대중들에게 이 사실을 공개하고, 그를 승단僧團에서 쫓아냈다. 도생道生은 대중들 앞에서 정색해서 서원誓願을 세웠다. '만약 내가 말한 것이 경의經義에 어긋난다면 이 몸에서 문둥병이 나타나게 해주소서. 만약 실상實相(진리)을 거스르지 않는다면 목숨을 버리는 날 사자좌師子座에 앉게 해주소서.' 말을 마치고는 옷을 털고 일어나 세상을 떠돌아다녔다. 그 후 『열반대본涅槃大本』이 남경에 들어왔는데, 과연 '천제闡提에게도 모두 불성佛性이 있다.'는 말이 있었다. 전에 그가 했던 말과 부계符契처럼 맞아떨어졌다. 도생道生은 이 경經을 얻자마자 바로 강설講說을 시작했다.238)

여산廬山에서 법좌法座에 올라 불법을 강론할 때는 "얼굴색이 밝았고, 덕음德音이 명랑하게 흘러나왔다. 논의를 수차 거듭하고 오묘한 이치를 훤히 밝히니, 보고 듣는 대중들은 깨달음을 얻고 기뻐하지 않는 자가 없었다."239) '일천제인一闡提人'이란 선善한 근성이 끊어진 사람을 가리키는데, 이런 사람도 성불成佛할 수 있으니, 그렇다면 "사람은 누구나 성불成佛할 수 있다."는 것이겠다. 이는 또 맹자가 말하는 "사람마다 요임금과 순임금이 될 수 있다."는 논설과도 맞아떨어진다. 그리하여 이 논설은 점차 중화中華 사회에서 인정을 받게 되었던 것이다.

『송서宋書・이만夷蠻・천축가비여국天竺迦毗黎國・석도생釋道生』에서는 "송나라 명승名僧으로는 도생道生이 있었는데, 열다섯 살에 경經을 강론할 수 있었고, 나이 들어서는 더 깊은 해석이 있었으며, 돈오頓悟 학설을 세웠는데, 그 당시 사람들은 모두 크게 탄복했다."240)라고 한다. 그는 『유마힐경주維摩詰經注』에서

238) (南朝梁)慧皎, 湯用彤校注, 湯一玄整理 : 《高僧傳》, 中華書局1992年版, 第256頁.[원문 : "於時大本未傳, 孤明先發, 獨見忤眾. 於是舊學以爲邪說, 譏憤滋甚, 遂顯大眾, 擯而遣之. 生於大眾中正容誓曰 : '若我所說反於經義者, 請於現身即表厲疾. 若與實相不相違背者, 願舍壽之時, 據師子座.' 言竟拂衣而起.", "後《涅槃》大本至於南京, 果稱闡提悉有佛性, 與前所說合若符契. 生既獲斯經, 尋即講說".]

239) (南朝梁)慧皎, 湯用彤校注, 湯一玄整理 : 《高僧傳》, 中華書局1992年版, 第256頁.[원문 : 神色開朗, 德音俊發, 論議數番, 窮理盡妙, 觀聽之眾, 莫不悟悅.]

240) (梁)沈約 : 《宋書》第8冊, 中華書局1974年版, 第2388頁.[원문 : "宋世名僧有道生", "年十五,

이렇게 말한다. "한 생각一念에 모르는 것이 없이 됨은 큰 깨달음大悟을 얻었을 때의 일이겠다. 지금까지의 모든 행諸行이 마침내 이 일을 이루게 되어, 이렇게 이름 하는 것이다. 직심直心(곧바로 佛道를 향한 마음)을 행行의 처음으로 삼고, 도리義가 한 생각一念에 지극하면 곧 일체 법을 알게 되는데, 이가 성불成佛하는 곳이 아니겠는가!"241) 남조 송나라 때에는 점오漸悟와 돈오頓悟에 관한 논쟁이 상당히 성행했는데, 혜달慧達의 『조론소肇論疏』에서는 말하기를, 지둔支遁, 도안道安, 혜원慧遠, 승조僧肇 등은 소돈오小頓悟이고, 도생道生은 대돈오大頓悟라고 했다. 사실 중화中華의 철학가들은 일찍부터 이러한 철학적 사유가 있었다. 예컨대 『도덕경道德經』에서는 "제후와 왕이 하나를 얻음으로써 천하가 곧고 바르게 되었다."242)라고 한다. '하나一'란 바로 도道인데, 이는 분할하면 아니 되고, 이는 반드시 온 몸의 깨달음體悟으로써 얻어야 하고, 이는 학문의 축적으로 얻을 수 있는 것이 아니다. 그래서 "학문을 함은 날로 쌓아가고, 도를 닦음은 날로 덜어낸다. 덜어내고 또 덜어내어 마지막에 무위無爲에 이른다. 무위無爲하지만 이루지 못하는 일이 없다."243)고 말하는 것이다. 장자도 "도道에서는 모두 통하여 하나가 된다.", "도道로써 사물을 보라."고 했다. 공자도 "아침에 도道를 들을 수 있다면, 저녁에 죽어도 좋겠다.", "나의 도道는 하나로써 꿰었느니라."라고 했다. 『역전易傳』에서는 "'역易'은 생각도 없고 행함도 없이 적연부동寂然不動하다가, 일단 감응하게 되면 천하의 연고緣故에 통한다."244)라고 한다. 이는 모두 도道를 닦는 데는 일정한 축적이 필요하지만 도道를 깨닫는 관건적 시각에는 반드시 질적 비약이 있어야 함을 강조한 것이다. 또한 모두 일종의 천인합일天

便能講經, 及長有異解, 立頓悟義, 時人推服之".]

241) 湯用彤：《漢魏兩晉南北朝佛教史》, 北京大學出版社2011年版, 第363頁.[원문 : 一念無不知者, 始乎大悟時也. 以向諸行, 終得此事, 故以名焉. 以直心爲行初, 義極一念知一切法, 不亦是得佛之處乎.]

242) 陳鼓應注釋：《老子今注今譯》, 商務印書館2003年版, 第221頁.[원문 : 侯王得一以爲天下正.]

243) 陳鼓應注釋：《老子今注今譯》, 商務印書館2003年版, 第250頁.[원문 : 爲學日益, 爲道日損. 損之又損, 以至於無爲. 無爲而無不爲.]

244) 宋祚胤注譯：《周易》, 嶽麓書社2000年版, 第336頁.[원문 : '易'無思也, 無爲也, 寂然不動, 感而遂通天下之故.]

人合一의 경지에 들어가야 함을 말하는 것이겠다.

도생道生의 논설을 자세히 살펴보면 점오漸悟를 전혀 논하지 않은 것도 아니다. 오히려, 직심直心으로 불법을 닦아 한 순간에 일체 법法을 훤히 깨달을 것을 주장하는 것 같기도 하다. 왜냐하면 불법은 하나의 전체로서 분할할 수 없는 것인바, 원래 '문득 모든 것을 깨달아야 하기恍然大悟' 때문이다. 도생道生의 돈오頓悟 설은 그 당시에 사령운謝靈運의 긍정을 받았다. 사령운謝靈運은 『변종론辨宗論』에서 이렇게 말한다. "석씨釋氏의 교설에서 성도聖道는 비록 멀지만 배움이 쌓이면 능히 이를 수 있다고 하는데, 쌓임을 다하면 삶生을 비추므로 이는 마땅히 점오漸悟가 아닌 것이다. 공씨孔氏의 교설에서 성도聖道는 이미 미묘하여 비록 안회顔回가 가깝다殆庶고는 하지만 그 체體(본질)는 두루 비춤이 없어 이치理는 결국 일극一極(돈오를 말함)으로 돌아온다. 새롭게 논하는新論 도사道士가 있어, '고요히 비춤이 미묘하여 단계를 허용하지 않고 학문의 쌓임은 끝이 없는데 어찌 스스로 끊겠는가?'라고 한다. 그는 오늘 석씨의 점오漸悟를 버리고, 그 능히 이르는 것만을 취했고, 공씨孔氏의 가깝다는 것殆庶을 버리고 그 일극을 취했다.", "내가 두 가지 논으로 이치를 찾아 말하는 것은 도가道家에서 제창하는 득의得意의 설이니, 감히 이러한 절충을 스스로 인정하여 신론新論으로 삼는 것이다."[245] 그가 말하는 '신론新論 도사'가 즉 돈오頓悟설을 주장하던 도생道生이다. 그 당시에는 습관적으로 승려를 '도인道人' 또는 '도사'로 칭했다. 도생의 "일천제인一闡提人도 성불成佛할 수 있다."[246]라는 논설과 '돈오성불頓悟成佛'이라는 신론新論은 당나라 때에 와서 크게 성행했고, 이 또한 선종禪宗의 탄생에 사상적 토대를 마련해 주었다.

---

245) (南朝梁)僧祐, (唐)道宣：《弘明集·廣弘明集》, 上海古籍出版社1991年版, 第231-232頁.[원문: "釋氏之論, 聖道雖遠, 積學能至, 累盡鑒生, 不應漸悟. 孔氏之論, 聖道旣妙, 雖顔殆庶, 體無鑒周, 理歸一極. 有新論道士以爲'寂鑒微妙, 不容階級, 積學無限, 何爲自絶'. 今去釋氏之漸悟, 而取其能至. 去孔氏之殆庶, 而取其一極", "余謂二談救物之言, 道家之唱, 得意之說, 敢以折中自許. 謂新論爲然".]

246) (明)葛寅亮：《金陵梵刹志》, 何孝榮點校, 天津人民出版社2007年版, 第636頁.[원문: 一闡提人皆得成佛.]

제4절 유·도·불 삼교 논쟁과 융합

불교의 유입은 중화전통문화에 있어서, 처음으로 되는 비교적 체계적이고, 규모가 비교적 크고 또한 이론적 수준이 상당히 높은 외래문화를 수용하는 한 차례 도전이었다. 위진 남북조 시기, 중국 지식인들은 한편으로는 외래의 불교에 대해 여러 가지 질의와 비난이 있었다. 그 원인은 다음과 같겠다. 즉 서한 이래 중화中華의 주도적 사상으로 자리 잡은 유가의 예덕禮德문화는 역사적 축적이 풍부했고, 유가와 상호 보완을 이루던 도가와 도교의 도道 문화 역시 역사가 유구한 문화였는데, 양자 사이에는 학술적으로 가끔 지위 다툼이 있기는 했지만, 그러나 양자 모두 전체 중화민족의 문화자심감은 잃지 않았었고 또한 민족문화의 주체성을 지키기 위해, 양자 모두 불교에 대해 질의와 비난을 행했던 것이다. 다른 한편, 유가문화에는 '화이부동和而不同', '도는 병행하되 어긋나지 않는다道竝行而不悖'라는 이념이 있었고, 도가문화에는 '너그러우면 공평해진다容乃公', '조화를 아는 것을 변함없는 것常이라고 한다知和曰常'라는 관념이 있었는데, 이는 모두 백가를 너그럽게 받아들이는 전통으로 되어졌었다. 그리하여 유가와 도가의 주류 인사들은 불교를 강렬하게 거부하지 않았을 뿐만 아니라, 오히려 주동적으로 불교를 이해하고 탐구하려고 했고, 불교에서 중화 고유문화와의 계합점契合点과 상호 보완의 가능성을 찾아보려고 했던 것이다. 그리하여 이 시기 삼교 관계는 평화롭게 공존하고, 논쟁이 빈번하고, 상이함 속에서 공통점을 찾아보는 것이 주류로 되어졌었다. 논쟁은 많았지만 대부분 논쟁은 도리를 따지고, 품위를 지키는 문명한 방식으로 진행되었다. 불교 측면에서 말하자면 불교가 중토中土에 전해 들어오는 데는 정치 세력의 지지도 없었고, 이익 집단의 개입도 없었다. 이는 다만 한 차례 민족과 국경을 넘어 들어온 문화 전파였다. 불교를 사랑하는 중국 승려들은 경經을 구해오고, 경을 번역하고, 경을 해석하고, 경을 강론하는데 온갖 힘을 다했고, 서방의 승려들과 긴밀히 협력했다. 그들은 또한 처음부터 중화문화 요소를 중토中土 불교에 섞어 넣었다. 그 당시는 주로 위진 현학의 깨달음體悟 방식, '뜻을 얻으면 말을 잊는得意

忘言' 사유방식 및 '유무有無', '허실虛實', '동정動靜', '체體성性' 등 용어를 활용하여 불교가 초보적으로 중화 색채를 지니게 했다.

어떤 사람들은 불교는 중국에서 주동적으로 청해서 들여온 것이라고 한다. 그 이유인 즉, 많은 중국인들이 주동적으로 서방에 가서 불경을 구해왔고 또 의리義理 차원에서 주동적으로 인도 불교의 우주와 인생에 있어서의 큰 지혜를 받아들이고 배웠다는 것이다. 그래서 삼교 간 논쟁이 발생할 때마다 나와서 불교를 변호하던 사람들은 대부분 중국의 학승學僧 아니면 명사名士들이었다. 당연히 집권자 집단이나 유가와 도가 측에서는 끊임없이 불교를 비판하는 목소리도 흘러나왔었다. 그 가운데 일부 사람들은 정권과 기득권을 수호하기 위해 불교를 비판했고, 일부 사람들은 중화민족의 문화전통이 손상 받을까봐 두려워 이를 배척하느라 비판했고, 일부 사람들은 불교의 결점을 보아내고서 비판을 했고, 또 어떤 사람들은 불교에 대해 충분한 이해가 없어서 이에 비판을 행했다. 그러나 온화한 태도로 그리고 토론의 방식으로 불교를 비판했다면 그것은 모두 좋은 일이었다. 이는 모두 피차 간 한걸음 더 나아간 상호 이해에 도움이 되었다. 불교 측면에서 말할 때, 이는 불교가 중화문화에서 가져야 할 적절한 위치를 찾게 해주었으며, 불교가 중국 사회에 더 잘 융화될 수 있도록 도움을 주었다. 그 와중에 과격한 언설이 나오기도 했지만 다행히 실질적 상해 傷害를 입히는 경우는 드물었다. 당연히 예외도 있었다. 그것인 즉 북위 태무제 太武帝와 북주 무제武帝가 강력한 수단으로써 멸불滅佛한 사건이다. 역사적으로 보면 이는 한 단락의 짧기는 했지만 가슴 아픈 불행한 사건이었다.

1. 동진東晉 시기 유가와 불가의 논쟁 및 불가의 유가 접근

1) '사문경왕沙門敬王' 논쟁

성제成帝 때, 유빙庾冰은 황제를 대신하여 조서詔書를 작성했는데, 여기서 그는 사문沙門에서 왕에게 무릎 꿇고 절을 하지 않는 행실을 질책했다. 그들은 "형해形骸(즉 절을 하는 자세를 말함)를 고쳐버리고, 일상 규범을 거스르고, 예전禮

典(예법)을 바꾸고, 명교名敎를 버렸다."는 것이었다. 또 "왕의 교화王敎는 부득이하게 통일해야 하고, 그것이 둘이 되면 어지럽게 된다."247)고 했다. 하지만 하충何充 등 사람들은 글을 올려 이에 이의를 제기했다. "어찌하여 그 당시(世祖武皇帝, 蕭祖 明皇帝 시기를 말함)에는 사문沙門에서 무릎 꿇는 법으로 바꾸지 않았었는가? 그것은 그 공덕을 쌓는 법을 바꾸지 않으려고 했기 때문이다. 그리하여 천하의 뜻을 통하게 할 수 있었던 것이다."248) 또 말하기를, "그들의 유문遺文을 찾아서 그 요지를 살펴보면, 오계五戒(중생을 죽이지 말 것, 훔치지 말 것, 淫行을 하지 말 것, 거짓말하지 말 것, 술과 고기를 먹지 말 것 등 다섯 개 戒律)는 사실 왕권의 교화敎化에 도움이 된다.", "우리가 보건대, 무릎 꿇고 절을 하지 않더라도 법에는 어긋나지 않는다."249)라고 했다. 안제安帝 때, 환현桓玄이 정무政務를 총괄했는데, 팔좌八座(옛날 조정의 여덟 명의 고급관료)들에게 공문서를 보내 다시 사문경왕沙門敬王 건을 꺼냈다. 그 요지는 "삶生이 통하게 세상물정을 다스린 공덕은 왕에게 있고', '사문沙門이 매일 살아가는 것도 왕이 세상물정을 다스려준 덕분인데, 어찌 왕의 은덕만 받고 그 예의는 버리고, 왕의 은혜만 받고 그이에 대한 존경은 버릴 수 있단 말인가?"250)라는 것이었다. 이에 환겸桓謙, 왕밀王謐 등 사람들은 각자 응답이 있었다.

혜원은 그 당시 불교계 수령의 신분으로『답환태위서答桓太尉書』를 써 보냈다. 여기서 그는 자신의 태도를 밝혔다.

불경에서 밝힌 것은 모두 두 가지二科입니다. 하나는 속세에서 널리 포교布敎

247) (南朝梁)僧祐, (唐)道宣:《弘明集·廣弘明集》, 上海古籍出版社1991年版, 第81頁.[원문: "矯形骸, 違常務, 易禮典, 棄名敎", "王敎不得不一, 二之則亂".]

248) (南朝梁)僧祐, (唐)道宣:《弘明集·廣弘明集》, 上海古籍出版社1991年版, 第80頁.[원문: 豈於時沙門不易屈膝? 顧以不變其修善之法, 所以通天下之志也.]

249) (南朝梁)僧祐, (唐)道宣:《弘明集·廣弘明集》, 上海古籍出版社1991年版, 第81頁.[원문: "尋其遺文, 鑽其要旨, 五戒之禁, 實助王化", "以爲不令致拜, 於法無虧".]

250) (南朝梁)僧祐, (唐)道宣:《弘明集·廣弘明集》, 上海古籍出版社1991年版, 第81頁.[원문: "通生理物, 存乎王者", "沙門之所以生生資存, 亦日用於理命, 豈有受其德而遺其禮, 沾其惠而廢其敬哉?"]

하는 일이고, 다른 하나는 출가해서 도道를 닦는 일입니다. 속세에서 윗사람을
섬기고, 부모님을 공경하고, 충효忠孝를 다하라는 의리義理는 경문經文에도 나옵
니다. 이 세 개 가르침은 성전聖典(유가경전을 말함)에도 분명히 나오는데, 이는
왕권 제도와 부계符契처럼 맞아떨어집니다.

　대저 출가한 자들은 산속에 은거하여 살면서 자신의 뜻을 추구하고, 속세의
습속을 바꾸고 불도佛道에 이르고자 합니다. 속세의 복장服章(관리 계층의 복장)을
입지 않았으니, 속세의 경전世典에 따라 같은 예禮를 행할 수 없고, 산속에 은거하
여 살고 있으니 그 자취는 더 고상하다고 하겠습니다. 대저 그렇기 때문에 혼탁한
세상에서 헤매는 자들을 구원해줄 수 있고, 거듭되는 재난累劫에서 유근幽根(善과
惡의 소행의 근원)을 뽑아줄 수 있고, 멀리 삼승三乘(중생을 열반에 이르게 하는 세
갈래 길)의 나루터에 데려다 줄 수 있고, 널리 인간과 하늘이 통하는 길을 열어줄
수 있는 것입니다. 그런 까닭에 안에서는 혈육의 무거운 사슬에서 벗어났지만
결코 불효가 아니며, 밖에서는 임금님을 받들지 않는다 하여 공경함을 잃었다
할 수 없습니다.

　만약 일부一夫(승려를 말함)가 공덕功德을 온전하게 이루게 한다면 그 법도는
육친六親이 흡족하게 해주고, 그 광택은 천하에 널리 흐를 것입니다. 비록 왕후王
侯의 자리에 있지 않으나 이미 황극皇極의 다스림에 알맞게 협조해 준 것이고,
백성들을 크게 비호해준 것으로 되겠습니다.251)

　혜원慧遠은 재가在家 신도들은 속세의 예의를 준수해야 하지만 출가해서 도
道를 닦는 자들은 반드시 속세의 예의禮儀와 달리 해야 한다고 강조했다. 하지
만 근본적으로는 "황극皇極의 다스림을 도와주고, 백성들을 크게 비호해준
다."252)고 했다. 이것이 곧 큰 충성이고 큰 효도로서 그리하여 사실 길은 다르

---

251) (南朝梁)僧祐, (唐)道宣：《弘明集·廣弘明集》, 上海古籍出版社1991年版, 第84, 85頁.[원문
："佛經所明, 凡有二科：一者處俗弘敎, 二者出家修道. 處俗則奉上之禮, 尊親之敬, 忠孝
之義表於經文, 在三之訓彰於聖典, 斯與王制同命, 有若符契", "凡在出家, 皆隱居以求其
志, 變俗以達其道. 變俗服章不得與世典同禮, 隱居則宜高尙其跡. 夫然故能拯溺族於沉
流, 拔幽根於重劫, 遠通三乘之津, 廣開人天之路. 是故內乖天屬之重而不違其孝, 外闕奉
主之恭而不失其敬", "如令一夫全德, 則道洽六親, 澤流天下, 雖不處王侯之位, 固已協契
皇極, 大庇生民矣".]

252) (南朝梁)僧祐, (唐)道宣：《弘明集·廣弘明集》, 上海古籍出版社1991年版, 第85頁.[원문：
協契皇極, 大庇生民.]

지만 귀착점은 똑같다는 것이다. 이는 불교계에서 중화 예교禮敎와 왕권王權을 인정하는 동시에 자체의 특색을 보존하려는 기본 태도를 표명한 것이다. 하충何充의 말했듯이, "실제적으로 왕권의 교화敎化를 돕는 것이고", 국가정권을 안정시키는 것이고 또한 불교의 생존과 발전에 합법적 공간을 쟁취한 것이겠다. 도안道安 법사도 일찍 말하기를, "나라 임금에게 기대지 않으면 법사法事는 세우기 힘들다."253)라고 했다. 이는 불교가 중국에서 스스로 찾은 적절한 위치였다. 즉 중국에서는 정치가 주로 되고 종교가 보조로 되고, 유교가 주로 되고 불교가 보조로 되어야 했다. 이를 전제로 불교는 자체의 독특한 신앙과 예의규범을 수호하고, 자체의 존엄을 수호해야 했던 것이다. 그 당시, 권신權臣 환현桓玄은 마지막에 결국 사문沙門에서는 속세의 예의를 지키지 않아도 된다고 허락했다. 『홍명집弘明集』 권오卷五에는 혜원慧遠의 『사문불경왕자론沙門不敬王者論』 다섯 편이 실려 있는데, 여기서 그는 재차 집에서 불법을 신봉하는 데는 속세의 예의에 어긋나지 말아야 하고, 출가해서 불도를 닦는 것은 경의敬意를 잃은 것이 아니라는 관점을 천명한다. 또 한걸음 더 나아가 설명하기를, 부처님을 섬기는 자는 "먼저 부모님을 잘 섬기고 임금님을 공경해야 하고", 출가할 때는 반드시 먼저 임금님과 부모님의 허락을 받아야 하고, "만약 임금님과 부모님이 주저한다면, 그 뜻을 구하는 일에서 물러서서 그들이 같은 깨달음을 얻을 때까지 기다려야 한다. 이는 불교가 사람들의 삶을 중요시하는 표현이고 또한 불도佛道에서 왕의 교화를 돕는 바이다."254)라고 했다. 그는 여기서 충효忠孝를 긍정하는 태도를 보여주고 있었다. 그는 또 석가모니의 가르침敎은 "심오하고 광활하고, 신도神道(즉 佛道)는 정미精微하여 그 이치를 찾아 구할 수는 있겠지만 낱낱이 따져 묻기에는 어려움이 많다."255)라고 한다. 그러나 "내·외의 도道를 합쳐

---

253) (南朝梁)慧皎, 湯用彤校注, 湯一玄整理 :《高僧傳》, 中華書局1992年版, 第178頁.[원문 : 不依國主, 則法事難立.]

254) (南朝梁)僧祐, (唐)道宣 :《弘明集·廣弘明集》, 上海古籍出版社1991年版, 第31頁.[원문 : 若君親有疑, 則退求其志, 以俟同悟, 斯乃佛教之所以重資生, 助王化於治道者也.]

255) (南朝梁)僧祐, (唐)道宣 :《弘明集·廣弘明集》, 上海古籍出版社1991年版, 第31頁.[원문 : 幽宗曠邈, 神道精微, 可以理尋, 難以事詰.]

밝힐 수 있고, 여래의 말씀과 요임금과 공자의 말씀은 말한 이는 다르지만 암묵적으로는 서로 영향을 주고 있고, 나온 곳은 참말로 다르지만 최종 기대는 똑같다."256)라고 했다. 보다시피 혜원은 유가의 '화이부동'의 이념을 충분히 활용하여 중국식 사유와 언어로써 불교와 유교의 공통점과 차이 및 양자의 회통會通을 논술했다.

2) '사문불효沙門不孝' 논쟁

손작孫綽의 『유도론喩道論』에서는 반불反佛 언론을 인용하여 이렇게 말한다.

> 주공과 공자의 가르침教에서는 효孝를 우두머리로 삼고 있고, 효덕孝德의 지극함을 백행百行의 근본으로 삼고 있다. 근본이 세워지면 도道가 살고, 신명神明에 통하게 된다. 하지만 사문沙門의 도는 자기를 낳은 자를 버리고 떠나고, 가까운 자를 버리고 멀리 있는 자에게 다가간다. 머리털을 깎아 타고난 모습을 해치고, 살아서는 웃는 얼굴로 부모님에게 효도를 다하는 예의를 버리고, 죽을 때는 혈식血食(피 흐르는 제물을 바쳐 조상에게 제사지냄)도 끊는다. 혈육의 정은 길 떠난 나그네들 사이처럼 되었다. 인간의 도리에 어긋나고 인간의 정을 해치는 일은 이보다 심한 것이 더 없을 것이다.257)

즉 불교를 비난하는 자들은 사문沙門에서 머리털을 깎고, 집을 나가고, 몸을 온전히 보전하지 않고, 부모님을 봉양하지 않고, 제사를 지내지 않는다고 질책하는데, 이는 큰 불효이고, 이는 중화中華의 근본 가치관에 저촉된다는 것이다. 이 비난은 불교가 반드시 넘어야 할 가장 큰 난관이었다. 손작孫綽의 『유도론喩道論』에서는 유·도·불 삼가의 의리義理를 융합하여 이에 이렇게 답한다.

---

256) (南朝梁)僧祐, (唐)道宣 : 《弘明集·廣弘明集》, 上海古籍出版社1991年版, 第31, 31-32頁.
   [원문 : "內外之道可合而明", "如來之與堯孔, 發致雖殊, 潛相影響. 出處誠異, 終期則同".]
257) (南朝梁)僧祐, (唐)道宣 : 《弘明集·廣弘明集》, 上海古籍出版社1991年版, 第17頁. [원문 :
   "周孔之教以孝爲首, 孝德之至, 百行之本, 本立道生, 通於神明", "而沙門之道, 委離所生,
   棄親即疏, 刑剔鬚髮殘其天貌, 生廢色養, 終絶血食, 骨肉之親, 等之行路, 背理傷情, 莫此
   之甚".]

효孝에서 귀한 것은 스스로 몸을 바르게 하고 도道를 행하여 부모님에게 영원한 영광을 드릴 수 있는 것이다. 만약 배를 땅에 붙이고 엎드려 절을 하고, 효를 가슴에 품고 매일 삼성三牲(제사에 올리는 돼지, 소, 양)을 잡아 올리더라도 세상사람들이 자기를 우러러보게 할 수 없고, 내가 세상에 기대여 부모님을 섬긴다면 그 영광은 천박한 것이다. 대저 가운데를 따르는 것을 준칙으로 삼고(莊子의 말), 부드러움을 법도로 삼아 지키고, 형체形(또는 실체)와 이름名(또는 개념) 양자를 모두 끊고, 부모님과 나를 서로 잊는 것이 부모님을 섬기는 가장 참된 도이겠다.[258]

그는 불타가 출가한 사례를 들면서 이렇게 설명했다. 불교를 세운 다음 불타는 "본국에 다시 돌아와 널리 법음法音을 폈는데, 부왕父王도 깊이 느껴 깨닫고 역시 성불成佛했다. 이렇게 부모님을 영광스럽게 해드렸는데, 어떤 효孝가 이와 비길 수 있겠는가?"[259] 출가한 자도 "만약 가까운 형제가 있다면 부모님을 부양하는 일을 폐廢하지 않는다. 이렇게 대업大業도 크게 이룰 수 있고, 속세의 은정恩情도 세대로 이어갈 수 있다. 또한 죽은 자가 복보福報를 받아 천당에서 살게 하여 세대를 이어 지내는 제사祭祀를 받는 일을 더는 부러워하지 않게 할 수 있다. 이것이 두루 모두 좋고 또 형통亨通하는 도道가 아니겠는가. 부처님에게는 십이부경十二部經이 있는데, 그 가운데 네 부는 전문 효孝를 권장하는 것을 일로 삼고 있다."[260] 유경儒經에는 큰 효성으로서 부모님을 영광스럽게 해드린 일, 널리 은혜를 베풀어 백성들을 구제해준 일, 백이伯夷와 숙제叔齊가 수양首陽에서 함께 굶어죽은 일을 찬양하는 등 이야기가 있는데, 손작孫綽은 이를 더 발휘했던 것이다. 또 노장의 대도가 효자孝慈를 초월한다는 논설로써 부모님을 부양하는 일을 해석했다. 또한 불경에서 효孝를 논한 구절을 찾아

---

258) (南朝梁)僧祐, (唐)道宣:《弘明集·廣弘明集》, 上海古籍出版社1991年版, 第17頁.[원문 : "孝之爲貴, 貴能立身行道, 永光厥親. 若匍匐懷袖, 日禦三牲, 而不能令萬物尊己, 擧世我賴, 以之養親, 其榮近矣. 夫緣督以爲經, 守柔以爲常, 形名兩絶, 親我交忘, 養親之道也".]

259) (南朝梁)僧祐, (唐)道宣:《弘明集·廣弘明集》, 上海古籍出版社1991年版, 第18頁.[원문 : 還照本國, 廣敷法音, 父王感悟, 亦升道場, 以此榮親, 何孝如之.]

260) (南朝梁)僧祐, (唐)道宣:《弘明集·廣弘明集》, 上海古籍出版社1991年版, 第18頁.[원문:"若有昆弟之親者, 則服養不廢, 既得弘修大業而恩紀不替, 且令逝沒者得福報以生天不復顧歆於世祀, 斯豈非兼善大通之道乎", "佛有十二部經, 其四部專以勸孝爲事".]

이로 불법에서도 효를 중요시하고 있음을 밝혔다. 그 총적 추세는 불교를 논설하는 방식으로 유가 윤리에 다가서는 것이었고, 중점은 사문沙門의 출가는 작은 효를 버리고 큰 효를 다하는 것임을 설명하는 것이었다.

3) '인과응보因果應報' 논쟁

유가에는 일찍부터 응보應報설이 있었다. 예를 들면, "착한 일을 하면 복을 받고, 악한 짓을 하면 재앙을 입는다.", "착한 일을 많이 한 집안에는 반드시 후손에게 경사가 넘칠 것이며, 악한 일을 많이 한 집안에는 반드시 후손에게 재앙이 뒤따를 것이다."[261] 그러나 이 말은 현실 생활에서 착한 사람이 재앙을 받고 악한 사람이 복을 받는 일 그리고 역사적으로 가족의 흥망성쇠가 변화무상하던 현상을 해석할 수 없었다. 이 또한 뭇사람들을 상당히 곤혹케 만든 어려운 문제였다. 도대체 선과 악은 응보가 있는 것인가? 이에 대해 많은 사람들은 회의적이었다. 그 당시 대규戴逵는 『석의론釋疑論』을 저술하여 응보설應報說을 반대하고, 명정론命定論(운명론)을 주장하기도 했다. 그는 주속지周續之에게 보낸 편지에서 이렇게 말했다."혹은 악행을 많이 저질렀어도 죽임을 당하지 않고, 혹은 착한 일을 많이 했어도 재앙이 따르고, 혹은 인의를 행했지만 목숨을 잃고, 혹은 거리낌 없이 잔악한 짓을 행했지만 복을 받는데"[262], 이는 '운명이 황천에서 정해진 것임'[263]을 설명해준다는 것이었다. 이에 주속지는 대답하기를, 그도 처음에는 '복福과 선善의 필연관계 문제'[264]에 헷갈렸지만 불법을 공부한 다음에는 '훤히 알게 되었다.'[265]고 했다. 그러나 체계적으로 논증하지

---

261) 宋祚胤注譯 :《周易》, 嶽麓書社2000年版, 第21頁.[원문 : 積善之家, 必有餘慶. 積不善之家, 必有餘殃.]

262) (南朝梁)僧祐, (唐)道宣 :《弘明集·廣弘明集》, 上海古籍出版社1991年版, 第230頁.[원문 : 或惡深而莫誅, 或積善而禍臻, 或履仁義而亡身, 或行肆虐而降福.]

263) (南朝梁)僧祐, (唐)道宣 :《弘明集·廣弘明集》, 上海古籍出版社1991年版, 第230頁.[원문 : 分命玄定於冥初.]

264) (南朝梁)僧祐, (唐)道宣 :《弘明集·廣弘明集》, 上海古籍出版社1991年版, 第229頁.[원문 : 福善莫驗.]

는 않았다. 대규戴逵는 또 혜원慧遠에게 편지를 썼고, 『석의론釋疑論』을 보냈었다. 대규는 "인생의 흥망, 귀천과 궁달은 운명에 달린 것입니다. 선을 쌓고 악을 쌓는 일에 관한 논설은 대개 착하게 살 것을 권고하는 말들입니다."[266]라고 했다. 이에 혜원은 자기가 저술한 『삼보론三報論』을 대규에게 보냈다. 그는 이 논論에서 이렇게 말했다.

> 불경에서는 말하기를, 업業에는 삼보三報가 있다고 합니다. 첫째는 현보現報이고, 둘째는 생보生報이고, 셋째는 후보後報입니다. 현보란 이 몸이 쌓은 선과 악을 이 몸이 받는 것입니다. 생보란 다음 생에 받는 것입니다. 후보란 이생二生이나 삼생三生 혹은 백생百生이나 천생千生을 지나 그 후에 받는 것입니다. 응보應報를 받는 데는 주인이 따로 없고, 사람은 반드시 심식心識을 통해 응보를 받게 됩니다. 심식에도 정해진 주재자가 따로 없고, 사람은 다만 일에 따라 응보를 받을 따름입니다. 응보를 받는 것은 늦고 빠름이 있는데, 그리하여 응보는 선후가 있는 것입니다. 선과 후의 차별은 있지만 응보는 모두 쌓은 업에 대응합니다. 대응에는 강하고 약함이 있는데, 그리하여 응보도 경하고 중한 차이가 있습니다. 아무튼 이것은 자연이 내린 상과 벌입니다. 이것이 삼보의 대략적인 내용입니다.[267]

이렇게 선악善惡과 복화福禍가 불일치한 현상은 비교적 원만한 해석을 얻게 되었다. "세상에는 혹 선善을 쌓았지만 재앙이 따르고, 혹 사악한 일을 했지만 경축을 받는 경우가 있습니다. 이는 모두 현세現世에 쌓은 업業의 응보가 아니고, 오히려 전세前世에 쌓은 업業의 응보를 받는 것입니다." 즉 옛날에 쌓은

---

265) (南朝梁)僧祐, (唐)道宣:《弘明集·廣弘明集》, 上海古籍出版社1991年版, 第229頁.[원문: 昭然有歸.]

266) (南朝梁)僧祐, (唐)道宣:《弘明集·廣弘明集》, 上海古籍出版社1991年版, 第229頁.[원문: 修短窮達, 自有定分. 積善積惡之談, 蓋是勸教之言耳.]

267) (南朝梁)僧祐, (唐)道宣:《弘明集·廣弘明集》, 上海古籍出版社1991年版, 第35頁.[원문: 經說業有三報:一曰現報, 二曰生報, 三曰後報. 現報者, 善惡始於此身, 即此身受. 生報者, 來生便受. 後報者, 或經二生三生, 百生千生, 然後乃受. 受之無主, 必由於心. 心無定司, 感事而應. 應有遲速, 故報有先後. 先後雖異, 鹹隨所遇而爲對. 對有強弱, 故輕重不同, 斯乃自然之賞罰, 三報大略也.]

업은 오늘에 응應하고 오늘에 쌓은 업은 훗날에 응한다는 것이다. "응보는 역으로 받는 경우도 있고 순리대로 받는 경우도 있지만, 그러나 그 원리는 똑같다."268)는 것이다.

삼보론三報論은 두 개의 큰 문제를 해결했다. 하나는 원인因과 결과果가 상응하는가 하는 문제를 원만하게 해석했다. 응보는 반드시 있는데 다만 늦고 빠름의 문제라는 것이다. 이를 이미 알려진 사실로 증명할 수는 없었지만 이 말은 합리적이었고, 그리하여 사람들에게 심리적 만족을 줄 수 있었다. 다른 하나는 자기가 저지른 일의 과보果報는 자기가 받는다고 강조한 점이다. 이렇게 착한 사람이 원망 없이 계속하여 착한 일을 많이 하고, 악한 사람이 소원하던 바를 이루지 못했을 때 될수록 빨리 악惡을 버리게 만들었던 것이다. 결국 모두가 착善한 일을 많이 해서 내생의 행복을 기원하게 만들었는데 이는 도덕교화에 아주 유익했다. 그래서 혜원은 불교가 유교보다 더 고명하다고 찬양했던 것이다. "세전世典(즉 유가경전)은 한평생에만 구애되어 있고, 그 바깥은 모른다.", "이로 보면 불경이 명교名敎 구류九流를 초월할 수 있었던 것은 정신을 소통시키고 본질에 이르고, 마음靈府을 도야하고, 근원과 변화를 밝히고, 만상萬象을 무상舞象에서 비추어 볼 수 있었던 덕분이 아니겠는가."269) 확실히 사람들은 단 한 생生으로 마감하려 하지 않았고 모두 내세를 기대하고 있었다. 공자는 죽은 후의 일을 논하지 않았는데, 그 당시 사람들은 이에 만족하지 않았다. 그리하여 불교 삼보론三報論이 나오자마자 재빨리 중국 대지에 널리 전해졌던 것이다. 특히 민간사회에서 일종의 주류 신앙으로 자리매김했고, 중국인들의 정신생활에 지대한 영향을 끼쳤었다.

---

268) (南朝梁)僧祐, (唐)道宣：《弘明集·廣弘明集》, 上海古籍出版社1991年版, 第35頁.[원문: 逆順雖殊, 其揆一耳.]

269) (南朝梁)僧祐, (唐)道宣：《弘明集·廣弘明集》, 上海古籍出版社1991年版, 第35頁.[원문: "世典以一生爲限, 不明其外", "因茲而言, 佛經所以越名敎, 絶九流者, 豈不以踈神達要, 陶鑄靈府, 窮源盡化, 鏡萬象於無象者也".]

2. 유송劉宋 시기 삼교 간 몇 차례 대변론大辯論

1) 『백흑론白黑論』 논쟁

유송劉宋 때, 사문沙門에서 혜림慧琳은 『백흑론』(『균선론均善論』라고도 칭함)을 저술하여 불교 내부에서 불교의 장단점得失을 평론했다. 무신론자 하승천何承天 은 이 글을 보고 감탄을 금치 못했고, 그리하여 이 글을 또 종병宗炳에게 보내주 었는데 생각밖에 종병은 답신을 보내 이 글을 크게 반박했다. 이어서 종병과 하승천은 변론이 오가면서 한 차례 큰 논쟁을 벌이게 되었다.

『백흑론』에서는 백학白學 선생을 설정하여 중화전통이론(주로는 儒學)을 대 변하고, 흑학黑學 선생을 설정하여 불교를 대변한다. 이 글은 양자가 문답하는 형식으로 전개된다.

첫째, '공空'의 함의에 관한 변론이다. 흑黑은 "석씨釋氏가 말하기를, 만물은 텅 비었고空, 텅 빈 것空과 만물物은 같은 것─이다."라고 했다. 이에 백白이 되물었다. "석씨가 말하는 텅 빈 것空과 만물物에서 만물物은 확실히 텅 빈 것空 인가?" 흑이 대답하기를, 단지 텅 비었을空 뿐만 아니라, "비고空 또 빈空 것이 다."라고 했다. 백이 묻기를, "삼의三儀(즉 天, 地, 人)와 만물이 바로 우주와 천지 사이에 있는데, 어찌하여 텅 비었다空고 말하는가?" 흑이 이렇게 대답했다. "텅 빈 것空은 스스로 가지고 있는 자성自性인데, 이는 빌려 쓰는 형체에 의지하지 않는다." 사물은 "흥멸興滅이 수시로 변하고, 인연은 주이 없다.", "'사용事用(현 상과 쓰임새)'은 존재하지만 성리性理(본성과 이치)는 텅 빈 것空이다." 마지막에 백이 이렇게 말했다. "오늘 텅 빈 나무空樹를 아무리 쪼개도 그늘을 드리우는 무성함에 손상이 없구나. 재목으로 갈라 빈 방을 만들어도 웅장한 아름다움에 는 손상이 없구나."[270] 이는 역사상 처음으로 되는 불교의 우주본체론 문제에

---

270) (南朝梁)沈約:《宋書》(下), 劉韶軍等校點, 嶽麓書社1998年版, 第1340-1341頁.[원문: 黑說 : "釋氏即物爲空, 空物爲一." 白問: "釋氏空物, 物信空邪?" 黑答: 不只是空, 而且是"空 又空". 白問: "三儀萬品就在宇宙天地間, 怎能是空?" 黑答: "空其自性之有, 不害因假之 體也", 事物"興滅無常, 因緣無主", "事用"雖有, "性理"則空. "今析毫空樹, 無傷垂蔭之茂. 離材虛室, 不損輪奐之美".]

대한 토론과 비판이었다. 백학白學 선생은 실증론에 근접한 그런 견해를 가지고 있었다.

둘째, '응보應報'설에 관한 변론이다. 혹이 말하기를, "주공과 공자의 가르침敎은 한 세상一世에서는 맞는 말인데, 아쉽게도 내생의 무궁한 인연緣은 보지 못했다. 선을 쌓는 일은 자손들이 경사가 있는 것에 그쳤고, 악을 쌓는 일은 생을 마감할 때 받는 재앙에 그쳤다.", "석가의 말은 무궁한 업業에 관계된다.", "지옥을 말해주니 백성들이 죄 짓는 일을 두려워하고, 천당을 펼쳐주니 저마다 그 복福을 즐거워했다. 니원泥洹을 가리켜 영원히 돌아갈 곳을 알려주었고, 법신法身에 올라서 세상을 내려다보게 했다." 백이 말하기를, "참말로 큰 소리를 잘 하시는군요. 오늘 신광神光(불광)을 살펴보니 실오리만한 밝음도 없고, 영변靈變(신통함)을 뜯어보니 터럭만한 신기함도 없더라.", "헛되이 무량상수無量壽만 말하는데, 누가 참말로 백세 노인期頤叟을 보았었는가?", "또한 천당으로 가려고 선을 행하는 것이 어찌 정의正義를 위해 도道를 행하는 것과 같은 것이겠는가. 지옥이 두려워 자기 행실을 삼가는 것을 어찌 이치를 따르면서 마음을 바르게 하는 것에 비기겠는가.", "니원泥洹의 즐거움을 아름답게 꾸미니, 안락함을 누릴 생각이 생기고, 법신法身의 신묘함妙을 찬양하니 사람들의 호기심이 일어난다. 가까운 욕망이 그치지 않았는데, 먼 이익의 욕망이 또 마음에서 일어난다. 부처는 욕심이 없다고 말하지만 중생들은 본디 욕심이 있는 법이다. 겨우 욕심에 눈이 어두운 백성들을 구해냈는데, 또 이익을 다투는 풍속을 영원히 열어놓았다. 정신은 맑게 한다고 치더라도, 바른 도道를 거스르는데, 이 어찌 될 소리겠는가?" 혹이 말하기를, "그렇지 않다. 내생을 알려주지 않는다면, 무엇으로 현세의 욕망을 없애 주겠는가. 이 일은 단번에 해결되는 것이 아니다. 그래서 점차 쌓으면서 유도하는 것이다." 백이 말했다. "괴이하구나. 도道는 무욕無欲에 있건만, 욕심으로 그것을 얻으려고 한다. 남쪽으로 영郢(楚나라 수도)에 이르려 하거늘, 북으로 가서 이를 구하고, 동쪽으로 가서 월越나라를 얻으려 하거늘, 서쪽으로 가서 이를 구하는구나.", "이른바, 점차 쌓는 것도 날로 줄임을 말하는 것이 아닌가."271) 여기서는 불교의 금욕고행禁慾苦行과 선을 쌓아

과보報를 구하는 것 사이의 모순을 논하고 있다. 불교는 공空과 무無에 뜻을
두고 있다고 하지만 오히려 복락福樂을 가지고 교화를 행하려 하는데, 이는 사
람들의 이욕利慾의 심리를 부풀리기에 족하다는 것이다. 또한 이는 작은 이익
을 버리고 큰 이익을 추구하는 것일 따름이라는 것이다. 이는 초超공리주의에
서 넘어설 수 없는 장벽이었다.

셋째, 유가와 불가를 비교할 때, 어느 것이 우위인가 하는 변론이다. 백이
말하기를, 불가에서 사찰을 세우는 것은 "낭비하는 풍기를 조장하는 일이고",
"쓸데없는 일을 만들어 중생들의 피땀을 짜내는 일이고", "호법護法을 빌미로
다투는 마음을 펼치는 일이다."라고 했다. "그리하여 주공과 공자는 속세를
다스리되, 보고 듣는 것 바깥은 관계치 않았고, 노자와 장자는 풍속을 다스리
되, 본성만 삼가 지키고 있었던 것이다." 흑이 말하기를, "삼유三游(游俠, 游說,
游行)는 본래 인의仁義에서 나왔고, 도척盜跖도 오선五善(仁, 義, 禮, 智, 信)에 의지
했다. 성인의 자취의 쇠패衰敗는 안과 밖이 따로 있었는가. 또한 황로 학설에서
는 거짓으로 부록符籙을 만들고 날조해서 수축水祝을 만들었다. 이는 더 논할
필요가 없겠다."보다시피 그는 도교의 부록符籙에 대해서도 질책하고 있었다.
백이 말하기를, 불교의 처음 의도는 좋은 것이었지만, "아쉽게도 심오한 뜻을
밝히지 못하고, 말류末流에 가서는 누가 되어버렸다."라고 했다. 이에 흑이 말
하기를, "공자가 논하던 선이 위태롭게 된 것도 마찬가지 아닌가. 이는 삶生에
서만 그런 것인가?" 백이 말하기를, "저승幽冥의 도리는 원래 인간사人間事에
서 다 밝힐 수 있는 것이 아니다. 그래서 주공과 공자는 의혹하면서도 분별하

---

271) (南朝梁)沈約:《宋書》(下), 劉韶軍等校點, 嶽麓書社1998年版, 第1341-1342頁.[원문: "周,
孔爲敎, 正及一世, 不見來生無窮之緣, 積善不過子孫之慶, 累惡不過餘殃之罰", "釋迦關
無窮之業", "敍地獄則民懼其罪, 敷天堂則物歡其福, 指泥洹以長歸, 乘法身以遐覽". 白說
: "固能大其言矣, 今效神光無徑寸之明, 驗靈變罔纖介之異", "徒稱無量之壽, 孰見期頤
之叟", "且要天堂以就善, 曷若服義而蹈道, 懼地獄以敕身, 孰與從理以端心", "美泥洹之
樂, 生耽逸之慮, 贊法身之妙, 肇好奇之心, 近欲未弭, 遠利又興, 雖言菩薩無欲, 群生固以
有欲矣. 甫敎交敝之氓, 永開利競之俗, 澄神反道, 其可得乎?" 黑說: "不然. 若不示以來生
之欲, 何以權其當生之滯. 物情不能頓至, 故積漸以誘之." 白說: "道在無欲, 而以有欲要
之, 北行求郢, 西征索越", "所謂積漸者, 日損之謂也".]

지 않았고, 석가는 분별했음에도 확실치 않았다. 밝음과 어둠顯晦의 자취를 버리고, 중요한 뜻만 간직하는 것이 바람직하겠다.", "그러나 육도六度와 오교五敎가 병행하고, 신순信順과 자비慈悲가 가지런히 세워져야 함은 알아야겠다. 길은 다르지만 목적지는 같은데, 그 수레바퀴가 지나온 자국만 지켜서는 아니되겠다."272)

토론 결과는 유가와 불가는 모두 선하고, 병행竝行할 수 있다는 것이었다. 하지만 『백흑론白黑論』은 전체적으로 보면 불교의 결함을 살피는 것을 주로하고 있었다. 그리하여 이 논論이 세상에 전해지자, "보수파 승려들은 이 論이 석씨釋氏를 폄하시켰다고 하면서 이를 배척하려고 했던 것이다."273) 그러나 집권자들은 이 논論을 높이 평가하고 있었는데, 덕분에 혜림慧琳은 권세를 얻게되었다. 이로 보면 그 당시 불교 내부 및 외부의 사회 환경은 모두 느슨했다. 『백흑론』에서는 절로 주와 객主客을 설정하고서 절로 질문하고 응답하는 형식으로 논의를 전개하고 있었는데, 이런 논의방식은 또 첨예한 문제를 회피하지않을 수도 있었다. 그리하여 이런 논술방식은 후일 진리를 추구하는 일종의중요한 문장격식으로 자리매김하게 되었던 것이다.

『백흑론』을 둘러싸고, 종병宗炳은 수차 하승천何承天에게 편지를 띄워, 그와변론을 전개했는데, 이를 백白선생과 흑黑선생의 논쟁의 계속으로 볼 수 있겠다. 그들은 성공性空, 욕리欲利, 이하夷夏, 형신刑神 등 문제를 둘러싸고 토론을전개했다. 『백흑론』과 하승천이 불교에 대한 폄하와 비난에 대하여 이를 체계

---

272) (南朝梁)沈約:《宋書》(下), 劉韶軍等校點, 嶽麓書社1998年版, 第1342頁.[원문:白說:佛敎營造寺廟, "興靡費之道", "樹無用之事, 割群生之急", "護法以展陵競之情", "是以周, 孔敦俗, 弗關視聽之外, 老, 莊陶風, 謹守性分而已". 黑說:"三遊本於仁義, 盜蹠資於五善, 聖跡之敝, 豈有內外. 且黃, 老之家, 符章之僞, 水祝之誣, 不可勝論", 對於道敎符篆加以指責. 白說:佛敎的用心是好的, "惜乎幽旨不亮, 末流爲累耳". 黑說:"子之論善殆同矣, 便事盡於生乎?"白說:"幽冥之理, 固不極於人事矣. 周, 孔疑而不辨, 釋迦辨而不實, 將宜廢其晦晦之跡, 存其所要之旨", "但知六度與五敎並行, 信順與慈悲齊立耳. 殊途而同歸者, 不得守其發輪之轍也".]

273) (南朝梁)沈約:《宋書》(下), 劉韶軍等校點, 嶽麓書社1998年版, 第1342頁.[원문:舊僧謂其貶黜釋氏, 欲加揥斥.]

적으로 논박하기 위해 종병은 『명불론明佛論』(일명 『신불멸론神不滅論』)을 저술했다. 이는 한편의 아주 유명한 불학 논문이다. 여기서 저자는 불교를 변호하는 동시에 불·유·도 삼교를 회통會通시키고자 노력했다.

첫째, 불교는 유교와 도교를 포괄하고 있고 또한 유교와 도교보다 높다고 한다. "저쪽의 불경은 오전五典(유가를 말함)의 덕德을 포괄하고 있고, 거기에 심원함과 거대함을 더 충실하게 했다. 노자와 장자의 허虛도 포괄하고 있는데, 한편 모든 것이 공空하다는 의미를 한없이 더 늘렸다."[274] 우주를 관觀할 때는 그것이 "가장자리가 없이 한없이 넓고, 시작도 없고 끝도 없이 오래서", "삼천일월三千日月을 벌여놓고, 만이천천하萬二千天下를 늘여놓고서, 항사恒沙(갠지스강의 모래라는 뜻으로 무한히 많은 것)로 국경을 세고, 흩날리는 먼지飛塵(무한이 많은 것)로 적겁積劫(기나긴 세월)을 기록하고 있었다."[275]는 것이다. 반면 유가는 안광이 협애한데, "『서書』는 멀리 안다고는 하지만 당우唐虞를 넘어서지 못하고, 『춘추春秋』는 사辭(詩文)에 속한다고 하지만 왕권王業에만 충실하고', '주공과 공자가 말한 것은 대개 하찮은 일蠻觸(사소한 일로 서로 싸우는 일)들이고, 세상을 다스리려는 데서 나온 거친 생각이고 또한 짧은 한 세상에서도 무력하다."[276]는 것이다. 또 공자의 가르침은 반드시 석씨釋氏에 의지해야만 통할 수 있다고 한다. 예컨대 유가에서 말하는 선善을 쌓으면 자손들에게 경사가 있다는 설, 악惡을 쌓으면 자손들에게 재앙이 따른다는 설로는 안회顏回와 염경冉耕이 질병으로 요절한 일, 상신商臣이 제 명을 다하고 장수한 역사 사실을 해석할 수 없는데, 하지만 불교에서 말하는 "인연因緣은 선과 후先後가 있고, 화禍와 복福이 이르는 것도 늦고 빠름이 있다."[277]라는 설로는 아주 확실하게 해석할 수

---

274) (南朝梁)僧祐, (唐)道宣:《弘明集·廣弘明集》, 上海古籍出版社1991年版, 第10頁. [彼佛經也, 包五典之德, 深加遠大之實. 含老莊之虛, 而重增皆空之盡.]

275) (南朝梁)僧祐, (唐)道宣:《弘明集·廣弘明集》, 上海古籍出版社1991年版, 第10頁.[원문: "無量無邊之曠, 無始無終之久", "布三千日月, 羅萬二千天下, 恒沙閫國界, 飛塵紀積劫".]

276) (南朝梁)僧祐, (唐)道宣:《弘明集·廣弘明集》, 上海古籍出版社1991年版, 第10頁.[원문: "《書》稱知遠, 不出唐虞.《春秋》屬辭, 盡於王業", "周孔所述, 蓋於蠻觸之域, 應求治之粗感, 且寧乏於一生之內耳".]

있다는 것이다. 임금은 "주공과 공자에 기대여 백성들을 다스리고, 불법을 음미하면서 정신을 기를 수 있는데, 이렇게 하면 살아서는 현명한 군왕이 되고, 죽어서는 현명한 신神이 된다. 결국 항상 왕이 된다."278)는 것이다. 이는 유가와 불가의 분공과 협력에 관한 논설이겠다.

둘째, 신神은 원래 지극히 허虛하고, 정情이 삶生의 근본이고, 마음心이 만물을 만들어낸다고 한다. '중생들의 신神'은 원래 지극히 가지런하고, 모두 똑같이 텅 비고 고요한데虛靜, 후일 "인연因緣에 따라 흘러 다니면서, 거칠고 얄팍한 식識을 이루게 되어"279) 성인과 우매한 자의 구별이 있게 되었다. "남·여가 정기精를 교합하고 만물이 화생化生하는 것은 모두 그 정기精를 정情(심성)으로 얽어낸 것이다. 정情이 자신에게서 구축되지만 한편 뭇사람들의 신神은 대체로 아주 비슷한데, 이로 보면 정情이 삶生의 근본임을 알 수 있다."280) 유독 형체만 정情에서 생긴 것生이 아니다. "대저 『홍범洪範』에서의 각종 징후庶徵와 길흉休咎에 대한 해석은 모두 마음에서 나온 것이다."281) 그러므로 "수많은 변화가 세상에 넘치고, 만상萬象이 눈앞에 그득한 것은 모두 만세萬世 이래 정기精가 감응感하여 모인 것이다."282) 하지만 어떤 사람이 물었다. "'신神은 본디 지극히 허虛한 것'인데, 어찌하여 만물을 접하고 나서는 그것과 인연을 맺는가? 또 '원래 허하고 가지런한데', 어찌하여 우매한 자와 성인으로 갈려지는가? 또 '마음이 만물을 만들어낸다'고 했는데, 만물이 아직 없을 때는 또 어떻게 마음

---

277) (南朝梁)僧祐, (唐)道宣:《弘明集·廣弘明集》, 上海古籍出版社1991年版, 第15頁.[원문: 因緣有先後, 故對至有遲速.]

278) (南朝梁)僧祐, (唐)道宣:《弘明集·廣弘明集》, 上海古籍出版社1991年版, 第16頁.[원문: 依周孔以養民, 味佛法以養神, 則生爲明後, 沒爲明神, 而常王矣.]

279) (南朝梁)僧祐, (唐)道宣:《弘明集·廣弘明集》, 上海古籍出版社1991年版, 第10頁.[원문: 隨緣遷流, 成麁妙之識.]

280) (南朝梁)僧祐, (唐)道宣:《弘明集·廣弘明集》, 上海古籍出版社1991年版, 第11頁.[원문: 男女構精, 萬物化生者, 皆精由情構矣. 情構於己, 而則百衆神受身大似, 知情爲生本矣.]

281) (南朝梁)僧祐, (唐)道宣:《弘明集·廣弘明集》, 上海古籍出版社1991年版, 第11頁.[원문: 夫《洪範》庶征休咎之應, 皆由心來.]

282) (南朝梁)僧祐, (唐)道宣:《弘明集·廣弘明集》, 上海古籍出版社1991年版, 第11頁.[원문: 衆變盈世, 群象滿目, 皆萬世已來精感之所集矣.]

을 성가시게 굴어, 감응하여 만물이 생기게 했는가?[283]" 이것은 아주 어려운 문제이다. 이 또한 모든 종교의 난제였다. 즉 완미한 태초의 세계는 어찌하여 고난의 인간세상을 만들어냈는가? 종병宗炳의 대답은 이 문제는 현묘하고 또 현묘하고 "혼탁하고 광대하고 망망하고 아득한 것인데, 어찌 그 가장자리를 다시 의론하겠는가?"라는 것이었다. 그러므로 성인은 이 문제를 그대로 두고 논하지 않았는데, 그것은 "모두 명연冥緣(은밀하고 미묘하여 살펴보기 힘든 三世의 인연과 과보)에서 말미암고 우주를 따라 무궁하게 변화하고, 한편 세상 물정에 감응하는 자는 한계가 있기 때문"[284]이라고 한다. 다시 말하면 유한한 개체는 무한한 불법을 훤히 알기 어렵다는 것이다. 하지만 "성인의 교화를 받들고, 성실하게 믿고 따르기만 하면 그 연후에 깨달음은 절로 따라오게 되는데, 한 깨달음이 일어나게 되면 나중에는 명극冥極에 이를 수 있다."[285]는 것이다. 그는 신도들이 우선 부처님을 의심하지 말고 굳게 믿을 것을 요구하고 있었고, 이렇게 해야만 점차 대도大道를 깨달을 수 있다고 했다.

셋째, 신神은 정묘하고 형形은 거친데, 그래서 형체가 망가져도 정신神은 불멸不滅한다고 한다. 종병宗炳이 보건대, 매개인의 신은 원래 이미 있던 것이고 또 각자 다르다. "순舜은 고瞽가 낳았는데, 순의 신은 분명히 고가 낳은 것이 아니다.", "낳아 기르기 전에 본디 거칠고 정묘함의 차별이 있었다. 낳아 기르기 전에 이미 세워졌다면 죽은 후에도 없어지지 않음을 알 수 있겠다."[286] 형과 신은 항상 붙어 다니고, 떨어지지 않는 것은 아니다. "만약 형이 살면 신이 살

---

283) (南朝梁)僧祐, (唐)道宣：《弘明集·廣弘明集》, 上海古籍出版社1991年版, 第12頁.[원문: "'神本至虛', 何故沾受萬有而與之爲緣乎? 又, '本虛既均', 何故分爲愚聖乎? 又, 既雲'心作萬有', 未有萬有之時, 復何以累心, 使感而生萬有乎?"]

284) (南朝梁)僧祐, (唐)道宣：《弘明集·廣弘明集》, 上海古籍出版社1991年版, 第12頁.[원문: 皆由冥緣隨宇宙而無窮, 物情所感者有限故也.]

285) (南朝梁)僧祐, (唐)道宣：《弘明集·廣弘明集》, 上海古籍出版社1991年版, 第12頁.[원문: 隨順玄化, 誠以信往, 然後悟隨應來. 一悟所振, 終可遂至冥極.]

286) (南朝梁)僧祐, (唐)道宣：《弘明集·廣弘明集》, 上海古籍出版社1991年版, 第10頁.[원문: "舜生於瞽, 舜之神也, 必非瞽之所生", "生育之前, 素有麤妙矣. 既本立於未生之先, 則知不滅於既死之後矣".]

고, 형이 죽으면 신도 죽는다고 한다면, 아마도 형이 망가지면 신도 훼손되고, 형이 병 들면 신도 병들 것이다."287) 그러나 어떤 사람은 "그 몸이 죽기 전 임종에 처해 있어도, 그 신의神意는 평온하고 완전했는데, 창 너머로 손을 잡으니, 병이 극도極에 이르렀건만, 덕행의 의지는 변함없었다. 이것이 아마도 신이 불멸한다는 좋은 증거일 것이다."288) 신은 정묘하고 형은 거친데, 한데 섞어 논할 수는 없다. "대저 정신은 사달四達하여 무극無極에서 흐르는데, 위로는 하늘가에 닿고, 아래로는 땅을 서리고 있다. 성인은 그 무궁함을 다하고 현자賢者는 그 정미함精微을 밝히는데"289), 이는 어리석은 범부凡夫들이 비길 수 있는 것이 아니다. 하지만 그들의 형체는 똑같지 않은가. 유가에서는 선조들에게 제사를 지낸다. 예컨대 "주공은 후직后稷에게 교사郊祀를 지냈었고, 문왕文王에게는 종사宗祀를 지냈었다.", "그렇다면 문왕文王과 후직后稷의 신령神靈이 죽었다고 말할 수는 없겠다."290)

넷째, 불법이 인간세상을 구제하는 것은 의심할 바 없다고 한다. 어떤 사람이 물었다. 부처님의 법력法力이 한없이 거대하다고 하는데, 어찌하여 가난한 자를 구제하지 못하고 원죄冤罪를 씻어주지 못하는가? 또 성인과 범부가 똑같이 깨달음을 얻게 해주지 못하는가? 백기白起와 항우項羽는 60만 백성을 처참하게 죽였는데, 부처님은 어찌하여 자비를 베풀지 않고, 앉아서 보기만 하고 구해주지 않았는가? "오늘날 그이를 생각해도 만나주지 않고, 아뢰어도 들어주지 않고, 구원을 청해도 대답이 없고, 적적하고 고요하기를 저 하늘과 다를 바 없다."는 것이다. 종병宗炳은 이렇게 답했다. 즉 부처님의 신력神力은 재앙의 가장자리

287) (南朝梁)僧祐, (唐)道宣:《弘明集·廣弘明集》, 上海古籍出版社1991年版, 第10頁.[원문: 若使形生則神生, 形死則神死, 則宜形殘神毁, 形病神困.]

288) (南朝梁)僧祐, (唐)道宣:《弘明集·廣弘明集》, 上海古籍出版社1991年版, 第10頁.[원문: 其身或屬纊臨盡, 而神意平全者, 及自隔牖執手, 病之極矣, 而無變德行之主, 斯殆不滅之驗也.]

289) (南朝梁)僧祐, (唐)道宣:《弘明集·廣弘明集》, 上海古籍出版社1991年版, 第10頁.[원문: 夫精神四達, 並流無極, 上際於天, 下盤於地, 聖之窮機, 賢之研微.]

290) (南朝梁)僧祐, (唐)道宣:《弘明集·廣弘明集》, 上海古籍出版社1991年版, 第10頁.[원문: "周公郊祀後稷, 宗祀文王", "則文, 稷之靈, 不可謂之滅矣."]

崖에서 자세히 드러나고曲暢, 이치를 따르면서 적절히 나타나고, 법도에 따라 만물을 구제한다. 하지만 연분緣數을 따르지 않을 수 없고, 숙명宿命을 넘어 만물을 마음대로 구제할 수는 없다는 것이다. 오로지 "큰 뜻烈志을 품고 마음이 맑고, 오랜 시간積劫 밝음을 더해 온 자"만이 감응해서 부처님을 만나 뵐 수 있는데, "오늘 잠시 응답이 없는 것은 모두 연분이 닿지 않은 탓이다."이라고 한다. 또 백기白起와 항우項羽가 죽인 것은 다만 인간의 육체이고, 60만 신神은 죽일 수 없었다고 한다. 그 육체의 죽음 또한 그들이 살생하고 고기를 먹는 그런 악한 업業을 쌓은 탓이겠다. 그리하여 60만 무리들이 같은 날 해를 입는 업보가 있었던 것이다. 만약 "계율의 공덕戒德이 후일 이른다면, 반드시 몸이 구덩이에 파묻히는 일은 다시는 볼 수 없을 것이다."[291]『백흑론』에서 제기하여 주로『명불론明佛論』에서 답했던 이 한 차례 변론은 '성공性空', '응보應報', '형신刑神', '화융華戎', '삼교우열三敎優劣' 등 다섯 개 문제를 취급하고 있었는데, 그 후에도 계속하여 심입된 토론이 이어져 왔었다.

2)『달성론達性論』 논쟁

하승천何承天은『달성론達性論』을 저술하여 안연지顔延之와 수차 변론을 거듭했다. 그는 유가의 천天, 지地, 인人 '삼재三才' 설을 가지고 불교의 '중생衆生' 설과 '인과응보因果應報'설을 비판했다.『달성론達性論』에서는 이렇게 말한다. "대저 양의兩儀가 세워지고, 제왕帝王이 거기에 참여해 들어가면 세상에서 받들지 않을 자가 없다. 하늘은 음陰과 양陽으로 나뉘고, 땅은 강건함과 유연함으로 쓰이고用, 사람은 인仁과 의義로 세워진다. 사람은 천지가 없으면 생기지 못하고不生, 천지는 사람이 없으면 영험하지 못하다. 삼재三才는 동체同體로서 서로 의지하면서 이루어지는 것이다."[292] 하승천은 인간이 만물의 영장靈長이라고

---

291) (南朝梁)僧祐, (唐)道宣:《弘明集·廣弘明集》, 上海古籍出版社1991年版, 第13-14頁.[원문 : 戒德後臻, 必不復見坑來身矣.]

292) (南朝梁)僧祐, (唐)道宣:《弘明集·廣弘明集》, 上海古籍出版社1991年版, 第22頁.[원문: 夫兩儀既位, 帝王參之, 宇中莫尊焉. 天以陰陽分, 地以剛柔用, 人以仁義立. 人非天地不

384 제4장 유·도·불 삼교의 상호 작용과 논쟁: 동질성 추구 단계(위진 남북조 시기)

강조한다. 인간의 "품부 받은 기氣는 맑고 부드럽고, 신명神明은 특히 창달하고, 정情은 고금을 종합하고, 지혜는 만물에 두루 미치고, 묘한 생각妙思은 심오함을 다하고, 제작制作은 조화造化(조물주)와 가지런히 한다.", "어찌 그런 날고, 잠기고, 기어 다니고, 꿈틀거리는 것들과 같은 중생衆生이라고 하겠는가?"293) 하지만 불교에서는 인간을 중생으로 보고 있는데, 이는 인간이 자연에 있어서의 지위를 절하시킨 것이겠다. 기왕 인간이 귀한 존재라면 기타 생물은 마땅히 인간이 사용해야 할 대상이겠다. 그러니 반드시 유가의 어진 도仁道를 베풀어 "시기에 따라 적절하게 얻고, 도道를 따르면서 적절하게 사용해야 하겠지만"294), 그러나 절대적으로 살생殺生을 금지할 수는 없다는 것이다. 안연지顔延之는 답서答書에서 이렇게 말했다. 인간은 만물과 다르기는 한데, "마땅히 그 독특한 영기靈氣에서 달리해야지, 삶을 영위하는 방식에서 달리하면 아니 되고", 만물을 부려 삶을 기르고자養生 한다면 살생 할 필요까지는 없다는 것이다. "주방市庖 바깥에도 삶을 기르는 방법이 없는 것이 아닌데', '하필이면 베고 자르는 것을 품부 받은 본성으로 삼고, 연기에 그을리고 소금물에 담그는 것을 요리를 만드는 수단으로 삼는가."295) 살육을 금지하는 계율은 또한 "호적에 등록된 자들을 가지런하게 다스리는 문제"를 걱정할 필요도 없고, "만약 먼 앞날을 펼쳐주어 긴 세상을 욕망하게 한다면 일계日計(매일의 생활)도 충실하고 세공歲功(한해의 일)도 기대할 수 있게 된다."296)는 것이다. 안연지顔延之는 인과응보因果應報는 필연적 법칙이라고 한다. "모든 것은 제멋대로 그렇게 된 것이

生, 天地非人不靈, 三才同體, 相須而成者也.]

293) (南朝梁)僧祐, (唐)道宣 : 《弘明集·廣弘明集》, 上海古籍出版社1991年版, 第22頁.[원문 : "稟氣淸和, 神明特達, 情綜古今, 智周萬物, 妙思窮幽賾, 製作侔造化", "安得與夫飛沉蠉蠕並爲衆生哉?"]

294) (南朝梁)僧祐, (唐)道宣 : 《弘明集·廣弘明集》, 上海古籍出版社1991年版, 第24頁.[원문 : 取之有時, 用之有道.]

295) (南朝梁)僧祐, (唐)道宣 : 《弘明集·廣弘明集》, 上海古籍出版社1991年版, 第24頁.[원문 : "市庖之外, 非無禦養", "何必以刲剝爲稟和之性, 煙淪爲翼善之具哉".]

296) (南朝梁)僧祐, (唐)道宣 : 《弘明集·廣弘明集》, 上海古籍出版社1991年版, 第24頁.[원문 : 憂"編戶難齊", "儻能伸以遠圖, 要之長世, 則日計可滿, 歲功可期".]

없고, 각자 부류에 따라 상호 감응한 결과이다." 선과 악의 과보果報는 "영표影表(해의 그림자를 측정하는 천문 의기)의 세勢(그림자 크기를 말함)처럼 생각하지 않아도 절로 온다."297) 하승천은 이에 되물었다. "부류類에 따라 상호 감응하는 것은 경하고 중함輕重에 반드시 가지런한 것(표준)이 있고, 영표影表의 세勢도 길고 짧음에 도度(측량단위)가 있다. 화려하게 장식한 건물은 자비와 연민을 베풀지 않고, 철기에 따라 행하는 수렵도 흉포한 본성에서 나온 것이 아니다. 천궁天宮이 화려하고 안락하거늘, 왜 상을 주어 올려 보내야 한단 말인가? 지옥이 음침하고 암울하고 괴롭거늘, 왜 벌을 주어 빠지게 해야 한단 말인가? 말로만 세상의 높고 낮음을 죄다 떠벌이고, 법도를 세움에는 저울추가 없구려. 이 지경에 이르렀구려."298) 하승천은 속세의 현실적 견해를 가지고 인과응보因果應報설의 일부 내적 모순을 지적했다. 즉 원인因과 결과果는 반드시 대응되어야 하고, 경輕하고 중重함도 상호 부합되어야 한다는 것이다. 또 자비와 연민의 마음이 없이 사찰만 일떠세웠다고 해서 천당에 가고, 일반 대중들이 철기에 따라 수렵했다고 해서 지옥에 떨어지는 그런 일은 없어야 한다고 한다. 그러니 응보應報설은 원만한 것 같지만 사실 엄밀하지 못하다는 것이다. 하승천은 또 『보응문報應問』을 지어 유소부劉少府와 인과 관계를 변론했다. 하승천은 불교 응보설을 비난하여 말하기를, "그 말들은 사치하기만 하고 핵심은 잡지 못했고, 그 비유는 빙빙 겉 돌기만 하고 밝힌 것이 없다."299)라고 했다. 그러나 "속세의 사정에 맞게 민중들을 부추길 수 있어 말세末世의 쇠패한 풍속에서 받아들이게 했다."300)는 것이다. 그는 과학가의 안광을 가지고 모든 일은 반드시 검증을

---

297) (南朝梁)僧祐, (唐)道宣:《弘明集·廣弘明集》, 上海古籍出版社1991年版, 第24頁.[원문: "物無妄然, 各以類感.", 善惡之報"勢猶影表, 不慮自來".]

298) (南朝梁)僧祐, (唐)道宣:《弘明集·廣弘明集》, 上海古籍出版社1991年版, 第25頁.[원문: 類感之物, 輕重必侔. 影表之勢, 修短有度. 致飾土木, 不發慈憫之心, 順時搜狩, 未根慘虐之性. 天宮華樂, 焉賞而上升? 地獄幽苦, 奚罰而淪陷? 唱言窮軒輊, 立法無衡石, 一至於此.]

299) (南朝梁)僧祐, (唐)道宣:《弘明集·廣弘明集》, 上海古籍出版社1991年版, 第231頁.[원문: 其言奢而寡要, 其譬迂而無征.]

300) (南朝梁)僧祐, (唐)道宣:《弘明集·廣弘明集》, 上海古籍出版社1991年版, 第231頁.[원문: 誘掖近情, 故得信於季俗.]

거쳐야 한다고 강조한다. "일월日月의 운행을 알기 위해 선기璇璣(천문관찰용 의기)를 가지고 살펴보는데, 저승을 확실히 설명하기 위해서도 마땅히 보이는 일을 가지고 근거를 세워야 한다."301) 이렇게 보면 응보설은 사실과 부합되지 않는다. "대저 거위는 날짐승으로서 맑은 못에서 노닐고 봄풀을 뜯어 먹는데, 아무튼 중생衆生이 꿈틀거리는 것은 원래 죄가 아니겠다. 하지만 포인庖人(요리 사)은 거위를 잡는데, 칼과 칼판을 사용하지 않는 경우는 드물다. 제비는 하늘을 날면서 먹이를 구하는데, 오로지 나는 벌레만 즐겨 잡아먹는다. 하지만 사람들 은 모두 제비를 사랑한다. 제비가 휘장 위에 둥우리를 지어도 두려워하지 않으 면서 말이다. 거위와 제비만 이런 것이 아니다. 중생群生과 만물은 늘 이러하다. 이로 보면 살생한 자에게 악보惡報가 따르는 것이 아니고, 복을 창조한 자에게 선보善報가 차려지는 것이 아니다."302)

하승천이 보건대, 불교는 선善하기는 하지만 진실眞하지는 않았다. 그는 이 렇게 말한다. "불경은 다만 가설적 권교權教(방편을 세워 가르침)로서 사람들을 권고하여 선행善行을 많이 하게 할 따름이다. 진실實과는 무관하다."303) 유소부 劉少府는 하승천의 질의에 답할 때, 불교 삼보론三報論은 저승의 진리로서 보고 들은 것으로 검증할 수는 없다고 했다. "당신은 현세의 가르침教에 의거하여 삼세三世의 지혜를 힐난하고 있는데, 지나치게 엉뚱하고 괴상하여 굳이 말로 해석할 필요가 없는 것 같구먼."304) 하지만 사람이 거위를 잡아먹고 제비가 벌레를 잡아먹는 것에서 거위와 벌레를 놓고 말하자면 그것들은 현세에 과보果

---

301) (南朝梁)僧祐, (唐)道宣:《弘明集·廣弘明集》, 上海古籍出版社1991年版, 第231頁.[원문: 欲知日月之行, 故假察於璇璣, 將申幽冥之信, 宜取符於見事.]

302) (南朝梁)僧祐, (唐)道宣:《弘明集·廣弘明集》, 上海古籍出版社1991年版, 第231頁.[원문: 夫鵝之爲禽, 浮淸池, 咀春草, 衆生蠢動, 弗之犯也, 而庖人執焉, 尠有得免刀俎庖. 燕翻翔 求食, 唯飛蟲是甘, 而人皆愛之, 雖巢幕而不懼. 非直鵝燕也, 群生萬有, 往往如之. 是知殺 生者無惡報, 爲福者無善應.]

303) (南朝梁)僧祐, (唐)道宣:《弘明集·廣弘明集》, 上海古籍出版社1991年版, 第231頁.[원문: 佛經但是假設權教, 勸人爲善耳, 無關實敎.]

304) (南朝梁)僧祐, (唐)道宣:《弘明集·廣弘明集》, 上海古籍出版社1991年版, 第231頁.[원문: 足下據見在之敎, 以詰三世之辨, 奢迂之怪, 固不待言.]

報를 받은 것이고, 한편 사람과 제비는 미래에 과보를 받게 된다고 한다. "선악의 업業은 과보를 받지 않는 경우가 없다. 단, 과거와 미래는 귀로 듣고 눈으로 볼 수 있는 것이 아니어서 믿는 자가 적고 믿지 않는 자가 많다."305)는 것이다. 이 반박은 불교 신앙이 일반적 지식이 아니고, 생활적 사실로 검증할 수 있는 것이 아님을 강조한 것이다. 이는 일종의 신념으로서 신도들이 스스로 믿으면 좋은 일이고, 믿지 않아도 할 수 없다는 것이다. 하승천이 들었던 사례에서 사람은 당연히 거위고기를 먹지 않고 선善한 과보를 기대할 수 있겠지만 제비는 날아다니는 벌레를 잡아먹지 않고서는 생존할 수 없다. 이는 제비가 내세에 기필코 불행하다는 것이 아닌가? 이는 대답하기 어려운 문제이겠다.

송문제宋文帝도 『백흑론』과 『달성론』 논쟁을 주목하고 있었는데, 결국 그는 안연지顏延之와 종병宗炳을 지지한다고 입장을 밝혔다. 그는 하상지에게 이렇게 말했다.

> 범태范泰와 사령운謝靈運은 번마다 말하기를, 육경六經의 전문典文은 속세를 안정하게 다스리는 것을 근본으로 삼고 있다고 했다. 기필코 성령性靈의 진실과 그 깊이를 추구하려고 한다면 어찌 불경을 지침으로 삼지 않을 수 있겠는가? 안연년顏延年(즉 顏延之)이 『달성達性』을 힐난한 것이나 송소문宋少文이 『백흑白黑』을 비난한 것이나 모두 불법의 성대함을 밝힌 것이고, 특히 명리名理를 충분히 밝힌 것이겠다. 또한 사람들의 마음을 충분히 흡족하게 해주었다. 만약 온 나라의 백성들을 모두 이렇게 순수하게 교화한다면 나는 앉아서 태평성세에 이를 것인데, 내가 할 일이 또 무엇이 있으랴?306)

하상지는 이에 혜원慧遠의 말을 인용하여 답했다.

---

305) (南朝梁)僧祐, (唐)道宣:《弘明集·廣弘明集》, 上海古籍出版社1991年版, 第231頁.[원문 : 善惡之業, 業無不報, 但過去未來非耳目所得, 故信之者寡, 而非之者眾.]

306) (南朝梁)僧祐, (唐)道宣:《弘明集·廣弘明集》, 上海古籍出版社1991年版, 第70頁.[원문 : 范泰, 謝靈運每雲 : 六經典文, 本在濟俗爲治耳. 必求性靈眞奧, 豈得不以佛經爲指南邪? 顏延年之折《達性》, 宋少文之難《白黑》, 論明佛法汪汪, 尤爲名理, 並足開獎人意. 若使率土之濱皆純此化, 則吾坐致太平, 夫復何事?]

석씨釋氏의 교화는 못 이룰 것이 없습니다. 불도를 받들고 해탈하고 성불하는 것은 당연히 불교의 근본이겠지만 속세를 구제하는 것도 역시 불교에서 중요한 일입니다. 임금님이 만약 그것의 그릇된 것과 거짓된 것을 잘라내고, 검증이 된 것들을 장려하고, 황권의 정치와 더불어 사해四海에서 함께 펼치고, 드러난 것儒敎과 심오한 것佛敎의 힘을 조화시켜 백성들을 다스릴 수 있다면 어찌 성成帝, 강康帝, 문文帝, 경景帝만 홀로 빼어났었다고 하겠습니까?[307]

그는 오호五胡가 중화中華를 어지럽힌 후부터 불교 덕분에 살육이 줄었다고 설명했다. "대저 신도神道(佛敎)가 전해 들어와서부터 교화를 도와주었습니다."[308] 이 한 차례 변론에서 학자들이 주목했던 것은 불학에서의 시비是非와 진위眞僞 관념이었고, 집권자들이 주목했던 것은 불교가 백성들을 교화하고, 민심을 안정시키는 그 기능에 관한 문제였다.

3) 『이하론夷夏論』논쟁

송나라 말, 도사道士 고환顧歡은 『이하론夷夏論』(『남제서南齊書·고환전顧歡傳』에 수록)을 저술하여 이미 있었던 이하夷夏 쟁론을 더욱 가열화 시켰다. 그는 불佛과 도道는 원리는 똑같은데, 다만 자취에 차별이 있다고 보고 있었다. 그가 보건대, 불은 오랑캐夷에 적합하고, 도는 화하華夏에 적합한데, 양자는 상호 대체할 수는 없었다. 이 논論에서는 이렇게 말한다.

도道는 즉 불佛이고, 불인 즉 도이다. 그 신성함은 일치하고 그 자취는 상반된다. 각자 자체의 성性을 이루고 있고, 자기들이 하는 일을 바꾸지 않는다. 그래서 예복을 차려입은 것은 화하족諸華의 모습이고, 머리 깎고 널찍한 옷을 입는 것은 뭇 오랑캐의 복식服飾이겠다. 두 손을 모으고 허리 굽혀 절을 올리는 것은 후전候

307) (南朝梁)僧祐, (唐)道宣:《弘明集·廣弘明集》, 上海古籍出版社1991年版, 第70-71頁.[원문 : 釋氏之化, 無所不可. 適國固自敎源, 濟俗亦爲要務. 世主若能剪其訛僞, 獎其驗實, 與皇之政, 並行四海, 幽顯協力, 共敦黎庶, 何成, 康, 文, 景獨可奇哉?]

308) (南朝梁)僧祐, (唐)道宣:《弘明集·廣弘明集》, 上海古籍出版社1991年版, 第71頁.[원문 : 夫神道助敎, 有自來矣.]

甸(왕이 있는 인근 천리 안쪽)의 공손함이고, 여우나 개처럼 가부좌를 틀고 앉는 것 蹲踞은 거친 방랑자들의 정중함이겠다. 관棺에 넣고 곽槨을 씌워 땅에 묻는 것은 화하華夏의 장례치례이고, 불에 태우고 물에 가라앉히는 것은 서융西戎의 풍속이 겠다. 형체를 온전히 하고 예의禮를 지키는 것은 계선繼善의 가르침이고, 모습을 훼손하고 본성을 바꾸는 것은 악惡을 끊는 학문이겠다. 불과 도가 교화에 이르는 데는 가지런하지만, 오랑캐와 화하華夏에서 차별이 있다.309)

그래서 만약 "화하華夏의 본성性을 가지고 서융西戎의 법도를 모방한다면", 반드시 제사를 폐하고 예의를 버리게 되고, 오랑캐夷로 화하를 변화시키는 후 과를 초래하게 된다고 한다. 이는 해로울 뿐만 아니라 또한 불필요한 것이다. "화하를 버리고 오랑캐를 본받는 그 도리義는 어디서 찾겠는가? 만약 그 도道 에서 구한다면 도는 원래 일치한 것이다. 만약 그 풍속에서 구한다면 풍속은 완전히 어긋나는 것이다."310) 이로 보면 고환顧歡은 다만 이夷와 하夏의 예속禮 俗의 차이만 논하고 있었던 것 같다. 한편 그 때문에 가르침敎도 각자 다르다고 한다. 그러나 그의 용어로 보면 그는 화하華夏를 높이고 오랑캐를 폄하하고 있 었다. 예컨대 '여우나 개처럼 가부좌를 한다狐蹲狗踞'라는 말은 분명히 오랑캐 풍속이 저속하고 야만적이라고 비하하는 것이겠다. 그는 더 나아가 이론적으로 도와 불의 우열을 비교하기도 했다. "불은 화려하고 거대하고, 도는 소박하고 정교하다. 정교한 것은 거친 사람들이 믿을 수 있는 것이 아니고, 거대한 것은 정교한 사람들이 믿을 수 있는 것이 아니다. 불의 말은 화려하고 잘 이끌어가 고, 도의 말은 진실하고 늘 억압적이다. 억압하면 현명한 자는 홀로 안으로 들 어가고, 이끌어 가면 우매한 자들은 다투어 앞으로 나아간다. 불경은 번잡하고 도 분명하고, 도경은 간소하고도 심오하다. 심오하면 묘문妙門을 보기 어렵고,

---

309) (梁)蕭子顯:《南齊書》, 中華書局1972年版, 第931頁.[원문: "道則佛也, 佛則道也. 其聖則 符, 其跡則反", "各成其性, 不易其事. 是以端委紳, 諸華之容. 剪髮曠衣, 群夷之服. 擎踞 磬折, 侯甸之恭. 狐蹲狗踞, 荒流之肅. 棺殯槨葬, 中夏之制. 火焚水沈, 西戎之俗. 全形守 禮, 繼善之敎. 毀貌易性, 絶惡之學", "佛道齊乎達化, 而有夷夏之別".]

310) (南朝梁)僧祐、(唐)道宣:《弘明集·廣弘明集》, 上海古籍出版社1991年版, 第45頁.[원문: 舍華效夷, 義將安取? 若以其道耶, 道固符合矣. 若以其俗耶, 俗則天乖矣.]

분명하면 바른 길을 따르기 쉽다. 이것이 두 법도의 차별이다."311) 또 말하기를, "불은 악을 부수는 처방이고, 도는 선을 일떠세우는 술책이다. 선을 일떠세우는 데는 자연을 높이 올리고, 악을 부수는 데는 용맹함을 귀하게 여긴다."312) 이렇게 보면 불은 번잡하고 화려하고 얕고, 대중들에게 가까이 있어, 어리석은 자들이 앞다투어 그것을 따르게 되는데, 이는 악한 풍속을 제거하는데 적합하다고 하겠다. 도는 현묘하고 정교하고 진실하여, 사람들이 그 심오함을 들여다보기 어려운데, 이는 선을 발양하고 올바른 것을 세우는데 적합하다고 하겠다. 그렇다면 도가 훌륭하고 불이 열등한 것은 불 보듯 뻔하겠다.

이 논설은 분명히 문화민족주의 정서를 드러내고 있다. 비록 완곡하게 논술하고 있기는 하지만 그러나 분명히 편파적인 견해이다. 그리하여 이 논論이 나오자마자, 불교를 지지하는 학자들의 반박과 비난을 받았던 것이다.

송나라 사도司徒(관직명) 원찬袁粲이 '통공通公'이라는 이름(가명)으로 글을 만들어 처음으로 이를 비난했다. 그가 보건대, 중국인들이 불교를 신봉하는 것은 그 교의敎義를 받드는 것이지, 오랑캐의 풍속을 따르려는 것이 아니었다. 또한 공자와 노자는 석가와 길이 다를 뿐만 아니라 귀착도 달랐다. 그는 이렇게 말한다.

공자와 노자는 세상을 다스리는 일을 근본本으로 삼고 있었고, 석씨釋氏는 출세出世를 종宗으로 삼고 있었다. 출발점이 다를 뿐만 아니라 귀착점도 다르다.313)

도교와 불교를 비교할 때, "선화仙化(도교를 가리킴)는 형체를 변화시키는 것을 최고로 삼고, 니원泥洹은 정신을 수련하는 것을 최우선으로 삼는다. 형체를 변화시키는 자는 백발이 검은 머리로 되돌아온들, 죽음이 없을 수 없고, 정신을

311) (梁)蕭子顯:《南齊書》, 中華書局1972年版, 第932頁.[원문:佛敎文而博, 道敎質而精. 精非粗人所信, 博非精人所能. 佛言華而引, 道言實而抑. 抑則明者獨進, 引則昧者競前. 佛經繁而顯, 道經簡而幽. 幽則妙門難見, 顯則正路易遵. 此二法之辨也.]

312) (梁)蕭子顯:《南齊書》, 中華書局1972年版, 第932頁.[원문:佛是破惡之方, 道是興善之術. 興善則自然爲高, 破惡則勇猛爲貴.]

313) (梁)蕭子顯:《南齊書》, 中華書局1972年版, 第933頁.[원문:孔、老治世爲本, 釋氏出世爲宗. 發軫旣殊, 其歸亦異.]

수련하는 자는 속세의 미혹이 날마다 줄어들게 해서, 맑고 고요함湛然을 늘 간 직하게 된다."314) 그러므로 당연히 불佛이 훌륭하고 도道가 열등하다는 것이다. 고환은 이렇게 답했다.

> 오랑캐는 성격이 거칠고 억세다. 불교는 융戎에서 나왔거늘, 오랑캐의 풍속은 원래 나쁘지 않았던가? 도교는 화하華夏에서 나왔거늘, 화하華夏의 풍속은 원래 선善하지 않았던가? 도교는 근본을 잡고 끝머리를 다스리고, 불교는 끝머리를 구제하여 근본을 보존한다.315)

그러므로 역시 도道가 훌륭하고 불佛이 열등하다는 것이다. 신선神仙에 관해 서는, "신선이 죽음이 있다는 것은 편의를 위한 설명이다. 신선은 대화大化의 총칭이지, 신묘함을 다하는 것을 이르는 지명至名(가장 훌륭한 이름)이 아니다. 등 급의 절정에 이르면品極, 공적함空寂에 들어가게 되는데, 그때는 무위無爲하고 명성도 없다無名."316) 고환이 이해하고 있던 신선神仙은 갈홍葛洪이 말하던 육 체의 장생長生과는 달랐다. 이는 일종의 하늘과 인간이 하나로 합쳐진天人合一 가장 높은 정신적 경지였다.

사진지謝鎭之는 『여고도사서與顧道士書』, 『중여고도사서重與顧道士書』(『홍명집 弘明集』권6에 수록)에서 천축중심天竺中心 설을 제기했다.

> 천축天竺은 사바娑婆 세계의 정역正域에 위치하고 있고, 순박하고 선善한 즐거 운 모임嘉会에 처해 있는데, 그리하여 지성至聖과 감응하여 통할 수 있고, 불국토 佛國土에서는 삼천세계三千世界의 중심으로 될 수 있다.317)

---

314) (梁)蕭子顯:《南齊書》, 中華書局1972年版, 第933頁.[원문 : 仙化以變形爲上, 泥洹以陶神 爲先. 變形者白首還緇, 而未能無死. 陶神者使塵惑日損, 湛然常存.]

315) (梁)蕭子顯:《南齊書》, 中華書局1972年版, 第934頁.[원문 : "戎氣強獷", "佛起於戎, 豈非戎 俗素惡邪? 道出於華, 豈非華風本善邪" "道敎執本以領末, 佛敎救末以存本".]

316) (梁)蕭子顯:《南齊書》, 中華書局1972年版, 第934頁.[원문 : "神仙有死, 權便之說. 神仙是 大化之總稱, 非窮妙之至名", "品極則入空寂, 無爲無名".]

317) (南朝梁)僧祐, (唐)道宣:《弘明集・廣弘明集》, 上海古籍出版社1991年版, 第42-43頁.[원문

불佛과 도道의 차이에 있어서 그는 이렇게 지적한다.

불법에서는 형체가 있는 것을 텅 비고 허한 것으로 보고 있는데, 그리하여 자기 몸을 잊고 무리들을 구제해주고, 도법에서는 자아吾我를 진실한 것으로 보고 있는데, 그리하여 복식服食을 하면서 생명을 기를 것養生을 추구한다.318)

이는 양자의 인생관의 근본 차별을 취급한 것이겠다. 그는 더 나아가 도교를 이렇게 비난했다.

도가의 경적經籍은 간단하고 초라하고, 억지 논리가 많다. 예를 들면, 『영보靈寶』, 『묘진妙眞』 같은 것들은 『법화法華』에서 말마디를 따다가 모은 것인데, 그 활용은 더욱 보잘 것 없겠다.319)

또 이렇게 말한다. "그 가운데서 훌륭하다고 할 만한 것은 오로지 오천 글자의 도道(『道德經』을 말함)뿐이다."320)

그는 도교와 노자의 『도덕경』을 갈라서 논하고 있었다.

주소지朱昭之는 『난고도사이하론難顧道士夷夏論』(『홍명집弘明集』권7에 수록)에서 말하기를, 성도聖道는 '가까운 것도 없고, 먼 것도 없고', '어느 한 쪽으로 기울어짐이 없이 공정하고', 이夷와 하夏를 구분하지 않는다고 한다. 또 '오랑캐夷 사람들은 사납고 중하中夏 사람들은 온화하다.'라는 편견에도 반대했다.321)

주광지朱廣之는 『자고도사이하론諮顧道士夷夏論』에서 도가와 불가는 일치하고, 각자 특색이 있으며, 높고 낮음을 구분할 수 없다고 주장한다. "공空을 높이

: 天竺者居娑婆之正域, 處淳善之嘉會, 故能感通於至聖, 土中於三千.]

318) (南朝梁)僧祐, (唐)道宣：《弘明集·廣弘明集》, 上海古籍出版社1991年版, 第42頁.[원문 : 佛法以有形爲空幻, 故忘身以濟衆. 道法以吾我爲眞實, 故服食以養生.]

319) (南朝梁)僧祐, (唐)道宣：《弘明集·廣弘明集》, 上海古籍出版社1991年版, 第43頁.[원문 : 道家經籍簡陋, 多生穿鑿. 至如《靈寶》, 《妙眞》, 探撮《法華》, 制用尤拙.]

320) (南朝梁)僧祐, (唐)道宣：《弘明集·廣弘明集》, 上海古籍出版社1991年版, 第43頁.[원문 : 其中可長, 唯在五千之道.]

321) 참고 : (南朝梁)僧祐, (唐)道宣：《弘明集·廣弘明集》, 上海古籍出版社1991年版, 第44-45頁.

고 무無를 귀하게 여기는 것은 그 근본宗과 취향趣에 있어서 똑같다. 올무蹄와 그물網을 각자 벌이지만 의미義를 한쪽에서 취取하지 않고, 각자 나름대로 이해하여 들어가니, 마음만은 편안하구나."322) 그는 고환顧歡의 "여우나 개처럼 가부좌를 한다狐蹲狗踞."와 같은 표현은 오랑캐의 풍속에 대한 모독이라고 비판한다. 이런 용어는 절대로 사용하지 말아야 한다는 것이다. 이른바 "화하華夏 사람들의 본성은 착善하고, 서융戎사람들은 근본이 악惡하다."323)라는 것도 더욱 잘못된 인식이라고 한다. 각자 모두 "선과 악이 섞여 흐르고 있고, 깊고 옅음이 나란히 세워져 있기"324) 때문에, 마땅히 평등하게 대해야 한다는 것이다.

사문沙門의 혜통惠通은 『박고도사이하론駁顧道士夷夏論』(『홍명집弘明集』 권칠에 수록)에서 노자 학설과 도교는 다르다고 한다.

> 노자는 오천五千 글자(『道德經』)를 저술했는데, 그 논리를 억지로 둘러맞추는 자들이 많다. 내가 들은 바, 노자는 오미五味를 버리라는 타이름은 있었지만 곡물穀을 끊으라는 가르침은 없었다.325)

그는 노자의 "삶에 집착하면 반드시 죽게 된다."326)라는 말과 신체를 큰 재앙으로 보는 관점을 가지고 도교의 '장생長生'설을 비판했다. 그는 또 화하華夏를 사해四海의 중심으로 여기는 관념을 개변시키려고 했는데, 그리하여 "천축天竺이 천지天地의 중심이다"327)라는 새로운 견해를 제기하기도 했다. 이는 불

---

322) (南朝梁)僧祐, (唐)道宣:《弘明集‧廣弘明集》, 上海古籍出版社1991年版, 第45頁.[원문: 崇空貴無, 宗趣一也. 蹄網雙張, 義無偏取, 各隨曉入, 唯心所安耳.]

323) (南朝梁)僧祐, (唐)道宣:《弘明集‧廣弘明集》, 上海古籍出版社1991年版, 第46頁.[원문: 夏性純善, 戎人根惡.]

324) (南朝梁)僧祐, (唐)道宣:《弘明集‧廣弘明集》, 上海古籍出版社1991年版, 第46頁.[원문: 善惡參流, 深淺互列.]

325) (南朝梁)僧祐, (唐)道宣:《弘明集‧廣弘明集》, 上海古籍出版社1991年版, 第46, 47頁.[원문: "老氏著文五千, 而穿鑿者眾", "僕聞老氏有五味之誡, 而無絕穀之訓".]

326) (南朝梁)僧祐, (唐)道宣:《弘明集‧廣弘明集》, 上海古籍出版社1991年版, 第47頁.[원문: 生生之厚必之死地.]

327) (南朝梁)僧祐, (唐)道宣:《弘明集‧廣弘明集》, 上海古籍出版社1991年版, 第46頁.[원문:

교의 지위를 높이 올리려는 것이었다. 고환은 『현묘내편玄妙內篇』을 인용하여 노자가 천축天竺에 들어가 부처로 화생化生했다고 말했다. 혜통慧通은 이에 날카롭게 맞서 비난했다.

> 경經에서 이르기를, 마하까싸빠摩訶迦葉, Mahakassapa, 그를 노자라 칭한다고 했다. 광정동자光淨童子, 그의 이름이 중니仲尼라고 했다. 그렇다면 노씨老氏와 중니仲尼는 부처가 파견해 보낸 자들이다.328)

보다시피 쌍방은 모두 자기네 교주敎主를 올려 세우려 하고, 한편 상대방의 교주를 자기네 종교 계열에 들여 놓고서 종속적인 지위에 위치시키고 있었다. 이 역시 일종의 양자 관계를 조화調和시키는 방식이었다.

승민僧愍은 『융화논절고도사이하론戎華論折顧道士夷夏論』에서 도교는 '생과 사의 도道'를 떠나지 않고, 불교는 '항상 즐겁고 영원히 깨끗한 것'에 이르는데, 양자는 교리敎理에서 많은 차별이 있다고 한다. 예컨대

> 도道는 동현洞玄을 가리켜 바름正이라 하고, 불佛은 비고 또 빈 것空空을 종宗으로 삼는다. 노자는 태허太虛를 가장 깊은 곳奧으로 삼고, 부처는 눈앞의 정경을 넓은 못淵으로 삼는다. 노자는 자연으로 화육하고 부처는 인연으로 화합하여 낳는다. 도는 부장符章(天神界의 神權을 상징하는 도장)을 신묘함妙으로 삼고, 불은 강론하고 이끌어가는 것을 정묘함精으로 삼는다.329)

는 것이다. 그는 더 나아가 지적하기를, 이하론夷夏論은 중화中華 강토疆土 안에서 생성된 짧은 식견이라고 한다.

　　　天竺, 天地之中.]
328) (南朝梁)僧祐, (唐)道宣: 《弘明集·廣弘明集》, 上海古籍出版社1991年版, 第46頁.[원문: "經雲: 摩訶迦葉, 彼稱老子. 光淨童子, 彼名仲尼", "然則老氏仲尼, 佛之所遣".]
329) (南朝梁)僧祐, (唐)道宣: 《弘明集·廣弘明集》, 上海古籍出版社1991年版, 第48頁.[원문: 道指洞玄爲正, 佛以空空爲宗. 老以太虛爲奧, 佛以即事而淵. 老以自然而化, 佛以緣合而生. 道以符章爲妙, 佛以講導爲精.]

동쪽에는 여제驪濟(신라, 고구려, 백제를 말함)의 못된 자醜들이 있고, 서쪽에는 강융羌戎과 같은 무리들이 있고, 북쪽에는 머리를 풀어헤친 거친 자들이 있고, 남쪽에는 머리를 깎고 문신文身을 한 자들이 있다. 희姬(周公)와 공孔(공자)이 중간中에서 예禮를 행했는데, 그리하여 이夷와 하夏의 구별이 있게 되었다."330)

그는 『융화론절고도사이하론戎華論折顧道士夷夏論』에서 더 넓은 시야로 세상을 바라보고 있었다.

동쪽으로는 환상의 경지虛境에서 끝나고, 서쪽으로는 그윽한 고향幽鄕에서 그치고, 북쪽으로는 아득한 바다 위溟表에 이르고, 남쪽으로는 뇌牢산 어구에서 마친다. 여래如來가 중토中土에 와서 부채질하며 교화했는데, 그리하여 융戎과 화華의 다름이 있게 되었다. 경經에서는 이르기를, 부처님은 천지天地의 중심에 서서 십방十方(즉 東方, 南方, 西方, 北方, 東南方, 東北方, 西南方, 西北方, 上方, 下方)을 보살펴주셨다고 하는데, 이로보면 천축天竺은 중심에 있는 나라임이 분명하다.331)

이렇게 보면 부처님의 가르침은 우주의 가르침敎이고, 희姬(周公)와 공孔(孔子)의 가르침은 한 나라의 가르침敎일 따름이다. 승민僧愍이 천축天竺 중심설로 중화 중심설을 대체하려 한 것은 옳지 않지만, 그러나 불교의 우주관은 분명히 중국인들의 시야를 크게 확장시켜 주었다. 이로부터 중국인들은 신주神州 바깥에는 또 더 광활한 천지가 있고, 유교와 도교를 제외하고도 기타 훌륭한 교설이 또 있음을 알게 되었던 것이다. 이는 중국인들이 멀리서 전해 들어온 신선한 문화를 수용하는데 많이 유익했다.

『홍명집弘明集』권6에는 송나라와 제나라가 바뀌던 시기 일사逸士 명승소明僧紹의 『정이교론正二敎論』이 수록되어 있는데, 이는 『이하론夷夏論』을 비판한 한

---

330) (南朝梁)僧祐, (唐)道宣 : 《弘明集·廣弘明集》, 上海古籍出版社1991年版, 第48頁.[원문 : 東有驪濟之醜, 西有羌戎之流, 北有亂頭被髮, 南有剪髮文身, 姬孔施禮於中, 故有夷夏之別.]

331) (南朝梁)僧祐, (唐)道宣 : 《弘明集·廣弘明集》, 上海古籍出版社1991年版, 第48頁.[원문 : "東盡於虛境, 西則窮於幽鄕, 北則吊於溟表, 南則極乎牢閭. 如來扇化中土, 故有戎華之異也", "經曰 : 佛據天地之中而淸導十方, 故知天竺之士是中國也".]

편의 아주 중요한 글이다. 그는 이렇게 말한다.

> 노자의 가르침敎은 대체로 몸을 닦고 나라를 다스리고, 사치와 낭비를 버리고, 일은 분수에 맞게 처리하고, 허무虛無를 근본으로 삼고, 유약함柔弱을 쓰임으로 삼는 것이다.[332]

또 노자의 이 가르침은 마음과 뜻을 안정시키고, 속세에 묶이지 않고 속세를 초월할 수 있게 해준다고 한다. 그러나 필경 '형체 차원의 가르침'으로서 불교에서 '형체를 잊고 도道를 이루고', '적멸寂滅하지만 도는 항상 있고', '무궁함을 원만하게 대처하는 것'[333]보다는 못하다고 한다. 그는 이교二敎를 '바로 잡은' 후, 이렇게 결론짓는다.

> 부처님은 종宗을 밝히고, 노자는 삶生을 온전케 한다. 삶을 지키는 이는 막히고, 종을 밝히는 이는 통한다.[334]

그래서 불교는 노자의 가르침敎보다 높다는 것이다. 그는 도교의 장생長生설을 더욱 거부한다. 이런 것들은 노자와 장자의 책에서는 찾아볼 수 없다는 것이다. 그는 또 이렇게 말한다.

> 그 금단金丹을 제련하고, 노을을 먹고 옥을 삼키고, 허울을 벗고 영혼이 날아오르고, 육체를 변화시켜 신선으로 된다는 그 도술道術은 거짓된 것으로서 증험證驗해보니, 그런 일을 본 사람은 아무도 없었다. 장씨張氏와 갈씨葛氏의 무리에 이르러서는 또 모두 신변神變(如來의 지혜)으로 속세를 교화하는 것이 아니라, 황당하

---

332) (南朝梁)僧祐, (唐)道宣:《弘明集·廣弘明集》, 上海古籍出版社1991年版, 第38頁.[원문: 老子之敎, 蓋修身治國, 絶棄貴尙, 事止其分, 虛無爲本, 柔弱爲用.]

333) (南朝梁)僧祐, (唐)道宣:《弘明集·廣弘明集》, 上海古籍出版社1991年版, 第38頁.[원문: "濟在忘形", "寂滅而道常", "圓應無窮".]

334) (梁)蕭子顯:《南齊書》, 中華書局1972年版, 第934頁.[원문: 佛明其宗, 老全其生. 守生者蔽, 明宗者通.]

고 괴이한 말로 세상을 어지럽혔다. 주문呪文을 외우고 부록符籙을 만들어 사람들을 미혹시켰는데, 이 모두 노군老君(老子)에 의탁하여 전파한 것이었다. 그러나 조금 발전을 이루고서는 결국 또 멀리서 불교를 끌어와서 그 거짓 행위를 증명하려고 했다. 입론立言이 뒤섞여 어수선舛雜하고, 의지하고 배우던 스승도 분명치 않고, 전적典籍에서 상고해보아도 그 의미를 알 수가 없다.[335]

명승소明僧紹는 불교를 최상으로 보고 있었고, 주공과 공자, 노자와 장자를 그 다음으로 보고 있었고, 단정丹鼎과 신선神仙은 노자 학설을 거스른다고 보고 있었다. 한편 부록符籙 도교를 최하품最下品으로 보고 있었다. 이는 후일 불교도들이 유가와 도가를 평판할 때 늘 사용하던 논리이다. 그는 또 이夷와 화華의 풍속의 상이함은 신앙에 있어서의 상호 흡수와 공동 추구에는 영향이 없다고 강조한다.

이夷의 교화는 왜 반드시 삼승三乘이어야만 하는가. 화華를 교화하는 도道는 왜 오교五敎에 구애받아야만 하는가. 이와 화가 원래 다르지 않거늘, 그 풍속이 다르다면 어느 것이 성칙聖則에 어긋난다는 말인가. 이치理에서 귀한 것은, 예속禮俗과는 무관하겠다.[336]

때문에 예속이라는 끝머리에 집착하여 쟁론하지 말고 이론 자체의 가치를 탐구해야 한다는 것이다.

이하론夷夏論 논쟁의 실질은 민족문화 주체성과 외래문화를 대하는 태도에 관한 문제였다. 쟁론하는 쌍방은 각자 득실得失이 있었다. 이하론자들은 문화의 민족성과 지역성 차이를 강조하고 있었고, 그들은 천축天竺의 불교와 중화 전

---

335) (南朝梁)僧祐, (唐)道宣:《弘明集·廣弘明集》, 上海古籍出版社1991年版, 第38頁.[원문: "其練映金丹, 食霞餌玉, 靈升羽蛻, 屍解形化, 是其托術, 驗而竟無睹其然也". "至若張, 葛之徒, 又皆離以神變化俗, 怪誕惑世, 符呪章助, 鹹托老君所傳, 而隨稍增廣, 遂復遠引佛教, 證成其偽, 立言舛雜, 師學無依, 考之典義, 不然可知".]

336) (南朝梁)僧祐, (唐)道宣:《弘明集·廣弘明集》, 上海古籍出版社1991年版, 第38頁.[원문: "在夷之化, 豈必三乘. 敎華之道, 何拘五敎", "旣夷華未殊, 而俗之所異, 孰乖聖則", "理之所貴, 宜無本禮俗".]

통 문화 사이의 여러 가지 모순을 지적했고, 중화 문화의 장점과 특징을 보존할 것을 요구하고 있었다. 이는 찬양해야 할 부분이겠다. 한편 이들이 불교에 대한 비판은 불교가 중화 사회에 들어오면서 자체적으로 조절하고 적응하는데 유익했다. 이하론자들이 명확히 왕권王權과 예교禮敎를 수호했기 때문에, 그들은 정통正統 정치인들과 유가학자들의 공감과 지지를 받았었고, 한편 불교를 대하는 태도에 있어서 유가와 도가는 항상 연맹을 결성하고 있었다. 그러나 이하론은 분명히 협애한 민족적 편견을 가지고 있었고, 외국 민족과 문화를 깔보고 있었고, 문화 대민족주의 정서를 가지고 있었다. 이는 중국과 외국의 정상적인 문화교류에 불리하고 또한 유가의 화이부동和而不同, 도가의 유용내대有容乃大 등 중화의 기본 정신에 위배되는 것이었다. 따라서 중화문화 자체의 종합과 갱신에도 불리한 것이었다. 이하론을 반대하는 자들은 모두 중국의 승려와 학자들이었고, 그들은 대부분 유학과 현학의 훈도薰陶를 받았었고, 공자와 노자에 대해서도 마땅히 있어야 할 존경심을 가지고 있었다. 또한 불교를 탐구하고 실천한 덕분에 그들은 중화라는 한정된 지역을 초월하여 온 세상을 바라보는 거시적 안광을 가지고 있었고, 문화교류에서 민족과 국경國界이라는 장애를 타파하고, 평등과 포용의 태도를 갖추고 외래 불교를 받아들이고, 다른 나라의 풍속습관을 존중할 것을 강조하고 있었다. 그들은 중국과 외국 문화에서 일치하는 점은 취하고, 상이한 점은 잠시 보류할 것을 주장하고 있었다. 구체적으로 진리의 일치함을 추구하고, 풍속의 상이함을 보류할 것을 주장하고 있었다. 특히 불교가 중국인들에게 새로운 철학적 사유와 추구를 가져다준 점을 보아내야 하고 그래서 마땅히 환영해야 한다고 주장하고 있었다. 그러나 이하론을 반대하는 자들은 화하중심론華夏中心論을 비판하는 동시에 또 다른 하나의 편파적인 주장을 펼쳤었는데, 즉 그들은 천축중심론天竺中心論을 주장하고 있었다. 그들은 또 불교가 우수하고 도교가 열등하다고 주장하면서 제멋대로 분별을 행했는데, 이것도 잘못된 것이겠다. 그들은 노장도가와 도교의 상이함 및 도교 내부 교파의 차이를 지적했는데, 여기에는 합리한 것도 있었지만 또한 불합리한 것도 있었다. 그들은 도가와 도교의 내적 연관에 대해서는 도외시하고 있었는데, 이 역시 결점이었다고 하겠다. 요컨대 이 한 차례 토론은 이론상에서의 쟁명爭鳴이었고, 비록 때로는 언사가 격렬하기도 했지만 시종 사실을 가지고 논하고 도리를 따지는 문명한 방식으로 진행되었고, 이런 방식이 삼교 논쟁의 주류를 형성하고 있었다. 결과적으로는 사람들의 정신세계를 풍부하게 만들었고, 중화 문화의 다원화 과정을 크게 추진시켰다.

3. 제량齊梁 시기 삼교 쟁론의 고조와 학리적 탐구

제나라와 양나라 시기에는 불교가 성행했다. 제나라 문혜태자文惠太子, 예장왕豫章王 소의蕭嶷, 경릉왕竟陵王 소자량蕭子良은 모두 불법을 받들고 신봉하고 있었다. 그 중, 특히 소자량이 가장 부지런히 부처를 섬겼었다. 양무제梁武帝는 조서詔書를 내려 도가를 폐하고 부처를 섬길 것을 명령했고 또 왕공귀족王公貴族과 일가친척들이 모두 부처를 섬길 것을 요구했다. 그는 늘 몸소 불법을 강론했고, 불학 강소講疏도 여러 권 저술했고 또 네 차례나 동태사同泰寺에 사신捨身했다. 아들 소통蕭統, 소강蕭綱, 소역蕭繹도 모두 불교를 경건하게 믿고 있었는데, 그리하여 불교 역량은 남조 시기에 최고봉에 이르렀다. 곽조심郭祖深은 글을 올려 아뢰기를, "도성都城에 불교 사찰佛寺이 500여 개 되고 천하의 호구戶口(호적에 등록된 인구)는 거의 절반이 잃어졌습니다."[337]라고 했다. 보다시피 이때 불교는 전례 없는 대성황을 이루고 있었다. 이런 상황에서 불교에 대한 질의의 목소리도 커지기 시작했고, 삼교 간 시비, 기능과 폐단에 대한 토론도 새로운 긴장감을 초래하게 되었고 또 새로운 차원에로 승화했다.

1) 『문론門論』 논쟁

제나라 때 장융張融은 『문론門論』(『통원론通源論』이라고도 칭함)을 저술하여 불교와 도교를 조화시킬 것을 주장했다. 그는 이렇게 말한다.

---

337) (唐)李延壽:《南史》, 中華書局1975年版, 第1721, 1722頁.[원문: "都下佛寺五百餘所", "天下戶口幾亡其半".]

도道와 불佛은 궁극적으로는 다르지 않다. 적연부동寂然不動한데 근본에 이르면 하나이고, 감응하면 통하는데 그 자취는 참말로 다르다.338)

즉 불가와 도가는 각자 다른 것을 지키고 있는데 사실 견해는 똑같은 바, 상호 비난할 필요가 없다는 것이다. 그러나 주옹周顒은 『난장장사문론難張長史門論』에서 불가와 도가의 종지宗旨는 다르다고 강조한다.

이편二篇(『도덕경』을 가리킴)에서 귀하게 여기는 것은 허무虛無의 뜻을 다하는 것이다. 반야般若에서 관觀하는 것은 법성法性을 비추는 것을 다하는 것이다. '허무'와 '법성'은 그 고요함寂은 똑같으나, 고요함을 위치 지우는 방법과 취지는 다르다.339)

장융張融은 『답주옹서答周顒書』를 만들어 설명하기를, 인간의 정신이 '적연하여寂然 그 정신이 맑아지고, 그 빈 것沖을 쓰임으로 해서 통하는'340) 상태에 들어갈 때는 석씨釋氏와 노자의 다름을 알 수 없다고 한다. 그는 이렇게 말한다. "나는 근본적으로 뭇 성인들은 똑같이 일극極을 향하고 있었다고 보고 있다."341) 즉 유가, 불가, 도가의 가르침教은 모두 근본에 통하고 있고, 다르지 않다는 것이다. 이에 주옹周顒은 답서答書에서 더 나아가 불가와 도가의 다름을 변별하고 분석한다. 그는 노자의 유무설有無說은 반야학般若學에서의 색공론色空論과 다르다고 한다. "대저 유有가 유로 되는 것은 사물로써 그 유를 아는 것이고, 무無가 무로 되는 것은 사람이 그 무를 아는 것이다."342) 불교에서는

----

338) (南朝梁)僧祐, (唐)道宣 : 《弘明集·廣弘明集》, 上海古籍出版社1991年版, 第39頁.[원문 : 道也與佛, 逗(終也)極無二, 寂然不動, 致本則同, 感而遂通, 達跡誠異.]

339) (南朝梁)僧祐, (唐)道宣 : 《弘明集·廣弘明集》, 上海古籍出版社1991年版, 第39頁.[원문 : 二篇(指《道德經》)所貴, 義極虛無. 般若所觀, 照窮法性. '虛無', '法性', 其寂雖同, 位寂之方, 其旨則別.]

340) (南朝梁)僧祐, (唐)道宣 : 《弘明集·廣弘明集》, 上海古籍出版社1991年版, 第40頁.[원문 : 寂然以湛其神, 遂通以沖其用.]

341) (南朝梁)僧祐, (唐)道宣 : 《弘明集·廣弘明集》, 上海古籍出版社1991年版, 第40頁.[원문 : 吾乃自元混百聖同投一極.]

342) (南朝梁)僧祐, (唐)道宣 : 《弘明集·廣弘明集》, 上海古籍出版社1991年版, 第41頁.[원문 :

"대개 즉색卽色(현상계)은 유가 아니라고 말하는데, 그리하여 뭇 학파를 초월하게 되었다."[343]는 것이다. 노자의 "장점은 정신을 고요하게 하는데神靜 있고, 결점은 사물이 허虛하다고 하는데 있는데"[344] 한편 불교에서는 "유도 부정하고 무도 부정하고", 세상만물卽物이 공空하다고 한다는 것이다. 학리學理적 차원에서 말하자면, 주옹周顒이 불교 반야般若에 대한 이해는 장융張融보다 깊었다. 하지만 장융이 불교와 도교의 근원이 같다고 한 것은 역사적 조류에 더 부합되었다. 하물며 불교에서는 원융무애圓融無碍하고 차별이 없는 경지를 추구하고 있는데, 만약 이런 경지에 올라섰다면 또 하필이면 불가와 도가의 차이를 따지겠는가? 포용정신으로 볼 때 장융은 주옹보다 불교에 더 근접해 있었다.

2) 『삼파론三破論』이 야기한 논쟁

남제 때 어떤 도사道士가 장융의 명의로 『삼파론三破論』을 저술했는데, 그는 여기서 불교를 맹렬하게 공격했다. 그는 이렇게 말한다. 불교는 "나라에 들어와서는 나라를 망쳤는데", 거액의 돈을 탕진하면서 사찰을 세우고, "나라가 텅비고 백성들이 가난하게 만들었고" 또 "집안에 들어오면 집을 망하게 만들었고", "몸에 들어오면 몸을 망가지게 만들었고", "자식들이 부모님을 버리게 만들었고"[345], 곤발髡髮(옛날 중국인들이 앞머리는 깎고 뒤에는 길게 드리우는 머리양식) 양식을 바꾸었고, 효도孝道를 거슬렀다는 것이다. 불교는 강호羌胡(고대 중국 서부의 민족)의 가르침教으로서 호인胡人들은 원래 "예의가 없이 억세기만 하고, 짐승과 다를 바 없어"[346], 노자가 "형상形象을 만들어 그들을 교화시켰는

夫有之爲有, 物知其有. 無之爲無, 人識其無.]

343) (南朝梁)僧祐, (唐)道宣:《弘明集·廣弘明集》, 上海古籍出版社1991年版, 第41頁.[원문: 蓋謂卽色非有, 故擅絶於群家耳.]

344) (南朝梁)僧祐, (唐)道宣:《弘明集·廣弘明集》, 上海古籍出版社1991年版, 第41頁.[원문: 得在於神靜, 失在於物虛.]

345) 참고: (南朝梁)僧祐, (唐)道宣:《弘明集·廣弘明集》, 上海古籍出版社1991年版, 第51頁. [원문: "入國破國", "國空民窮", "入家破家", "入身破身", "遺棄二親".]

346) (南朝梁)僧祐, (唐)道宣:《弘明集·廣弘明集》, 上海古籍出版社1991年版, 第52頁.[원문:

데"347)(노자가 胡人들을 교화시킨 일을 말함), 그래서 또 "그 악한 종種을 멸절滅絶할
수도 있다."고도 했다. 또 불교는 '죽음을 배우는' 학문이지만, 도교는 '정미하
게 사고하여 하나를 얻는 신묘한 학문이고, 죽음이 없이 신성한 경지에 이르는
학문'348)이라고 했다. 이는 불교를 반대하는 과격파의 논설로서 그 태도는 오만
했고, 언어는 아주 거칠었다.

유협劉勰은 『멸혹론滅惑論』을 지어 『삼파론』을 조목조목 비판했다. 그는 이
렇게 지적한다. 나라의 쇠락과 멸망은 불법과는 상관이 없고, 반대로 "불탑을
일떠세우고, 영교靈敎(즉 불교)를 널리 펼치는 것은, 그 공功이 일시一時에 세워지
지만 그 도道는 천년을 감싸고 덮어준다."349) 또 효孝의 도리는 "마음에서 나오
는 것이지, 머리털과는 상관이 없고"350), 한편 불교도들은 "자취跡(즉 형상을 말
함)를 버리고 마음에서 구하는데", 그들은 "순식瞬息 간에 효성을 다한들, 유령
幽靈을 구원할 수 없고, 불법을 배워 부모님을 구원한다면, 저승의 고난을 영원
히 없애줄 수 있음을 알고 있다."351)고 한다. 이는 작은 효를 버리고 큰 효를
다하는 것이겠다. 『화호化胡』경經은 사실 '간악하고 교활한 좨주祭酒'352)들이
날조한 거짓말이고, 이른바 악종惡種을 멸절滅絶한다는 것은 더욱 동쪽 야만인
들의 허튼 소리라고 한다. 또 "권교權敎는 방법이 좋지 않지만, 도道와 속俗(풍
속)을 괴리시켜 행하지 않고 또한 묘화妙化(교화)는 안팎이 없는데, 어찌 화華와

剛强無禮, 不異禽獸.]

347) (南朝梁)僧祐, (唐)道宣:《弘明集·廣弘明集》, 上海古籍出版社1991年版, 第52頁.[원문:
作形象之敎化之.]

348) (南朝梁)僧祐, (唐)道宣:《弘明集·廣弘明集》, 上海古籍出版社1991年版, 第50頁.[원문:
妙在精思得一, 而無死入聖.]

349) (南朝梁)僧祐, (唐)道宣:《弘明集·廣弘明集》, 上海古籍出版社1991年版, 第51頁.[원문:
塔寺之興, 闡揚靈敎, 功立一時, 而道被千載.]

350) (南朝梁)僧祐, (唐)道宣:《弘明集·廣弘明集》, 上海古籍出版社1991年版, 第51頁.[원문:
由乎心, 無系於發.]

351) (南朝梁)僧祐, (唐)道宣:《弘明集·廣弘明集》, 上海古籍出版社1991年版, 第51頁.[원문:
"棄跡求心", "知瞬息盡養無濟幽靈, 學道拔親則冥苦永滅".]

352) (南朝梁)僧祐, (唐)道宣:《弘明集·廣弘明集》, 上海古籍出版社1991年版, 第52頁.[원문:
奸猾祭酒.]

융戎으로 갈라 그것을 막아버리겠는가?"353)라고 한다. 유협劉勰은 불교와 도교를 비교하여 말하기를, "불법은 정신을 단련하고, 도교는 형체를 단련하는데354), 형기形器는 반드시 마감이 있고", 한편 "신식神識은 무한한 바", 그래서 불교가 도교보다 우월하다고 한다.

　유협은 도가 문화를 이렇게 분류했다. 즉 "도가에서 법도를 세운 것으로 볼 때, 그 등급은 세 개 있다. 가장 위로는 노자를 세워 받들고 있고, 그 다음은 신선神仙을 논하고 있고, 아래로는 장릉張陵을 본받고 있다."355)는 것이다. 노자는 "책을 저술하고 도道를 논함에 무위無爲를 귀하게 여겼고, 이치는 고요하고 전일하게 하는데 있었고, 그이는 근본을 허虛하고 부드럽게 만들려 했다." 그러나 "이것은 속세를 이끌어주는 좋은 책이기는 하지만 속세를 떠나는出世 묘한 경經은 아니다."356)라고 한다. 그가 보건대, 신선神仙의 도道는 작은 도로서 유루有漏(삼루의 하나. 번뇌에 얽매여 깨달음을 얻지 못한 범부의 경지)와 무종無終(오래 살 수 있지만 끝이 없을 수 없음)의 결함이 없을 수 없었다. 한편, 장릉張陵, 장로張魯의 무리들이 "재초齋醮(도교에서 壇을 설치하고 祭物을 神에게 바쳐 福을 구하고 재앙을 없애는 일)를 하고 부록符籙를 만들고, 오두미(五斗米教를 말함)를 설립한 것"357)은 그 삿됨과 거짓이 더욱 지나친 짓이라고 한다. "이들이 하는 짓은 어리석은 백성들의 마음에 딱 들어맞았는데, 결국 사람마다 그것을 따르게 했다. 그리하여 장각張角, 이홍李弘의 독해毒害는 한나라 말에 널리 퍼졌고, 노송盧悚, 손은孫恩의 그 지저분한 것들은 진晉나라 말에 온 누리에 넘쳤던 것이다."358) 그러므

---

353) (南朝梁)僧祐, (唐)道宣:《弘明集·廣弘明集》, 上海古籍出版社1991年版, 第52頁.[원문: 權敎無方, 不以道俗乖應. 妙化無外, 豈以華戎阻情?]

354) (南朝梁)僧祐, (唐)道宣:《弘明集·廣弘明集》, 上海古籍出版社1991年版, 第50頁.[원문: 佛法練神, 道敎練形.]

355) (南朝梁)僧祐, (唐)道宣:《弘明集·廣弘明集》, 上海古籍出版社1991年版, 第52頁.[원문: 案道家立法, 厥品有三: 上標老子, 次述神仙, 下襲張陵.]

356) (南朝梁)僧祐, (唐)道宣:《弘明集·廣弘明集》, 上海古籍出版社1991年版, 第52頁.[원문: "著書論道, 貴在無爲, 理歸靜一, 化本虛柔", "斯乃導俗之良書, 非出世之妙經".]

357) (南朝梁)僧祐, (唐)道宣:《弘明集·廣弘明集》, 上海古籍出版社1991年版, 第52頁.[원문: 醮事章符, 設敎五門.]

로 이것은 "정치에 손상 주고, 난잡함을 싹 틔우는"359) 도라는 것이다.

『멸혹론滅惑論』에서는 중국 불교도의 입장에서 유가의 효도를 인정하고 있었고, 신앙은 화華와 융戎의 지역 차이로 구분 짓지 말아야 함을 강조하고 있었다. 또 도가를 세 등급으로 나누어 분석했고, 노자도가와 도교의 다름을 지적했고, 도교 내부의 신선가神仙家와 부록파符籙派의 상이함도 지적했다. 이 논설은 합리한 면이 있다고 하겠다. 하지만 찬양과 폄하가 지나치고, 공평성을 잃었다는 지적도 받고 있다.

석승순釋僧順은 『석삼파론釋三破論』을 저술하여 불교가 '파국破國'했다는 질책에 대해 이렇게 반박했다. "묘법妙法(佛法을 말함)이 적셔주어 속세를 교화하는 일을 도와주고 있는데, 이는 형벌과 살육에 의지하지 않고 절로 순수함에 이르게 해주고, 몽둥이로 때릴 사이 없이 스스로 바르게 해준다."360)는 것이다. 불교가 '파가破家'했다는 질책에 대해서는 "석씨釋氏의 가르침에서도 아버지가 자애롭고 자식이 효도하고, 형이 사랑하고 동생이 공경하고, 남편이 온화하고 부인이 부드러울 것을 주장하는데, 즉 육목六睦의 아름다움美을 모두 갖추고 있다."361)고 설명한다. '파신破身'했다는 질책에 대해서는 "신체의 얽매임累(사회적 속박을 말함)은 질곡桎梏보다 더 무섭다."362)라고 하면서 신체를 버려야만 적멸寂滅의 즐거움이 있게 된다고 설명한다.

석현광釋玄光은 『변혹론辨惑論』을 저술하여 도교의 각종 졸렬한 모습을 비난했다.

---

358) (南朝梁)僧祐, (唐)道宣：《弘明集·廣弘明集》, 上海古籍出版社1991年版, 第52頁.[원문 : 事合氓庶, 比屋歸宗. 是以張角, 李弘, 毒流漢季. 盧悚, 孫恩, 亂盈晉末.]

359) (南朝梁)僧祐, (唐)道宣：《弘明集·廣弘明集》, 上海古籍出版社1991年版, 第52頁.[원문 : 傷政萌亂.]

360) (南朝梁)僧祐, (唐)道宣：《弘明集·廣弘明集》, 上海古籍出版社1991年版, 第53頁.[원문 : 妙法所沾, 固助俗爲化, 不待刑戮而自淳, 無假楚撻而取正.]

361) (南朝梁)僧祐, (唐)道宣：《弘明集·廣弘明集》, 上海古籍出版社1991年版, 第53頁.[원문 : 釋氏之訓, 父慈子孝, 兄愛弟敬, 夫和妻柔, 備有六睦之美.]

362) (南朝梁)僧祐, (唐)道宣：《弘明集·廣弘明集》, 上海古籍出版社1991年版, 第53頁.[원문 : 身之爲累, 甚於桎梏.]

동오東吳는 수선水仙의 재앙厄을 입었고(孫恩盧循의 亂을 말함), 서이西夷는 귀졸鬼卒(五斗米敎 창립 초기에 道士를 鬼卒이라 칭했음)이라는 이름을 책에 실었고(五斗米道의 각종 졸렬한 모습을 말함), 민수閩藪(閩 지역의 관료집단)는 종민種民(도교에서 충성하는 신도를 말함)의 더러움을 남겼고(漢武帝 때 閩 지역에서 일어난 반란을 가리킴), 한나라 때에는 죽은 아들을 그리는 노래가 있었다(漢武帝가 巫蠱 사건에서 자살한 태자 劉据를 그리던 글을 가리킴)."363)

그는 도교의 위해성危害性을 '오역五逆'과 '극육極六'으로 귀납했다. '오역'이란 다섯 가지 상도常道를 거스르는 일을 말한다.

도경道經의 값을 올린 것(道經이 번잡하다고 하면서 유행을 금지시키고, 신도들이 황금과 비단을 바치면 眞經을 가르쳐 주겠다고 하면서 사기 친 일)이 일역一逆이고, 함부로 진도眞道라고 칭한 것(張陵이 鵠鳴山에 들어가 스스로 天師라고 칭한 일)이 이역二逆이고, 합기合氣(도교에서 남·여가 집단적으로 性交하던 일)하여 죄를 씻은釋罪 것이 삼역三逆이고, 도道를 옆에 끼고 난亂(黃巾봉기와 孫恩이 신선을 구하던 일)을 일으킨 것이 사역四逆이고, 장서章書(즉 符籙)로써 덕德을 대체한 것이 오역五逆이다.

'극육'이란 극도에 달한 일이 여섯 가지임을 말한다.

귀신이 두려워 부적을 차고 다니는 것이 요법妖法의 극의 하나極一이고, 백성들의 재물을 거두어들이는 것이 교묘하게 사기 치는 극의 둘極二이고, 무덤에서 법술法術 의식儀式을 행하는 것이 어질지 못한 극의 셋極三이고, 재앙을 쫓고 고난을 물리친다는 것이 허망함虛妄의 극의 넷極四이고, 꿈에 지은 죄를 씻는다는 것(꿈에 죽은 자를 보게 되면 요괴로 변한다고 하면서, 귀신을 불러 물리치는 道術)이 우매함의 극의 다섯極五이고', '부적을 만들어(黃神越章을 만들어 귀신을 잡고, 赤章을 만들어 사람을 죽이는 道術) 귀신을 잡는다는 것이 흉포함과 간사함의 극의 여섯極六이다.364)

----

363) (南朝梁)僧祐, (唐)道宣:《弘明集·廣弘明集》, 上海古籍出版社1991年版, 第49頁.[원문: 東吳遭水仙之厄, 西夷載鬼卒之名, 閩藪留種民之穢, 漢葉感思子之歌.]

364) (南朝梁)僧祐, (唐)道宣:《弘明集·廣弘明集》, 上海古籍出版社1991年版, 第49頁.[원문: "禁經上價一逆", "妄稱眞道二逆", "合氣釋罪三逆", "俠(挾)道作亂四逆", "章書代德五

요컨대 도교는 허망虛妄하고, 더럽고 혼탁하고磯濁, 도덕풍기를 어지럽히는 데, 좋은 것이 하나도 없다는 것이다. 보다시피 석현광釋玄光도 불교도 가운데서 과격파에 속했다. 그의『변혹론辨惑論』은『삼파론三破論』과 마찬가지로, 삼교의 융합에는 불리했다.

3) 곽조심郭祖深과 순제荀濟의 반불反佛

양무제梁武帝는 만년에 불교에 대한 숭배가 지나쳤고, 정치가로서 늘 냉정하지 못했는데, 결국 불교가 지나치게 팽창하여 정국을 어지럽히는 지경에 이르렀다. 대신大臣 곽조심은 죄를 무릅쓰고 궁궐에 들어가 봉사封事(임금에게 올리는 비공개 문서)를 올려 이렇게 말했다.

> 폐하陛下께서는 지난 나날, 불학을 숭상하여 오관五館을 세우고, 앉아서 외우고 걸으면서 읊었는데, 그 소리는 온 천하에 흘러 넘쳤습니다. 지금 백성들은 서로 비기면서 불법을 받들고 있고, 온 천하에서 불법을 믿고 받들고 있습니다. 집집마다 재계齋戒하고, 사람마다 참회懺悔하고 있는데, 농사일과 누에 치는 일에는 관심이 없고, 피안彼岸 세계만 허망하게 말하고 있습니다. 도읍에만 불교 사찰이 500여 곳 있는데 지극히 웅장하고 아름답습니다. 승려와 여승은 10여만 명에 달하는데, 그들은 재산이 아주 많고 부유합니다. 군현郡縣에 있는 것들은 이루 다 말할 수 없겠습니다. 도인道人(승려를 말함)들은 또 백도白徒(출가하지 않은 제자)들을 거느리고 있고 여승女僧들은 모두 양녀養女를 두고 있습니다. 이들은 모두 호적에 등록되어 있지 않은데, 천하의 호구戶口(호적에 등록된 인구)는 거의 절반이 잃어졌습니다. 한편, 승려와 여승에는 비합법적인 자非法者가 많고, 양녀養女들은 모두 고운 비단옷을 입고 있습니다. 그자들이 풍속을 어지럽히고 법을 어기는 것은 혹시 여기서 말미암은 것일 수도 있습니다.[365]

逆". "畏鬼帶符, 妖法之極一", "制民課輸, 欺巧之極二", "解廚(除)墓門, 不仁之極三", "度厄苦生, 虛妄之極四", "夢中作罪, 頑癡之極五", "輕作寒暑, 凶佞之極六".]

365) (唐)李延壽:《南史》, 中華書局1975年版, 第1720, 1721-1722頁.[원문: "陛下昔藏尚學, 置立五館, 行吟坐詠, 誦聲溢境. 比來慕法, 普天信向, 家家齋戒, 人人懺禮, 不務農桑, 空談彼岸", "都下佛寺五百餘所, 窮極宏麗. 僧尼十餘萬, 資産豐沃. 所在郡縣, 不可勝言. 道人又

그는 승려와 여승의 인원수를 감축하고, 불교 규모를 제한할 것을 건의했다. 그 목적은 "곳곳에 사찰이 일떠서고, 사람마다 머리를 깎고, 이 땅 위의 한 사람도 국가의 소유가 아니 되는"366) 후과를 미리 방비하려는 것이었다. 곽조심郭祖深은 양무제梁武帝가 애초에 유경儒經을 가지고 정권을 운영하던 방식을 찬양했고, 치국에 있어서는 농업을 근본으로 해야 함을 강조했다. 또 지적하기를, 불교 사찰을 사치하고 호화롭게 구축하여 국력을 소비하고 있고, 출가한 사람이 너무 많아서 농업에 영향을 끼치고 있고, 세금 징수와 요역에도 영향을 끼치고 있고, 승려와 여승들에 존재하는 불법非法 현상은 통일적인 정령政令의 실행에 해롭다고 했다. 그러면서 양무제가 치국의 정책을 조정하여 나라의 장기적인 안정과 발전을 도모할 것을 건의했다. 그의 말은 적중했다. 그는 황제의 존엄을 지켜주었고 또 불교를 근본적으로 부정하지도 않았다. 그리하여 양무제는 이를 용인할 수 있었고, 도리어 곽조심의 관직을 올려주었다.

순제荀濟도 글을 올려 같은 일을 아뢰었는데, 그러나 곽조심의 경우와는 달랐다. 그는 불교를 호되게 비판하고 양무梁武가 불교에 미혹되었다고 심하게 비난했다. 그는 불교가 나라에 재앙을 가져다주고 세상을 혼란하게 만든 역사를 하나하나 열거했다.

> 한무漢武가 금인金人(佛像을 말함)에게 제사 지내니, 왕망王莽이 신新 나라를 세웠고, 환령桓靈이 불타浮圖에게 제사 지내니, 엄수閹竪(宦官을 말함)가 정권을 잡았습니다. 삼국(魏, 吳, 蜀나라)은 이로부터 대치하게 되었고, 오호五湖(중국을 말함)에서는 불교가 여전히 잠식蠶食하고 있었습니다. 의관衣冠(士族을 말함)들이 강동江東(吳나라 지역)으로 몰려가면서 융교戎敎(불교를 말함)는 중국 땅에서 흥성하게 되었습니다. 아버지와 아들의 정情이 멀어지게 만들었고, 임금과 신하의 의義가 벌어지게 만들었고, 남편과 아내의 화목함이 텅 비게曠 만들었고, 친구들의 믿음이 끊어지게 만들었습니다. 온 나라가 어지럽게 된지가 300년입니다.367)

有白徒, 尼則皆畜養女, 皆不貫人籍, 天下戶口幾亡其半. 而僧尼多非法, 養女皆服羅紈, 其蠹俗傷法, 抑由於此".]

366) (唐)李延壽:《南史》, 中華書局1975年版, 第1722頁.[원문: 處處成寺, 家家剃落, 尺士一人, 非復國有.]

가까이로는 송나라와 제나라 때에도 부처를 받들고 승려를 공경하고, 나라에서 사찰을 재건한 일이 있습니다. 하지만 불타는 요망하고 승려들은 간악하고 교활합니다. 그자들은 낙태시키고 자식을 죽이는 짓을 거리낌 없이 행하면서 음란하게 바른 도道를 어지럽히고 있었습니다. 그리하여 송나라와 제나라가 멸망했던 것입니다.368) 만약 폐하께서 그 일을 이어간다면, 송나라와 제나라가 당했던 그런 변고變故는 더 말 안 해도 불 보듯 뻔하겠습니다.369)

그는 또 이렇게 비난했다.

석씨釋氏도 근원을 따지고 보면, 원래 중국에서 버려져 멀리 황량한 이국땅에 가서 산 속의 괴물魑魅들을 다스리던 자입니다. 그 석씨네 종자들은 충효인의忠孝仁義를 행하지 않았고, 탐욕스럽고 사기가 심한 자를 부처라고 칭했습니다. 부처는 포악합니다. 혹은 부처를 발勃이라고도 칭하는데, 발勃이란 난잡하다는 뜻입니다.370)

또 꼬집어 말하기를,

스님과 여승女僧 모두 농사일을 하지 않고 짝도 짓지 않고, 모두 아이를 낳아 기르지 않습니다. 임금님을 무시하고 부모를 가벼이 여기고, 예의를 거스르고 교화에 손상 줍니다. 불교를 믿으면서 농사일을 하지 않는 자가 많은데, 천하가 기아와 가난함에 빠질 우려가 있습니다. 오늘날 석씨釋氏는 사람들이 임금도 제대

---

367) (南朝梁)僧祐, (唐)道宣:《弘明集·廣弘明集》, 上海古籍出版社1991年版, 第134頁.[원문: 漢武祀金人, 莽新以建國, 桓靈祀浮圖, 闍竪以控權, 三國由玆鼎峙, 五湖仍其薦食, 衣冠奔於江東, 戎敎興於中壤. 使父子之親隔, 君臣之義乖, 夫婦之和曠, 友朋之信絶. 海內殽亂, 三百年矣.]

368) (南朝梁)僧祐, (唐)道宣:《弘明集·廣弘明集》, 上海古籍出版社1991年版, 第136頁.[원문: 宋齊兩代, 重佛敬僧, 國移廟改者, 但是佛妖僧僞, 奸詐爲心, 墮胎殺子, 昏淫亂道, 故使宋齊磨滅.]

369) (南朝梁)僧祐, (唐)道宣:《弘明集·廣弘明集》, 上海古籍出版社1991年版, 第136頁.[원문: 陛下承事, 則宋齊之變, 不言而顯矣.]

370) (南朝梁)僧祐, (唐)道宣:《弘明集·廣弘明集》, 上海古籍出版社1991年版, 第134頁.[원문: "釋氏源流, 本中國所斥投之荒裔以禦魑魅者也", "其釋種不行忠孝仁義, 貪詐甚者號之爲佛, 佛者戾也, 或名爲勃, 勃者亂也".]

로 섬기지 않고 자식의 도리도 제대로 지키지 않게 만들었습니다. 강기綱紀가 문란紊亂해졌습니다.371)

그는 또 직접 양무제가 전통 예법을 거스르고, 조정朝廷의 법규를 어지럽게 만들었다고 비난했다.

옛날의 소詔(천자의 명령)를 살펴보니, 삿된 것을 높이는 명을 거듭했던 적은 없었습니다. 한 해에 한번 조상께 지내는 제사禘祫에서도 몸소 죽포竹脯와 면생面牲(밀가루로 빚은 소와 양 모양의 祭祀品)을 드리면서 종묘宗廟를 기만하고 더럽힌 적은 없었습니다. 황제의 존엄에 어긋나게 노복奴僕의 일을 하고, 아침저녁으로 요괴스런 호귀胡鬼를 섬기고, 탐욕스럽고 방종한 까까중들을 공손하게 받들고, 사악한 호胡의 놈팡이를 믿는 일에 빠지고, 방탕하게 제사를 지내고 있는데, 아마도 이런 행실은 총명하고 정직한 것이 못되는 것 같습니다. 또 폐하께 복을 내려주고 폐하를 보필해줄 수 있는 것도 아니라고 생각됩니다."372)

그는 불교의 폐단을 얼마간 짚어내기는 했지만, 그러나 그의 언어는 지나치게 과격했고 또한 황제의 존엄을 크게 상하게 했다. 결국 양무제梁武帝는 그의 건언建言을 받아들이지 않았고, 그도 화禍를 피해 위나라에 도망가서 살았다.

4)『신멸론神滅論』논쟁

신멸神滅과 신불멸 논쟁은 한나라 말부터 이미 있어 왔다. 유송劉宋 때 정도자鄭道子(즉 鄭鮮之)는『신불멸론神不滅論』에서 형형形과 신神은 서로 의탁하면서

---

371) (南朝梁)僧祐, (唐)道宣:《弘明集・廣弘明集》, 上海古籍出版社1991年版, 第135, 136頁.[원문: "僧尼不耕不偶, 俱斷生育, 傲君陵親, 違禮損化", "從敎不耕者衆, 天下有饑乏之憂", "今釋氏君不君乃至子不子, 綱紀紊亂矣".]

372) (南朝梁)僧祐, (唐)道宣:《弘明集・廣弘明集》, 上海古籍出版社1991年版, 第134頁.[원문: 稽古之詔, 未聞崇邪之命重遷, 歲時禘祫, 未嘗親享竹脯面牲, 欺誣宗廟. 違黃屋之尊, 就蒼頭之役, 朝夕敬妖怪之胡鬼, 曲躬供貪淫之賊禿, 耽信邪胡, 諂祭淫祀, 恐非聰明正直而可以福佑陛下者也.]

쓰임새用를 이루지만, 그 정교함精과 조잡함粗의 근원은 다르다는 형신刑神 이원론二元論을 제기했다. 그의 기본관점은 '신神은 삶生의 근본으로서 그 근원源은 지극히 미묘한데'[373), 거친 형체粗形와 생멸生滅을 같이 하지 않는다는 것이었다. 그는 이를 횃불에 비유했다. "대저 불은 장작에 의지하여 피어오른다. 장작이 없으면 불도 없다. 그러나 장작은 불을 일구는 원인이기는 하지만 불의 근본은 아니다. 불의 근본은 자체로 가지고 있고, 장작에 의지하여 쓰임새用가 있게 될 따름이다."[374) 그러므로 "신의 이치神理는 홀로 단절되어 있고, 기물器을 이웃으로 삼지 않는다."[375)는 것이다. 그는 '신의 이치'라는 이 새로운 개념을 제기하여 토론을 가열화 시켰었다.

『신멸론神滅論』의 저자 범진范縝은 유가 학자였고, 그는 제齊나라와 양梁나라 두 시기를 걸쳐 살아온 학자이다. 일찍 제나라 때, 그는 경릉왕竟陵王 소자량蕭子良과 변론을 했는데, 그는 신불멸론神不滅論을 부정했다. 그 목적은 불교 인과응보설因果應報說을 부정하기 위해서였다. 『양서梁書·유림儒林·범진전范縝傳』에는 이렇게 기재되어 있다.

　　처음에 범진范縝은 제나라에 살았는데, 그때 그는 경릉왕竟陵王 소자량蕭子良을 섬겼었다. 자량은 경건하게 불교를 믿고 있었는데, 범진은 불佛이 존재하지 않는다고 우겼다. 자량이 물었다. '당신은 인과관계를 믿지 않는다고 하는데, 그렇다면 인간 세상에서 부귀함은 어디서 오고, 빈천貧賤함은 또 어떻게 오는가?' 범진이 답했다. '인간의 삶은 마치 나무에 피는 꽃과도 같은데, 한 가지에서 함께 나와 같은 꼭지에서 같이 피지만, 바람에 날려 떨어지게 되면 창문 살과 휘장을 스쳐지나 거적자리茵席에 떨어지는 경우도 있고, 울타리와 담장을 날아 넘어 뒷간에 떨어지는 경우도 있습니다. 거적자리에 떨어진 자가 바로 전하殿下인 당신이고, 뒷

---

373) (南朝梁)僧祐, (唐)道宣:《弘明集·廣弘明集》, 上海古籍出版社1991年版, 第29頁.[원문: 神爲生本, 其源至妙.]

374) (南朝梁)僧祐, (唐)道宣:《弘明集·廣弘明集》, 上海古籍出版社1991年版, 第29頁.[원문: 夫火因薪則有火, 無薪則無火, 薪雖所以生火, 而非火之本, 火本自在, 因薪爲用耳.]

375) (南朝梁)僧祐, (唐)道宣:《弘明集·廣弘明集》, 上海古籍出版社1991年版, 第29頁.[원문: 神理獨絶, 器所不隣.]

간에 떨어진 자가 바로 하관下官인 저입니다. 귀貴와 천賤은 엇갈린 길이기는 한데, 그 인과관계는 도대체 어디에 있다는 말씀이십니까?' 자량은 논리적으로 그를 굴복시킬 수 없었는데, 그 대신 그를 크게 꾸짖었다. 범진은 집에 돌아와 그 논리를 상세히 논증해서 『신멸론神滅論』을 저술했다.[376]

『양서梁書』에서는 『신멸론』 전문을 인용하고서 이렇게 말한다. "이 논설이 나오자, 조야朝野에서 떠들썩했는데, 자량子良은 승려들을 소집하여 그를 공격했지만 그를 굴복시킬 수는 없었다."[377] 소자량蕭子良은 또 왕융王融을 시켜 중서랑中書郎이라는 관직을 주는 대가로 범진范縝을 꼬드겨 신멸론神滅論을 포기하게 하려고 했지만 범진은 견결히 거절했다. '논설을 팔아 관직을 얻을 수는 없다'는 것이었다. 범진은 이렇게 유가 사대부의 인격과 존엄을 지키고 있었다.

양무제梁武帝 때에 와서 범진은 또 한 차례 신멸神滅의 문제를 가지고 무제武帝 및 뭇 승려들과 큰 변론을 벌였는데, 그 영향은 아주 거대했다. 『신멸론神滅論』에서는 자체로 묻는 자와 답하는 자를 설정하여 양자가 문답하는 형식으로 신멸에 관한 논의를 전개했는데, 첫머리에서 우선 그 요지를 밝혔다. "신神은 곧 형形이고, 형은 곧 신이다. 그러므로 형이 존재하게 되면 신이 존재하고, 형이 이울게 되면 신도 죽는다."[378] 묻는 자가 의혹을 제기하기를, 형은 지각知이 없고 신은 지각이 있는데, 양자는 서로 닿을即 수 없다고 했다. 이에 범진范縝은 "형은 신의 질質(바탕)이고, 신은 형의 용用(쓰임)이다."[379]라고 했다. 그는

---

376) (唐)姚思廉:《梁書》, 中華書局1973年版, 第665頁.[원문: 初, 縝在齊世, 嘗侍竟陵王子良. 子良精信釋教, 而縝盛稱無佛. 子良問曰: '君不信因果, 世間何得有富貴, 何得有貧賤?' 縝答曰: '人之生譬如一樹花, 同發一枝, 俱開一蒂, 隨風而墜, 自有拂簾幌墜於茵席之上, 自有關籬牆落於糞溷之側. 墜茵席者, 殿下是也. 落糞溷者, 下官是也. 貴賤雖復殊途, 因果竟在何處?' 子良不能屈, 深怪之. 縝退論其理, 著《神滅論》.]

377) (唐)姚思廉:《梁書》, 中華書局1973年版, 第670頁.[원문: 此論出, 朝野喧嘩, 子良集僧難之而不能屈.]

378) (唐)姚思廉:《梁書》, 中華書局1973年版, 第665頁.[원문: 神即形也, 形即神也, 是以形存則神存, 形謝則神滅也.]

379) (唐)姚思廉:《梁書》, 中華書局1973年版, 第665頁.[원문: 形者神之質, 神者形之用.]

여기서 형과 신의 관계를 질과 용의 관계로써 설명했는데, 심각한 점이라면 정신을 어떤 물건으로 보지 않고 이를 형과 질形質의 기능功用으로 본 것이다. 이렇게 형신刑神 이원론二元論의 낡은 틀에서 벗어났던 것이다. 생동하게 해석하기 위해서 그는 '칼과 예리함刀利'을 예로 들어 설명했다.

> 신神이 질質에 있어서는 예리함이 칼에 있는 것과 같고, 형形이 용用에 있어서는 칼과 예리함의 관계와 같다. 칼에 예리함이 없다는 말을 들어보지 못했는데, 어찌 형形이 사라져도 신神이 존재한다는 말을 받아들이겠는가?380)

묻는 자는 죽은 사람의 형해形骸와 산 사람의 육체는 같은가 다른가 하는 문제를 제기했다. 범진范缜은 양자의 질質과 체體는 이미 근본적으로 달라졌다고 한다. 비유하자면 푸르싱싱하던 나무가 고목으로 변한 것과 마찬가지인데, 그 변화에는 어떤 과정이 있다는 것이다. 묻는 자는 또 지각과 사고의 공통점과 차이에 대해 물었다. 범진은 이렇게 답했다.

> 모두 신神이 갈라진 것이다. 손발 같은 것들도 아프고 가려운 것에 대한 지각知이 있다. 하지만 옳고 그름에 대한 사고는 없다. 옳고 그름에 관한 사고는 심기心器에서 주도한다.381)

그는 인간의 지각과 사고를 인간의 형체에서 상이한 기관의 상이한 기능功用으로 보고 있었고, 이는 "모두 하나의 신神이 통솔한다."382)고 했다. 묻는 자는 또 성인과 범부凡夫는 왜 형체는 똑같은데 정신에는 성인과 범부凡夫의 차이가 있는지를 물었다. 또 성인들이 말하는 도리는 똑같은데 왜 그들 모습과 형체는 다른지를 물었다. 범진은 이렇게 답했다. 성인은 "오로지 도道에서만 중생衆生

---

380) (唐)姚思廉:《梁書》, 中華書局1973年版, 第666頁.[원문 : "神之於質, 猶利之於刀, 形之於用, 猶刀之於利", "末聞刀沒有利存, 豈容形亡而神在".]

381) (唐)姚思廉:《梁書》, 中華書局1973年版, 第667, 668頁.[원문 : "皆是神之分也", "手等亦應能有痛癢之知, 而無是非之慮", "是非之慮, 心器所主".]

382) (唐)姚思廉:《梁書》, 中華書局1973年版, 第668頁.[원문 : 總爲一神.]

을 초월하는 것이 아니라 형체形도 만물보다 뛰어나다."383) 또 "성인들의 심기
心器는 똑같지만 형체形는 반드시 똑같지는 않다."384)고 했다. 묻는 자가 또 질
문했다. 형形이 이울게 되면 신神도 사라진다고 했는데, "경經(孝經을 말함)에서
는 이르기를, '종묘宗廟에서 행하고, 귀신으로써 제사 지낸다.'라고 한다. 이것은
무슨 뜻인가?"385) 범진은 이렇게 답했다. "성인의 가르침이 그러하다. 그것은
효자孝子의 마음을 헤아린 것이고 또한 배은망덕함을 경계하기 위해서이다. 이
른바 '신이명지神而明之'가 이를 말하는 것이다."386) 보다시피 범진은 귀신이
있다는 것을 부정하지는 않았다. 그러나 사람과 귀신은 저승과 이승의 차별이
있어 자세히 탐구할 수는 없다고 했다. 묻는 자의 마지막 질문은 신멸론神滅論
을 제기한 목적이 무엇인가 하는 것이었다. 범진은 이렇게 답했다. "불타浮屠가
정사政事를 해치고, 사문沙門이 풍속을 더럽히고, 바람이 놀라고 안개가 일고
난동이 그치지 않는데, 나는 그 폐해弊害가 슬퍼서 미혹에 빠진 자들을 구원하려
고 했던 것이다."387) 속세에서 사람들은 부처님에게 재산을 봉헌奉獻하여 공덕
功德을 쌓으려고 하지만 그들은 친인척들의 현실의 빈궁함은 불쌍히 여기지 않
는데, 이는 그들이 불교에서 좋은 과보를 기대하기 때문이고 혹은 아비지옥阿鼻
地獄의 고난을 두려워하기 때문이라고 한다. 결국 "집집마다 가장 사랑하는 이
를 버리고, 사람마다 후손을 끊어 버리고, 군대에는 싸움 할 병사가 줄어들고,
관청에는 일을 볼 관리가 적어지고, 양식은 게으른 자들이 죄다 먹어버리고,
재물은 사찰을 짓는데 모두 써버리게 되었는데"388), 그 유폐流弊는 지나치게
크다는 것이다. 한편 그의 신앙은 자연독화론自然獨化論과 순천안성론順天安性論

---

383) (唐)姚思廉:《梁書》, 中華書局1973年版, 第669頁.[원문:非惟道革群生, 乃亦形超萬有.]

384) (唐)姚思廉:《梁書》, 中華書局1973年版, 第669頁.[원문:聖同於心器, 形不必同也.]

385) (唐)姚思廉:《梁書》, 中華書局1973年版, 第669頁.[원문:經云爲之宗廟, 以鬼饗之'何謂也?]

386) (唐)姚思廉:《梁書》, 中華書局1973年版, 第669頁.[원문:聖人之敎然也, 所以弭孝子之心,
而厲偸薄之意, 神而明之, 此之謂也.]

387) (唐)姚思廉:《梁書》, 中華書局1973年版, 第670頁.[원문:浮屠害政, 桑門蠹俗, 風驚霧起,
馳蕩不休, 吾哀其弊, 思拯其溺.]

388) (唐)姚思廉:《梁書》, 中華書局1973年版, 第670頁.[원문:家家棄其親愛, 人人絶其嗣續. 致
使兵挫於行間, 吏空於官府, 粟馨於惰遊, 貨殫於泥木.]

이었다.

만약 교화陶甄를 자연의 이치를 본받아 행한다면 삼라森羅(세상만물)는 모두 자체로 변화하여 이루게 된다獨化. 그것들은 느닷없이 자체로 생겼다가도 또 느닷없이 자체로 없어지고, 오는 것도 막지 않고 가는 것도 쫓지 않고, 천리天理에 따라 각자 그 천성에 맞게 살게 된다. 소인들은 농사일을 즐겁게 하고, 군자들은 소박함을 지키게 된다. 농사를 지어 먹으니 먹을 것이 남아돌고, 누에를 길러 옷을 지어 입으니 입을 옷도 여벌이 있게 된다. 아래에 있는 자는 남은 것이 있으면 위에 바치고, 위에서는 무위無爲로써 아랫사람을 대해준다. 이렇게 하면 삶을 온전케 할 수 있고, 나라를 바로잡을 수 있고, 임금은 패권을 가질 수 있다. 모두 이 도道를 사용한 덕분이겠다.[389]

『신멸론神滅論』에서 처음에 사용했던, '칼과 예리함'의 비유는 약점이 있었다. 그래서 심약沈約은 『난범진신멸론難范鎭神滅論』(『광홍명집廣弘明集』권22에 수록)을 저술하여 이렇게 지적했던 것이다.

칼이라면 오로지 칼날만이 예리하다고 하겠다. 칼날이 없다면 예리하다는 이름을 가질 수도 없다. 그러므로 칼날이 칼의 본질적 속성을 대표하는 명칭이고, 예리함은 이 한 부분의 특징이겠다. 칼과 예리함을 같은 차원에서 논할 수 없다면, 형形과 신神의 관계를 어찌 함부로 이에 비유하겠는가?"[390]

그래서 범진이 양나라 때 재차 신멸론神滅論을 주장할 때는 '칼과 예리함刀利'의 비유를 '칼날과 예리함刃利'의 비유로 바꾸어 논술했다. 이 한 글자를 바꿈으로써 신멸론神滅論의 이론적 수준을 크게 끌어 올리게 되었다. 『신멸론』에

---

389) (唐)姚思廉:《梁書》, 中華書局1973年版, 第670頁.[원문: 若陶甄稟於自然, 森羅均於獨化, 忽焉自有, 怳爾而無, 來也不禦, 去也不追, 乘夫天理, 各安其性. 小人甘其壟畝, 君子保其恬素, 耕而食, 食不可窮也, 蠶而衣, 衣不可盡也, 下有餘以奉其上, 上無爲以待其下, 可以全生, 可以匡國, 可以霸君, 用此道也.]

390) (南朝梁)僧祐、(唐)道宣:《弘明集·廣弘明集》, 上海古籍出版社1991年版, 第263頁.[원문: 刀則唯刃猶利, 非刃則不受利名. 故刃是擧體之稱, 利是一處之目. 刀之與利既不同矣, 形之與神豈可妄合耶?]

서는 형신形神 일원론—元論을 주장했는데, 이는 중국 형신관形神觀 발전사에서 이정표적 의의를 가지고 있었다. 첫째, 처음으로 '형질신용形質神用'의 논설과 '칼날과 예리함'의 비유를 제기했고, 인간의 정신활동을 인간이라는 특수한 유기체의 작용으로 보고 있었다. 또한 더 나아가, '심기心器'가 사려思慮를 주도한다고 지적했다. 이는 오늘날 생리과학에서 말하는 "의식은 인간의 두뇌의 기능이다"라는 견해와 사고방식에 있어서 일치하다고 하겠다. 비록 그 당시에는 과학발달 수준의 제한으로 '두뇌'가 아니라 '심장'이 사유의 기관이라고 보고 있었지만 말이다. 또한 '형질신용' 관념이 중국인들이 자신의 생명의 비밀을 탐구하는 데서 일으켰던 지도방향적 역할과 가치를 말살해서도 아니 되겠다. 둘째, 일련의 형신 관계에 관한 연구 과제를 제기했는데, 이는 장기적인 탐구가 필요하다고 하겠다. 예컨대 인간의 정신활동의 생리生理적 메커니즘과 그 과정에 관한 문제, 걸출한 인물들과 평범한 자들의 사유 기관의 차이 문제, 꿈의 생리적 메커니즘에 관한 문제 등이 그것이다. 이런 문제는 오늘날에도 계속하여 탐색하고 있는 것들이다. 범진은 곽상의 독화론獨化論에 찬동하고 있었고, 그는 유가와 도가 사상을 융합하고 있었다. 그가 불교를 비판한 것은 불교를 제한하기 위해서였고, 이로써 종법宗法 등급 사회 질서를 수호하려는 것이었다. 보다시피 그는 명확한 정치적 목적을 가지고 있었다.

양무제는 천감天監 6년, 석법운釋法雲에게 조서詔書를 내려 『신멸론』을 비판하라고 시켰다. 법운法雲은 조정朝廷의 귀족貴族 인사들과 상의하여 함께 범진을 대처하기로 결정했다. 그리하여 조정의 귀족 인사 62명이 모여 함께 범진한 사람을 공격하게 되었다. 하지만 범진은 이에 굴복하지 않았다. 양무제는 조서詔書에서 유가 경전을 인용하여, 신불멸神不滅을 논증했고 또 조사문曹思文을 시켜 범진을 반박하고 비난하게 했다. 하지만 범진은 "스스로 말하기를, 변론으로 뭇사람들의 입을 쳐부수고, 하루에 천명을 굴복시키겠다."[391]고 했는데, 확실히 그 기세는 막을 수 없었다고 한다. 조사문曹思文은 무제武帝에게 올린

---

391) (南朝梁)僧祐, (唐)道宣:《弘明集·廣弘明集》, 上海古籍出版社1991年版, 第55頁.[원문: 自謂辯摧眾口, 日服千人.]

주문奏文에서 말하기를, "사문思文은 능력이 작고 모자라서 그 기이한 경經을 흐트러뜨릴 수 없을까봐 걱정입니다."392)라고 했다고 한다. 분명히 그는 범진의 능력을 인정하고 있었다. 무제는 할 수 없이 명을 내려, "논쟁을 그만두게 했고"393), 논쟁을 강제로 중지시켰다. 그리하여 범진은 또 한 번 이론상에서 승리를 거두게 되었던 것이다. 『신멸론神滅論』을 반박하고 비난하는 수많은 논설에서 소침蕭琛의 『난신멸론難神滅論』이 수준이 좀 높은 글이었다. 그는 여기서 가치 있는 논점을 몇 가지 제기했다. 첫째, "꿈을 가지고 검증한다면 형形과 신神은 일체共體가 될 수 없다."는 것이다. "신이 떠돌아다니는 것神游을 이은 것이"394) 곧 꿈으로서 꿈에서는 형은 고요하지만靜 신은 마구 내달린다. 그러므로 양자는 일체가 아니라는 것이다. 둘째, "형이 손상되어도 신은 해害를 입지 않는다."395)는 것이다. 그러므로 신은 형을 그릇으로 삼지만 그것을 "체體(본질)로 삼지는 않는다."396)는 것이다. 셋째, "인간의 형해形骸는 성인과 범부凡夫의 차별이 없지만 지조의 굳셈과 취약함에는 차이가 있다."397)는 것이다. 넷째, 유폐流弊를 가지고 불교를 전부 부정할 수는 없다고 한다. "석씨釋氏가 풍속을 해치고 교화敎化에 손상 주고, 재물을 낭비하고 요역徭役에 손해를 끼쳤다."는 질책에 대해서는 마땅히 "이런 혼란을 일으킨 것은 부처만의 독특한 점이 아닌 것"398)으로 보아야 한다는 것이다. 하물며 "무릇 육가六家의 법도는 모두 각자

392) (南朝梁)僧祐, (唐)道宣:《弘明集·廣弘明集》, 上海古籍出版社1991年版, 第59頁.[원문: 思文情用淺匱, 懼不能微析詭經.]

393) (南朝梁)僧祐, (唐)道宣:《弘明集·廣弘明集》, 上海古籍出版社1991年版, 第61頁.[원문: 言語可息.]

394) (南朝梁)僧祐, (唐)道宣:《弘明集·廣弘明集》, 上海古籍出版社1991年版, 第56頁.[원문: "據夢以驗, 形神不得共體", "神遊之所接".]

395) (南朝梁)僧祐, (唐)道宣:《弘明集·廣弘明集》, 上海古籍出版社1991年版, 第57頁.[원문: 形傷神不害.]

396) (南朝梁)僧祐, (唐)道宣:《弘明集·廣弘明集》, 上海古籍出版社1991年版, 第57頁.[원문: 非以爲體.]

397) (南朝梁)僧祐, (唐)道宣:《弘明集·廣弘明集》, 上海古籍出版社1991年版, 第58頁.[원문: 人形骸無凡聖之別, 而有貞脆之異.]

398) (南朝梁)僧祐, (唐)道宣:《弘明集·廣弘明集》, 上海古籍出版社1991年版, 第58頁.[원문:

의 유폐流弊가 있는데, 유가는 경박한 것僻이 결점이고, 묵가는 덮어 가리는 것蔽이 결점이고, 법가는 준엄한 것峻이 결점이고, 명가는 남을 비방하는 것訐이 결점이다. 모두 조술祖述하는 자들이 잘못 전해서 오늘날 미혹에 빠지기에 이르렀던 것이다."399) 그러므로 모두 "끝머리를 버리고 근본을 잡고, 근본으로 부터 끝머리를 구제해야 한다."400)는 것이다. 이상 논점은 소박하고 실제적이고 유력했을 뿐만 아니라 또한 복잡한 형신形神 관계에 대한 사람들의 인식을 심화시켜 주었다. 예를 들면, 꿈의 본질 및 형形과 신神은 동기同步적이 아니라는 문제에 있어서 범진은 분명한 해석을 내놓지 못했다. 범진은 필경 유가 학자였다. 그는 귀신이나 미신을 믿는 것을 이용하여 백성들을 교화하는 것神道設教을 사람을 기만하면서 억지논리로써 가르치는 것이라고 생각하지 않았다. 오히려 이를 나라를 다스리고 정권을 운영하는데 있어서 꼭 필요한 수단이라고 생각하고 있었다. 이는 "임금이 백성들을 안정하게 다스리고 또한 낡은 풍속습관을 고칠 수 있는"401) 방법이라는 것이다. 왜냐하면 "가르침敎을 세우는 목적이 백성들을 다스리는 것에 있는데, 백성들의 마음은 늘 삶을 귀하게 여기고 죽음을 천하게 여기는 바, 죽어서 영혼이 있다고 하면 공경하고 두려워하는 마음을 오랫동안 간직하게 되고, 죽은 다음 아무것도 없다고 하면 나태하고 경솔한 마음이 생기게 되기 때문이다."402) 이로 보면 범진은 철두철미한 무신론자는 아니었고, 그는 유가의 신도설교神道設教의 의미를 긍정적으로 받아들이고 있

---

399) (南朝梁)僧祐, (唐)道宣:《弘明集·廣弘明集》, 上海古籍出版社1991年版, 第58頁.[원문: 夫六家之術, 各有流弊:儒失於僻, 墨失於蔽, 法失於峻, 名失於訐. 鹹由祖述者失其傳, 以致泥溺.]

400) (南朝梁)僧祐, (唐)道宣:《弘明集·廣弘明集》, 上海古籍出版社1991年版, 第58頁.[원문: 息末以尊本, 不拔本以拯末.]

401) (南朝梁)僧祐, (唐)道宣:《弘明集·廣弘明集》, 上海古籍出版社1991年版, 第60頁.[원문: 可以安上治民, 移風易俗.]

402) (南朝梁)僧祐, (唐)道宣:《弘明集·廣弘明集》, 上海古籍出版社1991年版, 第59頁.[원문: 敎之所設, 實在黔首, 黔首之情, 常貴生而賤死, 死而有靈, 則長畏敬之心, 死而無知, 則生慢易之意.]

었다. 그렇다면 마땅히 이런 포용적인 태도로 불교를 대해야 했을 것이다. 사실 많은 유가학자들은 이렇게 하고 있었다.

5) 『홍명집후서弘明集後序』와 『귀심편歸心篇』에 반영된 유·도와 불교의 논쟁 및 회통會通

『홍명집弘明集』은 제량齊梁 때 명승 승우僧祐가 편찬한 책이다. 승우는 이 책에 한, 위 때부터 소량蕭梁 시기에 이르기까지의 삼교 쟁론에 관한 풍부한 역사 자료를 수집하여 수록했다. 승우가 『홍명집弘明集』을 편찬한 목적은 "불법佛法에 대한 비난을 물리치려는 것"이었다. 그리하여 불교 인사들의 글을 많이 수록해 넣었다. 하지만 그는 불법 신앙에 대해 큰 신심을 가지고 있었고, 나아가 불교 외부 인사들이 불교에 대한 이런 저런 비난과 질책은 오히려 불법의 발양과 확산에 도움이 되는 일이라고 생각하고 있었다. 그리하여 또 의도적으로 불교를 비난하는 글도 많이 수록했다. 이 글들은 정사正史에서 소홀이 하고 있는 삼교 쟁론에 관한 진귀한 자료들이다. 그는 이런 방식으로 후세 사람들을 위해 진실한 역사를 기록해 놓았는데, 그의 역사적 공적은 아주 거대하다고 하겠다.

승우는 『홍명집후서』(『홍명집』권14)에서 불교도의 입장에서 그 당시 사회에서 불교를 받드는 파와 불교를 배척하는 파의 논쟁을 총화했다. 그는 우선 불교를 배척하는 자들의 여섯 가지 주요 질의와 비난을 열거한다. 그들은

첫째, 불경은 황당무계하고, 거대하지만 신빙성이 없다고 한다. 둘째, 사람이 죽으면 신神도 멸滅하고, 삼세三世도 없다고 한다. 셋째, 진불眞佛은 볼 수 없고 또 나라의 다스림에도 도움이 되지 않는다고 한다. 넷째, 불교는 옛날에 없었고, 근세에 와서 한나라 때 출현했다고 한다. 다섯째, 불교는 서융西戎의 종교로서 화하華夏의 교화에 적합하지 않다고 한다. 여섯째, 한, 위 때에는 불법이 쇠미했는데, 진晉나라 때에 와서 흥성하기 시작했다고 한다.403)

---

403) (南朝梁)僧祐, (唐)道宣:《弘明集·廣弘明集》, 上海古籍出版社1991年版, 第96頁.[원문:

는 것이다. 이 여섯 가지 질의와 비난은 그 당시 불교를 배척하는 자들의 주요 논점을 거의 모두 포괄했다. 즉, 그들은 불교를 허황하고 실속이 없고, 인과관계는 믿을 수 없고, 나라의 다스림에도 해롭고, 고전古典의 근거가 없고, 화하華夏의 풍속에 맞지 않고, 역사가 짧다고 비난하고 있었던 것이다. 승우僧祐 는 "세전世典(유가경전)을 간추려 설명하고, 사실을 예로 들면서 밝히는"404) 방법으로 하나하나씩 반박했다.

첫째, "불경이 황당무계하고, 거대하지만 신빙성이 없다고 말하는데, 그것은 대개 적겁積劫(기나긴 시간)을 다할 수 없고 또한 세상이 끝없이 넓기 때문이다."405)라고 한다. 한편 일반 사람들은 대체로 "마음에 구애되어 우주造化를 가늠하고', '보이는 것을 가지고 태허太虛를 헤아리는데"406), 그들은 겁曠劫이 얼마나 긴지를 모르고, 세상이 얼마나 넓은지를 모른다고 한다. 하지만 중화 고전古典에는 은탕殷湯과 하혁夏革의 문답이 실려 있는데, 그들은 오래 전에 우주는 "극極이 없고 끝이 없다"고 말했다는 것이다.

둘째, "사람이 죽으면 신神도 멸滅하고 삼세三世도 없다고 말하는데, 그것은 결국 스스로 자신의 성령性靈을 속이는 것이고, 사당祠堂에 모신 선조들을 멸시하는 것이다."라고 한다. "주공과 공자는 법전法典에서 귀신을 많이 말했고"407), 『역易』, 『예禮』, 『서書』에서도 모두 귀신을 섬기고 공경하는 일을 많이 말하고 있는데, 만약 신멸론神滅論을 고집한다면 그것은 "오경五經을 거스르고, 부처님을 비난하는 것일 뿐만 아니라 또한 성인도 모독하는 것이겠다."408)라고 한다.

一疑經說迂誕, 大而無征. 二疑人死神滅, 無有三世. 三疑莫見眞佛, 無益國治. 四疑古無法敎, 近出漢世. 五疑敎在戎方, 化非華俗. 六疑漢魏法微, 晉代始盛.]

404) (南朝梁)僧祐, (唐)道宣:《弘明集·廣弘明集》, 上海古籍出版社1991年版, 第96頁.[원문: 撮擧世典, 指事取征.]

405) (南朝梁)僧祐, (唐)道宣:《弘明集·廣弘明集》, 上海古籍出版社1991年版, 第96頁.[원문: 若疑經說迂誕, 大而無征者, 蓋以積劫不極, 世界無邊也.]

406) (南朝梁)僧祐, (唐)道宣:《弘明集·廣弘明集》, 上海古籍出版社1991年版, 第96頁.[원문: "限心以量造化", "執見以判太虛".]

407) (南朝梁)僧祐, (唐)道宣:《弘明集·廣弘明集》, 上海古籍出版社1991年版, 第96頁.[원문: "若疑人死神滅, 無有三世, 是自誣其性靈, 而蔑棄其祖禰也", "周, 孔制典, 昌言鬼神".]

셋째, "진불眞佛은 볼 수 없고 또한 나라의 다스림에도 무익하다고 말하는데, 그렇다면 인사禋祀(고대에 형식을 갖춰 하늘에 지내던 제사)와 망질望秩(등급에 따라 멀리서 山川의 神에게 지내던 제사)도 마땅히 폐지해 버려야 할 것이다."409)라고 한다. 사실 중화中華 예교禮敎에서 상제上帝, 후기后祇에게 제사 지내는 것도 모두 눈으로 그이들을 직접 보고서見識 제사 지내는 것이 아니라는 것이다. 중요한 것은 "유령幽靈에게 제사 지내면서 공경하는 방식으로써 백성들에게 신령에게 감사드리는 법을 가르쳐주려는 것이다."라고 한다. "오늘날 사람들은 천신의 모습을 보지 못하고서도, 그이께 교사郊祀를 지내면 복이 들어온다고 말하고, 금용金容(부처님의 모습)을 보지 못하고서도 그이를 받들고 섬겨도 보답이 없다고 말하는데"410), 이것은 일종의 "근본을 무시하고 끝머리를 중요시하는" 표현이라고 한다.

넷째, "옛날에는 불교가 없었고, 불교는 근세에 와서 한나라 때에 출현했다고 말하는데, 대저 신묘하게 교화시키는 일은 원래 가물가물한 것으로서 누군들 그 시작과 끝을 확실하게 알 수 있겠는가."라고 한다. "『열자列子』"에서는 이르기를, 주목왕周穆王 때 서극西極에서 화인化人(神仙)이 왔었는데"411), 하도 변화가 무궁하여 "목왕穆王이 그이를 신神처럼 모셨더니"412), 나중에 "대법大法(佛法)의 징조가 드러나서, 주나라 초에는 이미 볼 수 있었다."413)는 것이다.

다섯째, "불교는 서융西戎의 것으로서 화하華夏의 교화에는 적합하지 않다고

408) (南朝梁)僧祐, (唐)道宣:《弘明集·廣弘明集》, 上海古籍出版社1991年版, 第96頁.[원문: 背叛五經, 非直誣佛, 亦侮聖也.]

409) (南朝梁)僧祐, (唐)道宣:《弘明集·廣弘明集》, 上海古籍出版社1991年版, 第96頁.[원문: 若疑莫見眞佛, 無益國治, 則禋祀望秩, 亦宜廢棄.]

410) (南朝梁)僧祐, (唐)道宣:《弘明集·廣弘明集》, 上海古籍出版社1991年版, 第96頁.[원문: "以 幽靈宜尊, 敎民美報", "今人莫見天形, 而稱郊祀有福, 不睹金容, 而謂敬事無報".]

411) (南朝梁)僧祐, (唐)道宣:《弘明集·廣弘明集》, 上海古籍出版社1991年版, 第96頁.[원문: 《列子》稱周穆王時, 西極有化人來.]

412) (南朝梁)僧祐, (唐)道宣:《弘明集·廣弘明集》, 上海古籍出版社1991年版, 第96頁.[원문: 穆王敬之若神.]

413) (南朝梁)僧祐, (唐)道宣:《弘明集·廣弘明集》, 上海古籍出版社1991年版, 第96-97頁.[원문: 大法萌兆, 已見周初.]

말하는데, 이는 성인들이 가르침을 행하던 지역을 가지고 교敎를 규정하려는 것이지, 교敎를 세워 풍속을 바꾸려는 것이 아니다."414)라고 한다. 화하華夏의 세교世敎(즉 正統 禮敎)도 고금古今에 변고가 많았는데, "우禹는 서강西羌에서 나왔고, 순舜은 동이東夷에서 태어났지만 누구 하나 그 지역이 천하다 해서 그들의 신성한 가르침을 버리겠다고 말했는가? 공자는 이夷의 땅에서 살았었고, 노자는 서융西戎에 갔었는데, 도道를 어찌 지역을 가지고 선별하겠는가? 대저 속세에서 성인들이 교화敎化를 행하는 것은 화華와 이夷와는 상관 없는 일이다. 하물며 부처님은 대천세계大千世界를 거느리고 있는데, 어찌 그이의 교화敎化를 서역西域에만 한정시키겠는가?"415) 만약 "북신서북北辰西北'을 가지고 논한다면 더욱 "천축天竺이 중심에 있음을 알 수 있겠다."는 것이다.

여섯째, "한, 위 때에는 불법이 쇠미했고, 진晉나라 때에 와서 다시 흥성하기 시작했다고 말하는데, 도道의 운행은 원래 흥성함과 쇠미함이 누차 바뀌는 바, 이는 힐난할 바가 못 된다."고 한다.

공자는 오경五經을 정리하여 백왕百王들에게 본보기를 수립해 주었지만 춘추의 제후諸侯들은 누구도 이를 받들고 따르려 하지 않았고, 그리하여 진시황秦始皇 때에 와서는 더욱 불사르기에 이르렀는데, 한무漢武 때에 와서야 유교가 두드러지기 시작했다. 그러니 오경五經이 항상 선善하지만 흥성함과 쇠미함은 시운運에 달려 있고, 부처님의 가르침도 늘 성盛하지만 통하고 막힘은 인연緣에 달려 있음을 알 수 있겠다.416)

---

414) (南朝梁)僧祐, (唐)道宣 : 《弘明集·廣弘明集》, 上海古籍出版社1991年版, 第97頁.[원문 : 若疑敎在戎方, 化非華夏者, 則是前聖執地以定敎, 非設敎以移俗也.]

415) (南朝梁)僧祐, (唐)道宣 : 《弘明集·廣弘明集》, 上海古籍出版社1991年版, 第97頁.[원문 : 禹出西羌, 舜生東夷, 孰雲地賤而棄其聖? 丘欲居夷, 聃適西戎, 道之所在, 寧選於地? 夫以俗聖設敎, 猶不系於華夷, 況佛統大千, 豈限化於西域哉?]

416) (南朝梁)僧祐, (唐)道宣 : 《弘明集·廣弘明集》, 上海古籍出版社1991年版, 第97頁.[원문 : "若疑漢魏法微, 晉代始盛者, 道運崇替, 未可致詰也", "孔修五經, 垂範百王. 然春秋諸侯, 莫肯遵用", "爰至秦皇, 復加燔燼", "逎及漢武, 始顯儒敎", "故知五經恒善而崇替隨運, 佛化常熾而通塞在緣".]

는 것이다. 인과응보因果應報에 관해서는 세전世典에도 상세한 예증例證이 많이 들어 있다고 한다.

> 천궁天宮이 영험함을 드러낸 것은 조간趙簡, 진목秦穆이 하사받았던 것(공을 세워 칭송받은 일)이 그것이고, 귀도鬼道에서 응보應報를 받은 것은, 두백杜伯, 팽생彭生이 보여준 것(이들이 억울하게 죽은 다음 복수한 일)이 그것이다. 덕德을 닦아 복福을 받은 것은 은나라 송경宋景의 일이 그것이고, 살육을 많이 해서 화禍가 따른 것은 백기白起, 정보程普의 일이 증명해줄 수 있겠다. 현세現世의 유미한 것(幽微)들은 전적典籍(유가경전을 말함)에 상세히 갖추어져 있고, 내생來生의 명응冥應은 불경에서 폭넓게 다루고 있다.417)

는 것이다.

승우僧祐는 중화 전적典籍에서 불교와 합치되는 사상적 자원을 많이 발굴하여 활용했다. 그는 삼교가 모두 신도神道를 존숭하고, 대성大聖을 높이 받들고, 정치를 도와 교화를 이루는 공통한 성격이 있음을 밝혔다. 나아가 이를 삼교를 융합하는 토대로 삼고 있었다. 그는 특히 유가 경전을 가지고 불교를 변호하는데 뛰어났었는데, 이는 유가 학자들이 불교에 접근하는데 많이 유익했다. 승우僧祐의 『홍명집弘明集』 및 이 책의 후서後序는 남조의 세 조대三朝에서 일어났던 논쟁의 고조가 마감했음을 의미한다. 진陳나라 때에 와서도 쟁론은 계속되고 있었지만 그 규모는 크지 않았다.

안지추顏之推는 남조 양나라, 북조 제나라와 주나라를 걸쳐 수나라 초까지 줄곧 관직에 몸담고 있었는데, 그리하여 남북조 후기 삼교 관계 상황에 대해 아주 잘 알고 있었다. 그는 주공과 공자를 아주 숭배하고 있었고 또한 불교도 아주 숭상하고 있었다. 사대부士大夫들 가운데서 가장 대표적이라 하겠다. 그가 저술한 『안씨가훈顏氏家訓』은 중국 가훈사家訓史에서 아주 중요한 지위를 가지

---

417) (南朝梁)僧祐, (唐)道宣:《弘明集·廣弘明集》, 上海古籍出版社1991年版, 第97頁.[원문: 天宮顯驗, 趙簡, 秦穆之錫是也. 鬼道交報, 杜伯, 彭生之見是也. 修德福應, 殷代宋景之驗是也. 多殺禍及, 白起, 程普之證是也. 現世幽微, 備詳典籍. 來生冥應, 布在聲經.]

고 있었고, 그 영향 또한 아주 심원했다. 이 책에서 그는 유가에서 집안을 다스리는 법도를 설명했다. 이 책의 『귀심편歸心篇』은 안지추顔之推의 만년의 작품으로 보이는데, 이 편에서 그는 우선 그 당시 사회에서 불교를 배척하고 비난하던 자들의 주요 관점을 열거한다.

속세에서 불교에 대한 비난은 대체로 다섯 가지가 있다. 첫째, 인간세상 바깥의 일을 논하고, 신묘한 교화神化가 방법이 좋지 않음을 들어 황당무계하다고 한다. 둘째, 길흉吉凶과 화복禍福이 간혹 상응하는 응보應報가 없음을 들어 사람을 속인다고 한다. 셋째, 승려와 여승女僧들에 순수하지 않은 자가 섞여 있음을 들어 간사奸邪하고 사특邪慝하다고 한다. 넷째, 금은재화를 낭비하고 세금과 요역이 줄게만든 것을 들어 나라에 손해를 끼쳤다고 한다. 다섯째, 설령 인연因緣이 있어 선악의 응보를 가져다준다고 하더라도, 어찌 오늘의 갑甲을 수고辛苦시켜 후세에 을乙을 이롭게 하겠는가? 사람이 바뀐다는 것이다.[418]

저자는 앞사람들이 불법을 수호하던 그 취지를 다시 서술하면서 이를 반박했다. 그 외 저자는 우주관에서 불가의 거시적 대우주론大宇宙論을 발휘하여 유가에서 논하지 않았던 천문지리에 관한 일련의 어려운 문제를 제기한다. 또한 유가 학설에서는 진리를 죄다 탐구하지 못했으나 불교에서는 이런 문제에 대한 탐구를 크게 확장시켰다고 설명한다. 말하자면 그는 우주의 크기는 잴수 없다고 한다. "유가에서 하늘을 논하는 데는, 자체로 몇 가지 설법은 있다. 혹은 혼탁하다고 하고 혹은 덮어 가린다고 하고, 혹은 무궁하다고도 하고, 혹은 안정하다고도 하는데"[419], 하지만 사실 많은 천지天地 현상에 대해 잘 해석하지 못하고 있다는 것이다. 예를 들면, "하늘은 기氣가 쌓인 것이고, 땅은 흙덩이塊

---

418) (南朝梁)僧祐, (唐)道宣:《弘明集·廣弘明集》, 上海古籍出版社1991年版, 第110頁.[원문 : 俗之誘者, 大抵有五 : 其一, 以世界外事及神化無方爲迂誕也. 其二, 以吉凶禍福或未報應爲欺誑也. 其三, 以僧尼行業多不精純爲奸慝也. 其四, 以靡費金寶減耗課役爲損國也. 其五, 以從有因緣而報善惡, 安能辛苦今日之甲, 利益後世之乙乎? 爲異人也.]
419) (南朝梁)僧祐, (唐)道宣:《弘明集·廣弘明集》, 上海古籍出版社1991年版, 第111頁.[원문 : 儒家說天, 自有數義, 或渾或蓋, 乍穹乍安.]

가 쌓인 것이고, 해는 양陽의 정기精이고, 달은 음陰의 정기精이고, 별은 만물의 정기精이다."420)라고 하는데, 만약 별星이 돌石이라고 한다면 반드시 떨어질 것인데, 어떤 것이 돌을 공중에 매달고 있단 말인가? 어찌하여 빛을 발하는가? 만약 해와 달 역시 돌이라고 한다면 "돌은 단단하고 조밀한데, 까마귀와 토끼는 어떻게 거기에 들어가 있단 말인가? 돌이 기氣 속에서 어찌 홀로 운행할 수 있단 말인가?"421) 만약 일월성신日月星辰이 모두 기氣라고 한다면 "오가고 회전함에 있어 어긋날 일이 없을 텐데', '어찌하여 일월오성日月五星 이십팔숙二十八宿은 각자 도수度數가 있고, 이동 궤적이 똑같지 않은가?"422) 또 대지大地를 말하자면 "땅을 뚫어 샘을 얻는 데는 물이 위로 솟구쳐 올라오는데, 그 물 밑에는 또 어떤 물건이 있는가? 강하江河와 수많은 골짜기百谷는 어디서 생겨났는가? 강은 동쪽으로 바다에 흘러드는데 바다는 어찌하여 넘치지 않는가? 조수潮水와 석수汐水가 가고 오는 것은 누가 조율하는가?"423) 사람들은 이런 보고 들을 수 있는 현상의 이치도 제대로 모르는데, 어떻게 우주 바깥 그리고 대천세계大千世界가 있나 없나虛實 단정 지을 수 있겠는가? 한편 불교의 '항사세계恒沙世界와 미진수겁微塵數劫'424)은 일반인들의 소견으로 알 수 있는 것이 아닌데, 만약 경솔하게 황당무계하다고 말한다면 이는 '한무漢武가 현교弦膠(악기의 絃을 잇는 풀)를 믿지 않고, 위문魏文이 화포火布(石綿布를 말함)를 믿지 않던 것'과 다를 바 없이 마찬가지로 가소롭다는 것이다. 『귀심편』은 어찌 보면 새로이 만든

420) (南北朝)顔之推, (淸)趙曦明注, (淸)盧文弨補注：《顔氏家訓》, 中華書局1985年版, 第127
　　頁.[원문：天爲積氣, 地爲積塊, 日爲陽精, 月爲陰精, 星爲萬物之精.]

421) (南北朝)顔之推, (淸)趙曦明注, (淸)盧文弨補注：《顔氏家訓》, 中華書局1985年版, 第127
　　頁.[원문：石旣牢密, 烏兔焉容？ 石在氣中, 豈能獨運?]

422) (南北朝)顔之推, (淸)趙曦明注, (淸)盧文弨補注：《顔氏家訓》, 中華書局1985年版, 第127
　　頁.[원문："往來環轉, 不得錯違", "何故日月五星二十八宿, 各有度數, 移動不均?"]

423) (南北朝)顔之推, (淸)趙曦明注, (淸)盧文弨補注：《顔氏家訓》, 中華書局1985年版, 第128
　　頁.[원문："鑿土得泉, 乃浮水上, 積水之下, 復有何物？ 江河百穀, 從何處生？ 東流到海, 何
　　爲不溢?", "潮汐去 還, 誰所節度?"]

424) (南北朝)顔之推, (淸)趙曦明注, (淸)盧文弨補注：《顔氏家訓》, 中華書局1985年版, 第130
　　頁.[원문：恒沙世界, 微塵數劫.]

『천문天問』 같았다. 여기서는 사람들에게 우주론에 관한 일련의 어려운 문제를 제기했다. 한편 이런 문제에 대해 불교 우주론은 풍부한 상상력이 있어 사람들의 시야를 넓혀주고 과학적 가설을 제기하는 데 유익하다는 것이다. 안지추顔之推는 자손들에게 이렇게 타일렀다. 만약 출가出家할 수 없는 상황이라면 "마땅히 계율戒律을 잘 지키면서 수행하고, 성실한 마음을 가지고 읽고 외워서, 내세來世로 통하는 진량津梁(나루터와 다리)으로 삼아야 한다."[425]는 것이다. 금생今生은 명교名教에 의탁하고, 내생來生은 불교에 의탁하면서, 유교와 불교를 함께 아울러 활용하면서, 원만한 인생을 살아가려는 것이 그 당시 많은 사람들의 신앙 심리였다고 하겠다.

북조 때에도 주무제周武帝가 멸불滅佛하기 전후로 삼교 간에는 이론적 쟁론이 두루 있었는데, 전체적으로 보면 그 수준은 남조 때보다 못했다. 그 가운데 영향력이 좀 컸던 것으로 견란甄鸞의 『소도론笑道論』(『광홍명집廣弘明集』권9에 수록)과 도안道安의 『이교론二敎論』(『광홍명집』권8에 수록)이 있었다.

『소도론笑道論』에서는 집중적으로 도교를 비판한다. 이 논論에서는 노자의 화호설化胡說은 혼돈하고 난잡하고 밝히기도 어렵다고 한다. 또 도술道術은 황당하고 불결한데, 예를 들면 남·여가 합기合氣한다는 도술은 차마 듣기도 거북하다고 한다. 또한 도서道書는 불경의 여러 자서字書들에서 많이 표절했는데, 예를 들면 『묘진게妙眞偈』, 『영보경靈寶經』은 『법화法華』에서 많이 따왔고, 『현도경목玄都經目』은 『한지漢志』의 여러 자서들에서 구절구절 통째로 베꼈다는 것이다. 이 논설은 비록 말은 우아하지 못하지만, 그러나 도서道書들에서 불경을 대량으로 인용하고 또 불교 경전을 많이 베꼈다고 지적한 것은 사실이었다. 이는 그 당시 도교가 불교 문화를 많이 받아들여 자체를 충실하게 하고 있었음을 설명해준다고 하겠다. 사실 불교도 유가 학설과 도가 학설에서 많은 것을 받아들여 중국 특색을 가지게 되지 않았던가?

도안道安의 『이교론二敎論』은 자체의 특징이 있었다. 첫째, '삼三' 교敎라는

---

425) (南北朝)顔之推, (淸)趙曦明注, (淸)盧文弨補注 :《顔氏家訓》, 中華書局1985年版, 第135頁.[원문 : 當兼修戒行, 留心誦讀, 以爲來世津梁.]

논법에 반대하여 내교內敎와 외교外敎로 가를 것을 주장했다. "형形을 구원하는 교敎를 외교라 칭하고, 신神을 구원하는 전典을 내전內典이라 칭한다.", "석교釋敎는 내교이고 유교는 외교이다."[426] 한편, 도교는 유교의 한 갈래라고 한다. 둘째, 불타는 공자와 노자보다 높고, 유교는 도교보다 훌륭하다고 한다. 불교는 "가까이로는 생사生死를 초탈하고, 멀리로는 니원泥洹을 맑게 해주는데"[427], 이는 "사물의 이치를 궁구窮究하고 본성을 다하는 격언格言이고, 속세를 떠나 참 세상으로 들어가는 길軌轍'이라고 한다. 또 불교에서 "색色(현상계)을 지극히 정미하게極微 탐구하던 일은 노씨老氏가 논한 적이 없고, 마음에 대한 탐구를 생멸生滅에까지 지극히 하던 일은 선니宣尼(孔子)가 말한 적이 없다."고 한다. 한편, "노씨老氏의 취지는 원래 사람들을 각박한 세상에서 구제해주려는데 있었는 바, 그래서 텅 비고 부드럽고 아래에 처해 있는 것을 좋아했는데, 이는 몸을 닦는 데는 쓸 수 있겠지만"[428], 이로 나라를 다스릴 수는 없다고 한다. 그래서 『한서漢書』에서는 공자를 상상류上上類에 위치지우고, 노씨老氏를 중상류中上流에 위치 지웠는데, 이는 실제 상황에 아주 부합된다는 것이다. 셋째, 노자는 훌륭하지만 신선神仙은 졸렬하다고 한다. 노자의 "허무虛無를 근본으로 삼고 유약함柔弱을 쓰임새로 삼는 것"은 나름대로 가치가 있지만, "만약 금단金丹을 제련하여 복용하고, 노을을 씹고 옥을 먹고, 형체를 변화시켜 하늘에 날아오르고 신선으로 되는 것이라면 이는 모두 노자와 장자의 원래 취지에서 너무 괴리된 것"[429]이라고 한다. 또 "오늘날 도사道士들은 장릉張陵으로부터 나왔는데, 이는 귀도鬼道로서 노자와는 상관이 없다."[430]고 한다. 넷째, 도서道書는 불경에

---

426) (南朝梁)僧祐, (唐)道宣:《弘明集·廣弘明集》, 上海古籍出版社1991年版, 第142頁.[원문: "救形之敎, 敎稱爲外. 濟神之典, 典號爲內", "釋敎爲內, 儒敎爲外".]

427) (南朝梁)僧祐, (唐)道宣:《弘明集·廣弘明集》, 上海古籍出版社1991年版, 第143頁.[원문: 近超生死, 遠澄泥洹.]

428) (南朝梁)僧祐, (唐)道宣:《弘明集·廣弘明集》, 上海古籍出版社1991年版, 第143, 144頁.[원문:"窮理盡性之格言, 出世入眞之軌轍", "推он盡於極微, 老氏之所未辯. 究心窮於生滅, 宣尼又所未言", "老氏之旨, 本敎澆浪, 靈柔善下, 修身可矣".]

429) (南朝梁)僧祐, (唐)道宣:《弘明集·廣弘明集》, 上海古籍出版社1991年版, 第145頁.[원문: 若乃練服金丹, 餐霞餌玉, 靈升羽蛻, 屍解形化, 斯皆尤乖老莊立言本理.]

서 많이 베꼈다고 비난한다. "『황정黃庭』, 『원양元陽』은 『법화法華』에서 따다가 집적했고, 이 책들은 도교로써 불교를 바꿔치기 했는데, 그 수법改用은 특히 졸렬하다."431)는 것이다. 도안道安은 또 사회에서 불교를 배척하고 비난하는 언론들을 하나하나 찾아 조목조목 반박했다. 그의 내교와 외교의 구분방식을 후일 많은 사람들이 자주 사용하고 있었다.

4. 태무제와 주무제가 멸불滅佛한 극단적 사건

이 시기 삼교의 평화적 논쟁이 주류를 이루었지만, 극단적인 사건도 발생했다. 실제로 강력한 수단을 동원하여 불교를 배척한 사건이 발생했는데, "이무二武'가 멸불한 사건이 그것이겠다. 북위 태무제가 행한 멸불滅佛 폭행은 도교를 신봉하는 대신大臣 최호崔浩의 선동에서 비롯된 것이었다. 또한 불교 사찰에 감추어둔 무기와 부정당한 재물을 발견한 것도 원인이었다. 하지만 더 근본적인 원인을 찾아본다면 그것은 그가 중화의 치국治國 전통에서 덕치德治를 위주로 하던 주맥主脈을 이탈한 것에 있었다. 그는 군공軍功을 내세우고 무력武力을 미신迷信하고 있었고, 자신의 막대한 권력을 가지고 폭력으로 신앙문화로서의 불교를 소멸할 수 있다고 생각했던 것이다. 『위서魏書·석로지釋老志』에는 이렇게 기재되어 있다.

> 장안長安의 사문沙門을 모두 죽이고, 불상佛像을 불태우고 파괴하라는 명을 내렸다. 또 이렇게 명을 내렸다. '저 사문沙門에서는 서융西戎의 황당무계한 것에 의지하여 제멋대로 괴이하고 요사한 짓거리를 하고 있는데, 그것은 왕도王道와 가지런히 정치 교화를 행하고 순후淳厚한 덕을 천하에 펼칠 수 있는 것이 아니다. 왕공王公이하에서 사적으로 사문을 가지고 있는 자들은 그들을 모두 관청으로

---

430) (南朝梁)僧祐, (唐)道宣:《弘明集·廣弘明集》, 上海古籍出版社1991年版, 第146頁.[원문: 今之道士, 始自張陵, 乃是鬼道, 不關老子.]

431) (南朝梁)僧祐, (唐)道宣:《弘明集·廣弘明集》, 上海古籍出版社1991年版, 第147頁.[원문: 《黃庭》,《元陽》, 采撮《法華》, 以道換佛, 改用尤拙.]

보내야 하고, 그자들을 은닉하면 아니 되겠다. 금년 2월15일까지 기일을 정하는데, 그때까지 나오지 않으면 사문은 모두 죽여 버리고, 그들을 머물게 한 자는 전 가족을 몰살한다.'

또 조서를 내려 불교를 질책하기를,

황당무계한 큰소리만 하고, 인간사정人情에 근본을 두고 있지 않다. 그리하여 정치 교화가 통하지 않고, 예의禮義가 크게 무너졌다. 이때부터, 경經(儒經)이 대체되고 변란과 재앙이 그치지 않았는데, 하늘에서 천벌이 자주 내려졌고, 백성들은 거의 다 죽어버렸고, 오복五服(왕궁을 중심으로 오백 리 안쪽)은 폐허로 변해버렸고, 천리가 스산하고 인적이 드물게 되었는데, 모두 이에서 비롯된 것이었다. 왕법王法이 무너지고 행해지지 못하게 만들었는데, 대개 간악한 무리에서도 그것이 우두머리였다고 하겠다.432)

그는 그 몇 년 간, 상층계급에서 발생한 정치적 동란과 군사적 쟁탈이 초래한 사회적 고난을 모두 불교의 죄책으로 덮어씌웠고, 자신의 책임은 깨끗이 밀어 버렸었다. 이는 흑백을 전도시킨 황당무계하기 짝이 없는 말이라고 하겠다. 그는 의기양양해서 이렇게 선포했다.

평범하지 않은 사람이 있어야 그 다음 평범하지 않은 일을 이룰 수 있겠다. 짐朕이 아니라면 누가 이 역대의 괴물을 청산할 수 있겠는가! 유사有司(관련 부서의 관리)들은 여러 징진徵鎭(장군)과 제군諸君(여러 제후 왕), 자사刺史(지방 관리)들에게 알려 모든 불타 형상 및 호경胡經을 죄다 부수고 불태우고, 사문沙門은 젊은이, 늙은이 할 것 없이 모두 파묻어 버리라고 하라.433)

---

432) (北齊)魏收 : 《魏書》第8冊, 中華書局1974年版, 第3034頁.[원문: "詔誅長安沙門, 焚破佛像", "又詔曰: '彼沙門者, 假西戎虛誕, 妄生妖孽, 非所以一齊政化, 布淳德於天下也. 自王公已下, 有私養沙門者, 皆送官曹, 不得隱匿. 限今年二月十五日, 過期不出, 沙門身死, 容止者誅一門'", "誇誕大言, 不本人情", "由是政敎不行, 禮義大壞", "自此以來, 代經亂禍, 天罰亟行, 生民死盡, 五服之內, 鞠爲丘墟, 千裏蕭條, 不見人跡, 皆由於此", "至使王法廢而不行, 蓋大奸之魁也".]

433) (北齊)魏收 : 《魏書》第8冊, 中華書局1974年版, 第3034-3035頁.[원문: 有非常之人, 然後能

이는 폭군의 폭행이었다. 사찰을 까부수고 승려들을 죽였는데, 그 수단 또한 너무 흉포하고 잔인했다. 이렇게 한 차례 문화의 대 재난과 흑색의 테러를 만들어냈던 것이다. 후일 역사에서 증명되었듯이 '평범하지 않은 사람'도 중화의 정신을 거스르고 제멋대로 나쁜 짓을 행해서는 아니 되었다. 그의 행실은 그 당시에 곧 귀족 내부의 거센 반발을 일으켰었고, 도교 수령 구겸지寇謙之도 무력으로 불교를 훼멸시키는 것에 반대했는데, 그는 "안간힘을 다해서 최호崔浩와 투쟁했다."434) 하지만 태무제는 끝까지 멸불을 고집했다. 그러나 결국 태무제의 멸불 사건은 실패로 막을 내렸고, 태무제는 한 단락의 수치스러운 역사만 남기게 되었다.

북주 무제武帝는 처음에는 삼교 관계를 확정 지으려고 했다. 그는 유교를 첫 번째로, 도교를 다음으로, 불교를 마지막으로 위치 지운다고 선포했다. 신하들의 지지를 받지 못하자, 건덕建德 3년(574) 그는 "불교와 도교를 끊어버리고, 경상經像을 모두 파괴해버리고, 사문沙門과 도사道士는 모두 백성으로 귀환하라는 명을 내렸다. 또한 모든 방탕한 제사淫祀를 금지하고, 예전禮典에 기재하지 않은 것들은 죄다 없애버리고"435), "삼보三寶와 복재福財는 신하들에게 나누어주고, 사찰과 궁관宮觀, 불탑과 신묘神廟는 왕공王公들에게 하사했다." 그리하여 "관롱關隴(옛날 陝西, 甘肅 일대)의 불법은 죽이고 없애서 거의 사라졌다.""436) 건덕建德 6년, 무제는 또 제나라를 멸망시키고, 업鄴(제나라 수도)을 정복하고서는 제나라 승려들을 궁전에 불러들여 폐불廢佛을 선포했다. 그는 이렇게 말했다.

　　行非常之事. 非朕孰能去此歷代之僞物! 有司宣告征鎭諸軍, 刺史, 諸有佛圖形像及胡經, 盡皆擊破焚燒, 沙門無少長悉坑之.]

434) (北齊)魏收:《魏書》第8冊, 中華書局1974年版, 第3035頁.[원문: 苦與浩爭.]

435) (唐)令狐德棻:《周書》, 中華書局 1971年版, 第85頁.[원문: 初斷佛, 道二教, 經像悉毁, 罷沙門, 道士, 並令還民. 並禁諸淫祀, 禮典所不載者, 盡除之.]

436) (南朝梁)僧祐, (唐)道宣:《弘明集·廣弘明集》, 上海古籍出版社1991年版, 第142, 159頁.[원문:"三寶福財, 散給臣下, 寺觀塔廟, 賜給王公", "關隴佛法, 誅除略盡".]

육경과 유교는 정술政術을 널리 펼쳐주고, 예의충효는 세상을 바로잡는데 적합하다. 그러므로 반드시 보존하고 세워 두어야 한다. 하지만 진불眞佛은 형상像이 없고(참 부처는 마음에 있다), 아득히 멀리서 공경하여 그 마음을 표현하고(공경할 의미가 없다), 불경에서는 불탑을 세우는 일을 찬양하여 웅장하고 아름답게 구축하면 복이 지극히 많이 들어온다고 말하는데, 사실 이는 인정이 없이 행하는 짓거리이다. 어찌 은혜를 베푸는 일이라고 하겠는가. 그래도 아둔한 자들은 마음이 동해서 이를 믿고, 귀한 재물을 깡그리 바쳐 헛되이 제도濟度하는 비용으로 삼는다. 그러므로 반드시 깨끗이 없애버려야 하겠다. 그러니 무릇 경상經像은 모두 훼멸시키라. 부모님의 은덕이 중하거늘, 사문沙門에서는 이들을 공경하지 않는데, 그 불공함을 국법國法에서 용서 못한다. 그 자들을 집으로 돌려보내서, 효성하는 것부터 배우게 하라.[437]

그때, 500여 명의 승려들이 모두 묵묵히 고개를 숙이고 있었는데, 유독 사문沙門의 혜원이 용감하게 나서서 논변을 했다. 주무제가 '진불眞佛은 형상像이 없기에' 불상佛像을 모두 없애버려야 한다는 논리에 대해 혜원은 이렇게 반박했다. "저희들의 누추한 경賴經에서는 부처님의 말씀을 전할 때, 형상像을 빌려 진리를 나타냅니다." 즉 그래서 불상을 폐기하는 것이 합당하지 않다는 것이다. 그는 또 이렇게 되물었다. "만약 형상像이 정이 없고 섬겨도 복이 오지 않기 때문에 폐기해야 한다면 나라의 칠묘七廟의 상像은 정情이 있어 사람들이 받들고 섬기는 것입니까?" 무제武帝는 막무가내로 이렇게 대답했다. "칠묘七廟는 전대前代에 세운 것인데, 짐朕도 못마땅하다고 생각한다. 함께 폐기하겠다." 주무제의 "불경은 외국의 법도로서 이 나라에서는 필요하지 않다."라는 주장에 대해서, 혜원은 이렇게 반박했다. 만약 경經을 안과 밖으로 가른다면, 공자의 말씀은 "노나라에서 나왔는데, 마땅히 진秦나라와 진晉나라에서는 이를 폐지해

---

437) (南朝梁)僧祐, (唐)道宣:《弘明集·廣弘明集》, 上海古籍出版社1991年版, 第159頁.[원문
: 六經儒教之弘政術, 禮義忠孝於世有宜, 故須存立. 且自眞佛無像, 遙敬表心, 佛經廣歎,
崇建圖塔, 壯麗修造, 致福極多, 此實無情, 何能恩惠. 愚人向信, 傾竭珍財, 徒爲引費, 故
須除蕩. 故凡是經像, 皆毀滅之. 父母恩重, 沙門不敬, 悖逆之甚, 國法不容, 亚退還家, 用
崇孝始.]

야 할 것이고", 오경五經도 쓸모가 없어 결국 "삼교를 모두 함께 폐지해야 할 것인데, 그 다음 나라는 무엇으로 다스리겠습니까?" 무제의 대답은, 노나라와 진秦나라, 진晉나라는 모두 왕권의 울타리 안에 있는 나라들로서 불교의 경우와는 다르다는 것이었다. 혜원은 이렇게 말했다. "진단震旦(고대 인도에서 중국을 칭하던 명사)과 천축天竺은 국계國界가 다르기는 하지만 모두 염부閻浮(인간세상) 사해四海 안에 들어 있는데, 전륜성왕cakravarti-raja이 한번 법륜을 굴려 준다고 보면, 불경을 받드는 것과 다를 바가 또 무엇이겠습니까?" 승려들이 환속還俗하여 효성을 다해야 한다는 문제에 관해서 혜원은 유경儒經을 인용하여 이렇게 답했다. "공자의 경經에서도 이르기를, 몸을 바로 세우고 도道를 행하여 부모님을 현양하는 것이 즉 효행孝行이라고 했습니다. 왜 집으로 돌아가야 합니까?" 무제가 반박하기를, "부모님의 은덕이 중하거늘, 모시면서 효성을 다하고 웃는 얼굴로 섬겨야 한다. 부모님을 버리고 떠나고, 부모님을 멀리 하는 것은 지극한 효孝로 될 수 없다."고 했다. 이에 혜원이 되물었다. "만약 여래如來의 입장에서 말씀드린다면, 폐하의 좌우(주변사람들)에도 모두 양친이 계시는데 왜 그들을 놓아주지 않고, 그들이 5년이란 긴 시간 부모님을 섬기지 못하게 하고 복역服役하게 합니까?" 주무제가 대답했다. "짐도 순번에 따라 그들이 부모님을 섬길 수 있게 할 것이다." 이에 혜원이 말했다. "부처님도 스님들이 겨울과 여름에는 인연因緣을 따르면서 도道를 닦고, 봄과 가을에는 집에 돌아가 부모님을 섬기라고 했습니다." 마지막에 혜원은 무제를 질책하여 이렇게 말했다. 임금님은 "왕권에 의지하여 제멋대로 행하고, 삼보三寶를 파멸시키고 있는데, 임금님은 사견邪見을 가진 자로서" 장차 '아비지옥阿鼻地獄의 고통'을 받게 될 것이라는 것이었다. 무제는 대노하여 이렇게 말했다. "백성들이 즐거움을 얻게 해줄 수만 있다면 짐은 지옥의 온갖 고통도 마다하지 않을 것이다." 혜원은 그 말을 들어주지도 용서하지도 않았다. "폐하께서는 삿된 법도로써 백성들을 다스리고 있는데, 이는 현재 고업苦業의 종자를 심고 있는 것입니다. 그들은 당연히 폐하님을 모시고 아비지옥에 갈 것인데, 어디서 즐거움을 얻는다는 말씀입니까?"[438]

이 한 단락의 대화는 참말로 멋들어진 대화라고 하겠다. 이렇게 생각이 바르고 고집이 센 승려가 있었다는 것이 대단한 일이다. 권세를 두려워하지 않고, 자신의 신앙과 독립적 인격을 지키면서, 제왕과 마주 앉아 시비를 따지고 또 제왕의 생각이 사견邪見이라고 질책한 것, 이는 중국종교사에서 참말로 보기 드문 일이겠다. 한편, 주무제는 왕권에 의지하여 승려들을 굴복시키려고 했지만, 그래도 토론하는 자세를 취했고, 강제로 제압한 것이 아니라 그들과 논변을 진행했다. 이로 보면 주무제도 제왕들 가운데서는 보기 드문 임금이라고 하겠다.

그 후에도 또 임도림任道林이 궁궐에 들어가 주무제周武帝와 멸불滅佛은 옳지 않다고 논쟁한 일이 있었다. 주무제는 멸불하는 이유를 이렇게 천명했다. 첫째, 이夷와 하夏의 구별을 명확히 하려는 것이다. "오호五胡는 어지럽게 다스려져 있고, 풍화風化(불교의 영향을 말함)가 성행하고 있는데, 짐은 오호五胡의 임금이 아니고, 그것을 공경하여 섬길 마음이 없다."[439]는 것이다. 둘째, 불교는 "텅 빈 큰 소리가 많고, 말은 들 떠 있고 화려하기만 한데"[440], 그래서 믿을 수 없다는 것이다. 셋째, 불타를 공경하는 일은 무익하다는 것이다. 오히려 "불교를 폐지한 후, 백성들의 요역은 줄었고, 세금 징수租調는 해마다 늘었고, 군사는 날로 강대해져, 동쪽으로 제나라를 평정하고 서쪽으로 요사한 융戎을 물리쳤다. 나라가 평안하고 백성들이 즐겁게 사는데, 어찌 유익하다고 하지 않겠는가?"[441] 바꾸어 말하면 나라를 잘 다스리는 것은 불교와 아무런 상관도 없다는 것이다. 그의 결론은 "짐은 석교釋敎에 대해 마음속에서 깊이 생각해보고, 고금에서 비교하면서 헤아려보고, 일을 행하는 데서 그 효과를 검증해보고 득과 실을 따져보았는데, 그 도리는 아주 평범치 아니 하지만 중요하지 않고, 그 언어는 아주 뛰어나고 기이하지만 쓸모가 없다."[442]는 것이었다. 여덟 글자로 귀

---

438) 참조: (南朝梁)僧祐, (唐)道宣:《弘明集·廣弘明集》, 上海古籍出版社1991年版, 第159頁.
439) (南朝梁)僧祐, (唐)道宣:《弘明集·廣弘明集》, 上海古籍出版社1991年版, 第160頁.[원문: 五胡亂治, 風化方盛, 朕非五胡, 心無敬事.]
440) (南朝梁)僧祐, (唐)道宣:《弘明集·廣弘明集》, 上海古籍出版社1991年版, 第160頁.[원문: 言多虛大, 語好浮奢.]
441) (南朝梁)僧祐, (唐)道宣:《弘明集·廣弘明集》, 上海古籍出版社1991年版, 第160頁.[원문: 自廢已來, 民役稍希, 租調年增, 兵師日盛, 東平齊國, 西之妖戎, 國安民樂, 豈非有益?]

납하면, "불교는 서융戎의 가르침으로서 허망하고 쓸모가 없다(佛乃戎敎, 虛妄無用)."는 것이었다. 이로 보면 주무제는 심사숙고를 거쳐 멸불했다. 그러나 보다시피 사실 그의 생각은 유형의 실용적인 차원에만 머물러 있었고, 또한 그는 불교의 권선勸善의 교화 역할과 사람들의 심령心靈을 순수하고 맑게 만들어주는 그 기능은 보아내지 못했다. 그래서 결국에는 멸불을 감행했던 것이다. 한편, 임도림任道林은 또 불교가 백성을 다스리고 전쟁을 막는데 있어서의 기능과 역할을 지나치게 강조했다. "만약 집집마다 이를 닦고 행한다면 백성들은 다스려지지 않는 자가 없을 것이고, 나라마다 이를 닦고 행한다면 병장기는 쓸모 없이 될 것입니다."[443] 이는 불교의 역할을 과대평가한 것이다. 그는 또 불교가 나라를 해친다는 논설을 이렇게 반박했다. "국조國祚(나라가 존속하는 시간)의 길고 짧음은 불교에 달려 있는 것이 아닙니다. 정치의 흥망은 또 불법과 무슨 상관이 있겠습니까."[444] 이 말은 아주 소박하고 실제적이었다고 하겠다. 임도림任道林은 주무제와 효도를 변론할 때는 무제를 크게 질책했다. 무제는 "태조가 세운 사찰을 까부수고, 태조가 섬기던 영상靈像(불상)을 파괴하고, 태조가 받들고 있던 법교法敎(불교)를 폐지하고, 태조가 공경하던 스승의 존엄師尊을 쇠락하게 만들었다."[445]는 것이다. 그는 이것이 바로 '백행百行의 근본'으로서의 효도를 거스른 것이라고 했다. 주무제도 지려 하지 않았다. 그의 대답은, 효를 다하는 데는 마땅히 상황에 따라 변통할 줄 알아야 하고, 틀에 박혀 관례를 고집해서는 아니 된다는 것이었다. 그는 "사문沙門이 환속還屬해서 부모님을 잘 섬기게 한 것이 천하에서 가장 큰 효를 이룬 것"[446]이라고 주장했다. 또

---

442) (南朝梁)僧祐, (唐)道宣:《弘明集·廣弘明集》, 上海古籍出版社1991年版, 第161頁.[원문: 朕於釋敎, 以潛思於府內, 校量於今古, 驗之以行事, 算之以得失, 理非常而不要, 文高奇而無用.]

443) (南朝梁)僧祐, (唐)道宣:《弘明集·廣弘明集》, 上海古籍出版社1991年版, 第160頁.[원문: 若家家 行此, 則民無不治. 國國修行之, 則兵戈無用.]

444) (南朝梁)僧祐, (唐)道宣:《弘明集·廣弘明集》, 上海古籍出版社1991年版, 第160頁.[원문: 國祚延促弗由於佛, 政治興毀何關於法.]

445) (南朝梁)僧祐, (唐)道宣:《弘明集·廣弘明集》, 上海古籍出版社1991年版, 第160頁.[원문: 殘壞太祖所立寺廟, 毀破太祖所事靈像, 休廢太祖所奉法敎, 退落太祖所敬師尊.]

"온 나라가 이득을 얻게 하고, 융戎의 것을 버리고 하夏의 것을 따르게 하고, 육합六合이 똑같이 하나로 되게 한 것이 바로 만대萬代에 이름 떨쳐 태조를 빛내는 것이고, 이것이 가장 큰 효이다."447)라고 했다.

이렇게 보면 반불反佛파와 옹불擁佛파의 변론 주제는 점차 중화 가치관의 핵심 즉 효도에 초점이 맞춰지고 있었다. 북주 무제의 멸불과 북위 태무제의 멸불의 공통점이라면 양자 모두 배타적이고 강제적이었다는 점이다. 다른 점이라면, 주무제는 사문沙門을 도살屠殺하지 않았고, 반대자들에게 변론의 공간을 열어주었다는 점이다. 그러나 탕용동이 『한위양진남북조불교사』 제14장에서 지적했듯이, 그의 멸불 사건은 "주밀하게 살피고 깊이 고민한 끝에 행한 것이지, 경솔하게 감행한 것이 아니다. 그래서 그의 멸불은 지극히 잔혹했다."448) 탕용동은 이 책에서 『방록房錄』권십일卷十一의 말을 인용하여 이렇게 말한다. 그때, "전대前代 수백 년 간, 관청과 개인들이 관산關山 서쪽과 동쪽에 세운 불탑을 죄다 말끔히 없애버렸다. 성용聖容(佛像을 말함)은 모두 망가뜨리고, 경전은 모두 불살라 버렸다. 팔주八州의 사찰은 4만개나 털어서 모두 왕공王公들에게 나누어주었는데, 결국 그들의 저택으로 변해버렸다. 삼방三方의 승려는 삼백만 명이 줄었는데, 이들은 모두 병졸과 백성으로 귀환했고, 다시 호적에 등록되었다."449)는 것이다. 그러나 주무제의 멸불 사건은 위무제魏武帝 때와 마찬가지로 역시 실패로 막을 내리게 되었다. 주무제가 죽자 선제宣帝가 등극했는데, 그는 얼마 안 지나서 불교를 다시 부흥시켰다. 정제靜帝는 이를 그대로 이어 받았고, 수나라 때에 와서는 불교가 아주 흥성했다.

---

446) (南朝梁)僧祐, (唐)道宣:《弘明集·廣弘明集》, 上海古籍出版社1991年版, 第160頁.[원문: 令沙門還俗, 省侍父母, 成天下之孝.]

447) (南朝梁)僧祐, (唐)道宣:《弘明集·廣弘明集》, 上海古籍出版社1991年版, 第160頁.[원문: 使率土獲利, 舍戎從夏, 六合同一, 即是揚名萬代, 以顯太祖, 即孝之終也.]

448) 湯用彤:《漢魏兩晉南北朝佛教史》, 北京大學出版社2011年版, 第304頁.[원문: 審察周詳, 非率爾從事也. 故其廢毁至爲酷烈.]

449) 湯用彤:《漢魏兩晉南北朝佛教史》, 北京大學出版社2011年版, 第304-305頁.[원문: 毁破前代關山西東數百年來官私所造一切佛塔, 掃地悉盡. 融刮聖容, 焚燒經典. 八州寺廟出四十千, 盡賜王公, 充爲宅第. 三方釋子減三百萬, 皆復軍民, 還歸編戶.]

5. 삼교 융합의 이론과 실천 및 역사적 의의

위진 남북조 시기, 삼교는 쟁론과정에서 피차 접근하고 있었고 또 상호 흡수하고 있었다. 결국 삼교는 각자 상대방을 개변시키는 동시에 자신도 개변시켰었다. 또 이 과정에 삼교 인사들은 각자 이론적으로 창조와 발전을 이루었을 뿐만 아니라, 실천적으로도 삼교를 모두 학습하고 탐구했다.

1) 삼교 융합론融合論의 성행

(1) 본말내외론本末內外論

동진 때 혜원慧遠은 불가와 유가를 '내·외'의 도道로 규정 짓고 양자를 조화調和시키려 했다. 그는 이렇게 말한다. "성인의 뜻을 얻는 데는 내·외의 도를 합쳐서 밝힐 수 있겠다."450) 손작孫綽의 『유도론喩道論』에서도 이렇게 말한다. "주공周孔(周公과 孔子)이 곧 불佛이고, 불인 즉 주공周孔이다. 대개 내·외에서 달리 하는 이름일 따름이다."451) 북조 때 도안道安은 『이교론二敎論』에서 불교를 내교內敎로, 유교를 외교外敎로 칭했다. 불교의 입장에서 보면, 내교로서 불교는 당연히 근본이고, 외교로서 유교는 당연히 끝머리였다. 도교 인사들은 도교와 유교의 관계를 논할 때, '본말本末'이라는 용어를 많이 사용했다. 당연히 그들은 도교를 근본으로 삼고 있었다. 예컨대 갈홍葛洪은 "도道는 유儒의 근본本이고, 유는 도의 끝머리末이다."452)라고 했다. 유가에서는 당연히 유학이 우두머리라고 강조한다. 예컨대 진晉나라 부현傅玄은 이렇게 말했다. "대저 유학은 왕교王敎의 우두머리이다."453) 송나라 하승천何承天은 "선비士들이 입신양명

---

450) (南朝梁)僧祐, (唐)道宣:《弘明集·廣弘明集》, 上海古籍出版社1991年版, 第31頁.[원문: 求聖人之意, 則內外之道可合而明矣.]

451) (南朝梁)僧祐, (唐)道宣:《弘明集·廣弘明集》, 上海古籍出版社1991年版, 第17頁.[원문: 周孔即佛, 佛即周孔, 蓋外內名之耳.]

452) 王明:《抱朴子內篇校釋》, 中華書局1985年版, 第184頁.[원문: 周孔即佛, 佛即周孔, 蓋外內名之耳.]

453) (唐)房玄齡等:《晉書》, 中華書局2000年版, 第871頁.[원문: 夫儒學者, 王敎之首也.]

立身揚名을 추구하고, 이를 굳게 믿고 행하는 것은 사실 주공과 공자의 가르침에서 나온 것이다."454)라고 했다. 한편, 불교는 한 개 지류支流에 불과하다고 했다. 불교는 "선善하지만 구류九流(즉 法家, 道家, 墨家, 儒家, 陰陽家, 名家, 雜家, 農家, 從橫家) 바깥의 일가一家이고, 한편 도가와 묵가를 뒤섞었고, 자비를 좋아하고 베푸는 것을 좋아한다."455)는 것이다. 본말本末, 내외론은 삼교 융합론의 초기 형태였고, 그 특징으로 말하자면 '자아를 위주로 하는' 동시에 또 다른 종교의 보조적 지위도 인정해주고 있었다.

(2) 균선론均善論 또는 균성론均聖論

이런 논설에서는 삼교의 공통점을 강조하고, 각자 장점과 단점이 있다고 평가하고, 삼교를 비교적 평등하게 취급한다. 송나라 혜림慧琳의 『백흑론白黑論』을 또 『균선론』이라고도 칭하는데, 그는 여기서 불교 성공관性空觀과 응보설應報說에 대해 비판도 했지만, 그러나 불교의 권선勸善의 역할은 긍정해주고 있었고, "육도六度와 오교五敎를 병행並行하고, 신순信順과 자비慈悲를 나란히 세울 것"456)을 주장했다. 송나라 사령운謝靈運의 『변종론辨宗論』에서는 유교와 불교를 절충했는데, 그는 여기서 '석씨釋氏의 학설'에서 성도聖道에 '이를 수 있다能至'고 한 것은 장점이고, '점오漸悟'한다고 한 것은 단점이라고 했다. 한편 '공자의 학설'에서 "이치가 일극一極(돈오를 말함)에 돌아온다."는 것은 장점이고, "비록 안회顏回가 가깝다고는 하지만 일반인들은 가까이하지 못한다."고 한 것은 단점이라고 했다. 그는 도생道生의 논설에서는 "석씨의 점오를 버리고, 그 '이를 수 있음能至'만 취했고, 공자의 '가까이하지 못함殆庶'을 버리고, 그 '일극一極'만 취할 수 있었다."457)고 찬양한다. 양나라 심약沈約은 『균성론』에서 "내성

---

454) (南朝梁)僧祐, (唐)道宣：《弘明集·廣弘明集》, 上海古籍出版社1991年版, 第20頁.[원문：士所以立身揚名, 著信行道者, 實賴周孔之敎.]

455) (南朝梁)僧祐, (唐)道宣：《弘明集·廣弘明集》, 上海古籍出版社1991年版, 第19頁.[원문：善九流之別家, 雜以道墨慈悲愛施.]

456) (南朝梁)沈約：《宋書》(下), 劉韶軍等校點, 嶽麓書社1998年版, 第1342頁.[원문：六度與五敎並行, 信順與慈悲齊立.]

內聖이나 외왕外王이나, 의리義理는 모두 가지런하고 똑같다."458)고 했다. 양나라 왕포王襃는 삼교 각자의 특징을 이렇게 논한다. "유가에는 존비귀천에도 등급 차별이 있고, 길하고 흉한 것吉凶에도 강하고 약한 것降殺이 있다.", "도가는 손발과 몸체를 늘어뜨리고, 보이고 들리는 것을 몰아내며, 의義를 버리고 인仁을 끊고, 형체를 떠나고 지혜를 버린다. 석씨의 교의敎義에서는 고행苦行을 하고, 속세의 습성을 끊어버리고, 생사生死의 이치를 깨닫고, 부처님의 가르침을 받들고, 인과응보를 분명히 할 것을 가르쳐준다. 또 속세에 살아도 성인이 될 수 있다고 한다."459) 왕포는 지적하기를, 비록 삼자는 다르기는 하지만 각자 장점이 있고, 삼자는 "종교로서 그 취지에서 이런 저런 차별이 있기는 하지만 결국에는 모두 중생을 잘 이끌어가는 것에 귀결된다."460)고 한다. 그래서 자신은 "주공(周公과 공자)의 가르침도 받들고 또 노자와 석씨의 말씀도 좇아 따른다."461)는 것이다. 양무제는 『술삼교시述三敎詩』에서 이렇게 토로했다. "근원을 따져보니 성인은 둘이 아니고, 선善을 헤아려보니 현인도 셋이 아니다.", "어찌 차별만 가지고 떠들고 법석거리겠는가? 깊고 옅음은 원래 세상물정이 그런 것이다."462) 그는 삼교가 비록 깊고 옅음이 있기는 하지만 모두 선하다고 했다.

(3) 길은 다르지만 귀착점은 똑같다는 논설

『역易·계사繫辭』에서는 "천하는 돌아가는 곳은 같아도 길은 다르며, 이르는

---

457) (南朝梁)僧祐, (唐)道宣：《弘明集·廣弘明集》, 上海古籍出版社1991年版, 第232頁.[원문：去釋氏之漸悟, 而取其能至. 去孔氏之殆庶, 而取其一極.]

458) (南朝梁)僧祐, (唐)道宣：《弘明集·廣弘明集》, 上海古籍出版社1991年版, 第126頁.[원문：內聖外聖, 義均理一.]

459) (唐)姚思廉：《梁書》, 中華書局1973年版, 第583, 584頁.[원문："儒家則尊卑等差, 吉凶降殺", "道家則墮支體, 黜聰明, 棄義絶仁, 離形去智. 釋氏之義, 見苦斷智, 證滅循道, 明因辨果, 偶凡成聖".]

460) (唐)姚思廉：《梁書》, 中華書局1973年版, 第584頁.[원문：雖爲敎等差, 而義歸汲引.]

461) (唐)姚思廉：《梁書》, 中華書局1973年版, 第584頁.[원문：既崇周, 孔之敎, 兼循老, 釋之談.]

462) (南朝梁)僧祐, (唐)道宣：《弘明集·廣弘明集》, 上海古籍出版社1991年版, 第365頁.[원문："窮源無二聖, 測善非三英", "差別豈作意, 深淺固物情".]

곳은 하나이나 백 가지 생각이 있다."463)라고 하는데, 이는 공자의 '화이부동和而不同'의 지혜의 다른 일종의 동태적 표현이라고 하겠다. 이런 사유방식을 가진 이들은 삼교가 형식, 방법, 경로에 있어서는 많은 차이가 있고 심지어 대립도 있으나 기본정신의 방향과 궁극적 목표에 있어서는 일치하다고 보고 있었다. 이 논설은 삼교 융합 과정에 거대한 역할을 일으켰었다. 세 가지 설이 있었다. 첫째, 길은 달라도 귀착점은 똑같고, 모두 성도聖道에 귀착된다는 설이다. 예를 들면, 고환顧歡의 『이하론夷夏論』에서는 "도道가 바로 불佛이고, 불이 바로 도이다. 그 성스러운 점은 일치하지만 그 자취는 상반된다."464)라고 한다. 장융張融도 "도나 불은 사상적 극치에서는 둘이 아니다. 적연부동寂然不動하거늘, 근본에 이르면 똑같다. 감응하면 통하는데 귀착점에 이르는 자취가 다를 뿐이다."465)라고 했다. 둘째, 길은 달라도 돌아가는 곳은 똑같고, 모두 신령에 귀착된다는 설이다. 예를 들면, 명산빈明山賓은 "대저 밝으면明 예악禮樂이 있고, 어두우면幽 귀신鬼神이 있다. 신령이 멸滅하지 않는 것이 세 성인의 같은 풍격이다."466)라고 한다. 셋째, 길은 다르지만 돌아가는 곳은 똑같고, 모두 권선勸善에 귀착된다는 설이다. 예를 들면, 종병宗炳의 『명불론明佛論』에서는 "공자, 노자와 여래의 가르침은 길이 다르지만 선善을 익히는 데는 수레바퀴 자국을 함께 한다."467)라고 한다. 북주 도안道安의 『이교론二敎論』에서도 "삼교는 비록 다르지만 권선勸善의 도리는 똑같다. 경로와 자취는 참말로 다르지만, 이치의 깨달음은 똑같다."468)라고 한다. 위형韋敻의 『삼교서三敎序』에서도 "삼교는 비록 다르

---

463) 宋祚胤注譯 : 《周易》, 嶽麓書社2000年版, 第355頁.[원문 : 天下同歸而殊途, 一致而百慮.]

464) (唐)李延壽 : 《南史》, 中華書局1975年版, 第1876頁.[원문 : 道則佛也, 佛則道也, 其聖則符, 其跡則反.]

465) (南朝梁)僧祐, (唐)道宣 : 《弘明集·廣弘明集》, 上海古籍出版社1991年版, 第39頁.[원문 : 道也與佛逗極無二, 寂然不動, 致本則同, 感而遂通, 達跡成異.]

466) (南朝梁)僧祐, (唐)道宣 : 《弘明集·廣弘明集》, 上海古籍出版社1991年版, 第67頁.[원문 : "夫明有禮樂, 幽則有鬼神", "有神不滅, 乃三聖同風".]

467) (南朝梁)僧祐, (唐)道宣 : 《弘明集·廣弘明集》, 上海古籍出版社1991年版, 第12頁.[원문 : 孔老如來雖三訓殊路, 而習善共轍也.]

468) (明)梅鼎祚編 : 《釋文紀》卷37, 上海商務印書館1934年版, 第1-2頁.[원문 : 三敎雖殊, 勸善

지만 모두 선善에 귀착한다."469)라고 한다.

이상 논설의 공통점을 종합해보면, 삼교는 비록 길은 다르지만 귀착은 똑같은데, 모두 나라의 다스림을 돕는데 귀착된다고 볼 수 있겠다. 동진 혜원慧遠은 이렇게 말했다. 즉 불교는 비록 그 예의가 속세에 어긋나지만, 그러나 "다스림의 법도에 있어서는 왕권王權의 정치교화에 도움이 되고"또 "불법과 명교名教, 여래와 요임금과 공자는 출발점은 달랐지만 숨겨진 곳에서 서로 영향을 주고 있었고, 나온 곳은 참말로 달랐지만 최종 기대하는 바는 똑같았다."470)는 것이다. 유협劉勰은『멸혹론滅惑論』에서 이렇게 말한다. "대저 효의 이치孝理가 극極에 이르면 불도와 속세의 풍속(儒教를 말함)은 통하게 되는데, 비록 내·외의 자취는 다르더라도 신묘한 이치는 똑같이 쓰게 된다. 만약 명命이 속세의 인연에 엮여 있다면 당연히 유가의 예의를 배워야 할 것이고, 만약 도과道果(佛教에서 수행을 통하여 얻는 과보)를 얻고자 한다면 그들은 범업梵業에서 효孝를 널리 발양해야 할 것이다"471) 결국 공자와 석씨의 가르침教은 비록 다른 점이 있기는 하지만 "세상 사람들을 신묘하게 교화시키고, 중생들을 살뜰하게 쓰다듬어주는 데는 다름이 없다."472)는 것이다. 승순僧順은『석삼파론釋三破論』에서 이렇게 말한다. "중국과 외국의 두 성인은 법도가 하나이다(똑같다). 그래서『법행法行』에서는 이르기를, "먼저 세 현자賢者를 보내 속세의 교화를 이끌게 하고, 후에 불경으로써 삿된 것을 잘라버리고 올바른 것을 따르게 했다'고 하는 것이다."473)

義一, 途跡誠異, 理會則同.]

469) (唐)令狐德棻：《周書》, 中華書局1971年版, 第545頁.[원문：以三敎雖殊, 同歸於善.]

470) 趙樸初名譽主編：《永樂北藏》第137冊, 線裝書局2000年版, 第571, 575頁.[원문："助王化於治道", "道法之與名敎, 如來之與堯孔, 發致雖殊, 潛相影響. 出處誠異, 終期則同".]

471) (南朝梁)僧祐, (唐)道宣：《弘明集·廣弘明集》, 上海古籍出版社1991年版, 第51頁.[원문：夫孝理至極, 道俗同貫, 雖內外跡殊, 而神用一揆. 若命綴俗因, 本修敎於儒禮. 運稟道果, 固弘孝於梵業.]

472) (南朝梁)僧祐, (唐)道宣：《弘明集·廣弘明集》, 上海古籍出版社1991年版, 第52頁.[원문：其彌綸神化, 陶鑄群生, 無異也.]

473) (南朝梁)僧祐, (唐)道宣：《弘明集·廣弘明集》, 上海古籍出版社1991年版, 第54頁.[원문：

2) 불교의 중국화中國化 과정에서의 두 개 장애 돌파

(1) 이론적 사유방식의 돌파

불교는 외래문화로서 중화전통문화와 융합되는 과정에 오랜 기간 많은 곡절을 거쳐 왔다. 한나라 말, 불교는 도교 방술方術과 황로 숭배에 비부比附하여 전파 되었다. 위진 이후, 불교는 또 현학을 빌려 발전했다. 현학에서 주장하는 "언어를 초탈하고 형상을 끊는다"는 사유방식과 그 언어 표현은 불교와 비교적 근접해 있었는데, 그리하여 불교의 중국화는 우선 현학화玄學化되었다. 현학화는 처음에 명사와 용어의 비부比附방식에 의지했다. 축법아竺法雅는 '격의格義' 법을 만들었는데, "불경에서 숫자가 들어간 명칭事數(예를 들면 五陰, 十二入, 四諦, 十二因緣, 五根, 五力 등)을 외서外書(중국 책을 말함)와 짝을 지우고, 이를 생소함을 풀어주는 예시로 삼았고, 이를 격의格義라고 칭했다."[474] 북주 도안道安은『이교론二敎論』에서 말하기를, 그 당시 경經을 번역할 때 "서역에서 불佛이라고 이름 하는 것을 우리는 각覺이라고 번역했고, 서역에서 말하는 보리菩提를 우리는 도道라고 번역했고, 서역에서 말하는 니원泥洹을 우리는 무위無爲라고 번역했고, 서역에서 말하는 반야般若를 우리는 지혜智慧라고 번역했다."[475]고 한다. 이는 즉 "이쪽의 명칭을 빌려 저쪽의 종宗(근본)을 번역한 것이고, 명名에 기탁하여 실實을 밝힌 것이었다."[476] 육가六家 칠종七宗에서는 또 한걸음 더 나아가, 이론적으로 불학을 현학화玄學化 시켰다. 승조僧肇의 사상은 반야학般若學의 근본 취지와 근접해 있었는데, 그도 현학의 유무有無, 체용體用, 본말本末 등 범주와 용어를 가지고 불교의 중관中觀 학설을 설명하려고 했다. 축도생竺道生은 중국에서 처음으로 돈오頓悟설을 제기했는데, 이렇게 불학의 중국화를 크게 진

中外二聖, 其揆一也. 故《法行》雲 : 先遣三賢, 漸誘俗敎, 後以佛經, 革邪從正.]

474) (南朝梁)慧皎, 湯用彤校注, 湯一玄整理 :《高僧傳》, 中華書局1992年版, 第152頁.[원문 : 以經中事數, 擬配外書, 爲生解之例, 謂之格義.]

475) (南朝梁)僧祐, (唐)道宣 :《弘明集·廣弘明集》, 上海古籍出版社1991年版, 第145頁.[원문 : 西域名佛, 此方雲覺. 西言菩提, 此雲爲道. 西雲泥洹, 此言無爲. 西稱般若, 此翻智慧.]

476) (南朝梁)僧祐, (唐)道宣 :《弘明集·廣弘明集》, 上海古籍出版社1991年版, 第145頁.[원문 : 借此方之稱, 翻彼域之宗, 寄名談實.]

전시켰었다. 하지만 그가 개척한 사유방식도 사실 현학에서 말하는 "뜻意을 얻으면 상象을 잊고, 상象을 얻으면 말言을 잊는"477) 깨달음 방식에 힘입은 것이었다. 그는 이렇게 말한다. "대저 상象은 뜻意을 다하는 것으로서 뜻意을 얻으면 상象을 잊는다. 말言은 이치를 밝히는 것으로서 이치에 들어가면 말言을 그친다. 불교 경전이 동쪽으로 흘러들어 오면서 번역하는 자들은 저애를 많이 받고 있는데, 많은 이들은 막힌 글에 머물러 있고, 의미가 통하는 글은 찾아보기 힘들다. 만약 전筌(통발)을 잊고 물고기를 얻는다면, 비로소 그와 도道(佛法)를 논할 수 있겠다."478) 그리하여 그는 돈오頓悟하여 성불成佛한다는 논설을 펴게 되었던 것이다. 그 깨달음의 사유방식은 위로는 장자의 전筌(물고기 잡는 통발)과 제蹄(토끼 잡는 올무)에 관한 논설의 신묘한 지혜를 이어받았고, 중간에서는 현학의 언어와 뜻言意을 변별하는 지혜를 취했고, 아래로는 선종禪宗에서 말하는 자성自性이 곧 깨달음悟이라는 사유를 열어 주었다고 하겠다. 중국의 학승學僧들은 이 지혜를 활용하여 경문에 구애받지 않고 대담하게 새로운 의미를 발굴하고 발명했던 것이다.

(2) 사회 가치관에서의 돌파

인도 불교의 출세出世의 종지宗旨와 풍격은 유가의 치세治世, 충효忠孝 관념과 가장 충돌이 많고 거리가 멀었다. 그리하여 불교와 유교의 융합은 불교와 현학의 융합보다 어려움이 더 많았다. 그러나 불교가 중국에서 입지를 굳히려면, 반드시 중화문화에서 정통적·주도적 지위를 차지하고 있는 유학과 계합契슴되는 점을 찾아야 했고, 이렇게 해야만 주류 사회에서 받아들여질 수 있었다. 그리하여 중국 불교 학자들은 불교와 유교의 공통점과 차이를 참답게 탐구하고, 불교의 기본 교의敎義를 보존하는 것을 전제로, 중화 역사 전통에 결부하여

---

477) (宋)沈作喆纂:《寓簡》, 中華書局1985年版, "附錄"第4頁.[원문:得意忘象, 得象忘言.]

478) (南朝梁)慧皎, 湯用彤校注, 湯一玄整理:《高僧傳》, 中華書局1992年版, 第256頁.[원문:夫象以盡意, 得意則象忘. 言以詮理, 入理則言息. 自經典東流, 譯人重阻, 多守滯文, 鮮見圓義. 若忘筌取魚, 始可與言道矣.]

유교와 불교를 회통會通시켰었다. 그들은 불교 교의와 교리敎理를 창조적으로 재해석하고, 불교 특유의 방식으로 유가의 기본가치관을 인정해 주었다. 첫째, 불교는 나라를 사랑하고 다스림에 도움이 되고, 교화로써 정치를 돕는다고 천명했다. 이런 방식으로 통치 집단의 우려를 제거했던 것이다. 예컨대 동진 혜원은 불교가 "다스림의 법도治道에 있어서 왕권의 교화에 도움이 된다."479)라고 했고, 북위 승관僧官 법과法果는 "태조는 명석하고 예견성이 있고 불도를 좋아했는데, 그가 곧 오늘날의 여래如來로서 사문沙門에서는 마땅히 예의를 갖춰 섬겨야 한다."480)라고 했다. 이들은 스스로 불교를 정사政事를 보조하는 지위에 위치지웠고, 불교의 독립을 떠벌이지 않았고, 더욱 정교합일政敎合一을 추구하지 않았다. 둘째, 불교 행효론行孝論을 선양하면서 유교 가치관에서의 핵심 이념 즉 효孝를 높이 받들고 있었다. 불법을 닦아 종친宗親을 제도濟度해주는 것이 간접적으로 큰 효성을 다하는 것이라고 주장했을 뿐만 아니라 또한 불경에는 원래부터 효孝를 선양하는 설이 있다고 강조했다. 예컨대『유도론喩道論』에서는 직접 이렇게 말한다. "불경에는 십이부경十二部經이 있는데, 그 가운데 네 부는 전문 효孝를 권장하는 것을 일로 삼는다."481) 셋째, 불교의 도덕 신조信條가 기본적으로는 유가와 다르지 않다고 주장했고, 또한 그 신조를 분명히 밝히기에 공력을 많이 들였다. 심약沈約은 유가의 인도仁道가 바로 불법에서의 자비慈悲라고 했고, 안지추顏之推는 불교의 오계五戒를 유가의 오상五常에 대응시켰었다. 넷째, 유교는 외부를 맡고 있고 불교는 내부를 맡고 있다는 식의 분공·협력론을 창도했다. 예컨대『명불론明佛論』에서는 "오늘 주공(周公과 공자)에 기대어 백성을 기르고, 불법을 음미하면서 정신을 기른다."482)라고 한다.『이교

---

479) 趙樸初名譽主編:《永樂北藏》第137冊, 線裝書局2000年版, 第571頁.[원문: 助王化於治道.]

480) (北齊)魏收:《魏書》第8冊, 中華書局1974年版, 第3031頁.[원문: 太祖明叡好道, 即是當今如來, 沙門宜應盡禮.]

481) (南朝梁)僧祐, (唐)道宣:《弘明集·廣弘明集》, 上海古籍出版社1991年版, 第18頁.[원문: 佛有十二部經, 其四部專以勸孝爲事.]

482) (南朝梁)僧祐, (唐)道宣:《弘明集·廣弘明集》, 上海古籍出版社1991年版, 第16頁.[원문: 今依周孔以養民, 味佛法以養神.]

제4절 유·도·불 삼교 논쟁과 융합 443

론二敎論』에서는 "형체形을 구원해주는 교敎를 외교外敎라 칭하고, 정신神을 구제해주는 법전典을 내전內典이라 이른다."483)라고 한다.

3) 삼교三敎 또는 이교二敎를 함께 탐구하는 기풍의 형성

유교와 불교가 모두 신성하고 또 내교·외교를 함께 활용해야 한다는 관념에서 출발하여 많은 학자들은 유교와 불교를 아울러 탐구했고, 불교로써 안신安身하고 유교로써 세상을 다스릴 것을 주장했다. 후일 삼교 또는 이교를 모두 탐구하는 귀족, 명사名士와 학자들이 점점 더 많아졌고, 이는 한 시기 시대적 풍조로 되어졌었다. 동진의 중신重臣 왕도王導가 바로 유학과 현학을 모두 깊이 탐구한 걸출한 학자였다. 동진의 지둔支遁은 불교와 현학을 모두 정통했는데, 사람들은 그를 청담淸談 학계의 우두머리로 받들고 있었다. 그는 『소요유逍遙遊』를 강론할 때면 늘 사람들에게 새로운 이치를 밝혀주었다. 동진의 혜원慧遠은 "안으로는 불교 이치를 통달했고, 바깥으로는 많은 책을 읽었는데"484), 특히 『상복경喪服經』을 정통했다. 그의 제자 뇌차종雷次宗, 종병宗炳, 유유민劉遺民, 주속지周續之 등은 모두 불학과 유학을 아울러 함께 공부한 학자들이다. 송문제宋文帝는 법사法事를 아주 중요시하고 있었고, 유학儒學, 현학玄學, 문학文學과 사학史學을 함께 일떠세웠으며(『남사南史·은일隱逸·뇌차종전雷次宗傳』을 참조) 또한 현무호玄武湖에 삼신산三神山을 만들려고 했다(『송서宋書·하상지전何尙之傳』 참조). 장융張融은 삼교를 모두 신봉하고 있었는데, 죽은 후 매장할 때는 "왼 손에 『효경孝經』, 『노자』를 잡고, 오른 손에 소품小品 『법화경法華經』을 잡고 있었다."485) 주옹周顒은 "백가百家를 널리 섭렵했는데, 불학을 특히 잘 알고 있었고, 『삼종론三宗

---

483) (南朝梁)僧祐, (唐)道宣:《弘明集·廣弘明集》, 上海古籍出版社1991年版, 第142頁.[원문: 救形之敎, 敎稱爲外. 濟神之典, 典號爲內.]

484) (南朝梁)慧皎, 湯用彤校注, 湯一玄整理:《高僧傳》, 中華書局1992年版, 第221頁.[원문: 內通佛理, 外善群書.]

485) (梁)蕭子顯:《南齊書》, 中華書局1972年版, 第729頁.[원문: 左手執《孝經》,《老子》, 右手執小品《法華經》.]

論』도 저술했다." 당연히 "『노자』, 『역易』도 훤히 알고 있었다."486) 양무제는 유, 불, 현을 정통했고, 삼교를 회통會通하는 기풍을 크게 열어놓았다. 양원제梁 元帝 소역蕭繹은 삼사三士를 아주 존숭하고 있었다. 그는 이렇게 말했다. "나는 여러 승려들 가운데서 초제사招提寺 염침琰 법사法師를 특히 존숭하고, 은자隱士들 가운데서는 화양華陽의 도정백陶貞白을 특히 존숭하고, 사대부들 가운데서는 여남汝南 주홍정周弘正을 특히 존숭한다."487) 소릉왕邵陵王 소륜蕭綸은 마추馬樞 를 학사學士로 모셨는데, "소륜은 가끔 자기는 『대품경大品經』을 강론하고, 마추馬樞는 『유마維摩』, 『노자』, 『주역』을 강론하게 했다. 둘이 같은 날에 강연 을 했는데, 도사道士와 속인俗人 2000명이 모여 들은 적도 있었다."488) 서효극徐 孝克은 "오경을 모두 정통했고, 역사 전적典籍을 폭 넓게 읽었다."489) 일찍이 출가해서 승려로 되었는데, 환속還俗해서는 전당錢塘(지명)에서 학문을 가르쳤 다. 그는 "매일 두 번 강연을 했는데, 아침에는 불경佛經을 강론하고, 저녁에는 예전禮傳을 강론했다. 승려와 속인俗人 수백 명이 몰려와 수학했다."490) 북조北 朝 명류名流들 가운데도 삼교를 모두 탐구한 학자가 적지 않았다. 북위北魏 효문제孝文帝는 "오경五經은 한번 훑어보고는 강론할 수 있었고, 『장자』, 『노 자』를 논하기를 좋아했고, 특히 불경의 함의를 정통했다."491) 유헌지劉獻之는 북방의 대유大儒였는데, 만년에 "『열반경涅槃經』에 주注를 달다가, 그 일을 마치지 못하고 세상을 떠났다."492) 유가 경학가 노경유盧景裕는 『노자』에 주를

486) (梁)蕭子顯：《南齊書》, 中華書局1972年版, 第731, 732頁.[원문 : "汎涉百家, 長於佛理. 著 《三宗論》", "兼善《老》, 《易》".]

487) (唐)李延壽：《南史》, 中華書局1975年版, 第899頁.[원문 : 餘於諸僧重招提琰法師, 隱士重 華陽陶貞白, 士大夫重汝南周弘正.]

488) (唐)李延壽：《南史》, 中華書局1975年版, 第1907頁.[원문 : 綸時自講《大品經》, 令樞講《維 摩》, 《老子》, 《周 易》, 同日發題, 道俗聽者二千人.]

489) (唐)姚思廉：《陳書》, 中華書局2000年版, 第235頁.[원문 : 遍通五經, 博覽史籍.]

490) (唐)姚思廉：《陳書》, 中華書局2000年版, 第235頁.[원문 : 每日二時講, 旦講佛經, 晚講禮 傳, 道俗受業者數百人.]

491) (北齊)魏收：《魏書》第1冊, 中華書局1974年版, 第187頁.[원문 : 五經之義, 覽之便講", "善 談《莊》, 《老》, 尤精釋義.]

492) (北齊)魏收：《魏書》第5冊, 中華書局1974年版, 第1850頁.[원문 : 注《涅槃經》未就而卒.]

달았고, "또 석씨釋氏도 좋아했는데, 그 대의大義를 통달했다. 천축天竺의 승려胡
沙門 도희道悕는 불경을 논술할 때마다 쩍하면 경유景裕한테 서문을 써달라고
부탁했다."493) 심중沈重은 남량南梁에서 북주에 들어왔는데, 그는 유자儒子들의
우두머리였다. 삼교의 교의敎義를 강론할 때면 여러 종교의 인사들이 모여와서
들었는데, 그는 "음양陰陽과 도위圖緯(즉 圖讖과 緯書), 도경道經과 석전釋典에서
통달하지 못한 것이 없었다."494)

4) 삼교 관계의 특징

(1) 삼교 관계는 유교가 주도하고 있었고, 불교와 도교는 보조적 지위에 있었
다. 그 표현으로는 첫째, 유가는 군왕의 다스림의 법도와 황권皇權의 존엄을
수호하고 있었고, 불가와 도가는 정부의 관리를 받고 있었다. 정부에서는 승관
僧官 제도를 실시하고 있었는데. 남조 때에는 도읍대승정都邑大僧正, 도읍대승도
都邑大僧都 관직이 있었고, 북위 때에는 도인통道人統, 사문통沙門統, 감복조監福
曹, 소현사昭玄寺 등 기구가 있었다. 서위西魏 때에는 대종백大宗伯을 설립하여
사문沙門, 도사道士를 관장하게 했다. 둘째, 유경을 치국治國의 이론적 근거로
삼고 있었고, 동시에 정통正統 교육내용으로 삼고 있었다. 공자를 받들고 경서
經書를 읽고, 예교禮敎를 존숭하는 것이 치국治國의 중요한 방책으로 되어졌었
다. 동진의 대막戴邈은 "제왕帝王에게 있어서 가장 중요한 일은 예학을 존숭하
는 일이었다."495)고 한다. 반면에 불교와 도교는 일반적으로 나라의 정치, 군사,
관학官學을 간섭하지 않았다. 셋째, 사회의 도덕 기풍은 여전히 유가의 삼강오
상三綱五常을 핵심이념으로 삼고 있었다. 불교와 도교의 계율은 다만 신도들을

---

493) (北齊)魏收:《魏書》第5冊, 中華書局1974年版, 第1860頁.[원문: 又好釋氏, 通其大義. 天竺
胡沙門道悕, 每譯諸經論, 輒托景裕爲之序.]

494) (唐)令狐德棻:《周書》, 中華書局1971年版, 第810頁.[원문: 至於陰陽圖緯, 道經釋典, 靡不
畢綜.]

495) (南朝梁)沈約:《宋書》(上), 劉韶軍等校點, 嶽麓書社1998年版, 第197頁.[원문: 帝王之至
務, 莫重於禮學.]

단속할 수 있었는데, 한편 그 도덕 신조信條도 모두 인순충효신의仁順忠孝信義를 받들고 있었고, 또한 신도로써 이를 뒷받침 해주고 있었다. 하늘을 공경하고 선조들의 법통을 본받는 것敬天法祖이 여전히 민중들의 기초 신앙이었다.

(2) 불교는 철학적 사유와 심오한 이치에서 우세를 가지고 있었다. 우주론에서의 거대함이나 물성론物性論에서의 현묘함이나, 인생론에서의 초탈함이나 모두 유학과 현학을 훨씬 초월했는데, 그리하여 사람들의 정신세계를 크게 확장시켜줄 수 있었고, 또한 수많은 지식인들의 동경과 숭배를 받고 있었다. 동진의 혜원은 이렇게 말한다.

옛날을 돌이켜볼 때마다 드는 생각인데, 그때는 마음이 세전世典에서 노닐었고, 그 당시에는 그것을 화려한 동산華苑이라고 생각했다. 노자와 장자의 학설을 보고서야, 명교名敎는 응변應變만 하는 잡담임을 깨달았다. 오늘에 와서야 알게 되었는데, 유명幽冥에 깊이 잠기는 풍취는 어찌 불학을 우두머리로 삼지 않을 수 있겠는가?[496]

양무제는『술삼교시述三敎詩』에서 이렇게 말한다.

어렸을 때는 주공(周公과 공자)을 배웠고, 약관弱冠의 나이에는 육경六經을 부지런히 공부했다. 효의孝義는 죽간竹簡을 이었고, 인서仁恕는 단청丹靑(옛날 건물의 벽과 기둥, 천장에 여러 가지 색으로 그린 그림이나 무늬)에 넘쳤다. 그 말을 실천함에 게으름 없었고, 착한 일 많이 하면서 좋은 인생 살고자 했다. 중년에 들어 도서道書를 보니, 유명有名과 무명無名의 묘술妙術이 황금판黃金版에 꿰어져 있었고, 진언眞言이 상청上淸에 숨겨져 있었다. 만년에 들어 석씨釋氏의 책을 펼쳐보니 마치 달이 뭇별들을 비추어주는 것 같았다. 여기서 고집苦集을 깨닫게 되었고, 그제야 인과因果를 분명히 알게 되었다. 오로지 평등할 것만 가르쳐 주었는데, 그 가운데

---

496) (南朝梁)僧祐, (唐)道宣 :《弘明集·廣弘明集》, 上海古籍出版社1991年版, 第315頁.[원문 : 每尋疇昔, 遊心世典, 以爲當年之華苑也. 及見老莊, 便悟名敎是應變之虛談耳. 以今而觀, 則知沈冥之趣, 豈得不以佛理爲先?]

지극한 도리는 무생無生에로 돌아가는 것이었다.497)

  혜원과 양무는 문화 수준이 높은 사인士人들 가운데서도 대표적 인물들이었
다고 하겠다. 보다시피 그들은 우주와 인생의 오묘함을 탐구하고 있었다. 그들
은 유학에서 다만 현세의 삶을 위한 예교禮敎를 배웠고, 후일 노장 도학道學에
서 시야를 넓혔고, 마지막에 불교에서 과거와 미래, 대천세계大千世界의 변화무
상함變化無常을 깨달았다고 한다. 이렇게 정신적으로 지대한 승화를 얻었고, 생
과 사生死의 번뇌를 해탈하는 길을 찾게 되었던 것이다. 일반 민중들에게 있어
서, 육도윤회六道輪回, 인과응보, 천당과 지옥에 대한 여러 설교는 아주 합리하
고 실제적이었고, 간단하고 분명하고 형상적이고 생동했고, 한편 사찰, 불탑,
불상과 불교 원리에 대한 통속적인 해석은 더욱 직관적으로 교화의 효과를 강
화시켰었다. 이렇게 사람들을 이끌어 악惡을 버리고 선행善行을 많이 하게 만들
었는데, 그리하여 불교는 민간에서 크게 환영 받았던 것이다. 불교는 융통성이
많고도 다양한 제도濟度의 경로를 열어주었다. 문화인들은 여기서 반야般若의
지혜를 수련할 수 있었고, 부유한 자들은 재물을 내서 보시할 수 있었고, 일반
인들은 계율을 지키고持戒, 치욕을 참고忍辱, 정진精進하여 불도佛道를 닦을 수
있었고, 참선하여 삼매경三昧境에 이를 수 있었는데, 아무튼 모두 천당과 피안
세계에 이를 수 있었다. 심지어 온 가족이 함께 정진결재精進潔齋하고 염불念佛
해서 서방 정토淨土에 갈 수도 있었다. 만약 유학을 속세의 생활규범이라고 한
다면 현학은 정신적 귀족들의 정취였고, 불교는 고상한 사람이나 평범한 사람
들이나 모두 수요 하는 고급적 정신 식량이었다. 하지만 절대 대부분의 불교
신도는 사실 평민대중들이었다.

---

497) (南朝梁)僧祐, (唐)道宣:《弘明集·廣弘明集》, 上海古籍出版社1991年版, 第365頁.[원문:
    "少時學周孔, 弱冠勤六經, 孝義連方冊, 仁恕滿丹青, 踐言貴去伐, 爲善在好生. 中復觀道
    書, 有名與無名, 妙術綴金版, 眞言隱上淸", "晚年開釋卷, 猶月映眾星. 苦集始覺知, 因果
    方昭明, 示敎唯平等, 至理歸無生".]

(3) 도가와 도교는 달랐지만 서로 이루어 주고 있었고, 공동으로 일축을 구성하여 삼교 간 중개 역할과 평형을 잡아주는 독특한 기능을 수행하고 있었다. 노장 도가 및 그것의 위진 시기의 이론적 형태 즉 현학은 사인士人들 가운데서 아주 유행했는데, 그때는 대중들에게까지는 미치지 못했다. 도교는 신도神道의 방식으로 노장도가를 민간에 보급시켰다. 도가가 없었다면 도교는 이론적 높이가 없었을 것이고, 도교가 없었더라면 도가는 사회의 일반대중들에게 보급될 수 없었을 것이다. 양자는 상호 필요했고 또 상호 보완해주면서 함께 '삼교 문화 삼각구도'에서의 일각을 이루고 있었고, 독특한 역할을 발휘하고 있었다. 첫째, 현학은 유학과 불학이 소통하는 다리를 구축해주었고, 불경이 중국사회에 쉽게 들어오게 해주었고, 중국인들이 쉽게 불경을 이해하게 해주었다. 또한 일부 은일파隱逸派들에게 일종의 청정하고 자득自得하는 생활방식도 제공해주었다. 둘째, 정치와 문화에 있어서, 도교와 유교는 연맹을 결성하여 중앙정부의 권위와 중화 정통 문화의 주체적 지위를 견정하게 수호했는데, 그리하여 쉽게 주류 사회의 인정을 받을 수 있었다. 셋째, 도교는 장생長生과 성선成仙을 추구하고, 양생의 방법을 중요시 했는데, 그리하여 많은 사람들의 영원히 행복한 인생을 추구하는 욕구를 충족시켜 주었을 뿐만 아니라 또한 질병을 치료하고 몸을 단련하는 방술方術의 발전도 추진시켰었다. 이는 민족의 발전과 흥성에 유익한 일이었고, 이 또한 도교의 독특한 우세였다. 마지막으로, 도교는 민간 신앙과 밀접히 연관 짓고 있었고, 광범한 민중 기반을 가지고 있었다. 부록符籙, 재초齋醮 등 재앙을 물리치고 제도濟度를 해주는 방술 및 도교에서 민중들이 서로 도와주던 전통도 또한 민간에 정신적으로 그리고 생활적으로 많은 도움을 줄 수 있었다. 도교는 자체적 발전 공간이 있었는 바, 그리하여 위진 남북조 시기에 비교적 빠른 발전이 있었던 것이다.

(4) 삼교 간 논쟁은 문명하게 변론하는 방식이 주류를 이루고 있었고, 거칠고 야만적인 행위는 상대적으로 드물었다. 위진 남북조 시기, 삼교 학자들 사이에는 백가百家가 쟁명爭鳴하는 국면이 출현했고, 대체로 이치를 설명하고, 토론을

진행하고, 평등하게 대화하고, 반복적으로 변론하는, 이런 양호한 학술적 분위기를 유지하고 있었다. 반면에 사리에 맞지 않는 말을 하며 억지를 쓰고, 의도적으로 곡해曲解를 하고, 죄명을 덮어씌우는 현상은 아주 드물었다. 만약 타인이 반박하지 않는다면 절로 문제를 제기하고 절로 답하는 자문자답의 방식으로 논설을 폈다. 학자들은 대부분 오로지 반복적으로 질문을 해야만 깊이 파고들어 진리를 발견하고, 착오를 수정할 수 있다고 생각하고 있었다. 이런 학술 기풍은 양자강 남쪽江南에서 특히 성행했다. 안지추顔之推는 이를 찬양하여, "강남江南의 글짓기는 지적을 욕구하고 있었고, 사람들은 결점을 알게 되면 바로 그 자리에서 고쳤다."[498]라고 한다. 학술적 자신감과 타자에 대한 존중이 있었기에, 승우僧祐는 『홍명집弘明集』을 편찬할 수 있었고, 주동적으로 대량의 반불反佛 자료를 수록할 수 있었다. 학술 분위기가 자유롭고, 사회에서 학자들을 존중하고 있었기에 감히 권력자들을 무시하고 용감하게 자기 주견과 사상을 수호하는 학자들이 출현할 수 있었다. 예컨대 하승천何承天, 범진范縝, 곽조심郭祖深 및 불교 고승高僧으로서 동진의 혜원과 북주의 혜원이 그들이겠다. 자유논변이 성행했던 덕분에 학술의 번영을 이룰 수 있었고, 많은 수준 높은 학술 논문이 탄생하게 되었던 것이다. 예컨대 『조론肇論』, 『삼보론三報論』, 『백흑론白黑論』, 『명불론明佛論』, 『신멸론神滅論』, 『멸혹론滅惑論』 등이 그것이겠다. 이것들은 모두 쟁론의 산물이었고, 이 또한 한 차례 학술상에서의 대풍작이었다.

5) 삼교 쟁론과 융합의 역사적 의의

(1) 개방적이고 포용적인 중화문화 전통을 계승하고 발양하게 했고, 외래의 성숙되고 수준 높은 문화를 받아들이는 능력을 제고하게 했고, 이질적 문화를 학습하고 재창조하는 습관과 품격을 초보적으로 형성하게 했다. 또한 수, 당

---

498) 莊輝明, 章義和 :《顔氏家訓譯注》, 上海古籍出版社1990年版, 第181頁.[원문 : 江南文制, 欲人彈射, 知有病累, 隨即改之.]

이후, 더 대규모적으로 불교, 이슬람교, 기독교 및 기타 종교를 받아들이고 융회融會하는데, 소중한 경험을 제공해주게 되었다. 유학의 입장에서 말할 때, 이의 역사적 공헌이라면 즉 한나라 통일대제국에 나라를 다스리고 국정을 운영하는 지도사상을 제공해주고, 전 사회에서 "오상五常', '팔덕八德'의 핵심 가치관을 확립하게 해준 것이겠다. 이렇게 중화민족문화 주체성을 확고히 세우게 되었던 것이다. 위진 남북조 시기에는 삼교 간 충돌과 융통을 거쳐, 유학이 개방적 품격을 초보적으로 드러내게 되었고, "화이부동和而不同'의 지혜를 확장하게 되었고, 다원多元 문화의 상호 작용 과정에 끊임없이 새로운 생명력을 발산할 수 있게 되었다. 또한 이렇게 중화민족문화가 수천 년 단절되지 않고 길게 이어져 내려올 수 있게 만들었던 것이다.

(2) 사회의 상층 집단에서 삼교의 성격과 기능을 재인식하고, 국가의 사상문화 구도를 조정하고 새로운 문화정책을 제정하는데, 참고 가능한 논설과 이론을 제공해 주었다. 후일 수, 당 통일 대제국에서 사상과 문화가 번영발전하는 데에도 토대를 마련해 주었다. 위진 남북조 시기는 정치적으로 남과 북이 분열되고, 정권이 빈번하게 교체되던 시기였다. 그 때문에 각 조대朝代의 삼교 정책은 많이 달랐고 또한 기복이 심했다. 예컨대 위진 시기에는 현학을 숭상하고 경학을 현학화玄學化시켰고, 남조 양나라 시기에는 불교를 숭상하고 한 때 이를 국교화國教化시켰고, 북위는 초기에 도교를 받들고 불교를 배척하다가 후에는 삼교를 함께 숭상했다. 북주 때에는 먼저는 유, 도, 불의 순위로 삼교를 차례 지웠고, 이어서는 불교를 배척하다가 나중에는 또다시 불교를 일떠세웠다. 실천에서 증명되었듯이 유경儒經의 정통적 지위는 동요하면 아니 되었고, 도교의 보조적 역할도 없어서는 아니 되었지만 한편 도교가 반란의 소굴로 되어버리는 것은 방비해야 했고, 불교는 나라의 다스림에 유익했지만 역시 지나친 팽창은 방비해야 했다. 그러나 폭력 수단으로 멸불滅佛하는 것은 무익했을 뿐만 아니라 또한 효과도 없었다. 결론적으로 가장 좋은 방법은 삼교를 함께 장려하고 각자나름대로의 지위와 역할을 가지게 하는 것이었다. 북위 문성제文成帝는 그때 가

장 처리하기 어려웠던 유교와 불교 관계 문제에 대해 멋진 논술이 있었다.

대저 제왕들은 반드시 현명한 신령을 섬겨 인도仁道를 현양했는데, 그이가 백성
들에게 혜택을 주고, 중생들에게 이로움을 주었다면, 옛날에도 마찬가지로 그이를
교화敎化의 본보기로 세웠었다. 그런 까닭에 『춘추春秋』에서는 밝은 예의를 받들
고 찬미했고, 제전祭典에는 공덕을 많이 쌓은 이들을 실었다. 하물며 석가釋迦 여래
如來는 공덕이 대천세계大千世界를 구원한 것에 있고, 은혜는 인간세상에서 흐르고
있는데, 한편 죽음을 기다리는 자들은 그이의 달관達觀에 탄복하고, 글의 뜻을 보
아내는 자들은 그이의 묘명妙明을 귀하게 여긴다. 또 왕정王政의 금율禁律의 실행
에 협력해주고, 어질고 지혜로운 선성善性의 양성에도 협조해주고, 뭇 삿된 것들을
물리치고, 참된 깨달음覺을 열어준다. 그리하여 전대前代로부터 숭상하지 않은 자
가 없었고, 우리나라에서도 역시 줄곧 받들고 있었다.[499]

문성제는 분명히 지적하기를, 유가는 예로부터 신도神道로써 가르침을 행했
고, 인도仁道를 선양했고, 뭇 중생들을 이롭게 해주었다고 한다. 한편, 불교의
달관達觀, 묘명妙明도 사람들의 찬사를 많이 받고 있었고, 불교는 왕정王政의
율법律法의 실행도 협조해주었고, 인의도덕仁義道德의 교화도 강화시켰다고 한
다. 또한 중국에서 역대로 불교를 받들고 있었는데, 이는 이미 효과가 드러났는
바, 그래서 계속하여 존숭해야 한다는 것이다. 그는 중화中華의 오랜 전통을
근거로 세우고, 불교의 우세와 보조적 지위를 확인하면서 전대前代의 역사적
경험을 증거로 이를 설명했다. 이는 정치와 교화政敎, 유교와 불교 관계에 있어
서 그 당시 통치 집단의 최고 인식을 대표한다고 하겠다.

유·도·불 삼교의 동시同時적 전파는 중화민족문화공동체의 응집력을 강화
시켰는바, 국가의 정치적 분열이 사람들의 중화민족 정체성에 대한 인식에 영

---

499) (北齊)魏收:《魏書》第8冊, 中華書局1974年版, 第3035-3036頁.[원문 : 夫爲帝王者, 必祇奉
明靈, 顯彰仁道, 其能惠著生民, 濟益群品者, 雖在古昔, 猶序其風烈. 是以《春秋》嘉崇明之
禮, 祭典載功施之族. 況釋迦如來功濟大千, 惠流塵境, 等生死者歎其達觀, 覽文義者, 貴
其妙明, 助王政之禁律, 益仁智之善性, 排斥群邪, 開演正覺. 故前代以來, 莫不崇尙, 亦我
國家常所尊事也.]

향주지 못하게 만들었다. 유교와 도교는 원래 중화의 본토 신앙이었지만, 불교는 외국에서 전해 들어온 종교로서 중국에 전해 들어오면서부터 유교 및 도교와 융합하기 시작했고, 점차 중화민족공동체의 핵심가치관의 일부분으로 자리 잡게 되었다. 삼교는 모두 중화민족의 공통 신앙으로 되어졌고, 함께 중화 전통 문화의 새로운 핵심을 구성하게 되었다. 삼교는 모두 민족, 지역, 할거정권割據政權의 제약을 받지 않았고, 오히려 황하 양안兩岸, 양자강 남북, 태행산太行山 동서에서 널리 전파되었다. 유사儒士, 불승佛僧, 도인道人들은 모두 정치적 경계선을 자유롭게 넘나들 수 있었고, 신주神州(중국)의 광활한 대지에서 자유롭게 왕래하고, 강론하고, 포교布敎할 수 있었다. 이렇게 정치적 분할에서 기인한 사상적 괴리를 약화시킬 수 있었고, 후일 정치적 "대일통大一統"에 공동으로 사상적 토대를 마련해주었던 것이다.

(4) 유, 도, 불 삼교의 충돌과 융합을 거쳐 각자 모두 더 풍부해졌고 더 큰 발전이 있었다. 또한 각자 모두 전체 중화문화에 활기를 가져다주게 되었고, 신선한 내용도 많이 추가해주게 되었다. 이렇게 중화문화가 더욱 다양하고 다채롭게 되었던 것이다. 예를 들면, 유학은 현학 덕분에 경학을 새롭게 재창조하는 능력을 제고하게 되었고, 불교 덕분에 우주론적 거대시야를 가지게 되었다. 불교는 유학 덕분에 현실에 대한 배려를 중요시하게 되었고, 현학 덕분에 인도문화梵와 중국문화華 소통의 통로를 열게 되었다. 도가와 도교는 유학 덕분에 중화에 뿌리를 튼튼히 내리게 되었고, 불교 덕분에 교의敎義와 교규敎規를 충실하게 만들 수 있었다. 철학에서 도가와 불교는 중국의 우주론, 인지론, 인생론을 새롭게 개척해냈다. 윤리학에서 인애仁愛와 자비慈悲가 함께 행해지게 만들었고, 사람들이 오상五常과 선도仙道를 함께 받들게 만들었는데, 또한 그 내용도 더욱 풍부해졌다. 미학에서 유협의 『문심조룡文心雕龍』은 공인받는 천고의 걸작으로서 그 사상은 사실 유, 도, 불 삼교 융합의 결정체이다. 문학예술창작에서, 육조 때의 산문散文은 도가의 정취를 많이 드러내고 있었는데, 도연명의 『귀거래사歸去來辭』, 『도화원기桃花源記』가 가장 대표적이라 하겠다. 불교의 형

상적 사유와 생동한 언어는 또 중국인들의 심미적 정취를 더욱 승화시켰고, 풍부하게 만들어 주었다. 불교 건축예술은 독특한 풍격을 갖추고 있었고, 조소彫塑와 회화繪畵도 우아하고 장려壯麗했다. 돈황막고굴燉煌莫高窟 북조석굴北朝石窟과 요진姚秦 때의 맥적산석굴麥積山石窟은 아름답고 멋지기를 세상에 견줄 자가 없다고 한다. 무신론과 과학의 발전도 모두 삼교의 자유 논변이 형성한 자유로운 학술 분위기에 힘입은 것이었다. 범진范縝의『신멸론神滅論』은 사람들의 입에서 많이 오르내렸고, 갈홍葛洪의『주후구졸방肘後救卒方』, 도홍경陶弘景의『본초경집주本草經集注』는 도교 대사들에게서 나온 책으로서 후세의 의약학 발전에 지대한 영향을 끼쳤다. 하승천何承天의 역법학曆法學, 장화張華의『박물지博物志』는 유가 학자들의 자연 사상事象에 대한 탐구를 자랑하고 있었다.

제5장 유·도·불 삼교의 정립鼎立과 전국적 규모 형성 단계(수·당 시기)

역사에서는 늘 '한당성세漢唐盛世'라고 병칭하는데, 사실 당나라는 한나라보다 더 성세盛世를 이루고 있었다. 당나라는 중국 역사에서 역대 왕조의 으뜸이다. 수나라는 역사의 과도기에 처해 있었고, 곧 이어서 강성한 당나라가 등장했다. 당나라는 전면적으로 창성했는데, 나라가 통일되고 안정하고, 국력이 강대하고, 경제가 발달하고, 예의교화가 번성하고, 문화교육이 번영하고, 민족관계가 화목하고, 대외로 고도로 개방적이고, 사회의 사상과 사조가 활발하고, 문학예술이 다채롭고 찬란했다. 당나라는 참말로 강성대국의 기상이 흘러넘쳤었다. 또한 그리하여 주변 여러 나라의 인자들이 구름처럼 모여 들었다. 정관貞觀 연간으로부터 개원開元 연간까지, 당나라는 가장 성세盛世를 이루고 있었고, 그 후에는 점차 내리막길 했는데, 당연히 때로는 기복도 좀 있었다. 하지만 시종 동방의 강성대국으로서의 입지를 굳히고 있었다. 당나라가 흥성했던 원인 중 하나는 집권자들이 역사 경험에 비추어보면서, 새로운 형세에 맞추어 한나라 때 "백가百家를 배척하고 육경六經 표창하던"[1] 문화전략을 조정하여 "삼교를 함께 장려하고, 각자의 쓰임用을 다한다."는 새로운 전략을 확립한 것에 있었다. 이로써 '대일통大一統' 국가를 안정시키고, 고도로 문명한 사회를 구축하려는 목표에 효과적으로 부응시켰던 것이다. 유·도·불 삼교는 모두 전국적 규모를 가지고 있었고, 거대한 조직체계를 형성하고 있었다. 또한 삼교는 각자 자체적 특색과 우세를 가지고 있었고, 삼자가 정립하는 삼각 구도를 형성하고 있었다. 중앙 정부에서는 삼교 병행並行을 제도화했고 또 이를 중요한 문화정책으

---

1) (宋)王益之:《西漢年紀一》, 中華書局1985年版, 第265頁, [원문: 罷黜百家, 表章六經.]

로 확정 지었다. 당연히 사회에서는 이를 인정하고 받아들이고 있었다. 하지만 삼교 정책은 늘 국부적 조정이 있었는데, 때로는 잘못된 조정이 출현하는 경우도 있었다. 삼교 간 관계도 늘 변화하고 있었는데, 하지만 전체적으로 볼 때 삼교 정립에 대한 정치적 인정 및 그 추세는 확고했고, 이를 개변시키기는 어려웠다.

제1절 유가 경학의 일체화·제도화와 경세치용經世致用

당나라 때의 유가 경학을 어떻게 평가할지에 관해서는 역사적으로 줄곧 쟁론이 있어왔다. 한편, 후세의 많은 유가 학자들은 당나라 때의 유학은 쇠락기衰落期에 처해 있었고, 그때는 불교가 가장 발달했고, 도교도 활기가 넘쳤다고 평가했다. 이는 다소 한유의 영향을 받은 것이다. 한유는 유학 부흥 운동을 추진하기 위해 불가와 도가를 강력히 배척하는 한편 유학의 도통은 요, 순, 우, 탕, 주문왕과 주무왕, 주공과 공자로부터 맹자에게로 전해지고는 끊어졌다고 강조했다. 그는 『원도原道』에서 이렇게 말했다.

> (유가경전은) 진나라 때 불에 타 없어졌고, 한나라 때에는 황로밖에 없었고, 위진 양나라 때와 수나라 때에는 불교가 성행했다. 도덕인의道德仁義를 논하는 자들은 양주楊朱에 들어가지 않으면 묵가에 들어갔고, 노자에 들어가지 않으면 불가에 들어갔었다.[2]

이 말을 들으면 당나라 때 유학은 거론할 여지도 없는 것 같다. 아무튼 그래서 그가 앞장서서 유학의 부흥을 창도했던 것이다. 그는 "맹자 이래 끊어진 아득한 서업緒業을 찾아 홀로 두루 살피고 뒤져 먼 옛날 유교의 계통을 이어놓았다. 또 어지러이 흐르는 백 갈래의 물길을 막아 모두 동쪽 한 곳으로 흐르게

---

2) 馬其昶校注:《韓昌黎文集校注》, 古典文學出版社1957年版, 第8頁.[원문: 火於秦, 黃老於漢, 佛於魏晉梁隋之間, 其言道德仁義者, 不入於楊, 則入於墨, 不入於老, 則入於佛.]

하듯이, 제자백가의 이단異端의 흐름을 막고 오로지 유가의 도道를 세웠고, 세찬 물결이 덮쳐 이미 넘어진 유가의 도道를 다시 회복시켰다."3) 사실 한 세대 걸출한 문호文豪로서 한유는 거창한 문학적 기술로써 유가 도통道統의 위기를 지나치게 과장했다. 그의 이 말에서 유가 경전이 "진秦나라 때 불에 타 없어졌다."는 것은 사실이지만 "한나라 때에는 황로밖에 없었다."는 말은 사실에 어긋난다. 왜냐하면 한나라 때에 와서 유가 경학이 정식으로 관학官學에 들어가고 또한 치국治國의 도道로 자리매김하게 되었기 때문이겠다. 이에 반해, 황로 학설은 다만 한나라 초에 성행했다. "위진 양나라 때와 수나라 때에는 불교가 성행했다"는 말도 편파적인 말이겠다. 한유는 오로지 "유가 학설만 치켜 세우려 했기" 때문에, 불교와 도교에 드나드는 것을 반대하고, "이단異端을 거부하고, 석가와 노자를 배척할 것"4)을 주장했던 것이다. 즉 유학이 홀로 중화문화를 주도하고 지배하게 만들려고 했던 것이다. 이는 유가의 "화이부동和而不同', '도道는 병행하되 어긋나지 않는다道竝行而不悖."는 개방적이고 포용적인 오랜 전통에 부합되지 않을 뿐만 아니라 또한 삼교가 선의善意적으로 교류하던 전통과 역사도 부정해버린 것이겠다. 이는 유학이 후일 다른 문명과 서로 비추어보면서 발전하는 데에도 불리했다. 이로 보면 그의 주장은 후진된 것이었고, 독단적인 허튼 소리였다. 사실 유학은 한나라 때부터 줄곧 종합하고 창조하는 과정에 발전해 왔었다. 위진 이후에는 분명히 불교, 도교와 상호 작용하는 과정에 발전해왔었고, 당나라 유학은 비록 이론적 차원에서 불학만큼 눈부시지는 못했지만, 그러나 경학의 통일, 교육제도의 형성, 나라를 다스리고 국정을 운영하는 등 면에서는 한나라 때에는 이르지 못했던 새로운 높이에 도달했다. 사실 유학은 활력이 넘쳤었고, 성당盛唐의 제반 사업에 역사적 의의가 있는 지대한 공헌을 했다. 다른 한편, 당나라 유학은 또한 자체의 이론체계를 대폭적으로 개혁해

---

3) 馬其昶校注：《韓昌黎文集校注》, 古典文學出版社1957年版, 第26頁.[원문 : 尋墜緒之茫茫, 獨旁搜而遠紹, 障百川而東之, 回狂瀾於既倒.]

4) 馬其昶校注：《韓昌黎文集校注》, 古典文學出版社1957年版, 第26頁.[원문 : 抵排異端, 攘斥佛老.]

야 했는데, 그러자면 유아독존의 폐쇄적인 길을 걸으면 아니 되었고, 반드시 불교와 도교에 드나들면서 새로운 창조를 이루어내야 했다.

1. 유가 경학의 통일

수문제隋文帝는 건국 초기에 절약 정신을 창도하고, 형벌을 줄이고 예교禮教를 시행하고, 과거제도를 세우고, 유·도·불 삼교를 모두 장려했는데, 그때는 참말로 개국 군주로서의 웅대한 기백이 흘러 넘쳤었다. 그러나 그는 박대한 흉금을 가지지는 못했고, 치국治國의 장기적인 계획과 방안도 없었고, 개인의 애호에 따라 나라의 문화교육 방침을 임의로 정했다. 그는 늘 뭇 신하들群臣에게 이렇게 말했다. "내가 일떠선 것은 불법佛法 덕분이겠다. 그래서 불교를 크게 장려하고, 나라의 다스림에서 가장 중요시하는 것이다." 또한 그는 "너그럽고 어진 도량이 없는 반면, 각박한 자질은 있었는데", 그는 "후궁을 총애하고, 장자를 죽이고서, 못난 후계자에게 나라를 맡겼었다."5) 수양제는 겉으로는 삼교를 모두 높이 받드는 것처럼 꾸몄지만 사실은 경학만 중요시하고 있었다. 그는 상서庠序, 국자國子 및 군현郡縣의 학교들을 개설했는데, 이 학교들은 수나라 초에 한동안 좀 흥성했다. 하지만 그는 "학교를 세웠다는 허명虛名만 가지고 있었고, 도道를 널리 펼치는 실속은 없었다."6) 위징魏徵이 말했듯이, 그는 "입으로는 요임금과 순임금의 말을 외우고 있었지만, 몸으로는 걸임금과 주임금의 행실을 본받고 있었다."7) 사실 그는 개인적 교만과 사치와 쾌락만 추구하고 있었다. 『수서隋書』에서는 그를 비난하여 이렇게 말한다.

---

5) (唐)魏徵, (唐)令狐德棻 : 《隋書》第1冊, 中華書局1973年版, 第55頁.[원문 : "我興由佛法, 故大樹佛教, 爲治國之重", "無寬仁之度, 有刻薄之資", "溺寵廢嫡, 託付失所".]

6) (唐)魏徵, (唐)令狐德棻 : 《隋書》第6冊, 中華書局1973年版, 第1707頁.[원문 : 空有建學之名, 而無弘道之實.]

7) (宋)司馬光 : 《資治通鑒》(下), 上海古籍出版社1987年版, 第1291頁.[원문 : 口誦堯舜之言, 而身爲桀紂之行.]

음황淫荒하기를 무절제했고, 가혹한 법령을 많이 늘렸고, 교화敎化는 사유四維(나라를 다스리는 네 개 준칙)와 단절했고, 형벌에는 오학五虐(다섯가지 혹형)을 섞어 넣었고, 혈육을 몰인정하게 죽여 버렸고, 충직하고 현량한 자들을 많이 도살했다.[8]

그리하여 수나라는 국운國運이 짧았는데, 결국 30년이 안 되어 곧 멸망했다. 하지만 훗날의 당나라에 통일된 국토와 역사적 경험교훈을 물려주었는데, 이 점만은 칭송할 만하다고 하겠다. 그와 비교할 때, 당태종은 치국治國의 명군名君이었다. 당태종은 개인적 신앙과 애호, 물욕과 이기심을 버리고, 웅대한 기백과 도량을 가지고 장구한 다스림을 계획했다. 그는 유·도·불 삼교를 함께 장려할 것을 기본 국책으로 정했다. 구체적으로 그는 유교로써 나라를 다스리고, 불교로써 교화를 보조하고, 도교로써 민족을 강대하게 만들 것을 주장했다. 그는 이렇게 말했다.

짐朕이 오늘 좋아하는 것은 오로지 요임금과 순임금의 도道와 주공과 공자의 가르침뿐이다. 이를 새가 날개를 가진 것으로, 물고기가 물에 의지하여 헤어다니는 것으로 여기고 있다. 이것을 잃으면 반드시 죽게 될 것이니, 잠시도 없어서는 아니 되겠다.[9]

이로 보면 그는 마음속으로부터 우러나와 자각적으로 유교를 국정을 운영하는 법도로 삼고 있었다. 그는 또 정관貞觀 11년에 내린 조서詔書에서 말하기를, "짐朕의 본계本系(종족의 계보)는 주하柱下(노자를 가리킴)로부터 내려왔다."[10]고 했다. 또 도교를 찬양하여 말하기를, "백성들이 근본을 숭상하는 풍속이 구유九有(즉 九州)에 널리 통하게 하고, 선조들을 존숭하는 기풍이 만세萬世에 길이 남

---

8) (唐)魏徵, (唐)令狐德棻:《隋書》第1冊, 中華書局1973年版, 第95頁.[원문:淫荒無度, 法令滋章, 敎絶四維, 刑參五虐, 鋤誅骨肉, 屠剿忠良.]
9) (唐)吳兢編著:《貞觀政要》, 王貴標點, 嶽麓書社1991年版, 第226頁.[원문:朕今所好者, 惟在堯, 舜之道, 周, 孔之敎, 以爲如鳥有翼, 如魚依水, 失之必死, 不可暫無耳.]
10) (宋)宋敏求編:《唐大詔令集》, 商務印書館1959年版, 第587頁.[원문:朕之本系, 起自柱下.]

겨지게 한다."[11]고 했다. 노자와 도교를 높이 받드는 것인 즉 조상을 존숭하고
근본으로 돌아가는 실천이겠다. 정관 15년, 그는 또 이렇게 말했다. "오늘 이씨
李氏 가족이 나라를 차지하고 있기에, 이씨 노인(노자를 가리킴, 노자의 본명은 李耳
이다.)을 앞에 세운다. 만약 석가釋家가 다스림과 교화를 행한다면, 석문釋門(불교
를 말함)이 위에 있을 것이다."[12] 이렇게 다른 한편으로는 또 불교가 인심을
안정시키고, 민속을 순화하는 기능을 긍정해주고 있었다. 당태종이 "삼교를 함
께 장려하되, 유교를 주축으로 삼는" 문화방침을 확립한 후, 유·도·불 삼교는
모두 큰 발전이 있었고, 모두 새로운 기상과 풍모를 드러내고 있었다.

유가 경학이 통일되던 추세는, 일생을 남진, 수나라와 당나라를 걸쳐 살아온
육덕명陸德明의『경전석문經典釋文』에 잘 반영되어 있다. 이 책에서는 14부의
고전古典 및 그 주석문注釋文의 글자의 음과 함의를 자세히 해석했는데, 그 가운
데 12부는 유경儒經이었다(나머지 2부는『노자』와『장자』이다). 유경에서는 유독
『맹자』만 빠져 있었다. 선정한 주석문은 모두 학계에서 중요시하고 있던 유행
판본이었다. 이 책을, 후일 학자들이『오경정의五經正義』,『십삼경주소十三經注
疏』를 편찬할 때 근거로 삼았다.『경전석문經典釋文』은 남조의 학술을 근간으로
삼고 있었다. 하지만 사실 상, 이 책에서는 남과 북의 학풍을 융합하고, 양한,
위, 진 시기를 함께 아우르면서, 수, 당 이전의 경학 연구 성과를 종합했다. 이
책은 수, 당 경학의 선두자로 평가받고 있다.

수나라 경학가經學家들은 두 부류로 나뉘었다. 한 부류는 정치가들로서 그들
은 경학을 창도하는 동시에 특히 실천을 중요시하고 있었다. 다른 한 부류는
경사經師들로서 이들은 강론과 저술을 중요시하고 있었다. 전자로는 우홍牛弘
이 있었는데, 그는 일찍 예부禮部에서 상서尙書직을 맡았고,『오례五禮』백권
百卷을 정리했고, 나라의 예악전장禮樂典章 제도를 통일했다.『수서隋書·우홍전

---

11) (宋)宋敏求編:《唐大詔令集》, 商務印書館1959年版, 第587頁.[원문 : 庶敦本之俗, 暢於九
   有. 尊祖之風, 貽諸萬葉.]
12)《中華大藏經》(漢文部分)第60冊, 中華書局1993年版, 第813頁. [今李家據國, 李老在前. 若
   釋家治化, 則釋門居上.]

牛弘傳』에서는 그를 이렇게 칭송한다.

> 백왕百王들의 손익損益을 자세히 상고하고서, 한 세대의 전장典章을 이루어냈
> 는데, 한나라의 숙손통叔孫通도 비길 수 없을 정도였다.[13]

학자들 가운데서 성취가 가장 컸던 이는 유작劉焯과 유현劉炫이다. 이 두 사
람은 모두 뭇 경經을 통달했고, 수나라에서 학문이 으뜸이었는데, 그리하여 학
계에서 널리 존숭받고 있었다. 그들의 학문은 북학北學에서 연유해서 후일 남
학南學에 들어갔었다. 특히 유작의『오경술의五經述義』는 그 이전의 경학을 집
대성했는데, 그 공적은 정현이 뭇 경經에 주를 단 것과 가지런히 논할 수 있겠
다. 이 책은『경전석문經典釋文』과 함께 당나라 초 경학의 발전에 앞길을 개척
해 주었다.

수나라 때에는 또 대유大儒 왕통王通이 있었는데, 그는 아주 예견성이 있는
사상가였다. 그는 태평성세를 위해 치국의 청사진을 설계했다. 그것인 즉 인정
仁政과 덕치德治를 실행하는 왕도王道였는데, 그는 "왕도가 성盛하면, 예악禮樂
도 흥행한다."고 하면서, "예禮로 행실을 바로잡고, 악樂으로 덕德을 조화롭게
할 것"[14]을 주장했다. 그는 수양제隋煬帝가 형벌을 남용하고 덕을 폐廢한 행실
을 비난하여 이렇게 말했다.

> 옛날 정치를 하는 자들爲政者은 덕德을 우선으로 하고 형형刑을 다음으로 했는데,
> 그리하여 백성들은 그이의 인자함에 기뻐했다. 오늘 정치를 하는 자爲政者는 형벌
> 을 제멋대로 내리고 덕을 버렸는데, 그리하여 백성들은 그의 간악함을 원망한
> 다.[15]

---

13) (唐)魏徵, (唐)令狐德棻 :《隋書》第5冊, 中華書局1973年版, 第1310頁.[원문 : 采百王之損益,
   成一代之典章, 漢之叔孫, 不能尙也.]
14) (隋)王通撰, (宋)阮逸注 :《中說》, 中華書局1985年版, 第8, 28頁.[원문 : "王道盛則禮樂從而
   興焉", "禮以制行, 樂以和德".]
15) (隋)王通撰, (宋)阮逸注 :《中說》, 中華書局1985年版, 第8頁.[원문 : 古之爲政者, 先德而後
   刑, 故其人悅以怨. 今之爲政者, 任刑而棄德, 故其人怨以詐.]

그가 삼교 관계에 대한 태도는 즉 학파를 초월하여 국가적 수요 차원에서 "삼교는 여기서(이 차원에서) 하나로 될 수 있다."[16]는 것이었다. 그 '하나'란 즉 삼교가 상호 협력하는 것을 말한다. 이렇게 하면 '백성들이 나태해지지 않게' 할 수 있다는 것이다. 바꾸어 말하면 민중들의 정신이 산만해지지 않고 난잡해지지 않게 할 수 있다는 것이다. 그가 보건대, 삼교는 역할이 같지 않은데, 정치적으로 '정치 주장은 여러 갈래이면 아니 되기 때문에' 유학을 사용할 수밖에 없고, 그렇기는 하지만 불교와 도교를 없애버려서는 아니 되고, 삼교는 각자의 쓰임새를 다해야 했다. 한편, 재앙이 닥치는 것은 임금을 잘 못 세운 탓이라고 한다. 그는 이렇게 말한다.

> 시서詩書가 성성盛해서 진秦나라가 그것을 불태워 결국 빨리 멸망했으나, 이는 중니仲尼의 죄가 아니다. 허원虛元(道家 사상)이 성성盛해서 진晉왕실이 어지러워졌으나, 이는 노장老莊의 죄가 아니다. 재계齋戒를 하면서 양나라가 멸망했으나, 이는 석가釋迦의 죄가 아니다. 『역易』에서 말하지 않았는가. '참말로 적격자가 아니라면, 도道는 헛되이 운행하지 않는다.'고 말이다.[17]

그 뜻은 아주 분명했다. 만약 영명한 군왕이 나와서 집권한다면 삼교는 협동해서 적극적인 역할을 발휘할 수 있다는 것이었다. 그가 기대하던, 올바른 도道를 널리 펼치는 임금은 당나라 때에 와서 드디어 출현했다. 그가 바로 당태종이겠다.

당태종이 우선 주목했던 것은 나라의 경학 사업이었다. 그는 이를 계획적으로 그리고 순차적으로 추진시켰다. 첫째는 홍문학관弘文學館을 설립하여 조직 기구를 구축하는 일이었다. 둘째는 공자 묘당廟堂을 국학國學에 세워 공자 성인의 지위를 높이는 일이었다. 셋째는 오경五經의 문자를 통일하는 일이었는데,

---

16) (隋)王通撰, (宋)阮逸注:《中說》, 中華書局1985年版, 第17頁.[원문: 三教於是乎可一矣.]

17) (隋)王通撰, (宋)阮逸注:《中說》, 中華書局1985年版, 第17頁.[원문: "詩書盛而秦世滅, 非仲尼之罪也. 虛元長而晉室亂, 非老莊之罪也. 齋戒修而梁國亡, 非釋迦之罪也.《易》不云乎: '苟非其人, 道不虛行'".]

그는 안사고顏師古에게 명을 내려『오경정본五經定本』을 저술하게 했고, 그 다음 이를 천하에 반포했다. 넷째는 오경五經의 주석과 장구章句 해석을 통일하는 일이었는데, 그는 공영달에게 명을 내려 그가 책임을 맡고 제유諸儒들과 함께 『오경정의五經正義』 저술하게 했다. 그들은『오경정의』를 모두 일백칠십권一百七十卷 만들었는데, 그 다음 당태종은 이를 천하 백성들이 익히게 했다.『오경정의』는 정관貞觀 연간에 전부 완성되었는데, 고종高宗이 즉위 후 정식으로 천하에 반포했다.『오경정의』가 경학을 통일하는 데서 관건적 역할을 일으켰다고하겠다.『오경정의』는 다음과 같은 특색이 있었다. 첫째, 주注는 전국에서 널리 유행하던 판본을 기준으로 선정했았다. 예를 들면,『역경易經』은 왕필王弼의 『주注』를,『역전易傳』은 한강백韓康伯의『주』를,『상서尚書』는 위위공안국孔安國의『전傳』을,『모시毛詩』는 정현鄭玄의『전箋』을, '삼례三禮'는 정현鄭玄의『주』를,『춘추좌씨전春秋左氏傳』은 두예杜預의『주』를 사용했다. 둘째, 주를 주해注解하는 '소疏'는 유작劉焯, 유현劉炫의 성과를 많이 받아들였다. 셋째,『오경정의』는 "소疏가 주注를 흐트러뜨리지 않도록 한다."고 표방했지만, 그래도 널리 인증引證을 했고, 제가諸家들의 경설經說을 많이 인용했다. 넷째,『오경정의』는 공영달이 총 책임을 맡고 뭇 학자들을 소집해서 공동으로 저술한 책이다.『오경정의서』에는 저자들의 성명 및 그들이 맡은 부분이 명시되어 있다. 저자들로는 마가운馬嘉運, 조건엽趙乾葉 등 20여 명이 있었다. 다섯째,『오경정의』는 의거依據로 삼고 있던 주석문注文에 구애받지 않았고, 이에 선택적으로 보충하고 또한 이를 초월했다. 예컨대 왕필의『주역주周易註』에서는 취한 것도 있었고 버린 것도 있었고,『모시정의서毛詩正義序』는 작성할 때는 "오로지 곡직曲直(시비판단)에만 관심을 가지고 있었고 애증愛憎에는 무관심 했고"[18]『춘추좌전정의서春秋左傳正義序』에서는 두씨杜氏(杜預)를 높이고 유씨劉氏(劉炫)를 내리까기도 하고 또 "만약 두 사람의 해석이 모두 그르다면, 그들의 식견이 짧음을 특별히 설명했다."[19] 요컨대『오경정의』의 편찬은 오경五經 학설에 대한 역사상 가장 컸던

---

18) (漢)毛亨, (漢)鄭玄箋, (唐)孔穎達疏:《毛詩注疏·上·毛詩正義序》, 上海古籍出版社2013年版, 第2頁.[원문:唯意存於曲直, 非有心於愛憎.]

한차례 체계적인 정리, 총화와 개정의 작업이었다. 비록 오경을 소통하는 과정에 새로운 의리義理체계를 구축해내지는 못했지만, 그러나 이는 오경 텍스트의 주해에 대한 한 차례 중요한 표준화 작업이었다. 한편, 이는 대당제국大唐帝國에서 유가 경학을 중화민족문화공동체의 주도적 사상으로 위치 지우는 중요한 작업이었다. 한무제는 육경六經을 표창하고 경학의 관학화官學化를 크게 창도했지만 박사博士들은 각자 종파별로 나름대로 제자들을 가르쳤고, 경주經注 또한 여러 학파로부터 나온 것이었기 때문에, 그때 사람들이 오경 텍스트에 대한 이해는 각양각색이었고, 해석에 있어서도 명확한 기준이 없었다. 이는 경학의 쟁명爭鳴에는 유익했으나 사상의 통일에는 불리했다. 『오경정의』는 오랜 기간의 검증을 거친 주류 경주經注를 선정하여 이에 소해疏解를 한 것으로서 그 당시 이미 표준텍스트로 정해져 천하에서 널리 유행했고, 당연히 후세에도 길이 전해졌다. 피석서皮錫瑞가 『경학역사經學歷史』에서 말했듯이, "당나라 때부터 송나라 때에 이르기까지, 과거시험을 보고 인재를 선발하는 데는 모두 이 판본을 표준으로 삼고 있었고, 천하에서 가장 중요한 준칙圭臬으로 높이 받들고 있었다."[20] 이 책의 역사적 공적功績은 아주 거대했다고 말하지 않을 수 없겠다. 당대 역사학 대가大家 범문란范文瀾도 평가하기를, "당태종은 명을 내려, 공영달이 『오경정의』를 저술하고, 안사고顏師古가 『오경정본』을 정하게 했는데, 이가 유학에 끼친 영향은 한무제가 백가百家를 배척하고 유학을 독존獨尊하던 것에 못지않게 거대했다."[21]라고 한다.

『오경정의』가 만들어진 후, 그 뒤를 이어 가공언賈公彦은 『주례소周禮疏』, 『의례소儀禮疏』를 만들었고, 양사훈楊士勳은 『곡량전소穀梁傳疏』를 만들었고, 서언徐彦은 『공양전소公羊傳疏』를 만들었다. 이렇게 십삼경소十三經疏에서 당나라

---

19) (晉)杜預注, (唐)孔穎達等正義:《春秋左傳正義》, 上海古籍出版社1990年版, 第2頁.[원문: 若兩義俱違, 則特申短見.]

20) (淸)皮錫瑞, 周予同注釋:《經學歷史》, 中華書局1959年版, 第198, 207頁. ["自唐至宋, 明經取士, 皆遵此本", "天下奉爲圭臬".]

21) 劉洋編:《據史言儒·范文瀾說儒》, 孔學堂書局2014年版, 第59頁.

때 만든 소疏가 9할을 차지한다. 사람들은 늘 '한나라의 주注, 당나라의 소'라고 자랑스레 말하는데, 확실히 이것들은 후세 사람들이 유경의 본뜻本義을 이해하고 또 유경이 단절되지 않고 전해져 내려오게 하는데 큰 도움이 되었다. 그 영향은 청나라 말 및 근현대까지 줄곧 지속되어 왔었다.

2. 유가 경학의 제도화

경학의 제도화는 주로 두 방면에서 표현된다. 하나는 오경이 과거科擧시험과목에 들어간 것이고, 다른 하나는 오경에 근거하여 국가차원의 예의제도를 구축한 것이다. 당나라 과거제도는 수나라의 것을 계승한 기초 위에서 점차 완벽해졌다. 당나라 때에는 경성京城으로부터 지방에 이르기까지 등급별로 학교를 설립하고, 『오경정의』를 표준 독본讀本으로 정하고, 과거시험을 거쳐 능력별로 인재를 선발했다. 수험생들은 향공鄕貢을 거쳐, 주州나 현縣의 장관長官의 추천을 받아, 마지막에 상서성尙書省에 올라와 이부吏部(玄宗 때에는 禮部로 개정했음) 시험을 보았다. 시험과목으로는 수재秀才, 명경明經, 준사俊士, 진사進士, 명법明法 등이 있었다. 그 가운데서 명경, 진사 두 과목이 특히 중요했는데, 명신名臣들은 대부분 이 두 과목에서 나왔다. 명경은 오로지 유경만 공부하면 되고, 진사는 시부詩賦도 배우고 오경도 배워야 했다. 오경시험은 『오경정의』를 표준으로 삼고 있었다. 지식인들은 출신을 불문하고 과거시험에만 급제하면 벼슬길에 오를 수 있었는데, 이렇게 온 나라의 지식인士人들이 '오경'을 공부하고 입신양명을 추구하는 풍기를 형성하게 되었던 것이다. 그 후, 과거제도는 약간씩 조정은 있었지만, 천여 년 줄곧 지속되어 왔었고, 1905년에 와서 폐지되었다. 바꾸어 말하자면 과거제도는 중국에서 천여 년 동안 관료정치, 문화교육에 중대한 영향을 끼쳤었다. 하지만 과거제도는 여러 폐단도 있었다. 예를 들면, 시험에는 첩경帖經이라는 과목이 있었는데, 이는 기계적으로 암송만 하는 기풍을 조장했다. 과거제도는 책을 읽는 것을 오로지 벼슬길에 오르기 위한 것으로 만들어버렸고, 인생을 너무 공리적이게 만들었다. 또한 사람들이 백발이 되도록 경經을 읽으면서 인생을 허비하게 만들었다고 하겠다. 한편 사람들은 학문을 닦아 벼슬길에 오르는 것만 숭상하고, 기타 노동은 비천하게 여기고 있었다. 그러나 의심할 바 없이, 과거시험을 통해 인재를 선발하는 제도는 역사적으로 아주 거대한 공적도 있었다. 첫째, 공평한 경쟁을 통해, 통일적인 표준으로 인재를 선발했는데, 이는 우수한 인재를 선발하는데 아주 유익했다. 둘째, 문벌과 혈통을 불문하고, 사회의 하층 인사들이 사회의 중심 무대에 올라 정치에 참여하고 나라를 다스리는 일에 관여할 수 있는 기회를 제공해 주었다. 셋째, 온 나라의 젊은이들이 경을 읽고 글을 쓰는 일을 중히 여기게 만들었고, 그들이 학식이 있는 지식인으로 성장하게 만들었다. 넷째, 각 지역 및 각 민족의 우수한 인재들을 선발하여 엘리트 집단을 구성할 수 있었는데, 이는 국가의 통일과 민족의 단결에 아주 유익했다. 다섯째, 오경 지식을 보급하고, 유학의 인의도덕仁義道德의 문화 응집력과 영향력을 강화시키는데 유익했다.

당나라는 새로이 일떠선 통일 왕조국가로서 나라를 예의禮義가 바르고 사회가 안정한 문명국가로 만들려고 했다. 그렇게 하려면 반드시 오경에 의거해야 했고 또한 새로운 형세에 맞추어 한나라 예의제도禮儀制度 및 위진 이래 예학禮學의 성과를 토대로 일련의 새로운 예약제도를 구축해야 했다. 그래야만 공자의 "덕德으로 이끌고 예禮로 가지런하게 하는"22) 치국治國의 도道를 실천할 수 있었던 것이다. 당나라는 초기에 수나라 예의를 답습했다. 당태종 때에 와서 방현령房玄齡, 위징魏徵 및 여러 예관禮官, 학사學士들이 함께 『길례吉禮』, 『빈례賓禮』, 『군례軍禮』, 『가례嘉禮』, 『흉례凶禮』를 수정·보완했는데, 이것이 『정관례貞觀禮』이겠다. 고종高宗 때에는 또 이를 수정·보완하여 『현경례顯慶禮』로 만들었다. 현종玄宗 개원 연간에는 이를 또 더 보완하여 『대당개원례大唐開元禮』 150권으로 만들었는데, 이렇게 중화의 예약문명을 새로운 높이에로 끌어올리게 되었던 것이다. 『대당개원례大唐開元禮』는 예법제도를 집대성한 책이고 여기에는 새롭게 창조한 것도 있었다. 저자들은 이 책에서 예전의 예약제도가 번잡하

---

22) (漢)班固:《漢書》, 中華書局2007年版, 第892頁.[원문:導之以德, 齊之以禮.]

고 모순되고, 실시하기 어려운 등 결점을 보완했고, 한편 통일적이고 엄밀하고, 간략하고 실행하기 쉬운 예악제도 체계를 새로이 구축했다. 오례五禮의 순서는 길吉, 가嘉, 빈賓, 군軍, 흉凶으로 정했다.『신당서新唐書·예악지禮樂志』에서는 이렇게 평가한다.

> 당나라 때에 오례五禮의 문文이 갖추어졌는바, 후세에는 그것을 쓰고 있었는데, 비록 줄이고 보태는 일損益이 좀 있기는 했지만 그것을 초월하지는 못했다.23)

『대당개원례大唐開元禮』를 실행함으로써 유가의 예치禮治 이상理想을 비교적 원만하게 실현할 수 있었고 또한 문명한 대당성세大唐盛世의 기상氣象을 충분히 드러낼 수 있었다. 이와 법전 체계에 속하는『대당육전大唐六典』,『당율소의唐律疏議』는 공동으로 예법禮法 전장 제도典制의 토대를 구성하고 있었다.

3. 유가 경학의 경세치용經世致用

당나라 유학의 가장 큰 성공은 학술이론의 창조에 있었던 것이 아니라, 오히려 나라를 다스리고 국정을 운영하는 실천에 있었다. 정관의 다스림貞觀之治으로부터 개원의 다스림開元之治까지, 하나의 진리를 증명해냈었다. 즉 참답게 공자 오경五經의 기본정신과 요구에 따라 나라를 다스리기만 한다면 곧 태평성세를 이루어낼 수 있다는 것이었다. 당태종은 역사적으로 가장 유가의 기상氣象이 넘쳤던 대정치가이다. 그는 공자유학을 마음속 깊이 아로새기고 나라를 다스렸었다. 이는 즉, 백성을 근본으로 삼고, 다스림에서 인덕仁德을 베풀고, 정치에서 덕德으로 이끌고 예禮로써 가지런하게 하고, 형벌을 줄이고 세금을 적게 거두고, 정치하는 자는 솔선 본보기를 보여주어야 하고, 현명한 자를 존중하고 능력이 있는 자를 등용하고, 일을 참답게 하여 사람들에게 신뢰를 주고, 옛것을

---

23) (宋)歐陽修, (宋)宋祁:《新唐書》, 中華書局1975年版, 第309頁.[원문 : 唐之五禮之文始備, 而後世用之, 雖時小有損益, 不能過也.]

익히고 그것으로 미루어 새것을 알고, 재능과 덕德을 겸비한 사람을 보면 본받으려고 노력하고, 남의 잘못을 보고서 인仁의 도리를 깨닫고, 청렴결백하게 공무를 수행하고, 검소함을 지키고 사치함을 버리고, 편안할 때에도 위태로울 때를 미리 생각하고 경계하고, 문인과 무인을 병용하는 등 정치적 지혜를 말하는 것이다. 당태종은 이렇게 대당大唐을 나라가 부강하고 번영하고, 예의禮義가 융성하고 발달한 동방 제국으로 만들었던 것이다. 또한 이렇게 오경 문화와 공자 유학의 눈부신 광채와 강대한 생명력을 실천을 통해 드러냈던 것이다. 그는 유가 경학의 대공신大功臣이었다. 비록 그도 제왕帝王으로서의 한계를 가지고 있기는 했지만, 그러나 그는 항상 겸허하게 타인의 비평을 받아들였고, 잘못을 알고는 바로 고쳤었다. 한마디로 그는 명군明君이었다. 이런 제왕은 역사적으로 드물었다고 하겠다. 그는 만년에 『제범帝範』십이편十二篇을 만들어 태자에게 넘겨주었다. 『군체群體』, 『건친建親』, 『구현求賢』, 『심관審官』, 『납간納諫』, 『거참去讒』, 『계영戒盈』, 『숭검崇儉』, 『상벌賞罰』, 『무농務農』, 『열무閱武』, 『숭문崇文』이 그것인데, 이는 사실 그의 일생동안의 수신修身과 치국治國의 경험 총화였다. 또 태자에게 이르기를, 자신은 일생동안 공로가 과오보다 많을 따름이고, 완전 무결한 사람은 아니라고 했다. 그러니 "너는 마땅히 더욱 옛날 성현哲王들을 스승으로 삼아야 한다. 나 같은 사람은 본받기에는 부족하다."[24]

현종玄宗 연간, 사관史官 오긍吳兢이 『정관정요貞觀政要』를 편찬했는데 그는 당태종과 45명의 대신들이 정사를 논한 언론들을 모아 주제별로 이 책에 수록했다. 이 책에는 "인륜人倫의 기강紀綱이 갖추어져 있었고, 군국軍國의 법규가 기재되어 있었다."[25] 이 책에는 전론專論이 40편 들어있었는데, 중요한 것들로는 논군도論君道, 논정체論政體, 논임현論任賢, 논구간論求諫, 논납간論納諫, 논군신감계論君臣鑒誡, 논택관論擇官, 논존경사부論尊敬師傅, 논규간태자論規諫太子,

24) (宋)陳模:《東宮備覽》, 商務印書館1939年版, 第13頁.[원문: 汝當更求古之哲王以爲師, 如吾, 不足法也.]

25) (唐)吳兢編著:《貞觀政要·序》, 王貴標點, 嶽麓書社1991年版, 第7頁.[원문: 人倫之紀備矣, 軍國之政存焉.]

논인의論仁義, 논충의論忠義, 논효우論孝友, 논공평論公平, 논성신論誠信, 논검약論儉約, 논겸양論謙讓, 논두참사論杜讒邪, 논회과論悔過, 논사종論奢從, 논탐비論貪鄙, 논숭유학論崇儒學, 논문사論文史, 논예악論禮樂, 논무농論務農, 논형법論刑法, 논공부論貢賦, 논변흥망論辯興亡, 논안변論安邊, 논신종論慎終 등이 있었다. 기본내용은 『제범帝範』과 상통하는데, 『제범』보다 더 상세하다. 양자 모두 유가의 '자기를 닦아 백성들을 편안하게 해주고' 나라를 장기적으로 안정하게 다스리는 가치 추구를 반영하고 있었다.

당태종의 치국治國 이념은 멀리로는 요堯, 순舜, 주周, 공孔의 법도를 이어받았고, 중간으로는 진秦나라가 멸망하고 한나라가 일떠서던 역사를 거울로 삼았고, 가까이로는 수양제隋煬帝가 나라를 잃은 교훈을 받아들였다. 그의 정치사상은 아주 풍부한데 대체로 아래와 같은 몇 조목으로 나누어 살펴볼 수 있겠다.

첫째, 백성이 나라의 근본이고, 백성은 물이고 임금은 배라고 했다. 『정관정요貞觀政要』에서는 태종의 말을 인용하여 이렇게 말한다. "임금 노릇을 잘 하려면 반드시 우선 백성들을 마음에 두어야 한다. 만약 백성에게 손해를 주면서 자기 몸만 챙긴다면 이는 넓적다리 살을 베서 자기 뱃속에 넣는 것과 같으니 배는 부르겠으나 몸은 반드시 죽게 된다."[26] 또 이렇게 말한다. "배를 임금에 비유하고, 물을 백성에 비유하는 것은, 물이 배를 띄울 수도 있고 뒤엎을 수도 있기 때문이다."[27] 또 말하기를, 훌륭한 임금이라면 반드시 인의仁義를 베풀어야 한다고 했다. "숲이 깊어야 새들이 깃들이고, 물이 넓어야 물고기들이 노닐고, 인의가 쌓여야 만백성들이 귀순한다."[28] 또 말하기를, 수나라가 멸망한 것은 "바로 인의를 베풀지 않아 뭇 신하들이 원한을 품고 임금을 배반한 것이 원인이겠다."[29]라고 했다. 이것이 바로 맹자가 창도하던 "민심을 얻은 자가 천

---

26) (唐)吳兢編著 : 《貞觀政要》, 王貴標點, 嶽麓書社1991年版, 第2頁.[원문 : 爲君之道, 必須先存百姓, 若損百姓以奉其身, 猶割股以啖腹, 腹飽而身斃.]

27) (唐)吳兢編著 : 《貞觀政要》, 王貴標點, 嶽麓書社1991年版, 第150頁.[원문 : 舟所以比人君, 水所以比黎庶, 水能載舟, 亦能覆舟.]

28) (唐)吳兢編著 : 《貞觀政要》, 王貴標點, 嶽麓書社1991年版, 第175頁.[원문 : 林深則鳥棲, 水廣則魚遊, 仁義積則物自歸之.]

하를 얻는다."는 인정仁政이겠다.

둘째, 평안할 때 위태로울 때를 잊지 않고, 사치함을 삼가고 검약함을 발양했다. 태종太宗이 늘 신하들과 진지하게 토론하던 문제는 즉 창업創業(업적을 이룸)과 수업守業(이룬 업적을 지킴)의 문제였다. 바꾸어 말하면 천하를 얻는 것과 천하를 다스리는 것에서 어느 것이 더 어려운가 하는 문제였다. 태종이 물었다. "제왕의 대업大業에서, 나라를 세우는 일과 나라를 지키는 일에서, 어느 일이 더 어려운가?"30) 방현령房玄齡이 대답하기를, 나라를 세우는 일이 더 어렵다고 했다. 그러나 위징魏徵은 나라를 지키는 일이 더 어렵다고 했다. 위징은 수양제隋煬帝를 예로 들어 이렇게 설명했다. 수양제는 "부강함만 믿고 후환後患을 생각하지 않았습니다. 천하를 다스리는 일은 자기 욕망에 따라 임의로 행했고, 만물을 비우면서 자기만 섬겼습니다." 또 말하기를, "임금과 신하 사이는 도道가 막혔고, 백성들은 목숨을 부지하기 어려웠는데, 그리하여 온 나라가 갈라지고 흩어졌습니다."31) 즉, 천하는 "얻기는 어렵지만 잃기는 쉽다."는 것이었다. 그러니 만약 "평안할 때 위태로울 때를 생각지 않고, 사치함을 끊지 않고 검소함을 지키지 않고, 덕德을 두텁게 쌓지 않고, 정情을 욕망에 따라 발한다면"32), 이는 "뿌리를 자르고서 나무숲의 무성함을 추구하고, 수원지를 막고서 물이 길게 이어져 흐르게 하려는 것"33)과 똑같이 황당하다는 것이다. 한편, 세상에는 "시작을 잘 떼는 자는 참말로 많지만 내종을 잘 꼬는 자는 대개 드물다."34)

29) (唐)吳兢編著：《貞觀政要》, 王貴標點, 嶽麓書社1991年版, 第174頁.[원문 : 正由仁義不修, 而群下怨叛故也.]

30) (唐)吳兢編著：《貞觀政要》, 王貴標點, 嶽麓書社1991年版, 第5頁.[원문 : 帝王之業, 草創與守成孰難?]

31) (唐)吳兢編著：《貞觀政要》, 王貴標點, 嶽麓書社1991年版, 第6, 7頁.[원문 : "恃其富強, 不虞後患. 驅天下以從欲, 罄萬物而自奉", "君臣道隔, 民不堪命, 率土分崩".]

32) (唐)吳兢編著：《貞觀政要》, 王貴標點, 嶽麓書社1991年版, 第8頁.[원문 : 不念居安思危, 戒奢以儉, 德不處其厚, 情不勝其欲.]

33) (唐)吳兢編著：《貞觀政要》, 王貴標點, 嶽麓書社1991年版, 第8頁.[원문 : 伐根以求木茂, 塞源而欲流長.]

34) (唐)吳兢編著：《貞觀政要》, 王貴標點, 嶽麓書社1991年版, 第8頁.[원문 : 有善始者實繁, 能克終者蓋寡.]

라고도 했다. 그러니 그의 결론은 즉 천하를 얻기는 쉽지만 지키기는 어렵다는 것이었다. 태종도 같은 생각이었다.

> 수양제는 욕심이 그지없었고, 오로지 사치함만 좋아했다. 신하들이 시중을 들고 일을 하는 것이 조금만 비위에 거슬려도 가혹한 형벌을 내렸다. 윗사람의 행실을 아랫사람이 본받기 마련이다. 아랫사람들이 이를 본받아 앞다투어 따라 했으니 결국 멸망에 이를 수밖에 없었다.[35)]

셋째, 현명하고 재능이 있는 자를 선발하여 등용하고, 준걸俊傑들을 벼슬자리에 앉혔다. 당태종은 이렇게 말했다. "정치를 함에 있어서 중요한 일은 오로지 인재를 얻는 일뿐이다. 훌륭한 인재를 등용하지 못하면 반드시 안정한 다스림에 이르지 못하게 된다. 오늘날 인재를 등용하는 데는 반드시 덕행과 학식을 근본으로 삼아야 하겠다."[36)] 정관貞觀 연간의 다스림에서 이룬 성취는 대개 현명한 자를 등용하여 엘리트들과 함께 뜻을 모아 공동으로 잘 다스린 덕분이었다. 『정관정요貞觀政要』에서는 태종이 가장 의지하고, 가장 중히 여기던 팔현八賢을 소개한다. 방현령房玄齡, 두여회杜如晦, 위징魏徵, 왕규王珪, 이정李靖, 우세남虞世南, 이적李勣, 마주馬周 등이 그들이다. 그들 가운데는 진왕부秦王府(李世民이 등극하기 전의 왕실)의 옛 신하도 있었고, 적들의 진영에서 모신謀臣을 맡았던 자도 있었다. 또 어떤 이는 글을 잘 지었고, 어떤 이는 무예武藝가 출중했고, 어떤 이는 명문귀족 출신이었고, 어떤 이는 출신이 아주 보잘 것 없었다. 아무튼, 그들이 충정심을 가지고 대당大唐을 위해 몸과 마음을 다 바치겠다고만 하면 당태종은 격식에 구애 받지 않고 모두 신임해주었고 모두에게 중임을 맡겼었다. 이렇게 뭇 영웅들이 뜻을 합쳐 함께 나라를 질서정연하게 다스리는 국면

---

35) (唐)吳兢編著 :《貞觀政要》, 王貴標點, 嶽麓書社1991年版, 第215頁.[원문 : 隋煬帝志在無厭, 唯好奢侈, 所司每有供奉營造, 小有不稱意, 則峻罰嚴刑. 上之所好, 下必有甚, 竟爲無限, 遂致滅亡.]

36) (唐)吳兢編著 :《貞觀政要》, 王貴標點, 嶽麓書社1991年版, 第256頁.[원문 : 爲政之要, 惟在得人. 用非其才, 必難致治. 今所任用, 必須以德行, 學識爲本.]

을 형성했던 것이다. 그들 가운데 방현령과 두여회는 태종과 함께 나라를 세운 공신功臣이다. 왕규王珪와 위징魏徵은 원래 태종의 적수 이건성李建成의 충신이었다. 그들은 모두 성격이 강직하고 견식이 넓은 대학자였는데, 후일 그들은 모두 태종의 간관諫官으로 등용되었다. 이정李靖은 원래 수나라의 옛 신하였는데, 특히 군사에 능했다. 태종은 그를 장군으로 등용했고, 후일 그는 전쟁에서 수차 큰 공을 세웠었다. 우세남虞世南은 문학 대가였는데, 태종은 그를 문사文史 고문으로 삼았다. 태종은 그를 '오절五絶'이 있다고 칭찬했다. 즉, 덕행德行이 출중하고, 충직하고忠直, 박식하고博學, 글재주가 좋고詞藻, 서한書翰에 뛰어나다고 했다. 이적李勣은 지혜와 무예가 모두 뛰어난 무관武官이었는데, 태종은 그에게 변방의 수비를 맡겼고, 만리장성長城을 지키게 했다. 마주馬周는 원래 대신大臣 상하常何의 모사謀士였는데, 태종은 그의 재능을 보아내고서 그를 대신으로 발탁했고, 수차 그의 충언을 받아들여 실행에 옮겼었다.[37] 당연히 대당성세大唐盛世에는 영웅호걸들이 구름처럼 모여 있었다. 그렇다면 관건은 최고 권력자가 인재를 알아보는 지혜와 인재를 등용하는 도량을 갖추었는지에 달려 있었겠다. 태종은 한번 봉덕이封德彛에게 명을 내려 현명한 자를 추천하라고 했는데, 봉덕이는 훌륭한 인재가 없다는 핑계로 인재를 추천하지 않았다. 그때, 태종은 그를 이렇게 나무랐다.

군자君子는 인재를 기물처럼 사용하는데, 다만 각자의 장점만 취할 따름이다. 옛날에 나라를 잘 다스렸던 이들은 인재를 다른 세대에서 구했단 말인가? 자네 자신이 인재를 알아보지 못했을 따름인데, 어찌 한 세상 사람들을 전부 무함할 수 있단 말인가?[38]

넷째, 간언諫言을 겸허하게 받아들이고, 여러 사람의 의견을 수렴하여 옳고 그름을 잘 갈랐다. 역대로 개국 제왕들은 늘 스스로 공적이 크다고 자처하고

---

37) 참고 : (唐)吳兢編著 : 《貞觀政要》, 王貴標點, 嶽麓書社1991年版, 第51, 53, 56頁.
38) (淸)阮元輯編 : 《宛委別藏 · 致堂讀史管見三》, 江蘇古籍出版社1988年版, 第1118頁.[원문 :
君子用人如器, 各取所長, 古之致治者, 豈借才於異代? 正患己不能知, 安可誣一世之人.]

자기주장만 내세웠었다. 또 늘 찬사만 듣기 좋아하고 꾸지람은 듣기 싫어했다. 그렇다면 당태종이 뛰어난 점은 개인의 재능과 계략에 있었던 것이 아니라, 오히려 여러 사람의 의견을 잘 받아들이는데 있었다. 특히 간언을 잘 받아들였고, 더욱이 주동적으로 간언을 구했는데, 이는 역대의 제왕들 가운데서 아주 보기 드문 일이었다고 하겠다. 『정관정요貞觀政要』에는 『논구간論求諫』, 『논납간論納諫』이라는 두 편이 있는데, 여기서는 태종의 말을 인용하여 이렇게 말한다.

> 사람이 스스로를 비추어 보려면 반드시 밝은 거울이 있어야 한다. 임금이 자신의 과오를 알려면 반드시 충신의 입을 빌려야 한다. 임금이 만약 스스로 현명하다고 자처하고, 신하가 바로 잡아 주지 않고서, 한편 위태하지 않고 실패하지 않으려고 한다면, 이 어찌 될 소리겠는가?39)

그는 수양제가 흉포하여 신하들이 입을 다물고 있어 결국 나라가 멸망한 일을 교훈으로 삼아 신하들이 쟁신諍臣(諫臣)으로 되어줄 것을 부탁했다. 이렇게 "눈과 귀가 바깥으로 통하게 하고, 아래에 원망이 쌓이지 않게 했던 것이다."40) 그는 신하들이 제왕의 위엄에 두려움을 느끼고 있고, 글을 올릴 때에도 공포의 심리를 가지고 있음을 알고 있었다. 신하들은 간쟁諫諍을 올릴 때 "반드시 황제의 노여움을 살까 두려워한다. 그리하여 간언을 올리는 자가 있을 때마다 설령 짐의 마음에 들지 않더라도 짐은 그것이 짐의 뜻을 거스른다고 생각지 않았다."41) 그리하여 그는 "마음을 열고 간쟁諫諍을 받아들일 수 있었고"42) 귀에 거슬리는 말들을 들어줄 수 있었고, "임금에게 무례하고 임금의 뜻을 거역

---

39) (唐)吳兢編著:《貞觀政要》, 王貴標點, 嶽麓書社1991年版, 第58頁.[원문: 人欲自照, 必須明鏡. 主欲知過, 必藉忠臣. 主若自賢, 臣不匡正, 欲不危敗, 豈可得乎?]

40) (唐)吳兢編著:《貞觀政要》, 王貴標點, 嶽麓書社1991年版, 第65頁.[원문: 令耳目外通, 下無怨滯.]

41) (唐)吳兢編著:《貞觀政要》, 王貴標點, 嶽麓書社1991年版, 第65頁.[원문: 必當畏犯逆鱗. 所以每有諫者, 從不合朕心, 朕亦不以爲忤.]

42) (唐)吳兢編著:《貞觀政要》, 王貴標點, 嶽麓書社1991年版, 第66頁.[원문: 開懷抱, 納諫諍.]

한다고 생각하지 않았고, 함부로 책임을 묻고 엄하게 처벌하지 않았다."[43) 이런 분위기가 형성되었기에 유명한 쟁신諍臣 위징魏徵이 있을 수 있었던 것이다. 그는 충성심이 있고, 견식이 넓고, 담략이 있는 신하였는데, 늘 과감하게 간언을 올렸었다. 태종은 그와 명군明君과 암군暗君에 관해 토론한 적이 있었다. 위징이 말하기를, "임금이 현명한 것은 여러 사람의 의견을 널리 받아들였기 때문이고, 임금이 어두운暗 것은 한쪽 의견만 받아들여 곧이듣기 때문입니다."[44) 라고 했다. 위징의 언어가 직설적이고 과격했기 때문에 태종의 분노를 자아낸 적도 있었다. 『수당가화隋唐嘉話』卷上(中華書局 1979년 판본)에는 이런 이야기가 실려 있다. 한번은 태종이 조정朝廷의 회의를 파기하고 황궁에 돌아와 노기등등해서 황후에게 말하기를, 그 시골뜨기를 잡아 죽여야겠다고 했다. 문덕文德 황후가 누가 이렇게 노엽혔냐고 묻자, 태종은 위징魏徵 그 자식이라고 했다. "조정에서 회의를 할 때마다 앞장서서 나를 모독하고, 늘 내 마음이 편치 않게 만든다.""[45)는 것이었다. 황후는 곧바로 조복朝服을 바꿔 입고 예의를 갖춰 그에게 아뢰었다. "첩이 듣기로는, 임금이 현명하시면 신하가 충성한다고 했습니다. 오늘 폐하께서 현명하시니, 위징이 기탄없이 말할 수 있었던 것입니다."[46) 그래서 정식으로 축하드린다는 것이었다. 정관 13년, 위징은 『십점불극종소十漸不極終疏』[47)를 올려 지적하기를, 정관 초기에 태종은 솔선수범하여 근검절약 했고, 그때는 안팎이 태평하고 안정했는데, 근년에 와서 태종은 점차 나태해지고 방종해지고 있는 것 같다고 했다. 예를 들면, 멀리 나가서 준마를 구하고 진귀한 보물을 구하고, 백성들을 함부로 마구 부리려 하고, 교만함과 사치함이

---

43) (唐)吳兢編著：《貞觀政要》, 王貴標點, 嶽麓書社1991年版, 第21頁.[원문：不以犯顔忤旨, 妄有誅責.]

44) (唐)吳兢編著：《貞觀政要》, 王貴標點, 嶽麓書社1991年版, 第3頁.[원문：君之所以明者, 兼聽也. 其所以暗者, 偏信也.]

45) (唐)劉餗：《隋唐嘉話·大唐新語》, 中華書局1957年版, 第5頁.[원문：每廷爭辱我, 使我常不自得.]

46) (唐)劉餗：《隋唐嘉話·大唐新語》, 中華書局1957年版, 第5-6頁.[원문：妾聞主聖臣忠, 今陛下聖明, 故魏徵得直言.]

47) 任繼愈主編：《中華傳世文選·古文淵鑒》(上), 吉林人民出版社1998年版, 第614頁.

날로 늘고 있고, 간언을 막아버리고 소인들을 가까이 하고 군자를 멀리 하고 있고, 기이하고 진귀한 물건을 좋아하고, 인재를 자기 선호에 따라 등용하고, 숲에서 말을 달리면서 사냥하기를 즐기고, "임금은 신하를 예禮로써 부린다." 는 원칙을 무시하고 있고, 방탕함이 늘고 있고, 나라를 잘 다스리지 않는다는 등이었다. 한편, 백성들은 요역에 시달려 이미 피폐해졌다고도 했다. 태종은 이 소疏를 읽고서 말하기를, "짐이 오늘 과오를 뉘우치고 고칠 수 있다면, 어쩌면 착하게 내종을 꼴 수도 있겠구나."라고 했다. 또 "이 글을 병풍에 걸어놓고 아침저녁으로 읽어 보겠다."[48]고도 했다. 임금과 신하가 이렇게 마음이 통했기에 정관貞觀 연간의 다스림이 있었던 것이다.

다섯째, 농사일을 중요시하고 세금을 적게 거두고, 백성들의 농사철을 앗지 않았다. 『정관정요貞觀政要』의 『논무농제삽십論務農第三十』에서는 전문 농업생산을 발전시켜야 하는 중요성을 논한다. 이 편에서는 태종太宗이 시신侍臣에게 한 말을 인용하여 이렇게 말한다. "나라는 백성을 근본으로 삼고, 백성은 먹고 입는 것을 근본으로 삼는다. 대저 먹고 입는 것을 장만하는 일은 농사철을 놓치지 않는 것을 근본으로 삼는다.", "임금이 정치를 간소화하고, 조용하게 일을 하면 이에 이를 수 있겠다.""[49] 그래서 "병장기를 자주 휘두르고 토목공사가 그치지 않는 일"[50]을 피해야 한다는 것이다. 황태자의 관례冠禮 행사는 처음에 2월에 거행하기로 정했는데, 태종은 백성들의 농사일을 방해할까 걱정되어 10월로 미루었고, 한편 음양가陰陽家들의 금기禁忌는 개의치 않았다. 그는 이렇게 말했다.

요역을 줄이고 농사철을 앗지 않고, 농민들이 마음 편히 농사일을 하게 하면

---

48) (唐)吳兢編著:《貞觀政要》, 王貴標點, 嶽麓書社1991年版, 第354頁.[원문: "朕今聞過能改, 庶幾克終善事", "列爲屏障, 朝夕瞻仰".]

49) (唐)吳兢編著:《貞觀政要》, 王貴標點, 嶽麓書社1991年版, 第279頁.[원문: "國以人(民)爲本, 人(民)以衣食爲本, 凡營衣食, 以不失時爲本", "人君簡靜乃可致耳".]

50) (唐)吳兢編著:《貞觀政要》, 王貴標點, 嶽麓書社1991年版, 第279頁.[원문: 兵戈屢動, 土木不息.]

곧 부유해진다. 예의禮義와 겸양謙讓을 격려하여 동네에서 젊은이들이 이상 분들을 존경하고, 아내가 남편을 공경하게 해야 한다. 이것이 세상에서 가장 중요한 일이다. 단, 천하를 모두 이렇게 만든다면 짐朕은 관현管弦 음악을 듣지 않고, 들판에 사냥 나가지 않아도, 즐거움은 그 안에 있겠다.[51]

일반적으로 제왕이 천하를 지배하는 목적은 자신의 권력의 욕망과 향락의 욕구를 충분히 만족시키려는 데 있었다. 하지만 당태종의 사상 경지는 아주 높았다. 백성들의 풍요로운 생활과 예의가 널리 통하고 행해지는 것을 가치 추구로 삼고 있었던 것이다. 이것이 바로 공자, 맹자가 추구하던 백성을 부유하게 만들고 백성들을 문명하게 교화하는 사회 이상理想이겠다.

여섯째, 문명을 숭상하고 예의를 중요시하고, 덕德을 밝게 하고 형벌을 신중히 했다. 정관 원년, 한 차례 조정朝廷의 연회宴會에서『진왕파진악秦王破陣樂』을 연주했는데, 태종은 이 음악을 듣고서 말하기를, 애초에 군사로 정토征討를 할 때 이 음악을 사용했는데, 비록 문덕文德의 우아함과는 비길 수 없겠지만, 그러나 공훈과 업적은 무력으로 이루었으니, 감히 근본을 잊으면 아니 되겠다고 했다. 봉덕이封德彛가 말했다. "폐하께서는 뛰어난 무용武勇으로써 온 천하를 평정하셨는데, 어찌 그까짓 문덕文德으로 비기겠습니까?"[52] 이에 태종은 이렇게 말했다. "혼란함亂을 평정하는 데는 무武를 써야 하고, 대업大業을 지키는 데는 문文을 써야 한다. 문文과 무武는 각자 시기에 따라 적절히 활용해야 한다. 경卿은 문文이 무武에 미치지 못한다고 했는데, 이 말은 틀린 말이다."[53] 태종은 자각적으로 나라를 다스림에 있어서는 반드시 문文을 중요시해야 함을 의식하고 있었던 것이다. 그가 저술한『제범帝範』의『숭문崇文』편에서는 전문 예악禮

51) (唐)吳兢編著:《貞觀政要》, 王貴標點, 嶽麓書社1991年版, 第281頁.[원문: 令省徭賦, 不奪其時, 使比屋之人恣其耕稼, 此則富矣. 敦行禮讓, 使鄕閭之間, 少敬長, 妻敬夫, 此則貴矣. 但令天下皆然, 朕不聽管弦, 不從畋獵, 樂在其中矣.]

52) (宋)司馬光 :《資治通鑒》(下), 上海古籍出版社1987年版, 第1286頁.[원문 : 陛下以神武平海內, 豈文德之足比.]

53) (宋)司馬光 :《資治通鑒》(下), 上海古籍出版社1987年版, 第1286頁.[원문 : 戡亂以武, 守成以文, 文武之用, 各隨其時. 卿謂文不及武, 斯言過矣.]

樂과 문교文教의 중요성을 논한다. 이르기를,

> 대저 공功을 이루고는 풍악을 울리고, 다스림을 이루고는 예禮를 만든다. 예악禮樂이 흥성하게 하는 데는 유儒를 근본으로 삼는다. 기풍을 바로잡고 풍속을 이끌어가는 데는 문장文보다 훌륭한 것이 없다. 교화를 펼치고 사람들을 타이르는 데는 학문學보다 좋은 것이 없다. 문장文에 기대어 법도를 융성하게 하고, 학문學을 빌려 몸을 빛낸다. 그래서 명당明堂을 만들고, 벽옹璧雍을 세우고, 백가百家를 두루 다독하고, 육예六藝를 깊이 탐구한다. 그것들을 공손하게 받들어 천하를 알고, 무위無爲하면서 옛일에 비추어 오늘을 안다. 아름다운 명성을 날리고, 풍성한 덕행을 펼치고, 불후의 명예를 빛내려면 오로지 학문밖에 없다. 이것이 바로 문술文術이겠다.54)

태종은 나라를 다스림에 있어서 백성들을 편안하게 해주고 백성들의 마음을 따를 것을 중요시했고, 될수록 성가시게 조사하고 감시하는 등 격렬한 행동을 피할 것을 주장했다. 그는 이렇게 말했다.

> 나라를 다스리는 데는, 반드시 인의仁義로써 보살펴주어야 하고, 위신威信으로써 이끌어가야 하고, 백성들의 마음을 따라야 하고, 각박함을 버려야 하고, 이단異端의 행동을 삼가야 하고, 몸가짐을 자연적이고 안정하고 조용하게 해야 한다"55)

태종은 시신侍臣들과 "백성들의 믿음이 없으면 나라가 세워지지 않는다民無信不立."라는 문제를 토론했다. 방현령房玄齡이 말하기를, "인仁, 의義, 예禮, 지智, 신信을 오상五常이라고 하는데, 이 가운데서 하나를 버려도 아니 됩니다."56)

---

54) (唐)唐太宗:《帝範》, 中華書局1985年版, 第42頁.[원문: "夫功成設樂, 治定制禮. 禮樂之興, 以儒爲本. 宏風導俗, 莫尙於文. 敷教訓人, 莫善於學. 因文而隆道, 假學以光身", "是以建明堂, 立辟雍, 博覽百家, 精研六藝, 端拱而知天下, 無爲而鑒古今. 飛英聲, 騰茂實, 光於不朽者, 其唯學乎, 此文術也".]

55) (唐)吳兢編著:《貞觀政要》, 王貴標點, 嶽麓書社1991年版, 第174頁.[원문: 爲國之道, 必須撫之以仁義, 示之以威信, 因人之心, 去其苛刻, 不作異端, 自然安靜.]

56) (唐)吳兢編著:《貞觀政要》, 王貴標點, 嶽麓書社1991年版, 第211頁.[원문: 仁, 義, 禮, 智, 信, 謂之五常, 廢一不可.]

라고 했다. 정관 11년, 위징魏徵이 글을 올렸는데, 그는 『서書』에서의 '명덕신벌
明德愼罰', '유형휼재惟刑恤哉'[57]를 인용하여 지적하기를, "형벌과 포상의 근본은
선을 권장하고 악을 징벌하는데 있습니다."[58]라고 했다. 한편, 그 당시 형벌과
포상은 늘 집권자들의 호오好惡에 따라 행해졌었다. "기쁜 일이 있으면 동정심
을 율법에 끌어들이고, 노여움에 차 있으면 그 죄를 사건 바깥에서 찾았다."[59]
이는 '형벌이 문란한' 표현이고, 한편 백성들은 이에 어쩔 바를 몰라 했다. 태종
은 신하들의 의견을 받아들이고서 강조하기를, 세상을 다스림에 마땅히 형벌을
줄여야 한다고 했다. 그는 이렇게 말했다.

> 짐朕은 늘 법관들에게 형벌의 경중輕重을 물었다. 그들은 번마다 법망法網이
> 예전보다 느슨해졌다고 말했다. 하지만 나는 여전히 판결을 하는 자들이 사람을
> 죽이는 일로써 공을 세우려 하고, 남을 해쳐 명예를 얻으려 하고, 자신만 치켜세
> 우려 할까 걱정된다. 지금 내가 걱정하는 일은 바로 여기에 있는 바, 마땅히 이를
> 엄격히 금지하고, 형벌을 반드시 너그럽게 내려야 하겠다.[60]

제2절 유학 부흥 운동에서의 불佛·노老 배척과 불·노 융회融會

1. 부혁傅奕과 한유韓愈의 불·노 배척

유학은 당나라 때, 비록 정치의식형태로서는 주도적 지위를 굳혔지만, 그러
나 이론적 창조에 있어서는 불교나 도교보다 못했고, 민간학술의 발전으로 보

---

57) (唐)吳兢編著：《貞觀政要》, 王貴標點, 嶽麓書社1991年版, 第289頁.[원문："明德愼罰", "惟刑恤哉".]
58) (唐)吳兢編著：《貞觀政要》, 王貴標點, 嶽麓書社1991年版, 第289頁.[원문：刑賞之本, 在乎勸善而懲惡.]
59) (唐)吳兢編著：《貞觀政要》, 王貴標點, 嶽麓書社1991年版, 第289頁.[원문：遇喜則矜其情於法中, 逢怒則求其罪於事外.]
60) (唐)吳兢編著：《貞觀政要》, 王貴標點, 嶽麓書社1991年版, 第294頁.[원문：朕常問法官刑罰輕重, 每稱法網寬於往代. 仍恐主獄之司, 利在殺人, 危人自達, 以釣聲價. 今之所憂, 正在此耳. 深宜禁止, 務在寬平.]

더라도 그 기세는 삼교 가운데서 가장 약했다. 특히 외국에서 들어온 불교가 날로 번창했는데, 이에 일부 보수적인 유신儒臣과 유자儒者들은 어떤 불안감을 느끼고 있었다. 당나라 초 무덕武德 4년, 태사령太史令(관직명) 부혁傅奕은『청폐불법표請廢佛法表』를 올려, 불교에서 죄와 복을 허망하게 논하고, 오로지 십악十惡만 행하고, 충성도 안하고 효성도 없고, 부세賦稅와 요역도 도피한다고 비난했다. 그래서 "호불胡佛 사교邪敎는 천축天竺으로 돌려보내고, 무릇 사문沙門은 고향桑梓으로 돌려보내고, 세금을 도피하는 도당들이 기꺼이 조세를 바치게 하고, 요역을 피하는 무리들이 항상 달갑게 공을 세우게 해야 한다."[61]는 것이었다. 부혁傅奕의 반불反佛 이유는 모두 남북조 시기에 있었던 옛 논리였다. 그는 정치를 중심으로 논했고, 불교 신도들이 많아져 나라의 세금 징수와 요역에 영향이 있을까봐 걱정을 많이 했다. 승려 법림法琳은『파사론破邪論』을 저술하여 이를 반박했는데, 이는 또 우세남虞世南의 지지를 받게 되었다. 그리하여 결국 고조高祖는 부혁이 올린 글을 한편에 보류해두고 별다른 조치를 취하지 않았다. 후일 부혁傅奕은 수차 글을 올렸고, 정관 연간에는 앞장서서 새로이 반불反佛 풍조를 일으켰다. 하지만 태종은 여전히 그의 의견을 수렴하지 않았고, 다만 불교에 대해 약간 단속을 더했을 따름이었다.

　중당中唐 때, 유자 단체에서 전형적인 보수주의자는 한유였다. 한유는 당송唐宋 문학 팔대가八大家 가운데 한 사람이다. 그가 창도한 고문古文 부흥운동과 그가 저술한 일련의 산문은 모두 큰 성취를 이루었는데, 따라서 그의 영향력도 아주 거대했다. 그는 유학의 창조력의 저하와 불로의 흥성을 체감하고서 유학 부흥운동의 기치를 높이 내걸고, 유가 도통을 이어갈 것을 창도했다. 다른 한편, 온갖 힘을 다해 불로를 배척했다. 그는『원도原道』,『원성原性』,『원훼原毁』,『논불골표論佛骨表』등 글을 작성하여 한 차례 사상이론과 언어문학의 이중적 의미를 지닌 새로운 사회문화운동을 발동했는데, 이는 후세 문인들의 높은 평가를 받

---

61) (南朝梁)僧祐, (唐)道宣:《弘明集·廣弘明集》, 上海古籍出版社1991年版, 第166-167頁.[원문: 請胡佛邪敎, 退還天竺, 凡是沙門, 放歸桑梓. 令跣課之黨, 普樂輸租, 避役之曹, 恒忻效力.]

았다. 예컨대 송나라 소식蘇軾은 그를 칭송하여 이렇게 말했다.

> 필부匹夫로서 백세百世의 스승이 되었고, 한마디 말이 천하의 법도가 되었다. 문장으로는 팔대八代(東漢으로부터 隋나라에 이르기까지)의 쇠락을 다시 일으켰고, 법도로는 천하의 가라앉은(儒家道統이 佛敎와 도교에 의해서) 인심을 건져냈고, 충성심은 임금님의 노여움을 두려워하지 않았고, 용맹함은 삼군三軍의 장수를 뺏을 수 있었다.[62]

한유는 명확하게 '유가도통儒家道統'을 제기하고, 『맹자孟子』와 『대학大學』을 높이 받들고 있었는데, 이 또한 후일 송나라 도학道學의 탄생에 중요한 계시를 주었다. 그의 『사설師說』은 중국교육사에서 아주 유명한 작품이다. 여기서 한유는 스승의 책임은 "도道를 전해주고, 학업을 전수하고, 의혹을 풀어주는 것"이라고 밝혔고 또 "제자가 반드시 스승보다 못한 것이 아니고, 스승이 반드시 제자보다 나은 것이 아니다."고 했는데, 이 말들은 천고에 길이 전해졌었다. 하지만 한유는 걸출한 문학가 겸 교육가였지만 심각한 이론가는 아니었다. 예컨대 소식蘇軾은 그를 이렇게 비난했다. "그의 논설은 이치에 있어서는 정묘하지 못하고, 지리하고 방탕하고, 늘 절로 자기 말을 뒤집었는데, 한편 스스로는 모르고 있었다."[63] 주희는 한유가 "유학의 도통을 복구하는 일을 자신의 소임으로 삼고 중요시했던 점"[64]은 긍정해 주었지만, 그러나 그가 "평생 힘을 많이 쏟은 곳은 문자와 언어의 공교함이었다."[65]라고 지적했다. 한유가 이해하고 있

---

62) 馬其昶校注:《韓昌黎文集校注》, 上海古籍出版社1986年版, 第758, 759頁.[원문 : "匹夫而爲百世師, 一言而爲天下法", "文起八代之衰, 而道濟天下之溺, 忠犯人主之怒, 而勇奪三軍之帥".]

63) (宋)蘇軾:《蘇軾文集》, 顧之川校點, 嶽麓書社2000年版, 第73頁.[원문 : 其論至於理而不精, 支離蕩佚, 往往自叛其說而不知.]

64) (唐)韓愈, (宋)廖瑩中集注:《東雅堂昌黎集注》, 上海古籍出版社1993年版, 第280頁.[원문 : 所以自任者不爲不重.]

65) (唐)韓愈, (宋)廖瑩中集注:《東雅堂昌黎集注》, 上海古籍出版社1993年版, 第280頁.[원문 : 平生用力深處, 終不離乎文字言語之工.]

던 선왕들의 도통이란 바로 인의도덕이었다. 그 내용은 이러하다. 즉

 "문장文으로는 『시詩』, 『서書』, 『역易』, 『춘추春秋』가 있다. 법도法로는 예禮, 악樂, 형刑, 정政이 있다. 백성民으로는 사士, 농農, 공工, 가賈가 있다. 위치位, 관계 위치로는 군신君臣, 부자父子, 사우師友, 빈주賓主, 곤제昆弟, 부부夫婦가 있다. 복장服으로는 마사麻絲가 있다. 거처居로는 궁실宮室이 있다. 음식食으로는 속미粟米, 과소果蔬, 어육魚肉이 있다.[66]

그가 복구하려는 도道는 종법宗法 등급사회의 질서와 생활방식이었다. 그의 서술은 비록 간단명료하기는 하지만 그러나 귀족계층의 냄새가 짙다고 하겠다. 왜냐하면 평민들은 궁실宮室에서 살기 어렵고, 고기를 먹기 어렵고 또한 "백성들이 속미粟米와 마사麻絲를 바치지 않고, 그릇을 만들고 화재貨財를 유통시켜, 윗사람을 섬기지 않으면, 죽여 버리기 때문이다."[67] 한유는 여기서 권력을 가진 귀족들에 대한 존중은 부각시켰지만 백성을 근본으로 삼는 도리는 잃어버렸고, 결국 이는 공자와 맹자의 도道에서 벗어난 것이었다. 그때는 안사의 난安史之亂 직후의 당나라였는데, 더는 정관貞觀, 개원開元 연간의 기상氣象이 없었다. 또 헌종憲宗 황제는 불교를 숭상하고 있었고, 한유는 불교를 배척하고 있었는데, 모두 양 극단에 빠져 있었다고 하겠다. 원화元和 14년, 헌종은 사람을 시켜 봉상鳳翔 법문사法門寺로부터 불골佛骨을 가져와 궁궐에서 사흘간 공양했다. 이 사건은 한 차례 온 나라에서 불교를 숭상하는 열광을 일으켰었다. 향을 피우고 정례頂禮를 치르는 자도 있었고, 손가락을 태워 신앙의 진지함을 보여주는 자도 있었고, 팔을 끊고 몸에서 살을 베어내어 공양하는 자도 있었다. 그래서 한유가 『간영불골표諫迎佛骨表』를 작성해서 이를 크게 질책했던 것이다. 한유

---

66) (唐)韓愈, (宋)廖瑩中集注:《東雅堂昌黎集注》, 上海古籍出版社1993年版, 第188頁.[원문: 其文:《詩》,《書》,《易》,《春秋》. 其法 : 禮, 樂, 刑, 政. 其民 : 士, 農, 工, 賈. 其位 : 君臣, 父子, 師友, 賓主, 昆弟, 夫婦. 其服 : 麻絲. 其居 : 宮室. 其食 : 粟米, 果蔬, 魚肉.]

67) (唐)韓愈, (宋)廖瑩中集注:《東雅堂昌黎集注》, 上海古籍出版社1993年版, 第187頁.[원문: 民不出粟米麻絲, 作器皿, 通貨財, 以事其上, 則誅.]

는 이렇게 말했다. "부처는 원래 이적夷狄의 현자인 바", 그래서 선왕先王들의
법도에는 맞지 않고, 불교는 전대前代가 "잇달아 어지럽게 되고 멸망하게 만들
었고, 또한 나라 운명이 오래가지 못하게 만들었고, 부처를 섬기고 복을 구하는
것은 더욱 재앙을 불러오는 일로서", 백성들은 불교를 믿으면서 몸과 생명을
아끼지 않고, 생업生業을 버리고 질서를 어지럽히고 있다는 것이었다. 그가 보
건대, 불골佛骨은 "말라버리고 썩어버린 뼈대이고, 흉하고 더러운 쓰레기로서",
경봉敬奉할 것이 못되는 바, 그래서 "이 뼈대를 유사有司(관리들)들에게 넘겨 강
물에 처넣던지 아니면 불에 태우든지 하라"고 건의했던 것이다. 이렇게 하면
"근본을 영원히 끊어 천하의 의혹을 없애고, 후대의 미혹도 단절할 수 있다."는
것이다. 또 "부처가 만약 신령함을 지니고 있어 재앙의 빌미를 지을 수 있다면
모든 재앙과 벌책은 마땅히 신하의 몸에 내릴 것이다. 하늘이 살피고 내려다
볼 것이니, 신하는 원망하지도 후회하지도 않을 것이다."[68]라고 했다. 한유의
언어는 아주 직설적이고 격렬했다. 그래서 헌종憲宗의 노여움을 사게 되었고,
헌종은 몇 번이나 그를 죽여 버리려고 했다. 가까운 친구들이 사정을 해서야
한유는 겨우 죽음을 면하게 되었고, 그는 결국 멀리 조주潮州에 자사刺史로 보
내졌다. 그리하여 이런 시구가 있게 된 것이다. "아침에 상소 한 통 구중천九重
天(황제)에 올렸더니, 저녁에 조주潮州로 팔천리 귀양길에 올랐구나."[69] 한유는
『진학해進學解』에서 "이단異端을 물리치고, 불로佛老를 배척할 뜻"[70]을 세웠었
다. 후일, 『여맹상서서與孟尙書書』에서도 불교를 배척하는 입장을 거듭 천명했
다. 그가 걱정했던 것은 불교가 일떠서는 반면, "성현聖賢들의 도道가 밝지 못하

---

68) 馬其昶校注:《韓昌黎文集校注》, 上海古籍出版社1986年版, 第613-616頁.[원문: "佛本夷狄
之人", "亂亡相繼, 運祚不長", "事佛求福, 乃更得禍", "枯朽之骨, 凶穢之餘", "以此骨付之
有司, 投諸水火", "永絶根本, 斷天下之疑, 絶後代之惑", "佛如有靈能作禍祟, 凡有殃咎,
宜加臣身. 上天鑒臨, 臣不怨悔".]

69) (唐)韓愈, (宋)廖瑩中集注:《東雅堂昌黎集注》, 上海古籍出版社1993年版, 第178頁.[원문:
一封朝奏九重天, 夕貶潮州路八千.]

70) 馬其昶校注:《韓昌黎文集校注》, 上海古籍出版社1986年版, 第45頁.[원문: 觝排異端, 攘斥
佛老.]

여, 삼강三綱이 가라앉고 구법九法이 망가지고, 예악禮樂이 무너지고 오히려 이단異端이 횡행하는"[71] 일이었다. 그가 보건대, "석씨와 노자의 해로움害은 양주楊朱와 묵적墨翟을 초과했다."[72] 사실 한유는 유가 문화에 대한 자신감이 결핍했고, 유가와 불가가 상호 보완해주는 미래를 전망하지 못했다. 그는 심지어 『원도原道』에서 "승려를 백성으로 환속還俗시키고, 불경을 태워버리고, 불교 사찰을 민가로 만들어야 한다."[73]라고 하면서 행정적 강제 수단으로 불교를 소멸하는 극단적 정책을 실시할 것을 제기했다. 비록 채택되지는 않았으나, 이는 후세에 어두운 그림자를 남겨주게 되었다. 한유의 반불反佛은 유학의 진정한 부흥을 추진시키지 못했고, 그 자신도 불교를 백척하는 입장을 끝까지 고수하지 않았다. 그는 조주潮州에서 대전大顚 스님과 밀접히 왕래하면서, 편지를 띄워 그를 이렇게 칭송했다. "당신은 광대하고 깊고 뛰어남을 보여주셨는데, 이는 조차造次(급작스레)하게 깨우칠 수 있는 것이 아니겠습니다.", "당신의 논설은 너무 넓고 거대합니다."[74] 그는 또 승려 원혜元惠, 영사靈師, 문창文暢, 원십팔元十八, 영종令縱 등과도 시詩로 교류하면서 그들을 크게 찬양했다. 그들의 풍채가 멋지고, 글이 깔끔하고 비범하다는 등이었다. 보다시피 한유의 개인적 정신생활은 저도 모르는 사이에 불교 문화의 훈도薰陶를 깊이 받았다.

2. 유종원柳宗元과 이고李翱의 융불보유融佛補儒

태종 후의 여러 제왕들은 대부분 삼교를 모두 중요시하고, 여러 종교를 모두 존중하는 문화정책을 실시했다. 예를 들면, 무칙천武則天은 불교에 편중偏重하

---

71) (唐)韓愈, (宋)廖瑩中集注 : 《東雅堂昌黎集注》, 上海古籍出版社1993年版, 第280頁.[원문 : 而聖賢之道不明, 則三綱淪而九法斁, 禮樂崩而異端橫.]

72) (唐)韓愈, (宋)廖瑩中集注 : 《東雅堂昌黎集注》, 上海古籍出版社1993年版, 第281頁.[원문 : 釋老之害, 過於楊墨.]

73) (唐)韓愈, (宋)廖瑩中集注 : 《東雅堂昌黎集注》, 上海古籍出版社1993年版, 第188頁.[원문 : 人其人, 火其書, 廬其居.]

74) (唐)韓愈, (宋)廖瑩中集注 : 《東雅堂昌黎集注》, 上海古籍出版社1993年版, 第500頁.[원문 : "所示廣大深迥, 非造次可諭", "論甚宏博".]

고 있었지만 사람을 시켜『삼교주영三教珠英』을 저술하게 했고, 조정朝廷에 큰 행사大典가 있을 때마다 늘 삼교 대표인물들이 나와 각자의 경전을 강론하게 했다. 당덕종唐德宗의 탄생일에는 삼교에서 대표자들이 나와 강론하게 했는데, 그 모습은 늘 "처음에는 모순이 첨예한 것 같았지만 나중에는 큰 강이 바다에 모여드는 것 같았다."[75] 정부에서는 명확하게 불교와 도교가 상호 공격하는 일을 금지했고 또한 삼교가 합류하는 추세와 삼교를 함께 공부하는 풍기를 창도했다. 하지만 불행하게도, 당무종唐武宗이 도교를 받들고 불교를 공격하고, 당나라 말 오대五代 때, 주세종周世宗이 멸불滅佛한 일도 있었다. 그러나 이런 사건들은 중화中華의 주맥主脈을 이탈한 극단적 정치행위로서 이는 북위 태무제太武帝, 북주 무제武帝의 폭정暴政을 되풀이한 것이었고, 이는 나라의 다스림에 무익하고 또 백성들의 교화에도 해로운 일이었다. 그리하여 얼마 지나지 않아 결국 역사에서 버림받게 되었던 것이다.

유학이 창조적으로 발전하려면 불로佛老를 배책해서는 아니 되고, 반대로 반드시 불로를 끌어안으면서 불로를 초월해야 했다. 당나라 때에는 이렇게 문화적으로 각성한 학자가 있었다. 그가 바로 한유와 동시대에 살았던 유종원이다. 한유와 유종원은 모두 고문古文 부흥운동의 선구자였고, 모두 중국문학의 거장들이었고, 모두 유가 학자들이었고 또한 둘은 친분이 두터운 사이였다. 그러나 두 사람의 정견政見은 달랐다. 유종원은 영정永貞 혁신에 참여했지만 한유는 영정永貞혁신을 반대했다. 한유는 격렬하게 반불反佛했지만 유종원은 불교에서 받아들여 유교를 보완하려고 했다. 한편, 유종원은 유가 성현들의 도道로써 안신입명安身立命 하려고 했다. 그는 『허경조우용서許京兆孟容書』에서 자기의 평생 소망을 이렇게 서술했다. "근면하게 살고, 오로지 중정中正과 신의信義에 뜻을 두고, 요임금과 순임금과 공자의 도道를 일떠세우고, 백성들이 편안하게 살게 해주는 것을 자신의 소임으로 삼는다."[76]『보원군진수재피사명서報袁

---

75) (宋)錢易:《南部新書》, 黃壽成點校, 中華書局2002年版, 第16頁.[원문: 初若矛盾相向, 後類江海同歸.]

76) (唐)柳宗元:《柳河東全集》, 中國書店1991年版, 第320頁.[원문: 勤勤勉勵, 唯以中正信義爲

君陳秀才避師名書』에서 그는 또 이렇게 말한다. "대체로 문장이란 도道를 세우는 것을 근본으로 삼아야 하니, 먼저 마음을 성실하게 갖는 일에 힘써야 하겠다. 그 바깥에서는 마땅히 먼저 육경六經을 읽어야 하고, 다음 『논어』와 맹가孟軻의 글을 읽어야 하겠다. 이 모두 경언經言으로서', '중국에는 공자의 도道를 벗어나지 않는다."77) 유종원의 학문탐구는 대가大家의 기백과 도량이 흘러 넘쳤었는데, 그는 삼교와 백가百家를 모두 아울러 받아들이고 관통시킬 수 있었다. 단, 장생長生만은 믿지 않았다. 그는 이렇게 말한다. "내가 노자를 보니, 그이 역시 공씨의 다른 한 갈래 흐름이구나. 그러니 서로 맞서 싸워서는 아니 되겠다. 하물며 양묵신상(楊朱, 墨翟, 申不害, 商鞅)의 학설, 형명刑名 학설과 종횡縱橫 학설도 …… 모두 세상의 다스림에 도움이 되니 말이다."78) "장주莊周는 하늘을 자연이라 했는데, 나는 이를 받아들였다." 유종원은 특히 불법을 많이 좋아했고, 이에 깊은 탐구도 있었다. 그는 이렇게 말한다. "나는 어려서부터 불학을 좋아했는데, 그 도道를 30년이나 탐구했다."79) 그는 젊어서 정치에 참여할 때는 유가 사상을 많이 좋아했는데, 정치무대에서 좌절을 당하고서는 불교를 숭상하는 마음이 또다시 강렬해졌었다. 그는 이렇게 말한다.

나는 관직에서 20년 일을 하면서 오만가지 생각을 했지만 얻은 것은 하나도 없었다. 그 다음에야 속세에서 말하는 도道란 험악한 길에 지나지 않음을 알게 되었고, 오로지 인간 세상 바깥의 도道(불교를 말함)만이 진정하게 마음을 다할 수 있음을 알게 되었다.80)

志, 以興堯舜孔子之道, 利安元元爲務.]

77) (唐)柳宗元 :《柳河東全集》, 中國書店1991年版, 第362頁.[원문 : "文以行爲本, 在先誠其中. 其外者當先讀六經, 次《論語》, 孟軻書, 皆經言", "其歸在不出孔子."]

78) (唐)柳宗元 :《柳河東全集》, 中國書店1991年版, 第281, 36頁.[원문 : 餘觀老子, 亦孔氏之異流也, 不得以相抗. 又況楊墨申商, 刑名從橫之說……皆有以佐世.]

79) (唐)柳宗元 :《柳河東全集》, 中國書店1991年版, 第284頁.[원문 : 吾自幼好佛, 求其道積三十年.]

80) (唐)柳宗元 :《柳河東全集》, 中國書店1991年版, 第285頁.[원문 : 予策名二十年, 百慮而無一得, 然後知世所謂道, 無非畏途, 唯出世間法可盡心爾.]

그는 불교 경전을 즐겨 읽었고, 승려들과 많이 교류했다. 그리하여 『조계曹溪』, 『남악南岳』 등 여러 비문碑文 작품을 만들게 되었던 것이다. 그는 불교 및 불교와 유교의 관계에 대해 깊은 탐구가 있었고, 이에 이성적인 견해도 있었다. 이를 아래와 같이 개괄할 수 있겠다.

첫째, 유종원이 보건대, 불교에는 정통正宗적인 것도 있고 잃어진 것도 있고, 또한 여러 파벌이 어지럽게 갈려 있는데, 하지만 그 도道만은 하나에 귀결되고 있었다. 그는 『용안해선사비龍安海禪師碑』에서 이렇게 말한다. 불법이 동쪽으로 흘러 들어오면서

그 도道를 전하는 일은 날로 쇠미해졌고, 한편 선禪을 논하는 병이 날로 심해졌다. 이(禪을 논함)에 빠지게 되면, 세상만물物에만 얽매이게 되고, 이에 현혹하게 되면 참된 것眞을 여의게 되고, 참된 것을 여의게 되면 현혹은 날로 심해진다. 그리하여 오늘날 실속 없이 어리석고, 헷갈리고 교만하고 방종한 자들은 모두 선禪이 가르침敎을 어지럽혔다고 무함하는데, 너무 분별없고 어리석고, 너무 음황淫荒하다고 하겠다.[81]

그는 선사禪師의 말을 인용하여 또 이렇게 말한다.

가섭迦葉으로부터 사자師子에 이르기까지, 23세가 지났고, 세월이 흘러 달마達摩에게로 전해졌다. 달마로부터 인忍(弘忍)에 이르기까지 또 5세가 지났고, 세월이 흘러 수秀(神秀)와 능能(慧能)에게로 전해졌다. 수神秀는 북종北宗이고 능能은 남종南宗인데, 둘은 서로 헐뜯으면서 심하게 다투었고, 그리하여 그 도道는 결국 희미해지게 되었다.[82]

---

81) (唐)柳宗元 : 《柳河東全集》, 中國書店1991年版, 第68頁.[원문 : 傳道益微, 而言禪最病. 拘則泥乎物, 誕則離乎眞, 眞離而誕益勝. 故今之空愚失惑從傲自我者, 皆誣禪以亂其敎, 冒於囂昏, 放於淫荒.]

82) (唐)柳宗元 : 《柳河東全集》, 中國書店1991年版, 第68頁.[원문 : 由迦葉至師子, 二十三世而離, 離而爲達摩. 由達摩而忍, 五世而益離, 離而爲秀爲能, 南北相訾, 反戾鬥狠, 其道遂隱.]

그는 용안해선사龍安海禪師의 "나는 그것들을 합치겠다."는 생각에 찬성했다. 용안해선사는 용수龍樹와 마명馬鳴의 도道를 기준으로 남과 북 양파를 조화調和 시켰었는데, 그들의 "다른 점은 모두 버리고, 중간 길을 걸었더니, 괴리乖離는 날로 같음으로 바뀌었고, 텅 빈 것空洞은 날로 충실하게 되었다."[83]고 했다. 그 는『송침상인남유서送琛上人南游序』에서 말하기를, 불법은 경론經論에 모두 갖 추어져 있는데, "불법의 지극함은『반야般若』보다 훌륭한 것이 없고, 불경의 거대함은『열반涅槃』을 초월할 것이 없다. 세상에서 뛰어난 자上士들이 이로부 터 진리의 세계에 들어가려고 한다면 경론에서 취하지 않으면 빗나가게 된 다."[84]고 했다. 만약 경론을 버리고 선을 닦는다면修禪, 반드시 "잘못된 것에서 방랑하게 되고, 줄지어 따라 배워 쓰게 되고, 허망하게 텅 빈 말만 취하고 방편 方便을 잃어버리게 되고, 진실을 전도顚倒하고 뒤바꾸게 되고, 자기를 함정에 빠뜨리고 타인도 함정에 빠뜨리게 된다."[85]는 것이다. 그래서 마땅히 선禪과 교敎를 함께 중요시해야 한다는 것이었다. 그는 선종禪宗, 천태종天台宗, 율종律 宗, 정토종淨土宗을 모두 똑같이 존중하고 있었고, 각자 모두 특색이 있다고 보 고 있었다. 또 정신정행正信正行 (부처님의 가르침을 믿고, 부처님의 가르침대로 실천 함)하고 회동귀진會同歸眞(본래의 진실한 모습에 되돌아감)하는 고승대덕高僧大德들 을 높이 찬양했다.

둘째, 유종원은 "체와 용體用이 통일된다"는 시각에서 불법과 불교 교파敎派 의 관계를 바라보고 있었고, 더 나아가 구체적으로 불법과 속세의 관계를 논했 다.『송손상인부중승숙부소서送巽上人赴中丞叔父召序』에서 그는 손巽상인上人이 불법 조예가 깊다고 찬양한다. 그는 이렇게 말한다. "그 책佛典들을 깊이 탐구 하고, 그 뜻을 얻고서, 그 의미를 논했는데, 이를 확장할 때는 만 마디를 넘겨도

---

83) (唐)柳宗元:《柳河東全集》, 中國書店1991年版, 第69頁.[원문: 鹹黜其異, 以蹈乎中, 乖離而 愈同, 空洞而益實.]
84) (唐)柳宗元:《柳河東全集》, 中國書店1991年版, 第287頁.[원문: 法之至莫尙乎《般若》, 經之 大莫極乎《涅槃》, 世之上士, 將欲由是以入者, 非取乎經論則悖矣.]
85) (唐)柳宗元:《柳河東全集》, 中國書店1991年版, 第287頁.[원문: 流蕩舛誤, 迭相師用, 妄取 空語而脫略方便, 顚倒眞實, 以陷乎己, 而又陷乎人.]

번잡하지 않았고, 이를 개괄할 때는 한마디를 해도 모든 것을 남김없이 아울렀다."86) 일부 장구章句 학자들의 "말이 지극히 텅 빔虛에 이르면 방탕해지고 지킬 것을 지키지 못하고, 세상만물을 논할 때는 거기에 얽매여 죄다 함께 아우르던 것"87)과는 달랐다는 것이다. 그는 『영주용흥사수정토원기永州龍興寺修淨土院記』에서 재차 손巽상인上人을 칭송한다. 그이는 "최상승最上乘을 닦았고, 제일의第一義를 깨달았다. 공空을 체득하고 색色을 끊어버린 흔적이 없이 진정한 근원에 도달했으며, 有와 무無의 뜻을 깊이 깨닫고 세상만물의 실상(참모습)을 이해하는 경지에 이르렀다."88)는 것이다. 천태종天台宗에서는 불법이 일대사인연一大事因緣으로 세상에 나타났다고 표방하고, 선종禪宗에서는 평상심이 곧 불도이고, 당면한 일에서 수행하고卽事修行, 당면한 경지에서 깨달을 것卽境開悟을 강조했는데, 이렇게 인간세상불교人間佛教 전통을 형성하게 되었다. 이 또한 후일 중국 불교의 주류로 되었다. 이런 불법이 인륜일용人倫日用을 떠나지 않고, 진제眞諦와 속제俗諦가 원융무애圓融無碍하다는 관념은 인도 불교와 중국 유학이 융합하는 이념적 토대였고, 또한 유종원이 불교와 유교를 조화시키는 지도사상이기도 했다.

셋째, 유종원은 유가와 불가는 회통會通할 수 있고, 상호 보완을 이룰 수 있다고 명확히 주장했다. 그리하여 그는 한유가 유교를 높이기 위해 불교를 배척하는 것에 찬성하지 않았다. 『송승호초서送僧浩初序』에서는 전문 한유의 반불反佛 언론을 비판한다. 한유는 유종원을 질책하여 "불타의 말을 좋아하고, 불타와 더불어 노닌다."89)라고 했는데, 이에 유종원은 솔직하고 자신감이 넘치는 대답을 주었다.

---

86) (唐)柳宗元 : 《柳河東全集》, 中國書店1991年版, 第284頁.[원문 : 窮其書, 得其言, 論其意, 推而大之, 逾萬言而不煩. 摠而括之, 立片辭而不遺.]

87) (唐)柳宗元 : 《柳河東全集》, 中國書店1991年版, 第284頁.[원문 : 言至虛之極則蕩而失守, 辯群有之夥則泥而皆存.]

88) (唐)柳宗元 : 《柳河東全集》, 中國書店1991年版, 第311-312頁.[원문 : 修最上乘, 解第一義. 無體空折色之跡, 而造乎眞源. 通假有借無之名, 而入於實相. 境與智合, 事與理业.]

89) (唐)柳宗元 : 《柳河東全集》, 中國書店1991年版, 第285頁.[원문 : "嗜浮圖言", "與浮圖遊".]

불교는 참말로 배척할 수 없는 것이 있는데, 그것인 즉 늘 『역易』, 『논어論語』와 하나로 합치된다는 점이다. 그것을 참말로 즐긴다면, 이와 성정性情은 얽매임이 없이 함께 훨훨 타오르게 되는데, 이와 공자의 법도는 다르지 않다고 하겠다. 성인이 다시 태어나더라도 그것을 배척하지 아니할 것이다.[90]

유종원은 한유가 불교를 이교夷教의 논설이라고 몰아 부치고 배척하는 것을 비판하여 이렇게 말했다.

만약 겨우 바깥쪽의 오랑캐 지역에서 들어왔다는 이유만으로 그 도道를 믿지 않고 배척한다면 그래 안쪽의 악래惡來와 도척盜跖을 벗으로 사귀고 바깥쪽의 계찰季札과 유여由余를 천시하자는 것인가? 이는 당신이 늘 말하던 '명名을 버리고 실實을 추구하자'던 바가 아니란 말이요.[91]

속세의 사람들은 늘 지위를 쟁탈하고, 명예를 쟁탈하고 이익을 쟁탈하는데, 올바른 믿음正信이 있는 승려들은

관직에 애착이 없고, 능력을 겨루지 않고, 오히려 산수를 즐기고 한가롭고 안일한 것을 즐기는 이가 많소. 나는 세상 사람들이 종일 분주하게 떠들면서 권력을 얻기 위해 서로 배척하고 다투는 것에 이미 짜증이 났소. 그렇다면 이것을 버리고 또 무엇을 따른단 말이요?[92]

그는 관직에 있는 자들이 서로 헐뜯고 배척하고 권세에 빌붙어 이익을 꾀하는 것을 슬픈 일로 생각하고 있었고 또 아주 혐오하고 있었다. 반면에 고상하고 우아하고 깨끗하고 비범한 학승學僧들 가운데서 자기를 알아주는 참다운 벗知

---

90) (唐)柳宗元 : 《柳河東全集》, 中國書店1991年版, 第285頁. [원문 : "浮圖誠有不可斥者, 往往 與《易》, 《論語》合, 誠樂之, 其與性情奭然, 不與孔子異道", "雖聖人復生, 不可得而斥也".]

91) (唐)柳宗元 : 《柳河東全集》, 中國書店1991年版, 第285頁. [원문 : 果不通道而斥焉以夷, 則將 友惡來, 盜跖, 而賤季劄, 由餘乎? 非所謂去名求實者矣.]

92) (唐)柳宗元 : 《柳河東全集》, 中國書店1991年版, 第285頁. [원문 : 不愛官, 不爭能, 樂山水而 嗜閑安者爲多. 吾病世之逐逐然唯印組爲務以相軋也, 則舍是其焉從?]

音을 찾았다. 그는 호초浩初 스님을 찬양하여 이렇게 말한다.

심성性을 한가롭게 하고 정감情을 평안하게 하고서, 차분히 책을 읽는다. 『역易』, 『논어論語』를 모두 통달했고, 오로지 산수山水만을 즐기고, 글이 떠오르면 글을 쓴다. 또한 아버지와 아들 모두 승려로 되어 심성을 기르면서 불도를 닦는데, 평온한 심경으로 담박하게 살고, 추구하는 바가 없다. 그렇다면 그 현명함은 장주莊周, 묵적墨翟, 신불해申不害, 한비자韓非子를 초월한다고 하겠다. 종일 명예와 이익과 권력을 쫓아다니면서 서로 헐뜯고 배척하는 자들은 이와 거리가 멀다고 하겠다.93)

넷째, 유종원이 유가와 불가를 회통會通시키는 구체적 논점. 『송문창상인등오대수유하삭서送文暢上人登五臺遂游河朔序』에서는 상인上人이 "유가와 석가를 통합統合하는 것"에 찬성하고 있었고 또 "진승법인眞乘法印과 유가경전을 병용竝用해야 한다."94)고도 했다. 그러나 유종원은 유가와 불가를 어떻게 회통會通시킬 것인지에 관해서는 상세하게 논하지 않았다. 그의 관점은 대체로 그의 논論, 서序, 기記, 비碑에서 산발적으로 드러난다. 개괄하면 아래와 같은 몇 가지가 있겠다. 첫째, 유가와 불가 모두 효도孝道를 중요시한다고 한다. 『송원고사서送元暠師序』에서는 원고元暠가 인자仁者에게 선인先人의 장례를 도와줄 것을 부탁하던 일을 기술하고 있다. 이렇게 말한다.

석가釋家의 책에는 『대보은大報恩』 10편이 있는데, 모두 효孝로부터 시작하여 그 과업業을 지극히 다하는 일을 논하고 있다. 속세에서 방탕하고 교만한 자들은 비록 그 도道를 행하기는 하지만 늘 이 책을 거스르는데, 원고元暠 선생만은 내가 보건대, 이를 거스르지 않고 또한 유가와 합치되고 있었다.95)

---

93) (唐)柳宗元 : 《柳河東全集》, 中國書店1991年版, 第285頁.[원문 : 閑其性, 安其情, 讀其書, 通《易》, 《論語》, 唯山水之樂, 有文而文之. 又父子鹹爲其道, 以養而居, 泊焉而無求, 則其賢於爲莊, 墨, 申, 韓之言, 而逐逐然唯印組爲務以相軋者, 其亦遠矣.]

94) (唐)柳宗元 : 《柳河東全集》, 中國書店1991年版, 第283頁.[원문 : 眞乘法印與儒典竝用.]

95) (唐)柳宗元 : 《柳河東全集》, 中國書店1991年版, 第286頁.[원문 : 釋之書有《大報恩》十篇,

둘째, 불학에서도 태어나서 고요하고生靜 본성性은 착善하다고 하는데, 이는 유학과 합치되는 점이라고 한다. 『조계제육조사익대감선사비曹溪第六祖賜諡大鑒禪師碑』에서 그는 이렇게 말한다. 즉 인성人性은 쟁탈의 과정에 "어긋나고 어그러지고 방탕하고 방종하게 되어 애초의 고요함으로 되돌아갈 수 없는데, 한편, 불타의 설법은 후에 나왔으나, 그것을 본연의 모습으로 되돌리려고 한다. 이는 이른 바 '태어나서 고요하다'는 논설과 합치되는 점이겠다."96) 대감大鑒선사禪師는 "사람을 가르치는 데 있어서, 처음에도 성선性善으로써 가르쳤고, 마지막에도 성선으로써 가르쳤다. 잡풀을 뽑는 호미를 빌리지 않고, 고요함을 근본으로 삼았다."97) 한편, 『악기樂記』에서는 "사람이 태어나서 고요한 것은 하늘天의 성性이다."98)라고 했고, 맹자도 성선을 주장했는데, 그러므로 불가와 유가는 서로 통한다는 것이다. 셋째, 불법과 『역易』은 모두 광대하고 포용적이라고 한다. 『송현거귀유천사서送玄擧歸幽泉寺序』에서 그는 이렇게 말한다. "불도는 거대하고 포용적이다. 무릇 만물 바깥에 뜻을 두고 속세의 구속을 받는 것을 부끄럽게 여기는 자들은 거기에 들어가 생각을 펼쳐볼 수 있다."99) 이는 『역』에서 말하는 "천지의 조화造化의 범위를 정하되 지나치지 않고, 만물을 정성을 다하여 이루되 빠뜨리지 않으며, 낮과 밤의 도道에 통하여 알게 된다. 그러므로 신神은 방소가 없고, 『역易』은 체體가 없는 것이다."100)라는 것과 합치된다고 하겠다. 넷째, 유가와 불가와 제가들은 각자 모두 장점이 있고 모두 세상의 다

鹹言由孝而極其業. 世之蕩誕慢訑者, 雖爲其道而好違 其書, 於元嵩師, 吾見其不違且與儒合也.]

96) (唐)柳宗元:《柳河東全集》, 中國書店1991年版, 第64頁.[원문: "悖乖淫流, 莫克返於初", "而吾浮圖說後出, 推離還源, 合所謂生而靜者".]

97) (唐)柳宗元:《柳河東全集》, 中國書店1991年版, 第65頁.[원문: 其教人, 始以性善, 終以性善, 不假耘鋤, 本其靜.]

98) 《禮記》: 崔高維校點, 遼寧教育出版社2000年版, 第126頁.[원문: 人生而靜, 天之性也.]

99) (唐)柳宗元:《柳河東全集》, 中國書店1991年版, 第288頁.[원문: 佛之道, 大而多容, 凡有志乎物外而恥制於世者, 則思人焉.]

100) 宋祚胤注譯:《周易》, 嶽麓書社2000年版, 第322頁.[원문: 範圍天地之化而不過, 曲成萬物而不遺, 通乎晝夜之道而知, 故神無方而《易》無體.]

스림에 이롭다고 한다. 『송원십팔산인남유서宋元十八山人南游序』에서 그는 공자와 노자, 제자들이 "모두 세상의 다스림에 도움이 되고"[101], 유가와 불가가 세상의 다스림을 돕는 역할은 모두 백성들을 교화하여 선善하게 살도록 권장하는데 있다고 한다. 다섯째, 승려들은 불도를 받들고, 속세에 물들지 않고 정신적으로 고상하고 우아할 것을 추구하는데, 이는 도가에서 자유와 자득自得을 추구하고 유가에서 인의仁義를 중히 여기고 부귀富貴를 경멸하고, 빈곤한 생활을 하면서도 편안한 마음으로 도道를 즐겨 지키는安貧樂道 사상과 합치된다고 한다. 예컨대 원십팔元十八은 "이 도道(佛道)를 가지고 속세에 아부하면서 살아갈 것을 추구하지 않았고, 한편 늘 옛날의 '암컷을 지키던 자守雌(노자를 가리킴)'를 마음을 두고 있었다"[102]는 것이다. 또 예를 들면, 문욱文郁은 "힘은 명예와 이익을 겨루고 다투는데 맡기지 않았고, 뜻은 어지럽고 혼잡한 세상을 살아가는데 맡기지 않았고, 다만 자신이 즐기는 일을 추구했을 따름이다."[103]라고 한다. 그러나 유종원은 필경 유학 사상가는 아니었다. 그는 유학을 부흥시키는 데는 반드시 불교와 도교를 받아들여야 한다는 그 방향은 보아냈지만 신유학의 창조적인 새로운 성과를 이루어내지는 못했다.

유우석劉禹錫도 유가와 불가의 회통론자會通論者였다. 그는 『원주평향현양기산고광선사비袁州萍鄕縣楊岐山故廣禪師碑』에서 유가와 불가 각자의 우세를 비교한다. "소왕素王(공자를 가리킴)은 중추中樞(중국을 가리킴)의 가르침敎을 세우고, 대중大中(中庸을 말함)을 세웠다. 자씨慈氏(석가모니를 가리킴)는 서방의 가르침敎을 일으켰고, 정각正覺에 오르는 일에 능했다." 양가兩家는 "수레 채와 바퀴의 모습이 다르지만, 멀리 가는 데는 공功이 같았다." 하지만 "유가는 중도中道로써 중생群生을 부리고, 드물게 백성들의 성명性命을 논하는데, 그리하여 세상이 쇠락하고 침침해졌다. 부처는 큰 자비로써 고난 속에서 허덕이는 중생들을 구제

---

101) (唐)柳宗元:《柳河東全集》, 中國書店1991年版, 第281頁.[원문:皆有以佐世.]

102) (唐)柳宗元:《柳河東全集》, 中國書店1991年版, 第281頁.[원문:不以是道求合於世, 常有意乎古之'守雌'者.]

103) (唐)柳宗元:《柳河東全集》, 中國書店1991年版, 第288頁.[원문:力不任奔競, 志不任煩拏, 苟以其所好, 行而求之而已爾.]

492　제5장 유·도·불 삼교의 정립鼎立과 전국적 규모 형성 단계(수·당 시기)

해주고, 널리 인업因業(내세의 과보를 이끌어내는 현세의 업)을 열어주었는데, 그리하여 겁탁劫濁(오탁의 하나. 중생에게 기근과 질병과 불행이 끊임없이 일어남)에서 사람들은 더욱 받들게 되었다." 그가 보건대, 불교는 유학이 따라오지 못할 장점을 가지고 있었다. 즉 불교에서는 "도심盜心은 어두운 사이에 잘라버리고, 애연愛緣은 생사生死가 나뉠 무렵에 없애주고, 숨어서 몰래 교화를 도와주고, 사람과 하늘의 법도를 총總持(부처님의 말씀을 외워서 모든 법을 가진다는 뜻)한다. 이른바 생성生成(현실의 인륜도덕을 가리킴) 바깥에 따로 도야陶冶(권선징악을 가리킴)가 있어, 형정刑政으로는 미치지 못하는 것들을 곡진히 조화롭고 부드럽게 해준다는 것이다. 그 깊은 뜻은 말로 다할 수 있는 것이 아니다."[104] 그는 불교가 "숨어서 몰래 교화를 돕는" 역할을 보아냈는데, 이로 보면 그의 견식은 한유보다 한 차원 더 높았다고 하겠다.

이고李翺는 한유의 학생이고, 저명한 산문가이다. 그는 충실한 유가 신도였다. 그가 보건대, 육경六經의 취지는 즉 "하늘 땅 사이에서 줄 세우고, 임금과 신하의 위치를 정해주고, 아버지와 아들의 사이를 친애하게 해주고, 남편과 아내의 입지를 구별해주고, 어른과 아이의 서열을 밝혀주고, 친구의 우정을 돈독하게 해주는 것"[105]이었다. 그러나 그는 한유처럼 다만 신민臣民들이 군왕에 대한 무조건 복종과 봉헌만을 강조하지 않았고, 오히려 민생의 질고를 아주 관심하고 있었다. 그는 글을 올려, 충신을 등용하고, 삿된 아첨과 아부를 단절하고, 세금에 관한 법규를 개정하고, 진헌進獻을 두절하고, 조세租賦를 줄이고, 변방의 군사를 튼튼히 하고, 언로言路(신하들이 임금께 말을 올릴 수 있는 길)를 열어줄 것을 건의했다. 그는 『평부서平賦書』에서 정권의 가장 큰 위기는 "백성들이

---

104) (淸)董誥等編:《全唐文》第3冊, 上海古籍出版社1990年版, 第2730頁.[원문: "素王立中樞之敎, 懸建大中. 慈氏起西方之敎, 習登正覺", "轅輪異象, 至遠也同功", "儒以中道禦群生, 罕言性命, 故世衰而寢息. 佛以大慈救諸苦, 廣啓因業, 故劫濁而益尊", "革盜心於冥昧之間, 泯愛緣於生死之際, 陰助敎化, 總持人天. 所謂生成之外, 別有陶冶, 刑政不及, 曲爲調柔, 其方可言, 其旨不可得而言也".]

105) (淸)董誥等編:《全唐文》第3冊, 上海古籍出版社1990年版, 第2840頁.[원문: 列天地, 立君臣, 親父子, 別夫婦, 明長幼, 浹朋友.]

그들의 위에 있는 자를 원수처럼 생각하는 것이다. 옛날부터 멸망의 위기危亡
는 이로부터 나오지 않은 것이 없었다."106)라고 지적했다. 이고가 사상사에서
이룬 가장 큰 업적은 불교를 유교에 끌어들인 것이다. 그는 『복성서復性書』 상,
중, 하 세편을 저술했는데, 이 책은 유교와 불교를 이론적으로 결합한 창조적
작품이었다. 『복성서復性書』에서 그는 맹자의 성선설性善說과 『중용中庸』의 성
명설性命說에 의거하여, 여기에 선종禪宗의 '견성성불見性成佛'과 '무념위종無念
爲宗' 사상을 끌어들여 그 자신의 성정론性情論과 수신론修身論을 구축해냈다.
이고는 말하기를, 『중용』은 '성명性命에 관한 책'인데, 여기서 "하늘이 내려준
명命을 성性이라 이른다天命之謂性."라는 것은 성명의 근원을 밝힌 것이라고 한
다. 인성을 놓고 말할 때, "인간의 본성은 모두 착하고善, 백성들의 본성과 성인
의 본성은 차별이 없고, 걸임금과 주임금의 본성도 요임금과 순임금의 본성과
다르지 않다."107)는 것이다. 그렇다면 세상에는 어찌하여 선과 악의 다름이 있
고, 성인과 범부凡夫의 차별이 있는 것인가? 그 원인은, 일반사람들의 착한善
본성은 칠정七情에 가려져 드러나지 못한 데 있다고 한다. 이렇게 말한다.

> 사람의 성性이 미혹되는 것은 정情 때문이다. 희喜, 노怒, 애哀, 구懼, 애愛, 오惡,
> 욕欲, 이 칠자七者는 모두 정情이 그렇게 만든 것이다. 정情이 어둡게 되면 성性은
> 그 때문에 드러나지 못한다.108)

그래서 만약 일반인이 성인이 되려고 한다면 바깥에서 구할 필요 없이 정情
을 버리고 본성을 되찾아 오기만 하면 된다는 것이다. 이것이 바로 『복성서復性
書』의 근본 취지였다. 이고의 이 말은 유학 정통正統과는 좀 달랐다. 『중용』에서

---

106) (淸)董誥等編：《全唐文》第3冊, 上海古籍出版社1990年版, 第2852頁.[원문：“百姓之視其
    長上如仇讎”, “自古之所以危亡未有不由此者也”.]
107) (淸)董誥等編：《全唐文》第3冊, 上海古籍出版社1990年版, 第2850, 2851頁.[원문："人之性
    皆善", "百姓之性與聖人之性弗差", "桀紂之性猶堯舜之性".]
108) (淸)董誥等編：《全唐文》第3冊, 上海古籍出版社1990年版, 第2849頁.[원문：人之所以惑其
    性者, 情也. 喜, 怒, 哀, 懼, 愛, 惡, 欲七者, 皆情之所爲也. 情既昏, 性斯匿矣.]

는 "희노애락이 미발未發하면 중中이라 이르고, 발發하여 모두 중절中節의 상태이면 화和라고 이른다."109)라고 했고, 후일 주희의 『중용주中庸注』에서는 "그것이 미발未發하면 성性이고, 발發하여 모두 중절中節이면 정情의 올바름이다."110)라고 했고, 『모시서毛詩序』에서는 "정情에서 발發하여 예의禮義에서 그친다."111)라고 했다. 즉 정情을 절제해야 한다고 하거나 아니면 예의에서 그쳐야 한다고 했지, 정情을 버리라고는 하지 않았다. 하지만 이고李翱의 『복성서復性書』에서는 기본상 부정적으로 정情을 논했다. 그는 "정情이란 허망한 것妄이고 삿된 것邪이다."112)라고 했다. 그가 말하는 성性은 사실 불성佛性에 상당하고, 그가 말하는 정情은 사실 무명無明에 상당하고, 그가 말하는 본성에 되돌아간다復性는 것은 사실 견성성불見性成佛에 상당한다고 하겠다. 본성으로 되돌아가는復性 방법道은 "보고 듣고 말하고 행동하는 것이 예법禮法에 따라 움직이고, 기욕嗜欲을 잊고 성명性命의 도道에 되돌아오고, 고민을 하지 않고 생각을 하지 않는 것인데, 이렇게 하면 정情이 생기지 않는 바", 그 연후에 "근본을 알게 되고 생각이 사라지고, 움직임動과 고요함靜이 모두 떠나가고, 적연부동寂然不動하게 되고" 또한 "광대하고 청명淸明하게 천지를 비추게 되고, 감응해서 천하의 이치에 통하게 된다."113)는 것이다. 이것은 『중용』에서 말하는 '지성至誠'의 경지이다. 『복성서復性書』에서 보다시피 이고의 인생의 가치 추구는 여전히 유가의 것이었고, 그 목표는 "제작制作은 천지의 창조에 참여하며, 변화는 음양의 변화에 합치되게 하는 것"114)이었다. 정신적 경지의 승화에 있어서는 『중용』에

---

109) 《禮記》: 崔高維校點, 遼寧敎育出版社2000年版, 第186頁.[원문: 喜怒哀樂之未發, 謂之中. 發而皆中節, 謂之和.]

110) (宋)朱熹注:《中庸集注》, 上海古籍出版社1987年版, 第1頁.[원문: 其未發, 則性也, 發皆中節, 情之正也.]

111) 李壯鷹主編:《中國古代文論》, 高等敎育出版社2001年版, 第24頁.[원문: 發乎情, 止乎禮義.]

112) (淸)董誥等編:《全唐文》第3冊, 上海古籍出版社1990年版, 第2851頁.[원문: 情者, 妄也, 邪也.]

113) (淸)董誥等編:《全唐文》第3冊, 上海古籍出版社1990年版, 第2850頁.[원문: "視聽言行, 循禮法而動", "忘嗜欲而歸性命之道", "弗慮弗思, 情則不生", "知本無有思, 動靜皆離, 寂然不動", 又"廣大淸明, 照乎天地, 感而遂通天下".]

서의 "광대廣大함에 이르고 정미精微함을 다하는 것"115)과 선종禪宗의 무념無念, 무주無住, 무상無相을 결합하여 세상물정을 파척破斥(불교용어)하는 방법으로 불성佛性을 드러내야 한다고 했다. 비록 이론적으로 유가의 심성론心性論을 구축하지는 못했지만, 그러나 이미 유가와 불가를 융합하는 방식으로 그 시대 학술의 주제를 전환시켰고(天人論으로부터 心性論으로의 전환), 그 후 송명宋明 신유가의 탄생에 앞길을 열어 주었다고 하겠다.

요컨대 한유는 유학의 부흥이라는 새로운 사조를 창도했지만 적당한 경로를 찾지 못했고, 유종원은 유학의 부흥은 반드시 불학과 회통會通시키는 길로 나아가야 한다고 지적했지만 괄목할만한 성취는 없었다. 이고李翶는 유교와 불교를 융합하려고 했고 또한 창조적인 논저도 있었다. 한유는『대학大學』을 천양闡揚했고, 유종원은『논어論語』를 천양했고, 이고는『중용』을 천양했다. 한편, 한유와 이고 모두 맹자를 존숭하고 있었다. 그들은 송명도학宋明道學에서 경전의 우선 순위를 조정하고, '사서四書'를 높이 위치 지우는데 미리 사전 준비를 해놓았다.

제3절 도교의 흥성과 이론적 창조

1. 황실皇室에서의 도교 숭배

도교는 수당 시기 활기차게 발전하는 양상을 보여주었다. 내적 원인으로는 위진 남북조 시기의 문화적 축적 및 이때 삼교 간 회통會通에서 이룬 질적 비약이 있었기 때문이었고, 외적 원인으로는 수당 제국帝國에서 대폭적으로 지지해 준 덕분이었다. 수당 시기 여러 황제들은 삼교를 모두 숭상하고 있었는데, 그리하여 도교도 훌륭한 생존공간을 확보하게 되었던 것이다. 수문제隋文帝는 북주

---

114) (淸)董誥等編:《全唐文》第3冊, 上海古籍出版社1990年版, 第2850頁.[원문: 製作參乎天地, 變化合乎陰陽.]

115) 《禮記》: 崔高維校點, 遼寧教育出版社2000年版, 第191頁.[원문: 致廣大而盡精微.]

北周를 대체하여 수나라를 세울 때 도사道士 장빈張賓의 도움을 많이 받았는데, 그런 연유로 그를 화주華州 자사刺史로 등용했고, 그를 이어 도사道士 초자순焦子順, 동자화董子華도 탁발擢拔하여 등용했다. 그는 건국 연호年號를 '개황開皇'으로 정했는데, 이 역시 도경道經에서 따온 것이다. 수양제는 장생長生을 추구하여 도교를 숭상하고 있었고, 도사道士 왕원지王遠知를 스승으로 모시고 제자의 예禮를 올렸으며, 그를 위해 옥청현단玉淸玄壇도 만들었다. 또 숭산嵩山의 도사道士 반탄潘誕이 그를 위해 금단金丹을 제련하게 했고, 이를 위해 거금을 들여 숭양관嵩陽觀을 구축했다. 하지만 후일, 사기 당했다는 것을 알고서는 그를 죽여 버렸다.

당나라 황제들은 삼교 가운데서 특히 도교를 높이 받들고 있었는데, 중요한 원인은 도교에서 존숭하는 교주 노자의 이름이 이이李耳이기 때문이었다. 다시 말하면 노자와 이씨당조李氏唐朝 황실은 성씨가 같았기 때문이었다. 황실에서는 이이를 황족의 시조로 받들고 있었고 또한 이로 이씨李氏 가족을 신격화시키고, 집권을 튼튼히 다지려고 했다. 일찍 당고조唐高祖 무덕武德 연간에 이런 신화가 널리 전해졌었다. 『당회요唐會要』 권오십에는 이렇게 기재되어 있다.

무덕武德 3년 5월, 진주晉州 사람 길선吉善이 양각산羊角山을 지나가다가 백마 주렵白馬朱鬣(갈기가 붉은 색인 백마, 神馬를 말함)을 타고 있는 한 노인을 만났는데, 그의 모습이 아주 거룩했다. 노인이 말하기를, '내 말을 당나라 천자天子에게 전하거라. 나는 너희들의 선조라고 말이다. 올해 도적들을 평정한 후, 자손들은 나라를 천년 향유할 수 있을 것이다.'라고 했다. 고조高祖는 이를 기이하게 생각하여 그 자리에 사당을 세웠다.[116]

그 후, 무덕武德 7년, 고조高祖는 종남산終南山에 가서 노자묘老子廟를 참배했다. 무덕 8년에는 또 종남산終南山에 태화궁太和宮을 세웠다. 무덕 9년에는 조서

---

116) (宋)王溥 :《唐會要》(上), 上海古籍出版社2006年版, 第1013頁.[원문 : 武德三年五月, 晉州 人吉善行於羊角山, 見一老叟乘白馬朱鬣, 儀容甚偉, 曰 : '謂吾語唐天子, 吾汝祖也, 今年 平賊後, 子孫享國千歲.' 高祖異之, 乃立廟於其地.]

詔書를 내려 불교와 도교를 제한했는데, 주로는 불교를 도태시키는 것을 목적으로 했다. 도교에 대해서는 노자의 암묵적 교화垂化 역할과 충허沖虛(마음을 비움)를 귀히 여기고 무위無爲를 숭상하는 정신은 충분히 긍정해주었고, 다만 도사道士들이 "속세의 일에 분주히 뛰어다니는 것"을 금지했다.

당태종唐太宗이 진왕秦王으로 있을 때, 도사道士 왕원지王遠知는 부명符命(하늘에서 제왕을 미리 정함, 또는 그 징조)을 가지고 그가 천자가 될 것이라고 미리 축하해주었다. 태종은 즉위 후, 나라를 다스리는 이념과 방안이 아주 명확했다. 즉 유가 사상으로써 나라를 다스리고 국정을 운영하고 예의제도를 구축하고, 도교와 불교로써 유가를 보조하여 도덕교화를 이루고 민심을 달래는 것이었다. 도교가 노자로부터 나왔기 때문에, 그는 불교와 도교 가운데서 도교를 더욱 중요시하고 있었다. 태종은 정관 11년 조서詔書를 내려 이렇게 말했다. "노군老君이 보여준 본보기는 도리가 청허함淸虛에 있고, 석가釋迦가 남겨준 법도는 이치가 인과因果에 있다."[117] 그래서 양자 모두 도덕교화를 널리 펼치는데 도움이 된다는 것이었다. 하지만 양자를 비교할 때, 도교가 더 중요하다고 했다.

> 그런데 대도大道(도교를 말함)의 흥성은 아득히 먼 옛날부터 시작되었다. 무명無名의 시초에 근원을 두고 있고, 유형有形의 바깥 높은 곳에서 작용하고 있고, 양의兩儀를 초월하여 운행하고 있고, 만물을 감싸고서 길러주고 있다. 그러므로 나라의 안정한 다스림에 도움 줄 수 있고 또 백성들이 본연의 순박함에 되돌아가게 할 수 있다.[118]

그러나 불교가 서쪽에서 들어오면서부터 불교를 숭상하고 신앙하는 자들이 날로 늘고, 반면에 도교는 냉대를 받게 되었다고 한다.

---

117) (南朝梁)僧祐. (唐)釋道宣：《弘明集 廣弘明集》, 上海古籍出版社1991年版, 第295頁.[원문：老君垂範, 義在淸虛. 釋迦貽則, 理存因果.]
118) (南朝梁)僧祐. (唐)釋道宣：《弘明集 廣弘明集》, 上海古籍出版社1991年版, 第295頁.[원문：然大道之興, 肇於邃古, 源出無名之始, 事高有形之外, 邁兩儀而運行, 包萬物而亭育, 故能經邦致治, 反樸還淳.]

속세에 머물러 있는 자들은 현종玄宗(도교를 말함)을 듣고는 대소大笑하고, 기이함을 좋아하는 자들은 진제眞諦(불교)를 보고는 다투어 그리로 모였는데, 처음에는 그 물결이 시골에서 일었지만 마지막에는 그 바람이 조정朝廷에서 불어쳤다.119)

그가 보건대, 이런 상황은 개변되어야 했다. 대당大唐의 건국은 도교 덕분이 많은데, "오늘 국운國運이 창성하고, 천하가 안정한 것은 상덕上德이 내려준 것이고 또 무위無爲의 공功 덕분이기도 하다. 마땅히 이를 상세히 설명하고 널리 발양하여 교화女化를 도와야 하겠다."120) 그리하여 이런 규정을 세웠다. "오늘 이후부터, 재공齋供(제사를 지냄) 행사에서는 다니고 서 있는 순서를 정한다. 호칭할 때는 도사道士와 여관女冠이 승니僧尼(승려와 여승) 앞에 있을 수 있다. 이는 백성들이 근본으로 되돌아가는 풍속을 발양하기 위해서이다." 정관 15년, 태종은 홍복사弘福寺 승려들과 불교와 도교의 선후 순서를 논했는데, 이때 도교를 앞에 세우는 연유를 이렇게 설명했다. "노군老君이 짐朕의 선조라는 점에서 선조를 존중하고 친인을 중히 여기는 것은 삶에서 근본이기 때문에, 앞에 세우라고 했다."121) 단, 불교를 무시하는 것은 아니라고도 했다. 이렇게 말했다. "오늘 이씨李氏 가문이 나라를 차지하고 있기 때문에, 이씨네 노인이 앞에 있는 것이다. 만약 석가釋家네가 다스림과 교화를 행할 때는 석문釋門이 위에 있게 될 것이다."122) 이로 미루어보면, 그는 불교의 교화敎化 역할이 도교보다 훌륭하다고 인정하고 있었다.

당고종唐高宗은 건봉乾封 원년元年에 몸소 박주亳州에 가서 노자묘老子廟를

---

119) (南朝梁)僧祐. (唐)釋道宣:《弘明集 廣弘明集》, 上海古籍出版社1991年版, 第295頁.[원문: 滯俗者聞玄宗而大笑, 好異者望眞諦而爭歸, 始波湧於閭裏, 終風靡於朝廷.]

120) (南朝梁)僧祐. (唐)釋道宣:《弘明集 廣弘明集》, 上海古籍出版社1991年版, 第295頁.[원문: 今鼎祚克昌, 既憑上德之慶, 天下大定, 亦賴無爲之功, 宜有解張, 闡茲玄化.]

121) (唐)釋道宣:《佛道論衡》卷丙《文帝幸弘福寺立願重施敍佛道先後事第八》, 大正新修大藏經本, 第40頁.[원문: 以老君是朕先宗, 尊祖重親, 有生之本, 故令在前.]

122) (唐)釋道宣:《佛道論衡》卷丙《文帝幸弘福寺立願重施敍佛道先後事第八》, 大正新修大藏經本, 第41頁.[원문: 今李家據國, 李老在前. 若釋家治化, 則釋門居上.]

참배했는데, 그때 노자의 존호尊號를 하나 더 추가하여 '태상현원황제太上玄元皇帝'로 봉봉封해 주었다. 무칙천武則天이 등극해서는 불교를 높이고 도교를 폄하했는데, 그때 무칙천은 노자의 존호도 취소해버렸었다. 이로 이씨李氏 당조唐朝의 신화적 색채를 지워버리려고 했던 것이다. 중종中宗 때에 와서 다시 대당大唐 제국의 국호를 회복했는데, 그때 고종高宗의 이야기에 근거하여 노자의 존호도 다시 회복해 주었다.

당현종唐玄宗 이륭기李隆基는 도교를 가장 존숭했던 황제이다. 그리하여 도교는 이때 전성기를 누리게 되었다. 그는 명을 내려, 양경兩京(長安과 洛陽) 및 각 주州에서 노자묘老子廟를 두루 널리 세우게 했다. 『당육전唐六典』의 기재에 따르면 개원開元 연간, "천하에는 도관道觀이 모두 1687개 있었다."[123] 그는 노자의 호號를 수차 추가하여 봉封해 주었는데, 천보天寶 13년에 이르러서는 '대성조고상대도금궐현원천황대제大聖祖高上大道金闕玄元天皇大帝'로 존칭하게 되었다. 그는 또 진인眞人과 진경眞經도 많이 봉封해 주었다. 천보天寶 원년에는 숭현묘崇玄廟를 세우고, 장자를 남화진인南華眞人으로, 문자文子를 통현진인通玄眞人으로, 열자列子를 충허진인沖虛眞人으로, 경상자庚桑子를 동허진인洞虛眞人으로, 그들의 호號를 추가해주었다. 이 네 진인이 저술한 책은 또 『남화진경南華眞經』, 『통현진경通玄眞經』, 『충허진경沖虛眞經』, 『동허진경洞虛眞經』으로 개칭했다. 양경兩京의 숭현학당崇玄學堂에는 각각 박사조교博士助敎 한 명을 두었고, 학생 정원은 100명으로 정했고, 이때 도학이 정식으로 관학官學에 들어가게 되었다. 그는 고명한 도사들을 아주 예우해주었는데, 개원 9년에는 사자使者를 보내 모산茅山 도사 사마승정司馬承禎을 경성京城에 모셔 와서 친히 도교의 법록法錄을 받은 적이 있다. 천보天寶 연간에는 도사 오균吳筠을 경성京城에 모셔와 한림대조翰林待詔라는 벼슬자리에 앉혔었다. 그 사이, 황실의 공주, 정실과 첩실들은 잇달아 도교에 들어왔고, 예종睿宗의 두 딸은 출가出家하여 여관女冠이 되었는데, 도호道號를 금선金仙과 옥진玉眞으로 정했다. 현종玄宗의 총애를

---

123) (唐)李林甫:《唐六典》, 中華書局1992年版, 第125頁.[원문: 凡天下觀總一千六百八十七所.]

받던 후궁 양옥환楊玉環(양귀비)은 태진궁太眞宮 여도사女道士로 되었고, 호號를 태진太眞이라 정했다. 현종玄宗이 도교를 높이 받들던 것은 태종처럼 다만 정치적 목적에서 출발한 것이 아니었다. 여기에는 개인의 마음속으로부터 우러나온 경건한 신앙이 있었다. 그는 친히 『도덕진경道德眞經』에 주注를 달았었고, 이를 뭇 경經의 으뜸으로 위치 지웠고, 천하에 반포하여 선비와 서민들이 모두 익히게 했고 또 노자의 도道를 받들고 수신하고 치국하라고 명했다. 『당명황재조하태상노군관唐明皇再詔下太上老君觀』에서는 이렇게 말한다.

> 도덕(道德經을 가리킴)은 백가百家의 우두머리이고, 청정淸淨은 만물을 화육하는 근원이다. 근본에 힘쓰는 것이 강기綱紀를 세우는 관건이고, 무위無爲하는 것이 태화太和에 이르는 관문이다.124) 대저 천하의 만백성이 순덕淳德을 마시게 하고, 태화를 먹게 하여 모두가 마음을 돌려 도道를 향하게 하련다. 어찌 나 혼자만 외롭게 이 경지에 이를 수 있단 말인가?125) 지난해에는 집집마다 『도덕(道德經을 말함)』을 갖추도록 명命을 내렸는데, 이로써 덕德이 세워지고 또 풍미風靡할 것을 기대했다. 도道를 마음에 간직하고 잘 사용한다면 짐朕은 조상들이 물려준 과업을 계승하게 되고, 가서家書(노자의 책)를 높이 받들게 되고, 집을 나서도 사람들과 똑같게 되고出門同人, 천하에 부끄럽지 않게 된다고 생각했다.126)

‘집을 나서도 사람들과 똑같게 된다出門同人’라는 말은 『주역周易·동인同人』괘 『상사象辭』에서 찾아볼 수 있는데, 이는 사회적 왕래에서 편애함과 사적인 욕심이 없음을 의미한다. 현종은 노자의 『도덕경』이 나라를 다스리고 국정을 운영하고 백성들을 교화하는데 있어서 주도적 역할을 일으킬 수 있을 것으로 믿고 있었는데, 이는 지나친 것이라고 하겠다. 개원 연간 중기, 현종玄宗은 사자

---

124) (淸)董誥等編:《全唐文》第一冊, 上海古籍出版社1990年版, 第148頁.[원문 : 道德者百家之首, 淸淨者萬化之源, 務本者立極之要, 無爲者太和之門.]

125) (淸)董誥等編:《全唐文》第一冊, 上海古籍出版社1990年版, 第148頁.[원문 : 夫使天下萬姓, 飮淳德, 食太和, 靡然回心而向道, 豈予寡薄獨能致此?]

126) (淸)董誥等編:《全唐文》第一冊, 上海古籍出版社1990年版, 第148頁.[원문 : 往年布令各家藏《道德》, 冀德立而風靡, 道存而用, 則朕之存祖業, 尙家書, 出門同人, 無愧於天下矣.]

使者를 보내 도경道經을 수집하게 했고, 수집한 책들을 정리하여 『삼동경강三洞瓊綱』을 만들었는데, 무려 3744권에 달했다(5700권이라는 설도 있다). 이 책을 '개원도장開元道藏'이라고도 칭하는데, 이 책은 도교사에서 처음으로 되는 도서道書 총집總集이다.

당무종唐武宗은 도교를 숭상함에 외곬으로 나아갔다. 하나는 법록法籙과 연단鍊丹에 깊이 빠진 일이다. 개인의 장생長生을 추구하기 위해 도사道士 조귀진趙歸眞을 스승으로 모시고, 그를 위해 법록도장法籙道場도 크게 세우고서 그로부터 신선神仙 방술方術을 배웠는데, 결국 금단金丹을 복용하고 중독되어 죽었다. 다른 하나는 도교를 가지고 불교를 배척한 일이다. 그는 정권의 강력한 수단을 동원하여 수십만 승려들을 환속還俗시키고, 사찰을 대거 허물어버렸는데, 이 또한 다른 종교에도 영향을 미치게 되었다. 이는 중화中華의 중화中和의 도道를 거스른 짓이라고 하겠다. 결국 그는 좋지 못한 역사 기록만 남기게 되었다.

2. 도교 청수파淸修派의 저명한 도사道士들

당나라 때에는 문화 소양이 비교적 높은 도교 학자들이 많이 있었는데, 이들은 권세에 빌붙지도 않았고, 세상을 도피하여 스스로 즐기는 삶을 추구하지도 않았다. 이들은 노장 철학을 받들고 도교 의리義理 탐구에 정진했고, 유학과 불학을 받아들여 삼교를 융회融會시키는 일에 매진했다. 이들은 부록과교符籙科敎는 중요시하지 않았고 다만 청수양생淸修養生만 중요시했다. 이들은 도교 문화가 고차원으로 발전하는 데 크게 기여했다.

1) 손사막孫思邈

손사막은 당나라 때의 저명한 도교 학자 겸 의학자이다. 섬서성陝西省 사람이다. 『구당서舊唐書』 본전本傳에서는 그를 평가하기를, "약관弱冠의 나이에 장로莊老 및 백가百家의 학설을 잘 담론했고 또 석전釋典도 좋아했으며"[127], "여러 방술을 모두 잘 익혔고, 특히 정일(正一道를 말함)에 뛰어났다."[128]라고 한다. 그는 의술이 고명했고 또 열심히 사람들의 질병을 치료해 주었는데, 그리하여 사람들은 그를 존칭하여 약왕藥王이라 했다. 당태종과 고종은 그에게 작위와 관직을 준 적이 있는데, 그는 이를 모두 사양했다. 저술로는 『천금방千金方』, 『복록론福祿論』, 『섭생진록攝生眞錄』, 『침중소서枕中素書』, 『회삼교론會三敎論』, 『보생명保生銘』, 『존신연기명存神煉氣銘』 등이 있다. 그의 의학이론은 음양오행陰陽五行, 천인일체天人一體의 원리와 이념을 토대로 삼고 있었다. 그는 이렇게 말한다.

> 하늘에는 사계절四時과 오행五行이 있고, 사람에게는 사지四支와 오장五臟이 있는데, 양陽은 그 형形을 쓰고用, 음陰은 그 정精을 쓴다. 이것은 하늘과 사람이 똑같겠다. 훌륭한 의사는 약석藥石으로써 유도導하고 침구로써 (생명을) 구해주고, 성인은 지덕至德으로써 조화시키고 인사人事로써 보조해준다. 그래서 형체形體에는 치료할 수 있는 질병이 있는 것이고, 천지天地에는 제거할 수 있는 재앙이 있는 것이다.129)

그의 질병 치료 및 양생養生에 관한 이론과 방법道에서는 특히 욕심을 줄이고 절제하며 살아갈 것과 덕德으로써 보조하여 생명을 길러줄 것養을 강조하고 있었고, 이에 약석藥石과 침구를 짝 지워 사용할 것을 주장하고 있었다. 지금 보더라도 이는 사리에 맞는 견해와 주장이다. 하지만 그는 금단金丹으로써 사람이 하늘에 날아올라 신선神仙이 되게 할 수 있다는 설은 믿지 않았고, 연단煉丹을 다만 약을 제조하는 수단으로 삼고 있었다.

---

127) (唐)張讀：《宣室志》, 張永欽, 侯志明點校, 中華書局1983年版, 第153頁.[원문 : 弱冠善談莊老及百家之說, 兼好釋典.]

128) (唐)張讀：《宣室志》, 張永欽, 侯志明點校, 中華書局1983年版, 第154頁.[원문 : 學殫數術, 高談正一.]

129) (唐)張讀：《宣室志》, 張永欽, 侯志明點校, 中華書局1983年版, 第155頁.[원문 : "天有四時五行", "人有四支五臟", "陽用其形, 陰用其精, 天人之所同也", "良醫導之以藥石, 救之以針劑, 聖人和之以至德, 輔之以人事, 故形體有可愈之疾, 天地有可消之災".]

2) 왕현람王玄覽

왕현람은 광한廣漢 면죽綿竹 사람이다. 호號는 홍원선생洪元先生이고, 무칙천武則天이 집권할 때 세상을 떠났다. 주요 저작으로는 『현주록玄珠錄』이 있다. 그의 도론道論은 불교와 도교를 융합시키는 색채가 짙었다. 『도덕경道德經』에 의거하여, 그는 대도大道를 '가도可道'와 '상도常道'로 나누었다. 그의 주장에 따르면 가도는 만물을 낳는데 만물은 생사生死가 있고, 상도는 천지를 낳는데 천지는 오래 갈 수 있다. 또한 가도와 상도는 통일적이고 불가분적이다. 그가 보건대, 인간이라면 누구나 '도성道性'을 가지고 있는데, 그래서 중생은 일부러 도道를 따르지 않더라도 누구나 득도得道할 수 있다. 그는 이렇게 말한다. "도道 속에 중생이 있고, 중생들 속에 도道가 있다."[130] 그렇다면 중생들은 어떻게 득도得道할 것인가? 심식心識을 수련해야 한다고 한다. 그는 불교 법상종法相宗에서 말하는 '만법유식萬法唯識'의 원리로써 도道를 닦는 요점을 설명했다. 우선, 마음이 제법諸法(삼라만상)을 낳는다는 점을 긍정한다. "마음이 생기면 제법이 생겨나고, 마음이 사라지면 제법이 사라진다. 만약 무심정無心定(모든 심상을 완전히 없애는 선정)을 증득할 수 있다면, 생겨남도 없고 사라짐도 없겠다."[131] 다음, '체體'와 '용用'으로써 청정淸淨과 중생衆生을 해석한다. "체體(본바탕)가 변하지 않음을 아는 것이 청정이고, 작용用이 변화함變을 아는 이가 중생衆生이다."[132] 그 다음 더 나아가 도道를 닦는 경로를 밝힌다. "변화變를 탐구하여 불변不變을 구하고, 작용用을 탐구하여 체體로 돌아온다歸."[133] 이렇게 맑고 깨끗한淸淨 진체眞體를 얻은 이가 바로 속세를 초탈하여 득도한 자이겠다.

---

130) 朱林溥 : 《玄珠錄校釋》, 巴蜀書社1989年版, 第79頁.[원문 : 道中有眾生, 眾生中有道.]

131) 朱林溥 : 《玄珠錄校釋》, 巴蜀書社1989年版, 第95頁.[원문 : 心生諸法生, 心滅諸法滅, 若證無心定, 無生亦無滅.]

132) 朱林溥 : 《玄珠錄校釋》, 巴蜀書社1989年版, 第117頁.[원문 : 識體是常是淸淨, 識用是變是眾生.]

133) 朱林溥 : 《玄珠錄校釋》, 巴蜀書社1989年版, 第117頁.[원문 : 修變求不變, 修用以歸體.]

3) 사마승정司馬承禎

사마승정은 당나라 도교 사상의 거장이다. 하내河內(河南省 북부에 있음) 온현溫縣 사람이다. 법호法號는 도은逃隱이고, 스스로 호自號를 백운자白雲子라고 했다. 그의 도교 의리義理는 위로 모산종茅山宗 도홍경을 계승했고, 그는 한동안 반사정潘師正을 스승으로 모시고 공부했다. 평생 도법道法의 창조에 심혈을 쏟았고, 도서道書도 여러 권 저술했다. 그 가운데『좌망론坐忘論』,『천은자天隱子』가 가장 중요하겠다. 그는 무후武后 때로부터 여러 조대朝代를 걸쳐 살아 왔고, 수차 황제의 소견召見을 받았다. 황제들은 늘 도교 술수術數에 관해 물었지만 그는 이런 물음에는 대답을 피하고 오히려 도덕의 문제에 관해 많이 논했다. 『구당서舊唐書』본전本傳에는 이런 이야기가 실려 있다. 예종睿宗이 그에게 음양술수陰陽術數에 관해서 물었는데, 사마승정이 대답하기를,

> 『도경道經』의 취지는 '도道를 행하여 날로 줄이고, 줄이고 줄여 무위無爲에 이르게 하는 것입니다.' 또한 마음으로 보는 것들이 줄어드는 것을 번마다 자기 마음대로 좌지우지할 수도 없습니다. 그러니 어찌 이단異端을 공격하느라, 거기에 자신의 잔꾀를 더하겠습니까?[134]

라고 했다고 한다. 그는 또 무위의 방식으로써 국정을 운영할 것도 권고했다고 한다. 죽은 후, 정일선생貞一先生이라는 시호諡號를 받았다.

사마승정은 노장 사상을 주체로, 여기에 불가의 지관止觀 학설과 유가의 정심성의正心誠意 설을 끌어들여, '주정主靜', '좌망坐忘'을 주로 하는 양생養生과 수진修眞의 이론을 제기했다.『좌망론坐忘論』에서는 말하기를, 인간의 마음은 원래 "도道를 근본으로 삼고 있는데"[135], 그러나 "마음과 정신心神이 속세에 오염되어, 몽폐함蒙蔽이 점차 깊어지고, 오래 떠돌아다니게 되면, 결국 도道와

---

134) (五代)劉昫:《舊唐書》, 中華書局1999年版, 第3487頁.[원문:《道經》旨:'爲道日損, 損之又損, 以至於無爲', 且心目所見者, 每損之尙未能已, 豈復攻乎異端, 而增其智慮哉?]

135) 《道藏》第22冊, 天津古籍出版社1988年版, 第893頁.[원문:以道爲本.]

멀어지게 된다."136)고 한다. 그래서 도道를 닦아 마음의 때心垢를 깨끗이 씻어 버려야 한다는 것이다. 또 이렇게 말한다. "도道와 삶生이 서로 지켜주고, 삶生과 도道가 서로 보호해주면서, 양자가 서로 떨어지지 못하게 해주어야 하는데, 그래야만 오래 살 수 있다."137) 수진修眞의 관건은 "편안하게 앉아 마음을 거두고 바깥 사물의 경계境를 떠나, 무소유無所有에 머무르는 것이다. 무소유에 머물면서, 물건 하나에 집착하지 않으면, 저절로 허무虛無의 경지에 들어가 마음이 도道와 합쳐진다."138) 이것이 곧 '좌망坐忘'이다. "좌망坐忘을 하는 자는 무엇을 잊지 못하랴? 안으로는 자기 일신一身을 느끼지 못하고, 밖으로는 우주宇宙를 지각하지 못하며, 도道와 혼연 하나로 합쳐져, 만 가지 생각이 모두 사라진다."139) 『천은자天隱子』에서도 '피아양망彼我兩忘'을 논한다. 여기서는 도道를 닦는 다섯 개 요점도 제기한다.

> 첫째는 재계齋戒이고, 둘째는 안처安處(평안하게 거처함)이고, 셋째는 존사存思 (자기 몸에 있는 각 기관의 神들이 제자리를 지키도록 함)이고, 넷째는 좌망坐忘이고, 다섯째는 신해神解(언어가 필요 없이 깨달음)이다.140)

전체적으로 보면 "신선으로 되는 도道는 (위의) 다섯 가지가 일문一門에 귀결된다."141) 또 도道를 닦는 일곱 개 단계도 제기한다. 즉 경신敬信(공경하여 믿음), 단연斷緣(인연을 끊음), 수심收心(마음을 거둠), 간사簡事(속세의 일들과 거리를 둠), 진

---

136) 《道藏》第22冊, 天津古籍出版社1988年版, 第893頁.[원문 : 心神被染, 蒙蔽漸深, 流浪已久, 遂與道隔.]

137) (宋)張君寶纂輯, 蔣力生等校注 : 《六笈七籤》, 華夏出版社1996年版, 第567頁.[원문 : 使道與生相守, 生與道相保, 二者不可相離, 然後乃長久.]

138) 《道藏》第22冊, 上海古籍出版社1988年版, 第893頁.[원문 : 安坐收心離境, 住無所有, 不著一物, 自入虛無, 心乃合道.]

139) 《道藏》第22冊, 上海古籍出版社1988年版, 第892頁.[원문 : 坐忘者, 何所不忘哉? 內不覺其一身, 外不知乎宇宙, 與道冥一, 萬慮皆遺.]

140) (唐)司馬承禎 :《天隱子》, 中華書局1985年版, 第4頁.[원문 : 一曰齋戒, 二曰安處, 三曰存思, 四曰坐忘, 五曰神解.]

141) (唐)司馬承禎 :《天隱子》, 中華書局1985年版, 第10頁.[원문 : 神仙之道, 五歸一門.]

관眞觀(見思의 번뇌를 끊는 空觀), 태정泰定(마음이 안정함), 득도得道가 그것이겠다. 그는 또 위에서 말한 오점문五漸門과 칠단계七階次를 '삼계三戒'로 개괄했다. 즉 "첫째는 간연簡緣(속세의 인연을 줄임)이고, 둘째는 무욕無欲이고, 셋째는 정심靜心이다."142) 이 삼계三戒를 부지런히 닦으면, 도는 절로 찾아오게 된다는 것이다. 분명히 '좌망坐忘', '정심靜心', '신해神解'는 장자로부터 온 것이고, "단연斷緣', '무욕無欲'은 불법에서 온 것이다. 사마승정이 불교와 도교를 결합하여 만들어 낸 정심靜心, 좌망坐忘 이론은 후일 도교 청수파淸修派에서 받들고 따르고 있었다. 그의 수도修道(道를 닦음)에 관한 논설에서는 외단外丹, 부록符籙과는 달리, 노장 도가 철학에서의 자연무위自然無爲 설을 더 중요시하고 있었다.

4) 오균吳筠

오균은 화주華州 화음華陰 사람이다. 반사정潘師正을 스승으로 모시고 학문을 닦았고, 상청경법上淸經法을 널리 전했다. 『구당서舊唐書』 본전本傳에는 그가 현종玄宗의 소견召見을 받은 일이 기재되어 있다. 현종이 그를 한림대조翰林待詔 관직에 임명하면서 도법道法에 관해 물었는데, 오균은 이렇게 대답했다고 한다. "도법의 정수는 오천글자五千言(道德經을 말함)에 있습니다. 이에 대한 많은 번잡한 설명과 해석은 다만 헛되이 종이를 낭비한 것일 뿐입니다."143) 또 신신神仙 수련에 관해 물었는데, 대답하기를, "이런 야만인들의 일은 마땅히 오랜 세월의 공행功行(수련을 가리킴)으로써 추구해야 하는데, 임금님께는 적합하지 않은 일입니다."144) 이로 보면 그는 도사가 아니라 도가 학자였다고 하겠다. 그는 『현강론玄綱論』, 『신선가학론神仙可學論』등 책을 저술했는데, 여기서 그는 신선 신앙과 노장 철학을 결합시키려고 했다. 『현강론玄綱論』에서 그는

---

142) 《道藏》第22冊, 上海古籍出版社1988年版, 第897頁.[원문 : 一曰簡緣, 二曰無欲, 三曰靜心.]

143) (後晉)劉昫 :《舊唐書》, 中華書局1999年版, 第3488頁.[원문 : 道法之精無如五千言, 其諸枝詞蔓說, 徒費紙劄耳.]

144) (後晉)劉昫 :《舊唐書》, 中華書局1999年版, 第3488頁.[원문 : 此野人之事, 當以歲月功行求之, 非人主之所宜適意.]

이렇게 말한다.

어떤 이가 물었다. "도道의 큰 뜻(에 대한 해석)은 노자와 장자를 앞선 것이
없다. 한편, 노자와 장자의 말에서는 선도仙道를 숭상하지 않았다. 그런데 선생은
왜 홀로 신선仙者을 귀하게 여기시는가?" 내가 대답했다. "왜 노자와 장자가 숭상
하지 않았다고 말하시는가?" …… 노자가 이르기를, "뿌리가 깊고 그루터기가
굳은 것이 장생구시長生久視의 도道"라고 했다. 또 이르기를, "계곡의 신神은 죽지
않는다"고 했다. 장자도 이르기를, "세상살이 천 년에 싫증을 느껴, 이를 버리고
신선의 경지에 올라, 저쪽 세상의 흰 구름을 타고 제왕의 고향帝鄕에 이른다"고
했다. 또 이르기를 "그래서 나는 1200세 몸을 닦아 왔는데, 내 형체는 아직 쇠하지
않았다"고 했다. 또 이르기를, "구름의 기운氣을 타고 나는 용을 몰면서 사해四海
바깥에서 노닌다"고 했다. 또 이르기를, "사람은 모두 죽거늘, 나만은 홀로 살아있
을 것"이라고 했다. 또 이르기를, "신神이 형체形를 지켜주어, 형체形가 장생長生
한다"고 했다. 이는 노자와 장자가 장생불사長生不死하는 신선을 말한 것임이 분
명하다. 어찌 숭상하지 않았다고 말하겠는가!145)

노장 학설에는 확실히 신선神仙 사상이 들어 있었고, 오균의 말도 틀리지는
않았다. 하지만 노자와 장자는 정신적 초월과 자유를 추구하는 데 관심을 두고
있었지, 장생長生하고 성선成仙하는 일을 특히 강조하지는 않았다. 도교에서는
노자와 장자의 "도道를 받들고 덕德을 귀하게 여기는" 철학을 긍정하고 있었을
뿐만 아니라 또한 그 속의 신선에 대한 동경憧憬을 발휘하고 확장하여 이를
신선이 확실히 존재하고 또 수련하여 신선으로 될 수 있음을 논증하는데 활용
했다. 이것이 도교의 본색이었다. 오균은 불교에서 신神을 중요시하고 형形을
도외시하는 것에는 찬성하지 않았고, 오히려 그는 형形과 신神이 서로 지켜줄

---

145) 《道藏》第23冊, 天津古籍出版社1988年版, 第680-681頁.[원문 : 或問曰 : '道之大旨, 莫先乎
老莊, 老莊之言, 不尙仙道, 而先生何獨貴乎仙者也?'愚應之曰 : '何謂其不尙乎? …… 老
子曰 : 深根固蔕, 長生久視之道. 又曰 : 穀神不死. 莊子曰 : 千載厭世, 去而上仙, 乘彼白雲,
至於帝鄕. 又曰 : 故我修身千二百歲, 而形未尙衰. 又曰 : 乘雲氣, 馭飛龍, 以遊四海之外.
又曰 : 人皆盡死, 而我獨存. 又曰 : 神將守形, 形乃長生. 斯則老莊之言長生不死神仙明矣,
曷謂無乎!'.]

것을 강조하고 있었고, 형체形를 단련하는 것으로부터 착수하여 나아가 성性을 단련하고 신神을 단련할 것을 주장하고 있었다. "텅 비고 담박하고 고요한 것으로써 성性을 즐겁게 해주고, 낡은 기운을 뱉어 내고 신선한 기운을 들이마시면서 신神을 부드럽게 해주고, 높고 허虛함으로써 그것의 안정함을 보장해주고, 좋은 약으로써 그것을 보필匡補해주어146), 체體와 도道가 혼연 하나로 합치되는147)" 경지에 이르게 되면 오래 살게 되고 또 신선으로 될 수 있다는 것이다. 이 속에는 이미 내단內丹 이론의 요소가 들어있었다.

5) 두광정杜光庭

두광정은 당나라 말 오대五代 때의 도사道士이다. 광성선생廣成先生, 전진천사傳眞天師라는 호를 하사받았다. 그는 학문이 아주 연박했고,『도문과범대전집道門科範大全集』을 편찬하여 그 이전의 도교 재초齋醮 의규儀規를 집대성했다. 또『도덕진경광성의道德眞經廣聖義』를 저술했는데, 이 책에서 그는 유교 의리義理를 도교에 끌어들였다. 그는 이렇게 말한다.

> 인仁을 싣고 의義를 간직하고, 도道를 껴안고 겸허함謙을 지키며, 임금과 부모님께 충효忠孝를 다하고, 친구와 혈육들과 화목하게 지내는 것이 곧 아름다운美 행실이겠다.148)

그는 유·도·불 삼교를 모두 아울러 종합했다. 그의『설상청정경주說常清淨經注』에서는 도道를 닦는 방법을 논하고 있는데, 여기서는 '삼독三毒(貪慾·瞋恚·愚癡를 말함)'을 없애고, 화려한 몸차림을 두절하고, 자미滋味를 멀리 하고, 음욕

---

146) (宋)張君寶纂輯, 蔣力生等校注 :《雲笈七簽》, 華夏出版社1996年版, 第564頁.[원문 : 虛凝淡泊怡其性, 吐故納新和其神, 高虛保定之, 良藥匡輔之.]

147) (宋)張君寶纂輯, 蔣力生等校注 :《雲笈七簽》, 華夏出版社1996年版, 第563頁.[원문 : 體與道冥.]

148) (漢)河上公, (唐)杜光庭等注 :《道德經集釋》(下), 中國書店2015年版, 第598頁.[원문 : 載仁伏義, 抱道守謙, 忠孝君親, 友悌骨肉, 乃美之行也.]

淫慾을 끊고, 삼원三元(上元泥丸腦宮, 中元心府絳宮, 下元氣海腎宮)을 지킬 것을 강조한다. 또 더 나아가 "陰陰을 단련하여 양陽으로 되게 하고, 범부가 단련하여 성인의 경지에 이를 것"도 논한다. 이는 내단학內丹學으로 과도過渡하는 성격을 보여준 것이라고 하겠다.

3. 도교 이론의 중대한 창조 : 중현학重玄學

도교는 노장 철학을 신학화神學化하고 교규화敎規化(종교규범으로 만듦)하면서 형성된 것이다. 도교에서는 주로 육체의 장생長生을 추구하고, 재앙을 쫓고 복福을 기구하는 일에 관심을 기울이고 있었다. 그리하여 단정丹鼎과 부록符籙이 크게 성행했던 것이다. 위진 이후, 일부 청수파淸修派 인사人士들은 유가의 수신양성修身養性 설을 받아들이고 또 불교 반야학般若學과 불성론佛性論의 영양분을 섭취하여 이를 노장 철학과 현학으로써 융회하고 관통시켜, 도성론道性論과 정신해탈의 도道(원리와 방법)를 형성해냈었다. 그들은 장생長生 및 성선成仙을 '육체의 장기적 보존'으로 보지 않았고, '신神과 통하는 능력의 형성'으로도 보지 않았다. 그들은 심신心身이 온갖 얽매임累과 번뇌를 떨쳐버리고, 무한한 평온과 안정을 획득하는 것을 장생長生으로, 성선成仙으로 보고 있었다. 남조 때에는『승현내교경昇玄內敎經』이 만들어지고, 수나라 때에는『현문대의玄門大儀』,『본제경本際經』이 만들어졌는데, 이 책들에서 저자들은 집중적으로 노자의 '현묘하고 또 현묘하다玄之又玄'는 말의 의미와 이치義理를 해석했다. 이로부터 '중현重玄'이라는 개념이 나오게 되었고, 이 개념은 당나라 초에 이르러서는 아주 특색이 있는 이론 형태를 형성했는데, 이것이 바로 중현학重玄學이겠다.

1) 성현영成玄英의 중현학重玄學

성현영은 당나라 초의 저명한 도교 학자이다. 섬주陝州 사람이다.『신당서新唐書·예문지藝文志』의 기재에 따르면 성현영은『노자도덕경老子道德經』주注를 2권 만들었고,『도덕경개제서결의소道德經開題序訣義疏』를 7권 만들었다고 한다. 또『장자』주도 30권 만들었고, 이에 한『소疏』도 12권있었다고 한다. 그 가운데, 중현학重玄學이 가장 성숙되고 또한 후세에 끼친 영향이 가장 큰 것으로는『장자소莊子疏』이겠다. 성현영은『도덕경개제서결의소道德經開題序訣義疏』에서 우선 중현학重玄學의 역사를 회고한다. 여기서 그는 여대로『노자』를 해석한 제가諸家들은 비록 각자 나름대로 공헌이 있기는 하지만 그러나 모두 진쯥나라 손등孫登의 '중현重玄(雙玄이라고도 칭함)에 종宗(근본)을 기탁하던 것托重玄以寄宗'보다 바르지 못하다고 했다. 그는 이렇게 주장했다.

> 마땅히 중현을 종宗으로 삼고, 무위無爲를 체體(본질)로 삼아야 한다. 이른바 현玄이란 멀고 깊은 것을 말하는 이름名이고 또한 막히지 않는다는 뜻義이다. 말이 지극히 깊어지고 지극히 멀어지면 어떤 것에 막히지도 않고 들어붙지도 않는다. 즉 유有에 막히지도 않고 무無에 막히지도 않는다. 어찌 다만 막히는 것에 막히지 않는 것뿐이겠는가. 이 또한 막히지 않는 것에 막히지 않는 것으로도 되겠다. 백비사구百非四句는 모두 막히는 것이 없는데 이것을 중현重玄이라 일컫는다. 그래서 경經에서는 이르기를, "현묘하고 또 현묘하니 모든 미묘한 것이 나오는 문이다玄之又玄 衆妙之門"라고 했다.[149]

'백비사구百非四句(四句란 有, 無, 非有非無, 亦有亦無를 말한다. 百非란 백가지 틀린 논리를 말한다.)'란 불교 삼론종三論宗에서 '파집破執'할 때 유有와 무無를 '모두 쫓아버리고雙遣' 어느 한편에 치우치지 않으면서 중도中道를 드러낸다는 말에서 온 것이다. 즉 '집착執着'을 버릴 뿐만 아니라 '불집착不執着'도 버리고, 진정하게 자연에 순응하고 자연에 맡긴다는 것이다. 성현영은 불가의 철학적 사유로써 노자의 '현지우현玄之又玄'의 의리義理를 심화시켰었다. 성현영의 중현학重玄學의 요의는 아래와 같이 개괄할 수 있겠다.

첫째, 노자의 대도론大道論을 장자에 경계설境界說로 이끌어갔다.『장자소서

---

149) 蒙文通輯校:《道書輯校十種》, 巴蜀書社2001年版, 第551頁.[원문 : 宜以重玄爲宗, 無爲爲體. 所言玄者, 深遠之名, 亦是不滯之義. 言至深至遠, 不滯不著, 既不滯有, 又不滯無. 豈唯不滯於滯, 亦乃不滯於不滯, 百非四句, 都無所滯, 乃曰重玄. 故經雲 : 玄之又玄, 衆妙之門.]

莊子疏序』에서는 이렇게 말한다.

　　대저 『장자莊子』라는 책에서는 도덕道德의 심근深根(깊은 뿌리)을 이야기하고, 중현重玄의 묘지妙旨(신묘한 뜻)를 설명하고, 무위無爲의 염담恬淡함을 펼치고, 독화獨化의 요명함窈冥(깊숙하고 어두컴컴함)을 밝히고, 구류九流를 집어 들고, 백씨百氏(즉 諸子百家)를 옭아매고 있는데, 생각건대 이는 세상의 지교至敎(가장 훌륭한 가르침)이고, 실은 상象 바깥의 미언微言(심오한 말)이겠다.

　그가 보건대, 장자가 노자의 중현重玄의 종지宗旨를 밝혔는데, 그것인 즉 일종의 주主와 객客이 합일이 되는 경계境界이겠다.
　둘째, 중현학重玄學에서는 불교의 이중雙重적 부정否定의 방식으로써 대도大道가 유有도 아니고 무無도 아닌 중현의 경계域에 존재한다고 설명한다. 『제물론소齊物論疏』에서는 이렇게 말한다.

　　대저 현도玄道는 요명窈冥하고 진종眞宗은 미묘하다. 그러므로 잠깐 쓴다면用, 이는 무無가 아니면서 무無가 있는 것이고有, 쓰여서 체體라면 이는 무無가 있는 것이지만有 유有도 아니고 무無도 아니다. 그러므로 유有와 무無는 일정하지 않고, 체體와 용用은 항구하지 않다.150)

　『추수소秋水疏』에서는 "도道란 허虛에 통하는 묘리妙理이다."151)라고 한다. 대도大道는 즉 만사만물을 만들어내고 통하게 하는 미묘한 도리妙理로서 그 자체는 만물이 아니지만, 그러나 만물은 모두 그것에 의지하여 존재한다는 것이다.
　셋째, 중현학重玄學에서는 도道를 닦는 방식으로서 마땅히 노자의 "도道를 행하면 날마다 줄어든다."는 부負적 방법과 장자의 '좌망坐忘'의 방법을 활용해

---

150)　(唐)成玄英疏, (晉)郭象注:《南華眞經注疏》, 中華書局 1991年版, 第30頁.[원문: 夫玄道窈冥, 眞宗微妙, 故俄而用, 則非無而有無. 用而體, 則有無非有無也. 是以有無不定, 體用無恒.]
151)　蒙文通輯校:《道書輯校十種》, 巴蜀書社2001年版, 第551頁.[원문: 道者, 虛通之妙理.]

야 한다고 주장한다. 더 나아가서는 또한 '날로 줄이는日損' 방식과 '좌망坐忘'의 방법도 버릴 것을 요구한다. 그는 『대종사소大宗師疏』에서 세 가지를 끊을 것三絶을 제기했다. "첫째는 유有를 끊고, 둘째는 무無를 끊고, 셋째는 유有도 아니고 무無도 아니게 한다."152)는 것이다. 『재유소在宥疏』에서는 "몸과 마음 다 잊고, 물物과 아我를 모두 쫓아버린다."153)라고 했다. 이렇게 불교와 도교의 수행修行 방식을 하나로 합치시켰던 것이다.

당연히 성현영은 도교의 본색本色은 여의지 않고 있었다. 그는 성명쌍수性命雙修와 자연양생自然養生을 아주 중요시하고 있었다. 그의 『양생주소養生主疏』에서는 "양생養生의 묘도妙道는 자연의 본분涯分을 따르는 것인데, 이렇게 하면 기필코 삶을 탐내서 요절하지 않게 된다."154)라고 한다. 성현영의 중현학重玄學은 불교와 도교를 심층적으로 융회融會하는 기초 위에서 도교의 이론적 차원을 크게 끌어올렸고, 또한 이렇게 금金, 원元 시기 전진도全眞道의 흥기興起에 사상적 토대를 마련해놓게 되었다. 그는 '이理' 개념을 끌어들여 대도大道의 본질을 설명했는데, 이 또한 송명이학宋明理學의 탄생에 큰 계시를 주었다. 그런 까닭에 그는 중국사상사에서 아주 중요한 사상가로 평가받고 있다. 그러나 그의 중현학은 수증修證(닦아서 증득함)하는 실공實功(실제적인 공력)이 결핍하여, 도교도道教徒들의 연양煉養(몸을 단련하고 기르는 일)의 수요는 만족시켜줄 수 없었는데, 그리하여 좀 지나 종씨와 여씨(鍾離權, 呂洞賓)의 내단도內丹道가 흥기興起하게 되었던 것이다.

2) 이영李榮의 중현학重玄學

이영의 호는 임진자任眞子이고, 그는 사천四川 면양綿陽 사람이다. 그 당시

---

152) 劉文典：《莊子補正》, 安徽大學出版社1999年版, 第204頁.[원문：一者絶有, 二者絶無, 三者非有非無.]

153) (唐)成玄英疏, (晉)郭象注：《南華眞經注疏》, 中華書局1991年版, 第30頁.[원문：身心兩忘, 物我雙遣.]

154) 劉文典：《莊子補正》, 安徽大學出版社1999年版, 第95頁.[원문：養生之妙道, 依自然之涯分, 必不貪生以夭折也.]

성현영보다 나이가 좀 어렸었다. 그는 고종高宗과 무칙천武則天 때의 저명한 도교 수령이었고, 중현학重玄學을 크게 발전시킨 또 한명의 공신功臣이다. 주요 작품으로는 『도덕경주道德經注』와 『서승경주西昇經注』가 있다. 『도덕경주』에서 그는 우선 '도덕道德'이라는 두 글자를 해석한다. "도道란 지극히 텅 빈虛極 이 치로서", 그 특징은 "맑고 텅 비고淸虛 무위無爲한 것인데", 그래서 감싸지 않는 것이 없고, 들어가지 못할 곳이 없다고 한다. 이어서 도道와 덕德의 관계를 논한 다. "낳는 것生에 통하는 것을 도道라고 하고", "가두어 기르는 것畜養을 덕德이 라고 한다." 즉 그는 생명철학 차원에서 대도大道는 낳고 또 낳는 그 근원이고, 덕德은 만물을 기르는 공덕功이라고 해석했다. 중현학의 핵심 이념인 경전 명 구名句 "현묘하고 또 현묘하니 온갖 미묘한 것이 나오는 문이다玄之又玄 衆妙之 門."를 이영은 이렇게 해석한다. "도덕道德은 현묘하고 심오한 데, 그 이치理는 말言과 상象을 초월하고, 진종眞宗은 텅 비고 맑고 깨끗한 데, 그 모습은 유有와 무無를 단절한다."[155] 그래서 대도大道는 현묘하고 또 현묘하다玄之又玄는 것이 다. 만물은 도道로 말미암아 생겨나는데, 그래서 (위의 이유때문에) 도道의 체體 는 숨겨져 있고, 도道의 작용用은 드러나 있고, 도道와 만물은 붙지도 떨어지지 도 아니 한다는 것이다. 그리하여 그는 노자의 "이를 일러 모양이 없는 모양狀 이라 하고, 물체가 없는 형상象이라 하며, 이를 홀황惚恍이라고 이른다."[156]라는 말을 해석할 때, 이렇게 말했다.

체體로부터 작용用이 일어나는 것은 즉 고요함寂으로부터 움직임이 시작되는 것으로서 고요함寂으로부터 움직이기 시작되기 때문에 그것을 무無라고 말하는 것이다. 잠깐 있다가도有 갑자기 자취를 거두고 근본으로 되돌아가는데, 그것이 있다고有 말하자니 또 홀연 사라져 없어진다無. 홀연 사라져 없어지기 때문에, 무無는 일정한 무無가 아니고, 갑자기 있게有 되기 때문에, 유有도 일정한 유有가

---

155) 蒙文通輯校 :《道書輯校十種》, 巴蜀書社2001年版, 第566頁.[원문 : 道德玄冥, 理超於言象. 眞宗虛湛, 事絕於有無.]

156) 蒙文通輯校 :《道書輯校十種》, 巴蜀書社2001年版, 第582頁.[원문 : 是謂無狀之狀, 無物之 象, 是謂惚恍.]

아니겠다.157)

그는 동태적으로 대도大道와 만물 사이의 체와 용體用의 관계를 파악할 수 있었는데, 이것이 이영李榮이 성현영보다 더 고명한 점이었다. 이영은 나아가 중현重玄의 도道를 심성心性의 수련에 활용한다. 그가 보건대, 인간의 본성은 청정무위淸淨無爲한데, 이것이 도성道性이고, 감각기관의 욕망 때문에 재물을 탐내고 명예를 추구하고 여색을 좋아하게 되는데, 이렇게 인간은 도성을 상실하게 된다. 그래서 도道를 닦는 데는 정감情을 버리고 욕망欲을 제거해야 하고, 근본에 되돌아오고 도道에 되돌아와야 한다는 것이다. 그러나 그는 또 중현重玄의 도道는 덮어놓고 유위有爲를 버리고 무위無爲를 취하는 것은 아니라고 한다. 도道를 닦을 때는 마땅히 자연적 본성을 따르면서 중화中和의 도道를 행해야 한다고 한다. 그는 "무위無爲하지만 무불위無不爲한다."라는 말을 해석할 때, 이렇게 말했다.

> 미혹된 자는 무위無爲라는 말을 듣고는 늘 돌연兀然 양 손을 맞잡고 공경하여 사그라진 재死灰를 대도大道로 삼고 흙무지를 지심至心(더없이 성실한 마음)으로 삼는다. 그들이 무위無爲를 고집하면서 미혹을 풀지 못할까 걱정하여 노자가 '무위無爲하지만 무불위無不爲한다'라고 말했던 것이다.158)

'정언약반正言若反'이라는 말을 해석할 때는 속세를 떠나 도道를 닦고 모든 것을 버리는 것에 반대하여, "속세에 돌아와 도道에 맞게 행할 것"을 주장했다. 한편, "유약함의 도道를 체득하게 되면, 만물은 감싸지 않는 것이 없게 되고, 유현幽玄의 경지를 깨닫게 되면, 만사萬事는 받아들여지지 않는 것이 없게 된

---

157) 蒙文通輯校:《道書輯校十種》, 巴蜀書社2001年版, 第582頁.[원문: 從體起用, 自寂之動也. 自寂之動, 語其無也. 俄然而有, 攝跡歸本. 言其有也, 忽爾而無. 忽爾而無, 無非定無. 恍然而有, 有非定有.]

158) 蒙文通輯校:《道書輯校十種》, 巴蜀書社2001年版, 第629頁.[원문: 惑者聞無爲, 兀然常拱手, 以死灰爲大道, 土塊爲至心. 恐其封執無爲, 而不能懸解, 故雲無爲而無不爲也.]

다."159)라고도 했다. 그래서 도道를 닦는 자들은 현도玄道를 빌려 유와 무의 구별을 없애야 할 뿐만 아니라 또한 중현重玄의 도道를 가지고 현도의 제한도 타파해야 한다는 것이다. 이영은 불가의 중도의中道義(상대적 가치를 넘어선 진리)는 속견을 타파하고 텅 빈 것을 끊는空斷 좋은 약임을 보아냈다. 그는 "도道는 텅 비어 있으니, 아무리 써도 다함이 없는 듯하다道沖而用之或不盈"라는 말을 해석할 때는 이렇게 말한다. "저쪽(불교) 중도中道의 약藥을 빌려 양 쪽兩邊의 병을 치료하고, 병이 제거되면 약을 버리고, 곁의 것을 버리고 중간 것을 잊어 모두 무소유無所有하게 한다."160) "대도大道가 무너지니 인의가 생겨났다大道廢有仁義"라는 말을 해석할 때는 "대저 중현重玄의 경지에서는 기상氣象을 사사로이私 할 수 없어 텅 빔에 이르는至虛 이치는 공空과 유有로는(즉 眞俗 兩諦로는) 의론하기에 부족하다."161)라고 한다. 이영의 중현重玄의 도에 따르면 불교의 중도의中道義의 약藥을 빌려 속견과 공의空義의 병을 제거한 후에는 약도 반드시 버려야 한다. 즉 불가의 중도의中道義도 망각해버려야 하는데 이것이야말로 중현의 경지라는 것이다. 이영은 불학에서 흡수하기도 했고 또 불학을 초월하기도 했고, 노자 학설을 심화시키기도 했고 또 노자 학설을 창조적으로 발전시키기도 했다. 그는 불교와 도교를 융회하여 도道를 깨닫는 경지를 상당히 높이 끌어올렸었는데, 이 또한 중국식 체인體認(마음속으로 깊이 깨달음) 사유의 한 차례 고봉이었다고 하겠다.

중현학의 영향을 많이 받은 도교 청수파淸修派는 부록符籙과 과교科敎 및 은둔隱遁과 피세避世를 창도하는 파들과는 다른 길로 나아갔다. 그들은 인간사회에 머물면서 심성心性을 정화하고, 정신적 승화를 거쳐 득도하고 성선成仙할 것을 추구하고 있었다. 이영은 노자의 "배는 채우게 하고, 뜻은 약하게 하며,

---

159) 蒙文通輯校:《道書輯校十種》, 巴蜀書社2001年版, 第663頁.[원문: "反俗而合於道", "體柔弱之道, 則物無不包. 悟幽玄之境, 則事無不納".]

160) 蒙文通輯校:《道書輯校十種》, 巴蜀書社2001年版, 第570頁.[원문: 借彼中道之藥, 以破兩邊之病, 病除藥遣, 偏去中忘, 都無所有.]

161) 陳鼓應主編:《道家文化硏究》第19輯, 三聯書店2002年版, 第296頁.[원문: 夫重玄之境, 氣象不能私, 至虛之理, 空有未足議.]

뼈는 강하게 한다實其腹 弱其志, 强其骨"라는 말을 이렇게 해석한다. 도道를 닦는 자가 만약 "도道가 가슴에 꽉 차고, 덕德이 마음에 가득 차고, 심지心志(마음의 뜻)가 유약하고, 도道에 순응하고 거스르지 않는다면"162) 곧 "선골仙骨을 이룰 수 있다.""는 것이다. 또 "맑고 깨끗한 것이 천하의 바른 길이다淸浄爲天下正."라는 말을 해석할 때는 성인은 "삶과 죽음生死이 자기를 변화시키지 못하고, 춥고 더움寒暑이 자기 몸을 얽매지 못한다."163)라고 한다. "몸이 죽어도 위태하지 않다沒身不殆."라는 말을 해석할 때는 이렇게 말한다. 성인은 "하늘과 기일期을 같이 하고, 도道와 장구함을 함께 하는데, 그래서 이 몸을 끝마치더라도 영원히 위태로울 것이 없다."164)는 것이다. 이런, 심령心靈에서의 신선神仙이 바로 당, 송 이후, 주류 도교 신앙에서 추구하던 이상理想이었다.

4. 외단도外丹道의 창성 및 위기와 종鍾·여呂 내단도內丹道의 흥기

제왕과 귀족들이 크게 창도하면서 수, 당 시기에는 외단도 황백술黃白術이 아주 성행했다. 많은 사람들이 금단金丹을 제련하여 장생을 추구하는 일에 관여했는데, 이 일은 귀족들에게 있어서는 부귀富貴와 신선神仙을 추구하는 일이었고, 도사道士들에게 있어서는 진도眞道를 밝히고 이루는 일이었고, 어떤 이들은 이를 빌미로 영광을 누리고 재물을 사취하고 있었다. 수나라 때에는 도사道士 소원랑蘇元朗이 내단도를 창립했다. 소원랑은 『보장론寶藏論』을 저술했는데, 그는 이 책에 그 당시 연단사煉丹士들이 사용하던 약금藥金과 약은藥銀 30여 종을 기록했다. 당나라 때는 외단도의 '황금시대'였다. 말하자면 첫째, 단도丹道 이론에서 큰 발전이 있었다. 『주역참동계周易參同契』가 크게 중시를 받고 있었

---

162) 楊立志, 李程: 《道敎與長江文化》, 湖北敎育出版社2005年版, 第104頁.[원문: "道實於懷, 德充於內", "心志柔弱, 順道無違".]

163) 楊立志, 李程: 《道敎與長江文化》, 湖北敎育出版社2005年版, 第104頁.[원문: 生死無變於己, 寒暑未累於身.]

164) 楊立志, 李程: 《道敎與長江文化》, 湖北敎育出版社2005年版, 第104頁.[원문: 與天爲期, 與道同久, 終於此身, 永無危殆.]

는데, 도사道士들은 여기서 자연환단설自然還丹說(제련을 자연의 운행을 본받아 행하면 金丹이 만들어진다는 설), 용약상류설用藥相類說(丹藥을 배합할 때 음양화합의 원리를 따름), 화후직부설火候直符說(陰陽盛衰의 원리에 근거하여 文火, 武火, 進陽火를 교체하면서 사용하여 陰符를 퇴치하는 방법)을 발전시켜냈다. 둘째, 삼대 외단 유파가 형성되었다. 즉 금사파金砂派, 연홍파鉛汞派, 유홍파硫汞派가 그것이다. 그 가운데 유홍파硫汞派가 가장 발달했다. 셋째, 약藥을 만드는데 사용하는 원료의 가짓수가 계속 늘어나고 있었다. 오금五金(즉 金, 銀, 銅, 鐵, 錫), 사황四黃(즉 雌, 雄, 硫, 砒), 팔석八石(즉 朱, 汞, 鵬, 硇, 硝, 鹽, 礬, 胆)이 있었고, 그 외에도 연鉛, 석영石英, 운모雲母, 자석磁石 등이 있었고, 동식물 약재가 있었다. 그 가짓수는 무려 150여 종에 달했다. 그러나 외단도는 생활실천의 검증을 거쳐 그 효과를 확인할 수 없었다. 소수 사람들이 단약丹藥을 복용하고 질병치료 효과가 있는 것으로 확인되었지만 대다수 사람들은 단약을 복용하고 효과가 없었고, 더욱 중독되어 죽은 자가 엄청 많았다. 당태종唐太宗, 헌종憲宗, 목종穆宗, 경종敬宗, 무종武宗, 선종宣宗은 모두 단약을 복용하고 중독되어 죽었다. 여러 신하들, 예컨대 두복위杜伏威, 이도고李道古, 이포진李抱眞 등도 역시 단약을 복용하고 중독되어 죽었다. 그리하여 외단도를 회의하고 부정하는 사회적 사조가 점차 형성되었고, 지식인들은 너도나도 일어나 이를 비난하고 비판했다. 어떤 도사方士들은 연단煉丹한다는 명의로 부귀와 재물을 사취했는데, 이 또한 외단도의 명성에 크게 손상주었다. 그리하여 당나라 말 오대五代 때에 이르러, 외단도는 쇠락하기 시작했다. 이와 동시에 도교 내부의 일부 지식인들은 전통으로 내려온 도인導引, 태식胎息, 행기行氣 등 방술方術에 의탁하여 후일 일떠선 도교 청수파淸修派와 중현학重玄學의 영향을 받고서 내단도를 탐색하는 방향으로 나아갔다.

역사학자들은 수나라 소원랑蘇元朗을 내단도를 정식으로 창립한 학자로 보고 있다. 『나부산지羅浮山志』의 기재에 따르면 소원랑은 청하곡靑霞谷에 살았는데, 한번은 제자가 그에게 영지靈芝를 복용하고 신선으로 되는 일을 물었다고 한다. 이에 소원랑은 웃으면서 말하기를, "영지는 여하汝河 팔경八景에 있는데(『黃庭經』을 참조), 어찌하여 황방黃房(仙道者들의 거처)에서 구하는가?"[165]라고 했다고 한다. 그리고는『지도편旨道篇』을 저술하여 가르쳐주었는데, 이때부터 도교 신도들은 내단內丹이 있는 일을 알게 되었다고 한다. 소원랑은 이렇게 말한다.

천지天地는 오래고 큰 데, 성인들은 그 모습을 본받는다. 그 정화精華는 일월日 月에 있고, 진퇴進退(줄이고 보탬)는 물과 불水火을 가지고 이룬다. 그러므로 성性과 명命은 함께 닦아야 하고, 내·외의 도道는 하나인 것이다.[166]

그리하여 외단外丹의 용어를 빌려 내단內丹을 설명하게 되었다. "몸은 향로爐 鼎이고, 마음은 신실神室이고, 진액津液은 화지華池이다."[167] 또 천연天鉛, 영아嬰 兒로써 '몸에서의 감身中坎'을 설명하고, 사홍砂汞, 차녀姹女로써 '몸에서의 리身 中離'를 설명하고, 황파黃婆로써 '몸에서의 의身中意'를 설명하고, 황아黃芽로써 '체에서의 비體中脾'를 설명했다. 또 "형체形 속의 신神으로부터 신神 속의 성性 으로 들어가는 것을 귀근복명歸根復命(근본으로 되돌아가고 자연의 본성에 되돌아가 는 것)이라고 이른다."[168]고 했는데, 이를 환단還丹이라고 칭했다.

『종려전도집鍾呂傳道集』은 오대五代 때 도사 시견오施肩吾(號는 華陽眞人)가 저 술한 책이다. 이 책에서는 종리권鍾離權과 여동빈呂洞賓을 단도丹道의 시조로 보고 있다. 종리권과 여동빈은 후일 민간에서 숭배하던 여덟 신선八仙 가운데 두 신선으로서 훗날에는 전설의 인물로 되어졌다. 이양정李養正의『도교개설道 教概說』에서는 종리권을 당나라 말 오대五代 때 후한後漢 사람이라고 한다. 여동 빈은 종리권의 제자인데 호號는 순양자純陽子라고 한다. 사람들은 이들을 여조

---

165) 胡宮博物院編:《羅浮山志會編·虎丘山志·虎邱綴英志略》, 海南出版社2001年版, 第85 頁.[원문: 靈芝在汝八景中, 盡向黃房求諸?]
166) 牟鐘鑒:《中國道教》, 廣東人民出版社1996年版, 第90頁.[원문: 天地久大, 聖人象之. 精華 在乎日月, 進退運乎水火. 是故性命雙修, 內外一道.]
167) 故宮博物院編:《羅浮山志會編·虎丘山志·虎邱綴英志略》, 海南出版社2001年版, 第85 頁.[원문: 身爲爐鼎, 心爲神室, 津爲華池.]
168) 故宮博物院編:《羅浮山志會編·虎丘山志·虎邱綴英志略》, 海南出版社2001年版, 第86 頁.[원문: 自形中之神入神中之性, 此謂歸根復命.]

呂祖, 순양조사純陽祖師라고 칭했는데, 이들은 훗날 도교에서 아주 존숭 받고 있었다. 『종려전도집鍾呂傳道集』에서는 천인합일天人合一, 음양오행陰陽五行을 연양煉養의 이론적 토대로 삼고 있었는데, 이 책에서는 이렇게 말한다. "순수 음陰으로서 양陽이 없는 자는 도깨비鬼이고, 순수 양陽으로서 음陰이 없는 자는 신선仙이고, 음陰과 양陽이 섞인 자는 사람人이다."[169] 또한 사람이 도道를 닦지 않으면 죽어서 도깨비鬼로 되고, 도道를 닦아서 순수 양陽의 체體를 가지게 되면 신선이 된다고 한다. 도道를 닦는 방법은 자연천도自然天道를 본받는 것에 있다고 한다. "천도天道는 건乾을 체體로 삼고, 양陽을 쓰임用으로 삼는데, 적기積氣가 위에 있다. 지도地道는 곤坤을 체體로 삼고, 음陰을 쓰임用으로 삼는데, 적수積水가 아래에 있다."[170] 건乾과 곤坤이 사귀어 만물을 낳고, 하늘天과 땅地이 오르내리면서 교합交合하여 그 운행이 그치지 않아서 장구長久하고 견고하게 되는데, 사람이 그것을 본받아 신수腎水와 심화心火가 오르내리면서 교합하게 하여 "상하왕복上下往復함에 결손虧損이 없으면 절로 수명을 연장하게 된다."[171]는 것이다. 심心은 이離 괘로서 이름은 양룡陽龍이라 하고 또 주사朱砂라고도 한다. 신腎은 감坎 괘로서 이름은 음호陰虎라고 하고 또 연鉛이라고도 한다. 심心과 신腎이 교합交合하고 용龍과 호虎가 교배交媾하여 황아黃芽를 변화해 내와서, 금단대약金丹大藥을 얻어 "황정黃庭에 안전하게 보내주는 것"[172](황정은 즉 脾胃 아래, 膀胱 위를 말한다.)이 즉 채약采藥(약을 얻음)이다. 이에 짝 지워 신神을 조절하고 기氣를 다스려 단전丹田에 되돌아가게 하고, 연鉛에서 추출하여 홍汞에 채워 넣으면서, 다시 말하면 신腎에 들어있는 양陽을 뽑아내어 심心에 들어있는 음陰을 보충해 주면서 태선胎仙을 기르고, 진기眞氣는 하차河車로 운반하

---

169) (宋)張伯端, (宋)翁葆光等注:《悟眞篇集釋》, 中央編譯出版社2015年版, 第24頁.[원문: 純陰而無陽者, 鬼也. 純陽而無陰者, 仙也. 陰陽相雜者, 人也.]

170) 《鍾呂傳道集·西山群仙會眞記》, 高麗楊點校, 中華書局2015年版, 第52頁.[원문: 天道以乾爲體, 陽爲用, 積氣在上. 地道以坤爲體, 陰爲用, 積水在下.]

171) 《鍾呂傳道集·西山群仙會眞記》, 高麗楊點校, 中華書局2015年版, 第29頁.[원문: 上下往復, 若無虧損, 自可延年.]

172) 《鍾呂傳道集·西山群仙會眞記》, 高麗楊點校, 中華書局2015年版, 第81頁.[원문: 保送黃庭.]

되, 삼단전三丹田에서 반복적으로 진행해야 한다고 한다. 이렇게 "금액金液과 옥액玉液으로 환단還丹하고서, 그 다음 형체形를 단련하고, 형체形를 단련하고 서 기氣를 단련하고, 기氣를 단련하고서 신神을 단련하고, 신神을 단련하여 도道 에 합치된다면, 비로소 도道를 이루었다고道成 말한다."173) 이밖에, 또 존사存思 와 내관內觀이 필요하고 또 덕행德行으로써 이를 보조해 주어야 한다고 한다. "한편, 외부행위가 따라가지 못하면, 현학玄鶴이 하늘 높이 날아오르게 하는 일은 인연이 없게 된다."174) 이상에서 보다시피 소원랑蘇元朗이 '성性과 명命을 함께 수련하는性命雙修' 연양煉養 원칙을 제기하고, 시견오施肩吾가 심心과 신腎 이 교배交媾하고, 연鉛에서 추출하여 홍汞에 채워 넣는 연양의 원리를 밝히고 또 형체를 단련하고煉形, 기를 단련하고煉氣, 신을 단련하는煉神 연양煉養의 절 차를 규정하면서 내단도는 이렇게 초보적으로 형성되었다. 후일 진단陳摶, 장백 단張伯端에게로 전해지면서 내단도는 더 큰 발전을 이루었고, 점차 외단도를 대체하게 되었다.

요컨대 도교는 당나라 때 거의 국교國敎로 자리매김했고, 또한 대당제국大唐 帝國이 안정한 질서를 영위하는데 중요한 역할을 일으켰었다. 그러나 부정적 영향도 있었는데, 주요하게는 외단도가 인생에 대한 잘못된 유도誤導와 사람들 의 건강을 해친 위해성이 그것이겠다. 문화와 과학기술의 발전으로 볼 때, 당나 라 도교는 의약학醫藥學, 화학化學, 연금술治煉術, 체육體育, 철학哲學, 문학과 예 술의 발전에 지대한 추진역할이 있었다. 의약학에서 손사막孫思邈의 『천금방千 金方』은 그 이전의 중의학의 성과를 집대성했고, 그의 부장론腑臟之論, 침애법針 艾之法, 맥증변별론脈證之辨, 식사치료법食治, 부녀와 영아婦嬰의 질병치료법, 칠 규七竅의 아痾(宿病) 치료법, 오석五石의 독毒의 해석, 긴급 상황을 대비한 처방 그리고 도인導引, 안마술按摩術은 모두 지극히 정교했다. 당나라 때에는 도홍경

---

173) 《鐘呂傳道集·西山群仙會眞記》, 高麗楊點校, 中華書局2015年版, 第92頁.[원문 : 金液玉 液還丹, 而後煉形, 煉形而後煉氣, 煉氣而後煉神, 煉 神合道, 方曰道成.]

174) 《鐘呂傳道集·西山群仙會眞記》, 高麗楊點校, 中華書局2015年版, 第76頁.[원문 : 而外行 不備. 化玄鶴而凌空, 無緣而得.]

이 주해를 한『신농본초경神農本草經』을 육속 53권으로 증보했는데, 이를『당신본초唐新本草』라고도 칭한다. 화학에서, 외단外丹 연양술煉養術은 비록 불사단不死之丹을 제련해내지는 못했지만, 그러나 유황硫, 수은汞, 연鉛 등 원소에 관한 지식을 많이 축적하게 되었고, 특히 유황과 수은의 분해, 화합, 정제에 있어서 이미 비교적 수준 높은 기술을 장악하게 되었다. 화약을 만드는 실험은 그 전에도 진행했다고 하는데, 당나라 때에 와서야 확실한 기록을 남겼다.『진원묘도요략眞元妙道要略』에는 화약을 제작하는 방법에 관한 명확한 기재가 있다. 즉 "유황硫黃, 웅황雄黃에 초석硝石을 한데 섞고 거기에 꿀을 섞어 넣어 함께 가열하면, 불꽃이 일고, 손과 얼굴에 화상을 입히고 집도 잿더미로 만든다."[175])라고 한다. 화약은 중국 사대四大 발명 가운데의 하나로서 세계문명발전사에서 거대한 영향을 일으켰었다. 금속 제련에서는 주로 화법火法 반응을 활용하고 있었는데, 증류蒸溜, 승화昇華, 화합化合, 복화伏火 등 방법을 활용하여 밀봉된 용기에서 고온으로 몇 가지 금속을 용해시켜 합금合金을 만들었다. 이른바 "신선이 쇠붙이에 살짝 손가락을 대어 황금으로 변하게 한다点鐵成金, 点銅成金."는 것도 사실은 철鐵 혹은 동銅의 화합물 또는 혼합물을 만드는 과정을 말한 것이다. 양생養生에서 종리권鐘離權과 여동빈呂洞賓의 내단도內丹道에서는 기氣를 단련하는 것과 신神을 단련하는 것을 결합하여 하나의 내양內養 공법功法을 형성해 냈다. 여기에는 종교적 신비한 색채도 들어 있었지만, 그러나 또한 사회 인사들의 질병을 물리치고 몸을 튼튼하게 단련하려는 수요도 만족시켜주었다. 이는 서양의 해부학에 기반 한 인체생리학과는 많이 달랐다. 내단도에서는 특히 생명의 운행을 중요시하고 있었는데, 이를 동방의 인체생리학의 초기형태로 볼 수도 있겠다. 철학에서 도교 중현학重玄學에서는 삼교 융합을 강력히 주장하고 있었고, 불교를 도교에 끌어들여, 불성설佛性說과 도성설道性說을 하나로 융합하여 삼교의 심성心性 철학의 발전을 크게 추진시켰다. 한편, 이것이 바로 중국 철학이 발전하는 새로운 추세였다. 문학예술에서 도교 신선 이야기는 사람들의

---

175) 《道藏》第19册, 天津古籍出版社1988年版, 第292頁.[원문: 有以硫黃, 雄黃合硝石並蜜燒之, 焰起, 燒手面及爐屋舍者.]

상상력을 지극히 유발시켰는데, 그리하여 팔선八仙에 관한 전설이 생기고, 지괴志怪 문학과 신마神魔(신선과 마귀) 문학이 출현하게 되었던 것이다. 예컨대 『유선굴游仙窟』, 『침중기枕中記』, 『남가태수南柯太守』, 『유의전柳毅傳』 등 명작이 출현하게 되었던 것이다. 이 작품들은 후일 많이는 희곡戱曲으로 만들어졌다. 대시인大詩人 이백李白은 도가의 시선詩仙으로서 그의 시는 의경意境이 고상하고 우아하고, 기상氣象이 호방하고 웅장했다. 백거이의 『장한가長恨歌』에서는 도교의 신선 이야기를 빌려, 현종玄宗과 양옥환楊玉環의 운사韻事를 감동적인 사랑 이야기로 만들어, 후세에 길이 전해지게 했다. 염립본閻立本의 『십이진군상十二眞君像』, 오도자吳道子의 『송자천왕도送子天王圖』, 『팔십칠신선권八十七神仙卷』, 장소경張素卿의 『용호도龍虎圖』 및 오대五代 때 완고阮郜의 『랑원여선도閬苑女仙圖』는 중국 회화사繪畵史에서 아주 가치 높은 작품들이다. 음악에서 사마승정이 만든 『현진도곡玄眞道曲』, 이회원李會元이 만든 『대라천곡大羅天曲』, 하지장賀知章이 만든 『자청상성도곡紫淸上聖道曲』에서는 모두 도가의 청아하고 속되지 않은 그런 기운氣韻을 차분히 드러내고 있었다.

제4절 수·당 불교의 대번영과 불교 중국화中國化의 성공

불교는 수, 당 시기, 중국에 전해 들어온 후의 전성기를 맞이했다. 이 시기, 불교는 또한 중화문화가 새로운 발전단계에 진입하게 만들었다. 중국 문화사 학자들은 늘 '수당불교隋唐佛敎'로써 수, 당 시기의 대표적 문화를 지칭하고, 이와 그 이전의 '위진현학魏晉玄學', 그 이후의 '송명도학宋明道學(혹은 이학理學)'을 같은 차원에서 논한다. 확실히 수, 당 시기 불교는 여러 면에서 아주 번창했고, 불교 특유의 지혜와 광채를 남김없이 드러냈었고, 사회생활의 각 영역에 구석구석까지 스며들었다. 이 또한 세계적으로 보기 드문, 국경을 넘어 들어온 종교가 고도로 민족화民族化한 성공적인 사례라고 하겠다.

1. 수·당 왕조에서 불교에 대한 대폭적인 지지

수문제隋文帝 양견楊堅은 어려서 여승女僧 지선智仙이 길러주었는데, 그리하여 그는 불교에 대해 특별한 애착을 가지고 있었다. 즉위 후, 그는 불교를 대폭적으로 밀어주었다. 불교 사찰을 많이 세웠고, 승니僧尼의 규모를 크게 확대했고, 불경을 널리 전파시켰고, 불사佛事를 많이 행했다.『석가방지釋迦方志』권하의 기재에 따르면 그가 재위在位했던 20년간, 출가한 승니의 수는 23만 명에 달하고, 그때 구축한 사찰은 3, 792개이고, 그때 베껴 쓴 불경은 13, 286권이고, 그때 만든 불상은 106, 560좌座에 달한다고 한다. 수양제隋煬帝 양광楊廣은 보리심계菩提心戒를 받고 불제자佛弟子로 되었는데, 역시 불사를 많이 행했다. 진왕晉王으로 있을 때, 천태종 종사宗師 지의智顗가 지어준 '총지보살總持菩薩' 법호를 가졌었고, 그는 답례로 지의를 '지자대사智者大師'라 존칭했다.

당나라가 세워진 후에도 수나라 때 불교를 장려하던 정책을 폐하지 않고 계속 실시해왔다. 그러나 다른 한편, 단속과 통제도 강화했다. 당태종 본인은 원래 불교를 믿지 않았는데, 그가 불교를 장려했던 것은 신도神道로써 백성들을 교화하는 일을 강화하기 위해서였다. 즉 이미 강세를 이룬 불교를 국가관리 체계에 끌어들여 불교가 민족 단결과 사회 안정에 있어서의 역할을 충분히 발휘하게 만들려는 것이었다. 정관貞觀 15년, 당태종은 토번吐蕃(티베트)의 송첸캄포松赞干布와 화목하게 지내기 위해 문성공주文成公主를 티베트에 시집보냈는데, 그 후 중국 한족漢族과 티베트족藏族은 화해롭게 지냈을 뿐만 아니라 또한 불교 문화 교류도 크게 추진하게 되었다. 정관貞觀 19년, 당태종은 서역西域에서 불경을 구해 가지고 돌아온 현장법사玄奘法師를 성대하게 환영해주었고, 그를 위해 장안長安 자은사慈恩寺에 3, 000명이 작업할 수 있는 거대 규모의 역경譯經 장소를 만들었다. 여기서 불경을 모두 75부, 1, 335권 번역했는데, 이는 중국 역경 역사에서 가장 성대했던 한 차례 역경 사업이었다고 하겠다. 태종太宗은 또 친히『대당삼장성교서大唐三藏聖教序』를 지어 불법의 공덕을 칭송했다.

무칙천武則天은 대주大周 왕조를 세우고서 여황女皇이 되고자 했는데, 유가의 삼강三綱 설은 이에 어울리지 않는다고 생각되어 다른 황제들과 달리 그녀는 불교를 높이 치켜세웠었다. 그녀는 "석교釋敎로써 혁명(왕조를 바꾸는 일)의 사다리를 만들고, 또한 이를 도교 위에 올려놓았다."176) 무칙천은 백마사白馬寺 사주寺主 설회의薛懷義를 크게 신임하고 있었고, 거금을 들여 사원을 널리 구축하고, 불상도 많이 만들었다. 또 화엄종華嚴宗 법장法藏과 선종禪宗 북종北宗의 신수神秀를 아주 예우해 주었다.

당현종唐玄宗은 후일 대주大周 왕조의 영향을 제거하고 이씨李氏 천하의 권위를 내세우기 위해 다시 도교를 크게 일떠세웠고, 반면 불교에 대해서는 단속과 통제를 강화했다. 그는 승니도첩僧尼度牒(출가한 승니에게 발행해주는 증명서) 제도를 실시했고, 불교의 발전 규모를 엄격히 통제했다.

당헌종唐憲宗은 '삼교를 함께 장려하는' 국책國策을 도외시하고, 개인의 불교신앙을 국사國事 활동으로 위치 지웠다. 그는 봉상鳳翔 법문사法門寺의 사리舍利를 경성京城에 옮겨 와 궁궐에서 사흘 간 공양供奉했는데, 이 일은 그 후 민중들이 지나치게 열광적으로 불교를 받들고 섬기는 사태로 이어졌다. 『구당서舊唐書·헌종기憲宗紀』에는 이렇게 기재되어 있다.

> 왕공王公과 사서士庶(벼슬아치와 서민)들은 시사施舍에 분주했는데, 서로 뒤질세라 앞 다투고 있었다. 백성들 가운데는 가업을 버리고, 정수리를 지지고 팔을 자르면서 불타를 공양하는 자들도 있었다.177)

그리하여 한유가 『간영불골표諫迎佛骨表』를 만들어 임금께 올렸던 것이다. 그러나 한유의 건의는 거절당했고, 결국 한유 본인은 조주潮州에 유배를 가게 되었다. 헌종憲宗과 한유는 당나라 때, 불교에 미혹된 자와 불교를 배척하는 자의 양 극단이었다고 하겠다.

---

176) (宋) 司馬光：《資治通鑑》, 上海古籍出版社1987年版, 第1378頁.[원문 : 以釋敎開革命之階, 升於道敎之上.]
177) 周殿富主編：《舊唐書·人物全傳四》, 北京時代華文書局2015年版, 第2102頁.[원문 : 王公士庶, 奔走舍施, 唯恐在後. 百姓有廢業破産, 燒頂灼臂而求供養者.]

당무종唐武宗은 다른 방식으로 전통적 종교 정책을 이탈했다. 그는 도교를 신봉하고 있었는데, 도사道士 조귀진趙歸眞 등 사람들의 부추김에 현혹되어 회창會昌 5년 멸불滅佛을 선포했다. 그때 크고 작은 불교 사찰 4600개, 묘당廟堂 4만 여 곳을 파괴하고, 불전佛典을 불태우고, 26만 명의 승려와 여승僧尼을 환속還俗시켰다. 그때 불교에 대한 타격은 아주 침중했다. 이 한 차례 회창會昌 멸불滅佛은 불교의 지나친 팽창을 억제하고, 국고國庫 수입을 늘였지만, 그러나 그 기간은 짧았고, 안정한 국책國策으로 세워지지는 못했다. 일 년 후, 선종宣宗이 즉위해서는 불교의 합법적 지위를 다시 회복해 주었던 것이다. 불교는 비록 크게 쇠락했지만 완전히 소멸되지는 않았다. 이 사건을 계기로 불교는 내부에서 자아조절을 강화했고, 이로써 새로운 형세에 적응하려고 했다.

오대五代 때, 불교는 얼마간 발전이 있었다. 하지만 주세종周世宗은 국고 수입을 늘이려는 목적에서 현덕顯德 2년 명을 내려 사사로이 승니僧尼로 되는 일을 엄금하고, 황제가 편액匾額을 내려주지 않은 사찰은 모두 폐기하고, 동으로 만든 불상은 모두 몰수하여 녹여서 동전銅錢을 만드는데 사용했다. 사실 이는 재화를 국고國庫에 거두어들이는 일종의 방식이었다. 『구오대사舊五代史·주세종기周世宗紀』의 기재에 따르면 "남은 사찰은 모두 2694개였고, 폐기한 사찰은 모두 30336개였고, 승려와 여승僧尼이 환속하여 호적에 들어간 자는 모두 61200명이었다."[178] 보다시피 남아 있는 사찰은 폐기한 사찰의 1/10이 안되고, 출가한 자도 얼마 남지 않았다. 그 후부터 불교 사원은 다시는 나라와 이익 쟁탈을 하지 않았고, 한편 농사일과 선禪을 결합하고 자체로 경작하고 자급자족하는 길로 나아갔다.

2. 수·당 시기 역경譯經 사업의 성취

전적典籍 번역은 상이한 문자를 사용하는 사회문화 간 교류에 있어서 꼭 필요한 일환이다. 이 사업이 참답게 이루어질수록 문화교류는 더욱 실제적 효과

---

178) (宋)薛居正等撰:《舊五代史》第5册, 中華書局1976年版, 第1531頁.

가 있게 된다. 중국인들은 불경 번역에 큰 공력을 들였다. 양한 시기부터 당나라 때에 이르기까지, 800여 년 간 역경사업은 중단된 적이 없었고, 중국인들은 이에 상당히 많은 공력을 들였다. 그리하여 불교가 머나먼 동쪽나라에서 뿌리를 튼튼히 내리게 되었던 것이다. 규모가 좀 컸던 역경 사업을 말하자면 전기에는 구마라습Kumārajīva이 장안長安에서 주도했던 역경사업이 있었고, 당나라 때에는 현장법사玄奘法師가 장안長安에서 주최했던 역경사업이 있었다. 전자는 서역의 승려들이 많이 참여했고, 후자는 중국 승려들이 많이 참여했는데, 중요한 것은 그들 모두 불법 경의經義를 통달했을 뿐만 아니라 또한 공자와 노자의 학설 및 한어漢語도 정통했다는 점이겠다. 그리하여 그들은 모두 중화中華의 전통 사유와 언어문자 습관을 따르면서 불경의 깊은 함의를 정확하게 표현할 수 있었다. 그들은 어휘의 '직역直譯' 차원에 머물러 있지 않았고, 그들은 불경의 취지를 깊이 파악하고서 중국어로 "의역意譯"을 할 수 있었다. 이렇게 불교의 중국화에 견실한 토대를 마련해주게 되었던 것이다. 당나라 때의 역경 사업은 비교적 완벽한 분공제도와 엄격한 작업절차를 형성했다. 역주譯主(책임자)가 있고, 증의証義(梵文의 精義 평가자)가 있고, 증문証文(낭독과정에 梵文의 정확도를 검증하는 자)이 있고, 서사書寫(중국어로 梵經을 음역하는 자)가 있고, 필수筆受(梵文을 中文으로 번역하는 자)가 있고, 철문綴文(문구를 중국어 습관에 맞게 다듬는 자)이 있고, 참역參譯(중국어 譯文을 다시 梵文으로 번역하여 검증하는 자)이 있고, 간정刊定(譯文을 교감하여 정확하고 명료하게 하는 자)이 있고, 윤문潤文(文辭를 潤色하여 雅致하게 만드는 자)이 있고, 범패梵唄(새로 번역한 經文을 낭독하면서 音韻 효과를 검증하는 자)가 있었다. 보다시피 당나라 때의 역경 사업은 제도가 엄밀했고, 뭇 승려들이 분공하고 협력하는 지혜를 충분히 발휘했다. 번역의 질 또한 아주 훌륭했는 바, 그리하여 후세 사람들의 아낌없는 찬사를 받았던 것이다. 현장玄奘이 책임지고 번역한 불경은 모두 75부, 1335권인데, 번역문譯文은 아주 정확했고 또한 중국 특색을 갖추고 있었고, 문사文辭 또한 지극히 우아하고 아름다웠다. 그 전과 그 후에도 고승高僧들이 불경을 번역하는 사업을 많이 추진했는데, 예컨대 불공不空 법사는 밀교密敎 경전 100여 부를 번역했다. 불완전한 통계에 따르면 당나라 때 번역한 불경은 무려 372부, 2159권이나 된다. 이 숫자로 볼 때 인도 불교의 주요 경론經論은 거의 모두 번역한 셈이다.

이밖에 경목經目의 수집·정리 작업도 큰 진전이 있었다. 당나라 초에는 『사경목록寫經目錄』이 있었고, 현경顯慶 때에는 『입장록入藏錄』이 있었고, 후에는 또 『고금역경도기古今譯經圖記』, 『대당내전록大唐內典錄』, 『대주간정중경목록大周刊定衆經目錄』이 있었다. 개원開元 18년, 지승智昇 법사는 『개원석교록開元釋敎錄』을 저술했는데, 그는 여기에 경목經目 1076부, 5084권을 수록했다. 수사본手寫本 불경이 쉽게 유실되고 늘 불에 타서 훼손되었기 때문에 수隋나라 때부터 유주幽州 운거사雲居寺 승려들은 경문을 돌에 새기기 시작했다. 청나라 강희康熙 연간에 이르기까지 천여 년 동안, 그들은 모두 15,000여 개의 경석經石을 새겼는데, 이렇게 불경 1122부, 3572권이 돌에 새겨지게 되었던 것이다. 이로 보면 중국 승려들은 인도 불교를 받아드리고 발전시키는 일에 참말로 지대한 공력을 들였다. 이런 오랜 기간의 끈질긴 노력이 없었더라면 외국에서 전해 들어온 이 방대한 종교는 진정하게 중화문화 토양에 뿌리 내리지 못했을 것이다.

3. 수·당 불교의 주요 종파 및 중국화한 정도

탕용동湯用彤은 『수당불교사고隋唐佛敎史稿』에서 이렇게 말한다.

불법은 수, 당 시기에 이르러 종파宗派가 크게 일떠섰다. 이른바 종파란 질적으로 말하자면 세 개 특징이 있겠다. 첫째, 교리敎理를 천명闡明함에 있어서 독창적으로 새로운 경로를 개척한다. 둘째, 문호門戶를 깊이 살펴보면 자기 주장만 펴고 다른 파벌의 주장은 배척한다. 셋째, 설교할 때에는 늘 스스로 도통을 이어받았다고 주장한다. 이 기준으로 평가한다면 남북조 시기에는 사실 완전한 종파가 만들어지지 않았다.[179]

---

179) 湯用彤:《湯用彤全集》第二卷, 河北人民出版社2000年版, 第111頁.[원문: 佛法演至隋唐, 宗派大興. 所謂宗派者, 其質有三: 一, 敎理闡明, 獨闢蹊徑. 二, 門戶見深, 入主出奴. 三,

만약 두 개 특질을 더 추가한다면, 즉 발달한 독립적인 사원寺院 경제와 안정한 불법 전파 기지基地가 있어 종파의 전승傳承을 유력하게 뒷받침해주었다고 하겠다. 각 종파에서는 모두 중화中華의 종법宗法 가족전승家族傳承 제도를 본따서 각자 불법 전승傳承 계보世系를 만들고, 위로는 인도 불교 조사祖師를 받들고 아래로는 중국 역대의 조사들을 줄지어 세우면서 대대로 전승되었다고 주장하고 있었다. 또한 각자 모두 불교계에서 인정을 받으려고 무척 노력했다. 교의敎義와 교리敎理에서 그들은 인도 불교 경전을 근거로 이에 중화中華의 유가와 도가 문화를 회통會通시켜 자체의 독특한 이론체계를 구축해냈었다. 상이한 종파는 중국화한 정도가 같지 않고, 사회에 적응하는 능력도 차이가 있었기에 각자 흥성하던 양상과 존재한 시간 역시 같지 않았다. 어떤 종파는 신속하게 강대해졌고, 어떤 종파는 점차 쇠락했고, 어떤 종파는 기타 종파에 융합되어 들어갔다. 수나라 불교 종파로는 천태종天台宗과 삼론종三論宗이 있었고, 당나라 때의 주요 불교 종파로는 화엄종華嚴宗, 유식종唯識宗, 선종禪宗, 정토종淨土宗과 밀종密宗이 있었다.

1) 천태종天台宗

천태종 창시자는 지의智顗이다. 그는 천태산天台山에 상주하고 있었다. 대표작으로는 『법화문구法華文句』, 『법화현의法華玄義』, 『마하지관摩訶止觀』이 있다. 천태종의 교의敎義는 다음과 같이 개괄할 수 있겠다.

첫째, '오시팔교五時八敎' 판교론判敎論(판교判敎란 부처님이 설한 교법의 특징을 판별하여 해석하는 방법임)이다. 천태종天台宗에서는 불교 경전과 학설들을 유형화하고 또 계위階位를 나누면서, 그 와중에 천태종天台宗의 중요성을 부각시킨다. '오시五時'란 이런 말이다. 즉 부처님이 득도得道할 때 『화엄경華嚴經』을 이야기하고, 녹원鹿苑(부처님이 최초로 설법)할 때 『아함경阿含經』을 이야기하고, 방등方等(부처님이 기존의 부파 불교를 비판하면서 새로운 불교를 일으키고서, 기존의 불교를 소승으로,

---

時昧說敎, 自誇承繼道統. 用是相衡, 南北朝時實無完全宗派之建立.]

새로운 불교를 대승이라고 지칭한 일)할 때 『방등』 제경諸經을 이야기하고, 반야般若할 때 『반야경般若經』을 이야기하고, 법화法華, 열반涅槃할 때 『법화경法華經』과 『열반경涅槃經』을 이야기했다는 것이다. '팔교八敎'는 '화의사교化儀四敎(즉 돈교頓敎, 점교漸敎, 밀교密敎, 부정교不定敎를 가리킴)'와 '화법사교化法四敎(즉 장교藏敎, 통교通敎, 별교別敎, 원교圓敎를 가리킴)'를 포함한다. 한편, 천태종天台宗은 부처님이 제5시第5時에 설법한 원교圓敎에 속한다고 한다. 지의智顗의 판교론判敎論은 인도에서 유래한 것이지만, 중화문화에서 노자의 "너그러움이 있어 거대하다有容乃大."는 사상과 『역전易傳』에서의 "천하의 이치는 하나이나 백가지 생각이 있고, 다 같은 곳으로 돌아가지만 저마다의 길이 있다天下一致而百慮 同歸而殊途."[180]라는 사상의 영향을 받고서 불교 각 교파敎派를 포용할 수 있었고, 각 종파에 모두 적당한 위치를 부여해줄 수 있었다. 한편, 천태종은 절로 불교 제諸 교파敎派 가운데서 가장 이상적인 발전단계에 처해 있다고 한다.

둘째, '일심삼관一心三觀'과 '삼제원융三諦圓融' 설이다. 천태종에서는 일심一心은 동시에 삼제三諦를 보고 깨달을 수 있다고 한다. 첫째, 진여眞如는 인연에 따라 삼라만상을 이루는데, 이 모두 진실하지 않기 때문에 '거짓假'이고, 이런 깨달음冥悟이 있으면 이를 '가관假觀'이라 칭한다고 한다. 둘째, 만상萬象은 모두 거짓이고 진실하지 않기 때문에 '텅 빈 것空'이고, 이런 깨달음이 있으면 이를 '공관空觀'이라 칭한다고 한다. 셋째, 만상은 '거짓으로 있고假有' 또 '본성은 실재하지 않고 공허하기性空' 때문에 '중도中道'이고, 이런 깨달음冥悟이 있으면 이를 '중도관中道觀'이라 칭한다고 한다. 이 삼자가 일심一心에서 교융交融하고 또 동시에 이 삼자를 관조觀照하게 되면, 이를 '일심삼관一心三觀'이라 칭한다고 한다. 천태종天台宗의 기본 교의敎義는 지관止觀(止는 멈추어 모든 번뇌를 그치는 것이고, 觀은 자신의 본래 마음을 살펴보고, 사물의 본성을 꿰뚫어보고 깨달음을 얻는 것을 말한다)하면서 수행修行하는 것이다. 다시 말하면 불법을 닦는 자들이 의식意識의 주체가 허적虛寂(텅 비고 고요함)의 상태에 처해 있으면서 불법의 가

---

180) (漢)司馬遷:《史記》, 嶽麓書社1988年版, 第941頁.[원문: 天下一致而百慮, 同歸而殊途.]

관假觀을 빌려 사물의 실상實相(진실한 모습)을 파악하는 것이다. 실상은 텅 빈
것空과 거짓假의 통일인데, 그래서 '중中'이다. 세상은 '거짓'이고 텅 비어空 있
고 또 '중中'으로 연결되어 일체를 이루는데, "비록 셋이지만 하나이고, 하나이
지만 셋으로서 이것들은 서로 방애하지 않는다."[181] 그래서 '삼제원융三諦圓融'
이라 칭하는 것이다. 천태종天台宗은 중국 불교 종파로서 유가의 속세에 적극적
으로 뛰어드는入世 사상의 영향을 받고서, 출세出世와 입세入世를 조화시키는
방향으로 나아갔다. 또 여기서 진여眞如, 실상實相의 이념은 인도 불교에서 온
것이고, '중도中道' 사상은 노자의 '수중守中' 사상과 공자의 '중용中庸'사상에서
취한 것이겠다. 천태종에서는 이렇게 상반되는 것처럼 보이는 것들을 통일시키
고 있었고 또한 자체 특유의 '원융圓融' 사상을 표방하고 있었다.

　셋째, '일념삼천一念三千'이다. 지의智顗는 "일념심一念心에 삼천세계三千世界
를 갖추고 있다. 한 생각一念이 밝지 못하여無明 법성法性이 생긴다."[182]라고
한다. 다시 말하면 세상의 색상色相(현상)과 이체理體(현상의 근본체로서 감성이 아
닌 이성으로 포착되는 대상)에 대한 파악은 모두 한 생각一念에서 이루어진다는
것이다. 불교에서는 주장하기를, 세상은 수많은 경계 즉 법계法界로 구성되어
있는데, 이것들이 함께 '삼천세계三千世界'를 이룬다고 한다. 한편, 이 모두를
인간의 일념심一念心으로 파악할 수 있다고 한다. 그러나 인간의 일념심은 무명
無明의 망심妄心으로부터 법성法性의 진심眞心으로 끌어올려야만 깨달음覺悟을
얻을 수 있는데, 그래서 반드시 지止(禪定을 가리킴)관觀(智慧를 가리킴)을 통해 깨
달음體悟을 얻고 성불成佛하는 경지에 이르러야 한다는 것이다. '지관'은 불교
용어이지만, 그러나 이와 중화中華의 유가와 도가 사상은 공통점이 있다. 그것
인 즉 인간이 객관세계를 인지하는 데는 직각直覺적 체험을 이탈해서는 아니
되고, 주와 객을 대립시키면서 객체를 파악할 것이 아니라, 주와 객의 감통感通

---

181)　趙樸初主編:《永樂北藏》第160冊, 線裝書局2005年版, 第773頁.[원문：雖三而一, 雖一而
　　　三, 不相妨礙.]
182)　曾其海編:《摩訶止觀論要》, 宗教文化出版社2010年版, 第150頁.[원문："一念心具三千世
　　　界", "一念無明法性生".]

(감응하고 통합)의 과정에 객체를 파악해야 한다는 것이다. 이것이 바로 체인體認이겠다. 노자는 '미묘현통微妙玄通'을 논했고, 공자는 "아는 자는 좋아하는 자만 못하고, 좋아하는 자는 즐기는 자만 못하다."[183]라고 했고, 맹자는 "온갖 것이 모두 나에게 갖추어져 있으니, 내 자신을 성실하게 돌이켜 본다면, 즐거움은 그보다 큰 것이 없겠다."[184]라고 했다. 이 모두 인지認知는 반드시 사물에 대한 직접적 감수와 결합해야 함을 강조한 것이다. 이런 인지방식은 서방철학에서 주와 객을 대립시키는 지식론과는 많이 다르다. 중국 불교와 유가, 도가는 공동으로 동방의 체인 철학을 형성했고 또한 각자 특색을 갖추고 있었는데, 이렇게 인류의 정신생활을 풍요롭게 만들었다고 하겠다.

2) 삼론종三論宗

삼론종三論宗 창시자는 길장吉藏이다. 사람들은 그를 가상대사嘉祥大師라고 칭했다. 그는 수나라와 당나라를 걸쳐 살아온 고승高僧이다. 그가 불경의 『백론百論』, 『중론中論』, 『십이문론十二門論』을 깊이 탐구하고서 이 종파의 이론체계를 형성했기 때문에, 이 종파를 삼론종三論宗이라 칭하게 되었다. 길장吉藏의 주요 저작으로는 『중론소中論疏』, 『십이문소十二門疏』, 『삼론현의三論玄義』, 『이제의二諦義』, 『대승현의大乘玄義』 등이 있다. 그의 논설에서는 언어와 진제眞諦를 변별하는데, 특히 그는 언어로는 진리를 깨달을 수體認 없다고 주장했다. 그의 『대승현의』에서는 "능표能表(즉 기표)는 유有이기도 하고 무無이기도 하고, 소표所表(즉 기의)는 유有도 아니고 무無도 아니다. 글과 말로는 결국 이치를 얻을 수 없다"[185]라고 한다. 삼론종三論宗의 요의要義는 다음과 같이 개괄할 수

---

183) 楊伯峻, 楊逢彬注譯：《論語》, 嶽麓書社2000年版, 第53頁.[원문：知之者不如好之者, 好之者不如樂之者.]
184) 楊伯峻, 楊逢彬注譯：《論語》, 嶽麓書社2000年版, 第225頁.[원문：萬物皆備於我矣. 反身而誠, 樂莫大焉.]
185) 弘文館出版社編輯部編：《中國佛敎思想資料選編》第1卷, 弘文館出版社1986年版, 第307頁.[원문："能表是有無, 所表非有無", "文言終不得理".]

있겠다.

첫째, '이제설二諦說'이다. 불교에서는 전통적으로 진리는 "진제眞諦'와 '속제俗諦' 두 부류로 나눌 수 있다고 했다. 하지만 길장吉藏은 이 이제설二諦說에도 집착執着하면 아니 된다고 한다. 이는 다만 가르침의 편리를 위한 방편方便일 따름인 바, 그래서 또한 끊임없이 초월을 이루어야 한다는 것이다. 그는 '사중이제설四重二諦說'을 제기했다. 제1중第1重은 유有는 속제이고 공空은 진제眞諦라고 보는 것이다. 제2중第2重은 유有이기도 하고 공空이기도 한 것은 속제이고, 유有도 아니고 공空도 아닌 것은 진제라고 보는 것이다. 제3중第3重은 공空과 유有를 둘貳로 보고, 공空도 아니고 유有도 아닌 것은 둘貳이 아니라고 보는 것不貳은 속제이고, 둘로 보는 것貳도 부정하고 둘이 아니라고 보는 것不貳도 부정하는 것은 진제라고 보는 것이다. 제4중第4重은 말을 잊고 생각을 끊고, 어떤 것에 기대어 얻는 것이 아니라야만 진제라는 것이다. 삼론종三論宗에서는 오로지 다중多重적 부정에서 말로 할 수 없는 경지에서만이 제법諸法의 실상實相을 깨달을 수 있는 바, 만약 어떤 것에 집착執着하게 되면 곧 사견邪見에 빠지게 된다고 한다.

둘째, '팔불중도八不中道'이다. 『중론中論』에는 "생기지도 않고 없어지지도 않으며, 항상常하지도 않고 단멸斷하지도 않으며, 같지도 않고 다르지도 않으며, 오지도 않고 가지도 않는다."[186]라는 말(중국어에서는 不이라는 글자가 여덟개임)이 있다. 길장吉藏의 『중론소中論疏』에서는 이 '팔불八不'론을 평가하기를, "정관正觀(어리석음에서 벗어나 法을 올바로 보는 것)의 취지이고, 방등方等에 귀결하는 심골心骨이며, 불법의 편벽됨과 올바름을 판정하는 기준이고, 득실得失을 드러내는 근본이다. 팔불八不은 중도中道 불성佛性이다."[187]라고 한다. 길장吉藏의

---

186) (隋)吉藏疏:《中論·百論·十二門論》, 上海古籍出版社1994年版, 第4頁.[원문: 不生亦不滅, 不常亦不斷, 不一亦不異, 不來亦不出.]

187) 佛光大藏經編修委員會主編, 星雲大師監修:《佛光大藏經·般若藏·宗論部·中論疏》, 佛光出版社1997年版, 第85, 39頁.[원문: 正觀之旨, 歸方等之心骨, 定佛法之偏正, 示得失之根原", "八不即是中道佛性".]

중도실상론中道實相論의 정의精義는 중도中道를 파악하고, 그 어떤 편집偏執에 빠지지 않는 것에 있었다. 예컨대 『대승현론大乘玄論』에서는 "『삼론三論』을 통론通論한다면 모두 '중中'을 드러낸다고 할 수 있겠다."[188)라고 한다. 이는 유·도·불 삼교에서 중도를 숭상하는 그 공통성을 드러낸 것이라고 하겠다. 동시에 또한 중국 불교가 입세入世와 출세出世 및 속견俗見과 불법을 조화調和시키는 특색을 드러낸 것이라고 하겠다.

3) 법상유식종法相唯識宗

법상유식종法相唯識宗의 종사宗師는 현장법사玄奘法師(三藏法師라고도 칭함) 및 그의 제자 규기窺基(慈恩大師라고도 칭함)이다. 이 종에서는 '법상法相'에 대한 분석을 거쳐 '만법유식萬法唯識'이라는 결론을 얻어냈는데, 그리하여 이 이름을 가지게 되었다. 자은사慈恩寺를 불법을 널리 펼치는弘法 기지로 삼고 있었기 때문에 또 자은종慈恩宗이라고도 칭했다. 『유가사지론瑜伽師地論』을 근본 경전으로 삼고 있었기 때문에 또 유가종瑜伽宗이라고도 칭했다. 현장玄奘은 불법의 여러 학설에 박통博通했고, 경經을 번역할 때도 대·소승경론大·小乘經論을 총람總攬했다. 한편, 중화 대륙에서는 주로 유가행파瑜伽行派의 사상을 전했고, 의거하고 있던 주요 경전은 『해심밀경解深密經』과 『유가사지론瑜伽師地論』이었다. 그의 주요 학술사상은 『성유식론成唯識論』에서 찾아볼 수 있다. 규기窺基의 『성유식론술기成唯識論述記』는 이 종宗의 대표적 작품이다. 법상유식종法相唯識宗의 요의要義는 다음과 같이 개괄할 수 있겠다.

첫째, '팔식설八識說'이다. 이 종宗에서는 '유식무경唯識無境(오로지 식識만 있고 대상으로 되는 세계는 없다)'을 주장하고 있었고, 한편 우리 눈에 보이는 산천과 대지는 모두 심식心識의 변현變現이라고 한다. 심식에는 여덟 가지가 있다고 한다. 즉 눈, 귀, 코, 혀, 몸, 의意, 말나末那, 아뢰야식阿賴耶識이 그것이다. 아뢰야

---

188) 郭朋:《中國佛敎思想史》中卷, 福建人民出版社1994年版, 第119頁.[원문 : 通論《三論》, 皆得顯'中'.]

식은 팔식八識에서 가장 중요한 식체識體로서 기타 칠식七識을 낳을 수 있고, 일체 사물과 현상을 만들어내는 종자를 함장含藏하고 있다고 한다. 그 속성으로는 오염有染과 청정함淸淨이 있는데, 잡염종자雜染種子가 있어 삼계三界 윤회輪回가 있고, 무루無漏의 깨끗한 종자淨種子가 있어 출세出世하고 해탈解脫할 수 있다고 한다. 말나식末那識은 사려思慮(생각하는)의 기능이 있는데, 아뢰야식과 함께 기타 육식六識을 낳는다고 한다. 일반사람들은 이 식識 덕분에 '자아가 있게 되고有我', 수행자修行者들은 또한 이 식識에 의지하여 '무아無我'의 상태에 들어가고 나아가 성불成佛할 수 있다고 한다.

둘째, '삼자성三自性'과 '삼무성三無性'이다. '삼자성三自性'이란 이런 것이다. 첫째는 '변계소집성遍計所執性(두루 헤아리고 변별하는데 집착하는 성질)'으로서 속세의 사람들은 관찰과 사고를 통하여 이러저러한 분별을 만들어낸다는 것이다. 둘째는 '의타기성依他起性(다른 것에 의지해서 일어키는 성질)'으로서 일체 현상은 모두 인연因緣으로 말미암아 심식心識에서 생겨나오고, 거짓으로 있고假有 진실하지 않다非眞는 것이다. 셋째, '원성실성圓成實性(원만히 성취된 진실한 본성)'으로서 '인아人我(타인과 자아를 허망하게 구분 짓는 마음)'의 거짓과 '법아法我(객관적인 사물이나 정신에 변하지 않는 본체가 있다고 집착하는 마음)'의 허무함無을 깨닫고서, '진여의 진실한 본성眞如實性'을 드러내는 것이겠다. '삼무성三無性'은 "삼자성三自性'에 대립하여 세워진다. 첫째는 '상무성相無性(온갖 법의 相(모습)에 자성이 없음)'으로서 아법我法은 모두 허망하다는 것이다. 둘째는 '생무성生無性(인연의 화합으로 생긴 것은 가유假有의 존재임으로 실성實性이 없음)'으로서 일체 현상은 모두 인연因緣에 의해 생기고, 실유實有도 아니고 또 전무全無도 아니라는 것이다. 셋째는 '승의무성勝義無性(분별과 망상이 소멸된 상태에서 드러나는, 있는 그대로의 청정한 모습)'으로서 이는 원만히 성취된 진실한 본성圓成實性에 의지하여 세워진다고 한다.

셋째, "식識을 전변하여 지혜를 이룬다轉識成智."고 한다. 수행을 통하여 유루有漏 팔식八識은 무루無漏 팔식으로 전변되고, 이어서 네 가지 지혜를 획득하게 된다고 한다. 전오식前五識은 '자기나 남에게 모두 유익하게 하는 갖가지 업을 베푸는 지혜成所作智'를 얻는데, 이 지혜로써 중생을 위해 선행善行을 할 수 있다고 한다. 제육식第六識은 '일체 사물의 모양을 잘 관찰하여 옳고 그름을 분별하고, 중생들을 교화하여 의혹을 끊게 하는 지혜妙觀察智'를 얻는데, 이 지혜로써 교화敎化를 시행施行할 수 있다고 한다. 제칠식第七識은 말나식末那識으로서 이 식으로는 '자아와 타자의 평등함을 아는 지혜平等性智'를 얻는데, 이 지혜로써 중생을 널리 제도해줄 수 있다고 한다. 제팔식第八識은 아뢰야식으로서 이 식으로는 '큰 거울로 삼라만상을 그대로 비추어내듯이, 원만하고 분명한 지혜大圓鏡智'를 얻는데, 이 지혜로써 만상을 있는 그대로 비추어낸다고 한다.

법상유식종法相唯識宗은 수·당 시기 불교에서, 인도 대승유종大乘有宗에 가장 충실忠實했던 종파이다. 현장玄奘과 규기窺基는 모두 학문탐구에 신중한 사람이었고, 불경 번역과 해석에서 최선을 다해 정확하고 투철할 것을 추구했다. 그들이 크게 추진하여 이 종파는 태종과 고종 때, 한 시기 아주 성행했다. 하지만 이 종宗은 불과 40년이 안 지나 재빨리 쇠락했고 후에는 변두리로 밀려났다. 중화민국 초년에 와서야 부활하는 모습이 조금 보였다. 이 종파는 다만 원전과 원래 학설에만 충실했고, 중화문화와 결합하여 창조적 발전을 이루지 못했는데, 이것이 재빨리 쇠락한 근본 원인이겠다. 중화中華의 풍토에 적응하지 못하고, 결국 뿌리가 약해 왕성하게 자라지 못했는 바, 그리하여 중국인들로부터 냉대를 받게 되었던 것이다. 법상유식종法相唯識宗의 교의敎義를 놓고 말할 때, 그 핵심 개념들 예를 들면, '말나식末那識', '아뢰야식阿賴耶識', '유루종자有漏種子', '무루종자無漏種子', '종인유宗因喩'와 같은 것들은 중화 문화와 언어 맥락에서 근접하는 또는 상응하는 언어를 찾아서 융통融通시킬 수 없었다. 게다가 이 종파의 교의敎義는 인간의 심리과정에 대한 자질구레한 분석에 치중하고 있었는데, 이 또한 유가의 '자기를 닦아 남을 편안하게 해주는修己安人', 도가의 '뜻을 얻으면 말을 잊는得意忘言', 이런 사유 방식에서 많이 벗어난 것으로서 그리하여 중화中華의 전통과 융합되기 어려웠던 것이다. 하지만 이 종宗에서 남겨준 '만법유식萬法唯識'이라는 기본 명제는 맹자의 "만물이 모두 나에게 갖추어져 있다萬物皆備於我."[189]라는 주장과 호응을 이루면서 훗날의 육왕심학陸王心學에 심각한 영향을 끼쳤고, 그 후 오랫동안 중국인들의 관심을 모아 왔었다. 그 심리분석 방법과 인명학因明學(고대 인도에서 세워진 논리학) 또한 근대 중·서中西 문화의 회합會合에 있어서 적극적인 역할을 발휘했다. 더 중요한 것은 현장법사玄奘法師가 서역으로 가서 불법을 구해온 위대한 업적이겠다. 그는 19년(貞觀 元年에 인도로 떠나서 貞觀 19년에 長安으로 되돌아왔음.)이란 긴 세월, 풍상고초와 간난신고를 겪을 대로 겪으면서 마침내 진경眞經을 구해오는 역사적 사명을 완수했다. 이는 세계문명교류사에서 한 차례 위대한, 아주 눈부신 사업이었다. 현장법사玄奘法師는 평화적 국제 문화교류에서 본보기를 수립했고, 중국과 인도의 우의를 증진하는데 중요한 공헌을 했다. 현장법사玄奘法師는 인도 나란다 Na'landa 사원에서 공부할 때, 중국 승려의 학식과 변재辯才(佛法을 설함에 매우 재능이 있음)를 충분히 보여주었는데, 그리하여 인도 승려들의 존중을 크게 받았다고 한다. 그가 저술한 『대당서역기大唐西域記』 12권도 후세 사람들이 고대 인도사印度史와 서역西域의 역사를 연구하는 진귀한 역사자료로 남겨졌다. 조박초趙樸初는 이렇게 지적한다.

> 현장법사玄奘法師의 위대한 성취는 그의 위대한, 용맹하게 정진精進하는 정신으로 이루어낸 것이다. 현장법사의 숭고한 품격은 그가 일생동안 자신을 잊고 오로지 불법을 위해, 그리고 인류를 위해 일하던 사적에서 드러난다.[190]

보다시피 현장법사는 고대 실크로드에서 동·서양 문화 교류를 유력하게 추진했던 훌륭한 본보기이다. 그의 역사적 공적은 실로 눈부시다고 하겠다.

4) 화엄종華嚴宗

화엄종 창시자는 법장法藏이다. 중앙아시아 강거康居(오늘의 우즈베키스탄과 카자흐스탄 남부 지역) 사람이다. 그는 수차 역경譯經 사업에 관여했다. 특히 『화엄

---

189) 楊伯峻, 楊逢彬注譯 :《孟子》, 嶽麓書社2000年版, 第225頁.[원문 : 萬物皆備於我.]
190) 趙樸初 :《趙樸初大德文匯》, 華夏出版社2012年版, 第186頁.

경華嚴經』을 좋아했고, 평생 주로『화엄경』을 강론했다. 주요 저작으로는『화엄경탐현기花嚴經探玄記』,『화엄경문답華嚴經問答』,『화엄경지귀華嚴經旨歸』등이 있는데, 이 저작들은 상당한 규모를 갖춘 이론체계를 형성하고 있었다. 무칙천武則天, 중종中宗, 예종睿宗의 조대朝代를 걸쳐 살아 왔고, 유명한 제자 십여 명을 키워냈다. 법장法藏 및 그의 제자들의 노력을 거쳐 화엄종은 당나라 때 가장 영향력이 있는 불교 종파의 하나로 자리매김했고, 후일 송명이학宋明理學의 탄생에도 거대한 영향을 끼쳤다.

화엄종 교의敎義의 이론적 정요精要는 다음과 같이 개괄할 수 있겠다.

첫째, '오교십종五敎十宗' 판교론判敎論이다. '오교五敎'란 소승교小乘敎, 대승시교大乘始敎, 대승종교大乘終敎, 돈교頓敎, 원교圓敎를 말한다. '십종十宗'이란 아법구유종我法俱有宗, 법유아무종法有我無宗, 법무거래종法無去來宗, 현통가실종現通假實宗, 속망진실종俗妄眞實宗, 제법단명종諸法但名宗, 일체개공종一切皆空宗, 진덕불공종眞德不空宗, 상상구절종相想俱絶宗, 원명구덕종圓明具德宗을 말한다. 이 판교론判敎論에서는 불법이 전승되던 역사에서 선후로 출현한 교파 및 각종 교의를 모두 아우르면서 각자에게 응분의 시공간적 위치를 부여해주고, 한편 화엄종을 원만무애圓滿無碍한 최고 단계의 불법 체계로 교판敎判한다. 다시 말하면 여러 교파와 그들의 이론을 아우르는 중에 자체의 주체적 지위를 돌출하게 부각시킨다. 이는『역전易傳』의 "길은 다르지만 귀착은 똑같다"는 이념을 활용한 것이겠다. 이 또한 중화 불교가 발전하는 효과적인 경로였다.

둘째, '십현문十玄門'과 '육상원융六相圓融' 설이다. '십현문'이란 동시구족상응문同時具足相應門, 인타라망경계문因陀羅網境界門, 비경은현구족문秘京隱顯俱成門, 미세상용안립문微細相容安立門, 십세격법이성문十世隔法異成門, 제장순잡구덕문諸藏純雜具德門, 일다상용불동문一多相容不同門, 제법상즉자재문諸法相卽自在門, 유심회전선성문唯心廻轉善成門, 탁사현법생해문託事顯法生解門을 말한다. '십현문'에서는 불법의 원리와 각 법문法門 사이, 각 법문들 사이는 상호 융화하고 상호 흡수하고, 서로 조화를 이루는 통일적인 관계라고 설명한다. 현상으로 볼 때는 천차만별하지만 본질적으로는 상호 포함한다는 것이다. '육상원융六相圓

融'에서, '육상六相'이란 '총상總相', '별상別相', '동상同相', '이상異相', '성상成相', '괴상壞相'을 말한다. 여기서는 전체와 부분, 동일성과 차이성, 뭇 인연의 화합衆緣和合과 각자 자체의 모습으로 머무는 것各住自法은 모두 피차 의존하며, 상즉원융相卽圓融(현재의 한 사건 속에 과거, 현재, 미래의 사건 전체가 나타난다는 뜻)의 상태에 처하여 있다고 한다.

셋째, '법계연기法界緣起'와 '사법계四法界' 설이다. '법계연기法界緣起'란 불법의 자성自性인 청정심淸淨心과 그것의 각종 표현과 작용은 모두 상호 평등하고 원융무애圓融無碍한 조화로운 통일 속에 있음을 말한다. '사법계'는 사법계事法界(즉 현상계), 이법계理法界(즉 본체계), 이사무애법계理事無碍法界(즉 이치로 사건을 융화함), 사사무애법계事事無碍法界(일체 사물은 상호 융통함)를 말한다. '법계法界'란 마음의 상태를 가리키는 것이다. '사법계'설에서는 불법을 수련하는 자들이 속세의 모든 분별, 경계를 타파하고 '일一'과 '다多'를 통일할 것을 요구한다. 화엄종에서는 티끌 하나 들어 우주를 다 보고, 한 생각一念을 늘려 구세九世를 다 본다擧一塵而盡宇宙 舒一念而該九世고 한다. 즉 하나一가 일체一切이고, 일체一切가 하나一라는 것이다. 이것이 바로 이 종宗의 변증법적 우주관이다. 이는 『주역周易』에서 말하는 굳세고 올바르고剛健中正, 음과 양陰陽이 상호 작용한다는 우주관과 노자의 부드러움을 귀하게 여기고 암컷을 지키고守雌, 유연함으로 강인함을 돕는다는 우주관과 대응된다고 하겠다. 한편, 자체의 특색 즉 원융무애圓融無碍와 일다호섭一多互攝의 원리도 드러내고 있었다. 이 삼대三大 우주관을 중국사상사에서 유가, 도가, 불가의 삼대 변증법적 우주관이라고 칭할 수 있겠다. 이 삼대 우주관은 상호 흡수하는 동시에 각자의 풍격을 보존하면서 공동으로 중국인들의 변증법적 사유를 키워주었다. 그런 까닭에 중국인들은 쉽게 극단적이고 편파적인 것에 빠져들지 않았고, 무턱대고 차이를 강조하고 대립을 강조하지 않았던 것이다. 중국인들은 보편적으로 다양성을 포용하고, 모순을 화해시키고, 온화溫和한 방식으로 처세했다.

5) 정토종淨土宗

일찍 동진 때, 고승高僧 혜원慧遠은 여산廬山에서 백련사白蓮社를 결성하고서, 제자들과 함께 아미타불상 앞에서 재齋를 올리면서 함께 염불하여 서방 정토淨土에서 환생할 것을 서원했는데, 이것이 정토종淨土宗이 생긴 연유이겠다. 하지만 한 개 종파로서 정토종의 실제 창시자는 수나라 말 당나라 초의 고승 도작道綽과 선도善導이다. 『속고승전續高僧傳·도작전道綽傳』의 기재에 따르면 도작은 매일 아미타불 명호名號를 7만 번 외웠고, 그는 정관貞觀 연간에 『관무량수불경觀無量壽佛經』을 200번 강론했다고 한다. 또 사람들에게 콩알이나 구슬을 가지고 불호佛號를 외운 차수를 세는 방법을 가르쳐 주었다고 한다. 저술로는 『안락집安樂集』이 있다. 선도는 『아미타경阿彌陀經』을 수십만 번 베껴 쓰고, 정토변상도淨土變相圖를 300폭 그렸다고 한다. 저술로는 『관무량수불경소觀無量壽佛經疏』 등이 있다. 그는 정토종淨土宗의 이론과 의식儀式을 완벽하게 만드는데 큰 공력을 들였다. 정토종淨土宗은 신앙의 실천 즉 염불念佛을 중요시하고, 반면에 의리義理 추론과 연역 및 조직제도는 그다지 중요시하지 않았다. 경전으로는 『무량수경無量壽經』, 『관무량수불경觀無量壽佛經』, 『아미타경阿彌陀經』과 『왕생론往生論』 등을 높이 받들고 있었다. 정토종은 수행이 간단하고 용이하고 또한 사람들의 평화롭고 안온하고, 풍족하고 평등한 극락極樂 세계에 대한 동경憧憬심을 불러일으킬 수 있었기 때문에, 하층 민중들의 환영을 크게 받았고, 민간에 점점 더 깊이 뿌리 내리게 되었다. 또한 끊임없이 천태종天台宗, 율종律宗, 선종禪宗 등 여러 종파에로 침투했는데, 결국 "천하의 공통한 종天下共宗"으로 되어졌다. 당무종唐武宗이 회창會昌 연간에 일으킨 멸불滅佛 사건에서도 정토종은 손실이 가장 적었다. 왜냐하면 이 종宗은 사원寺院 경제와 강단講壇 수입에 별로 의존하지 않았기 때문이다. 중화민족은 예로부터 천계天界에서 생활하는 아름다운 꿈이 있었고, 인간세상의 고난을 떨쳐버리고 행복이 가득한 환락의 세계에서 생활할 것을 많이 동경했다. 그리하여 달 신화가 있었고, 삼신산三神山 전설이 있었고, 동천복지洞天福地, 신선세계神仙世界에 대한 상상이 있었고, 대동세계大

同世界에 대한 추구가 있었던 것이다. 그러나 이런 아름다운 이야기는 극소수의 사람들에게만 차려지는 기적 같은 행운일 수도 있었고 또는 다만 아득한 미래 사회에 대한 아름다운 이상에 지나지 않을 수도 있었다. 다른 한편, 이런 이야기들은 또한 모두 정토종에서 서방의 극락세계에 대한 묘사보다 생동하고 구체적이지 못했다. 사람들이 참답게 부처님의 명호名號를 외우기만 하면 죽은 후 누구나 서방 정토淨土에서 환생하여 영원히 즐거운 생활을 영위할 수 있다고 하는데, 이 얼마나 매혹적인가. 정토종은 이렇게 가난과 고통에 시달리는 민중들에게 심리적 안위를 줄 수 있었는데, 그리하여 신봉하는 자들이 날로 늘어났던 것이다. 이는 유가나 도가가 대신할 수 있는 것이 아니었다. 아니면 정토종이 유가와 도가를 도와 민심을 안위시켜 주었고, 일종의 유력한 민간신앙문화로 자리매김했다고 말할 수도 있겠다.

6) 율종律宗

율종은 불교 계율戒律을 탐구하고 수행하고 전파하는 일을 주로 하던 종파이다. 경전으로는 주로 『사분율四分律』을 받들고 있었다. 실제 창시자는 도선道宣으로서 그는 율종의 한 개 중요한 종파인 남산종南山宗을 세웠었다. 또 법려法勵와 그의 제자 회소懷素가 있었는데 그들은 다른 하나의 중요한 종파인 상부종相部宗을 세웠었다. 남산종에서는 후일, 중국 역사에서 유명한 감진鑑眞 대사大師가 나왔다. 계율戒律은 승려들의 행위규범으로서 이는 '경經, 율律, 론論'의 삼장三藏 가운데의 하나이고, 또한 '계戒, 정定, 혜慧'의 삼학三學 가운데서 우두머리이다. 계율戒律은 불교도들의 정신정행正信正行(부처님의 가르침을 바르게 믿고, 부처님의 가르침대로 실천하는 것)을 보장해주는 거스르면 아니 되는 신성불가침한 규범이다. 출가한 자들은 반드시 계율戒律을 받아야만 정식으로 승려가 될 수 있고, 재가신도在家信徒들 역시 계율을 지키면서 참답게 수행을 해야 한다. 계戒에는 오계五戒, 팔계八戒, 십계十戒, 구족계具足戒 등이 있는데, 가장 우두머리 계는 일체 유정중생有情衆生을 죽이지 않는 것이다. 율律은 교파 내부 규범敎規

으로서 이에는 승려단체의 수행 의식儀式 규범, 생활규칙 및 처벌규정이 포함되어 있다. 계율은 직접적으로 교풍敎風에 관계되고 또 교단敎團의 사회적 이미지에 관계되기 때문에, 역대로 불교 각 종파에서는 이를 아주 중요시하고 있었다. 중국문화의 영향 및 불교 각 종파 간 상호 영향을 받으면서 불교 계율도 시대에 따라 약간씩 조정이 있었는데, 때로는 계율이론에 대한 치열한 쟁론도 있었다. 율종律宗에도 판교론判敎論이 있었는데, 율종律宗에서는 불교의 여러 종파를 화교化敎와 제교制敎로 나누었다. 전자는 또 성공性空, 상공相空, 유식唯識의 삼교로 나누었고, 후자는 또 실법實法, 가명假名, 원교圓敎의 삼종三宗으로 나누었다. 남산율종南山律宗은 스스로 불교의 가장 높은 단계를 대표하는 원교종圓敎宗이라고 했다.

남산율종에서 역사적으로 영향력이 가장 컸던 승려는 감진대사鑑眞大師이다. 그는 개원 연간, 양주揚州 대명사大明寺에서 주지住持로 지냈었는데, 그때 계율戒律로써 그 지역의 백성들을 잘 교화시킨 공적으로 명망이 아주 높았다. 천보天寶 원년元年, 일본 유학승留學僧 요에이榮睿와 후쇼普照의 초청을 받고, 일본에 가서 계戒를 전할 뜻을 세웠는데, 바다를 건너는 일에 선후로 다섯 차례나 실패했다. 그 후에는 또 두 눈도 실명했다. 하지만 일본에 가서 불법을 전하려는 의지는 더욱 견정해졌는데, 천보天寶 12년, 마침내 성공적으로 바다를 건너 일본 나라奈良에 도착했고, 일본에 도착해서는 일본 민중들의 열렬한 환영을 받았다. 일본 천황天皇은 조서詔書를 내려 명하기를, "오늘 이후, 계戒를 받고 율律을 전하는 일은 전부 이 스님께 위임한다."[191]고 했다. 또한 그에게 '전등대사傳燈大師'라는 명호도 하사했다. 천황天皇은 나라奈良에 도쇼다이지唐招提寺를 세우고, 이 곳을 "계戒를 받고 율律을 전하는" 기지로 정했다. 감진鑑眞은 일본에 가서 일본 율종律宗을 창립했다. 일본에 건너갈 때 또 많은 불경, 불상과 중화문화 전적, 의약저작, 예술작품을 가지고 갔는데, 이렇게 또한 중일中日 양 국의 문화교류를 추진하고, 양 국 국민들의 우의를 증진하는데 큰 공헌을 하게 되었

---

191) 任繼愈主編:《宗敎大辭典》, 上海辭書出版社1998年版, 第371頁.[원문 : 自今以後, 授戒傳律, 一任和上.]

다. 그 의의는 불교를 전파하는 것보다 훨씬 더 거대했다고 하겠다. 조박초趙朴初는『당감진대화상기념비唐鑑眞大和尚記念碑』에서 사언장시四言長詩로 그의 공덕을 칭송한다.

> 대사님의 은택이惟師之澤 두 나라에 가지런히 베풀어졌으니等施兩邦, 이웃나라 형제들에게서怡怡兄弟 오랜 세월 날로 더욱 빛나는구나歷劫增光. 뛰어난 불제자는 錚錚佛子 여래의 장군이 되어作如來將, 함께 마귀들과 싸우니共戰魔軍 道義를 서로 높여주는구나道義相尚. 스승의 뜻과 행동은師之志行 난초마냥 날로 향기가 그득해지고如蘭益馨, 스승의 공로와 업적은師之功業 세상과 더불어 더욱 새로워지는구나. 與世更新192)

당나라 불교사에는 현장법사玄奘法師가 육로를 거쳐 佛經을 구해온 일이 있었고, 감진대사鑑眞大師가 바다를 건너 불법을 전파한 일이 있었다. 이들 모두 고생을 두려워하지 않는 건강한 승려들이었고, 인류문명의 발전에 뜻을 둔 위대한 법사들이었다. 그들은 중국과 인도, 중국과 일본을 넘나들면서 佛法을 구해오고 전파했는데, 그 공적은 후세에 길이 빛났고, 역대로 널리 사람들의 칭송을 받았다. 그들은 불교의 자랑이고 또한 중화中華의 영광이라 하겠다.

7) 밀종密宗

밀종은 스스로 법신불法身佛 대일여래大日如來의 심오한 비밀 교지祕密敎旨를 전수 받았다고 자처하면서 '진언眞言'을 전한다고 했다. 또 관정灌頂(受戒하고 佛門에 들어갈 때 물을 정수리에 끼얹는 儀式)을 거치지 않고, 비밀리에 전하지 않는다면 그 교지敎旨를 전수하거나 깨달을 수 없다고 주장했는데, 그래서 밀종密宗이라고 칭했다. 밀종을 또 '진언승眞言乘', '금강승金剛乘'이라고도 칭했다. 이 종宗에서는 세 가지 밀법密을 수행한다. 신밀身密(양 손 열손가락을 교차하여 상이한 모양을 만들고, 여기에 상상과 의념을 부여하는 수행법), 구밀口密(입으로 眞言과 密咒을 외우

---

192) 趙樸初:《趙樸初大德文匯》, 華夏出版社2012年版, 第358頁.

는 수행법), 의밀意密(마음으로 大日如來를 보고 생각하는 수행법)이 그것이다. '삼밀이
서로 호응하면(三密相應, 瑜伽心印과 동일함)', 즉신성불卽身成佛할 수 있다고 하는
데, 그래서 또 유가밀교瑜伽密敎라고도 칭했다. 이 종宗은 불교와 브라만교
Brahman를 결합하여 만들어낸 것으로서 중국에서는 당나라 때에 크게 유행했
다. 이 종은 선무외善無畏, 금강지金剛智, 불공不空의 해석과 선양宣揚에 힘입어
한 개 종파를 형성하게 되었다. 개원開元 연간, 인도 승려 선무외善無畏가 장안
長安에 오면서 범본梵本『대일경大日經』을 가지고 왔는데, 그때 현종玄宗은 그를
크게 예우해 주었다. 그 후, 그는『대일경』을 중국어로 번역했고, 일행一行을
제자로 받았다. 일행은 저명한 천문학자이고, 저술로는『대일경소大日經疏』가
있다. 스승과 제자 두 사람은 함께 사람들에게 태장계胎藏界 밀법密法을 전수해
주었다. 개원 8년, 남인도南印度 승려 금강지金剛智가 제자 불공不空을 데리고
장안長安에 왔는데, 현종은 역시 그들을 크게 예우해 주었다. 불공不空은『금강
정경金剛頂經』을 번역했다. 그 후, 그는 다시 인도와 사자師子國(스리랑카)에 가서
밀법密法을 배웠고, 천보天寶 5년 장안에 되돌아와서는 현종에게 관정례灌頂禮
를 치러주었다. 그 후에 금강계金剛界 밀법이 세상에 널리 알려졌던 것이다.
사람들은 선무외善無畏, 금강지金剛智, 불공不空을 '개원삼대사開元三大士'라고
칭했다. 그 후에는 또 혜과惠果가 나와 삼대사三大士의 밀법을 융회融會시켜 '금
태불이金胎不貳' 교의敎義를 만들었다. 그는 대종代宗, 순종順宗, 덕종德宗의 세
조대朝代를 걸쳐 살아왔는데, 그리하여 사람들은 그를 '삼조국사三朝國師'라고
칭했다. 정원貞元 20년, 일본 승려 공해空海가 당나라에 와서 혜과惠果로부터
태장계胎藏界와 금강계金剛界 밀법密法을 전수 받고서 일본에 되돌아가서는 일
본 진언종眞言宗을 창립했는데, 이 종宗은 지금까지 전해 내려오고 있다. 밀종은
제왕과 귀족들이 많이 신봉하고 있었는데, 그리하여 한 시기 아주 번창했다.
그러나 밀종은 신비주의 색채가 짙었다. 수행 과정에 "여성은 선정禪定에 들어
가고 남성은 지혜智慧에 들어간다."[193]라는 주장, 남·여가 짝지어 함께 수행해

---

193) 《續修四庫全書》編纂委員會編:《續修四庫全書·子部·宗教類》, 上海古籍出版社1996年
版, 第104頁.

야 한다는 법문法門, 이에 더하여 '쌍신화희불雙身歡喜佛' 형상은 모두 인도 브라만교Brahman에서의 성性적 숭배의 색채가 짙었는데, 이는 유가의 예교禮教와 중원中原의 민간 풍속에 저촉되었고, 양자 또한 조화시킬 수도 없었다. 그리하여 얼마 지나지 않아 쇠락하고 말았다.

밀종은 중국 티베트西藏 지역에서 크게 발전했는데, 후일 티베트 불교의 중요한 구성부분으로 되어졌다. 기원 7세기, 불교는 인도에서 티베트로 전해 들어오면서, 전홍기前弘期와 후홍기後弘期를 거쳐 왔는데, 이 과정에 현지의 분교苯教, Bonismo와 충돌하다가 나중에는 점차 하나로 융합되었다. 또 대·소승大小乘, 밀종 경전이 전해 들어오고, 한전불교漢傳佛教(중국불교를 말함)가 전해 들어오면서 티베트지역의 불교는 티베트 지역 상황과 풍속에 맞추어 점차 특색 있는 티베트 불교藏傳佛教를 형성해내게 되었다. 종객파대사宗喀巴大師가 창립한 격로파格魯派가 티베트불교의 주류였는데, 이 종파의 교의教義는 대·소승大·小乘을 종합하고, 용수龍樹의 중관이론中觀理論을 정종正宗으로 받들고 각 종파의 교법教法을 관통시켜 자체로 일가一家를 이루었다. 티베트불교와 남전南傳 상좌부불교上座部佛教(주요하게는 중국 雲南 지역에서 유행했음)는 유·도·불 삼교가 밀접히 교류하던 중심지대에 있지 않았기 때문에 이 책에서는 상세한 설명은 줄인다.

8) 선종禪宗

선종에서 공인公認하는 설법에 따르면 이 종宗은 보리달마Bodhidharma 조사祖師로부터 전해 내려왔는데, 중간에 혜가慧可, 승찬僧璨, 도신道信, 홍인弘忍을 걸쳐, 육조六祖 혜능惠能에 이르러 남종南宗이 세워졌고, 한편 혜능의 학우였던 신수神秀가 북종北宗을 세웠다고 한다. 하지만 학자들은 보편적으로 혜능이 선종禪宗의 실제 창시자라고 보고 있다. 확실히 혜능이 선종을 크게 확대·발전시켰고, 그가 불법을 깨닫고 저술한 『단경壇經』 또한 중국 승려들의 작품에서 유일하게 불교계에서 '경經'으로 추대 받는 전적이다. 이 책의 영향력은 아주 거대하고 심원했고, 유·도·불 삼교 합류의 과정에서도 위와 아래를 이어주는 관건적 역할을 일으켰었다. 『단경壇經』의 기재에 따르면 오조五祖 홍인弘忍 조사祖師는 황매黃梅 동산사東山寺에서 불법을 전할 때, 한 번은 제자들이 각자 계송偈을 하나 지어 마음을 밝히라고 증심証心 했다. 그때, 상좌上座 제자 신수神秀가 먼저 계송을 하나 만들어 읊었다. "몸은 보리(깨달음)의 나무요, 마음은 밝은 거울과 같으니, 때때로 부지런히 닦아서 먼지가 끼지 않게 하소."[194] 이에 홍인弘忍 법사가 평가하기를, "범부凡夫가 이 계偈를 따라 수행한다면 타락하지는 않겠다. 그러나 이 견해로 무상보리無上菩提를 얻을 수는 없겠다."[195]라고 했다. 그 당시 주방승伙頭僧이었던 혜능은 글자를 쓸 줄 몰라서 다른 스님께 도움을 청해 대필하게 했다. 혜능은 계송을 이렇게 지었다. "보리(깨달음)는 본래 나무가 없고, 밝은 거울 역시 누대가 아니요, 불성佛性은 늘 청정淸淨하거늘, 어디에 먼지가 낀단 말이요."[196] 홍인弘忍 법사는 이 계송을 크게 칭찬했다. "이것이 불성을 직접 가리킨 것直指이요, 선종의 진수眞髓를 얻은 것이로다." 홍인 법사는 그날 밤으로 그에게 불법의 정수를 가르쳐 주고서, 그를 영남嶺南에 보내 불법을 전하게 했다. 이렇게 혜능이 남종을 세우게 되었는데, 그 후 혜능의 남종은 신수神秀의 북종과 양립하고 있었다.

혜능은 은둔隱遁하여 체오體悟(몸으로 깨달음)할 때, "직증본심直證本心직접 본심을 밝힘', '돈오성불頓悟成佛돈오하여 성불함'의 법리法理를 발휘해냈다. 산에서 내려와서는 광동廣東 소관韶關 대범사大梵寺, 조계曹溪 보림사寶林寺에서 설법說法을 했다. 그는 "견성성불見性成佛'이라는 간이簡易 법문法門으로써 그 이전 불교의 번잡한 의리義理와 좌선坐禪하고 고행苦行하는 수련방법을 전부 없애버렸다. 이는 중국인들의 '대도大道를 간략화 시키는' 사유습관에 알맞았는바, 그리하여

---

194) (宋)普濟:《五燈會元》(上), 蘇淵雷點校, 中華書局1984年版, 第52頁.[원문: 身是菩提樹, 心如明鏡臺. 時時勤拂拭, 莫使惹塵埃.]

195) (唐)慧能, 郭朋校釋:《壇經校釋》, 中華書局1983年版, 第14頁.[원문: 凡夫依此偈修行, 即不墮落. 作此見解, 若覓無上菩提, 即未可得.]

196) (唐)慧能, 郭朋校釋:《壇經校釋》, 中華書局1983年版, 第16頁.[원문: 菩提本無樹, 明鏡亦非臺, 佛性常淸淨, 何處有塵埃.]

한 차례 성대한 불교 개혁운동을 일으키게 되었고 또한 중국 불교의 모습을 일신시키게 되었다. 『단경壇經』은 처음에 혜능의 제자 법해法海가 스승의 언설을 정리해서 만든 것이다. 그러나 그 후 이 책이 세상에 널리 전해지는 과정에 여러 판본이 생겼다. 예컨대 돈황사본敦煌寫本, 조계원본曹溪原本, 종보본宗寶本 등이 그것이다. 그 가운데 종보본宗寶本이 가장 유행했다. 무칙천武則天과 당중종唐中宗은 일찍 혜능을 경성京城에 들어오라고 요청했는데, 그는 이를 거절했다. 그는 산림山林 불교의 본색을 굳건히 지키고 있었다.

혜능 이후, 선종禪宗은 하택신회荷澤神會, 청원행사靑原行思, 남악회양南岳懷讓을 우두머리로 하는 삼대 종파로 갈라졌다. 그들 가운데 남악회양南岳懷讓의 제자가 가장 많았는데, 제자들 중에서 마조도일馬祖道一이 가장 유명했다. 백장회해百丈懷海가 바로 마조도일馬祖道一의 문하門下에서 나왔는데, 백장회해는 『백장청규百丈淸規』에서 "하루 일하지 않으면 하루 먹지 않는다."[197]는 주장을 제기했고, 농사일과 불법佛法 수행을 함께 중요시할 것을 창도했다. 이로써 정부와 시주施主들에게 적게 의지하려 했던 것이다. 회해懷海의 문하門下에서 또 위산영우潙山靈祐와 앙산혜제仰山慧濟가 나왔는데, 이들이 세운 위앙종潙仰宗은 오대五代 때 한 시기 아주 흥성했다. 한편, 황백희운黃檗希運과 임제의현臨濟義玄이 세운 임제종臨濟宗이 선종禪宗에서 가장 발달했는데, 임제종은 날카롭고 격렬한 풍격禪風으로 명성이 높았다. 의현義玄은 심지어 "부처를 만나면 부처를 죽이고, 조상을 만나면 조상을 죽인다."[198]라는 이런 아주 무시무시하고 격렬한 말도 했다. 그러나 그 목적은 사람들이 권위를 타파하고 성견成見을 타파하고, 직접 불법 자체를 상대하게 만들려는데 있었다. 청원행사淸原行思의 문하門下에는 석두희천石頭希遷이 있었는데, 그는 "마음 그 자체가 부처이고卽心卽佛, 마음과 부처와 중생이 다르지 않고心佛衆生, 보리와 번뇌菩提煩惱는 이름이 다르

---

197) (宋)普濟 : 《五燈會元》(上), 蘇淵雷點校, 中華書局1984年版, 第136頁.[원문 : 一日不作, 一日不食.]

198) (宋)普濟 : 《五燈會元》(下), 蘇淵雷點校, 中華書局1984年版, 第891頁.[원문 : 逢佛殺佛, 逢祖殺祖.]

지만 본질體은 하나이다名異體一."199)라고 강조했다. 희천希遷의 칠세七世 법손法孫 청량문익淸凉文益은 법안종法眼宗을 창립했다. 이 종宗에서는 "삼계유심三界唯心, 만법유식萬法唯識'을 벼리綱로 삼고 있었는데, 이는 유식종唯識宗 사상을 선종禪宗에 끌어들인 것이겠다. 문익文益의 재전제자 영명연수永明延壽는 "이치와 현상은 둘이 아니고理事不貳, 중요한 것은 원융이다貴在圓融."라고 천양闡揚하면서 화엄종과 선종을 일체로 융합시켜 『종경록宗鏡錄』 백권百卷을 편찬했다. 청원靑原, 석두石頭의 문하門下에서는 또 운문종雲門宗과 조동종曹洞宗을 분화시켜냈다. 문언文偃이 운문종을 세웠는데, 그는 무심無心(마음이 없이)으로써 자연에 순응하고, 사물을 응하되 사물에 얽매이지는 말 것을 강조했다. 이 종파의 풍격은 "홀로 위태롭게 높이 솟아 있어, 사람들이 모여들기 어려운 것"이 특징이었다. 운문雲門 삼구三句가 있었는데, "하나는 진리가 모든 현상에 널리 퍼져 있는 것을 알리는 함개건곤函蓋乾坤이고, 둘은 수행자의 번뇌와 망상을 명쾌하게 끊어버리는 절단중류截斷衆流이고, 셋은 수행자의 소질이나 능력에 따라 지도하는 수파축랑隨波逐浪이다."200) 조동종曹洞宗 창시자는 동산량가洞山良價와 조산본적曹山本寂이다. 이 종宗의 풍격은 "가풍이 세밀하고, 말과 행동이 어울리고, 수시로 만물을 이롭게 해주고, 말로 사람을 따뜻하게 대해주는 것"201)이었다. 이렇게 선종은 위앙潙仰, 임제臨濟, 조동曹洞, 운문雲門, 법안法眼의 오종五宗을 발전시켜 냈다. 또 공안어록公案語錄, 기봉통봉機鋒痛棒이라는 선문禪門 특유의 전법傳法 방식도 형성해 냈는데, 이는 아주 생동하고 독특한 가르침 방식으로서 과감하게 교조敎條를 타파하고 수시로 깨우쳐주는 분명한 개성을 가지고 있었고, 사람들의 잠재 능력의 각성을 유발하는 역할이 있었다. 그러나 다른 한편, 또한 제멋대로 추측하고 오판을 내리게 하는 등 폐단도 있었다.

---

199) (宋)普濟:《五燈會元》(上), 蘇淵雷點校, 中華書局1984年版, 第255頁.[원문 : 即心即佛, 心佛眾生, 菩提煩惱, 名異體一.]

200) (宋)普濟:《五燈會元》(上), 蘇淵雷點校, 中華書局1984年版, 第935頁.[원문 : 一句函蓋乾坤, 一句截斷眾流, 一句隨波逐浪.]

201) (宋)智昭編撰, 尙之煜釋讀:《人天眼目釋讀》, 上海古籍出版社2015年版, 第165頁.[원문 : 家風細密, 言行相應, 隨機利物, 就語接人.]

선종禪宗의 의리義理와 수행방식을 살펴보기로 하자. 인도 불교에서 '선禪'이란 "조용히 사고한다."는 뜻으로서 '육바라밀六度(布施, 持戒, 忍辱, 精進, 禪定)'의 하나이다. 선종에서는 선정禪定으로써 강법講法(불법을 강론함)과 수행을 개괄할 것을 주장하는데, 그리하여 선종禪宗이라 칭했다. 혜능의 돈오頓悟 법문法門에서는 반야실상학般若實相學과 열반불성론涅槃佛性論을 결합하여 인간의 맑고 깨끗한 본성淸淨本性을 기점으로 삼고, 직지본성直指本性하고, 돈오성불頓悟成佛할 것을 주장한다. 『단경壇經』의 논술에 근거하여 혜능 남종南宗의 의리義理의 요점을 아래와 같이 네 가지로 개괄할 수 있겠다.

첫째, '식심견성識心見性'이다. 정토淨土는 자신의 몸에 있으므로 바깥에서 구할 필요가 없다고 한다.

본성이 곧 부처이니, 성품을 떠나서 따로 부처가 없다. 만법이 모두 자기의 마음 가운데 있거늘, 어찌하여 자기의 마음 가운데에서 진여의 본래 성품을 단박에 보지 못하는가. 동방인이 죄를 지으면 염불하여 서방정토에서 태어나길 구하는데, 서방인이 죄를 지으면 염불하여 어느 국토에서 태어나길 구하는가? 어리석은 범부는 자성自性을 깨닫지 못하고, 자기 몸에 정토淨土가 있음을 알지 못해서 동이니 서이니 하며 그곳에 태어나길 바란다. 깨달은 사람은 어디에 있으나 마찬가지이다. 그런 까닭에 부처님께서 말씀하시기를, '머무는 곳마다 항상 안락하다.'고 하셨느니라.202)

이렇게 정토종淨土宗의 왕생설往生設을 비판하고, 맹자의 성선설性善說로써 불성론佛性論을 해석하면서 일체 외향적 추구를 배제해버리고, 힘을 다하여 본심을 발견할 것을 주장했다. 유가의 성선설을 지극히 발휘했다고 하겠다.

둘째, '문자를 세우지 않고不立文字 가르침敎 밖에서 따로 전한다敎外別傳.'고

---

202) 丁福保箋注:《壇經》, 上海古籍出版社2011年版, 第39, 54, 66頁.[원문: "本性是佛, 離性無別佛", "萬法盡在自心, 何不從自心中頓見眞如", "東方人造罪, 念佛求生西方. 西方人造罪, 念佛求生何國? 凡愚不了自性, 不識身中淨土, 願東願西, 悟人在處一般. 所以佛言: '隨所住處恒安樂'.]

한다. 범부凡夫와 부처는 다만 미혹과 깨달음 사이에 있는데,

　　단, 지금 있는 그 자리에서 일체 경계에 얽매인 마음을 일시에 놓으면直下無心, 본바탕이 저절로 드러난다本體自現. 모든 부처의 묘리妙理는 문자와는 관계가 없다. 앞생각前念에 미혹되면 범부凡夫요, 뒷생각後念이 깨달으면 부처이다. 앞생각前念이 경계에 집착하면 번뇌요, 뒷생각後念이 경계를 여의면 보리이다. 살아서는 앉아서 눕지 아니 하고, 죽어서는 누워서 일어나 앉지 못하네. 어차피 한 덩이 냄새 나는 뼈덩이臭骨頭일진대, 어찌하여 그리 공과功課를 세우려 하는가?[203]

　　선종禪宗에서는 경經을 읽고 부처님께 비는 것도 반대하고, 멍하니 앉아서 좌선坐禪하는 것도 찬성하지 않았다. 한편, 선종禪宗에서는 경전을 읽고 좌선을 하는 그 바깥에서 절로 깨닫고 절로 증득하고, 한 생각一念에 속세를 초탈하여 성인의 경지에 들어갈 것을 주장한다.

　　고해는 끝이 없거늘, 머리 돌리면 바로 피안이다苦海無邊 回頭是岸.
　　백정의 칼을 내려놓으면, 그 자리에서 성불할 수 있다放下屠刀 立地成佛.

　　이런 돈오성불頓悟成佛 설은 노자와 장자의 정관靜觀과 현람玄覽 설, "물고기를 얻으면 통발을 잊는다."는 도가의 깨달음體悟 사유의 영향을 깊이 받은 것이겠다. 특히 노자의 정정무위淸淨無爲 설을 지극히 발휘한 것이라고 하겠다. 당연히 인성人性은 원래 영리함도 있고 아둔함도 있는 법이니, 점수漸修와 돈오頓悟 또한 사람에 따라 다를 수도 있겠다.
　　셋째, "만약 수행하고자 한다면 집에서도 증득할 수 있고, 반드시 출가하여 절에 들어가야만 하는 것이 아니다.", "불법은 세간에 있으니, 세간을 떠나지 않고 깨닫는다. 세간을 떠나서 보리를 찾음은 흡사 토끼의 뿔을 구하는 것과

---

203) 丁福保箋注:《壇經》, 上海古籍出版社2011年版, 第102, 46, 146頁.[원문: "但直下無心, 本體自現", "諸佛妙理, 非關文字", "前念迷即凡夫, 後念悟即佛. 前念著境即煩惱, 後念離境即菩提", "生來坐不臥, 死去臥不坐. 一具臭骨頭, 何爲立功課".]

같겠다."204)라고 한다. 선을 닦는 데는修禪 세간의 일상생활을 이탈할 필요가 없고, 오로지 불성佛性이 마음에 있다는 점만 명기하고 있으면, 어디서나 모두 진여眞如의 지혜를 증득할 수 있다는 것이다.

집에 있어도 능히 행하면 이는 동방인으로서 마음이 선한 것과 같은 것이고, 절에 들어가서도 닦지 않으면 이는 서방인으로서 마음이 악한 것과 같은 것이다. 마음만 맑고 깨끗하다면 이것이 곧 자성의 서방이니라. 대사가 말씀하셨다. "내가 대중들에게 『무상송無相頌』을 설하리니, 다만 이에 따라 수행하기만 한다면 항상 나와 함께 있는 것이나 다름이 없겠지만, 만일 이에 따라 수행하지 않는다면 머리 깎고 출가한들 도道에 무슨 도움이 되겠는가."205)

『무상송無相頌』에서는 이렇게 말했다. "마음이 평등하면 어찌하여 수고롭게 계戒를 지니며, 행실이 곧으면 선禪을 닦아 무엇하랴. 은혜를 알면 부모님 잘 봉양하고, 의로우면 위아래가 서로를 가엽게 여기느니라."206) 선종禪宗에서는 주장하기를, "물 긷고 땔나무 나르는 것이 곧 묘도妙道이다."207)라고 하는데, 이런 식으로 원래 속세를 떠나던出世 불교가 유가의 "수신修身, 제가齊家, 치국治國, 평천하平天下"208)하는 속세에 들어가는入世 풍격을 가지게 만들었던 것이다. 또한 입세入世하면서 출세出世하고, 인륜일용人倫日用을 떠나지 않으면서 성불成佛할 것을 강조하고 있었다. 이는 중화민족이 현실의 인생을 중요시하는 전통에 부합되었고 또한 수많은 민간 신도들의 마음을 사로잡아 선종을 신앙하게 만들 수 있었다.

---

204) 丁福保箋注：《壇經》, 上海古籍出版社2011年版, 第74, 61頁.[원문："若欲修行, 在家亦得, 不由在寺", "佛法在世間, 不離世間覺. 離世覓菩提, 恰如求兔角".]

205) 丁福保箋注：《壇經》, 上海古籍出版社2011年版, 第74頁.[원문："在家能行, 如東方人心善. 在寺不修, 如西方人心惡. 但心淸淨, 即是自性西方", "師言：'吾與大眾說《無相頌》. 但依此修, 常與吾同處無別. 若不依此, 剃髮出家, 於道何益'".]

206) 丁福保箋注：《壇經》, 上海古籍出版社2011年版, 第74頁.[원문：心平何勞持戒, 行直何用修禪. 恩則孝養父母, 義則上下相憐.]

207) 任繼愈：《任繼愈禪學論集》, 商務印書館2005年版, 第163頁.[원문：運水搬柴即是妙道.]

208) 《禮記》：崔高維校點, 遼寧敎育出版社2000年版, 第222頁.[원문：修身, 齊家, 治國, 平天下.]

넷째, "무념無念을 종宗으로 삼고, 무상無相을 체體로 삼고, 무주無住를 근본으로 삼는다."209)고 하는데, 이것이 선종 의리義理의 총강總綱이었다. 이른바 "무념을 종宗으로 삼는다."라는 것은 "생각 속에서 생각이 없어진다."210)는 말이고, 이른바 "무상無相을 체體로 삼는다."라는 것은 "모습 속에서 모습을 벗어난다."211)는 말이고, 이른바 "무주無住를 근본으로 삼는다."라는 것은 "온갖 법 위에서 순간순간 머물지 아니하면 속박이 없다."212)는 말이다. 요컨대 이는 외계의 사물 및 시비是非에 대하여 생각念이 있고 모습相이 있더라도 거기에 집착하지 않고 머물지 않고, 망념妄念이 일어나지 않고, 그것에 연루되지 않고 영향받지 않고, 한편 자성自性의 맑고 깨끗함을 확연히 드러낼 수 있음을 말한다. 이는 위진 현학에서 "사물을 응하되 사물에 얽매이지 않는다."213)는 사상을 불교의 수행에 활용한 것이겠다. 선학에서는 사람이 만약 "오는 것도 반기지 않고, 가는 것도 막지 않을 수 있으면"214) 곧 큰 자유를 얻을 수 있고, 정신적으로 절대적 자유를 향유할 수 있다고 보고 있었다.

선종에서는 인간세상의 번뇌와 고통은 모두 인간의 마음이 바깥 사물과 현상에 대한 각종 집착으로 말미암아 생긴다고 한다. 그리하여 만약 집착을 버리고, 미혹에서 벗어나 깨달음에 이르고, 본심本心에 되돌아올 수 있다면 '상락아정常樂我淨'의 열반涅槃의 경지에 이를 수 있고, 자유롭고 안락한 인생을 즐길 수 있다고 한다. 혜능은 인간 세상을 하직하기 전, 문하門下의 제자들에게 이렇게 타일렀다.

---

209) 丁福保箋注：《壇經》, 上海古籍出版社2011年版, 第80頁.[원문：無念爲宗, 無相爲體, 無住爲本.]

210) 丁福保箋注：《壇經》, 上海古籍出版社2011年版, 第80頁.[원문：於念而無念.]

211) 丁福保箋注：《壇經》, 上海古籍出版社2011年版, 第80頁.[원문：於相而離相.]

212) 丁福保箋注：《壇經》, 上海古籍出版社2011年版, 第81頁.[원문：於諸法上, 念念不住, 即無縛也.]

213) 馮友蘭：《中國哲學簡史》, 塗又光譯,北京大學出版社1985年版, 第276頁.[원문：應物而無累於物.]

214) 牟鐘鑒：《道家和道敎論稿》, 宗敎文化出版社2014年版, 第315頁.[원문：來而不喜, 去而不留.]

자성自性을 깨달으면 중생이 부처요, 자성에 어두우면 부처가 중생이니라. 자성이 평등하면 중생이 부처요, 자성이 삿되고 험하면 부처가 중생이니라. 밖으로는 한 물건도 세울 것이 없거늘, 모두 이 본심이 온갖 법을 낳는 것이니라. 그러므로 경에서 이르기를, "마음이 생기면 온갖 법이 생기고, 마음이 사라지면 온갖 법이 사라진다."라고 했느니라.215)

그는 유언으로 『자성진불게自性眞佛偈』를 남겼다. 이 게偈에서는 이렇게 말한다.

진여眞如의 자성自性은 참 부처요, 삿된 견해의 삼독三毒(貪·瞋·痴)은 마왕이다. 삿된 견해에 미혹될 때는 마왕이 집에 있고, 바른 견해를 지닐 때는 부처가 전당에 있다. 성품에 삿된 견해의 삼독三毒이 생기면 이는 마왕이 와서 집에 머무는 것이다. 바른 견해正見로 절로 삼독심三毒心을 없애면 마왕이 변해 부처가 되니 진실하여 거짓이 없다. 화신과 보신과 법신, 세 몸은 원래 한 몸이다. 만약 성품 가운데로 향해 스스로 볼 수 있으면 이것이 곧 성불成佛하는 깨달음의 씨앗菩提因이다. 본래는 화신化身을 따라 청정한 성품을 낳느니, 청정한 성품은 늘 화신에 들어있다. 성품이 화신을 부려 바른 도道를 행하면 미래에 오는當來 원만보신불은 진실하고 무궁하다. 음욕淫慾의 성품은 본래 청정한 성품의 씨앗이니, 음욕을 없애면 곧 청정한 성품의 몸이 된다. 성품에서 각자 스스로 오욕五慾을 여의면 성품을 보는 찰나 곧 참 부처로 된다. 금생今生에 만약 돈교頓敎의 법문에 들어간다면 홀연 자성自性을 깨달아 세존世尊을 보게 될 것이다. 만약 수행을 해서 부처가 되고자 한다면 어디서 참 부처를 찾을지 알지 못한다. 만약 마음에서 스스로 참 부처를 볼 수 있으면 참 부처가 있는 곳이 곧 성불成佛하는 씨앗이다. 자성을 보지 못하고 바깥에서 부처를 찾는다면 이런 마음이 생기는 자는 모두 크게 아둔한 자이다. 돈교의 법문이 오늘 이미 남겨졌으니, 세상 사람들을 구원하고 제도濟度하는 데는 반드시 스스로 닦게 해야 한다. 너희들, 미래에 불도를 배우려는 자들에게 고하노니, 이런 견해를 가지지 않으면 도가 크게 멀어지니라.216)

---

215) 丁福保箋注：《壇經》, 上海古籍出版社2011年版, 第192-193頁.[원문：" 自性若悟, 眾生是佛. 自性若迷, 佛是眾生. 自性平等, 眾生是佛. 自性邪險, 佛是眾生", "外無一物而能建立, 皆是本心生萬種法. 故經雲：'心生, 種種法生. 心滅, 種種法滅'".]

216) 丁福保箋注：《壇經》, 上海古籍出版社2011年版, 第194頁.[원문：眞如自性是眞佛, 邪見三

혜능 대사의 이 게偈는 칠언장시七言長詩로 명철하게 그가 일생동안 불법을 수련한 체험과 깨달음을 총화 했고, 제자들과 불법을 닦는 자들에게 자아해탈의 지혜와 방법을 가르쳐주었다. 이 선법禪法의 정의精義는 다음과 같겠다. 첫째, 부처와 마왕은 모두 마음에 들어있는바, 바깥에서 구할 필요가 없다고 한다. 둘째, 선심善心을 분명하게 찾아내면 곧 마왕을 부처로 변화시킬 수 있다고 한다. 셋째, 깨달음을 얻고 성불하려면 반드시 음란하고 삿된 것들을 모두 쫓아버려야 한다고 한다. 넷째, 자성自性에 되돌아오기만 하면 사람들은 누구나 성불成佛할 수 있다고 한다.

선종은 일종의 신앙信仰 심리학으로서 아주 심각한 도리를 내장하고 있는바, 우리들이 참고할 만 것이 많다고 하겠다. 비록 인간 세상의 고난이 모두 삿된 견해에서 비롯되어 생긴 것은 아니겠지만, 그러나 생활 속의 수많은 번뇌가 탐욕貪과 원망瞋과 어리석음痴에서 나온 것임은 부인할 수 없겠다. 즉 이른바 "번뇌는 스스로 찾은 것이겠다." 현실 생활에서는 늘 일부 사람들이 바른 길을 걷지 않고, 참된 생활을 영위하지 않고, 굳이 일을 저질러 스스로 골칫거리를 만드는 것을 볼 수 있다. 우리가 늘 보아 왔던 전쟁, 침략, 압박, 충돌과 같은 이런 사회적 고난 역시 소수의 이익집단의 탐욕, 야심, 원한, 미혹, 자고자대와 같은 마음의 마왕이 빚어낸 것이 아니었던가? 그 결과는 늘 타인도 해치고 자신도 해치는 것이었다. 파시즘의 잔인함과 흉포함, 그리고 최종 멸망은 선종에서 볼 때 모두 삿됨과 미혹에 빠진 인간의 우매함이 빚어낸 것이다. 그럴진대 인류는 반드시 평화와 안정과 행복으로 나아가야 하고, 물질생활의 풍요로움을 끊임없이 추구하는 동시에 또한 반드시 정신문명의 수준도 끌어올려야

毒是魔王. 邪迷之時魔在舍, 正見之時佛在堂. 性中邪見三毒生, 即是魔王來住舍. 正見自除三毒心, 魔變成佛眞無假. 法身報身及化身, 三身本來是一身. 若向性中能自見, 即是成佛菩提因. 本從化身生淨性, 淨性常在化身中. 性使化身行正道, 當來圓滿眞無窮. 淫性本是淨性因, 除淫即是淨性身. 性中各自離五欲, 見性刹那即是眞. 今生若遇頓教門, 忽悟自性見世尊. 若欲修行覓作佛, 不知何處擬求眞. 若能心中自見眞, 有眞即是成佛因. 不見自性外覓佛, 起心總是大癡人. 頓教法門今已留, 救度世人須自修. 報汝當來學道者, 不作此見大悠悠.]

하고, 인성人性의 선善한 일면을 발양하고, 각종 악습惡習을 극복해야 하고, 착善하고 너그럽고 포용적이고 태연泰然한 심경心境을 길러내야 한다. 이렇게 해야만 인간세상의 고난을 줄이고, 대동大同 세상의 밝은 미래로 나아갈 수 있다. 선종의 지혜는 사람마다 길러야 할 것이라고 하겠다.

4. 수·당 불교가 중화 사회와 문화에 끼친 영향

불교는 일종의 참신한 생명력이 왕성한 신앙문화였다. 수, 당 시기, 불교는 아주 번창했는데, 그 자체가 날로 강대해지고 창조적으로 발전했을 뿐만 아니라 또한 사회 생활과 문화에도 광범하고 거대한 영향을 끼쳤었다.

1) 법회法會·재회齋會·공익公益·자익慈益 사업

불교에는 부처님 탄생일, 우란분회盂兰盆会, 승재僧齋 법회 등 경축의 날이 있다. 이때, 사원寺院에서는 향을 올리고, 경經을 외우고, 부처님께 기도하고拜佛, 범패梵呗를 하는 등 종교의례를 거행한다. 수, 당 시기, 이런 재회齋會에는 늘 수많은 민중들이 몰려왔는데, 한편 사원에서는 그들에게 무료로 재식齋食을 제공해 주었다. 재회齋會는 일종의 공익 활동이기도 하고 또한 비를 기구하고, 복을 기원하고, 재앙을 쫓고, 은덕에 보답하는 등의 행사이기도 했다. 수, 당 시기, 불교는 또 의읍義邑, 법사法社 조직도 운영했는데, 구성원들은 대부분 재가신도在家信徒였고, 승려들이 그들을 도와주면서 꾸려갔었다. 그 가운데 정토사淨土社와 화엄사華嚴社가 가장 활기가 넘쳤었다. 규모가 큰 사원에서는 또 비전선병방悲田善病坊을 운영하고 있었는데, 이 기구에서는 늘 무료로 대중들에게 약을 달여 주고, 대중들의 질병을 치료해주고, 고아들을 구제해주고, 대중들이 봉착한 어려움을 해결해 주었다. 요컨대 수, 당 시기 불교는 이렇게 하나의 사회복지기구로 자리매김했다.

2) 불교와 중국철학

불교는 철리哲理형 종교로서 이론적 사유가 아주 발달했고, 아주 정교하고 세밀했다. 불교는 유가의 초월 정신이 결핍한 결점을 미봉해줄 수 있었고 또한 도가의 추상적 사유 차원을 크게 끌어 올려줄 수 있었다. 그리하여 불학은 중국 지식인들의 열렬한 환영을 받았었고, 한편 수, 당 불학은 중국철학사상사에서 중요한 발전 단계를 구성하게 되었다. 불교와 유교, 도교의 상호작용 관계는 앞에서 이미 언급이 있었고 또 뒤에서 상세하게 논의할 것이기에 여기서는 설명을 줄인다.

3) 불교와 중국 언어문학

불교는 일상 중국어를 지극히 풍부하게 만들었다. 예를 들면, 세계世界, 여실如實, 실제實際, 평등平等, 상대相對, 절대絶對, 체회體會, 각오覺悟, 찰나刹那, 피안彼岸, 인연因緣, 번뇌煩惱, 해탈解脫, 방편方便, 지식智識, 청규계율淸規戒律, 일침견혈一針見血, 일탄지간一彈指間, 오체투지五體投地, 공덕무량功德無量, 불가사의不可思議, 개대환희皆大歡喜, 대천세계大千世界, 차화헌불借花獻佛 등은 모두 불교에서 유래한 어휘들이다. 이 표현력이 뛰어난 생동한 어휘들은 훗날의 중국 사회와 문화에 지대한 영향을 끼쳤었다. 조박초趙樸初는 이렇게 지적했다.

> 우리가 만약 불교 문화를 완전히 배제해버린다면 아마 말도 제대로 할 수 없을 것이다.[217]

문학에서 많은 불경 자체가 고상하고 우아한 문학작품이었다. 예를 들면, 『유마힐경維摩詰經』, 『법화경法華經』, 『능엄경楞嚴經』, 『백유경百喩經』은 흥미로운 문학작품이라고 볼 수도 있겠다. 그리하여 이 작품들은 진, 당, 송의 조대朝代를 거치면서 줄곧 문인들의 많은 사랑을 받아 왔었다. 한편, 당나라 때 유행했던

---

217) 趙樸初：《佛敎與中國文化的關係》,《文史知識》1986年第10期.

변문變文이 바로 불교 경문經文이 변천하여 통속적인 설창문학說唱文學으로 탈바꿈한 일종의 새로운 문체였다. 이에 관해서 정진탁鄭振鐸은 이렇게 평가했다.

당나라 이후, 중국에서 새로이 탄생한 수많은 문체文體는 영원히 이런 운문韻文과 산문散文이 조합된 구조를 낙인찍었다. 변문變文을 강창講唱하던 승려들이 이런 새로운 문체 구조文體構造를 전파하는 데서 가장 공적이 컸다. 변문變文의 운식韻式은 지금까지도 보권寶卷, 탄사彈詞, 고사鼓詞에 보존되어 있다. 참말로 근원이 심오하고 또 오랜 세월 흘러왔다고 하겠다.[218]

당나라 초에 시작되어 당나라 중기中期에 흥성했던 속강俗講은 변문變文과 거의 동기적으로 발전해 왔었다. 속강俗講이란 불경을 통속적으로 강창講唱하는 설법방식으로서 속강할 때 설법하는 이들은 늘 불경에 흥미로운 이야기를 더 보태서 불법 강론을 재미있게 진행했다. 한편, 이렇게 속강과 변문은 함께 민간문학이 새로운 발전단계로 진입하게 만들었고, 대중들의 정신생활을 지극히 풍부하게 만들었다. 선종의 영향을 받고, 당나라 때에는 선시禪詩가 크게 유행했다. 그 특색이라면 선禪을 시詩에 끌어들이고, 시詩로써 선禪의 깨달음을 표현하고, 특히 이취理趣와 의경意境을 강조했던 점이겠다. 예를 들자면 시승詩僧 교연皎然의 시詩 『송유량상인귀동정送維諒上人歸洞庭』가 대표적인 선시이다.

종래로 호수위는 인간세상보다 아름답거늘, 멀리 뜬 구름이 홀로 돌아가는 것도 무척이나 사랑스럽네. 맑은 하늘에 외로운 달은 마음자리를 드러내니, 적막하고 고요한 호수 하나 거울처럼 하늘을 비추는구려.[219]

저자들은 어떤 이들은 본인이 바로 선사禪師였고, 어떤 이들은 선禪을 좋아하는 문인이었다. 당나라 때에는 또 '시불詩佛'이라는 명성을 가진 왕유王維가 있었는데, 그의 산수시山水詩는 선禪의 풍격을 지극히 갖추고 있었다. 왕유王維의

---

218) 鄭振鐸:《中國俗文學史》, 花山文藝出版社1998年版, 第166-167頁.
219) [원문: 從來湖上勝人間, 遠愛浮云獨自還. 孤月空天見心地, 寥寥一水鏡中天.]

시 『녹시鹿柴』의 내용은 이러하다.

　　빈산에 사람은 보이지 않고, 어디선가 말소리만 들려오네. 석양빛이 깊은 숲으로 비쳐들어와, 다시 푸른 이끼를 비추는구려空山不見人, 但聞人語響. 返景入深林, 復照靑苔上220).

　　시詩와 선禪이 교융하고 상호 침투하는 것은 대개 양자 모두 마음의 깨달음에 의지하고 있고 또 양자 모두 형상으로써 표현하기 때문이겠다. 바꾸어 말하면 양자가 내적으로 일치를 이루기 때문이겠다. 다른 한편, 시의 예술적 표현력은 선의 감화력을 더욱 강화시켜줄 수 있었고, 선의 깨달음은 또 시의 심오함을 더욱 심화시켜줄 수 있었다.

4) 불교와 예술

　　당나라 때의 음악과 무용은 불교와 도교의 영향을 깊이 받았다. 그리하여 늘 사람들에게 맑고 유유하고 아련하고 우아하고, 마치 날아오르는 것 같은 가뿐한 인상을 주었다. 예컨대 백거이白居易의 "예상우의무가霓裳羽衣舞歌"에는 이런 멋진 묘사가 있다.

　　둥실둥실 눈송이 날리듯 빙빙 도는데, 춤추는 자태 보고 나는 용이 놀란다. 빙빙 돌던 난새鸞는 춤을 마치고 나래를 거두는데, 울던 두루미는 곡이 끝나도 길게 소리를 빼는구려.221)

　　백거이白居易는 또 시詩 『호선녀胡旋女』에서 이렇게 말한다.

　　호선녀는 강거康居에서 나와 고생스레 동쪽으로 만 리 길을 걸어왔다. 중원中原에는 원래 호선胡旋을 하는 자가 있었거늘, 재주를 비기고 능력을 다투어보니,

---

220) [원문: 空山不見人, 但聞人語響. 返景入深林, 復照靑苔上.]
221) [원문: 飄然轉旋回雪輕, 嫣然縱送游龍驚, 翔鸞舞了却收翅, 唳鶴曲終長引聲.]

그이는 그녀보다 많이 못하구려.222)

호선녀가 춤을 추는 자태와 복식服飾은 돈황敦煌 불교 벽화壁畫에 그려져 있는 기악인伎樂人 형상과 상당히 흡사하다. 막고굴莫高窟 220호 동굴 벽화 '동방약사정토변東方藥師淨土變'에는 기악천伎樂天이 둘 있는데, 팔을 펼치고 빙빙 돌면서 춤을 추는 모습과 몸에 걸친 장식품들이 휘날리는 모습은 아주 우아하고 생동하다. 그 형상과 움직이는 모습은 호선무胡旋舞와 아주 유사하다고 하겠다.

당나라 때에는 불교 음악도 성행했다. 불교음악은 사원에서 연주되고 있었을 뿐만 아니라 또한 궁정과 민간에서도 크게 유행하고 있었다. 정토종淨土宗 조사祖師 선도善導는 『법사찬法事讚』, 『왕생찬往生讚』, 『반주찬般舟讚』 등을 만들었는데, 그는 찬讚에서 이렇게 말했다.

다들 천상의 음악을 연주하는데, 모두 맑고 아름답고 화평한 소리를 내어, 가장 높은 세존勝尊(여래를 말함)을 노래하며, 아미타불에게 공양 올리더라.223)

당의종唐懿宗은 부처님 탄생일에 궁중을 장식하여 절처럼 만들었고, 궁정宮廷 음악가 "이가급李可及은 수백 명 사람들에게 사방四方 보살만菩薩蠻 팀을 구성하는 방법을 가르쳤었다."224) 그들이 "보살만 춤을 추었는데, 마치 부처님이 강생降生하는 것 같았다."225) 한유의 시에서도 "길 동쪽 서쪽에서 불경을 강론하고, 종을 울리고 나팔을 불면서 궁정宮廷을 시끄럽게 하는구려."226)라고 했

---

222) [원문 : 胡旋女, 出康居, 徒勞東來萬餘裏. 中原自有胡旋者, 鬥妙爭能爾不如.]

223) 田青主編 《中國宗教音樂》, 宗教文化出版社1997年版, 第13頁.[원문 : 鹹然奏天樂, 暢發和雅音, 歌歎最勝尊, 供養彌陀佛.]

224) 田青主編 《中國宗教音樂》, 宗教文化出版社1997年版, 第13頁.[원문 : 李可及嘗教數百人作四方菩薩蠻隊.]

225) 田青主編 《中國宗教音樂》, 宗教文化出版社1997年版, 第14頁.[원문 : 作菩薩蠻舞, 如佛降生.]

226) 田青主編 《中國宗教音樂》, 宗教文化出版社1997年版, 第14頁.[원문 : 街東街西講佛經, 撞鐘吹螺聞宮廷.]

다. 보다시피 불교 음악은 그때 아주 성행했다.

　석굴石窟 불상 조각과 벽화壁畵 예술도 수, 당 시기에 큰 규모를 형성했고 또한 심미적 경지도 아주 높았다. 낙양洛陽의 용문석굴龍門石窟은 당나라 때 새로이 굴착하고 불상을 만들어 넣는造像 붐이 일어났는데, 그 가운데 봉선사奉先寺 석굴은 무칙천武則天이 몸소 감독하여 만든 것이다. 이 석굴은 아주 거대하고 웅장하다. 특히 석굴 한 가운데 있는 노사나대불盧舍那大佛은 높이가 17.14m인데, 자태가 아주 단정하고 장엄하고, 표정이 아주 평온하고 우아하고 자상하다. 이 불상은 불교의 '무연대자無緣大慈 동체대비同體大悲'라는 박대한 흉금을 드러내고 있는데, 이를 참배하러 온 자들이 절로 숙연히 존경심이 생기게 만든다. 참말로 고금의 신인神人 조각상 가운데서 가장 훌륭한 작품精品이라고 하겠다. 용문龍門 석굴의 조각상은 이때부터 북위 때의 "수골청상秀骨淸相"의 풍격을 버리고, 새롭게 당나라 인물형상 예술의 풍만하고 고귀하고, 온화하고 의젓하고 우아하고, 인자하고 친화력이 있는 등의 특색을 가지게 되었다. 돈황막고굴燉煌莫高窟에 만들어진 당나라 신인조각상神人造像은 그 이전의 것들보다 색채가 더 풍부하고, 질감이 더 강렬하다. 불상의 얼굴모습은 이마가 넓고 턱이 둥글고, 단정하고 엄숙하고 숭고하고 또한 속이 깊고 온화하고 선량하게 보이는 것이 특징이다. 130호 동굴屈에 있는 "의좌불상倚坐佛像"은 높이가 30m에 달하고, 96호 동굴에 있는 "의좌불상"은 높이가 33m에 달하는데, 이것들은 막고굴莫高窟에 현존하는 가장 큰, 당나라 때에 조각한 불상이다. 산서山西 오대산五臺山은 문수보살文殊菩薩의 도장道場이었는데, 현존하는 남산사南山寺가 바로 당나라 때 구축한 것이다. 여기에는 석가釋迦, 문수文殊, 보현普賢, 천왕天王 등의 불상이 17개나 있다. 불광사佛光寺 동쪽 본당은 당나라 말기에 재건했는데, 불상들은 당나라 때의 예술풍격을 그대로 드러내고 있다. 정원貞元 연간, 사천四川 악산樂山 릉운산凌雲山에 조각한 미륵대불彌勒大佛은 머리 둘레가 10장丈이고, 얼굴 넓이가 2장이고, 높이가 36장이다. 이 불상은 기세가 웅장하고, 시야眼界가 아주 광활하다. 이 불상은 현존하는 가장 큰 고대 불상으로서 대당大唐의 웅장한 기상氣象을 여실히 드러내고 있는데, 참으로 세상에서 보기 드문 귀한 보물이라고 하겠다. 오도자吳道子 등 저명한 회화繪畵 예술가들도 불교에 매료되어 석굴과 사원寺院의 벽화壁畵 창작을 많이 했다. 오도자는 일생동안 벽화를 300여 폭 그렸다고 한다. 그가 그린 벽화들畵像은 천태만상이었고, 생동감이 넘쳤었는데, "천의天衣가 나부끼고 온 벽이 바람에 흔들리는 것" 같았다. 이 벽화들에 그려진 천국天國의 아름다움, 부처님과 보살의 인자함, 기악천녀伎樂天女들의 수려함, 호법신護法神들의 용맹함은 모두 아주 강렬한 예술적 감화력을 가지고 있었다.

제5절 수·당 유·도·불 삼교 관계 총화

1. 삼교 관계의 새로운 구도

수, 당 시기 유·도·불 삼교 관계는 위진 남북조 시기와 다른 새로운 구도를 형성했다. 첫째, 삼교는 각자 모두 통일 제국에서 특히 대당제국大唐帝國에서 전국적 규모를 가진 대교大敎로 발전했고, 각자 모두 튼튼한 기반을 가지고 있었다. 이렇게 진정하게 삼교가 정립鼎立하는 형세를 이루고 있었고, 나아가 중화민족의 삼대 정신적 지주支柱로 자리매김하게 되었다. 양한 시기를 돌이켜보면 그때는 유교가 홀로 강성했고, 황로는 보조적 지위에 있었고, 불도佛道는 금방 흥성하기 시작했다. 위진 남북조 시기, 삼교는 상이한 연대에, 상이한 할거割據 정권 밑에서 발전이 아주 불평등했고, 파동도 아주 심했다. 예를 들면, 유가 경학은 남과 북에서 풍격이 판이하게 달랐고, 도교는 북위에서 흥성했고, 불교는 남량南梁 때 흥성했는데, 모두 전국적 중심지는 형성하지 못했다. 대당大唐 제국이 안정을 찾은 후, 유가 경학은 통일을 이루었고 또한 나라를 다스리고 국정을 운영하는 일 및 과거제도와 결합하여 전국의 정치, 도덕, 문화 생활에서 주도적 지위를 차지하게 되었다. 도교는 이씨李氏 황권皇權의 지지와 일부 도교 학자들의 이론적 창조에 힘입어 하나의 강성한 문화적 역량으로 자리매김하게 되었다. 불교는 의리義理의 중국화를 실현했고, 민간 보급에 있어서 중대한 진전이 있었고, 아주 번성하고 번창했다.

둘째, 국가에서 문화와 종교를 관리하는 정책은 남북조 시기 삼교 변론의 성과를 토대로 삼교를 모두 장려하는 전국 통일의 정책을 형성했고 또 승려와 도사 관리 제도도 구축했다. 이 제도는 국가 차원에서 종교 인원, 장소, 활동, 규모에 대한 필요한 관리를 포괄하고 또 종교 내부에서 비교적 엄격한 청규계율清規戒律을 정립하여 자아관리를 강화하던 것도 포함한다고 하겠다. 국가에서는 도교, 불교에 대해서 신앙에 있어서는 단속이 적었지만 사회 조직과 단체 및 그들의 활동에 있어서는 비교적 엄격한 관리를 실시했다. 이로써 사원寺院과 승려들이 지나치게 난잡하고 또 국가의 세금징수에 영향을 끼치던 폐단을 극복했다. 비록 시기에 따라 기복도 있었지만 다수의 경우에는 대체적으로 안정을 유지할 수 있었다. 기본적으로는 유학을 정종正宗으로 도교와 불교를 보조로 삼고 있었는데, 이것이 일종의 전통으로 이어지는 국책으로 되어졌었다.

셋째, 삼교 사이에는 마찰과 투쟁도 있었다. 예컨대 부혁傅奕의 반불反佛, 한유의 반불이 그것이다. 그러나 이런 마찰과 투쟁은 모두 거대한 사회적 사조로는 발전하지 않았다. 한편, 삼교는 각자 모두 상대방에서 영양분을 섭취하려고 노력하고 있었는데, 이렇게 피차 간에는 오히려 점점 더 가까워졌다. 삼교 간 회통會通의 주요 이념은 "길은 다르지만 귀착점은 똑같다."라는 논리였고, 상호 간에는 갖가지 차별을 인정해주고 있었다. 동시에 또한 참답게 총적 목표와 기본관점의 일치함을 찾고 있었고, 한편 각자 모두 자신을 위주로 하면서 기타 양자를 종합하고 있었다. 삼교의 회통은 이미 그 성과가 드러나기 시작했는데, 예컨대 도교에는 중현학重玄學이 출현하고, 불교에는 선종禪宗이 탄생했다. 이들 모두 자체의 발전을 위해 새로운 천지를 개척했던 것이다. 유독 유학만 불교에서 받아들이고 도교에서 흡수하는 초보 단계에 머물러 있었고, 그 정치적 우세도 효과적으로 학술적 우세로 전환되지 못했다. 유종원柳宗元, 유우석劉禹錫, 이고李翱는 모두 신유학新儒學이 싹이 트기 시작할 때의 선구자들이었다.

2. 삼교 회통의 이론가 종밀宗密과 삼교 관계 문헌학자 도선道宣

1) 종밀과 『원인론原人論』

종밀은 과주果州 서충西充 사람이다. 당덕종唐德宗 건중建中 원년에 태어났고, 당무종唐武宗 회창會昌 원년에 세상을 떠났다. 어려서는 선종禪宗을 공부했는데, 하택종荷澤宗 도원道圓에게서 계戒를 받고 출가出家했고, 후에는 징관澄觀의 문하門下에서 화엄종華嚴宗을 공부했다. 사람들은 그를 규봉대사圭峰大師라고 칭했다. 그의 불교 사상 정요를 말하자면 그는 불교 내부에서는 선禪과 교敎를 회통會通시키고 있었고, 불교 외부에서는 유·불·도 삼교를 회통會通시키고 있었다. 그의 『화엄원인론서華嚴原人論序』에서는 학자들이 각자 일종一宗을 고집하는 것에 찬성하지 않았는데, 말하기를, 이렇게 해서는 천·지·인 삼자의 본연의 모습을 찾아볼 수 없다고 했다. 반면에 "공자와 노자와 석가는 모두 지극한 성인이시다. 성인들이 시대상을 따르고, 중생의 근기에 응하면서 베푸신 가르침은 길은 달리했지만 내교와 외교가 서로 도와서 중생들에게 이익이 되도록 했다."[227]고 한다. 당연히 차별은 있다고 한다.

> 비록 모두 성인의 뜻이기는 하지만 진실이 있고 방편이 있었다. 유교와 도교는 오로지 방편뿐이나, 불교는 방편과 진실을 겸했다. 만행을 경책하고, 악행을 징계하고 선행을 권장하고, 안정한 다스림에 이르려는 것은 삼교가 동일하니, 이 점에서 삼교는 모두 받들고 따를만한 하겠다. 하지만 온갖 법을 미루어 살펴보고, 이치를 궁구하고 본성을 다하고, 근원에 이르는 것은, 오로지 불교만이 분명하게 밝혔다고 하겠다.[228]

그는 또 이렇게 말했다.

---

227) (唐)宗密 :《原人論》,《大正藏》第45冊, 第708頁.[원문 : 孔, 老, 釋迦, 皆是至聖, 隨時應物, 設敎殊途, 內外相資, 共利群庶.]

228) (唐)宗密 :《原人論》,《大正藏》第45冊, 第708頁.[원문 : 雖皆聖意, 而有實有權. 二敎惟權, 佛兼權實. 策萬行, 懲惡勸善, 同歸於治, 則三敎皆可遵行. 推萬法, 窮理盡性, 至於本源, 則佛敎方爲決了.]

유교와 도교에서는 사람과 짐승이 같은 무리로서 모두 허무한 대도大道가 만들어내고 키워냈다고 한다. 말하기를, 도道는 자연을 본받고 원기元氣에서 생겨났는데, 원기가 하늘과 땅을 낳았고, 하늘과 땅이 만물을 낳았다고 한다. 그리하여 지혜롭고 어리석고 귀하고 천한 것, 가난하고 부유하고 괴롭고 즐거운 것은 모두 하늘에서 품부 받은 것으로 되어지고, 모두 시명時命(하늘이 시기에 따라 내리는 명령)에서 말미암은 것으로 되어졌다. 또한 그래서 죽은 뒤에는 하늘과 땅으로 되돌아가고, 그 허무한 것虛無에 되돌아간다고 한다.[229]

그가 보건대, 유교와 도교는 "순응하고 거스르고 일어나고 멸하며, 오염 되고 청정하게 되는 인연을 밝혀 갖추지 못했다. 그리하여 배우는 자들은 그것이 방편權인 줄 알지 못하고, 그것을 잡고서 분명하게 알았다고 떠든다."[230] 만약 방편을 세워 설교하는 것으로 말한다면 유교와 도교는 이점도 있다고 한다. 그러나 궁극적으로 도道의 근원을 캐물을 때原道는 오로지 불교만이 본원本原에 이를 수 있고, 우주와 인생의 심오한 이치를 분명히 밝힐 수 있다고 한다.

종밀宗密은 또 불교 내부의 상이한 종파에 대해 등급 분별을 했다. 깊은 것도 있고 옅은 것도 있는데, 등차等次가 같지 않다는 것이었다. 그는 불교를 다섯 등급으로 나누었다. 첫째는 인천교人天敎이고, 둘째는 소승교小乘敎이고, 셋째는 대승법상교大乘法相敎이고, 넷째는 대승파상교大乘破相敎이고, 다섯째는 일승현성교一乘顯性敎이다. 그는 이렇게 말한다. 인천교人天敎에서는 삼세업보三世業報와 선악인과善惡因果를 논하는데, "비록 업연業緣은 믿고 있지만, 신체의 근본은 밝히지 못했다."[231] 소승교小乘敎에서는 "색심色心의 이법二法과 탐貪·진瞋·치癡를 근신根身(六根의 몸)과 기세계器界(우리가 머물러 살고 있는 세계)의 근본으로 삼는다. 하지만 과거나 미래는 근본으로 삼는 다른 법이 더 없다."[232] 그

229) (唐)宗密:《原人論》,《大正藏》第45冊, 第708頁.[원문:儒道二敎, 說人畜等類, 皆是虛無大道生成養育, 謂道法自然, 生於元氣, 元氣生天地, 天地生萬物. 故智愚貴賤, 貧富苦樂, 皆稟於天, 由於時命, 故死後卻歸天地, 復其虛無.]

230) (唐)宗密:《原人論》,《大正藏》第45冊, 第708頁.[원문:不備明順逆起滅, 染淨因緣, 故智者不知是權, 執之爲了.]

231) (唐)宗密:《原人論》,《大正藏》第45冊, 第708頁.[원문:雖信業緣, 不達身本.]

래서 "오로지 이 소승교만 아는 자들 역시 신체의 근본을 밝히지 못한다."233) 대승법상교大乘法相教에서는 "말하기를, 일체 유정중생有情衆生은 시작이 없는 때로부터 내려오면서無始以來 법이 그러하여 여덟 가지 식識이 있었는데, 그 가운데서 여덟 번째 아뢰야식이 근본이다."234)라고 하는데, 그 교의教義는 사람들이 "나의 몸이 오로지 식識에서 변현한 것으로 알게 하고, 식識이 몸의 근본인 줄로 알게 한다."235) 대승파상교大乘破相教는 "앞의 소승小乘과 대승大乘의 법상法相에 대한 집착을 깨뜨리고, 비밀스럽게 뒤의 진실한 성품眞性은 공적空寂하다는 이치를 드러내고 있는데"236), 그러나 "이 교教는 단지 집착하는 마음執情을 깨뜨릴 뿐이며, 역시 진실하고 신령한眞靈 성품을 분명하게 밝히지 못했다."237) 그가 보건대, 이상 사교四教는 옅지 않으면 편파적이고, 유독 일승현성교一乘顯性教만이 "부처님의 궁극적인 뜻인, 실다운 가르침이었다."238) 그래서 "말하기를, 일체 유정중생有情衆生은 모두 본각진심本覺眞心(본래 깨어 있는 참된 마음)이 있어, 시작이 없을 때부터 내려오면서無始以來 항상 청정함淸淨에 머물러 있었는데, 밝고 환하여 어둡지 않고, 항상 분명하게 알고 있었으니, 이를 불성佛性이라 이름 하기도 하고 또 여래장如來藏이라 이름 하기도 했다."239) 『화엄경華嚴經』에서 말하는 것처럼, "여래의 지혜를 갖고 있지 않은 중생은 하나도 없다. 그러나 망상妄想으로 전도하고 집착해서는 여래의 지혜를 증득하지 못한다. 만일 망상에서 벗어나면 일체지一切智와 자연지自然智, 무애지無碍智는 곧 그

---

232) (唐)宗密:《原人論》,《大正藏》第45冊, 第709頁.[원문 : 以色心二法, 及貪瞋癡爲根身器界之本也, 過去未來, 更別爲本.]

233) (唐)宗密:《原人論》,《大正藏》第45冊, 第709頁.[원문 : 專此教者, 亦未原身.]

234) (唐)宗密:《原人論》,《大正藏》第45冊, 第709頁.[원문 : 說一切有情, 無始以來, 法爾有八種識, 於中第八阿賴耶, 是其根本.]

235) (唐)宗密:《原人論》,《大正藏》第45冊, 第709頁.[원문 : 方知我身唯識所變, 識爲身本.]

236) (唐)宗密:《原人論》,《大正藏》第45冊, 第709頁.[원문 : 破前大小乘法相之執, 密顯後眞性空寂之理.]

237) (唐)宗密:《原人論》,《大正藏》第45冊, 第709頁.[원문 : 此教但破執情, 亦未明顯眞靈之性.]

238) (唐)宗密:《原人論》,《大正藏》第45冊, 第710頁.[원문 : 佛了義實教.]

239) (唐)宗密:《原人論》,《大正藏》第45冊, 第710頁.[원문 : 說一切有情, 皆有本覺眞心, 無始以來, 常住淸淨, 昭昭不昧, 了了常知, 亦名佛性, 亦名如來藏.]

대로 눈앞에 드러난다."240) 오로지 "지극한 교법에 의거하여 그것을 밝혀야만
비로소 자신이 본래 부처임을 깨닫게 될 것이다. 그러므로 마땅히 행行은 부처
님의 행을 따라야 하고, 마음은 부처님의 마음에 계합해야 한다. 근본으로 돌아
가고 근원으로 돌아가서, 범부의 습기習氣를 끊어 없애버려야 하겠다."241) 이렇
게 하면 곧 부처라는 것이다. 이것이 『원인론原人論』의 근본 취지였다.

  종밀宗密은 외부에서는 유·도·불 삼교를 아울러 종합하면서 불교를 가장
높이 받들고 있었고, 내부에서는 각 교파教派를 아울러 종합하면서 화엄종을
가장 높이 받들고 있었다. 그의 지도사상은 화엄종의 '일다원융一多圓融' 이념
이었다. 그는 『선원제전집도서禪源諸詮集都序』에서 이렇게 말한다.

  지극한 도道는 오직 하나뿐이고, 참된 뜻은 둘이 아니므로, 둘로 나누어 둘
  수는 없겠다. 지극한 도는 한 쪽에 치우쳐 있지 않으므로 부처님의 뜻을 완전히
  이해하려면 편협하게 한 쪽만 취해서는 아니 되겠다. 그래서 반드시 이것들을
  회통시켜 하나로 만들고, 가르침을 원융하게 행해야 하겠다.242)

  진리는 오로지 하나뿐이다. 하지만 논설방식은 여러 가지가 있을 수 있다.
그래서 삼교 학설에 각자 응분의 지위를 부여해 주어야 한다는 것이다. 풍우란
馮友蘭은 『중국철학사中國哲學史』 하책下冊에서 이렇게 평론한다. 종밀은

  위로는 그 이전 불교에 대하여 한번 총화를 했고, 아래로는 그 이후의 도학道學
  의 탄생에 서막을 열어주었다. 대개 송명도학宋明道學이 출현하는 사전준비는 이
  미 그에게서 점차 완성되고 있었다.243)

---

240) 《大方廣佛華嚴經》, 《大正藏》第 10冊, 第272頁.[원문 : 無一眾生而不具有如來智慧, 但以
    妄想執著而不證得. 若離妄想, 一切智, 自然智, 無礙智即得顯前.]
241) (唐)宗密 : 《原人論》, 《大正藏》第45冊, 第710頁.[원문 : 至教原之, 方覺本來是佛, 故須行依
    佛行, 心契佛心, 返本還源, 斷除凡習.]
242) (唐)宗密 : 《禪源諸詮集都序》, 《大正藏》第48冊, 第400頁.[원문 : 至道歸一, 精義無二, 不應
    兩者. 至道非邊, 了義不偏, 不應單取. 故必會之爲一, 令皆圓妙.]
243) 馮友蘭 : 《三松堂全集》第三卷, 河南人民出版社2001年版, 第249頁.[원문 : 上爲以前佛學,
    作一總結. 下爲以後道學, 立一先聲. 蓋宋明道學出現前之准備, 已漸趨完成矣.]

풍우란馮友蘭은 또『중국철학사신편中國哲學史新編』중책中冊에서 한걸음 더 나아가 종밀의『원인론原人論』을 이렇게 평가한다.

『원인론』에서 '유·도 역시 그렇다儒道亦是'라는 설법은 송명도학宋明道學의 출현을 예시像示해 주었다. 사실,『원인론』에서 말하는 일승현성교一乘顯性敎는 이미 송명도학宋明道學에 기본적인 내용을 제공해 주었다.[244]

2) 도선道宣과『광홍명집廣弘明集』

도선은 단도丹徒 사람이다. 수나라 개황開皇 16년에 태어났고, 당고종唐高宗 건봉乾封 2년에 세상을 떠났다. 일찍 현장법사玄奘法師가 주최하는 역경譯經 사업에 참여한 적이 있고, 지수智首를 스승으로 모시고 계율律을 공부했다. 율종律宗 남산종南山宗 대표인물이다. 일생동안 저술을 아주 많이 했는데, 율학律學 저작을 제외하고도 또 주요 작품으로『속고승전續高僧傳』,『집고금불도논형集古今佛道論衡』,『대당내전록大唐內典錄』등이 있다. 그가 편찬한『광홍명집廣弘明集』30권은 양나라 승우僧祐의『홍명집弘明集』을 이어 또 한부의 유·도·불 삼교 관계와 불교 발전사를 연구하는 중요한 문헌자료집이다. 그는 위진 시기로부터 수당 시기에 이르기까지의 일련의 진귀한 불학 논문, 논변 문장, 제왕들의 조서詔書 등을 선별하여 이 책에 집록했다. 또 이에 모두 자신의 소견과 술기述記를 보탰고,『홍명집』에서 누락한 것들을 찾아서 보충했다. 특히『홍명집』이 만들어진 이후로부터 당고종唐高宗 원년에 이르기까지의 관련 역사 문헌을 수집해 보충했는데, 이것들은 대부분 정사正史와 승전僧傳에 기재되어 있지 않은 것들이다. 그 공적은 참말로 지극히 크다고 하겠다. 그는 승우僧祐와 마찬가지로 불교신앙에 대한 자신심과 다른 학설들을 포용하는 흉금을 가지고 있었는데, 그리하여 불교를 비판하는 글들을 많이 수록할 수 있었다. 이렇게 변론하던 쌍방의 원래 모습을 그대로 드러냈었는데, 이 점을 특히 찬양할 만하다고 하겠

---

244) 馮友蘭:《中國哲學史新編》中卷, 人民出版社1998年版, 第553頁.

다. 도선道宣은『광홍명집서廣弘明集序』에서 승우가『홍명집』을 편집한 일을 크게 칭송한다. "양진梁晉 때의 군왕과 뭇 학자들의 주장을 상세히 아울러 나열하고, 불학의 이치에 마음을 두고 글을 세우고 서술을 이어갔다."[245)는 것이다. 하지만 이 책은 "양나라 때에 저술한 것으로서 깊이 탐구하지 않고 대체로 관례를 따르면서 눈짐작으로 선별하여 열거한"[246) 미흡한 점이 있다고도 했다. 그리하여『광홍명집』을 만들게 되었다는 것이다. 그는『광홍명집』에 모두 444편의 문헌자료를 수록했는데, 원저자는 무려 130여 명에 달한다. 중요한 글로는 대규戴逵의『석의론釋疑論』, 하승천何承天의『보응문報應問』, 도안道安(北周 승려)의『이교론二敎論』, 견란甄鸞의『소도론笑道論』, 심약沈約의『균성론均聖論』, 법림法琳의『파사론破邪論』, 이사정李師正의『내덕론內德論』, 양무제梁武帝의『술삼교시述三敎詩』, 안지추顔之推의『귀심편歸心篇』등이 있다. 도선道宣은 또『광홍명집廣弘明集』에 절로 36편을 저술하여 수록했다. 여기에는 총서總序와 10편의 분서分序(분류별 서론)도 포함된다. 도선은『광홍명집廣弘明集』을 편찬할 때, 비록 삼교를 아우르면서 중요한 글들을 함께 수록하기는 했지만, 그러나 그 목적은 사실 불법을 분명히 밝히고 불법을 널리 전하려는데 있었다. 즉 목적이 아주 명확했다.『홍명집후서弘明集後序』에서 그는 이렇게 말한다(머리글은 僧祐의 말을 인용했다).

내가『홍명弘明』을 편찬한 목적은 불법의 존엄을 수호하려는 것이다. 통인通人(사리를 통달한 사람)들의 아론雅論이나 승사勝士(아주 뛰어난 학자)들의 묘설妙說에는 삿됨을 물리치고, 미혹을 깨뜨리는 심오함과 불도를 널리 펼치고 불법을 굳게 지키는 참호塹壕(성곽의 둘레에 만든 도랑)가 이미 갖추어져 있다. 하지만 지혜로운 자들은 미혹하지 않는데, 미혹하는 자들은 지혜롭지 못하다. 만약 심오한 법도로 이끌어간다면 그들은 결국에는 깨닫지 못할 것이다. 그래서 다시 세전世典에서

245) (唐)道宣 :《廣弘明集》卷一,《大正藏》第52冊, 第97頁.[원문 : 詳括梁晉, 列辟群英, 留心佛理, 構敍篇什.]
246) (唐)道宣 :《廣弘明集》卷一,《大正藏》第52冊, 第97頁.[원문 : 有梁所撰, 或未討尋, 略隨條例, 銓目曆舉.]

끌어 모아 사실을 예로 들면서 밝혀본 것이다. 말은 화려하기만 하지榮華 말아야 하고, 이치는 질박하고 실질적이어야 하겠다. 그러면 수많은 미혹된 자들은 멀지 않아 불도에 되돌아올 것이다. 뭇 의혹을 전체적으로 풀어주고자 홍명이라고 이름 했다.247)

그는 『변혹편서辯惑篇序』에서 반불反佛 관점을 귀납하여 이렇게 말한다.

속세의 미혹된 자들은 대체로 두 부류가 있다. 한 부류는 부처가 인심人心을 잘 현혹시키는 허망한 존재라고 의혹을 품고 있는 자들이고, 다른 한 부류는 인과因果와 유명幽冥을 가지고 불행한 신세身世에 처한 자들을 쓰다듬어 준다고 의혹을 품고 있는 자들이다.248)

그리하여 그들은 노자와 장자만 신봉하는데, 도선道宣은 이를 논박하고자 했던 것이다. 당연히 중점은 노장 도가가 불교보다 못하다고 밝히는 것이었다. 이렇게 말한다. "불경에는 이담李聃(노자의 이름)에 관한 논설이 없지만 도서道書는 석가의 가르침과 많은 관련이 있다."249)

도선이 『광홍명집廣弘明集』을 편찬한 목적은 이론적으로 삼교를 비교하면서 삼교는 병행竝行할 수 있고, 삼교 가운데서 불교가 가장 훌륭하다는 점을 천명하려는 것이었다. 더 중요한 목적은 그 이전 정권과 종교 관계에 있어서의 경험과 교훈을 총화 하고, 왕권은 불교를 멸할 것이 아니라 오히려 불교를 크게 일떠세워야 한다는 점을 천명하려는 것이었다. 불교가 중화 사회에 필요하고, 더욱이 적극적인 역할을 발휘할 수 있다는 것이다. 또 불교를 일떠세우는 것은

---

247) (梁)僧祐:《弘明集》卷十四,《大正藏》第52冊, 第95頁.[원문: "餘所集《弘明》, 爲法禦侮. 通人雅論, 勝士妙說, 摧邪破惑之沖, 弘道護法之堅, 亦已備矣. 然智者不迷, 迷者乖智. 若導以深法, 終於莫領, 故復撮擧世典, 指事取征. 言非榮華, 理歸質實, 庶迷途之人, 不遠而復. 總釋群疑, 故曰弘明.]

248) (唐)道宣:《廣弘明集》卷五,《大正藏》第52冊, 第117頁.[원문: 俗之惑者, 大略有二: 初惑佛爲幻僞, 善誘人心. 二惑因果沉冥, 保重身世.]

249) (唐)道宣:《廣弘明集》卷五,《大正藏》第52冊, 第117頁.[원문: 佛經無敍於李聃, 道書多涉於釋訓.]

영명한 선택이고, 불교를 훼멸시키게 되면 필연코 재앙이 닥치게 된다고 한다. 한편, 불교계에서는 될수록 군왕과 조정朝廷의 대신들의 이해와 지지를 얻어내야 하고, 이로써 불교의 순탄한 발전을 보장해야 한다고 한다. 그는 『서원위태무폐불법사敍元魏太武廢佛法事』, 『서주무제집도속의멸불법사敍周武帝集道俗議滅佛法事』, 『서석혜원항주무제폐교사釋慧遠抗周武帝廢敎事』, 『서임도림변주무제제불법조敍任道林辯周武帝除佛法詔』를 저술하여 불교를 멸하던 자들의 어리석음을 비판하고, 불법을 수호하던 이들의 영명함을 찬양했다. 그는 부혁傅奕의 『고식전高識傳』을 견주어 『서열대왕신체혹해敍列代王臣滯惑解』를 저술했고 또 혜림慧琳의 『균성론均聖論』, 범진范縝의 『신멸론神滅論』, 고환顧歡의 『이하론夷夏論』을 날카롭게 비판했다. 그는 또 『서양무제사사도법敍梁武帝舍事道法』, 『서제고조폐도법사敍齊高祖廢道法事』를 저술하여 양무제梁武帝, 제齊나라 문선제文宣帝가 불법을 일떠세운 공적을 찬양했다. 그는 당태종唐太宗의 『삼장성교서三藏聖敎序』, 당고종唐高宗의 『술삼장성교서述三藏聖敎序』 등 글도 이 책에 수록했고, 그들이 불교를 장려하던 일도 크게 찬양했다. 또 절로 『서태종황제명도사재승전표敍太宗皇帝命道士在僧前表』를 저술했는데, 여기서 그는 승려 지실智實 등 사람들의 언사를 인용하여 두 황제二帝가 도교를 우선하고 불교를 뒷전으로 하던 조령詔令을 비판했다. 도선道宣은 왕권과 불교 관계 총화에 공력을 들였고, 나아가 정치를 위주로 하고 종교를 보조로 하는 전제 하에 왕권이 불교를 존중해줄 것을 요구했다. 이렇게 도교보다 높은 불교의 합법적 지위를 쟁취하려고 했던 것이다. 이것이 그가 상정하고 있었던 이상적인 유·불·도 삼교 관계였다.

| 저자 소개 |

모종감牟鐘鑒

1939 중국 산동성 연태시 출생
중국 당대 저명한 철학사가·종교학가
국제유학연합회 명예 고문, 중국종교학회 고문
중국공자연구원 학술위원회 주임
산동 니산성원서원尼山聖源書院 명예 원장
1957~1965 북경대학교 철학과 학사·석사
1966~ 중국사회과학원 세계종교연구소 교수
1987~ 중앙민족대학교 철학과 교수
학술저작으로 『新仁學 구상』, 『儒學 가치의 재 탐구』, 『儒學에서의 涵泳』, 『중국종교통사』, 『중국 종교와 전통문화 개설』, 『종교·문예·민속』, 『당대 중국 특색의 종교학 12론』, 『중국 종교와 문화』, 『노자 신설』, 『「여씨춘추」와 「회남자」 사상연구』, 『중국 도교』, 『도가와 도교 논고』, 『중국문화의 오늘의 정신』, 『중국정신을 논함』, 『군자의 인격 6강』, 『순자 신론』 등이 있음. 편저로는 『중화문명사·종교권』, 『민족종교학 서설』, 『도교 통론』, 『종교와 민족』 등이 있음. 그밖에 학술논문 650여 편 발표.

| 역자 소개 |

박성일朴成日

1970 중국 흑룡강성 목단강시 출생
현) 중국 호남사범대학교 동아시아문화연구원 원장
2002~2005 한국교원대학교 교육학 박사
2007/2008 UNESCO Bangkok 겸임연구원
2010 일본 東京學藝大學校 방문교수
2014 미국 Boise State University 방문교수
2018 한국 서울대학교 방문교수
주요 관심분야는 동·서양 철학 비교연구이고, 저서로는 『구조주의교육연구방법론』 등 2부, 역저로는 『중국예술철학』 등 2부 있음. 그밖에 중국어, 영어, 일본어, 한국어로 논문 50여 편 발표.

중국 유·도·불 삼교 관계 간명 통사 上
儒道佛三敎關係簡明通史

초판 인쇄 2022년 2월 15일
초판 발행 2022년 2월 28일

저   자 | 모종감(牟鐘鑒)
역   자 | 박성일(朴成日)
펴 낸 이 | 하운근
펴 낸 곳 | 學古房

주   소 | 경기도 고양시 덕양구 통일로 140 삼송테크노밸리 A동 B224
전   화 | (02)353-9908 편집부(02)356-9903
팩   스 | (02)6959-8234
홈페이지 | www.hakgobang.co.kr
전자우편 | hakgobang@naver.com, hakgobang@chol.com
등록번호 | 제311-1994-000001호

ISBN 979-11-6586-437-8 94150
      979-11-6586-436-1(전2권)

값: 48,000원